ANLAM, AŞK, AYDINLIK, ALEVİ,
CESARET, CİNSELLİK, ÇOCUK, DARBE, DAYAK, DEMOKRASİ,
DEVRİM, DİL, DİN, DİASPORA, EGO, ERKEK, EGEMEN, GÖÇ, GÜVEN,
HOŞLANMA, HUKUK, İDE, İNFAZ, İNSAN, İRADE, İŞ, İŞKENCE, KÜRT,
KÖYLÜ, KUŞKU, KORKU, KUL, KOMÜN, MUTLULUK, KİN; PAZAR,
PAYLAŞIM, ÜRETİM, SANAT, SEN, SEVGİ, SEKS, SORMULULUK,
SOSYAL, SİYASET, ŞİDDET, SÖMÜRGE, SÖMÜRGECİ, TUTKU, TERCİH,
TECRİT, TERK, TECAVUZ, TİCARET, TUTUM, TUTSAK, ÖZÜR, ÖZLEM,
ÖZGÜRLÜK, ÖZVERİ, VARLIK, VEFA, YAŞAM, YABANCILAŞMA VE

KADINCA YARGILAMA!

Evin Çiçek

Pêrî Yayınları

Yazar:

Ecin Çiçek

evin2004@nefel.com

Birinci Baskı:

İstanbul - Mart / 2006

Editör:

Ahmet ÖNAL

Dizgi:

Mizanpaj:

M. Bıra ÖNAL

Kapak Tasarım:

Onur Öztürk

Baskı:

Kayhan Matbaası

Tel: 0.212.576 01 36

ISBN 975-9010-35-6

Pêrî Yayınları

Söğütlüçeşme Cad. Pavlonya Sok.

Nuhoğlu Apt.No: 10/19

Kadıköy / İSTANBUL

Tel-Fax: 0 216. 347 26 44

GSM: 0533 488 01 12

e-mail: perikitap@mynet.com

ANLAM, AŞK, AYDINLIK, ALEVİ, AYMAZLIK, BEN, BİLİM, BİLİNÇ, CESARET, CİNSELLİK, ÇOCUK, DARBE, DAYAK, DEMOKRASİ, DEVRİM, DİL, DİN, DİASPORA, EGO, ERKEK, EGEMEN, GÖÇ, GÜVEN, HOŞLANMA, HUKUK, İDE, İNFAZ, İNSAN, İRADE, İŞ, İŞKENCE, KÜRT, KÖYLÜ, KUŞKU, KORKU, KUL, KOMÜN, MUTLULUK, KİN; PAZAR, PAYLAŞIM, ÜRETİM, SANAT, SEN, SEVGİ, SEKS, SORMULULUK, SOSYAL, SİYASET, ŞİDDET, SÖMÜRGE, SÖMÜRGECİ, TUTKU, TERCİH, TECRİT, TERK, TECAVUZ, TİCARET, TUTUM, TUTSAK, ÖZÜR, ÖZLEM, ÖZGÜRLÜK, ÖZVERİ, VARLIK, VEFA, YAŞAM, YABANCILAŞMA VE

KADINCA YARGILAMA!

Evin Çiçek

Pêrî Yayınları

Özgürlük ve demokrasi mücadelesini veren
Kürt ve Dünya kadınlarına itaf olunur...

İÇİNDEKİLER

ÖNSÖZ

İnsan göçü; Avrupa ülkeleri için ucuz, karşılıksız düzeydeki iş gücüdür. En zor işlerde, sigortasız, güvencesiz, oturumsuz, uluslararası hukuk ve sözleşmelere aykırı şartlarda yaşayan göçmenler ordusu, o ülkelerin onarımlarında kullanılan güçtür.

Sömürgeci devletler, insanları kendi ülkelerinden zorla kovarken, kovulan bu iş gücü, kendileri için dışarıdan döviz kaynağını oluşturmaktadır. Onlar, geldikleri ülkelerin, koşullarına uymayanlar, göçe zorlananlar, bulundukları yerin dışındaki yaşamı çoğunlukla tanımıyorlar.

Teknolojinin en üst düzeyde kullanıldığı memleketlere savruluyorlar. Çoğunlukla parti ve hareketlerin yönetici yada kadroları dahi olsalar, içine düştükleri yaşama karşı hazırlıksız yakalanmışlardır. Kendileri üzerinde oluşacak derin izleri düşünemediler. Bunalımların aşılabilinmesi için birilerinin yol gösterici olmaları gerekiyordu. Örgütlülük mecburiydi. Bireysel çabalar sonuç alıcı olamazdı. Travmalarla baş başa kalan insanlarımız çözümsüzlük çemberlerinin içinde kalakaldı. Onları ruhi ve fiziksel olarak hasta etti. Onların dillerini , kültürlerini, değer yargılarını bilen uzmanlar ancak tedavi edebilir. Ki binlerce insanımızın rahatsızlıklarının farkında bile değil.

İnsanlar inandıkları ilahi güçlerden yardım bekliyorlar. Gelmeyince tutuculaşıyorlar. Fanatizme sapıyorlar. Bir kesim ise, kimliğine yabancılaşıyor, kendini reddediyor. Girilen topluma uyum büyük bir sorun!. İletişim bozukluğu hat safhada! Hoşnutsuzluk onları hiç terketmiyor ve çıkmazlara itiyor.

Türkiye'de yaşayan kadınlar, halen kimlik savaşını kazanmış değiller. Araştırmak, bulmak, toplumsal sorunlara çözüm üretmek, ilgili kurumlar oluşturup, bunu ilgili birimlere sunmak, tespitlerde, isteklerde ısrarlı olmak gerekiyor. Kadın, çocuk ve insan haklarına saygıyı görev olarak seçip bu yönlü çalışmalar yapmak mecburidir. Bayanlar, çocuklar, Kürtlerin bulundukları ülkelerde geleneksel kültürlerden dolayı tüm yasalardan, toplum yaşantısından, haklarından en az yararlanan toplumsal kesittirler.

Sömürgeciler tarafından şekillendirilmeye çalışılan ülkemizde ve dağıldığımız ülkelerde, kadınımız henüz kimliğini bulamamış. Toplum içinde kendisini ifade edemiyor. Düşüncesini söyleme cesaretini gösteremiyor. Yargılanmaktan, dışlanmaktan korkuyor. Toplum içinde kendi cins, ulus ve kimliksel varlıklarını açığa vuramıyorlar.

Kadınların büyük çoğunluğu bir araya geldiklerinde, toplumun kendilerine verdiği rollerden, klasik görevlerinden bahsediyorlar. Genelin günceli yakalamak, gelişmeleri öğrenmek, düşünce oluşturup belirtmek gibi sorunları yok. Onlar, verilen rollerle tatmin oluyorlar.

Kadın ancak eğitime ihtiyacı olduğunu his ettiği, eksikliğini tespit ettiği an harekete geçebilir. Değişmek isteyen, eğitm arayışına girebilir. Konumundan rahatsız olmayan kadın, gelişme sağlayamaz. Karar sahibi birey olmalıdır. Bu da bir düzeye gelmiş, geliştirme sorumluluğu duyan, kadının sahip olduğu konumdan rahatsız olan bayanlarca sağlanır.

Kadınlar; insanlığı ve insanlığın yarısı olan kadınları ilgilendiren önemli sorunlar hakkında düşünce sahibi olduklarını göstermek ve bunu kamuoyunda yansıtmak mecburiyetindedirler. Kadın yaşamda evi, ailesi, işiyle ilgili belirli düşünceleri vardır. Bu çemberlerin de dışına çıkıp, daha genişçe düşünmek zorundadır. Toplumda erkeklerle aynı rolleri, görevleri paylaşmak teknolojinin gelişmesiyle daha da kolaylaşmaktadır. Zira ağır kol gücünden ziyade bilgi ve teknolojiyi kulanmak önem kazanıyor. Biz kadınlar eksiklerimizi azaltıp, kendimizi bilgi ve teknolojinin gelişimine uyarlarsak önemli merkezlerde rol alıp, toplumsal sorunlarla ilgili tespit ve çözüm yollarını da ortaya koyabiliriz.

Evini yönetmeyi öğrenen bayan, toplumu da rahatlıkla idare edebilir. Kadın halen idareciliğinin, gücünün farkında değil.

"Kadınlar başta olsaydı ne olurdu?" sorusunu: Kadın naziktir, sosyaldır, toplumsal kültürün kuşaktan kuşağa taşıyıcısıdır. İnsan hümanitesi ile yoğrulduğu için barışçıldır. Üretken olması itibarı ile çalışkandır. Kendisinin doğurup büyüttüğü çocuklarına karşı daha çok sorumluluk duyduğu için, geleceği daha yoğun projelendirmek isteyeceği için de ilerici ve değişime daha çok açıktır. Yeterki kadın tusaklığından azad ve konumunun farkında olabilsin; "Yaratıcılığını bir kez olumlu yönde kanalize edebilirse sonuç alır, kaliteli ürünler elde eder vs. !" şeklinde cevaplayabiliriz.

Zaaflarına esir olmayan, duygularına hükmeden, mantıkla kendi kendisini yönlendirebilen kadın başarılı olur. İçinde bulunduğu koşulları lehine çevirebilir, toplumun ilerlemesinde motor rolünü oynayabilir. Öğretici, eğitici olmayı başarır. İlkel tarihsel geçmiş, erkekten yana olmuş ve kadının ezilmesine, horlanmasına, bir cinsel obje olarak kullanılmasına, çocuk bakıcısı, erkeğe yemek, temizlik işlerini yapan "lazımlık" olmaya itilmiştir. Lazımlık olmaktan çıkacağı korkusuyla daha çok "köleleşmeye" yol almıştır. Ancak bu "kadının makus talihi" giderek, bilgi ve teknik çağı ile birlikte, biat eden ezberinin bozmasıyla birlikte yaşamı da değişmeye başlamıştır. Kadın erkeğe ait değil kendisinin olmaya başlamıştır. Sorun bu sürece hız vermektir.

Kadın, hukuk, sanat ve siyaset konularını ele alırsak, hukuki açıdan Babatanrı, yani tek tanrılı dinlerin gelişmeleriyle birlikte kadının tarihsel ezilmişliğini görmeye başlarız. Her sistemin egemenleri kendi hukuklarını yaratır. Her toplumda kadın ya da "tanrıça", anaerkil dönem dışında, toplumlar tarihinde belirleyici değil, itaat edici bir varlığa dönüştürülmüştür. Halen tüm çabalara rağmen bu çember aşılmış değildir. Babatanrı'lı toplumsal sistemlerde erkeğin egemen ruhuyla birlikte yürüyen köleliği adeta kutsamış ve yaşamıştır, yaşıyor. Bu yapı da örflerle, adetlerle, gelenek ve göreneklerle desteklenerek şekillendirilmiştir.

Kürtlerin yaşadıkları ülkelerdeki hukuk sistemleri, kadın açısından son derece geriliği ifade etmektedirler. Bu yapıyı değiştirmek istiyorsak, bunun güçlü mücadelesini, kadın kendisini örgütleyerek verebilir. Kadınların adaleti arama, bulma çabaları aynı zamanda her türden eşitsiz yaklaşıma da bir tepkidir.

Siyasette de kadın bir araç olarak kullanılmaktadır. Kadın örgütlülüğüyle, barışçıl doğasıyla, doğurganlık özelliğiyle kendi varoluşunun da yaratıcısıdır. Kadın kendine has siyasetin dilini yakalamaksızın değişimi yakalayamaz. Burada çatışmayı esas alan değil, kavramayı, değiştirmeyi ve tüm ataerkil düşünceleri aşan ve tamamen bir insanlık projesini şekillendirerek geleceği yakalama yolunda başarabilir. Siyasette teslimiyetçiliği değil, kazanmayı esas alan bir hat yakalayabilir.

Ulusal, siyasal kimlik mücadelesi yükseldiği oranda sesler birleşecektir. Kürdistan'ın her tarafında ve Kürt kadınının olduğu her yerde; ulusal ve siyasal kimlik talebi ile kadın özgürlüğü talebi birleştirildikçe özgürlüğün içeriği doldurulabilinir.

Kadınlar sanat alanında; kendi kültürleriyle, sanatlarıyla ve dilleriyle değil, bir araç, "biblio" yada reklem aracı olarak kendilerinden yabancılaştırılarak kullanılmışlardır. Kendi duygularını, hislerini ve yaşadıklarını sanatsallaştırarak nesilden nesle aktarabilen birey ve insanlğın yarısı olarak yansıtabilirlerse ; sanat ve kültürde aşama kaydedebilirler.

Dil ve kimlik mücadelesi de kadın mücadelesinin bir parçasıdır. Dili tanımladığımız zaman "anadil" diyoruz. Yani anaya ait olan, ondan gelen. Dilin yasaklı olması kadının susturulmasıdır. Çocuğun ondan koparılarak uzaklaştırılmasıdır. Kadınımızın kendi kendisine yabancılaştırılmasıdır. Ki Kürt dili dişi bir dildir.

Kürt kadınının ve Kürt anasının bilinçlice diretmesinin, konuşmasının ve kendi dilini kabul ettirmesinin zamanıdır. Uluslararası kurumlardan ve karşıtlardan izin, onay, destek beklemek kendi kendimizi mahkum etmektir. Mahkum olmakta özgürlüğün sınırlanmasıdır. Bunu kabul etmemek, karşı mücadeleyi yükseltmek, kabul edilemez olan yaşama red cevabı vermektir. Kürdistanlı kadına yakışan da budur. Kendisine zulüm edenlerden onay beklememelidir. Onay beklemesi demek, kendisine reva görülen statüyü kabul etmesi demektir.

Temel değerlerimize karşı yoğun bir saldırı söz konusudur. Saldırılar; bize köleliği kabul ettirme amacındadır. Bunu engellemenin, dilimizi özgürleştirmenin ve her türlü eşitsizliği gidermenin yolu kitlesel mücadeleyi yükseltmekten geçiyor.

Kürtlerin sosyal yapılarında; genç kadınlar evlerinde tutsaklar. Evdeki erkek egemenliği anlayışına sırtlarını dayayan, cins olarak sahip oldukları olanakları şiddet temelinde kullanan erkeklerimiz, ailede uyguladıkları terör ve yasaklarla iç egemenliği sağlıyorlar. İç egemenlikle, sömürgecilerin yarattıkları dış egemenlik, aynı temelde buluşuyor. Kadının hem kendisini, hem de ülkesini kurtarma mücadelesine engel teşkil ediyor.

Kürt kadını; kendi ülkesinin özgürlüğü için örgütlenirken, bu örgütlenmenin kendisini özgür kılacak bir toplumsal yapıyı kurma, özgürce yaşama, her türlü devletsel, dinsel ve cinsel baskılardan kurtularak özgür ve bağımsız kişiliğine kavuşma mücadeleleri ile içiçedir.

Ülkemizde kadının var olma çabası köreltilmiştir. Şehirlerde, ilçelerde, kasabalarda, bayanların evlerinden, bahçelerinin kapılarından dışarı çıkmaları, adım atmaları bir biçimiyle yasak.

Evde erkeğin silesi, polisin baskını , jandarmanın potinî, köy koruyucuları nın tecavuz eden barbarlığı vb. kürt kadınının sırtına aynı cephede inebilmektedir. Baskı çarkı; çiğnenen özgürlükler, yoksulluk, gözaltında işkence ve tecavüzler Kürt kadın yaşamının birer parçaları. Bayanlar, bu sert acımasızlığın, farkınada olarak zaman zaman isyankâr duygularla taleplerini dillendirmeye çalışıyorlar. Sıkılan boğazlardan, yumruklanan ağızlardan, tekmelenen kafalardan özgürlüğü, eşitliği, insanca yaşamı isteyen cümleler kanla karışık ağızdan çıkmaya başlar.

Mevcut toplumsal ilişkileri ortadan kaldıran, onun yerine yeni bir üretim, tüketim ve yönetimi esas alan, farklılıklarla birlikte eşit işe, eşit emeğe, eşit görev ve sorumluluğa, devlet ve hükümet yönetimlerinde aynı ölçütlerde sorumluluk yüklenmeyi hedefine koyan bir kadın hareketi kendisini kurtarabilir.

Devrime katmayan, onu gerçekleştirmekten vazgeçirttiren, özde reformist ve egemen devletçi düzenle bağdaşan bir hareket, Kürdistanlı kadını kurtaramaz. Sömürgeci ilişkilere son veremez. Mevcut egemen erki parçalayamaz. Bayanımız özgürlüğünü dıştan değil, toplumsal gerçeklerine göre örgütleyerek, kendi mücadelesi ve mücadele tarzıyla alabileceğine inanmalıdır.

Kürt kadını, mevcut koşullarda, kendi örgütsel perspektifleri içinde gerçekçi olmayı esas almalıdır. Kadının, kendisini her yerde bağımlı kılan, mevcut siyasal erke, geleneksel gerici toplum ve zihniyetin taşıyıcısı, baskıcı erkek egemenliği sistemine karşı; inançla ve bilerek mucadele ederse başarabilir ve ortadan kaldırmayı başarabilir.

En başta doğum yapılan ve içinde çocuk yetiştirilen evlere özgürlük gelmelidir. Eşitlik havası solunarak büyümelidir. Kadınlar ve ınsanlık; baskı altına alan ve tutan her güce karşı koymayı ettik bir değer olarak öğrenmelidir. Evlerdeki, evlerin dışındaki beylikler sona erdirilmelidir. Bayanların kendileri bizzatihi devrimci potansiyeli oluşturan, yeni düzenin yeni öğretmenleri olmalıdırlar.

Çağımızda, geçen iki yüzyıla yayılan örgütlü kadın mücadeleleri, dünya nüfusunun yarıdan fazlasını oluşturan kadınların ezilmişliği, Paris Komünü pratiği hariç, reel sosyalizmde dahil olmak üzere, kadınlar üzerindeki baskı olduğu gibi kaldı. Paris Komünü bayan liderlerinden Louise Michelle deniz aşırı adalara sürgün edildi. Komün yönetiminde yer alan pek çok devrimci bayan Alman ve Fansız krallık ordusunun subayları tarafından kurşuna dizildiler.

Kadınlar, son iki yüzyılda, göreceli de olsa önemli kazanımlar elde ettiler. Özellikle 20. yüzyıldaki ulusal ve sınıfsal karakterli kurtuluş mücadelelerine kadınların yoğun katılımı söz konusu oldu. Kurtuluştan sonra ise, kadınlara evlerinin yolları gösterildi ve onlar dışlandılar.

Bayan, gerçekliği yansıtan, onu değiştiren temel öğe olan siyasal devrimi gerçekleştirip, feodal veya kapitalist düşünce sistemi için bir obje olmaktan uzaklaşıp, siyasal örgütlerin aracı, kendisini onlarla sınırlayan varlık olarak değil, devrimin öz yaratıcısı ve uygulayıcısı olarak rol oynamalıdır.

Günümüzdeki ezilmişlik ve kölelik; ayaklara zincir vurma derecesinde değildir. Ama kadın üzerinde daha ince tarzda sömürü, baskı, düşünce ve ifade sınırlamaları hala sürmektedir. Bayanların olayların gelişim seyri üzerindeki etkileri hala çok sınırlıdır. Ekonomik, teknik anlamda, dünyanın en geri kalmış toplumundan, en fazla gelişim kaydetmiş toplumuna kadar, kadınlar hep şiddetin birincil hedefi durumundadırlar. Yaşanan savaşların, cinsel şiddetin, ekonomik geri kalmışlığın, törelerin ilk hedefi kadınlardır.

Kürt diasporasındaki bayan, yerleşiklik kazandığı oranda yasallık ve meşruluğunu tartışır olmaktan çıkarır. Toplumumuzun milyonlarcası halen göçmendir. Ülkeden ülkelere, kırsaldan şehirlere göçenler de halen büyük oranda yerleşiklilik kazanamad, şehirleşemedi.

Yerleşik hayatın konumuna gelince; üretime katılma süreci içinde iç ilişkiler belirli bir süre içinde değişmiyor. Bayan, iç ekonomik bağımlılığın öğesi olarak asli güç olma etkenliğinden uzak ve eski ilişkilerin devamı içinde bir araç olmaya devam ediyor.

Bayanın dışarıda üretim faaliyetine katılması ve üretim faaliyetinin ona kazandırdığı gerçek anlamdaki ekonomik bağımsızlık bir oranda toplumsal ilişkide söz ve yetki sahibi olmasının da başlangıcını oluşturur. Bu ilk adım erkek egemenlik sistemine karşı verilmiş sinyaldir. Erkeğin tedirginliği, yapının gittikçe sarsılmasına, olumlu yada olumsuz yönde etki yapmasına, kadının öz, asli güçe doğru yavaş yavaş gitmesine, özgür irade ve eyleminin düzenleyicisi olmasına yol açar. Bu asli güç olmanın ilk özelliğidir.

Meşru olsun yada olmasın; yerleşik hayata geçenler, yerleştikleri alanlarda kendilerine özgü bir sistem oluştururlar, var olan sistem onlara hüküm edebilir. Ancak onlar bir süre sonra varolan sisteme hükmetmeye başlayabilirler. Hüküm etmeyle birlikte bu durum kendilerine asli öğe, asli güç özelliğini kazandırır ve her türlü uygulamalarına yasallıkmeşruluk getirir.

1960'larda göçmen işçi olarak özellikle Avrupa ülkelerine dağılan Kürtlerin ikinci ve üçüncü kuşaklarında yerleşme, hüküm etme anlayış ve istemi gelişmiş durumdadır. Belirsizlik yerini yavaş, yavaş belirginliliğe doğru bırakmaya başlamıştır. Ancak bu belirginlik iki yönlü bir çelişkiyi de dile getiriyor. Bir yandan yeni ekonomik yatırım politikası bireyin kendisine döner. O, kendisini ülkesinden koparan eski sistemin güçlenmesi içinde can damarı oluşturmaya başlar. Çünkü bu dönüş kendisinin olmayan bir yapıya katkıda bulunmaktır ve kimliksiz bir yatırımdır.

Öte yandan, O, göç ettiği ülkenin kendisi için her zaman geçici bir öğe olarak görmüş olması, kendi ülkesinden kopma zorluklarını yaşaması, kendi istemi dışında kendisine hazırlanmış, kendisi için olmayan bir siyasal düzene iradesinden bağımsız olarak bağlı kalmıştır. Bu tarz ilişki ve çelişki, iki ayrı yabancılaşmada, hem bayanda, hem de egemen erkekte kendisini dışa vurur. Erkek egemen düzen ayakta kalabilmek için eski töreye başvurur.

Ülkelerine göçmen, mülteci kabul edenler, kendi sistemleri içinde yerleşik hayata geçemeyenleri asli öğe olarak görüp kabullenmezler. Gerek sosyal konutlardan, gerek sosyal haklardan mahrum bırakılmış göçmen ve mültecilere uygulanan "getto" politikası, onları sadece en zor ve en tehlikeli işlerde çalıştırmak için yedek güç olarak kabul ederler. Hem kendi iç hukuklarına, hem de uluslararası hukuk normlarına uymayan uygulamalara tabbi tutarlar. Onlar bu güçleri, "Yasallıkları ve meşrulukları olmayan dış güçler", olarak adlandırır ve etkisizleştirirler. Bu da kendilerine yasal bir üstünlük sağlar. Bu üstünlüğe dayanarak halkla, toplumla, süreç ve olaylarla istedikleri gibi oynayabilir, kendi hukuk sistemleriyle de çelişkilere düşerek istedikleri kadar yıkıcı yada yapıcı olabilirler.

Örneğin Fransa'da suç oranının göçmen ve mülteci kesiminin ikinci ve üçüncü kuşaklarında gösterdiği artış bu ülkenin yeni hapishaneler kurmasına neden olduğu gibi, polis teşkilatında da daha fazla oranda polise görev verme ve devlet bütçesinden büyük bir pay ayırma gerçekliğine yol açtı. Bu gelişme, bu ülkenin yabancılara yönelik politikalarını dile getiriyor. Oysa hapishaneleri kurmak için yapılan harcamalar daha önceden bu gençlerin eğitimi için seferber edilebilinirdi. Zamanında gerekli tedbirler alınabilinirdi.

Federal İstatistik Bürosu'nun 2002 verilerine göre Fransa'da tutuklu sayısı 60.. 963 iken, mevcur yatak sayısı 48. 600'dür. Bu verilere göre Fransa'da 100. 000 kişiye, 99 tutuklu düşüyor. 15 yıl önce bu sayı 78'di. Yine Fransa'da 2002 yılında 122 tutuklu intihar etmiştir.

Le monde Diplomatique' e göre, son 25 yıl içinde tutuklu sayısı iki misli artmıştır. Bazı kentlerde bu artış; Lyon kentin'de; % 284, Orleans'da; % 227, Bayonne'da; % 200'dür. Bu gösteriyor ki Fransa devleti yeni tedbir ve politikalar geliştiremezse; 2007'ye kadar 30. 000 kişilik kapasiteli hapishaneler inşaa edecektir.

Aynı ülkede, savaş uçağı, helikopter, güdümlü füzelerin satışları başladığında, Kürdistan ve Kürtlerin özgürlüğü için görev yapan, faaliyet gösteren bireylerin tutuklanmaları, Kürtleri ezen yönetimlerde, silah satışının arzını artırırken, bu durum Kürtlerin ülkelerini işgal edenlerin de, silah alma taleplerini yükseltiyor. Her iki koşulda da, diasporadaki Kürtler istemeden, oyunun aracı yapılıyorlar.

Diğer yandan bugün Kürtleri yöneten sistemler istedikleri argümanları kullanıp, çalışmalarını kolaylaştıran anti-Kürt politikaları oluşturup, geliştiriyorlar. Dıştan işgal sonucu topraklarımızda yer edinmiş devletler, yerleşik durumdadırlar. Kendi anlayışlarına göre, yerleşik olan kültürümüz üzerinden "Yasallık!" zemini kazanmış durumdalar. Ne yazık ki bu rejimlerin yürütücüleri " Devletin de milletin de sahibi benim, her şey benden sorulur, benim dediğim olur!", diyorlar. Halka, halklara rağmen onlar için çalıştıklarını iddia ediyorlar.

İdari, adli ve diğer merkezlerinde, topraklarımızda işbirlikçilerini kullanıyorlar. Onları istedikleri gibi çalıştırıyorlar. Bu konumlarına dayanarak kendi ölçülerine, çıkarlarına göre siyasal, ekonomik, kültürel girişimleri "yasal" ya da "yasa dışı" ilan ediyorlar. Kendi işgal kriterlerine göre davranıyorlar. Bizimde tepki duymadan, reaksiyon göstermeden itaat etmemizi istiyor ve bekliyorlar. Onursuzluğu dayatıyorlar.

Pazarımıza el koyan, yeraltı ve yerüstü zenginliklerini gasp eden sömürgeci devletler; kayıtsız, şartsız hakimiyetlerini savunuyorlar ve egemenliklerinin devamı için, Kürdistan'ın zenginliklerinden edindikleri gelirleri kullanıyorlar.

Kürt halkını katletmek ve ortadan kaldırmak için de ölüm silahlarını alıyorlar.

Sonuçta, silah satan ülkeler, sömürgecilerin aldıkları bu silahları Kürt halkına karşı kullanarak, onları zorla topraklarından çıkartıp, uzaklaştırıp, göçe mecbur edeceklerini, uygulanan şiddetin her türünden kaçan Kürtlerin de, bu kaçışlarıyla sömürgeci devletlerin oluşturdukları insan ticareti ağlarına düşüp, var olan bütün maddi imkanları sunacaklarını biliyorlar. Bu ilişkiler tacirlere milyarlar kazandırıyor.

Öte yandan Kürtleri göçmen, mülteci olarak kabul eden yönetimler de, kabul etme koşullarını zorlaştırarak, Kürtlerin başka bir biçimde çürümelerine zemin hazırlamaktadırlar. Dayatmak, mecbur etmek istedikleri her şey gibi, başkaldırma hakkı da yasaktır.

Sömürgeci için ise onun zulmüne boyun eğmek esastır. Sisteminin ayakta kalması için sömürge yerlisinden oluşan asker ve sivil rezervi vardır. Ona karşı direnişe geçme durumunda ilkin sömürgeci değil, ona bağımlı olan güçler harekete geçirilir.

Tarihsel olarak iki kutuplaşma var. Birincisi; Kürt diasporasının bulunduğu ülkelerdeki devletlerin; Kürtlerin ülkelerini bölen devletlerle olan çıkar ilişkilerinden ötürü anti-Kürt politikalarının geliştirdiği, olumsuzlaştırdığı siyasal ve iktisadi durumdur.

İkinci kutuplaşma ise; Kürt diasporasının içinde olduğu kadar, ülke zemininde de kast sistemini esas alan, kadının her türlü özgürleşme istemine karşı çıkan eğilim, birinci eğilimle bütünleşen kutuplaşmadır. Birinci eğilim, ikinci eğilimi doğuran ve belirleyen olumsuz ve esas öğedir.

Bu kutuplaşmayı bozacak olan ise, içte ve dışta siyasallaşmış kadının özgücüdür. Kadının kendisini yerleşik güç düzeyinde örgütlemesi, ortaya çıkarması ve ülkedeki mücadele ile içselleşmesidir. .

Bayanları her konuda sömürenler, “bir hiç” yerine koyanlar, gerçekleri görmek, kabullenmek istemiyorlar. Onlar yerleşik hayata geçemeyen, göçmen kalan ve o hislerle öylece yaşayan, yani varolan yaşamın, ilişkilerin gerçek unsurlarının dışında kalan, süreçten ve toplumdan kopuk bayanlar istiyorlar. Bu durum aile adına eski köleci sistemin devamıdır. Kadının sisteme bağlı, özgürlükten yoksun, "hayır" demeyi unutan, zaman ve mekanın dışında kendisiyle hiç ilgisi olmayan bilinçsiz bir varlık olarak kalması, eski sistemin erkek egemen düzeninde kadına zorla kabul ettirilmiş ve halen varlığını his ettiren bir gelenektir. Bu geleneğin yıkılması erkek egemen sistemin yıkılması anlamına gelir. Dolayısıyla özgür bir "hayır"ın cezası ülkemizde yüzlerce bayanın öldürülmesi olabilmektedir.

Sömürgecilere başkaldıramayan eller, Kürdistanlı kadının özgürleşme istemine silahla, ölümle cevap verebiliyor. Aslında bu kendi ölümleridir. Çünkü bu tarz cinayetleri dinsel gelenek adına işleyen katiller, yaptıklarının Kürt toplumuna dışarıdan zorla kabul ettirilmiş, kendilerinin olmayan bir geleneği yaşatma, canlı tutma anlamına geldiğini bilmiyorlar. Kendi soylarına karşı işlenen cinayetlerin devamlılığını sağlıyorlar. Değişik toplumlarda bu durum farklı bir biçimde kendisini gösterse de, temelde ortak payda namus cinayetlerinin, din cinayetlerinin bir parçası olduğu gerçekliğidir.

Ava çıkmak için tanrıçadan izin almayan Yunan Kralı Agamemnon'a verilen ceza, gemilerin denize açılmasına engel olan tanrıçanın öfkesini dindirmek için Agamemnon'un kızı İphegenia'nın kurban edilmesidir.

Yine Sophokles'in Antigone adlı trajedisinde görülen olay, yasalara karşı gelen ve öldürülen kral Kreon'un yeğeninin cesedini gömen Antigone, ölüme mahkum edilir. Özet olarak Romalı şair Lucretiu "De Rerum Natura" adlı yapıtında "Din insanların bu kadar cinayetleri işlemelerine neden olmuştur " der. Din ideolojisi adına cinayet eski çağlardan bu yana devam ederken, her nedense bu cinayetlerin arkasında tanrıların sözde iradeleri gizliyken, namus cinayetlerinde dinsel açıklama pek de karanlıktır, anlaşılamaz.

Kürdistanlı kadının çektikleri, ülkesini parçalayan Türk, Arap ve Fars sömürgecilerinin zorla empoze ettikleri Babatanrı'lı dinsel ideoloji, tarikatların yaydıkları anlayışlar, Kürt toplumunun, aile bireylerinin yaşamlarını ölüme kadar götürmektedir. Kadına dayattıkları, istedikleri budur.

Bayan yabancı gösterilir. Onu, dinsel yada geleneksel kuruma karşı gelmiş, "putlara hayır" demiş, gibi göstererek, onun öne sürdüğü özgürlük anlayışının kavranması yerine, eski kast sisteminin beddualarının yerine geçen entrika kültürünün savunulması işlenir ve kadın cezalandırılır. Kadın haklarını savunmak artık büyük suçtur. Dinsel töreye ve geleneksel sisteme aykırıdır. Yersel cenneti kaybetme korkusu, gerçekliğin inkarını pazarlamaya çalışır. Bunun nedeni de kadının özgürlük istemidir. En büyük özgürlük, bizde var olan yerel cennete karşı suç işlemektir. Günaha girmektir. Yerel cennet, somutta yer alan erkek egemenlik sisteminden başka bir şey değildir.

Sömürgeci, suçu sadece sevmek olan özgürlük savaşçısının boynuna ipi geçirirken, seven özgürlük savaşçısının, ölümüne karar verirken, işlenen cinayeti sorgulamak gerekir. Bu noktada Albert Camus, "Doğrular" adlı piyesinde savaşçının insan olarak değerini işlemiştir. Tutsak Kaliayev'i asan cellat için Kaliayev'in değeri, sadece kendisinin idam cezasından bir yıl indirime eşittir. Orada cellat için Kaliayev'i öldürmenin mükafatı bellidir. Ancak seven özgürlük savaşçısını, sevdiği için öldürmenin mükafatı nedir? Ne olduğu düşündürücü olmalıdır!

Hak, adalet, eşitlik savunucularını, temsilcilerini yabancı gösterebilirsiniz, erkek düşmanı ilan edebilirsiniz, toplumu rahatlıkla kadın hakları savunuculuğunun, topluma zarar verdiğine inandırabilirsiniz. Çünkü kadın sistemin, sistem için yasal ve meşru olanın dışındadır. Ne yazık ki, O, halen istenilen düzeyde bir gelişme, değişme zemini oluşturamadı. Kendisini, istemlerini anlatamadı, kabullendiremedi.

Kadınların oluşturdukları siyasal hareketler toplumla ve toplumsal sorunlarla iç, içe yaşadıkça, kendi eylemlerini toplumun istemleriyle pratik olarak buluşturdukça yerleşik güç, asli güç özelliğini kazanırlar. Bir siyasal hareketin yasal zeminde yerleşik güç özelliğini kazanması demek, devleti ve toplumu demokratik dönüşüme uğratacak, toplumsal demokrasiyi geliştirecek, toplum için söz ve karar hakkına sahip olacak bir ortamın olması demektir. Bunu bir devrimin başlangıcı da sayabiliriz. Her şeyden önce, özgürlük ve eşitlik temelinde bir zihniyet devrimi olacaktır.

Kadının söz sahibi olmadığı, rantçı, bireyi hiçe sayan örgütlenme ve ona dayalı siyaset; her açıdan insanlığa zarar verecektir.

Bizim ait olduğumuz toplumda varolan yaşam, değerler ve ilişkiler, korkuların olmaması gereken düzeyde koro yönetip, şarkı söylettikleri bir tiyatro salonu haline getirilmişlerdir. Toplum zenginleşmediği, atağa geçmedigi gibi pasifize olmakta, miskinleşip hantallaşmakta, yoksullaşmaktadır.

Kürdistan'ın her dört parçasında oluşturulan sömürgeci siyasal sistemler, rant siyasetleri, onları besleyenleri tatmin edebilir. Oluşturulan yapılar topluma zarar veriyor. Kadının geleceği, rant siyasetine alet olmak değil, katılımcılığı, paylaşımı, kültürel farklılığı bir zenginlik olarak gören demokratik kültür politikasını üretebilmektedir.

Erkek egemen devlet anlayışları, kadının yasal-yerleşik bir güç olmasını engellemeye devam ediyor. Güçlü, demokratik bir toplum ve karar mekanizmalarında rol oynayan bayanlar isteniyorsa, bu konuda istek ve sorumluluk duyanlar attıkları adımlara ve yön verdikleri açılımlara dikkat etmelidirler.

Bizlerin 21. yüzyılın zorluklarını tam olarak aşabilmemizin yolu, ülkemiz için bir özgürlük zemininin bulunması ve bayanlarımızın hayatın her alanında tam olarak katılabilmelerinden geçmektedir. Kadınlarımızı demokratik yaşam için gerekli olan bütün kurum ve kuruluşlarda yer alabilecekleri tarzda yetiştirmek, gerekli olan beceri ve pratikleri kazanmaları için eğitebilmek amacıyla her türlü yardım yapılmalıdır. Gelenek, görenek, inanç baskılarından kurtulmuş ve modern yaşamı tavizsiz kabullenmiş bayan anlayışını yaratmak ve içselleştirmek bizim çabalarımıza bağlıdır. Kadını değişimin birinci figürü olmak zorundadır.

Sorun aslında zihniyette devrim sorunudur. Sonuçları hem bayan, hem de erkek için gerekli değişim, dönüşüm süreçlerini birlikte, adil, eşit koşullarda, ülke yönetiminde, denetiminde, hukuk sisteminde etkin görevler alma ve toplumu daha ileri bir aşamaya götürme sorunudur. Bu süreçte istem bir yandan erkeklerimizin eski zihniyeti terk etmeleri, çoğulcu, katılımcı toplumsal yönetimlerde bayanlarımıza gerekli olan yerleri terk etmeleridir. Diğer yandan da gericiliğe sarılan bayanlarımızın taşıdıkları eski anlayışın korkularından sıyrılmaları, normalleşip özgürleşme sürecine etkin, belirleyici, asli örgütsel, yerleşik güç olarak etkinliklerini kazanıp, hızlandırmaları ve bu gelişmeleri de yaşama geçirmeleridir.

Ancak, sömürgecilerin talan ettikleri Kürdistan gerçekliğinde her şeyden yoksun, geliştirilmemiş, teknik olarak sanayileştirilmemiş bir memlekette, Kürdistan ekonomisinde asli, örgütsel yerleşik güç olarak kadının üretim süreçlerine sadece katılması değil, aynı zamanda, bu süreçlerin özyönetimlerinin üretim ilişkilerini yeniden örgütleme, planlama etkinliklerine katılması da tarihsel bir zorunluluktur. Diğer ülkelerin pratiklerinden görülmemiş olan bu faktör Kürdistandaki sosyal devrimin gerçeklik süreçlerini tarih bakımından ayırır.

Toplumsal ilişkilerin çözümünde kişi ile kişi arasında, kişi, devlet, kişi, siyasi parti ilişkisinde, kişiler arası değerlerde, etik değerler bütününde, koca bir sistemi kadınıyla, erkeğiyle birlikte anlamak, ilişkilerin tarihsel değer yada değersizliğini korkmadan ortaya koymak, onlara karşı çözüm üretme anlayış ve imkanlarının geleceği kurmadaki sorumluluklarını gün ışığına çıkartmak, elbetteki bilinç ve direnen inanç kavramlarından ayrı düşünülemez. Toplumsal ilişkilerin çürümüşlüğü yerini yeni toplumsal ilişkilere ve onların yeniden düzenlenmesine bırakınca, bunu belirleyen en önemli faktör, kadının egemenlik aygıtında aldığı yere bağlıdır.

Bu ilişkilerin öznesi olan kadın, tarih içinde cins olarak yabancılaşmasını, özgürleşmesi sürecinde, eril egemen aygıtın izdüşümünü, yabancılaşma aynasında görür. Yeni toplumsal ilişkide kadının değerliliği; kendisine ve topluma gelecek vaad eder. Başka bir deyişle özgür kadın olmak, hiçbir çirkinliği gölgede, kuytuda bırakmadan, onları oluşturanlar değersizliklere çekinmeden karşıkoymak, varlık göstermeyi, devrimci ve dönüştürücü bir güç olmayı ve onun toplum içinde tarihsel rolünü oynamasını zorunlu kılıyor. Güçlülük; girişimcilik, teorik bilgi ve pratik donanımdan geçer.

Bizler, coğrafyamızda yaşayan değişik ırklardan bayanlar, zorunlu ulusal ve sınıfsal çatışmaların getirdiği aşamalarda, aynı toprakların insanları, acılı yürekleri, tarihsel haksızlığı birlikte yaşamış olmanın sonucu olarak, tarihi yeniden incelemeye ve değerlendirmeye tabii tutmalıyız.

Topraklarımızda yaşamış olan uygarlıklarda, kültürlerde bayanların da yeri vardır. Yaşamda, kadın ve erkeğin varlığı, paylaşımı, uygarlığa damgasını vuran tarihİ gelişmeler yok sayılamaz. Kadın annelik görevinin, sorumluluğunun ağırlığı altında belirli işlerle uğraşmasıyla cinsler arasındaki dengeler altüst oldu.

Biz ayanlar; bilgi ile donanıp, egemenlerin yarattıkları karanlığa ışık tutmak zorundayız. Kadının insanlık tarihiyle buluşturma mecburiyei vardır. Tarihle buluşmak ve yüzleşmek, çalışma ve sadakat gerektirir. Bayanların tarihle sözleşme yapmaları şart. Materyaller üzerine, maddeler silinmeyecek mürekkeplerle işlenmelidir.

Su ve ekmek kadar özlemini hayattın her salisesinde duyumsadığımız demokrasinin inşa edilmesinde, biz kadınların çok yönlü savaşımı olmazsa olmaz. . Bayanlar demokrasi mucadelesinde öncü rol oynayabilirlerse, politikacılarımızın iç kavgalarını önleyebilir. Onları tüketen, iticileşen, üretimden düşürüp asalaklaştıran, yaratma isteklerini öldüren hislerden kurtarabiliriz. Kadınlar tarihsel devrimci görevini üstlenmeksizin toplumun dinamiklerini ortaya çıkaramak imkansızlaşır.

Sağlıklı anne; sağlıklı çocuk yetiştirebilir, aydınlatıcı şeyler yazabilir, kötülüklerin önüne set çekebilir, sorunların özgür ve demokratik bir şekilde tartışılmasını sağlayabilir, bireylerin kişilikli saygılı olmalarını temin edebilir.

Kürt kadını kompleks ve korkularından arınmalıdır. Tercihini, üretenlerden yana koymalıdır. Egemen erkek kültür, bayanları "tehlikeli, baş belası" olarak görmektedir. Kendilerini tutsaklaştıran erkeksi etkileri terk etmelidirler.

Ulusal, sınıfsal baskının, feodal geriliğin en katmerlisini yaşayan Kürt kadını, özgürlük mücadelesi örgütlü tarzda tutuşturmaya başladı. Erkeğin çizdiği sınırlara meydan okurcasına, özgürlük getirecek dağlarına yol aldılar, ancak orada da kabul göremediler. Geride tutulmak istendiler ve özgürlük sevgisi uğruna büyük bedeller ödediler. Ödenen, ödenmeye hazır olunan bedellerin karşılığı ise özgür bir yaşam isteği idi.

Gelinen aşamada, Kürt kadınları hem yaşadıkları coğrafyanın, hem de sürgün edildikleri toprakların örgütlü ve kararlı güçleri aşamasındadırlar. Özgürlük taleplerini haykıran binler var. Tarihin bir mirası olan egemen zihniyetlerin tüm zorlayıcı yaklaşımlarına, örgütlenme ve yönetim tecrübesizliğine rağmen, onların yürüttükleri örgütlenme çalışmalarından taviz vermemeleri gerekiyor. Ancak, kadının ve erkeğineşit, onurlu ve adaletli bir yaşam yaratma yolunda verecekleri bilinçli mücadele, insanlığı tüm kötülüklerinden arındırabilir.

Evin Çiçek

Sümer, Asur, Mısır, Finike ve diğer Mezopotamya tarihlerinde kadının toplumsal ilişkileri, haklarından yararlanması, kurulan toplumsal, siyasal, ekonomik düzen incelenmeye değer. Savaşlardan dolayı elde edilen esirlerin satılmaları, kadının piyasada bir mal olarak satılmış olması irdelenmelidir.

Baş bağlama ilk kez olarak Sümer'lerde cinsel ilişkiyi yaşayan, ilişkide bulunanla bulunmayanları ayırtetme amacıyla kulanılmıştır. Daha sonra ise farklı bir boyut kazandırılmıştır.

Kadın tarihi, incelenecek olursa, dişi tanrıların egemenliklerinin sona ermesi, erkek tanrıların egemenliklerinin kurulmaya başlanması, kadına egemen olmaya başlayan babatanrı düzeninin, onun siyasal, toplumsal statüsünü negatif yönde belirlemeye başladığı yönündedir.

Kadının tesettüre sokulması, kendisinin bu durumu kabullenip, savunmaya geçmesi, direnmesi incelenmeye değer. Kadın tesettürü, kadının baş ve bedenini gizlemekten öte, cinsiyet ayrımcılığının, fırsat eşitsizliğinin sembolü olarak görülmeli, ele alınmalı ve değerlendirilmelidir.

Kapatma, kadın bedenini aşağılamanın, bir hiç yerine koymanın, diğer yanıyla da ondan çekinmenin, aşırı istek duymanın, çekiciliğine karşı dirençsiz kalmanın, ona teslim olmanın göstergesidir. Kadın bedeni niye çirkinliği, ayıbı ve haramı işaret etsin ki? Erkek; hem dinsel kitapları işaret ederek örtürüyor, hem de örttürdüğünü aşağılıyor. Zayıflığını, isteğini, teslimiyetini gizliyor.

İslam olanlar tarafından, tesettürün, tanrıbabanın adına konuşan, onun elçisi olduğu belirtilen Peygamberleri M. Mustafa tarafından bayanlara emredildiği, bu emrin Kur'an'da yazıldığı, belirtilir.

Gerçek durum onların belirttikleri gibi değil. Tesettüre giren kadınların, saçlarının tellerinin görünmemeleri için kullandıkları örtü altı kapatma bezleri olarak değerlendirilen parçalar, Kanadalı Katolik rahibeler tarafından icat edilip kullanılır. Bu kapatmanın İslamiyetle alakası yoktur.

Kadınlar, İslamiyet'ten 13 yüzyıl önce, Asur Krallığı'nda tesettüre sokulurlar. Eski bir Sami inancına göre, kadınların saçları, onların cinsel organlarını çevreleyen kılların devamlarıdırlar. Erkeklerin kadınların saçlarına bakmaları, görmeleri kadınların kıllarını çağrıştırmaktadır. Bu çağrışımın önlenmesi için de Asur'da kadınların başları kapatılır. Baş kapatma İslam dininin oluşmaya başlamasından 7 asır önce uygulanmış ve İslamiyet oradan almıştır.

İlk tek tanrılı, tanrıbaba dinine sahip olma özelliğine sahip olan

Yahudilerde başörtüsü dinden çok gelenek olarak, yani kadının erkeğe itaatını, saygısını simgeleyen bir araç olarak kullanılır. Bu durum halen Mezopotamya'da, yaygın olarak varlığını korumaktadır. Erkeğin yakınında geçmesi, bulunması durumun da bayan ayağa kalkar, başındaki örtüyle ağzını, burnunu kapatır.

Tesettürü bir zorunluluk haline getiren ise ikinci tanrıbabalı din olan Hıristiyanlıktır. Hıristiyan kadınlara tesettüre girme emrini Babatanrı adına veren de, erkek olan Santus Paulus'dur (St-Paul). Göçmen bir Yahudi olan bu şahsiyet, dönme olmanın getirdiği psikolojiyle Hıristiyanlığa geçtikten sonra koyu bir dindar olur ve Katolik Kilisesi'nin kurulmasında çok önemli bir rol oynar. O, Hıristiyanlıktaki kadın, kadın bedeni karşıtlığının baş mimarıdır.

Santus Paulus(St-Paul), kadın tesettürünü Vatikan'da korunan 14 mektubunda, Korinthoslulara yazdığı emirnameyle Hıristiyanlık kuralı haline getirir. Yani Tanrıbaba'nın oğlu olan erkek peygamberin, Tanrı adına sunduğu emirler dışında, O da, kendisinde emir verme yetkisini görür ve emirnamelerini yazar. Katolik Kilisesi ve ardından İslamiyet, bu emirnameleri yazılışlarından itibaren erkeğin üstlüğünü, kadının günahkarlığını, suçluluğunu sürekli dile getirmek amacıyla kullanırlar.

Kadının bedenini, bakmasını, görmesini, sorgulamasını, değerlendirmesını, düşüncesini açıklamasını yasaklayan din; baskı araçlarından biri tesettürdür. Hıristiyanlık, ilk tek tanrılı din olan Musevi'likten, İslamiyet'te her ikisinden etkilenerek şartlarını oluşturur. Gerçek şu ki tesettür İslamiyet öncesi uygulanmaya başlanmıştır.

Özellikle Kur'an'daki En Nissa'da (kadınlar suresi) özgür ve köle kadının ayrımı yapılmıştır. Kadının neye göre özgür, neye göre köle olduğu konusu ise açık değildir. Bu süreyi incelediğimizde, özgür kadının eşinin dışında bir başkasını tercih etmiş olması durumunda, bayanın eşinden özür dilemesiyle cezası ortadan kalkıyor. Köle kadının bir başkasını tercih etmesi durumunda ise ayaklarına kırk küsur sopa vurularak cezalandırılması istenir.

Eğer Babatanrı bütün insanları yarattıysa, yaratmaya devam ediyorsa, eşit yaratması gerekirdi. Niye ayrımcılık yapıyor? Tek inanç istiyorduysa insanlar neden farklı inançlara, çok sayıda tanrılara sahiptirler? Çok sayıda tanrıya inananlara, yaptırımsız, sertçe yaklaşmaması gerekmez miydi? İnsanların inançlarında, tercihlerinde özgür olmaları gerekmez miydi? Bu zorlama niye? Eğer insanı topraktan yaratıp, şekillendirdiyse, vücuttaki organları, hisleri de O oluşturdu. Cinsel istemlerini, arzularını, dürtülerini yaşamak isteyenler niye cezalara maruz bırakılıyorlar? Cinsel ilişki neden aşağılanıyor, yargılanıyor, deşifre ediliyor, yaptırımlara tabi tutuluyor? Var olan organlar kullanılmak içindirler. Gerekli olmayan, kullanılmayan organ vücutta yer almaz!

Erkek Tanrılar, o Tanrıların akrabaları, dostları, elçileri olduklarını söyleyenler kendi birikimlerine, anlayışlarına, istemlerine göre bayanı bir yere oturttular. "Sen ancak bu ölçüler, çerçeveler içinde yaşayabilirsin" dediler. Kadın da korkarak, suç işliyor olmaktan, günah işlemekten çekinerek, yazılanları, ağızdan aktarılanları sorgulamadı ve olduğu gibi kabul etti.

O nasıl bir Tanrı ki yarattığı erkek ve bayan arasında demokratik ilişkileri oturtmuyor, işlerlik kazandırmıyor? Bayan ve erkek arasında eşitliği sağlayamıyor. Ezilmelere, sömürülmelere, aşağılanmalara göz yumuyor. Güçlüler ve zayıfların oluşmasına ortam hazırlıyor ve güçlülerin zayıfları ezmelerine olanak sağlıyor! Neden kimisini özgür kılıyor, kimisine de cariyeliği, köleliği, düşük statüyü reva görüyor? Yarattığı kula eziyet edeni anında cezalandırmıyor! Yaptırıma tabi tutmuyor?!

Birileri Babatanrı adına konuşma, yasa yapma ve insanlara uygulatabilme hünerine, yeteneğine sahiptirler. Babatanrı adına konuşup, yaşamı her konuda yönlendirirler. Din görevlileri, sırtlarını "kutsal kitaplara" vererek, onları kullanarak, asalak bir elit olarak toplumda yaşıyabiliyorlar.

Toplumumuzda ve farklı kıtalarda gördüğümüz, dini veya resmi nikahlı olduğu birey dışında biriyle cinsel ilişki yaşayan bayanın taşlanarak (recm) öldürülmesi gerektiği şeklinde bir belirleme Kur'an'da yok. Peki kim, kimler bu uygulamayı başlattı? Sorgulamak gerekiyor!

Nisâ Suresi, ayet 15-16; "Kadınlarınızdan zina yapanlara karşı içinizden dört şahit getirin. Eğer şahitlik ederlerse, o kadınları ölüm alıp götürünceye kadar, yahut Allah onlara bir yol açıncaya kadar evinizde tutun. İçinizden zina yapan her iki tarafa ceza verin! Eğer tövbe edip uslanırlarsa artık onlara ceza verip eziyet etmekten vazgeçin. Çünkü Allah tövbeleri çok kabul eden ve çok esirgeyendir!"

Nûr Suresi, ayet 2; " Zina eden kadın ve erkekten her birine yüz sopa vurun. Müminlerden bir grupta onlara şahit olsun"

Nûr Suresi, ayet 3; "Zina eden erkek, ancak zina eden veya putperest olan kadınla, zina eden kadın da, zina eden veya putperest olan erkekle evlenebilir. "

Çevre halklar, ticari veya diğer sebeplerle ilişki içinde bulunan toplumlar birbirlerinden etkileniyorlar. Baş bağlama, örtünme, din görevlileri tarafından değişik şekillerde yorumlama ve yaptırımlarla bugünkü "Kadina cezalar" haline getirilmiştir.

A'raf Suresi, ayet 26-27; "Ey Ademoğulları! Size çirkin yerlerinizi örtecek giysi, süslenecek elbise indirdik. Tekva (iman) elbisesi ise daha hayırlıdır. Ey Ademoğulları! Her mescide gidişinizde ziynetli elbiseler giyinin. Yiyin için. Fakat israf etmeyin!"

Niye bedende çirkin yer? Eğer tanrı insanı yaratıyorsa, tümüyle en güzel şekilde yaratmış olması gerekmez mi? Deniz sahillerinde, havuzlarda, dünyanın değişik yerlerinde çıplak olarak yaşayanlar, estetik bütünlük sergiliyorlar. Ancak zaafları olanlar, çıplak vücut görmekten tedirgin olabilirler! Kendi zaaflarını, eksikliklerini kapatabilmek için de bayanların örtülerle kapatılmalarını, bedenlerini gizlemelerini mecburi hale getirirler. Kendisini kontrol edemeyen, etkilendiği, yakın olmak, dokunmak istediği vücudu kapattırıyor. Kadında bu istemi, derinlemesine düşünmeden, değerlendirmeden, nedenleriyle kavramadan kabul ediyor. Vucudundan kaçıyor, yabancılaşıyor, suçluyor.

Nûr suresi, 31 ayette "Mümin kadınlara söyle gözlerini korusunlar. Namus ve iffetlerini esirgesinler. Görünen kısımları müstesna olmak üzere ziynetlerini teşhir etmesinler, başörtülerini yakalarının üstüne örtsünler. Kocaları, babaları, kocalarının babaları, kendi oğulları, erkek kardeşleri, erkek kardeşlerinin oğulları, kız kardeşlerinin oğulları, kendi kadınlarının ellerinin altında bulunan, erkeklerden kadına ihtiyacı kalmamış hizmetçiler, yahut henüz kadınların gizli kadınlık hususiyetlerinin farkında olmayan çocuklardan başkasına ziynetlerini göstermesinler. Gizlemekte oldukları ziynetleri anlaşılsın diye ayaklarını yere vurmasınlar"

Her bayan gören, her bayana dokunan erkeğin cinsel istemleri mi uyanıyor, kabarıyor? Saldırıya geçme hazırlığına mı giriyor? Deri teması cinsel uyarımda bu oranda etkili mi? Sosyal ilişkiler bireyler için bir zorunluluk değil mi? İki cinsin aynı ortamda olması sadece cinselliği mi çağrıştırıyor? Böylesine insandan korkan yada sapıklık düzeyinde düşkünleşebilen insanin ruhsal tedaviye ihtiyaci var ve tedavi olması gerekmez mi? Düşünmek ve değerlendirmek gerekmez mi?

Ergenlik dönemine girmemiş olan çocukta cinsel istem olamayacağı düşünülerek onlardan kaçınılmaması istenmiş. Halbuki küçük çocuklarda cinsel ayırımı his ettikleri gibi, sürtünme, dokunma şeklinde haz alabiliyorlar. Son yıllardaki bilimsel araştırmalarla bu gerçeklik tespit edilmiş durumda.

Ahzâb suresinde, Ayet 59'da, "Ey Peygamber, hanımlarına, kızlarına mümin kadınlarına (bir ihtiyaç için dışarı çıktıklarında) örtülerini üzerlerine almalarını söyle. Onların tanınmaması ve incitilmemesi için en elverişli olan budur. " denmiştir.

Korunmada amaç nedir? Niye Babatanrı o bayanları doğrudan doğruya korumuyor da, örtünmelerini istiyor? Afrika'da, Avusturalya'da, Asya'da, Amerika'da yarı çıplak veya çıplak dolaşan insanları aynı Babatanrı yaratmadı mı? Sadece Arabistan yarımadasında mı yaşayanların kapanmaları gerekiyor? Bu ayırım neden? Kapanmamakla milyonlarca insan suç mu işliyor?

Kur'an'da yer verilen kapanma düşüncesi, istemi geçmiş dönemlere ve toplumlara aittir. Sümerlerden devir alınan bir gelenektir. Sümer'lerde rahibeler tanrı adına seks yapmalarından dolayı kutsal sayılmışlardır. Diğer bayanlardan ayrılmaları, bilinmeleri için de başlarının bağlanması istenmiştir.

"Sümer kanunu, Babil Kralı Hammurabi'nin yaptığı kanuna temel olmuş, ondan Musa'nın ve Yahudi kanunu, oradan da İslam kanununu etkilemiştir. Hammurabi'nin (M. Ö. 1. 750) Güneş Tanrısından kanunu alışı, Musa'nın Tanrıdan kanunu alışına örnek olmuştur. İlginç olanı İslam'da hukukun, ancak Arapların Irak topraklarını ele geçirdikten sonra kurallaşmasıdır. Sumer, Babil hukuksal geleneklerinden çıkan sözler, İbrani kanunu Talmud'da bulunuyor. Ortodoks Yahudi'deki boşanma terimi Sümer'ce bir kelime. Sinagog'da Tevrat okunurken dinleyenler şallarının saçakları ile onu izlerler. Bu, Sümer'de hukuksal bir belgenin onaylandığını göstermek için tablete elbise kenarıyla basılmasını yansıtmaktadır. *(Samuel Noah Kramer, Cradle of Civilization, New York, 1967, s. 160)*

Musa'nın kanununda bulunan anaya, babaya saygı, kimseyi öldürmeyeceksin, zina yapmayacaksın, çalmayacaksın, yalan tanıklık etmeyeceksin, komşunun karısına ve malına göz dikmeyeceksin gibi kurallar Sumer kanununda aynı. Yalnız Sumer kanunu daha insancıl; cezalarda göze göz, dişe diş yok. (. .) daha sonra Samiler tarafından yapılan kanunların, Sumer kanunlarına dayandığı kuşku götürmez. Buna açık bir örnek olarak, İbrahim Peygamber'in karısı ile cariyesi arasındaki olayı gösterebiliriz. Sumer kanununa göre kısır bir kadının kocasına verdiği cariyesi çocuk doğurunca, hanımına karşı büyüklük taslayamaz, öyle yapmaya kalkarsa cezalandırılır(. . .) Araplarda zina (nikah dışı cinsel ilişki) yapan kadınların taşlanması, Tevrat'ta olmasına karşın *(Tesniye 13-23),* Kur'an da böyle bir ceza yok. Zina cezası ile ilgili dört ayet bulunur(. .) *Taşlanma cezası;* Sümerlilerin eski çağlarında varmış. Fakat değişik bir nedenden, M. Ö 2. 200'lerde Lagaş Kralı Urukagina tarafından yapılmış sosyal reform metninde, geçmiş zamanlarda olduğu gibi iki koca almaya kalkan kadınlar ve hırsızların, bu fena hareketleri yazılı, taşlarla taşlanacakları bildirilmektedir. *(S. N. Kramer, The Sumerians, s. 322.)*

İslamiyet'ten önce bazı Arap kabileleri anaerkil olup, kadınlar birkaç koca alabiliyorlarmış. *(Hayrullah Örs, Hazreti Muhammed, İstanbul, 1963, s. 160-161) . . (. .).* . . Sümer'de sosyal adaleti koruyan tanrıça (anatanrı), senede bir kere insanları iyi veya fena hareketlerinden dolayı yargılar. Kötüleri cezalandırır. Bu inanış İslam'a, Şaban ayının on beşinde beraat Kandili olarak girmiştir.

Sümerliler kadınları bir tarlaya benzetmişler. Aynı deyim hem Tevrat, hem de Kur'an da var. Kur'an da " Kadınlarınız sizin için bir tarladır. Tarlanıza nasıl dilerseniz öyle varın" yazılı. (*Bakara suresi, ayet 223*). Bunu müfessirler çeşitli şekillerde tefsir etmişler. *(Bkz. Turan Dursun, Din Bu 3, İstanbul, 1991, s. 28)* Bu tefsirlerde, bir kadınla nasıl cinsel ilişkiye girileceği açık bir şekilde açıklanmaktadır.

. . . (. .). . . Sumer tapınaklarında rahibeler genel kadın görevi yapıyorlardı. Bunlar tanrı namına seks yaptıklarından kutsal sayılmışlar ve diğer kadınlardan ayrılmaları için başları örtülmüştür. *(Hartmut Schmökel, Kulturgeschichte des Altenorient, 1961, s. 37)*

Daha sonraları, M. Ö 1. 500 yıllarında bir Asur Kralı, yaptığı bir kanunun kırkıncı maddesi ile evli ve dul kadınları da başlarını örtmeye mecbur etmiştir. Fakat kızlar, cariyeler ve sokak fahişelerinin örtünmeleri yasak. Örtünürlerse ceza var. *(Prof. Mebrure Tosun-Doç. Dr. Kadriye Yalvaç, Sumer, Babil, Asur kanunları ve Ammi-Aduqa fermanı, Ankara, 1975, s. 252, madde 40)*

Böylece meşru seks yapan evli veya dul kadınlar da, mabet fahişeleri düzeyinde saymışlardır. Bu gelenek Yahudilere geçmiş, dindar Yahudi kadınları evlenince saçlarını tıraş ettirip bir peruk veya başörtüsü ile başlarını örtmüşler. Hıristiyanlıkta rahibeler aynı şekilde başlarını örtüyorlar.

İlginç olan Tevrat'ın son yazıldığı zamana kadar, Yahudiler arasında Tanrı namına fuhuş yapan kadın ve erkekler varmış. Tevrat tesniye 23:18'de "İsrail oğullarından ve kızlarından kendilerini fuhşa vakfetmiş kimseler olmayacaktır. Kadınlar! Fuhşun ücretini herhangi bir adak için Allah'ın Rabbin mabedine getirmeyeceksiniz, çünkü bunların ikisi de Allah'ın Rabbe mekruhtur. " şeklinde yazılıyor.

Yahudi fahişeleri yüzlerine peçe koyuyorlarmış. *(Tevrat, Tekvin 38. 15)* Bunun Araplarda da olduğu söylenir. İslam'a örtünme, erkekten kaçma şeklinde geçmiş. Buna karşın erkeksiz bir yerde Kur'an okunurken veya dua ederken, kadınların başlarını örtmeleri, Sumer geleneğinin bir devamıdır. . (. .). Kur'an'da bazı hocaların uydurdukları gibi, başlarını örtmeyen kadınların cehennemde saçlarından asılacakları şeklinde bir ayet olmadığı gibi, örtünenlerin de cennete gidecekleri yazılmıyor.

Bazı Sumer rahibelerinin, evlenseler bile çocukları olmamalı idi. Kazara böyle doğan çocuklar öldürülürlerdi. Çünkü bu kadınlar Allah'ın karıları olduklarından, doğan çocuklar da Tanrı'nın çocuğu sayılıyorlardı. Sümerler bir ölümlüden Tanrı'nın çocuğunu istemiyorlardı. *(Muazzez İlmiye Çığ, Kur'an, İncil ve Tevrat'ın Sümer'deki Kökeni, Kaynak Yayınları/Sümerli Ludingirra, Ludingirra'nın Yaşam öyküsü / Tablet III)*

Sümerler yaşadıklarını şiirleştiriyorlar. Kil tabletlere yazılan bu şiirler bugün de okunabiliyor ve geçmiş tarihe ışık tutuyorlar. Aşk Tanrıçası İnanna'yla ilgili değerlendirmeler de sevgi en doğal haliyle mısralara dökülüyor. Sümer'lerde, kadın, kadının vajinası, cinsel organı yüceltilir. Bugünkü gibi aşağılanmaz. Hakaret edilmez. Suçlu olarak değerlendirilmeye tabi tutulmaz. Geçmişte kadın bugünkü gibi kendi bedenini "utanılacak", "kusurlu" gibi görmüyor. . Doğurganlığından dolayı kutsanıyordu.

Tanrıça İştar; halkların kadın yöneticisi, Önsezi Tanrıçası adıyla anılır. İştar'a, Nemrud kentinde tapınılır. Kürdistanlı Kızılbaşların-Alevilerin halen taptıkları Güneş de Tanrıça'dır. O, akşamları çocuklarının yanına dönmektedir. Yakın ve Ortadoğu'da bütün Tanrıçalar Göklerin kraliçeleri olarak adlandırılırlar.

Geçmişe baktığımızda, kil tabletler okunduğunda, aslında bugünkü ilişkilerden fazlasıyla rahatsız olmak gerek. İlkellikle suçlanan insanlar bizlere örnek teşkil edecek sosyal ilişkilere sahipler. Sumer kanunları daha sonra yazılanlara da önderlik ve kaynaklık teşkil etmişlerdir.

Alım, satım, borçlanma, kira, miras bölüştürme gibi her türlü hukuksal işlerin birer yazılı antlaşma ile yapılması, ilk kez Sümerlerde başlamıştır. Evlenmelerde, boşanmalarda yasal sayılmaları için, yazılı bir antlaşmayla kanıtlanmalıydı. Taşınmaz mallar ilk olarak bir kadastro yoluyla Sümer'de güvenceye alınmıştır. Vergi dengesizliğini, kırtasiyeciliği, zorbalığı, rüşveti önlemek, kadın ve erkeğin eşit işe, eşit ücret almasını sağlamak amacıyla ilk reform yapanlar da Sümerlilerdir.

" Babama sözleşme yazdırmaya gelenler de başka bir âlemdi. Bizim kanun ve geleneklerimize göre her sözleşme belirli kurallar içinde yazılmalıdır. Yazılı olmayan sözleşmeler için hiç bir hak ileri sürülemez ve mahkemeye de başvurulamaz. Bu yüzden ev, tarla, bahçe, köle, hayvan satmak, kiralamak, borç alıp vermek, mirasını ölmeden bölüştürmek, çocuğunu evlatlıktan çıkarmak veya evlatlık almak isteyenler, yanlarında tanıkları, boyunlarında mühürleriyle babama gelirlerdi. Evlenecekler de tanıklar önünde, evlenme koşullarını, boşanma olduğu zaman kimin ne alabileceğini belirleyen bir sözleşme yapmak zorundalar. Eğer yazılı bir sözleşmeleri yoksa, evlenenler evli sayılmazlar. Kurallarımız kesindir. Kentimizde yalnız sözleşmeleri yapan kamusal bir kuruluş olarak Burgul var. Fakat babama da başkanımız tarafından özel olarak izin verilmişti.

Sözleşmeler önce konusu, sıra ile koşulları, tanıkların adları, yemini, günü, ayı, yıl yazılıp iki tarafın mühürleri basılır. En önemlisi de sözleşme yazıldıktan sonra yazılanın üzerine yeniden yumuşak kil kaplanması ve üzerine içindekilerin tekrar yazılmasıdır. Böylece sözleşmenin üstü kırılırsa, içi sağlam kalır, hem de yazılanlar değiştirilemez. Biliyor musunuz, bütün bu kurallar biz Sümerlilerden çıkmış. "*(Ludingirra'nın Yaşam öyküsü, Tablet V / s, 30)*

Ailede sorunlar, bayan ve erkek, Venüs ve mars arasındaki gel-gitler o dönemde de aynen bugünkü gibi yaşanmakta;

" Bir keresinde hiç unutamıyorum; bir adam girdi dükkâna, yüzü allak bulak olmuş, belli ki, bir şeye çok kızmıştı. Babama 'Aman, Bay Nanna, karıma acele bir mektup yazmak istiyorum!" dedi. Aklımda kaldığına göre şöyle yazdırdı; " Karıya söyle, Marištar diyor ki, benimle kavga ettiğin, beni dışarı attığın günden beri ne kadar yaygara yaptın! Niçin Hununi'ye düşmansın? Niçin gürültüye neden oldun? Seninle evli olduğum halde başka bir kadın arıyorum. Beni bu hadde kadar söylettin. Senin denginde bir kadın geliyor; sevin artık! Oh! Senin yakınmalarından, dırdırından kurtulacağım işte!" Zavallı adam! Hakikaten başka bir kadın getirdi mi eve, yoksa bunu karısına gözdağı vermek için mi yazdırmıştı? Tanrılarımız böyle bir kadını bir erkek başına vermesin!, dedim o gün. Bir atasözümüze göre 'Evde huzursuz bir kadın cinlerden fena" imiş. Yalan değil bu. Hakikaten kadınlarımız içinde cinlerden fena olanlar da yok değil. Bazı erkekler de onlardan aşağı kalmaz ya!"*(tablet V, s. 28, 29)*

M. S. 500 yıllarında son Tanrıça tapınaklarını kapatan Roma ve Bizansta, Hıristiyan imparatorluklar kurulmasına kadar Tanrıça'lara tapınma devam etmiştir. Tarihteki bu gerçekliklere rağmen geçmişi bilince çıkaramayan, geçmişten, tarihten habersiz olan bayanlarımız, göçmen ve mülteci olanlarımız, günümüzde Türkiye sınırları içinde yaşayan ve başlarını kapatmak için direnen, bundan dolayı da üniversitelere sokulmayan, çalışma yaşamından uzak tutulan, sosyal, ekonomik, politik yaşamın dışına itilen bayanlar, geçmişte Tanrı adına erkeklerle cinsel ilişkide bulunuyor olmanın simgesi olarak, farklı, üstün olarak görülen durumlarından dolayı uygulamaya konulan baş kapamayı, katolik St-Paul'un tesettür emirlerini kendilerinin bireysel hakları olarak algılıyorlar ve kapanma istemlerinde diretiyorlar.

Onlar, baş bağlamanın tarihinden habersizler. Sadece İslam'a dayandığını sanıyorlar. Dini bir görevi yerine getirmek, suç işlemekten, günahkar olmaktan uzak kalmak istediklerini belirtiyorlar. Onlar, Sumer ve sonrası uygarlıkların, Tevrat, İncil ve Kur'an'a kaynaklık ettiğini bilmiyorlar.

Geçmişte kadını kurban eden egemen erkek dini, bugün tarihi haksızlığı bayanlara hak olarak sunmuş bulunuyorlar. Bu anlamda sorulacak soru, kadın nasıl özgür olabilir? Kendi ülkesinde, aynı İslami bağımlılığa, diğer tek tanrılı dinlere tabii kılınan Kürdistanlı kadın, kendi toplumunda ve içine girdiği yeni toplumda nasıl özgür ve eşit olabilir?

Kadınların Kamu yaşamına Katılımının Güçlendirilmesi bizler için mecburi olan görevlerdendir. Demokrasi her toplumun içinden filizlenir ve bu süreç her ülkenin kendi özgünlüklerine göre biçimlenir. Erkektanrı'lar adına konuşanlar, onları temsil ettiklerini söyleyenler, bayanlara karşı psikolojik, sosyal terör uyguladılar/uyguluyorlar. Din ve sömürü, hiçleştirme, insan yerine koymama, haram, günahkar, suçlu görme, sayma ilişkisini görenlerimiz, aile değerlerini yok etmeye, toplumun direklerini sarsmaya, erkek düşmanlığı yapmaya çalışmakla suçlandılar/suçlanıyorlar.

Biz kürtler halen Tanrıça'larımıza tapıyoruz. Tanrıça Güneş batmaya doğru ilerlerken insanlarımız dua edip, gözyaşları döküyorlar. Bizleri ona yönelik hikayelerle büyüttüler. Buna rağmen, bizlere yabancı olan ve topraklarımızı egemenlikleri altına alan Ortadoğu kaynaklı tek Tanrı'lı dinlerin oluşturdukları kültürler, çok Tanrı'lı, Tanrıça'lı ilişkilerin yerine oturmaya başladıkları için toplumumuz da olması gereken hukuki ve siyasi eşitlikler pratik olarak yaşanmadı/ yaşanmıyor.

Bayan olarak kamu hayatına katılımımız kabul görmüyor, engelleniyor. Farklılıklarıyla kadın hakları kavramının gerekliliği objektif olarak topluma açıklanmıyor, öğretilmiyor, anlatılmıyor. Kadının, kamu hayatının öznesi olması, gelişimi açısından bir zorunluluktur. Kadın haklarını ve kadının kamu hayatına katılımını dini gerekçelerle reddetmek, toplumu körleştirmeye, karanlıkta tutmaya devam etmektir. Babaerkil, Babatanrı anlayışıyla oluşturulan bir yaşam, ilişki tarzı, değerleri koruma adına topluma dayatılmakta.

Tanrıça tapınakları yerine oturtulmaya başlanılan Babatanrı kültürünü korumak, erkek egemen gelenekleri oluşturan, yaşatan töreleri yaşatmaktır. Erkeğe verilen kadını yönetme hakkını onaylamaktır. Kadının baskı altında tutulup, boyun eğdirilmesinde tek tanrılı dinlerin işlevlerini kabul etmektir. Kadının inanma, inanmama, bu kimliğiyle kamu hayatına özgürce katılma hakkı vardır. Bu alanda yasaklar koyup, maskeli bir halde de eşitlikten bahsetmek özgürlükçü ve eşitlikçi bir ortam hazırlamaz.

Kadın, kendisini eksik, küçük, beyinsiz, suçlu, günahkar gören bütün değerlendirmelere, yaklaşımlara karşı savaş açmalıdır. Olumlu yöndeki değişim, Babatanrı kültürünün oluşturduğu erkek üstünlüğüne dayanan tek tanrılı dinlerin kalelerini sarsacaktır. Dökülmeye, yuvarlanmaya başlayan kale taşlarının arasından ezilen, sıkıştırılan birey olmaktan çıkıp; durumunu sorgulamaya başlayacaktır. Sorgulayanlar, aynı zamanda demokrasi mücadelesi de vermek zorundadırlar.

Kadın, erkek tanrılar adına kendisine biçilen ikinci sınıf kalıba razı edilmiş / ediliyor. O da, başkalarını, yakın çevresini razı etmek için aktif halde kalmış/ kalıyor. Kutsal kitaplar erkekler tarafından bayanların teslim alınmaları için referans olarak kullanılmış / kullanılıyorlar. Tek tanrılı dinler tarihi iyi irdelenmelidir. Kadınlar soru sorarak kutsal oldukları belirtilen kitapları okuyup, değerlendirmeye tabi tutmalıdırlar. Tek tanrılı dinler de eşitlik, demokrasi yoktur. Bu durumu açıklayabilmek, gözler önüne serebilmek için de cesur yürekler gerekli. Kadın, kendi mücadelesiyle kadının bugünkü olumsuz konumunu değiştirebilir.

Bu görüşler ışığında diaspora da ki Kürdistanlı kadınlar, kendi söylemleriyle araştırmamın konusu oluyorlar. Yazar, toplumsal gerçekliği yansıtmak zorundadır. Bu yansıtma sadece toplumsal ilişkileri içten yansıtma değil, aynı zamanda dış gözlemlerden de hareket edip, yaşamsal bütünün her karesine ayna tutarak, toplumsal yapıları analizlerle gün ışığına çıkartmaktır.

Kürdistanlı bayanlar, erkek egemenliğine dayanan kast sisteminin şiddet uygulamalarının hedefleri oluyorlar. Burada dinsel öğelerin kalıtsal soy geçişleri hem bir klinik araştırma konusu, hem de bireylerin soydangelim sendromlarının gelişim psikolojisi açısından ele alınması gerektiğine inanıyorum.

Fransa Bilimler Akademisi, genlerdeki geçişin tarihsel boyutunu inceliyor. Bu araştırmalar bir yandan insan beyninin sinir sistemlerindeki şiddetin kalıtım yoluyla nasıl geçtiğini açıklıyor. Diğer yandan görüntülerin analizleri sonucu şiddete dayanan kişiliğin kendisini haklı çıkartma savunmalarının psikolojik temellerini ortaya çıkarıyor. Kürdistanlı erkeğin kadına karşı kullandığı şiddetin biyolojik, zihinsel, dinsel etkilerinin kişiliği oluşturmadaki olumsuz etkileri, yönleri daha ilerdeki araştırmalarımın konusu olacaktır.

***

"Olayı yaşayan kişinin savunma mekanizmaları önemlidir. Göçmenliğin sonuçlarını, gelişmeleri pozitife de negatife de döndürebilir. Yaratılan şey yaratana özgüdür. "

M. Y. ; Diyarbakırlıyım. 1980 askeri cuntasından sonra siyasi göçmen olarak bu ülkeye geldim. Diyarbakır'da eğitim enstitüsünde okudum. Burada da Sosyal Pedagoji Yüksek Okulu'nu bitirdim. Sosyal pedagog olarak çalışıyorum. Alman bir bayanla evliyim. Mesleğim gereği gençlerle başbaşayım. Kürt veya diğer halklardan aileler gelip benimle görüşme ihtiyacı duyuyorlar.

Göçün bayanlarda yarattığı, bıraktığı etkilerin başında yaygın olarak baş ağrısı gelmekte. Bazılarında ise iştahsızlık başgösteriyor. Bu durumda vücut dirençlerinin zayıf düşmesine neden oluyor. Sık, sık girip olma, baş dönmeleri, mide bulantıları, sürekli yorgunluk ve uykusuzluk gibi sendromlar ortaya çıkmakta.

Kadınlarımız problemlerini kendi başlarına çözmekten uzaklar. Aralarında % 1 gibi bir azınlık sorunlarının bilincinde. Bunlarda genelde yüksek okullarda okuyanlardır. Diğerleri ise avuçlarını açmış, erkeklerinden yardım beklemekteler. Problemlerini, sorunlarını nasıl çözeceklerini bir kenara bırakalım, sorunların nelerden dolayı oluştuğunu, ortaya çıktığını, kaynaklandığını, dahi bilmiyorlar.

Büyük çoğunluğu buradaki yakınlarının tavsiyelerine uyarak gelmişler. Yani göçetme de dahil, kendi gelecekleriyle ilgili kararı kendileri almış değil. Onlar özellikle kocaları, yakınları veya aileleri tarafından bir çok problemin içine itilmiş. Sahip oldukları problemlerin bilincinde de değiller. Çoğu problemlerini izh etmekte de zorlanır. Bu da yetersiz olan dil bilgisinden kaynaklanıyor. Kürt kadınları çoğunlukla az bir kesiti herhangi bir dili tam anlamıyla konuşma yeteneğine sahiptirler.

Bazıları bazı problemlerini tespit etmekte ve kadın olmanın verdiği duygularla, kendi daralanlarında çözmeyi uygun görürler. Yardım ilk etapta aile içinde arar. Problemin yapısına göre aile ya çözüm yollarına baş vurur veya söz konusu problemi problem olarak kabul etmez.

Örneğin aile tarafından zorla evlendirilmek istenen kızın problemi, aile içinde çözme imkanları yok denecek kadar azdır. Bıçak kemiğe dayandığında çevreye (önce yakın akrabalar) ve en son olarakta kuruluşlara baş vurulur. Ki bunların da sayıları, oranları çok azdır. Çözümü dışarıda aramakta bulan ve arayan bayanların eğitim düzeyi yüksek değil, ama tam da eğitimsizler denilemez. En az orta okul veya liseyi bitirmişlerdir. Bazıları da 3-4 yıl İsviçre'de okula gitmişlerdir.

Birde şehirlerden buralara gelen bayanlar, biraz daha girişkenler. Kırsal alandan gelenlerse dış çevreye en az açılabilen kesimi oluşturmaktalar. Basel ve Baselland (iki yerleşim alanı) da yerleşmiş olan Kürdistanlı kadınların % 50'si Maraş bölgesinden, % 30'u Erzincan ve Dersim, % 10-15'i Sivas ve diğerleri de Konya, Antep, Mardin vb. bölgelerden gelmişler. Özellikle Maraş bölgesinden gelenler en çok problemli olan kesimi oluşturmaktalar. Ama en az yardım isteyenler de onlar. Bir de bu bölgeden gelen kadınların kendi kendilerine olan güvenleri diğer bölgelerle karşılaştırıldığında (Dersim, Diyarbakır, Mardin) oldukça az. Kürt kadınlarının genelde sahip oldukları gururlu olma olayı, gerçekliği bunlarda oldukça az, eksik. Konyalı kadınlarda da bu durum kısmen gözlemlenebilir.

Kız çocukları kendileri mi öğretmenlerine problemlerini açıyorlar, öğretmenler mi onları izliyor, gözlemliyor?, derseniz, gerçek durum şudur; okullar da ilk etapta problemlerin varlığından, var olacağından haberdar olanlar öğretmenlerdirler. Öğretmenler uzun süre çocukların davranış biçimlerini gözlemledikten sonra onlara sorular yöneltmekteler. Ancak çocuğun güvenini tam anlamıyla kazanan öğretmen sorularına cevap alabilir. Bu aşamadan sonra çocuk problemleri sıralamaya başlıyor. Hatta öğretmenlerin oldukça kesin tespitlerine rağmen (mesela evde dövülen çocuklar) evde olup bitenleri anlatmamakta direnen çok sayıda çocuk var.

Sosyal kurumlar problemleri, sıkıntıları olan kızlarımıza, kadınlarımıza hangi oranda, hangi konularda çözüm getirebiliyorlar? Onların geldikleri bölgelerin kültürel değerleri, oluşan kişilikler göz önüne alınıyor mu?, derseniz; benim oturduğum Basel ve çevresinde son on yıl içerisinde kadınlara yönelik çalışma yapan epey sosyal kuruluş oluştu. Maalesef bu kurumlarda yer alan veya çalışan bir tek Kürt yok. Ancak "Türk" olduklarını söyleyenler varlar (Genellikle Türkiye sol kesiminden gelenler). Dolayısıyla bu tür kuruluşların sorunlara getirecekleri çözümlerde oldukça sınırlıdır. Sağlık ve parasal konularda yasalara göre hareket edilir. Yani kadın hastaysa doktora gönderilir. Parasızsa asgari geçim kanununa göre kendisine sosyal yardım yapılır. En önemli olan; yan psikolojik sorunlar ya konuşulmaz veya konuşulursa da çözüm bulunamaz.

Ayrıca İsviçre sosyal kuruluşlarında görevli olanlar, özellikle Kürt ve Türklerin (ki diğer halklardan olanlar da o ülkenin, Türkiye Cumhuriyeti'nin kimliğini taşıdıklarından "Türk" olarak belgelere işlenirler) ailesel sorunları ile ilgili konularda oldukça tedbirli davranıp, mümkün olduğu kadar bu işe bulaşmak istemezler. Ancak erkekler tarafından kriminal(suç oluşturan, ceza gerektiren) bazı girişimler olursa (kadının oldukça sık ve acımasızca, vahşice dövülmesi veya bıçaklanması) o zaman bazı tedbirleri alırlar.

Dolayısıyla bu insanların ne geldikleri yerlerin kültürel değerleri, ne de söz konusu kadının kişilik durumu pek göz önünde bulundurulmaz. Ayrıca İsviçre'deki sosyal kuruluşlarda görevli olanların yaptıkları en büyük hatalardan biri de tüm Kürt ve Türkiyeli kadınları aynı değer yargıları içinde görmeleridir. Kendi insanlarının kişisel tarihçelerini, durumlarını ve sosyal ilişkilerini tek, tek göz önünde bulundurup o doğrultuda kararlar almalarına rağmen, Kürdistanlı kadınlarda ise bazen gelinen yerin dahi özellikleri dikkate alınmaz. Bireyi donanımıyla, kendisine verilenle ele almayınca sorunu çözmede gerekli yol katedilemez.

Tercümanlık yaptığım üç yıl içinde iltica başvurusunda bulunan bayanların geliş yolları, eğitim ve meslek durumları, yaş düzeyleri, insan tacirlerine-şebekelere teslim edilme şartları, gelenlerin yaş ortalamaları, Kürdistan'ın hangi bölgesinden geldikleri vb. epey bilgiye sahip oldum.

İltica, sığınma başvurusunda bulunan bayanlar, genellikle karayoluyla ve şebekeler aracılığıyla gelmişlerdi. Yol ve şebeke parasını genellikle Avrupa'da çalışan bir akraba (koca, baba, kardeş vs.) göndermiş veya köydeki arazi, hayvan, ürün, yani para eden her şey satılmıştır. Bazıları da doğrudan, erkek akrabalarıyla birlikte göç yollarına düşmüşler.

Eğitim ve meslek düzeyleri Kürdistan'ın genelinin bir aynasıdır. En fazla orta okul veya lise mezunu (liseyi bitirenlerin sayısı çok az, genellikle ilk okul mezunudurlar). Meslek olarakta ev de yetişmişler. Ev veya tarla, bağ işlerinde çalışmışlar. Bununda eğitimini yapmamışlar. Büyüklerden öğrendikleri şekliyle yapmışlar.

Yaşları oldukça genç, 15-16 veya 24-25 yaşlarına kadar. Tek, tük otuz yaşın üzerinde olanlar vardı. Zaten yaşı 18-19' un üzerinde olanların % 90'ı evliydiler. Yaş ortalamaları 20-22 diyebilirim. Bu yaşlar da şebekelerle yollara düşüyorlar. Bazıları da kocalarının davetleri sonucu tek başlarına yola çıkmışlar. Yolda büyük maceralardan sonra buraya kavuşmuşlardır. İltica eden Kürdistanlı kadınların % 80'inden fazlası Maraş bölgesindendir. Bunu Sivas, Erzincan, Dersim, Konya takip etmektedir.

Gelenlerin ifadeleri hangi dil de alınıyordu?, derseniz onu da açıklayayım. Benim çalıştığım süre için de gelenlerin ifadeleri Türkçe alınıyordu. Üç yıl boyunca sadece üç sefer Kürtçe tercümanlık yaptım. Bunlardan biri Konyalı, ikisi de Mardinliydiler. Diğerleri kendileri Türkçe konuşan tercüman istediler.

Geliş nedenleri, sebepleri olarak neler anlatılıyordu? derseniz ona da açıklık getireyim; Maraş bölgesinden gelenlerin % 80'i geliş nedenleri olarak Kürt olmak, dini (Alevi) -ırkı baskı görmek, tecavüze uğramak,

PKK'ya yardımcı olmaktan dolayı aranmak gibi nedenleri sıralıyorlardı. Çok azı da geliş nedenlerini kocalarına kavuşmak şeklinde yansıtıyorlardı.

Kısaca şunlar anlatılıyordu; "Köyümüz veya mahallemiz sık, sık basılıyordu. Devlet görevlileri bizlere, "gerillalara yiyecek vermeyin" diyorlardı. Her baskın sırasında evimizdeki her şey dağıtılıp, parçalanıp fırlatılır ve bizler de dövülürdük. Son baskın da beni kendileriyle beraber götürdüler. 2, 3, 4 gün (bazıları iki ay, 9 hafta) boyunca beni tutukladılar. Bu süre içerisinde çok işkence gördüm. Ayrıca tecavüze uğradım. Beni bıraktılar korktum ve bulunduğum yerden uzaklaştım, buraya geldim. " Bunlar topraklarımızdaki genel uygulamalardı. T. C. kolluk kuvvetleri tarafından basılan köylerde, evlerde yapılan işlemlerdi. Diğer konu düşündürücüydü! Hemen, hemen hepsi tecavüz konusunu konuşmamayı, kocalarının ve ailedeki diğer erkeklerin bu durumu bilmediklerini ve soru sorulmamasını rica ediyorlardı.

Gelen insanların sürekli baskıdan, tecavüzden bahsetmeleri ve benim bunları dinleyip almancaya çevirmem beni ruhsal olarak etkiliyor muydu ?, veya beni en çok etkileyen ifade hangisiydi?, derseniz, sizin bilgi sahibi olabilmeniz açısından anlatmam da yarar var.

İnsan haftada iki, üç sefer, bütün gün boyu, 3 yıl boyunca bu sözleri, cümleleri, yaşam hikayelerini dinleyince, doğrusu düşünmek zorunda kalıyor. İlk dönemlerde önyargısız, söylenilen her şey doğruymuş gibi algıladım, kabul ettim. Ama gelenlerin, özellikle Maraşlı bayanların % 80i tecavüzden bahsedince durumun, gerçeğin anlatılanlar gibi olmadığını, olamayacağını düşünmeye başladım.

Eğer Kürdistan'ın bir bölgesinde (ki baskının en yoğun olduğu yer Botan, Serhat alanlarıydı) bu kadar kadın T. C. güvenlik güçleri tarafından tecavüze uğramışsa, tüm Kürtlerin kendi kendilerini imha etmeleri, yok etmeleri gerekirdi. Benim bildiğim, tanıdığım Kürt insanı, kadını da, erkeği de, tecavüz karşısında ellerini bağlayıp beklemez. Ben Diyarbakır'da, Siirt'te yaşadım. Toplumu çok iyi tanıyorum. Hele yaşadığım yerlerdeki Kürt bayanları çok daha iyi tanıdım, anladım, çözdüm. Annemin direncini, gücünü, zorluklara karşı mücadelesini, evi idare etme çabasını görmüştüm, izlemiştim.

Sadece Avrupa'da kalabilmek, yaşayabilmek amacıyla bir halkın kadınlarının, o halkın kadınları tarafından bu denli küçük düşürülmesi beni epey kızdırdı, düşündürdü, üzdü. Sonradan öğrendim ki bunları Avrupa ülkelerine getiren şebekelerin üyeleri bunlara nasıl ifade vereceklerini anlatıyorlar, gerekenleri söylüyorlar. Onun için de verilen ifadelerden kimin hangi şebekeyle geldiğini anlamaya başladım. İfade veriş şekilleri, kullanılan cümleler şebekeyi anlamama yeterli oluyordu. Çünkü yol güzergahlarında onları ifade vermeye hazırlıyorlardı.

Onları ifadelere hazırlayanların anlayışlarına göre ifade verilince bireyin oturum alma, kabul edilme şansı yükseliyormuş. Bu durum zaman içinde İsviçre'de iltica davalarına bakan, bu konuda görevli olan yetkililerinin de tuhaflarına gitmeye başlamıştı. "Tecavüze uğradım" diyeceksin ve anlatmayacaksın, ya da o şiddetli saldırı anını anlatırken duygulanmayacaksın, yaşamayacaksın?! Rahat, rahat oturacaksın!

Burada kalabilmek için senaryolar hazırlanıyordu. Bence anlatılanların büyük bir kısmı yalandı. Anlatanlar, anlatılanları yaşamamışlardı. Ha anlatılanlara benzer bir çok olay yaşanmıyor muydu? Yaşanıyordu. Yaşayanlardan, mağdurlardan gelenlerin sayısı çok azdı. Bir Kürdistanlı olarak halkımızı tanıyorum. Ne acıdır, ama gerçek, burada kalabilmek için bizim bazı değerlerimizi ayaklar altına alıyorlardı. Ayrıca onlar Kürt ve Kürdistan olgusunun farkında da değillerdi.

Çokları ilk önce Alevi olduklarını söylüyorlardı. Kürtlük ikinci planda kalıyordu. Kürtlük konusunda bildikleri sadece PKK'nın varlığıydı. Birisinin ifadesi sırasında PKK'nın ne anlama geldiği kendisine soruldu. Bu soruya cevap veremedi. Veremeyenler çoğunluktaydılar. PKK'yı, H. K. (Halkın Kurtuluşu) veya H. Y (Halkın Yolu) ile karıştıranlar da varlardı.

Birisine Abdullah Öcalan kimdir?, sorusu yöneltildi. Cevabı veren yirmi yaşlarında bir bayandı. "Tanımıyorum, o bizim köyden değil" dedi. En basit sorular şunlardı. "Serxwabun ne anlama gelir ? PKK ne zaman kuruldu? Ne yapmak istiyor? Silahlı mücadele ne zaman başladı?" Çoğu kez sorulara cevap veremiyorlardı ya da çok aptalca yanıtlar veriliyordu.

Yani anlayacağınız ulusal kimliğin en asgari gerekliliklerini dahi bilmiyorlardı. Bu durum dini konu olan Ailevi'likte de aynıydı. Sadece "Sünniler bizi sevmiyorlar. Bizleri öldürmek istiyorlar. İbadetimiz yasak. Kendimizi ifade edemiyoruz. " diyorlardı. Alevilik nedir? İçeriği nedir? Aleviliğin ölçüleri nedir? Nasıl Alevi olunur?, veya tecrit etme, dıştalama var mıdır? Dini ibadet nasıl yapılır, duaları nelerdir?, Tanrıları var mıdır? Nelere tapıyorlar?, Kaç tanrıya inanıyorlar? sorularına cevap veremiyorlardı.

Kısacası dinsel konuda da, ulusal konuda da cahilliğin, bilinçsizliğin en üst aşamasında seyreden insanlarımız var. Bu durum yüzlerce erkeğimiz için de geçerli. İnancını, ibadetini anlatamama, bilememe! Hiç kimse çocuklarıyla birlikte ifade vermeye gelmedi. Ancak bulundukları yerleşim birimlerinden ayrılıp göç yoluna düşen kadınların % 10 kadarı bir veya iki çocuğuyla birlikte gelmişlerdi. % 50'si çocuk sahibi olan bayanlardı ama çocuklarını geldikleri yerlerde, yakınlarının yanında bırakmışlardı. Aileler bölünmüştü.

İnsanlar sadece yalan değil, gerçekleri de anlatıyorlardı. İltica işlemleri bitinceye kadarki süreçte (ki bu bazen yılları alıyor) bu bayanların büyük bir kısmı akrabalarının (koca, baba, kardeş, amca, dayı, teyze, hala) yanlarına yerleşiyorlar, sığınıyorlar. Bir kısmı da iltica yurtlarında kalıyorlar. Ruhsal yapıları hakkında söyleyeceklerim belirleyici değil. Tek, tek duyduğum veya tercümanlığını yaptığım bayanlar ufak bir azınlıktır.

Bu bayanların mutlu olmaları konusu başlı başına bir konu. Sadece iltica eden Kürdistanlı kadınlar değil, burada işçi statüsüne sahip olan kadınların da durumu pek iç açıcı değil. Avrupa ülkelerinde yaşayan kadınlarımızın büyük bir kesimi mutlu değiller. Bunun nedenleri ise çok yönlü;

1-Kürdistan'da sahip oldukları sosyal çevreyi burada bulamıyorlar. Yalnızlık ve izolasyon onları kısa sürede bunalıma sokuyor.

2-Büyük bir kısmı Kürdistan'da sadece ev işleri ve çocuklara bakarlarken, burada çalışıp para kazanmak zorundalar. Dışarıda çalışmanın beraberinde ev işleri ve çocuk bakımı da onların görevi olmaya devam ediyor. Bu da fiziksel olarak yıpranmayı beraberinde getiriyor.

3-Kadın olarak kendilerini Avrupalı kadınlarla karşılaştırdıklarında (ki kısa sürede bu gözlemleri yapıyorlar) ne denli haksızlıklara maruz kaldıklarını fark ediyorlar. Bu haksızlıklara karşı direnmeye güçleri olmadığından kendi içlerine kapanıyorlar ve büyük bir komplekse kapılıyorlar.

4-Bazıları sahip oldukları statüde değişiklik yapmaya kalkışınca, öncelikle kocalarının direnişleriyle, yani karşı koymalarıyla karşılaşıyorlar. Yalnız kalmanın verdiği korkudan dolayı tekrar her şeyi sineye çekiyorlar.

Burada kalma, yaşama istekleri resmi makamlarca kabul gören bayanlarımız zaman içinde değişim sergiliyorlar. Değişim en az 10 yıl kadar bir süreye yayılıyor. İsviçre'de bu konu da henüz gerekli araştırmalar yapılmadı. Fakat Berlin yabancılar komisyonunun 1985'te yaptığı bir araştırmaya göre, Almanya'ya yerleştikten on yıl sonra boşanan kadınların oranı % 50'yi geçmektedir. Ve tüm bu boşanmalar da davacı olan, yani boşanmayı isteyenlerin % 90 kadınlar. Bu durum İsviçre'de de geçerli.

Basel ve çevresinde de sık, sık bu durumlar yaşanıyor. Basel'deki hukukçular 1994'te çıkardıkları bir bülten de kadınların boşanma davalarına baş vurmalarının nedenlerini şöyle sıralamışlar;

"1-Kadınlar artık eskisi gibi patriarkal kurallara göre yaşamak istemiyorlar.

2- Çalıştıkları için ekonomik olarak, bağımsız durumdalar.

3-Erkeğe olan bağımlılığın maddi temelleri ortadan kalkmış.

4-Avrupalı kadının sahip olduğu özgürlüklere kadın olarak sahip olmak istiyorlar.

5-Ailenin sorunlarını tek başlarına üstlenmeyi red dediyorlar.

6-Bireysel olarak düşünmeye başlamış ve bireysel davranmaktalar.

7-Avrupa'da olmanın beraberinde getirdiği özgür ortam da eski korkuları kırmakta ve hayal ettiklerini gerçekleştirme yönünde girişimlerde bulunmaktalar. "

Bu sayılan nedenleri ben de gözlemleyebildim. Yani bizim topraklarımızdan gelen kadınlar içinde geçerli olan nedenler. Ancak bu tür bir gelişmeyi sadece belli bir eğitim seviyesinde olanlar yapabiliyorlar. Yani bayan en az ortaokul mezunudur veya dili burada iyi öğrenmiştir.

Evlilik kurumuna gelince; gözlemliyorum. Burada halen kızlarımızın % 90'ı görücü usulüyle evlendirilirler. Ve evliliklerin % 90'a yakını akrabalarla. % 90 oranında evliliği yapacak olan erkek halen ülkededir. Evlilik yoluyla buraya getirilecekler. Amaç bir yakını daha evlilik vasıtasıyla Avrupa'ya, İsviçre'ye getirmektir. Bazen de buraya gelmiş olan akraba oturum alamamışsa onunla da evlilik yapılarak oturum alması, burada kalması sağlanır. Bu tür, ailelerin baskılarıyla yaptırılan evliliklere karşı direnebilen çok az sayıda kız var. Evleniyorlar, sonra boşanıyorlar ve yalnız yaşamaya başlıyorlar.

Yıllar sonra yeni değerler ve değişik gelişmeler söz konusu olunca aile içinde çatışmalar başlıyor. Basel ve çevresinde yaşadığım on altı yıl içerisinde sekiz kadar Kürt bayan öldürüldüler. Bazılarını uzaktan tanıyordum. Öldürme işlemini gerçekleştirenlerin hepsi de erkek. Katillerin % 90'ı öldürülen kadının kocasıdır. Bazı öldürme olaylarına kardeş, amca oğlu veya yabancı karışmış. Bir olay da baba ile oğul birlikte kadını öldürür. Ailenin aldığı kararla.

Erkekler neden dolayı öldürmeye yöneliyorlar? Oldukça geniş bir konu. Sosyal-ekonomik ve kültürel nedenlerin dışında bir de erkeklerin sahip oldukları psikolojik durum, onları bu şekilde zora baş vurmaya yöneltiyor. Bu kural sadece Kürdistanlı erkekler için değil, bütün dünya erkekleri için geçerli. Genel olarak erkek cinsi agresif (saldırgan) olur. Yani zora oldukça çabuk baş vurur. Duygularını yıllarca gizlemek zorunda kalmanın verdiği, oluşturduğu psikolojik yapı onları bazen bu tür davranışlara itiyor.

Bir de Kürt erkeklerinin kültür ve geleneklerinden kaynaklanan yapıları onları katil olmaya yöneltiyor. Kadına bir mal, eşya gibi bakmanın yanında, bir de kadının "erkeğin şerefi" olarak görülüp, değerlendirilmesi de büyük bir rol oynuyor. Bunların dışında zora başvuran her erkeğin içinde bulunduğu bireysel, ruhsal yapının da rolü çok büyük. Avrupa'daki ruh bilimcilerin ruhsal hastalıklarla ilgili kıstaslarını da göz önünde bulundurursak Ortadoğu toplumlarındaki "erkeklerin %80'i hastadır. " tespiti yapılmış.

Yalan konuşmak, çifte standartlı yaşam biçimlerini sürdürmek, cinsel olarak oldukça tek yanlı ve bencil davranmak, kaba kuvveti ve zoru erkekliğin en önemli kıstası olarak görmek, erkek olmanın üstün cinsten olma anlamına geldiğini kabul etmek, kadın cinsini aşağılamak ama özellikle annelere de duygusal olarak yaşam boyunca bağımlı kalmak, kadını bir yerde kutsallaştırmak, diğer yerde de her alanda sömürmeye ve ezmeye kalkışmak. Bütün bunlar üzerinde tek, tek uzun, uzun düşünülmesi ve yazılması gereken konular. Ben sadece başlık mahiyetinde belirtiyorum.

Kürdistanlı kadın sağlıklı ve dengeli bir yaşama nasıl, ne şekilde kavuşabilir? Ekonomik bağımsızlık özgürlük getirebiliyor mu? Bu soruları cevaplandırmak oldukça zor. Toplumsal gelişmeler biz Kürdistanlıları nereye götürür ? Bilemiyorum! Elbette ki benim bazı düşüncelerim mevcut. Bildiğim bir şey var. O da oldukça yavaş ve ağır gelişiyoruz. Yüzyılların gelişme ve davranma biçimlerini değiştirmek her halde yine yüz yılları alacak. Bir toplumda kadının ve erkeğin sağlıklı ve dengeli yaşayabilmesi, sadece erkek veya sadece kadın cinsinin çabalarına bağlı değildir.

İki cinsin doğanın gereği olarak birbirlerine olan bağımlılıkları, iki cinsin birlikte gelişme göstermelerini zorunlu kılıyor. Kürt kadınlarının günümüzdeki mutsuzluğuna paralel olarak, Kürt erkeklerinin günümüzdeki ruhsal bozuklukları söz konusudur. Erkeklerin özellikle ruhsal yapılarının değişmesi gerekiyor. Gerekir ki kadınlar özgürce gelişme gösterebilsinler. Fakat erkeklerin ruhsal yapılarındaki olumlu gelişmeyi de ancak kadınların (annelerin) çabaları sağlayabilir. Yani biri olmadan diğeri, diğeri olmadan biri olmaz. Bir toplumsal sorunla karşı karşıyayız. Tabi bu kadınların örgütlenip sorunlarına çözüm aramalarına engel bir durum değildir. Ancak bazı erkeklerin yukarıdan aşağıya "nasıl kadın olunur?" sorusunu sorup buna yine kendilerinin cevap vermeleri yanlıştır. Yani oluşacak olan yeni bir kadın tipine erkeklerin yön vermeleri, şekillendirmeleri, bizleri toplum olarak pek ileriye götürmez. Kadınlar da pek mutlu olmazlar. Tıpkı TC. de, Ankara yönetiminin "Alın bu haklar sizindir" demesi gibi. Türkiyeli kadının bu günkü yerini, konumunu biliyoruz. Bunun Kürdistan'da da böyle olmaması için;

1-Kürdistanlı kadınların kendi örgütlerini yaratmaları

2-Kürdistanlı kadınların bilim, kültür, siyaset, ekonomi konularında yetkinleştirilmeleri ve geliştirilmeleri

3-Hemen, hemen yaşamın her alanında hakim olan erkek egemenliğinin kaldırılıp, yerine eşit koşullarda her iki cinsin de yararlanabileceği bir ortamı hazırlamak

4-Özellikle ailede çocukların yetiştirilmesinde, eğitim konusunda eşit, insancıl ve cinslerin eşitliği çevresinde halkı ve toplumu aydınlatmak.

Daha çok şey belirtilebilinir. Ekonomik bağımsızlık kısmen de olsa belli bir özgürlüğü beraberinde getiriyor. Bunu Avrupa ülkelerinde gözlemliyoruz. Fakat sadece ekonomik bağımsızlık yetmiyor. Kafaların da değişmesi gerekiyor. Bu da yüz yıllardan beri insanların beyinlerine yerleşmiş (özellikle dini gelenekler) cinslere yönelik kalıplaşmaların ortadan kalkmasını gerektiriyor.

Kürdistan'dan gelen kadınlarımız da hangi sınıflarda, hangi problemler yaşanmakta?, derseniz; Kürdistanlı kadınlar da sınıfsal yapılanmayı işçi, köylü, küçük burjuva, burjuva temelinde belirtmek yanlış olur kanısındayım.

Gözlemlerim şunu gösteriyor; kadının bilinç seviyesi, geldiği ailede kendisine verilen yer ve bunun beraberinde getirdiği kendi kendine güvenme duygusu, kadın ve birey olarak sahip olduğu ekonomik bağımsızlık gibi etkenler onun sınıfsal konumunu, daha doğrusu toplumdaki yerini belirlemektedir.

Kürdistanlı kadınların büyük bir kısmı yukarıda söz ettiğim noktalardan epey uzak. Yani bilinç seviyesi, eğitimsizliğin sonucu olarak oldukça düşüktür. Bayan aile içerisinde kız ve kadın olmanın kendisine verdiği bireysel bir aşağılık kompleksine sahiptir. Ekonomik olarak da bağımsız değildir. Bu anlamda şimdiye kadar belirttiğim problemlerin en büyük oranını bu tür (büyük oranda Kürdistanlı kadınlar) kadınlarımız paylaşmaktalar. "

***

1960'lar da Almanya'ya giden göçmen işçilerle ilgili çok ilginç hikayeler anlatılıyor. Dinlediğim bazı gerçekler tümüyle doğal bir yaşamdan kopup, teknolojinin en gelişkin olduğu bir ülkeye gitmenin yarattığı sonuçlardı. Kimi işçiler köylerinden çıkmışlar ve ilk kez şehirde elektronik araçlarla tanışmışlardı.

Anlatılan bir aile; Sivas'a bağlı Eskidere köyündendirler. Onlar, doğrudan köyden veya Ankara'dan Almanya'ya gidiyorlar. 6 çocukludurlar. Erkek işçi olarak Almanya'ya gittikten sonra eşini de götürüyor. Almanya'ya ilk giden işçilerdendir. Eşine kesinlikle para vermez. Alış verişi kendisi yapar. Kadın yalnızdır. Çocukları memlekettedirler ve evlenmişlerdir. Baba, daha sonra yanına getirdiği evli olan oğlunu alış verişe gönderdiğinde, alışveriş sonrası arta kalan parayı da tümüyle oğlundan alır. Maaş onundur. Bir tek o dokunabilir, kullanabilir.

Evlerinin tuvaleti bahçededir. O, evin kapısını dışarıdan kitleyerek işe gider. Çevrede kendilerini tanıyan herkes konuyu duyar. Bu durum uzun süre devam eder. Sohbetlere konu olur. Kadın, O olmadan dışarı çıkamaz. Tuvalet dışarıda, bahçede ve kapıda kilitli olduğu için kadın evde çişini ve dışkısını naylon torbalara yapmak zorunda kalır. Adam gelip kapıyı açtığında ise, birlikte artıkları götürüp, tuvalete boşaltırlar. Bayan, çok güzeldir ve güzelliğinin bedeli olarakta evde hapis hayatı yaşar.

Kadını eve hapsetmesinin adı, onu dışarıdaki tehlikelere karşı korumaktır! Koca bu tarz yaklaşımla kadını koruduğunu belirtir. O, onu, istediği uygulamaya tabi tutar, cehaletin ve hastalık düzeyindeki kıskançlığın bütün özelliklerini sergiler.

Birinci kuşaktakiler çok acı çeker. Birisi ütü yapmayı bilmez. Ütülü elbise giymek ister. Eşine "Şu gömleği giy. Ben ütüyü çalıştırayım. Ütüleyelim!" diyor. Gömleği bayana giydiriyor. Kızgın ütüyü vurduğu gibi naylon gömlek kadının sırtına yapışıyor ve kadının derisi yanıyor.

Bu kuşak erkekler eşlerini memleketlerinde bırakıp gelmişlerdir. Aylarca yalnız kalmışlardır. Hemen hepsinin Avrupalı bayan arkadaşları vardır. Daha sonra eşlerini getirdiklerinde ise durumlarının, dışarıdaki ilişkilerinin anlaşılmaması, ilişkilerini gizlemek, devam ettirebilmek için sürekli evlerde gerilim, tartışma yaratmışlardır. Erkekler bu konuda birbirlerine dersler, öğütler vermişlerdir. Kadınlar sadece kavga olmasın diye sesiz kalıp, otururlar. Evde huzuru sağlamayı tüm olanlara rağmen sürdürürler. Erkeklerde metresleriyle olan yaşantılarını devam ettirirler. Kürt bayanlar bu durumu istemeye, istemeye kabul ederler. Baskın olmak, saldırıya geçmek, bunun için sebepler bulmak, erkeklere göre iyi tespit edilmiş bir çözüm yoludur!

Bir başka örnek; Sivaslı olan bayan Almanya'ya geldikten sonra köyde giydiği, diz kapaklarına kadar olan uzun donu giymek istemez. Kendisine kısa külot alır. Eşi "Sen yoldan çıktın. İlk yaptığın şey donunu çıkarıp atmak oldu" cümleleriyle saldırıya geçer. Kadını tümden soyup, kapının önüne bırakır. Muş-Vartolu bir aile kadını evlerine alır. Giydirir. Örnek çok. Olumlusu da, olumsuzu da. Düşündüreni de, güldüreni de.

***

" Olgun bir adamı dost edinmek isterseniz eleştirin, basit bir kimseyi dost edinmek isterseniz övün. Bireyin dünyayı değerlendirişi, sorunları çözmeye yönelik hoşgörüsü, esnekliği, yaşamla barışık olması evliliğin sürekliliğini sağlar. "

DILÊ DÊRSIMÎ; 1961 doğumluyum. Üç çocuklu bir işçi ailesinin çocuğuyum. Kürdistanlıyım. Birinci göçü yaşayarak Ankara'ya yerleşen ve işçi olan ailemin gecekondularında doğdum. Sadece yaz tatillerinde köye gidiyorduk. Annem ve babam ikinci göçü yaşayarak Almanya'ya işçi olarak geldiler. Bir yıl annemden, üç yıl babamdan ayrı kaldık. Köyden bir yengem geldi, evimize yerleşti ve bize baktı. Sorumluluğumuzu aldı.

Okulda başarılı bir öğrenci değildim. Sınıf öğretmenlerinin tutumları beni okulu, dersleri sevmeme yönünde provoke etti. Başarısızlığa doğru ilerledim. Bir de bütünlemeye kaldım!

Yalnız kalmanın etkisini sorarsanız, annemden küstüğümü hatırlıyorum. Annem Almanya'dan, Ankara'ya, yanımıza geldiğinde kendisine yaklaşmadım.

Yengem cahildi. Kendi çocuklarıyla bizim aramızda ayırım yapıyordu. Çocuk psikolojisinden haberdar değildi. Dedem, kardeşimle beni korudu. O, ruhsal eksikleri tamamlıyordu. Diğer kardeşimi annem kendisiyle birlikte buraya getirmişti.

Mesela okulda para istediler. Yengem gerekli olan parayı vermedi. Dedem harekete geçti. İhtiyacı karşıladı. O, olmasaydı gerçekten de çok zorlanacaktık. Başka birisinin yanında kalmak, annesiz kalmak çok kötü bir durum. Ben on, kardeşim ise 8, 5 yaşındaydı. O dönem de anneye ihtiyaç oluyor. Babayı o kadar sorun yapmıyorsun. Hep ikisine ulaşma özlemiyle yaşadık. "Ne zaman yanlarına gidebiliriz?", beklentisi içine girdik.

Almanya'nın çok zengin bir ülke ve oradaki yaşantının da çok iyi olduğu anlatılıyordu. Bir teyzemde Almanya'ya gelmişti. Onu çok özlüyordum. Annemin sütünü emmiştim. Teyzemle ise dost, arkadaş, kardeş gibiydik. Almanya'ya gidebilmekle ona da kavuşacağım düşüncesiyle seviniyordum.

Ben diyemem ki biz yokluk yaşadık. İşçi olan babam döneme göre iyi kazanıyordu. Diğer Kürtlerden avantajlıydık. Almanya'ya gitmekle, Ankara'da var olan yiyecek, ihtiyaç satın alma kuyruklarında beklemenin biteceğini, elektrik kesintilerinden kurtulacağımı düşünüyordum. Çünkü istenilen, gerekli olan oranda üretim yapılmıyordu. Halkın ihtiyaçları karşılanmıyordu. Saatlerce sırada bekle ki yağ, şeker vb. şeyler alabilesin.

Bıkkınlık gelmişti. Etraftakiler, burayı ziyaret edenler bu ülkedeki olanakları ballandıra, ballandıra anlatıyorlardı.

Temmuz ayında buraya getirildik. Şoka uğradım. Bu kültür şokuydu. Çok sıcak bir yazdı. Evimiz yüzme havuzuna yakındı. Ben Ankara'da büyümüştüm ama dışarıda bikinili insan görmemiştim. Burada karşılaştığım görünüm beni şaşırtmıştı. İnsanlar güneşin eksikliğini hissediyorlardı. Güneş oldu mu da yararlanmak için soyunuyorlardı. Ben bu görüntülere hiç mi hiç alışkın değildim.

. Bu şehrin evleri çok eskiydi. Görünüşleri çok kötüydü onu hatırlıyorum. Biz Ankara'da gecekonduda yaşıyorduk. Bize ait tuvalet, banyo vardı. Burada üç ay, üç aile, toplam 17 kişi üç göz bir evde kaldık. Bu şartlar içinde yaşadık. Yerin darlığı biz çocukları hiç rahatsız etmedi. Bizler birlikte olmanın zevkini yaşıyorduk. Oynuyorduk!

Daha sonra geçtigimiz evde ise iki aile bir tuvaleti kullanıyorduk. Bu şehrin eski evlerinde genellikle tuvaletler dışarıdaydı. Biz çocuklar gece tuvalete gitmeye korkuyorduk. Burada banyo yoktu. Annem su güğümleriyle mutfakta su ısıtır ve plastik leğen de bizi yıkardı. Hepimiz bu şekilde yıkanırdık. Daha sonra haftada bir yüzme havuzunun banyosuna ya da banyosu olan Kürt ailelere gitmeye başladık. Oralarda yıkanıyorduk. Evde yıkanmak çok zor oluyordu. Bir odadan diğerine geçiyorsun. Her şey iç içe idi. İki yıl da öyle bir evde oturduk.

Daha sonra taşındığımız ev de banyosuzdu. Ev bulmak zordu. Yabancılara ev verilmiyordu. Evi kiralayabilmek için daha önce oturan kiracıya da ayrıca para vermek gerekiyordu. Burada olan birisi 1973'e kadar bir akrabasını, yakınını istetip, getirtebiliyordu. Almanların, yabancılara ihtiyaçları vardı ve severek getiriyorlardı. 1973'ten itibaren bu ülkede yabancıları istememeye başladılar. En ağır, en pis işleri yabancılar yapıyorlardı. Onlara yaptırıyorlardı.

Almanlar yabancıların omuzlarının üzerinde yükseldiler, bey, hanım oldular. Bu şehrin siyasi konumu da önemliydi. İnsanları buraya gelmeye teşvik ediyorlardı. Ekonomik olarakta diğer şehirlere göre avantajlıydı. Bu şehirde yaşlılar çoktu. Bundan dolayı da gençleri istiyorlardı. Göçle birlikte gençler çoğaldılar.

Temmuz da geldik. Ağustosta okula başladım. İlk okul altı yıldı. Beni ilk okul son sınıftan başlattılar. Bir seneyi tekrarladım. Sınıfımdaki öğrenciler sadece Türkiyeliydiler. Zaten "Türk sınıfı" deniliyordu. "Yabancılar sınıfı" öğrencisiydim ve öğretmen de Türkiyeliydi. Almancanın yanı sıra, diğer dersleri de Türkçe aldık. Yalnızca Almancayı Almanca yapıyorduk. Türkiye'den yeni gelen, almanca bilmeyen öğrencileri, daha önce buraya gelmiş ve Almanca öğrenemediklerine inanılan öğrencileri o sınıfa yerleştiriyorlardı.

Diğer şehirlerde ise, Türkiye'den gelen öğrencileri diğer sınıflarla, Alman öğrencilerle iç içe yerleştiriyorlardı. Bizim kaldığımız şehirde uygulama farklıydı. Hepimizi bir araya toplamışlardı. Orta okul sistemi farklıydı. Yetenek durumuna göre değerlendirmeye tabi tutuyorlardı.

Ben Türkiye'de severek okula gitmedim. Vasat düzeyde, sınıfları zar-zor geçen, evde ders çalışmak istemeyen, okulda dayak yiyen bir öğrenciydim. Bir öğretmenim de sürekli ayakkabısının ökçesiyle kafama vururdu. Okuma, öğrenme isteğim yoktu. Bu ülkede öğretmenlerin farklı, olumlu, beni anlayan yaklaşmaları sonucu okuma isteğim gelişti. Orta okulda zeka düzeyi en düşük olan öğrencilerin gittikleri bölüme gönderildim. Yedinci sınıfta, sınıfta olanlar, hepimiz Türkiyeliydik. Hocamız yaşlı ve Türkiyeli bir öğretmendi. O da bizi döverdi. Türkiye'deki uygulamaları burada sürdürüyordu. Bizi sıraya kor ve parmak uçlarımıza cetvelle vururdu. Burada dayak yasaktı. Ama O, uyguluyordu. O, komutan biz de askerleriydik. Ben ondan dayak yediğimi evde söylüyordum. Annem ve babam bir tek sefer olsun hocayla görüşme, dayağı engelleme girişiminde bulunmadılar. Çünkü otorite karşısında eziktiler. Kendilerini savunmayı öğrenememişlerdi.

Sekizinci sınıftan onuncu sınıfa kadar öğrenimimi Almanca diliyle gördüm. Öğrenciler Türkiyeliydiler. Doğu Almanya'dan kaçan bir sınıf hocamın girişimleriyle sürekli kitap okumayı sevmeye başladım. Bende okuma aşkı oluştu. O hocanın yaklaşımları sonucu sınıfta en başarılı öğrenci oldum. Hocam sürekli beni takdir ve teşvik ediyor, onurlandırıyordu.

Liseye geçtim. Üniversiteyi hedefledim. 10'cu sınıfta üç haftalık staj yapma mecburiyeti vardı. Ben bir okulda yapmayı tercih ettim. İşletme konusuyla yüz yüze kaldım. Bir sene işletme eğitimi ağırlıklı eğitim veriliyordu. 5 yıllık bir öğrenimden sonra o okulda Alman öğrencilerle birlikte 1 yıl okudum. Orada ilk kez Almanca düzeyimin ne kadar yetersiz olduğunu fark ettim. Diğer Türkiyeli öğrenciler okuldan kaçarlardı. Bense devam ederdim/ ettim.

Bir yıllık işletme okuluna gitmekle, yabancı öğrenciler olarak Almanlardan ayrı tutulmamızın üzerimizde yarattığı negatif sonuçları gördüm. Eğer Almanlarla birlikte okusaydık dili iyi öğrenir, kendime güvenir, eksiklerimi daha rahat giderir ve atağa geçerdim.

11. sınıf bana çok şey kazandırdı. İşletme konusunu öğrendim. Liseye gitme yerine, işletme alanındaki mesleklere yöneldim. Vergi uzmanı

yardımcısı olmak ilgimi çekti. Meslek eğitimini gördüm. Bir sene çalıştım. Yabancı olduğum için işyerimde çok kötü muamele gördüm. Oradan çıktım ve bir başka yerde çalışmaya başladım. Rahat bir ortamdı. Huzurluydum. İyi para kazanıyordum. Ben bu alandaki ilk yabancılardan biriydim.

Herkes bana "Çok iyi kazanıyorsun. Bu işi bırakma. Burada yüksel" diyordu. Ben ise bir yıllık vergi uzmanı yardımcılığından sonra mesleki liseye bir yıl devam ettim. Sınavları verince işletme fakültesine gitme hakkını elde ettim. İşletme okudum. 3, 5 yıl buraya devam ettim. Hem okudum, hem de çalıştım. 17 yaşımdan itibaren bir yıl hariç, sürekli çalıştım. Haftada 20-25 saat çalışıyordum. Lise dönemimde İngiltere'ye gidip, dil kursu yaptım. Sonuçta başardım. Merdivenleri tırmandım. Ayrıca aileme de parasal katkı sağlıyordum. Öğrenciydim ama onlardan almıyordum, kendilerine veriyordum.

İlkokulda beraber olduğum öğrencilerden bir kız arkadaşım onuncu sınıftan sonra fabrikada işçi, bir diğeri meslek eğitimi alıp hemşire oldular. Biri de "Türkiye'de okuyacağım" dedi ve geri döndü.

Bir tanesi Alevi inancına sahip insanları küçümseyen bir anlayışa sahipti. Çok katıydı. Bir gün hakaret etti. Konuştum. İkna edemedim ve kendisiyle olan ilişkimi kestim. Diğer kız öğrenciler liberal idiler. Kürt ve Alevi olarak tek ben vardım.

Erkek öğrenciler tembel ve isteksizlerdi. 16 kişilik bir sınıfta sadece üç erkek meslek yaptılar. Diğerleri fabrika işçisi oldular. O zaman aileler de bir an önce para kazanıp, geriye dönme isteği, düşüncesi hakimdi. Para tutkusu gözlerini bürümüştü. Fabrikada işçi olan kız arkadaşımı ailesi çalışmaya, okulu bırakmaya zorladı. Para o insanın geleceğinden, öğrenim görmesinden çok daha önemliydi. Aileler uzun mesafeli düşünemiyorlardı. Dar görüşlülük hakimdi.

Bir diğer yan kendimize model olarak alabileceğimiz kimseler de yoktu. Muhakkak daha önce buraya eğitim için veya değişik nedenlerle gelip, burada kalanlar, yaşayanlar vardı. Ama bizler işçi aileleri mensupları farklı çevreleri tanımıyorduk. Ailelerimizin geliş nedenleri de sadece para kazanmak idi.

Öğretmenimin bana okumayı sevdirmesi çekici güç olmuştu. İşletme fakültesinde iken göçmenler politikasıyla tanıştım. ASTA adlı bir öğrenci kurumu oluşturulmuştu. Burada yabancı öğrenciler gurubunun içinde çalışmaya başladım. Bu çalışmalarla birlikte ailemle tartışmalarım da başladı.

23 yaşındaydım ve ilk kez bir akşam aynı saatte eve dönmedim.

Kalbim kütür, kütür atıyordu. Ne diyeceğim, nasıl bir açıklama yapacağım? Ailede, kendi aramızda tartışma, düşünce alma-verme kültürü de yoktu. Her şeyin üstü kapatılırdı. Konuşulmazdı. Geçiştirilirdi. Geldim, babam ve annem oturmuş, beni bekliyorlar.

Babam "Nerede kaldın? Bir daha olmasın. Bir daha geç kalırsan benim kızım değilsin. "dedi. Annem ise sadece ağlamakla yetindi. Tepkisini o şekilde dile getirdi. O ilk günü yaşadım ya, korkuyu yendim. O yaşa kadar onlardan korkuyordum. Kendilerine hesap vermek zorundaydım. O gün benim için korku bitti.

"Göçmenler politikası" çerçevesinde çalışmalarımı sürdürdüm. İşyeri işletmeciliği alanında eğitim görüyordum. Makro ekonomi ilgimi çekti. Fakülteyi bitirdim. Makro ekonomiyi okumaya başladım. Ekonomi ve politika birlikte gitti. Üniversite öğrencilerinin eylemlerinin içindeydim. Evde de çarpışmalar oluyordu. Babam beni sorgulayan bir susma, annemse ağlamayı tercih eden tavırlara sahiplerdi. Ben onlara yeterince büyük olduğumu, yalnız başıma yaşamak istediğimi anlatmaya çalıştım. Bunun için bir yıl uğraştım. Baktım bizimkiler ikna olmuyorlar. Olacakları da yok. Onların kızlarıydım, her şeyleriydim ve yanlarında kalmalıydım. Ancak evlilikle birlikte kendilerinden ayrılabilirdim. Sonuçta boşanmış ve iki çocuğuyla birlikte yaşayan bir bayanın evinin bir odasını kiraladım. Evden ayrıldım. O zaman 26 yaşındaydım.

Hür üniversitede öğrenciyken, göçmenler politikasının üniversite dışındaki kesimiyle, toplumsal göçmen politikasıyla tanıştım. Mikro ve makro ekonomi eğitiminin birbirlerinden o kadar uzak olmadıklarını anladım. Yetişkinlerin eğitilmesi için var olan alanı okumak istedim. Karar değiştirip teknik üniversitede pedagoji okudum. Diploma yazma hakkını aldım. Orayı 3, 5 yıl da bitirdim. Bu süre içinde ASTA'daki yabancılar kurulu içinde görevimi sürdürdüm. Üniversite dışındaki birimle de bağım devam etti. Mesleğimin bana çok faydası oldu. Burs alıyordum ama para yeterli değildi. Vergi uzman yardımcılığını devam ettirdim. Yalnızca okula gidip, gelmek yavan geliyordu.

Üniversiteyi bitirmeden önce arkadaşlarımla birlikte Antalya'ya tatile gittik. Orada Diyarbakırlı bir Kürt'ü tanıdım. Dört günlük bir tanışmadan sonra O Diyarbakır'a, bense buraya geldim. Mektuplaşıyorduk. O, orayı, bense burayı anlatıyordum. İkinci yıl tekrar izne gittiğimde görüştük. Ben, o erkeğe aşık olmuştum ama aşık olduğumu bilmiyordum. Yanımda olan teyzem bana tepki gösterdi. "Gözün ondan başkasını görmüyor" dedi. Orada çok sayıda Kürt erkeği vardı. Hepsiyle de görüşüyor ve konuşuyordum. Benim diğer erkeklere de insanı, ulusal sevgiyle yaklaşmam

Diyarbakırlıyı rahatsız etmişti. Yerinden ayrılmıştı. Onu göremeyince kendisini sevdiğimi, yan yana olmak istediğimi, varlığının bana mutluluk verdiğini anladım.

Göçmen politikasıyla ilgileniyordum, Kürtlüğümü ve Ailevi'liğimi de hiçbir zaman inkar etmedim. Ama Diyarbakırlıyla tanıştıktan sonra Kürt sorununa daha fazla eğilmeye başladım. Onun varlığı beni bu soruna doğru itekliyordu. Ben olayların farkında da değildim. Uzaktım. Bizde çok nadir kürtçe konuşuluyordu. 1980'li yıllarda kürtçe dil kurslarına gitmek istedim. Başaramadım. Dilimi bilmemek beni rahatsız ediyordu.

1992'de diplomamı yazma ön çalışmalarını yürütürken evlenmeye karar verdim. Ailem bu girişimimden dolayı beni reddetti. Ben aşık olduğum erkekle ilgili bildiğim her şeyi onlara anlattım. O, Müslüman ve Şafii mezhebinden bir Kürt'tü. Ben ikinci eşi olacaktım. Dört çocukluydu ve ilk eşi de Diyarbakır'da yakınlarıyla birlikte yaşıyordu. Evliydiler. Boşanmamışlardı.

Aşkımın farklı dini anlayıştan olması, evli olması, ailemde tepkiye yol açtı. Kabul etmediler. Kabullenemediler. Ben 31 yaşımdaydım ve bekardım. İlk kez aşık olmuştum. Sevgilim Antalya'da inşaat işlerinde çalışıyor ve yıl da yalnızca iki kez evine gidebiliyordu. Ben kendisine diğer kadını bırak, çocuklarını terk et demedim.

Kendisi ilk okul mezunuydu. İşçilerin çavuşluğunu yapıyordu. Ben bura da çalışıyor ve gelir sahibiydim. Okul tümüyle biter, ondan sonra program geliştiririm, diyordum. Türkiye'de yaşayabilirim, Almanya'da kalmama gerek yok düşüncesiyle Antalya'ya gittim.

Aşkım resmi nikahlıydı. Dini nikah kıydıracağız. İmam ben Alevi'yim diye nikahımı kıymak istemedi. "Sen Alevisin. Müslüman değilsin. Önce Müslüman olman gerekiyor. Kelime- i şahadet okursan olur. Nikahını kıyarım" dedi. Mecburen kabul ettim. İmam bana kendi isteği doğrultusun da " kelime -i- şahadeti" okuttu. Ben onu okuduktan sonra nikahı kıydı. Sonuçta İslam'ın kuralına göre evlendim.

Kendisine bu tavrın hiç doğru değil, açıklamasın da bulundum. İmam da Şafii Kürt'tü. Orada o inanca sahip imam bulmakta zordu. Dini nikahın benim için bir anlamı, önemi yoktu. Aşkım istediği için kabul ettim. Aşkım benimle ilgili olarak ailesine bilgi vermemişti. Dini nikahı yapınca ailesi ses çıkarmayacaktı. Çünkü onlar da dini nikah önemli. Toplum da kabul görüyor. Resmi nikahın hiç bir anlamı yok.

Ev tuttuk. Benim fikrim orada yaşamaktı. Bir ay kaldım. Antalya'da Kürtlere yönelik ırkçı saldırılar çok fazlaydı. Eşimin ortak olduğu lokanta kundaklandı. Düşündük, tartıştık. Hiçbir güvencemizin olmadığına, orada yaşayamayacağımıza karar verdik. Her an saldırılara uğrayabilirdik.

Anlaştık ve Diyarbakır'a gittik. Orada yakınlarını ikna edip resmi olarak eşinden boşanacaktı. Antalya'dan, Diyarbakır'a gidene kadar maf olduk. Hayatımın ilk uzun otobüs yolculuğuydu.

Gittik. Aşkım, ilk eşi ve çocukları kardeşinin kaldığı eve gittiler. Ben ise abisinin evinde kaldım. Aralık ayı orada geçti. Aşkım sonuçta eşini boşanmaya ikna etti. Kadın, ne dedi, O, ne dedi, onu nasıl ikna etti?, bilmiyorum. Ben kendisinin ağabey ve ablalarıyla tanıştım. Annesi kaldığım eve geldi. Çok hoş, nur yüzlü bir insandı. Dini nikah yaptırdığımız için hepsi beni kabul ettiler. Ben, ilk kadın evi terk edip gitsin, demedim. Onu ve var olan gerçekliği kabul ettim. Kadında bana karşı saygısızlık etmedi. Kötü davranmadı. Sinirli ve kızgın olduğunu fark ettim. O değil, ben tercih edilmiştim!

Daha sonra eşimin hatalarını görmeye başladım. Eşimin çocuklarının durumu çok kötüydü. O, bir baba olarak çocuklarına karşı ilgisizdi. Çocuklarının öğrenim görmeleri için destek sunmuyordu. Baba olmanın hiç bir gerekliliğini yerine getirmiyordu. Onlar, sürekli anneden dayak yiyorlardı ve baba da kendileriyle ilgilenmiyordu. Sanki çocuklar ona ait değillerdi. Kadın şiddeti tek yol, tek çözüm olarak görüyordu. Her akşam çocuklarını döver, hor görür, aşağılardı. Sanki " Niye oldunuz, niye varsınız?", der gibiydi. İlgisiz, yalnız, beklentilerine, istemlerine cevap bulamayan bir insandı. İçinde biriken öfke, kızgınlık saldırganlığa dönüşüyordu. Çocuklarının yaramazlık yapmaları onu harekete geçiriyor, dayak atmaya yöneltiyordu. Evli bekardı. Benim kadına yönelik olumsuz isteklerde bulunmamam kadının bir tarafa itilmesini engellemedi. Eşim kadını bir tek sefer dövdüğünü söylediğinde, kendisine tepki gösterdim. Eğer ben senden dayak yemiş olsaydım, evi terk eder, giderdim, açıklamasın da bulundum.

Eşimin çocuklarıyla iyi bir diyalog kurdum. Kendilerini ciddiye almam, sevmem, zaman ayırtmam, değer vermem, sohbet etmem, hoşlarına gitti. Oturduğum yerde abisinin, ablasının ve kendisinin çocukları etrafımı sarıyorlardı. Kaynaştık. Diyarbakır insanları çok insancıl ve cana yakınlar. Beni yabancı olarak görmediler. Sevgilerini sundular. Ben yabancıydım, farklıydım. Ama dıştalanmadım. İtilmedim.

1992'de, Diyarbakır'da da ağır saldırılar, göz altılar, kaybetmeler, köy yakmalar yaşanıyordu. Bu da kadının resmi boşanmayı kabul etmesinde etkili olmuş olabilir. Eşimin ölme riskinden kurtulma şansı kazandığını düşünmüş olabilir. Çünkü resmi evlilikle eşimi buraya getirecektim.

Bir ay sonra Diyarbakır'dan ayrıldım. Ben Almanya vatandaşıydım. Ocak 1993'te resmi evliliği yaptık. Ankara'ya gittik. Konsolosluğa müracaat ettik. Mayıs 1993'te onu buraya getirebildim.

Evlenmeden önce birkaç ay ailemle beraber kalmıştım. Eşimi o eve götürmem mümkün değildi. Babam kesinlikle kabul etmezdi. Bu şehirde yabancılara da ev verilmiyordu. 6 ay birisinin evinde kaldık. Kendimize 1, 5 odalı bir ev bulup, yerleştik. Eşim buraya geldikten kısa süre sonra annemle tanıştı. Onu ilk kez anne ve babama ait olan eve götürdüm. Babam bağırıp, çağırdı. Kendisini eve kabul etmedi. Eşim, evin içinden gerisin geriye döndü, dışarı çıktı.

Annem ve kardeşlerim bizi ziyaret ediyorlardı. Evimize geliyorlardı. Ancak bir yıl sonra yakınlarım babamı ikna edebildiler, evimize getirdiler ve bizimle barıştırdılar. Ben sürekli ailemi ziyaret ediyordum. Babam sadece eşimi evinde görmek istemiyordu. Tepkiliydi. Eşim de bana "Gitme. Onları ziyaret etme!" demedi. Daha sonra ise "Gitmeni istemiyordum. Ama sana da söyleyemiyordum. Gitmemeni bekledim!" dedi.

Antalya'da iken beni ilk kez bikiniyle görmüştü. Bana" Seni olduğun gibi kabul ediyorum!" demişti. O zaman resmi nikah yoktu. Arkadaştık. İş evliliğe dönüşünce durum değişti. Evliliğimiz de ilk altı ay korkunçtu. O, beni gördüğü gibi, olduğum gibi kabul etmemişti. Buraya geldik ve giyinmem, sosyal ilişkilerim onu rahatsız etmeye başladı. Her şeyimi kısıtladı. Ben de dayatmalarını, kısıtlamalarını kabul ettim. Adam sosyal kadına alışkın değil. Evin içine kapatılmış, çevrelenmiş, bakması, tanıması, öğrenmesi yasaklanmış olan kadını ve ilişkileri tanımış. Benim dahil olduğum çevreye yabancıydı.

Söylediklerini, istediklerini aynen yapıyordum. Kırmızı rengi "fahişeler" giyerlermiş! Kırmızı yasaklandı. Bir gün çalıştığı yere gittim. Etek giyinmiştim. Çorapsızdım. Adam bir ara kayboldu. Bir geldi elinde kalın çorap. Çorap giymemi istedi. Ben orada kavga etmemek için çorabı giydim. Eve geldik ve kavga ettik. Çorapsız dolaşmamaya, pantolon giymemeye başladım. Çünkü yasak koydu.

Bir gün birlikte yürüdük. Geri dönüşte trene bindik. Karşımızda bir çift oturuyor. Gözüm çantalarına takıldı. Dalmışım. Eve geldik. Bir yığın problem. Ben adama bakmışım. O, her şeyime şüpheyle bakıyordu. Bizim yörenin kürtçesinde "ka-nerede" sıkça kullanılır. Bir sohbet sırasın da ben "ka"yı kullandım. Tepki gösterdi. Sanki ben onun anlamaması için Almanca kelimeyi araya katıyordum.

Onunla evlenmeden önce bir erkekle arkadaşlık yapmıştım. Bu durumu da kendisine anlatmıştım. Kabul etmişti. Ama burada çok tuhaf bir psikoloji oluştu. Sanki her erkek bana yaklaşıyor, bende onlara yaklaşım gösteriyorum. Ben öyle bir insan olsam kendisini tercih eder miydim?

Kendi cinsine tahammülsüzdü. Güvenmiyordu. Tehlike olarak görüyordu. Benim eski arkadaşımı tanımak, bulabilmek için dolandı, durdu. Koca bir bıçakla dolaştı. Adamı bulup ta bıçaklayacak, cezalandıracak! Anlayışa bak. Geçmişte yaşadığım bir ilişki ve O, o zaman yoktu. Psikolojisi bozulmuştu. Onunla birlikte benimde sinirlerim bozulmaya başladı. Yanı başımdaydı ve etkileniyordum.

Diyarbakır'dakiler para bekliyorlardı. Çocuklarına, yakınlarına para göndermesi gerekiyordu. Şehirde, yüksek oranda bir işsizlik hakimdi. Burada da masraf oluyordu. Yaz döneminde bir öğrenci kampında birlikte çalıştık. Çalışmaya başladığımız iş yeri sapa bir yerdeydi. Birlikte gidip, geliyorduk. Bir gün kayboldu. Aradım. Yok. Ben orada birlikte çalıştığımız biriyle konuşuyorum, adam bu durumu kaldıramıyor, tahammül edemiyor ve işi bırakıp eve geliyor.

6 ay korkunç şeyler yaşadım. Resmen cehennemi. Aşık olmuştum. Tüm özelliklerini tanımadan evlenmiştim. Ondan dolayı bütün çevremi karşıma almıştım.

Sonuçta sürekli baskı, kısıtlanma, egemenlik kurma, huzursuzluk. Nasıl davranacağımı şaşırdım. Doğrularım ve yanlışlarım karıştı. Bir ara kendisine, geldiğin yere dön, git. Anlaşamıyoruz. Yaşama bakışımız, yetişme şartlarımız çok farklı. Burayı kaldıramıyorsun, öneri ve isteğinde bulundum. Gitmedi.

Sonuçta beni öyle bir duruma koydu ki ölmek istedim. Bir kez 100 aspirin içtim. Nedeni de şuydu; bir gün yeniden kıskançlık krizi tuttu. Davranışı karşısında, tamam ben hangi erkekle konuşuyorsam, karşılaşıyorsam onunla birlikte yaşamak, kendisiyle yatmak istiyorum, dedim. Bana bir tokat attı. Bunun üzerine ilaç içtim. Kendisi beni hastaneye kaldırdı. Ölecektim.

Bir gün kendisine ülkeye gidiş bileti aldım. Para verdim. Birlikte havaalanına gittik. Havaalanında gitmekten vazgeçip, geri döndü. İşin doğrusu ben de net, kesin kararlı değildim. Halen aşıktım. Ruhi durumum sağlıklı bir karar vermemi engelliyor ve gerçekleri görmemi de önlüyordu.

Bana "Ben ev de yokken kuzenin dahil, hiçbir erkek bu eve girmeyecek " emrini verdi. Düşün, yeğenim gelecek ve ben içeri almayacağım. Yani yalnızca evde, yanımda erkek olunca bir başka erkek gelebilir. Ne yazık ki erkeklerimiz birbirlerinden korkuyorlar. Tedirgin oluyorlar! Dini anlayışın oluşturduğu bir saplantı, güvensizlik olsa gerek! Bir tek çarşaf giymedim. Bütün isteklerini tek, tek yerine getiriyordum.

1996'da bir seminere gittim. Konu insanın kendisini geliştirmesine yönelikti. O seminerde kendimi kişilik olarak bütün çıplaklığımla gördüm.

Evliliğimin bu haliyle devam edemeyeceğini anladım. Bitkin düşmüştüm. Bu durum semineri vereninde dikkatini çekti.

Ailem, akrabalarım eşimin evli olduğunu biliyorlardı. O istemediği için arkadaş çevremize evliliğini, çocuklarını söylemedim. Durumunu gizledim. Beş günlük seminerde katılımcı olan bir Kürt bayana eşimi anlattım. Beni dinledi. Şunu açık şekilde gördüm. Bir adım daha atsam, ben, ben olmaktan çıkıyordum. Yani eşim istediğini başarmış ve beni dönüştürmüş, istediği çizgiye getirmiş oluyordu. Bu kadar körelmiştim. Köreltilmiştim. Seminerci bayan "Aşk insanın zır deli olduğu bir dönem" demişti. Ben aynen o durumdaydım. Hiçbir şey göremiyor, durum değerlendirmesi yapamıyordum. "Zır deli"liği çok ağır şekilde yaşıyordum.

Bizim düzgün bir ilişkimiz yoktu. İnişli, çıkışlı bir durumdu. Bir anda çok mutluyuz, bir anda çok mutsuzuz. Semineri veren hoca bana "Sen yaşayan bir ölüsün. Elimde gelse sana yaşam iğnesi vururum" açıklamasında bulundu. Doğruydu. Ben de kendimi öyle hissediyordum. İçinde bulunduğum ruhsal durumu gizleyemiyor, tümüyle dışarı yansıtıyordum. Konuları insan olanlarda benim durumumu çok net görebiliyorlardı. O beş günlük semineri kendi durumumu değerlendirerek geçirdim. Aileme, çevreme yaşadıklarımı anlatamıyordum. Evliliğimden dolayı arkadaş çevrem de kalmamıştı. Hepsi bu ilişkiden dolayı beni dıştaladılar. Eşimi bana yakıştırmıyor, layık görmüyorlardı. Benimle olan tüm ilişkilerini kestiler. İlişkimi, evliliğimi kabul etmediler.

Eşim beni kendi ölçülerine göre istediği, aradığı, birlikte yaşamak istediği bir kadın yapmak, olmasını istediğine benzetmek istiyordu. Yavaş, yavaş maniple ederek dönüştürüyordu. Hem dışarıda çalışıp para getirecektim. Hem de Diyarbakır'daki klasik Kürt kadını olacaktım. İki kişiliği birlikte yaşayacaktım. Beni baştan yaratmaya çalışıyordu. Oluşan kişiliğimi silip, yeni bir kişilik oluşturma uğraşısına girmişti. Beni kendisine benzetecekti. İstediği kadını yaratacaktı. İlk eşiyle karşılaştırıyordu. Onun için "Eğitimsiz. Kendisiyle hiçbir şey konuşamıyorum. Sohbet edemiyorum" derdi. O, ev kadınıydı.

Ben bir tek baş örtüsü takmadım. Uzun elbiseler, etekler giydim. Daha doğrusu giydirdi. Kısa kollu giyinemezdim. İstediği her şeyi yaptım. Oturuşum, kalkışım, konuşmam, ilişkilerim. Müdahale etmediği bir tek konu yoktu. Bir gün kendisini doktora götürdüm. Bekleme odasındayız. Kendisiyle sohbet ediyorum. Birden sessizleşmeye başladı. Konuşmayı kesti. Dışarı çıktı. Bana "Adam bizi dinliyor. Sen de rahat, rahat konuşuyorsun" dedi. Ya her şey onun için sorundu.

O seminerin sonucunda ben kararımı verdim. Sonuç, bedel ne olursa olsun, boşanacaktım. Hala delicesine de kendisine aşıktım. Resmen tapıyordum. Onsuz yaşayamayacağımı düşünüyordum. Kendi kendime ya ben olmaktan çıkıp, kendime olan saygımı kaybedeceğim ya da kendim olarak yaşamaya devam edeceğim, dedim.

Giyimime, sosyal ilişkilerime karışmayacaktı. Bir insan olarak kendimle ilgili kararları kendim alacaktım. Bu demek değildir ki yanımdaki insanı hiçe sayacağım veya ezeceğim. Her şey sınırları içinde olmalıydı. Herkes kendi sınırını bilmeliydi. Ben onun hakkında hiçbir zaman karar vermedim. Sınırlamadım, karışmadım. Sonuç olarak çok, çok büyük hayal kırıklığına uğradım. Uğratıldım!

Adam düşüncelerimi dahi kontrol etmek, her şeyime hükmetmek istiyordu. Bir cenderenin içindeydim. Sinirlerim bozuldu. Sürekli gerilimli, ağlamak isteyen bir kadın konumuna düştüm. Seminerden eve döndüm. Kendisine şartlarımı açıkladım. Kabul etmedi.

Eşyalarını toparladı ve "gideceğim" dedi. Havaalanına gitti. Orada görevlilerle kavga etmiş. "Eşyam çoktu. Para istediler. Vermedim. Gidemedim. Bir dahaki uçakla gideceğim!" diyerek eve döndü. Bir hafta geçti. Gitmiyor. Niye gitmiyorsun?, dediğimde "Ben düşündüm. Senin şartlarını kabul ettim. Bu evlilik devam etsin. !"cevabını verdi. Kendisine, hayır, git ve orada kal. Sakin kafayla bütün olanları, her şeyi, ilişkimizi düşün, önerisinde bulundum. Eğer " Tam anlamıyla bu şartları kabul ediyorum, kaldırabilirim!" dersen, döner, gelirsin, isteğinde bulundum. Halen aşkımı koruyordum ve çok zorlanıyordum. Benim için hayati bir karardı.

Benim bir yönüm var; bir şeye karar kıldım mı yaparım. Yerine getiririm. Bu durumda da geri dönüş benim için imkansızdı. Yaşamımı ilgilendiren bir karardı. Sonuçta aşık olduğum erkeği gönderdim. Gitti. Dört ay kaldı. O süreç içinde ne kadar ağladığımı ben bilirim. Özlüyordum. Dayanamıyordum. Görmek istiyordum.

Yaz dönemiydi. Ben Ankara'ya gittim. Yanıma geldi. Bir hafta kaldı ve gitti. " Halen düşünüyorum!" açıklamasında bulundu. Ben buraya döndüm. Beni aradı. "Şartlarını kabul ettim. Sensiz yaşayamayacağımı fark ettim. Gelmek istiyorum. Yanına dönmek istiyorum!"dedi. Ben de kabul ettim.

O dört aylık süreç içinde onsuz bir gelecek planlama çabası içine girdim. Onu gönderirken, onsuz nasıl yaşarım?, üzüntü ve korkusunu taşıyordum. Öyle ilginç bir aşkın sahibiydim. Dört ay benim için çok zor bir süreçti. Yavaş, yavaş kendi benliğime kavuşmaya doğru ilerliyordum. Şunu, şunu yapacağım diyerek, kendime bir yön/proje çizmeye başladım.

Boğucu bir aşktan uzaklaşabilirsen, daha iyi bir duruma ulaşabileceğini fark ediyorsun. Eşim geldi. Beni iğneleyici tavır ve konuşmalar, engelleyici girişimler sergilemeye ve aşağılayarak öz güvenimi sarsmaya başladı. Taktik değiştirmişti.

Ben iş yerimde çok güçlü, doçent kadrosunda çalışan, öğrenci yetiştiren bir bayandım. Ev de ise tam tersi, güçsüz, yanındaki insana söz dinletemeyen, bir erkeğin talimatına göre yaşayan, erkeğe teslim olan bir kadındım. Beynim de, ben bu insana aşığım, her şeyine katlanacağım, düşüncesi oluşmuş olmalı.

İş yerimde üst bir kadro boşalmıştı. Oraya oturmak benim hakkımdı. Bana "Sen o görevi yapamazsın, başaramazsın" diyordu. Sürekli güvenimi sarsmaya çalışıyordu. Cesaretimi, isteğimi kırma atakları artıyordu.

Onun Diyarbakır'dan geri gelmesi iyi oldu. İyi ki geldi! Eleştirel gözle kendisine bakmaya, kendisini tanımaya başladım. Gün geçtikçe tavırları, konuşmaları karşısında adım, adım ondan soğudum, uzaklaştım. O, aşkımı, benimsemediğim, kabul etmediğim anlayışı ve davranışlarıyla öldürdü. Gelmemiş olsaydı ben kendisine olan aşkımı sürekli koruyacaktım. Acı çekmeye devam edecektim. Her şeyi, ilişkimizi, onu, daha net görmeye başlamıştım. Gerçek yüzünü, maskesiz halini fark ettim. Bendeki en büyük gelişme buydu.

O ise bana yönelik olarak, " Aşkın diliyle, anahtarıyla daha önceki gibi her şeyi kendisine yaptırırım", inancını halen koruyordu. Çünkü ben kendisine çok fazla taviz vermiştim. Verecek bir şey kalmayınca, istediği, alıştığı ilişkiyi, aşkı bulamayınca, yaşayamayınca, aşağılayıcı sözcükler saçılmaya, dökülmeye başladı. Adam sadece almaya alışmıştı.

Ben hayatımda yoksulluk çekmedim. Çalışıyordum. Kendimden kısıyordum ve onun çocuklarına, eşine, anasına her ay para gönderiyordum. Onları koruma güdüsüyle, seve, seve bu yardımı yapıyordum.

Adam dört yıl benimle kaldı. Toplam bir yıl çalışmadı. Kendisine ve ailesine sunduğum desteği bir tek sefer dile getirmedim. Her ay para ödeyip, kendisini dil kursuna gönderdim. Teoriyle öğrenemedi. Pratikten öğrenmeye başladı. Öğrenim görmemişti. Zorlanıyordu. Ben çok teorik, o da pratik bir insandı.

Kendisine, yapamıyoruz, anlaşamıyoruz, ayrılalım, önerisinde bulundum. Bana "İş ve ev arayacağım!" cevabını verdi. Yataklarımızı da ayırmıştım. Aynı yataktayken de oluşan soğukluk sonucu kenarlarda yatıyorduk. Sonuçta ben istedim ve odaları ayırdık. Baktım zaman geçiyor ve gitmiyor. Gündüzleri evde yatıyor ve geceleri de dışarı çıkıyordu. Sabaha karşı geliyordu. Nisana kadar bu böyle sürdü. Nisan ortasında bir bayan arkadaşımla tatile gidecektik. Kendisine, ben tatile gidiyorum. Geri döndüğümde seni burada görmek istemiyorum. Kendin için gerekenleri yap, dedim. Çok sakin bir ton da konuştum.

Evde iki yabancı durumuna düşmüştük. Aynı evi paylaşamıyorsun. Hele bir de daha önce aşık olmuşsan, hiç olmuyor. Varlığından çok fazla rahatsız oluyorsun. Döndüğümde seni evde görmek istemiyorum, dememle birlikte, delirdi. Önce sözlü hakaret yağdırdı. Hem bana hem de birlikte tatile gideceğim bayana. Kendisini, bir köpek gibi kapı dışarı ettiğimi, belirtti. Onun geldiği yerde kadının yarattığı gelir, her şey erkeğe aitti. Kadın üzerindeki elbiselerle dışarı atılıyordu. Burası Diyarbakır değildi. Ortam ve ilişkiler farklıydı!

Kendisine, sana zaman tanıdım. Değerlendirmedin. Yatıyorsun. Hiçbir çaban yok. Bana ve birlikte tatile gideceğim bayana çok ağır hakaretler ettin. Ben sana hakaret, küfür etmedim, cümleleriyle cevap verdim. Kendisinden korkmadım ve kendisiyle ilgili düşüncemi belirttim. Korkmadığımı anlayınca çıldırdı. Korku kültürü içinde şekillendirilmiş. Korkmaması ve korkutması gerektiği öğretilmiş. İri yarı bir erkek. Beni dövmeye, tekmelemeye başladı. Kendisine defol git! Seni görmek istemiyorum, dedim.

Dayağımı yedim. Beni seven, okşayan eller, şimdi beni yumrukluyordu! Odama girip, kapıyı kilitledim. Çıktı, gitti. Sabaha karşı tekrar geldi. Ertesi gün bir kahvaltıya davetliydim. Dört bayan kahvaltı masasındayız. Ne yapacağımı bilemiyordum. Aniden, patlamaya benzer tarzda ağlayarak, hıçkırarak yaşadıklarımı anlatmaya başladım. Bayanlar şaşkınlıkla beni dinlediler.

Oradan ayrıldım ve annemlere gittim. Eşim beni dövdü. Bir daha kendi evime dönmeyeceğim, açıklamasında bulundum. Annem, kardeşim ve halamın oğluyla birlikte benim kiraladığım, döşediğim ve her şeyi bana ait olan eve, benim evime gittik. Aşkım evdeydi. Benimle yalnız konuşmak istediğini belirtti. Bir odaya girdik. Özür diledi. Yalvardı. Hata yaptığını söyledi. Kendisi iş bulup, ayrılana kadar evde kalmamı istedi.

Kendisine, belki dayağı unutabilirim. Ama söylediğin küfürleri, hakaretleri nasıl unutabilirim? O cümleleri nasıl kendine layık görüpte konuştun? Ben o cümlelerden sonra senin yüzüne bakamam, dedim.

Bunun üzerine ölüm tehditleri savurmaya başladı. Ben ölümden korkmuyordum. Zaten beni yaşayan ölüye döndermişti. Yakınlarıma zarar vermesinden korktum.

Eğer ben onun ölüm tehdidi karşısında evime dönseydim, onun istediğini yerine getirmiş, ona teslim olmuş olurdum. Yapmadım. Öldürüyorsan, öldür. Umurumda değil, dedim. Eşyalarımı küçük bir çantaya koydum. Önemli evraklarımı alıp, çıktım. Her şeyi kendisine bıraktım. Bir süre telefon aracılığıyla beni rahatsız etti.

Diyarbakır'daki eşini aradım. Bana yaptıklarını, yaşattıklarını anlattım. Kadın çok üzüldü. Benim ondan ayrılmamı istemedi. Diğer yandan Diyarbakır erkeğine boyun eğmememde hoşuna gitti. Kadına, anaya söyle, oğlu beni tehdit ediyor, rahat bırakmıyor. Ancak ana bunu engeller, engelleyebilir istek ve ricasında bulundum.

Kadın kaynanaya her şeyi anlatmış. Ana, oğluna "Madem ki kadın senden ayrılmak istiyor. Demek ki bir şeyler olmuş. Kadını rahat bırak" diyor. Ondan sonra tehditler durdu. Ben burada boşanmak istedim. O ise "Diyarbakır'a gidip boşanalım", önerisinde bulundu. Kendisine güvenemediğim için isteğini yerine getirmedim. Gitmedim. Sonuçta kendisini boşanmaya ikna ettim ve anlaşarak boşandık. Ev ortamında kendisinden korkuyordum. Bundan dolayı da kendisini bir kahveye çağırdım ve orada gerekli kağıtları imzalattım. O ise mahkemenin istediği evrakları getirmedi. İşi iki yıl uzattı.

Cinsel ilişki benim için önemli değildi. Ben de fazla istek yoktu. Bu konuda da hayal kırıklığı yaşadı. O ise fazla arzuluydu. Arzuları güçlü olan bir bayan hayal etmişti. Ama istemediğim bir şeyi de yapmak istemezdi. İsteğimi göz önüne alırdı. Ona göre davranırdı. Beni zorlamazdı.

Biz evlendikten 1, 5- 2 yıl sonra diğer kadından bir çocuğu oldu. Kadın bunu aradı ve hamile olduğunu açıkladı. Bu kadına ne aldır, ne de doğur, dedi. Kadın doğurdu. O çocuk olunca, ben de, ben kendim çocuk doğurma hakkını kaybettim, hissine kapıldım. Zaten çocuk doğurmak istemiyordum. O çocuğun doğumuyla birlikte çocuk defterini tümden kapattım. Ben adamın Diyarbakır'a gidince kadınla yattığını, cinsel ilişkiyi devam ettirdiğini biliyordum.

Evliliğimizden bir yıl sonra da Diyarbakır' gittik. Kadın bana "İstersen kaynım gilde kal. Burada kalıp rahatsız olma" önerisinde bulundu. Gerek yok, dedim. Aynı ev de kaldık. Ben kaynanamla aynı odada, eşimse ilk eşiyle birlikte diğer tarafta kalıyordu. Bir hafta dayanabildim. Sandım bütün duvarlar başıma yıkılıyor. Asabileşmeye başladım. Eşime, ben bu durumu kaldıramıyorum, dayanamıyorum. Ankara'ya gideceğim, açıklamasında bulundum.

Birlikte ayrıldık. Hasta olan çocuğunu tedavi ettirmek için Ankara'ya getirdik. Tedavi ettirdik. Eşim çocuğu alıp, gitti. Ben dönmedim. O, tekrar Ankara'ya geldi. Birlikte Almanya'ya döndük. İlk eşi bana karşı saygılıydı. Ben onların aynı odada kalmalarına dayanamadım, tahammül edemedim. Bir daha da eşimle beraber aynı eve gitmedim. Birlikteliklerini görmek istemiyordum. Çok kötü bir ruh hali yaşamıştım. İki, üç kumalı kadınların durumlarını düşünmeye başladım. Ben uzaktaydım ve bundan dolayı da kumamdan rahatsız olmuyordum. Ama aynı evde eşimi paylaşamadım. Çok ağır bir durum. Bizim çevrede birden fazla evlilik yoktu. Onlarda ise İslamiyet'tin erkeğe verdiği haktan, ayrıcalıktan dolayı çok yaygın olduğunu gördüm. Kumalık!.

Eşim bana evliliği teklif ettiği gibi kendisine evet, dedim. Hiç düşünmeden cevap verdim. Bu ilişkinin ne getirip, ne götüreceğini hesaplamaya kalkışmadım. Gözlerimi kapatıp tanımadığım bir göle dalış yaptım.

Boşanmaya karar verdikten, evimi terk ettikten sekiz ay sonra kendisini ilk kez gördüm. Bu ilişkide ki tek ve en büyük kazancım, ulusal sorunu, Kürt gerçekliğini çözdüm. Onun sayesinde Diyarbakır'a gittim. Kaynağa dönüşü sağladım. Kendi halkımla ilgili aktif çalışmalarda yer almaya başladım. Eşim beni bu konuda da dolaylı olarak engelliyordu. O, hiçbir kurumda yer almadı. Sadece konuşuyordu. Şeyh ailesindendi. Yatmayı, tembelliği çok seviyordu. Benimle birlikteiken çalışmayan, benim getirdiğimi yiyen erkek, şimdi çok yoğun çalışıyor. Eşini ve çocuklarını buraya getirmedi. Kendisi de dönmedi. Burada kalmayı tercih etti. Ki daha önce " Göçmenlik zor. Zorlanıyorum. Geri dönelim. Ülkemizde yaşayalım" diyordu. Söylediklerinde samimi olmadığını anladım. Niye dönmedi? Hiçbir engeli yoktu. Burada kalmayı tercih etti. Sorumluluklarını bilen bir baba değil.

Aşkımızın sonucu olarak bir körlük, körleşme yaşıyoruz. Aşık olduğumuz kişinin ve sahip olduğumuz ilişkinin gerçek durumunu, getiri ve götürülerini görmek istemiyoruz. Bize bunları göstermeye, intihara doğru gidişimizi anlatmaya çalışanlara, gözlerimizin kapatıldığı bezi yırtmaya çabalayan bizi sevenlere ise cephe alıyoruz. Dostlarım yaşadığım bu ilişki ve yaptığım evlilikten dolayı bana tavır aldılar. Beni dışladılar.

Onların beni koruyan, iyi niyetli ve gerçekçi uyarılarını dikkate almadım. İlişkimin sürekli olacağına kendimi inandırmıştım. Bu evliliğin geleceği, geçirebileceği olası krizler, birlikte olduğum erkeğin kişiliği, onunla ortak nve farklı yanlarımızı çok fazla düşünme gereğini görmedim. Teslim oldum. Davranışlarımı ve ona yaklaşımımı onun istemlerine, ölçülerine göre ayarlamaya, belirlemeye başladım. O, istedi, ben yaptım. Yerine getirdim. Çevremdeki insanların uyarılarını ciddiye alıp, kafa yormadım.

Benim evliliğimi, hiç kimse benim yaşadığımı benden iyi bilemez, değerlendiremez, düşüncesiyle hareket ettim. Bazı yakınlarım, dostlarım, uyarılarını açık, açık ifade ettiler. Ben kimseyi karıştırmadım. Kardeşim. "Abla sen iyi misin? Uçuyorsun. Ayakların yere basmıyor" dediğinde onu bile ciddiye almadım. O, gözlemciydi. İkimizi de izliyordu. Bu ilişkiyi ben başlattım. Ben bitirdim. Bunun sorumluluğu her ikimize ait. Kardeşim dahil hiç kimsenin tepkisini aşkımın gidişatının göstergesi olarak kullanamadım.

Benim aradığım eş öfkelenmeden konuşabilen, zorlandığında şiddete sığınmayan bir erkekti. Tartışmalarda sesini yükseltmeyen, kırıcı olmayan, ikna etmeyi bilen bir eşti. Komplekslerden, kıskançlık krizlerinden uzak, sağlıklı düşünebilen bir sevgiliydi. Kendisine ve bana her konuda güvenen bir Kürt'tü. Kendi birikimleri, bildikleri kadar benim bilgi seviyemi, kariyerimi kabullenen, bundan rahatsız olmayan, benim söylediklerime önem veren, göz önüne alan bir aşık olmalıydı. Bana değer veren ama her yapacağını da bana danışmayan, otonom bir baba olmalıydı.

Geldiği yerde aldığı anlayışla, ailesel şekillenişiyle yetinmeyen ve "Bu karının görevi, bu erkeğin yapacağı şey değil, şunlar, şunlar erkeğe özgüdür" demeyen, ben hatırlatmadan, ikaz etmeden, sorumluluk alan olmalıdır. İçinde bulunduğum ortamda sevilen, aranan, kabul gören, kendisini kabul ettirmeyi bilen, itici olmayan, dıştalanmayan bir insan olmalıdır. Sorumluluk duygusu gelişmiş, iteklemeye, zorlamaya gerek kalmadan kendisine ve etrafına karşı sorumluluklarını yerine getiren ve "bana neci" davranmayan bir erkek olmalıdır. Kendine ait uğraşlar yaratabilmelidir. Öğrenmekten, gelişmekten korkmamalıdır. Araştırıcı ruha sahip olmalıdır. Kendisine gösterdiği özeni çevresindekilere de gösterebilmelidir. Ben merkezci olmamalıdır. Kararlarda yalnızca kendisini merkeze koymamalıdır. Toplumun biçtiği, yüklediği erkek rolünden uzak kalmayı, mesafeli davranmayı bilmelidir. Toplumun yüklediği yükleri bir tarafa fırlatabilmelidir. Alıp, verebilmelidir. Cimriler niye sevilmezler? Paylaşmayı bilmedikleri için. "

***

Londra merkezli araştırma şirketi GfK NOP'un, Aralık 2004 - Şubat 2005 tarihleri arasında 5 kıtada, 30 ülkeden, 30 bin kişiyle yaptığı araştırmada halkının % 35'i "üzgün" veya "çok mutsuz" olan Macaristan, en mutsuz ülke olarak belirlendi. Bu ülkeyi, aynı oranları % 30 olan Rusya izledi.

Türkiye ise 30 ülke arasında, "en çok mutsuz insan" bulunan 3. ülke oldu. Türkiye'de "üzgün" ya da "çok mutsuz" olduğunu söyleyenlerin oranı % 28'i buldu. Araştırmada, Türkiye'de halkın sadece % 10'u "çok mutlu" olduğunu söylerken, % 59'u da "memnunum" demekle yetindi. Türkiyelilerin % 3'ü ise, "gerçek anlamda bir şey hissetmediğini" belirtti.

"Çok mutlu" insan oranı % 46'yı bulan Avustralyalıların en mutlu halk çıktığı araştırma sonucunda, % 40'la ABD ikinci, % 36'lık oranla Mısır da 3. "çok mutlu" ülke oldu.

Araştırmaya göre, insanları mutlu eden faktörlerin başında sağlık, maddi güvence, ev sahibi olmak, mutlu bir evlilik ve çocuk sahibi olmak geliyor. Mutsuz olduklarını söyleyenlerin % 32'sini gelir seviyesi düşük gruplar veya işsizler oluşturuyor.

Bireyi mutluluğa ve mutsuzluğa götüren evlilik konusu ele alındığında, evlilikte veya birlikte yaşamada, ilişkilerde, her anlamda denge sağlanmalıdır. Bu dengeler bireyi mutluluğa ve bütünleşmeye yaklaştırır. Doğanın da bir dengesi mevcut. Dengesizlik köle ve efendi ilişkisini doğurmuyor mu? Kendisini efendi olarak gören de kölesini sevmez, acır ve içten içe aşağılar.

Çiftler arasında ortak amaçlar olmalı. Taraflar birbirlerine hislerini, istemlerini, düşüncelerini, değerlendirmelerini açabilmeliler. Tedirginlik, endişe, yargılanma korkusu, gizlilik, olmamalı. Birey kendisini rahat hissedebilmeli. Hesap veriyormuş görüntüsü oluşmamalı. Bu durum ilişkinin kalitesini, sürecini, aşkın yaşamasını sağlayıp anlamlandırır veya bitirebilir.

Bana güveniliyor, anlaşılıyorum, paylaşıyorum, ortaklığım kabul görüyor, arkadaşım ben merkezci, egoist değil, insanlarla paylaşmaktan memnun, çevreyle iyi ilişkilere sahip hisleri ilişkiyi besleyen gıdalardır.

Birey aşk ilişkisinin tutsağı olur. Tutsaklık fark edildiği anda da bu ilişkide olduğu gibi deprem gerçekleşebilir. Oluşturulan bina sarsıntıyla birlikte çöker. Geriye kurtarılacak hiç bir şey kalmaz. Birlikte geçen aylara rağmen taraflar birbirlerini gördüklerinde selam verme, birlikte bir masaya oturma gereği bile görmezler. Pişmanlık, acı, üzüntü, hayıflanma işte kalan mirası!

Kişisel gelişmeyi hedeflerine koymayan, başkalarının emekleri, üretimleri üzerinde yaşayan, maddiyatçı ve üretenlere akıl hocalığı yapmaya kalkışan, bunu doğal hakları olarak gören kişiliklerle aşk, evlilik, birlikte yaşama ilişkisi sürdürülemez. Yakınlarına karşı sorumluluk, koruma hisleri taşımayan bireyden bir şey beklenmemeli.

Her şey gibi insanlarda değişime uğrarlar. Gerçek olan şudur; aileden alınan özellikler, öğrenilenler kolay, kolay terk edilmiyor. Birey konumundan, durumundan, anlayışından, değer yargılarından rahatsız olursa ve kendi özgür iradesiyle isterse, karar verirse alışkanlıklarını değiştirir.

Yanımdakini değiştireceğim düşüncesiyle iteklemenin, zaman, enerji harcamanın da bir anlamı yok. Birey halinden memnunsa, kendisini doğru buluyorsa kesinlikle değişmez, özeleştiriye girmez. Bundan dolayı da bu bayanın çabaları, zamanı boşa gitmiştir. Kendi anlatımlarında da belirttiği gibi yaşam deneyimi de kazanmış oldu. Her ilişki yeni tecrübeler edinme, tedbirli davranmayı öğrenme, insanı tanıma olumluluklarını da kendisinde barındırıyor.

Bu erkek sevgi taşıyordu. Evde iş yapıyordu. Ev içinde gerekli olan bütün desteği sunuyordu. Hastalık düzeyinde olan kıskançlığı, yönetme, eşinin doğrularını, alışkanlıklarını değiştirme, onu istediği kadına benzetme, kontrol altına alma tutkusundan, saplantılarından dolayı var olan aşkı öldürdü. İlişkinin bitmesine neden oldu.

Kadına baskı, kadını var olan haliyle, olduğu gibi kabul etmeme, zorlayarak dönüştürmeye çalıştırma, aynı zaman da erkeği de mutsuzluğa sürükler. Erkek bunun farkına varmazsa ilişki sarsılmaya, saygı törpülenmeye başlar. Ruhi sağlık sarsılma belirtileri/ sinyalleri verir.

Kadın önemsenmeyi, sevilmeyi bekler. Önemsenme, sevilme, baskıya maruz bırakma, yüklenme, sıkıştırma değildir. Bireylerin evlilik ilişkisi içinde veya birlikte yaşarlarken birbirlerinin fiziki ve ruhi sağlıklarını bozmaya hakları yoktur. Topraklarımızda reforme olmayan dinlerden, çağa cevap olamayan geri anlayışlardan dolayı bireyler bazı anlayışların tutsakları durumuna geliyorlar. İçinde tutsak oldukları kalıplardan sıyrılıp çıkamıyorlar. Ortam, ilişki değiştirince çok fazla zorlanıyorlar. Direnmeye başlıyorlar. Geldikleri yerlerdeki ilişki tarzını yaşamak istiyorlar.

Kadına yönelik tarihsel, dogmatik, çarpık anlayışların ve baskıların giderilmesi gerekiyor. Baskıyı yok etme yerine, katmerlisini uygulamaya kalkan erkekte kaybetmeye mahkumdur. Bu örnekte olduğu gibi aşk ne kadar güçlü olursa olsun, birey bilmeden onu öldürüyor. Çok kötü bir kaybediş yaşıyor. Geriye dönüşü olmayan bir ırmakta yüzmeye başlıyor ve bitiş gerçekleşiyor.

Kadının bir birey olarak kendisini ifade etmesi, yeterliliği ve üretkenliği her erkeği mutlu etmiyor. Gelişkin, güçlü kadın sevilmiyor. İstenmiyor. Erkeğimiz bu tür ilişkilerde eziliyor. Kadını taşıyamıyor. Hükmetmeye, ezmeye yöneliyor. Bu örnekteki aşağılamanın, hakaretin temelinde bu gerçeklik yatıyor. Kadınlar kendileri önlerindeki psikolojik ve toplumsal engelleri çok iyi tespit edip, kaldırmak, kenara fırlatmak zorundadırlar.

Topraklarımızda kadınlık güç, zor bir durum. Kadın olmak bedel istiyor. Yaşlıların, din görevlilerinin anlattıkları mitolojik hikayeler, varsayımlar kadını tehlikeli, suçlu konumunda tutmaktalar. Sihirli kutular, masallar "kötü kadın, "pîra cazu- cadı ihtiyar" figürleriyle işleniyorlar. Bu masalları dinleyerek büyüyen insanlarda aile ve çevrenin verdiği diğer anlayışlarla birlikte bayanlara karşı şartlanıyorlar. Topraklarımızda kadın, bütün kötülüklerin, olumsuzlukların, tahribatların kaynağı olarak gösteriliyor. Kadınlarda itirazsız bu zırvalıkları dinlemeye devam ediyorlar.

Toplumumuzda, Kürtlerin dağıldıkları memleketlerde, yüzlerce yıldan beri devam eden ayrımcılık, bilim ve akıl dışı tutumlar, ön yargılar ve cehalet kadını cendereye sıkıştırmış durumda. Siyasi, ekonomik, kültürel çarkları döndürenlerde vidaları daha çok sıkıştırmaktalar. Onları nefes alamaz duruma getirdiler. Kadına karşı yapılan ayrımcılık, dışlama, toplumsal, sosyal yaşamdan uzak tutma, psikolojik baskı aslında bırakma, erkeği yalnız ve mutsuz bir insan yapmakta. Bu yalnızlığın zemini bilinçsizce hazırlanmakta. Birey şiddet uyguladığı, küçümsediği bir insanla arkadaş, dost olamaz. Paylaşamaz. Neyi paylaşabilir? Bu tür ortamlarda erkek bir bacağından, bir kolundan yoksundur. Tek bacakla yürünmez. Yürüyemiyorlar!

Bunu topluma indirgersek, yarısı felç edilmiş, dondurulmuş, hapis edilmiş toplum gelişmez. İlerlemez. Yerinde sayar. Böyle bir ortamda doğan, büyüyen çocukların sağlıklı gelişmeleri beklenemez. Tümüyle sorunlu oluyorlar. Sadece biz Kürtlerde değil, diğer toplumlarda da benzer sorunlar yaşanmakta. İnsanın olduğu her yerde, insana özgü her şey mevcuttur. Avrupa'da yapılan bir araştırma kapıyı aralıyor, erkeğin dünyasını görebilmeyi sağlıyor.

"Erkeğin tercihi zeki değil, seksi kadın…;

Erkekler akıllı değil, güzel kadınları tercih ediyorlar. Avrupa Konseyi'nin düzenlediği "Eşitliği sağlamak: Kadın ve Erkek Arasında Ortak Bir Mesele" konulu uluslararası seminerde (aralık 1997)sunulan bir raporda, erkeklerin zeki kadınlardan köşe bucak kaçtıkları, aptal ama seksi kadınların peşlerinden ise ısrarla koştukları belirtildi.

İsviçre'de, Fribourg Üniversitesi öğretim görevlilerinden Prof. Dr. Alberto Godenzi'nin hazırladığı "Erkekler ve Şiddet: Eşitsizliğin Mantığı" başlıklı rapor da ilginç bir araştırmanın sonuçları yer aldı. Tam 4 bin erkek üzerinde yapılan araştırmanın sonuçlarına göre, erkekler hala kadın da güzellik peşinde koşuyorlar, zeki ve kendi düşüncesinde ısrar eden kadından köşe bucak kaçıyorlar.

Prof. Dr. Godenzi'nin araştırmasına katılan erkeklere kadın da aradıkları özelliklerin yer aldığı bir liste verildi ve bu listede yer alan özellikleri, kendi önceliklerine göre sıralamaları istendi. Bu özellikleri kendi açılarından önem sırasına göre düzenleyen erkeklerin verdikleri yanıtlara göre bir kadında aranan en önemli özellik, çekici dış görünüş çıktı.

Araştırma da erkeklerin en çok korktukları ve kaçtıkları kadının ise "kendi fikrin de ısrar eden" kadın olduğu da belirlendi. Araştırmaya katılan erkekler, bu karakter özelliğine hiç olumlu yanıt vermediler. Prof. Dr. Godenzi, araştırma sonuçlarını erkeklerin kadınları kendilerinden farklı görme arzusunun somut bir ifadesi olarak yorumluyor.

Prof. Godenzi, kadın ve erkekler arasındaki fırsat eşitsizliğini, kadını, erkekten farklı tutan bu bakış açısının meşrulaştırıldığını vurguluyor. Kadınlara yönelik şiddetin temelinde de ekonomik gücü elinde bulundurma faktörünün geldiğini vurgulayarak "Günümüzde gelir ve mülkiyet, yani ekonomik güç, sadece cinsler arasındaki eşitsizliği etkileyen asli faktör değil, aynı zamanda kadınlara yönelik şiddetin temeli" diyor.

Dünya nüfusunun yarısını oluşturan kadınların, erkeklerden daha fazla çalıştıklarını ileri suren Prof. Dr. Godenzi, "Buna rağmen dünya gelirinin yalnızca küçük bir bölümünü elde eden kadınların mülkiyetinde bulunan mallar da dünyadaki tüm mülkiyetin % l'inden daha az bir oranına karşılık geliyor" diyor.

Erkeklerin tercihleri;

Güzellik ve seksilik	:	% 94
Sadakat	:	% 87
Güvenilirlik	:	% 84
Evcimenlik	:	% 48
Mizah duygusu	:	% 36
Kendine güven	:	% 28
Zeka	:	% 19

***

"Siyasi alanda tutkular, inanışlar, pek az da düşünceler çarpışır, derler. Farklı kültürlerden oldun mu çarpışma noktaları artar. Kendisinden kurtulmak istediğiniz bir despot varsa, ilkin onun içinize kurduğu saltanatı yıkmanız gerekir "

GULİZAR; Kürt ve Alevi inancına sahip bir ailedenim. 1952 Erzincan-Tercan doğumluyum. 6 çocuklu bir maden işçisinin kızıyım. Anne ve babam okuma yazma bilmezler. Üç kız kardeşim lise, bir erkek kardeşim üniversite ve bir diğeri de ortaokul mezunudurlar.

Babam Elazığ'da maden de çalışıyordu. Biz köyde kalıyorduk. O, işe gider ve gelirdi. Ben üç yaşımdayken aradaki ayrılığı kaldırmak, birlikte kalabilmek için Maden ilçesine taşındık. Altı yaşlarımdaydım, babam ağır çalışma koşullarından dolayı hastalandı. Bundan dolayı da Maden'den, Ankara'ya göç ettik. Bir gecekondu yaptılar ve o eve yerleştik. Ben Ankara'da okudum.

Yaşamımda iz bırakan noktalardan biri. Babam kesinlikle okula gitmemi, okumamı istemedi. Düşünebiliyor musunuz?, aile sahiplik yapmıyor, teşvik etmiyor, engelliyor. Ben kendim gidip ortaokula yazıldım. Babama rağmen gizlice okula gittim. Annemin tavrı ilginçti. Hiç karışmazdı. Görüş belirtmezdi. Babam sabahları erkenden işe gidiyor ve akşam geç saatte geliyordu. Ben bu arada okula gidip, gelmiş oluyordum.

Bir gün otobüs durağında okula gitmek için bekliyorum. Beni gördü. Geldi saçlarıma yapıştı. Beni yerde sürükleyerek eve doğru götürdü. Etraftakiler gelip, beni elinden aldılar.

Bana "Okuyup da katip mi olacaksın? Sen erkek misin? Erkek çocuğu olsan neyse. Otur ev de, annene yardım et", dedi ve bıçağı alıp, karşımda durdu. "Seni keserim. Okula gitmeyeceksin!"

Annem arkadan gelip, yalvardı. "Ali bırak. Ali kızı bırak!" Ben öyle bir dayak yedim ki halen unutamıyorum. Bacağımdaki kemik çatlamış olmalı. Altı yıl öncesine kadar da sancı yapıyordu. Sürekli o anı hatırlatıyordum. Yüzümü yumrukladı ve burnumu kırdı. Ben kendisine yalvarıyordum. Annemin istediği bütün işleri yapıyorum. Okula da giderim. Seviyorum. Okumak, öğrenmek istiyorum. Kim beni dinler ! Onun sabit düşünceleri vardı. Okumam gerektiğine inanmıyordu. Daha doğrusu gerekliliğinin bilincinde değildi. Ben dayağımı yedim ve ertesi gün o işe, ben de yeniden okula gittim. Okul yaşamım böyle devam etti.

Bu arada boy attım, serpildim. Etraftan gelmeye, beni oğullarına istemeye başladılar. Genç kız olmaya doğru gidiyordum. Akrabalar, tanıdıklar beni kendilerine gelin olarak almak istiyorlardı. Benim dışımda herkes benimle ilgili olarak konuşuyor, yaşamımla ilgili olarak karar almaya çalışıyorlardı.

Babamın düşüncesi bir an önce beni evlendirip, evden çıkartmak, kendisine göre sorumluluktan kurtulmaktı. Ben gizli, gizli okula gidip, geliyorum. Aradan birkaç gün geçti. Durumumu öğretmenlerime anlattım. Bana yardım ettiler. Okula geç gidip, erken ayrılmama müsaade ettiler. Babam üzerimdeki baskıyı artırmaya başladı.

Bana; "Tamam, okula gidebilirsin. Ama dediğim, istediğim adamla da evleneceksin. Alevi olmayan biri bana damat olamaz. Bizim yolumuzdan olmayan biriyle evlenemezsin!" emrini verdi.

Bunun üzerine ben de onun bu isteğini kullanmaya başladım. Kendisine, tamam nişanlanırım. Fakat okulu bitirmeden de evlenmem.

Bırak okuyayım. Senin istediğin adamla evlenirim, cümleleriyle düşüncemi aktardım.

Evlenmemi istediği adam benden 14 yaş büyüktü. Öğrenim göremeyen bir insandı. Beni onunla nişanladılar. Ben bu işin içinden nasıl sıyrılabilirim? düşüncesi beynimi işgal etti. Benim derdim okul!

Adam bize geliyordu. Bir türlü kendisine ısınamıyordum. Benim onunla birlikte dışarı çıkmama, gezmeme müsaade ediyorlardı. Amaç adama alışmamı sağlamaktı. O, babam gibiydi. Olmuyordu. Sevemiyordum.

1,5 yıllık nişanlıydım. Adamın bazı özellikleri ortaya çıktı. Birlikte yaşadığı kadın adamın benimle nişanlı olduğunu duyuyor, araştırmaya giriyor, tespit ediyor ve bize geliyor. Kapıyı çaldı. Açtım. Sarışın bir bayan.

Kendisine "Buyur teyze kimi arıyorsun?" sorusunu sordum. Babamla görüşmek istediğini belirtti. İçeri aldık. Kadın ilişkilerini anlatmaya başladı. "Biz beş yıldır karı-koca gibi yaşıyoruz!"açıklamasında bulundu. O çıkıp gitti. Babama döndüm. Gördün mü?! dedim.

Babam " Erkeklerin bu tür ilişkileri, böyle şeyleri olur. Her erkeğin başından böyle şeyler geçer. Bu ilişki o adamın kötü olduğunu kanıtlamaz. Nişanı bozamazsın. Onunla evleneceksin!" açıklama ve emrini birlikte verdi.

Bu arada ben lise ikinci sınıf öğrencisiydim. Okula ara vermiştim. Yani babam beni teslim almıştı. Tek başımaydım. Babamla savaşmaktan yorulmuştum. Annem ise hiçbir şekilde beni desteklemedi. Bana yardım etmedi. Üstelikte " Babanın dediğini yapacaksın. O ne derse öyle olacak!" diyordu.

Benimle konuşmuyordu bile. Düşüncemi alma, hislerimi öğrenme gereği duymuyordu. Bunun bilincinde değildi. Bu arada adam ticaret yapacağım diyerek, babamdan borç para istedi. İş yeri yoktu. İşportacılık yapıyordu. Dışarda, tezgahta mal satıyordu. Polis malını almıştı. Benim zavallı babamda bizlerden kısarak biriktirdiği bütün parayı adamın avuçlarına bıraktı. "Al istediğin gibi kullan, kendine sermaye yap!" dedi.

Adam damatlığını diktiriyor. Bizim nikah kayıtlarımızda askıda. Bu arada ortadan kayboldu. Babam bu gelişme karşısında maf oldu. Bize ve çevreye karşı kötü duruma düştü. Ankara'nın dışında çok güzel bir gecekondumuz vardı. Utancı yaşadığı için orayı sattı. Ankara'nın içine taşındı. Orada hiçbir şey gizli tutulamıyor. Herkes birbirinin özel ilişkilerini biliyordu. Dedikodu çok fazlaydı. Gelişmemiş bir semtti. İnsanlar babama "Kızın okumasını engelledin. Kızı verdin. Mafettin!" diyorlardı. O, kendisini baskı altında hissediyordu. Taşınmayı tercih etti!

Evimizin içi bir savaş alanı gibiydi. Annem ve babam tavır almışlardı.

Benimle konuşmuyorlardı. Adamın ortadan yok olmasından, evliliğin gerçekleşmemesinden ben sorumlu tutuluyordum. Suçluydum! Beni yargılıyorlardı. Güçleri bana yetiyordu. O, erkekti ve yoktu. Kendisine ulaşamıyorlardı.

Annemler bana "Sen iyi bir kız olsaydın adamı kendine bağlardın. Adamı kendine bağlamayı bilseydin, seni bırakıp gitmezdi." demeye başladılar. Kendi değer yargılarına göre suçluyu bulmuşlardı. Sözlü saldırılar karşısında ruhsal olarak kötü durumdaydım.

Sonuçta kendi evimde bir yabancı gibi olmuştum. Birbirimizle yüz göz olduk. Gelişmeler üzerine ben de kendilerini takmamaya başladım. Ankara'nın içine taşınmak işimi kolaylaştırdı. Ben tekrar liseye başladım. İş buldum. Öğleden sonraları ve hafta sonları tezgahtarlık yapıyordum. Babamdan gizli çalışıyordum. Çalışmama da izin vermezdi. Kız çocuğu evde, temiz kalmalıydı. Annesini ayna olarak kabul etmeliydi. Ev işi yapmalıydı. Dışarısı tehlikeliydi! Okulu ve işi birlikte sürdürdüm.

Aleviydik ve göçmen Kürt ailesiydik. Dini kurallarımız, inancımız farklı. Ramazanda komşular tarafından camlarımıza taşlar atılırdı. Amaçları bizleri uyandırmaktı. Açılan camlar, dışarıya uzanan başlar. İnsanlar bizleri kendileri gibi olmaya, ibadet etmeye zorluyorlardı. Dini inanç olarak baskı altındaydık. Biz ateşe, güneşe, yani doğaya tapıyorduk. Annem ve babam kutsal "Çarşemi ya Reş" günü birbirlerini görüyorlar ve evlilik kararı veriliyor. Her şeyimiz çok farklıydı. Ama Ankara'da kabul görmüyorduk. O toplumda Müslümanlık dini dışındaki inançlara tahammül, tolerans, saygı yoktu. Kürtçe'de konuşamıyorduk. Dinin yasak, ırkın, dilin yasak. Ben o ortamın nesini seveyim? Herkes Müslüman olmak zorunda mı? Farklı olamaz mı? Niye zorlama? Kendilerine benzetme, kendileri gibi davranmaya, ibadet etmeye mecbur kılma? Niye camlara taş atarak bizleri rahatsız etme, uyandırma? Buna hakları var mıydı?

Bizimkilerde inisiyatif, güç, kendilerini savunma, koruma, müdahaleyi önleme bilinci yoktu. "Bizi rahatsız etmeyin. Orucunuzu tutmuyoruz. Bizim oruçlarımız farklılar. Sizler bizim oruçlarımızı tutuyor musunuz? Kutsal günlerimizi biliyor musunuz? Bizler sizleri uykularınızdan kaldırma saygısızlığını gösteriyor muyuz?" diyemiyorlardı. Sindirilmişlerdi. Göçmendiler. Yabancı bir ortamdaydılar. Korkuyorlardı ve bunu bize de his ettiriyorlardı. Korku altında büyüdük. Dışarısı, dışarıdaki herkes, her şey bizler için tehlikeydi!

Annem ve babam gizli, gizli kürtçe konuşurlardı. Bundan dolayı dilimizi de öğrenemedik. Yüzümüze bakan Kürt olduğumuzu anlardı. Kendimizi saklamak, gizlemek zorunda bıraktırılıyorduk. Dışlanma, küçümsenme, aşağılanma kaçınılmaz bir sondu. Eziliyorduk! Bizleri eziyorlardı. Bunu her an hissediyorduk. Kendi doğallığımızla kabul görmedik. Bu durumda beni kaçışa zorladı.

Bayanın hiçbir değeri yok. İnsan olarak görülmüyor. Erkekler birbirlerine güvenmiyorlar. Yanında akraba bir erkek olmayınca evlerdeki bayanları dışarı bırakmıyorlardı. Gel de anla! Böyle bir ortamda yaşa! Huzursuz ve tedirgindim. Mutlu değildim. "Kötü kadın" sıfatını çok rahatlıkla yapıştırıyorlardı. Erkeksiz dışarı çıkan kötü kadın oluyordu! Bu konuda ailemin ve çevremin anlayışı birdi.

Okuldan eve arkadaş götürmem yasaktı. Eğer okul arkadaşlarım eve gelirlerse yabancı olduğumuz, gerçek kimliklerimiz anlaşılacaktı. Türk olmadığımız bilinecekti. Ankara'nın yerlileri Türk müydüler? Elbette hayır. Bizimkiler kendi kabukları içine çekilmişlerdi! Keşif edilmekten korkuyorlardı. Göçle birlikte bu duruma zorlanmışlardı. Oruç tutuyor, namaz kılıyor görüntüsü yaratıyorlardı. Böyle davranmaya mecbur hissediyorlardı.

Ankara'daki siyasal sistem tek tip insan istiyordu. Oluşturulan korku bulutlarından, anlatılan hikayelerden dolayı da herkes göze girme, kendisini kabul ettirme yarışındaydı. İnsanlar, neye, rejimin hangi amaçlarına hizmet ettiklerini bilmiyorlardı. Yabancılık, bütünleşememe sırıtıyordu.

Bir yerlere ait olma hissi, ihtiyacı insanları ait olmadıkları yerlere çekiyordu. Bilinçli olansa direniyor. Kendisini koruyor. Hiç arkadaşım olmadı diyebilirim. Babama "Kürt Ali" derlerdi. O da "Ben Kürt değilim" cevabını verirdi. Baskıcı rejim ve çevre, asimilasyoncu anlayış, aile bireylerimi yalana zorluyordu. Annemin çevreden, komşulardan korkması ve o korkuyla bizler üzerinde yarattığı baskıyı unutamıyorum. Cehalet, cehalet, cehalet!

Ortam beni kaçışa hazır hale getirdi ve zorladı. İşin gerçeği halen ben de ne olduğumu bilmiyorum. O zaman da Kürtlere hakaret ettikleri zaman ben inciniyordum. Şimdide aynı durumdayım.

Evde gördüğüm o atmosfer, o baskı beni itekliyordu. Kendimden, gerçeklerimden kaçışa doğru iteklendim. Kaçmaya, uzak durmaya başladım. Kendi milletimi, içinde bulunduğum ortamı sevmiyordum.

Bizi ziyarete gelen akrabalarımızın tutumları beni düşündürüyordu. Köy den Pir gelirdi. Bizimkiler onun elbiselerini kaynatır, bitlerini öldürürlerdi. Bizim boğazımızdan kestikleri, ellerinde var olan parayı da "çıralıx" olarak kendisine verirlerdi.

Pir halimizi görüyordu. "Bana vermeyin, kendiniz için kullanın", demezdi. Ya anne, baba niye böyle yapıyorsunuz? Biz yarı açız.

Durumumuz ortada, derdim. Pir halktan almaya alışmış. Ben o Pir'in nesini seveydim? Ne evdekilerin tutumları, cehaletleri ne de gelen misafirlerin tutumları hoşuma giderdi. Gelen misafirlerle de bir şey konuşamazdım. Çünkü ben Kürtçe onlarda Türkçe konuşamazlardı. Göçle birlikte yabancılıkta oluşmuştu. köklcrimizdcn koparılmıştık.

Annemin komşularımızla ilgili söylediği tek şey; "Onlar bizim yolumuzdan değiller. Yabancılar. Bizden değiller!" Alevilikle ilgili bildiği bir şey de yoktu. Sorularıma cevap veremiyorlardı.

Sistem, Osmanlıdan Ankara'ya oluşan rejimlerin mimarları dinimizi yasaklamışlardı. Bundan dolayı da bizlerin din adamları korku altında, gizli şekilde taliplerini dolaşıyor ancak dinimizi öğretemiyorlardı. Döneme göre gelişme sağlanamıyordu. Toplum aydınlatılamadığı için bizler de sorularımıza cevap alamıyorduk. Ben inkardan, bilgisizlikten usanmıştım.

Süreç içinde şehir merkezinde insanları izleyen babam, yanlışlarını görmeye başladı. Beni zorla nişanlaması, yaşadığım süreç, adamın onu kullanması, kardeşlerimin işlerine yaradı. Ailenin düzenini zorluyordum, zorladım. Kaldıramayacakları, kabullenemeyecekleri yenilikleri dayattım. Direndim. Okudum. Böylelikle diğer kız kardeşlerime de okuyabilmeleri için yol açtım. Benim aileme karşı verdiğim savaşın ürünlerini kardeşlerim topladılar. Ben en büyük çocuk ve kızdım. Her konuda ilk oldum. Sürekli çarpışmak zorunda kaldım.

Bu gün şunu çok iyi biliyorum; babam korkularından dolayı benim okula gitmemi istemedi. İnsan bilmediği, tanımadığı şeylerden korkar. "Yenilik fobisi" herkes için geçerli. Babam okuma, yazma bilmeyen maden işçisi, çevre, ilişki değiştirmişti. Göçmen olmuştu. Ben kitap okuyordum. O okumanın çocuğuna hayır mı, şer mi getireceğini bilmiyordu. Kavrayamıyordu. Kendisine göre okuma isteğimi engellemekle beni koruyordu.

Garibim bir okulda işçiydi. 250 lira maaş alıyordu. Ben ise tezgahtarlık yapmaya başlamıştım ve ayda 500 lira alıyordum. İlk maaşımla kardeşlerimin hepsini giydirdim. Alışverişten eve döndük. Bizi görünce şaşırdı.

Bana "Sen orospuluk mu yapıyorsun? Bu parayı nereden aldın? Kazandın mı? Nasıl? Açıkla. Ben bir ay çalışıyorum. Boğazınıza yetmiyor. Sen belirli günler işe gidiyorsun!.." dedi.

Ertesi gün iş yerime geldi. Patronumla konuştu. Adam babama "Kızın kasaya bakıyor. Satıcılık yapıyor. Bu maaşı hak ediyor!" açıklamasında bulundu. Ben sömürgeleştirilmiş, özellikle, bilinçli olarak geri bıraktırılmış, her şeyi yasaklanmış bir toplumun, ailenin ferdiydim. Babam yavaş, yavaş bazı şeyleri his etmeye başladı. Okuyanın işçiye göre geliri fazlaydı. Okumak kötü değildi. Kapılar açılıyordu. Sıkıntılar azalıyordu.

Annemin ve babamın yatıkları ilk doğru/dürüst döşeği ben aldım. Evin mobilyasını alıp, yerleştirdim. Biz şehirdeydik ve köydeki ev düzeniyle yaşıyorduk. Yer yastıkları, yer minderleri kullanılıyordu. Mobilya yoktu. Köylülükten işçiliğe geçmiş bir aileydik. İlişkiler itibarıyla fazla bir değişim yoktu. Köyü, şehirde yaşıyorduk.

Evdeki uygulamalardan, yaklaşımlardan dolayı bir gün ölmeyi düşündüm. Yaşam, canlılık bitmeliydi. Bana acı çektiriyorlardı. Kendimi bir arabanın altına mı atsam? Hangi yöntemi denesem? O gün, ben karar vermek için gezinirken (1970'te) Bahçelievler işçi bulma kurumunun camındaki ilanı gördüm. İçeri girdim. Şartları sordum. Görevliler bana gerekli olan bilgiyi verdiler. Lise son sınıf öğrencisi olduğumu belirttim.

Görevli memur "Yok, yok söyleme. Almanlar ilkokul mezunu işçi istiyorlar. İlkokul mezunuyum de. Yoksa gidemezsin" açıklamasını yaptı. İstedikleri belgeleri doldurdum. Bütün işlemleri bitirdim. Daha önce babam nüfus kağıdımı sandığa koyup kilitlemişti. Almam mümkün değildi. Nüfus müdürlüğüne gittim. Mecburen yalan söyledim. Nüfus kağıdımı kaybettim. Yenisini çıkarmak istiyorum, dedim. Babamdan isteyemezdim. Vermez ve beni soru yağmuruna tutardı. Araştırmaya başlardı.

Bizim sağlık kontrolümüz yapılırken şişmanları ayırdılar. Onları kabul etmediler. Bir hayvanı veteriner nasıl inceden, inceye kontrol eder ya aynen o şekilde gözden geçirildik. Banyo gibi bir yere 20 kişiyi birden dolduruyorlardı. Plastik kaplara çiş yapıp, kendilerine vermemizi istiyorlardı. Analizler yapılıyordu. Her şeyimiz kontrol edildi. % 100 sağlıklı olanlar işçi olarak kabul edildik.

Pasaportumu çıkarttım. İşçi isteyen firmayla bir yıllık antlaşma yaptım. Yol paramı firma ödüyordu. İlk kez uçak servisi konmuştu. Yola çıkacağım gün, komşumuzun kızına durumumu anlattım. Ben gittikten sonra yakınlarıma söylersin, isteğinde bulundum. Düşündüm ve dayanamadım. Mutfağa doğru yaklaştım. Anne, ben Almanya'ya gidiyorum, açıklamasında bulundum. Cevabı " Cehennemin dibine kadar yolun var!" oldu.

Nişanlanmış, ayrılmış, eli tutulmuş, bir insandım. Bayandım! Onlar için sorundum. Benden kurtulmaları gerekiyordu. Bir an önce evlendirilmeliydim.

İçeri girdim. Ne alayım? Ne götüreyim? Bir şeyim de yoktu. Mantomu aldım. Gideyim, babamın elini öpeyim, isteği içimden geldi. Annem hayatta sır saklamazdı. Babam evde olan, biten her şeyi bilirdi. Evimizde gizlilik yoktu. Annemin, babama benim gideceğimi söyleyeceğinden emindim. Bundan dolayı da önce anneme durumu açıkladım.

Gittim ki babamın elini öpüp vedalaşayım. O, bana, elinin tersiyle yaklaşma, yanıma gelme işareti yaptı. Yakınlarımla vedalaşmam böyle oldu. Evden ayrıldım. Bütün uçak doluydu. Hepsi işçi olarak Almanya'ya geliyorlardı.

Benim hiçbir beklentim yoktu. Bu ülkede bana ait bir oda, bir iş ve garantilerimin olmasını istiyordum. Ben kendi aile ortamımdan, şehirden, beni boğan ilişkilerden, anlayışlardan kurtulmak için her şeyi yapmaya razıydım. Hem ailem, hem de çevre beni rahatsız ediyordu.

Sonuçta, içinde bulunduğum ortamdan, beni rahatsız eden ilişkilerden kaçıp, uzaklaşmayı başarmıştım. Almanya'da telefon aletleri yapan bir fabrikada çalışmaya başladım. 18,5 yaşımdaydım. O zaman burada 21 yaşındakiler reşit kabul ediliyorlardı. Bana; " İnsan bu yaşta ailesinden kopar da gelir mi, bura da çalışır mı?" diyorlardı. Geçmişimi, yaşadıklarımı, evdeki çarpışmaları bilmiyorlardı.

Gelir gelmez dil kursuna başladım. Çok çabuk Almanca öğrendim. Almanlar da hayret ettiler. 'Gelen işçiler içinde birisi çıkmış, dil öğreneceğim' diyor! Diğer bayanların böyle bir dertleri yoktu. İşin tuhaf yanı neydi biliyor musunuz? Yeniden kendimi Ankara'da kaçtığım cahil ortamın içinde buldum. Memleket değişmişti. Birlikte geldiğim kitle aynıydı. Aynı fabrikada, aynı makinelerde, babamın, annemin, çevrenin kopyaları olan insanlar varlardı. Birlikte çalışıyorduk. Taşradan gelen cemiyet uçakla, trenle buraya taşınmıştı. Onlar, sadece para kazanma umudu ve hırsıyla yaşayan insanlardılar. Dil öğrenme, gelişme, uyum sağlama gibi bir dertleri yoktu. Bütün yaşamları, ilişkileri fabrika ve ev arasında geçiyordu.

Ben dil öğrenmek istediğimde Almanlar da bana yardım ettiler. Almanlarla diyalog geliştirmeye başladım. Gelişmek istemem onların hoşlarına gidiyordu. İhtiyaçları vardı. Altıncı ayın sonunda iş yeri şefim beni yanına alıp, diğer işçilere tercümanlık yapmaya götürmeye başladı.

Bizim insanlar günlük olarak yapmaları gereken miktardan fazla mal üretiyorlardı. Şef ise "Bunlara söyle herkes yapması gereken sayıyı yapsın. Fazla çalışmasınlar. Gerekenden fazla mal üretiyorlar. Aynı şekilde çalışamayanlar zor durumda kalıyorlar. Sadece istenilene cevap versinler!" diyordu.

Söylenileni işçilere anlatıyordum. Bizim işçilerin cevapları ilginçti. "Alman işçiler bizi kıskanıyorlar. Bizim gibi çalışamıyorlar. Üretemiyorlar. " Garipler kendi kendilerine zarar verdiklerinin farkında değillerdi. Yaranma, takdir, onay, kabul görme hisleriyle hareket ediyorlardı. Okşanmaya ihtiyaçları vardı! Fazla üretmenin karşılığını da almıyorlardı.

Ücretler belliydi.

Bir yıl sonra iş sözleşmem bitti. Şefim "Burada sana yazık olur. Seni idari birime, büro işine verelim!" dedi. Ben büroda çalışmaya başladım. Göte Enstitüsü'nde Almanca lisan diplomamı da aldım.

Gelişimden üç yıl sonra yeni bir kanun çıkarıldı. "Çocukları Almanya'da olmayan yabancılara çocuk parası verilmeyecek. " Bu kanunun çıkarılmasının nedeni şuydu; sahtekarlık yapılıyordu. Beş çocuğu olan 15 gösteriyordu. Böylelikle fazla para alıyorlardı. Bunu önlemek amacıyla düzenlemeye gidildi. İşçiler çocuklarını getirmeye başladılar. Okullar dolup, taştı. Bende o zaman üniversite giriş sınavlarına girdim. Yeterince Almancam var. Okuyabilirim şeklinde bir planlamaya gittim.

Test işlemini yapan profesör "Okullar doldu. Okul idaresinde, okulda çalışmak istemez misin? Çok sorun var. Sorunların çözümünde yardım gerekiyor. Üniversite yerine Devlet İşletme Enstitüsüne gider misin? Hem çalışır, hem de okursun. Parasal sorunun, sıkıntın olmaz!" önerisin de bulundu.

Önerisini ciddiye aldım. 2,5 yıl bu okula gittim. Okul idarecileri masraflarımı ödediler. Bulunduğum şehrin milli eğitim müdürlüğünde çalışmaya başladım. 1974'ten beri bu işi yapıyorum. Akşam okullarında (Halk Yüksek Okulu) doçentlik yaptım. Yabancılara yardım kurumunda da öğretmenlik görevimi sürdürdüm. Bütün resmi işlemler, idari işlemler, tercümanlık, yardım işlemleri o kurumda düzenleniyor. İşimi çok severek, zevk alarak yapıyorum.

Ankara'dan buraya öğrenim görmek için gelen birisiyle tanıştım. Evlenmeye karar verdik. Bu amaçla Ankara'ya gittik. Sevgilimin yakınları beni ve ailemi araştırıyorlar. Kürt -Alevi ve işçi ailesinden olmamı, kimliklerimi göz önüne alarak beni oğullarına layık görmediler. Oğullarını etkileyip, caydırdılar. Evlenmemizi engellediler.

Tek çocukları olan sevgilime "Ya biz, ya o. Kesinlikle bu evlilik olmayacak. Bize layık değil. Böyle bir aileye damat olamazsın!" diyorlar. Kalbur üstü bir aileydi. Oğulları aileyi aşamadı. Evlilikten vaaz geçti. Tek başıma buraya döndüm.

Bir Almanla evlenmek istemiyordum. Kendi bölgemden biri olsun istiyordum. Düşünmeye başladım. Ben kime yakınım? "Türk" olduğunu söyleyen, beni istemiyor. Layık görmüyor. İstediğim düzeyde Kürt yok. Kimle olabilirim? Ben de bir Almanla evlenirim ve Türk olan biriyle evlenmem!

Düşünün yedi yıl olmuş ki buraya gelmişim ve tümden yalnızım. İnsan sıcaklığı, aile özlemi çekiyorsun. Kim çekmez ki? 26 yaşımdaydım.

Mantıki bir evlilik yapayım, dedim. Sonuçta mantık evliliği yaptım ve bir Almanla evlendim. Beni olduğum gibi kabul eden, dindar, ırk bağnazı olmayan, sakin, temiz bir insandı. Din ve ırkımdan dolayı aşağılanmıyordum. Yadırganmıyordum. Yargılanmıyordum!

Adam bana "Beraber oturalım. Birbirimizi tanıyalım, deneyelim. Ben evlenipte ayrıldım." dedi. Benim aldığım anlayış, beynime yerleşen toplumsal değerlerimiz, anne ve babamın onaylayamayacakları bir beraberliği yaşayamazdım. Teklifi bile zoruma gitti. Yapamadım. Kaldıramadım. Ben evliliğe şartlandırılmıştım. Birlikte yaşamak benim için tuhaftı. Nikahsız yaşayamazdım. Evlilik olmalıydı. Yakınlarım duyarlarsa üzülürler, diyordum. Bu günkü anlayışımla ise keşke birlikte yaşamayı deneseydim, diyorum. O gün için hazır olmadığım bir ilişki tarzıydı.

Durumumu, nedenlerimi sıraladım ve resmi evlilikle evlendim. Bir yıl sonra anne oldum. Yarım gün çalışmaya başladım. Durumumuz oldukça iyi idi. Kız kardeşimi davet ettim. Turist olarak geldi. Yılbaşına yakın her taraf süslenmiş. Birlikte yürüyoruz. Bir fotoğrafçı vitrinine yerleştirilen resim dikkatimi çekti. Kocam yanında bir bayan ve kucaklarında bir bebek. "Mutlu bir aile tablosu" olarak vitrine konmuşlardı. Öyle tatlı bir aile tablosu ki, fotoğrafçı da reklam amacıyla vitrine yerleştirmiş. Baktım adamın elindeki yüzük, üzerindeki gömlek benim tarafımdan alınan şeyler. İnanamadım. Bacıma seslendim. Şaxsenem, Şaxsenem, gel bak. Bu Moris değil mi? Bacım da baktı. "Ta kendisi. Şüphen mi var?" sorusunu sordu. Adam iki ilişkiyi birlikte götürüyormuş. Aynen filmlerdeki gibi bir durumu yaşadım.

Eve döndük. Kocam geldi. Gel sana bir şey göstereceğim, dedim. Arabaya attım. Fotoğrafçının önünde durdum. Bunu açıklar mısın? Bu tablo niçin, nasıl oluştu?, sorusunu sordum. Son dakikaya kadarda kocamın bir arkadaşı, bir tanıdığı, dostu olabilir, düşüncesindeydim. Konduramadım. Ötesini düşünemedim.

Eşimin tepkisi ilginçti. " İyi ki gördün. Ben cesaret edipte sana söyleyemiyordum. Sen hamileyken arada, sırada gidip bu bayanla beraber oluyordum. Kadın beni kullandı. 'Hap alıyorum. Korunuyorum' dedi. Hap kullanmamış. Çocuk oldu. "

Sakindi. Ben kendisine şu kadını bir göreyim, tanıyayım önerisinde bulundum. Araştırmaya girdim. Oysa benle ilişkiye başlamadan öncede kadınla beraber oluyormuş. Arkadaşmışlar. Kadını bulup, konuştum. Bayan "Çocuk tesadüfen oldu. Moris bana 'Eşimden ayrılıp, seninle evleneceğim' diyor" açıklamasında bulundu. Eh. . güvenim bir kez sarsıldı.

Sorgulayıcı tarzda düşünmeye başladım. Her şeye kuşkuyla yaklaşıyordum.

Eşimin sekreteri de sevgilisiydi. Biriktirdiğimiz paraları benden habersiz çekip, çekip onlara yedirmiş. Bu kadar şeyin üzerine bana " Senden ayrılamam. Seni çok seviyorum. Sensiz yapamam!" da diyordu.

Resmi gördüğümde ikinci çocuğuma üç aylık hamileydim. Üzüntüden düşük yaptım. Kötü şekilde hastalandım. Maskeli bir erkekle yaşadığımı anlamak beni yıktı. Derin bir sarsıntıya uğrattı. Ben bağlanmıştım. Bütün dürüstlüğümle yaklaşıyordum. Yaşamımda yalnızca o vardı. O ise beni kandırıyor, kullanıyor ve yalan konuşuyordu. Üç kadını birden idare etmekte bir sanat, hüner, beceri olsa gerek!

Kendi kendimi değerlendirmeye, sorgulamaya başladım. Kendimden şüpheye düştüm. Ben kör müyüm? İnsanları tanıyamıyor muyum? Çok mu safım? Kendime olan saygımı kaybetmeye başladım. O ise habire bana yeminler ediyor "Beni af et!" diyordu.

Tayini Hamburg'a çıktı. "Gel beraber gidelim. Sizden ayrı kalamam. Çalışma. Sorun değil. Orada da bir başka iş bulursun!" dedi. Kendisine, sen git, işleri düzenle, gerekenleri yap. Bir yer tut. Hafta sonları biz yanına geliriz, cevabını verdim. Beş ay sonra benim de tayinim çıktı. O şehre gittim.

Gitmemden üç ay sonra yine akşamları "İş yemeğim var" diyerek geç gelmeye başladı. İş yemekleri! Benim güvenim, inancım sarsılmıştı. Söylediği her cümlenin yanına soru işareti koyuyordum. Kenara çekip konuştum. Bu girişimim karşısında, bir başka bayana aşık olduğunu, onunla ilişkiye başladığını belirtti. Bir tek kadınla yapamazmış. Sık, sık aşık olurmuş. Kendisini kontrol edemiyormuş. Sevgi doluymuş! Kendisine, kusura bakma. Bu kadar sabır, tahammül yeter. Ben de güvenmediğim bir kocayla yaşayamam. Altı ayda bir aşk yenileyen bir erkekle kalamam. Benim istediğim koca tipi değilsin, cümleleriyle kendisini yanıtladım.

Aile erkeği, aile sorumluluğunu paylaşacak bir insan değildi. Eş değil, sadece sevgili olurdu. İşin yürümeyeceğine inandım. İkinci kez de anne olmuştum. Tekrar eski şehrime döndüm. Bütün çevrem bu şehirdeydi. Babaydı ve çocukları istemedi. Kendisine, sen babasın. Senin onlara, onlarında sana ihtiyaçları var. Gelip görebilirsin, dedim. İlk dönemler geldi. Daha sonra tümden ilişkiyi kesti. Kendisini birkaç kez aradım. Çocukları görmesi gerektiğini hatırlattım. "Hayır" da demiyordu ama gelmiyordu. Çocuklarım onsuz, babasız, baba sevgisinden mahrum büyüdüler. Aşklarını yaşayan, yalnızca kendisini düşünen bir babaydı. Bu evlilikten, deneyimden sonra bir daha evlenmedim. Yıllardır yalnız yaşıyorum.

Yeni bir ilişkiye zamanım da olmuyor. Çalışıyorum ve iki çocukluyum. Hem bana gerçek bir dost, hem de çocuklarıma babalık sevgisi verebilecek, anlayışla yaklaşabilecek, paylaşabilecek bir erkek olmalı. Buralarda başka bir kültürden gelmiş bir bayan olarak eş bulmak çok zor.

Kötü deneyimler, aldatılma sonucu kendine olan güvenini kaybediyorsun. Eş seçemeyeceğine, evlilikte başarılı olamayacağına, yeni bir hata yapacağına inanıyorsun.

Bir daha evlilik düşünmedim ve düşünmüyorum da. Bu şekilde yaşamaktan da çok memnunum. Karşıma kendisiyle evlenebileceğim, ha bunla olabilir, güven veriyor, diyebileceğim bir insanda çıkmadı. Kısaca şunu söyleyebilirim; erkeklere ve kendi seçimine güvenin kalmıyor. Ben, erkek, insan seçemiyorum. İyiyi-kötüyü ayırt edemiyorum, diyorsun.

Çocuklarım küçüklerken hep onları düşündüm. Onlar için yalnızca ben vardım. Her şeyim onlardı. Annem, babam ne düşünürler, demiyordum. Çocuklarım ne derler, ne his ederler, diyordum. Hep yavrularımın ruhsal sağlıklarını düşündüm. Onları sorunsuz büyütmek istedim. Küçük çocuklu bir bayanın sık, sık eş değiştirmesi çocuklar üzerinde kötü etki bırakıyor. Çocukların güven veren insanlara ve güvenli bir ortama ihtiyaçları var. Her karar verişimde onların varlığı etkili oldu. Ben dünyaya getirdim. En iyi şekilde de büyütmem gerekiyordu. Göçmen bir anne olarak iki çocuğu tek başıma büyütmek hiçte kolay bir görev değil.

Yalnız yaşamanın faydalarını soracak olursanız, açıklayayım; ben, ben olarak kaldım. Sağlığımı, güzelliğimi koruyorum. Enerjimi kendim için kullanıyorum. Yaşıma göre genç görünüyorum. Aile ilişkisi denilen kurum içinde yıpranmadım.

Her evlilik değişik bir özellik sergiliyor. Evli olup ta benim yaşadığım sorunları yaşayan kadınları da tanıyorum. Kadın çalışıyor. Çocukları var. Sabah yediden, akşam 10'a kadar işiyle ilgili. Bu süre içinde alışveriş, temizlik, yemek yapılmış, çocuklar okula yollanmış, dersler kontrol edilmiş, akşama eve gelen erkek her şeyi hazır istiyor.

Adamın işi iyi gitmiyor. Evi geçindiren de kadın. Kendi maaşıyla giderleri karşılıyor. Evlilik, paylaşım, iki tarafın gerçekleştirdikleri bir birliktelik demektir. Bu ilişkide yük bir yerde. Oturup zevkle konuşacakları, tartışacakları bir şeyde yok. Ha ben, ha o kadın! Aradaki fark nedir? Onun adı "evli", benimkisi de "yalnız yaşayan" bayan.

Bana göre bir insan şu noktaları tespit etmişse, ilişkisini gözden geçirmek zorundadır. Bir ilişkinin bittiğini gösteren en can alıcı noktalar;

1) -Birlikte olduğunuz kişinin başka biriyle ilişkisi olduğunu öğrenm-

eniz.

2) -Sevgilinizin/eşinizin size fiziksel şiddet uygulaması.

3) -Akla gelebilecek her şey hakkında tartışmak ve hiçbir konuda ortak bir yol bulamamak.

4) -Birlikteyken huzur ve mutluluk hissedememek.

5) -Bir şeylerin kesin olarak bittiğinden emin olmak.

6) -Sevmediğinizi fark etmek.

7) -Sürekli olarak yalnızken yaptığınız şeyleri düşünüp bekar hayatınızı özlemek.

8) -Sevgilinizin/eşinizin sadece sizi üzmemek için bu ilişkiyi sürdürdüğünü anlamak.

9) -Hiçbir ortak hedefiniz ya da hobinizin olmaması.

10) -Asla değişmeyecek olan ve sizi fazlasıyla rahatsız eden birtakım huylarının batmaya başlaması.

11) -Onun yanında "kendiniz" gibi olamamanız.

12) -Kendinizi kötü hissetmenizi sağlaması ve sürekli olarak hedeflerinizi ve fikirlerinizi eleştirmesi.

Yalnızlığı kimseye tavsiye etmiyorum. Benimki mecburi bir yalnızlık. Çocuğun hem anneye, hem de babaya ihtiyacı var. Ben babanın yerini dolduramadım. Dolduramıyorum. Mecbur olduğum için yalnızım. Yoksa özellikle yalnızlığı aramadım. Tercih etmedim.

Çocuklar büyüdükten sonra benle, babalarıyla ilgili konuşmaya başladılar. Onu aramıyorlar. Kendisiyle görüşmek istemiyorlar. Gurur duyduğum tek şey çocuklarımla tatlı bir bağ kurmuş olabilmem. Her ikisi de kendi ayakları üzerinde durabilen, bana, özüme çok yakın birer şahsiyetler. Hep kendimi mütevaziliğe çağırıyorum. Allah'ın gücüne gitmesin.

Bu şehirde tanıdığım Türkiyeli kadınların hepsi temizlikçidirler. Kürt, Türk çevrelere girmedim. Hep cahillerden uzak durdum. Almanlarla beraber çalışıyorum. Çok evcil bir insanım. Okumayı ve öğrenmeyi çok seviyorum. Hep kendimi geliştirme uğraşı verdim. Halen de veriyorum. Zamanımı kendim ve çocuklarım için kullanıyorum. Değişik çalışmalar içindeyim. Günde 8 saat çalışan ve iki çocuğun sorumluluğunu taşıyan bir anneyim. Çevreyle ilgilenmedim.

Daha yeni, yeni Kürtlerle ilişki geliştirmeye başladım. Belirli bir düzeyde olan birkaç kişi tanıdım ve görüşüyorum. Şunu anladım; Ben Ankara'dan itibaren Kürtlükten değil, cehaletten kaçıyormuşum. Geçmişte Kürtlük sırf bana zarar veren bir şeydi. Sürekli kendini saklayan, inkar eden bir aile ve çevrenin yaklaşımları, rejimin bize reva gördüğü uygulamalar ben de kaçışı oluşturdu. Bilinçsiz bir uzaklaşmaydı.

Ben çok uzun zaman hep kendimi aradım. Ben neyim, kimim?, diye.. Bir televizyon haberi üzerine yanımda oturan, Türkçe konuşan biri; Kürtlere küfretmeye başlıyor. İçimde bir acı, yanma hissediyorum. Niye küfrettin? Ben de Kürdüm. Bana da küfrettin, diyebilmem için çok zaman geçti. Ben bu duruma düşürülmüştüm!

Burada bazı istisnalar dışında Kürtler cahil bir kitleyi oluşturmaktalar. Çok büyük bir oran kırsaldan gelme. Halen sorunlarını çözememiş, çember içinde dolanan insanlar. Kızım bana "Ben Kürdüm ve Kürtçe bilmiyorum. Türkçe konuşuyorum. Ama Türk değilim. Alman pasaportu taşıyorum ama kendimi Alman hissetmiyorum! "dedi.

Ne olur biraz Kürtçe bilseydim. Çocuklarımla konuşabilseydim. Çocuklarımla birlikte bu acıyı yaşıyorum. Tesadüfen tanıştığım Kürt bir ailenin vasıtasıyla bu şehirdeki Kürt Enstitüsüyle bağ kurdum. İlk kez bir Kürt ulusal kurumunun kapısından içeri girdim.

Rahatsızlıklarımla nereye kadar gidebilirdim? Kaçış çözüm getirmiyor. Kendim olmak istiyorum. Bu yaşta Kürtçe dil kursuna başladım. Kürtçe okuyup, yazmayı, konuşmayı öğreniyorum. İyi bir gelişme, atak değil mi? Kesinlikle öğreneceğim. Kendimden eminim. Yavaş, yavaş özüme dönüşü sağlamaya başladım.

***

"Aldatılma travması" tedavisi en zor olan rahatsızlıklardan birisidir. Kendi yerine başkalarının tercih edilmesini kabullenmek göçmen ve yalnız bir bayan için hiçte kolay değildir. O, duyduğu öfke, acı, solunumda zorlanma, yaşamdan zevk alamama belirtileri sonucu bebeğini kaybeder. Sürekli "acaba, yine mi?" kuşkusu beynini kemirir.

Aldatmak, söylenildiği gibi davranmamak, beklentilere cevap vermemek, kısaca ihanet, bireyin yaşayabileceği en ağır, karmaşık ve yoğun bir acı yumağını oluşturup kişinin beynine yerleştiriyor. İnsanın olayı kabullenmesi, durumu kontrolüne alması kolay değildir.

Çok sayıda düşünce, hayal, karmaşık duygu bir arada yaşanır. Birde hamile olunca duygusallık normalin üzerinde seyreder. Bu arada anne kendisini değersiz, dışlanmış görür. Gel-gitler yaşar. Durum takıntı halini alır. Yıpranma kaçınılmaz bir sondur. Karındaki bebekte aynen anne gibi durumdan etkilenir. Anne onunla ilgilenemez. Acısını da tümüyle yansıtır. Ne kendisini nede onu koruyabilir. Çünkü anne kendisini rahatsız eden görüntü ve duygulara yenilmiştir. Seven insanın yaşadığı aldatılma travması çok ağır olur.

Acı veren olaylar, gerçekler onlardan kaçınıldığı sürece rahatsızlık verme güçlerini korurlar. Hatırlamalar ve kabuslar olayın yaşandığı an kadar üzücü ve bunaltıcıdır. Bu bayan acıyı yaşayıp, bebeğini kaybettikten sonra üçüncü hamilelik sırasında sorunun üstesinden gelebilmek için harekete geçme cesaret ve becerisini gösterebilmiştir. Ama yaşadıkları yaşamını da, alacağı kararları da etkilemiştir. Yıllar geçmesine rağmen tümüyle aldatılma konusuna duyarsızlaşabildi mi? Bilemiyorum. Halen yalnız!

Aldatma nedenleri arasında bireydeki özgüven eksikliği, evlilikteki sorunlar ve içinde bulunduğu toplumun değer yargıları, erkeğin sahip olduğu avantajlar, aldatmanın normal karşılanması, seks, aşk ve romantizm bağımlılığının olmasından söz edilebilinir. Seks bağımlıları ise orgazmın yaşattığı kaygı boşalımına tutkundurlar. Erkekler toplumun kendilerine sunduğu haklardan dolayı aldatmayı kendi statüleri açısından gurur kaynağı olarak görüp rahatsızlık duymuyorlar. Suçluluk hissine kapılmıyorlar.

Erkeğin güç ölçüm aracı penistir (kamış). Böyle olunca da farklı bedenlerin tanınması, denenmesi, tat alınması kaçınılmaz oluyor. Doğaları gereği çocuklarda onları ilgilendirmeyebiliyorlar. Egolar kendilerini yaşatıyorlar. Ayrıca, değer ve sevgi arayan erkek dışarıya yöneliyor.

Göçmenlik ve yalnızlık. Annelik ve yalnızlık. Konuşma, paylaşma gerekliliği, ihtiyacı! Korkularımızdan kurtulabilmeliyiz. Bir aşkın ve sevginin bitimiyle bir başkası başlar. İnsan yaşadığı sürece hislerini korur. Hisler canlıdırlar. Yenilenebilirler, yeniden sevebilirler. Önemli olan doğruyu bulabilmek. İyi bir seçim yapabilecek gözleme kavuşabilmek. Sevmesini, sevilmesini bilmek!. Vücudun, canlıların ihtiyaçları olan bu kavramların içleri doldurulduğunda fiziksel ve ruhsal olarak en gerekli, etkili besinleri almış oluyoruz.

***

" Yıllarca Danimarka'da yaşadınız ve tercümanlık yaptınız. Sizi etkileyen, unutamadığınız tanıklıklarınızdan birini anlatır mısınız? Türkiyeli göçmenler, inançlar ve ilişkiler konusuna değinir misiniz?"

MAHMUD ÖNDER; Doğu ülkelerinden olan çok kişi tarafından Avrupa ülkeleri cennet ve mutlu yaşamların ülkeleri, yaşanılacak yerler olarak değerlendiriliyorlar. Elbetteki Avrupa'da kanun ve idarecilik Asya, Ortadoğu ve Latin Amerika ülkelerinden öndedir. Avrupa ülkelerini ve diğer kıta ülkelerini karşılaştırmak, yorum yapmak istemiyorum. Ortadoğu, Asya, Rusya ve diğer ülkelerden gelen insanların yaşadıklarından, dersler alınabilinecek örneklerden bahsetmek istiyorum. Kendim şahit olduğum olayları anlatacağım. Gelişmiş Avrupa ülkelerinde çocuklu aileler özellikle korunuyorlar. İskandinavya ülkeleri, Norveç, İsveç ve Danimarka'da çocuk ve hastalar için verilen yardımlar diğer ülkelere göre iyi bir aşamada. Özellikle Finlandiya biraz daha önde. Ailelerin hemen, hemen her şeyleri belediyelere bağlı. Ama çoğu kez bu durum yanlış anlaşılıyor ya da kullanılıyor.

1993'te Danimarka'da kendi işim için belediyeye gittim. Belediye görevlisi ile konuştum ve odasından çıktım. Büyük salona doğru yürüdüm. Binadan çıkıp, eve gideceğim. Belediye görevlisi bana seslendi. Benden salonda bulunan bir aileye mensup kişilerin dillerini bilip, bilmediğimi sordu. Dönüp baktım. Yaşlı bir çift ve genç kızları birlikte oturuyorlar.

Genç kız aniden bağırdı. "Ya anne kalk gidelim. Bunların hepsi manyak!" Görevliye döndüm ve ben bunların konuştukları dili konuşabiliyorum, dedim. Görevli bana "Beyefendi bunlara söyleyin. Belediye para vermeyecek. Boşuna beklemesinler!"

Belediye binasının kapatılma saati gelmişti. O aile bireyleri çıkıp gitmeselerdi, görevliler polisten yardım isteyeceklerdi. Ben çok yavaş bir ses tonuyla her üç kişiye söylenileni aktardım. Bunun üzerine üçü bana bağırmaya başladılar. "Kendi işine bak. Bizim işimiz seni ilgilendirmez. Onlar para vermek zorundalar!". Söylenilenleri görevliye aktardım.

Durum ilgimi çekti. Bu aile ne için, hangi amaçla para istiyordu? Konuyu görevliye sordum. Kanunlar dahilin de olan, yapılan yardımı kapsayan bir durum değil mi? Görevli "Ne olursun sorma? Açıklayamam! Bu aile bizi mahvetti. Bıktırdılar!"cevabını verdi.

Dışarıya bilgi vermeleri yasaktı. Kendisine eğer bana gerçeği söylemezsen ben bunları ikna edemem. Gitmezler. Burada beklemeye devam ederler, izahında bulundum. Bunun üzerine görevli bana, "Aile bireylerine sor. Eğer kabul ederlerse onlarla ilgili durumu, konuyu açıklayabilirim. Siz de değerlendirebilirsiniz!"

Aile mensuplarına sordum. Konuyu öğrenebilir miyim? "Hayır" dediler. Dışarıya çıkmak için yürümeye başladım. Yaşlı kadın arkamdan seslendi. "Oğlum Allah senden razı olsun. Şu kancığa söyle, 15 yıldır bu parayı alıyoruz. Şimdi niye vermek istemiyorlar?"

Söylenilenleri görevliye tercüme ettim. Görevli beni cevapladı. "Doğru. 15 yıldır bu yardımı veriyoruz. Üçü de gece yatak ıslattıklarını, kendilerine işediklerini belirtikleri için, gider parası veriyorduk. Şimdi yeni kanun çıktı. Doktor raporu olmadan artık yardım vermiyoruz. Yatağa işediklerini belgelemek zorundalar. Verdiğimiz yardım kötü şekilde kullanılıyor. Bu aile de kendi doktorlarından rapor getirmeyene kadar çişi temizleme parası vermeyeceğiz. "

Görevliye bu her iki yaşlı gece kendilerini kontrol edemiyor olabilirler. Kendilerine kaçırabilirler. Niye bu kadar üzerlerine gidiyorsunuz?, sorusunu sordum. Eğer gerçek olmasa niye bu kadar direniyorlar? Bekliyorlar. Gitmiyorlar. Görevli yavaşça bana "Biraz ileri gidelim" dedim.

Birlikte yürüdük. "Şimdi siz bunlar yabancı oldukları için mi bizim parayı kestiğimizi sanıyorsunuz. Doğru konuşmuyorlar. Durum anlattıkları gibi değil" dedi.

Aileyle ilgili bildiği şeyleri anlattı. "Bu aile 1972'de gelmiş. Yatak ıslatanlara sosyal yardım verilmesi kanunu 1978'de çıktı. Bunlar kanun çıktıktan sonra bize müracaat ettiler. Üç ay boyunca gelip, gittiler. Bütün aile fertlerinin yatak ıslattığını söylediler. Belediyede başvurularını kabul etti. Her ay 50 euro yardım veriliyor. Zaman içinde aile fertleri arttı. Türkiye'den iki gelin ve üç damat getirdiler. Gelin ve damatları getirdikten sonra da belediyeye başvuruda bulunmuşlar. Onların da gece yatağı ıslattıklarını belirtmişler. Şimdi 5, 6 torunları var. Toplam 14 kişi sürekli gece kendilerine işemelerinden dolayı oluşan pisliği temizleme parası alıyorlar. Bu durum belediye yetkililerinin dikkatini çekmiş ve doktor kontrolünü, doktor raporunu istiyorlar. Raporla durum ispatlanmazsa para verilmeyecek. Bizi istismar ediyorlar. Ben ne yapabilirim? Burada memurum. Kanunlara göre hareket etmek zorundayım. Beyefendi şimdi durumu anlayabildiniz mi?" Duyduklarım karşısında yerimde donup, kaldım. Bende yabancıydım ve yabancılar adına utandım. Bu kadarını da düşünemiyordum.

Dil öğretmenim Murat Alper bana bahsetmişti. O, Danimarka'ca, İngilizce, Türkçe biliyordu. ODTÜ mezunuydu. 43 yıldır Danimarka'da yaşıyor. Türkiye'den gelen çok sayıda insana dil dersi vermişti. Bazen ders aralarında anılarından bahsederdi. Tercümanlıkta yapmıştı. Karşılaştığı bazı olayları unutamıyordu.

"Ev de kitap okuyordum. Telefon çaldı. Aldım. Polis komiseri benimle görüşmek istiyordu. Karakola gitmemi istedi. Tercümanlık yapmam gerekiyormuş. Evde dinlenmek istedim. Gitmek istemedim. Komiser ısrar etti. Çıkıp gittim. Komiser beni karşıladı.

"Sayın Alper bir gurup Türkiyeli işçi buradalar. İyi ki geldin. Onlarla konuş bakalım, ne istiyorlar? Öğren bakalım niye böyle yapmışlar? Bunlar bilmiyorlar mı bu ülkede böyle şeyler yasak. Nasıl cesaret edipte bu işi yapmışlar? Şimdi bunların oturduğu çevredeki bütün Danimarkalılar bunlardan korkuyorlar. Gerçekten bende korkuyorum. Bu işi nasıl sonuçlandıracağız?"

Gözaltına aldığınız gurup nerede?

Komiser; "Tamam yerlerini göstereceğim. Yalnız korkma. Bunların tercümanlığını yapacağına dair söz ver."

İyice meraklandım. Tercümanlık yapmamı engelleyecek ne olabilir? Bir şey hatırlayamadım. Komisere konuyu aç, dedim.

Komiser "Bunlar evlerinde bir öküzü kesmek istemişler. Ev de keserlerken, hayvan boynu yarı kesilmiş olarak bahçeden sokağa kaçıyor. Öküz kaçtıktan sonra, 4-5 kişi ellerinde bıçak, satır onu kovalamaya, yolda hayvanı bıçaklamaya başlıyorlar. İnsanlar acil hattı aradılar. Bir ekip olay yerine gittik. Ne görelim. Ellerindeki kesici aletlerle hayvanı kovalıyorlar ve yetişen nereye rast getirebilirse oraya vuruyor. Hayvanı bıçaklıyor, satırlıyorlar.

Biz beş kişiydik. Korktuk ve merkezden yardım istedik. 20 kişi daha gönderdiler. Bunlara ve yaralı hayvana yaklaşamadık. Çevre evlerdeki insanlarda korkudan dışarı çıkmadılar. Çığlıklarla yardım istiyorlardı. Bizler görünüm karşısında donup kaldık. Yardımda edemiyorduk. O çevrede oturan insanların bunların aleyhlerinde dava açacaklarına inanıyorum. Önemli olan şu ki sana verdiğim bilgi üzerine tercümanlık yapmaktan vazgeçmeyesin. "

Kendisine hayır, hayır merak etme. Benim iğlimi de çekti. Ben bunların tercümanlıklarını yapacağım, dedim.

Komiser "Sayın Alper biz siperlerimizden çıkamadık. Silah kullanmak istedik. Baktık hayvan yere yuvarlandı. Bunların hepsi hayvanın çevresini sardılar. Her yer kan içinde kaldı. Sanki Hannibal Roma'ya karşı savaşıyor. Bir süre sonra bir araç getirdiler. Hepsi birlikte öküzü araca koyup, götürdüler. O ana kadar müdahale etmedik. Arkalarından takip ettik. Kendilerine ait olan eve girdiklerinde, biz 20 özel polis arkalarından içeri gittik. Onları teslim aldık. El ve ayaklarını bağladık. Buraya getirdik.

Şimdi bunların ifadelerini almamız ve acilen mahkemeye çıkarmamız lazım. Konuyu anladınız mı sayın Alper? Çok karışık bir durum mevcut. Çok dikkatli olman ve sorman gerekiyor. O zavallı hayvanı niye öyle yaptılar? O şekilde öldürdüler?"

Alper onlarla konuşur. Gözaltına alınanlar durumu açıklamaya başlarlar. "Yav gardaşım bu gavurlar gurban gesmeye de izin vemiyolar, bilmiyolar. Yani biz bu bayram gününde gurban gestig, suç mu işledig?. Söyle komisere bizi derhal bıragsın. Bizim suçumuz yog. "

Konuşulanları komisere anlattım.

Adam "Şimdi bunlar kurban mı kesmek istediler?. O hayvanı onun için mi o duruma koydular? Bu ülkede hayvanlar bu şekilde kesilemezler. Kasaplıklar var. Hayvan uyuşturulmadan kesilmez. Bunların yaptıkları tarzda keşim yasaktır. Bütün Kopenhag basın görevlileri kapının önüne toplanmış durumdalar. Bilmiyoruz ki nasıl bir açıklama yapalım. Bizi bekleyen mahkeme görevlisi bayandır. Olayı duyduğu gibi görevi bırakıp, evine gitti. Bu adamları dinlemeye korktu. Ne yapacağımı bilemiyorum. Bunları daha fazla gözaltında da tutamam."

Bu tür konuları yazsak sayfalar dolar. Avrupalı insanların anlayışlarına göre böyle olaylar şaşkınlık yaratır. Sonuçta, Alper Türkiyeli işçilerin tercümanlığını yapıyor ve kurban kesmeye kalkanlar para cezası ödeyerek olaydan kurtuluyorlar. Kendilerine bir de şart konuluyor. Kaldıkları mahalleden göç edecekler. Bir başka yere gidecekler ve bir yıl boyunca Kopenhaga giremeyecekler. Descartes " Akıllı olmakta bir şey değil; önemli olan o aklı yerinde kullanmaktır. " der.

***

"Evlilikte mesajların doğru iletilmesi çok önemli. Krediler iyi kullanılmalı. Baykuşlaştırılanlar güneşe bakamazlar. Sevgi insanı birliğe, bencillik de yalnızlığa götürür"

NERGIZ KURUÇAY; Kürt-Alevi bir ailedenim. 1966 doğumluyum. Erzincanlıyım. Yedi kardeşiz. Beş kardeşim ilk okul mezunudurlar. Ailemin altıncı çocuğuyum. Ben ve bir büyüğüm lise mezunuyuz. Babam dışarının, annem ise evin işçisiydi. Kendisiyle birlikte evde kazak örerdik. O, taşeronluk yapıyordu. Firma görevlileri malzemeleri, iplikleri evlere dağıtırlardı. Örülmesi gereken modeller gösterilirdi. Bayanlar bunları örüp, ilgili kişilere telim ederlerdi. Evlerinde bu tarz işçilik yapan bayanlar işçi statüsünü kazanamıyorlar. Sendikası, sigortası ve hiçbir güvencesi olmayan bir işçilik idi. İşveren bir işçiye ödemesi gereken hiçbir şeyi ödemiyor ve çok iyi de kazanıyor.

Ailem, köyden İstanbul'a göç ediyor. Ailemizin yaşama bakışını, anlayışını değiştiren, gelişim sağlayan ikinci büyük ablamdır. Ben lisede okula ara verip, çalıştım. Çalışmak zorundaydım. 20 yaşımdan sonra dışarıdan lise bitirme sınavlarını vererek diplomamı aldım. İlaç yapım fabrikasında çalıştım. Parayı ve ekonomik bağımsızlığımı tattım. Sonra da ihracat firmasına girdim.

Karşı cinsle flörtlerim oldu. Ama karşı cinsi tam anlamıyla da tanımıyordum. Arkadaşlığım el ele tutuşmayı veya öpüşmeyi aşmadı. Ben geldiğim toplumun tabularına göre şartlandırılmıştım. Evlilik öncesi üç arkadaşım oldu. O arkadaşlıkları bitirdim. Hoşlanıyordum ve birkaç görüşme sonrası erkekler benim için cazibelerini yitiriyorlardı. Erkeklerin amacı yatak ilişkisiydi. Bense yatağa yaklaşmıyordum. Son ilişkimi de eşime aşık olduğum için bitirdim.

Eşim, amcamın hanımının akrabasıdır. İlk kez yengemin kendisinden bahsetmesinden dolayı varlığından haberdar oldum. Onları ziyarete gelmişti. Uyurken kendisini gördüm. Uyuyan halini çok sevdim. Çok hoş bir görünüm oluşmuştu. O, da beni Leyla Qasım'a benzetmiş.

Bir yakınımız kendisine;"Senin düzeyinde olan ve anlaşabileceğin bir bayan. Ortak noktalarınızın çokluğuna inanıyorum. Bunla evlenirsen mutlu olursun."der.

Tanıştırıldık. O, bir süre sonra buraya, Almanya'ya döndü. Mektuplaşmaya başladık. Aşk mektupları değil, toplumsal sorunları içeren, işleyen cümleleri diziyorduk.

Eşim evlenmek istediğini ama aile sorumluluğu almaktan da korktuğunu söylüyordu. Beni sevdiğini belirtiyordu. 8 ay sonra tekrar İstanbul'a geldi. Yakınlarım, diğer insanlarımız gibi gerici, baskıcı, despot değillerdi. Yasak koymadılar. Birlikte gezmeye başladık. Ortak bir arkadaş gurubumuz vardı.

Babam; "Kızlarım bir ordunun içine de gitseler benim için sorun değil. Onlara güveniyorum. Gerekeni yaparlar!" derdi. Onlar bizde özgüven oluşturmuşlardı. Bizler de sınırlarımızı biliyorduk. İstismar etmiyorduk.

İzni bitti ve O, tekrar buraya döndü. Birkaç telefon ve mektup sonrası kontak bitti. Ben çok fazla üzerinde durmadım. Peşine de düşmedim. Ama çok üzüldüm ve acı çektim. Çünkü aşık olmuştum. Aradan iki yıl geçti ve ben kendimi toparlamaya başladım.

Pat diye bir telefon ve mektup. Seviyorum ya, sevgilim telefonda ilişkinin devamını isteyince, kendisine, tamam, olur cevabını verdim. Kısa bir süre sonra bu ülkede işçi olan babası beni görmeye geldi. Adetlere göre davranıp, beni ailemden istediler. Ortak kararla söz kesildi.

Bir süre sonra tekrar kontak koptu. Telefon ve mektuplar gelmez oldu. Ben evlilikle ilgili isteksizliğini, geriye çekilişini fark ettim. Sözlüm, sorumluluk almaktan korkuyor, sessizliğe çekildi, yargısına vardım. Kendisi burada aileden kopan, uzaklaşan, yalnız yaşayan, sosyal gurubu olan, müzik çalışması yapan biriydi.

O, 28 yaşındaydı. Aniden annesini kaybetmenin şokunu ve onun yokluğunun yarattığı boşluğu da yaşıyordu. Kendi kendime, sen korkuyorsun ama ben yanına geliyorum, derdim.

Benden önce çok sayıda Alman bayanla ilişkisi olmuş. Deneyim sahibi bir erkekti. Nikah işlemlerini gerçekleştirirken de sorun yaşadık. Belgelerde aksaklık vardı. Eşimle birlikte köye gittik. Ablamlarda kaldık. Akşam sazlı, sözlü eğlenceden sonra herkes odasına çekildi. Nikahlım benimle olmak, sevişmek istediğini belirtti. Bende onun isteğini kabul ettim. Beraber olduk. Seviştik. Ertesi sabah yaptığından mahcup olmuş, suç işlemiş gibi, kalkıp, bir başka eve gitti. Diğer insanlar ise halen yatıyorlardı.

Ablamlarla birlikte nikah işlemlerini hal etmek için ilçemize gittik. Orada "Ben evlenmek istemiyorum. Evliliğe hazır değilim. İmza atmayacağım!" açıklamasında bulundu. Ben ise bir şeye başlamıştım ve yarıda bırakmak istemiyordum. Sonuca götürmeliydim. O açıklaması karşısında, sevgilim evlilikten, aile sorumluluğundan korkuyor, ondan dolayı bu şekilde konuşuyor, bittiği yerde biter, devam ederse de eder, düşüncesine kavuştum. Tabi ki aileye, çevreye rezil olmak istememe duygusu da ağır basıyordu!

Seviyordum. Beraber oldum. Kızlığımı bağışladım. Bedenime dokunma hakkı verdim. Bunlar hepsi bir araya gelince her şeyi göze almak zorunda kalıyorsun. İş ciddiye bindiğinden sessizleşti. Nikah onu korkuttu. Sonuçta nikahta yapıldı. 1,5 yıl nikahlı kaldım. Bu süre içinde bana ilgisizdi.

Sonradan, zorunlu olarak beni aradığını, daha nikahlıyken ilişkiyi bitirmek istediğini anladım. Ben ise gerçekleri göremiyor ve sağlıklı bir değerlendirme yapamıyordum. Kendi kendime, ne olursa olsun, bu birlikteliği yaşayacağım derken, ona da senin yanına geleceğim, diyordum.

Gelinlik ısmarlandı. Törelere göre gerekli şeyler yapıldı. Vizeyi aldım ve bu ruh hali içinde buraya geldim. Tipik bir salon düğünü yapıldı. Eşim düğünde de soğuk, isteksiz davranışlar sergiledi. O zaman yine mutsuz oldum.

Bu şehre gelmemle, düğün arasın 10 gün geçti. Ben eşimin babasının evinde kaldım. O, ise kendi işi ve evi arasında mekik dokudu. Aramızda diyalog olmadı. Babası ve kardeşleri birlikte oturdukları için yalnız kalmak mümkün değildi.

Geldikten sonra yalnızlık, ilgisizlik, mutsuzluk, ne yapacağımı bilememeyi yaşadım. Her şey geldiğim yere göre çok farklıydı. Saygı, değer, sevgi olan bir aile ortamında büyüdüm. Dışlanmadım. Bundan dolayı da büyük bir boşluğa düştüm. Duygusal yönden hiçbir isteğime karşılık verilmiyordu. Hayal kırıklığı ve mutsuzluğu her an yaşıyordum.

Ben çok seven, değer veren bir bayandım. O, nasıl isterse her şey öyle olsun, O, benden daha iyi bilir, diyordum ve kendisine çok fazla güveniyordum. Yaşadıklarımla, düşündüklerimin tam tersini his etmeye başladım.

Buraya geldikten bir ay sonra dil öğrenme çabasına girdim ve kursa başladım. Mutsuzluk, gerçeklerin ve duyguların çarpışmasıyla kafam karışmıştı. Derslere konsantre olamıyordum. Bundan dolayı da kurs benim açımdan verimli olmadı.

Her şeyi dolu dolu yaşayan, aktif, kendi başına karar alabilen, ekonomik bağımsızlığı olan bir insan; göçmen olmakla bağımlı hale geliyor. Bağlanıp kalıyor. " Ben bir işe yaramıyorum" hissine kapılıyor.

Ayrı evlerde oturduk ama buna rağmen başımda bir kayınpeder vardı. Adam duldu. Bende gelindim. Ona hizmet sunmak, isteklerini yerine getirmek zorundaydım. O, gelişmeden nasibini alamamış, köyden çıktığı gibi kalmış, çetin, zor doğa şartlarında büyümenin, doğayla baş başa yaşamanın kendisine kazandırdığı sert, kaba kişiliği atmamış, geliştirmemiş, incelmemiş bir Kürt'tü.

Geldiğimin ikinci yılı mutluluk kaldırımında dolaşmaya, biraz, biraz buraya alışmaya ve eşimin gazete satış bayiinde çalışmaya başladım. Birbirimize de ısınıyorduk. Bana biraz zaman ayırmaya ve benimle ilgilenmeye başladı.

Açıkçası, ben iki yıl içinde her şeyi problem yaptım. Kendisini çok seviyordum. Bağlanmıştım ve kıskanıyordum. Her şeye karışıyordum. Gelişmesi içinde kendisine destek sunuyordum.

Bu arada ben Türkiye'ye gittim. Beş hafta kaldım. Eşim çok az telefon etti ve şunu söyledi "Buraya dönmeni, gelmeni istemiyorum. Seninle yapamıyorum. Gelme!"

Bir başkasına da benimle ilgili olarak aynı şeyleri söylemişti. Kendisine, açıklama istiyorum. Neden dolayı gelmemi istemiyorsun?, sorularımı cevapla, dedim.

Bana "Sen düşündüğüm gibi çıkmadın. Asosyalsın. Bende hayal kırıklığı yarattın. Birlikte yaşayabileceğim kadın değilsin!" açıklamasında bulundu. Beni suçlu psikolojisi içine sokacak ya!

Babası durumu duydu. Oğluna "O ne biçim söz? Ne demek gelmeyecek? Bizim namusumuz. Nereye atıyorsun? Ne yapmış ki? Niye sorun yaratıyorsun?" diye soruyor. Zorluyor.

Eşim, beni değişik sıfatlarla karalıyor, suçluyor ve kendisine yakıştıramadığını, bundan dolayı da benimle yaşayamayacağını belirtiyor. O, çok çabuk aşık olan, duygularıyla hareket eden bir insan. Çevresine beni, köyden gelmiş, cahil, ruhsal sorunları olan bir bayan olarak tanıtıyor. Beni tanımaya başlayan arkadaşları da gerçek durumu anlayıp, eşimi dıştalamaya, yalnız bırakmaya başladılar. O kendisini bende ifade ediyordu.

Kendisini dinlemedim. İnat ettim ve geldim. Üç ay boyunca evde tek başıma kaldım. Parasızlık çekmeye başladım. Sığara-gazete satış yeri eşime aitti. Orada da çalışamıyordum. Küçük görümcem genç kızdı. Kısmen beni anlayabiliyordu. Destekliyordu. Bu süre içinde sinirlerim bozuldu. Kavgalar, tartışmalar uzun süre devam etti.

Eşim bir başka bayana tutulduğunu, dostu olduğunu, birlikte olmaya başladığını söyleyemiyor. Ben eşimin müzik gurubundaki bayanla olan ilişkisini öğrenince çok kötü oldum. Paylaşmam mümkün değildi. Aynı çevreden bir bayan olması beni ayrıca sarstı. Ki kendisi evliydi. Eşimin de evli olduğunu biliyordu. Onun isteklerinin önünde sınır yoktu. İstediği şekilde cinselliğini yaşıyordu. Her erkekle ilişkiye açık, tecrübeli bir bayandı! Bu ilişkide cinsel, duygusal ihtiyaçları giderme amaçlıydı. Burada öğrenim görmüştü. Çirkin, gizli bir ilişkiye sahiplerdi.

O, eşimin en yakın arkadaşının da sevgilisi olmuştu. Boş duramayan bir bayandı. Saygı duyulan, değer verilen bir eşe de sahipti. Çirkef biriydi! Evime geliyordu. Ben yemek hazırlayıp, kendisine hizmet ediyordum. Müzik çalışmalarına destek veriyordum. Onlarsa bu çalışmalar sırasında birbirlerinden hoşlanmaya, yakınlaşmaya başlıyorlar.

Ben Türkiye'deyken kız kardeşi eşimin bu ilişkisini tespit ediyor. Eğer ilişki gizli kalsaydı devam ettireceklerdi. Eşim bu ilişkiden dolayı çok yıprandı. Gözden düştü. Küçüldü. Kendisine yönelik bakışlar, değerlendirmeler değişti. Olduğu ortamda tepki gördü, dışlandı.

Bayanın durumu anlaşılınca bulunduğu ortamdan uzaklaştırıldı. Eşi de dayanamadı, durumu kaldıramadı ve eyalet değiştirdi. Eşim şimdi O kadın için "Pisliğin tekiydi" diyor. Ama beraberken de gözleri bir başkasını görmüyordu. Aşık olmuştu. Benle nikahlıyken de burada bayan arkadaşı varmış. İhtiyaçlarını gideriyormuş.

Ben kocama güveniyordum. Beni aldatamayacağını düşünüyordum. İkimizde ortak bazı şeylere inanıyorduk. Onu kendim gibi sanıyordum. Oysa ben kendimi tanıyordum. Onu tanımıyordum.

Benim burada dört yılım dolmamıştı. Bundan dolayı da bağımsız oturum hakkına kavuşamıyordum. Görümcem okuyordu ve yardımcı oluyordu. Sorunları olan kadınların yardım istedikleri merkezlere başvuruda bulunduk. Doğal olarak ağır bir çöküntü yaşıyordum. Eşim arada bir eve uğruyordu. Valizlerimi hazırladım. Kendisine, evi terk ediyorum, dedim. Benim evden ayrılma isteğimi kaldıramadı. İşin ciddiye bindiğini görünce paniklemeye başladı "Hayır, hayır. Gitme. Bir kez daha deneyelim" isteğinde bulundu.

Adam kendisini benden farklı, ileri, entelektüel görüyordu. Garibim, ezik bir tipti. Burada müzikle uğraşmaya başlamıştı. Yetenekliydi. Farkı buydu. Beni, içine kapanık, pasif biri şeklinde değerlendiriyordu. Kendine ait olan özellikleri bana yansıtıyor, yakıştırıyordu. Bende kendisini tarif ediyordu. Yani ayna yerine koyuyordu.

Eşimin en belirgin özelliği, sürekli kendisini ispatlama tutkusuna sahip oluşudur. Yanında duran kadında etiket, kariyer sahibi olmalı ve o kadınla kendisini tanıtabilmeli. Arabasıdır, kadınıdır, markalı olmalılar. Hayatında bir şeyler parlak olmalı. Eh.. ben lise mezunuyum. Etiketim yok. Tatmin olmuyordu. Arayış içindeydi. Ne aradığını da bilmiyordu. Yönünü bulamıyordu.

Bana " Sen çok iyi bir insansın. Kişiliğin, özelliklerin hoş. Ama seninle mutlu olamıyorum. Seninle konuşamıyorum. Paylaşamıyorum."derdi. Kendisine, benimle bir şeyler konuşmak, paylaşmak için uğraş vermedin ki! Girişimde bulundun mu? Susuyorsun, düşünüyorsun ve dalıyorsun. Kendi dünyandan çıkamıyorsun, cevabını verirdim. Kesinlikle duygularını açıklamaz. Ne düşündüğünü bilemezsin.

Dostu için ise " Bu güzel bir kadın da değil. Ama cilveli. Kendisini çekici yapabiliyor. Erkeği etkileyebiliyor. 'Benim baştan çıkaramayacağım, peşim de koşturamayacağım erkek yok' diyor. Böyle bir kadınla beraberim. " yorumunu yapıyordu. Kadının politik, kültürel düzeyinden, konuşma kabiliyetinden etkileniyor. Kız kardeşi ilişkilerini açığa çıkarınca mecburen ilişkiyi bitirdi. Bütün ilişkimiz boyunca git-gelleri yaşadım.

Gerçeklik şu; bir kadını ruhsal olarak seviyor ve çok şey paylaşıyor. Bir diğerini de bedensel olarak seviyor. Beni çekici bulmuyor ama kaybetmekte istemiyor. Sürekli iki ilişki arasında sıkışan, gelip giden bir erkek. Duygularıyla yaşayan biri. Bu erkeklerin genel özelliği. Sanki doğa onlar için bu ortamı yaratıyor. Erkek hayvanlar değişik dişileri tercih ediyorlar. İncelenmesi gereken bir konu.

"Hayır gitme!" demesi, yalvarması üzerine acıma duygum güçlü kaldı ve evden ayrılmadım, kaldım. Onu bırakamadım. Bağımlıydım. Bir süre için ev de iki yabancı gibi yaşadık. Duygularda iniş çıkışlar oluşuyor. Başkasını tercih etmiş, gururumu incitmiş bir erkekleydim. Beraberde olamıyordum. Bana sarıldığı an, onu diğer kadına sarılıyormuş gibi görüyordum. Öyle hissediyordum. O anı huzurlu yaşayamıyordum. Sürekli geçmişi hatırlıyordum. Cinsel ilişkiye giremiyordum. Sadece alışkanlıklar devam ediyor. Sevgin var ama beraber olamıyorsun. Orgazmı yaşayamıyorsun. Beyin rahat değil. Benim yanımda ve bana sarılırken, benimle olurken acaba hala o kadını mı düşünüyor? diye saplanıp, kalıyorum. Yanımda ama kafası kimle mi, bir başkasıyla mı meşgul? O anda bana bakarken beni mi, o kadını mı görüyor? Bu durumda cinsellik hemen yaşanamıyor.

Eve dönüşünden sonra ilk cinsel ilişkide ben hıçkırıklarla ağladım. O da rahat değildi. Beni rahatlatmaya, mutlu etmeye çalışıyordu. Kafasının meşgul olduğu belliydi. Sıkıntılıydı. Kadınlık onurum, gururum incinmiş, fazladan bir acı yaşıyordum.

Ben ağlarken, bana sarıldı. " Yapma, yapma. Unut. Şu anda her şeyi bitir. Ben buradayım, seninleyim. Bu anı, bu andan itibaren olan şeyleri düşün. Geçmişi unut!" diyordu. Unutmak! Sanki çok kolay ve basit bir şey?

Kavga, gürültü yoktu. Evde dolaşırken birbirimize dokunmamaya dikkat ediyorduk. İç dünyamdaki huzursuzluk, çarpışmalar bitmiyordu. Bir başkasının tercih edilmesi durumunda komplekse kapılıyorsun. Kendine olan güvenin sarsılıyor. Niye ben değil de, bir başkası tercih ediliyor, değer görüyor?, diyorsun. Uzun süre kendi kendimi terapi etmeye çalıştım.

Ben ilk değildim. Bu şehirde çok sayıda kadın benzer durumları yaşıyordu. Duyuyordum. Kendi kendimi güçlendirmem, görüntümü değiştirmem gerektiğine inandım. Bu olaydan sonra kendimi güçlendirmek amacıyla psikoloji ağırlıklı kitaplar okumaya başladım. İnsanı, insanları tanımaya çalıştım. Kitaplardaki bilgilerin yardımıyla hayattayken, yaşarken her şeyle karşılaşabileceğime ikna oldum ve en az bedelle, maliyetle içinde bulunduğum mutsuzluk çemberinden nasıl kurtulabileceğimi öğrendim.

İhanet nedeniyle herkesin bana acıma duygusuyla baktıkları hissine kapıldım. Toplumumuz içinde zavallı durumuna düşürülmüştüm. Eve kapandım. Dışarı çıkmamayı tercih ettim. O çok kötü bir duyguydu. Sanıyordum ki tanıdık her evde benim aldatılmam, bir başkasının tercih edilmesi konuşuluyor ve bir başkası tercih edildiği için ben küçük görülüyorum. Sanki ben ilişkiye, dışarıya yönelmeye sebep olmuşum gibi kendimden utanıyordum. Kendimi aşağıladım. Bütün sorumluluğu, suçu kendimde aradım. Suçluluk psikolojisine kapıldım. Bende bazı eksikler var ki, ihanete uğradım, saplantısına girdim. İhanetin sebebi bendim!

Kayınpederim bana, "Kadın olsaydın da kocanı eve bağlasaydın. Elinden kaçırtmasaydın. Dışarıya yönelmesini engelleseydin!" dedi. Bu tarz cümleler bunalımı derinleştirmekten başka bir işe yaramadı. Oğlu kendisine benziyordu. Doyumsuz bir insanı ben nasıl engelleyebilirdim ?

Yavaş, yavaş ilişki normalleşmeye ve bende tekrar eşimin iş yerinde çalışmaya başladım. Ama aldatılmayı bir türlü unutamıyordum. Bu ilişkiden önce çok fazla eşimin üzerine düşüyordum. Nerede kaldı? Ne yaptı? Neyle meşgul? hep ilgilenirdim. Kıskanıyordum. Geç kalınca kendisini arıyordum.

Dışarıya yönelmesinden sonra kendisini sıkmadım. Üzerine titremedim. Soru sormadım. Bağımsız olmayı, bağımsız hareket etmeyi seven bir erkek. Gitsin, istediği gibi hareket etsin. Ne istiyorsa yapsın?, kararına vardım. 3,5 - 4 yıl böyle geçti.

Yavaş, yavaş yatak ilişkisi de düzeldi. Hamile kaldım. O, baba olmaktan korkuyordu. "Git bebeği aldır. İstemiyorum" dedi. Kendisine, seninle ya da sensiz ,bu bebeği doğuracağım. Bu hakkı kullanacağım. Ben anne olmak istiyorum. Sen olmasan, bir başkasıyla da bu duyguyu yaşarım, cevabını verdim. Arada bir atışma oluyordu. Hamilelik süreci bu şekilde geçti. Ben kabul gören, karşılıklı istenen bir bebeği doğurmak isterdim. O, inadım, direnişim karşısında geri adım attı. Sevincini hiç belli etmedi.

"Ben rahat televizyon seyredemeyeceğim. Kitap okuyamayacağım. Sazımı çalamayacağım. Birileri ağlayarak ortada dolaşacak. Ben rahat olmak, başka ülkelere gitmek, seyahat etmek istiyorum. Çocuk her şeye engel olacak. Babalığa hazır değilim!" izahatında bulundu. Korkma, çocuğu sırtlarız ve birlikte dolaşırız, dedim.

İsteyerek hamile kaldım. Doğumu yaptım. Sakin bir bebekti ve her şeyiyle ben ilgileniyordum. Bütün yükü de ben taşıyorum, hissine sahip oldum. Heyecan, stres, sevinç iç içe yaşanıyordu. Çocukla ilgili bütün görevler bana aitti. Bütün günümü çocuğa ayırıyordum. Var olan sevgimi kendisine veriyordum.

Baba beceriksiz, bir şey yapamayan, sanki iki sol ele sahip bir insan. Yavaş, yavaş korkularını aşmaya başladı. Tabi ki çocuğun olmasıyla kendisi ikinci plana düştü. Yaptığı ihanetin sonucunda çok acı çekmiş ve pişmanlık hissiyle dolmuştu. Ortak ev alıp, taşındık. Kiradan kurtulduk.

Kızım altı aylıkken ben yeniden İstanbul'a gittim. Orada bir ev almak istiyorduk. 5 hafta kalıp, döndüm. Eşim yeniden hırçın bir erkek olmuştu. Benim ailemle de hiçbir bağı yoktu. Onları aramaz, sormaz, görüşmezdi. Benimle izne gelmezdi. Yakınlarını özlüyorsun. Tatil yapmak istiyorsun. İzin süreni aileni ziyaret ederek kullanıyorsun. Başka bir yere gitme imkanın da yok.

Döndüm ve yeniden aşağılamalar başladı. Ben var olan durumu, ev taşıma, ekonomik sıkıntı sonucu oluşan stres olarak değerlendirdim.

Sıkıntıların dışa vurumu diye düşündüm.

İki hafta sonra bir bayan tarafından eve gönderilen kartla yeni bir olay patladı. Yeni bir ilişkiydi. Hiç boş kalmıyordu. Yeniden beş haftayı değerlendirmişti. Yalnız kalmamıştı. Ben izne gitmeden önce ilişki başlamıştı. Yeter. Ben ayrılıyorum, dedim ve gidip bir avukatla görüştüm. Eşimin yakınları onun yeni bir ilişki sahibi olduğuna inanmadılar. Onlara göre ben "kötü, beceriksiz, erkeği çevirmesini, yönetmesini bilmeyen" bir bayandım. Özellikle onun babasının yargısı buydu. Evden taşınma girişiminde bulundum. Ev arıyordum. Eşim "Çocuk var. Sen bu evde kal. Sizin için burası daha iyi. Ben gideceğim" önerisinde bulundu ve çekip gitti.

Arada bir kızı görmeye gelir ve beni aşağılamaya devam ederdi. Sanki her şeyin sorumlusu benim. Onun o kişiliğe sahip olmasında, kişilik şekillenmesinde, doyumsuzluğunda benim etkim var! Bu süre içinde benim sinirlerim bozuldu. Adamın bana yönelik kullanmadığı ağır, aşağılayıcı kelime kalmadı. Çok büyük terbiyesizlikler yaptı. Maddi olarak çok sıkıştım. Çocuk olduğu için iki yıl paralı, bir yıl da parasız çocuğa bakma hakkım vardı. Aldığım ücret giderlerimize yetmiyordu. Beni o durumda en çok yıpratan çocuğun yüküydü. Hem fiziksel, hem de psikolojik olarak yıprandım. Sinir krizleri geçirdim. Bu durumum, bütün gerilimlerim çocuğa da yansıyordu. O, hırçın bir çocuk oldu.

Baba "Çocuğu senden alacağım!" diyordu. Bundan dolayı psikologa git-meye de korkuyordum. "Ruhsal yönden hasta. Çocuk yanında kalamaz", deyip, onu benden alabilirdi. O arada buraya dil öğrenmek için gelen yeğenim yanımda kalmaya, kızıma bakmaya başladı. Ben de bir dil kursuna yazıldım. Annelik iznimi kullanıyordum. Bir yerde de belirli saatlerde çalışmaya başladım. Annem ve babam da yanıma geldiler. Durumumu gördüler. Annem eşime; "Kızıma ne yaptın? Tanınmayacak durumda. Nasıl bu hale getirebildin? Eskiden eser yok. Evlilik bumudur? Sevginin karşılığı böyle mi olmalı?" dedi. Cevap alamadı.

Eski iş yerimi aradım. Arada bir o işe de gittim. Bir gazete satış bayiinde sabahtan akşama kadar çalışmaya başladım. Parasal yönden kendimi biraz toparladım. Hem çalışıyordum, hem de huzursuzdum. Ehliyet kursuna başladım. Ehliyet burada zorunlu oluyor. Bu uğraşlardan, mecburiyetlerden dolayı çocuktan uzak kalıyordum.

İkinci ihanetteki farklılık şuydu; suç ben de değildi. Bu insanın kendisiyle olan problemiydi. Beni küçültmesi, aşağılaması, kendi kompleksini benim üzerimde öldürmeye çalıştığını gösteriyordu. O kurbandı. Beni de kendisine kurban seçmişti. Yaşaması gereken şeyleri çocukluğunda, gençliğinde yaşayamamıştı. Ben okuduğum kitaplar sayesinde onu çözmeye başlamıştım. Kendime güveniyordum. Bana saldırmasına, aşağılamasına rağmen zaman içinde kendi gücümü fark ettim. Güçlüydümkü saldırıya uğruyordum. Yani "Niye güçlüsün? Niye benim gibi değilsin?" deniliyordu.

Çocuk olmasına rağmen kendisinden hiçbir destek görmedim. Üstelik ağır hakaretler yapıyordu. Beni yargılıyordu, "Yapamazsın. Edemezsin. Yalnız yaşayamazsın" diyordu. Çünkü ben Almanya'da yabancıydım. Uyum sorunu yaşıyordum. İstediğim gibi kendimi ifade edemiyordum. Temel sorun dildi. Dil bilmediğim için bütün bürokratik sorunları o hal ediyordu. Kendisine bağımlı olduğuma inanıyordu.

Dil öğrenmek için yanıma gelen yeğenim psikoloji öğrenimi görmüştü. Eşimi şu şekilde değerlendirdi; "Kompleksli. Kişilik problemi olan, kendisiyle barışık olmayan, ne istediği belli olmayan bir insan. Hala, onun söylediklerini kesinlikle ciddiye alma. Kimin için ne ifade ederse etsin. Sen güzel bir insansın. Bunu bil. Kendini koru!"

O, ben de var olan şeylerin ortaya çıkmasına, kendimi tanımama, cevherlerimi fark etmeme vesile oldu. Lokomotif görevi gördü. İyi ki geldi. Bu tür durumlarda karşı tarafın yüzünü çok net görebiliyorsun. Daha önce onun dışarıya yönelmesinde, kendim suçlu görürken, ikinci ihanette bu karakterde bir insanla olmaktan utanç duydum.

Yeğenim eşimin ailesi için " Bunlar ailece terapiye muhtaç durumdalar. Aile hastalığı var. Aile mensuplarının psikolojileri bozuk. Bunlarla uğraşamazsın. Hepsi saldırgan. Kavgaya, dağıtmaya hazırlar. Çok rahatlıkla insanları rencide ediyorlar. Tatmin olmamış, problemli insanlar. Uzak dur! Kendini ve çocuğunu uzak tut ve koru. Bunlarla uğraşamazsın. Tek çıkar ve yararlı yol, eşin ve aileyle bütün bağlarını kesmen." dedi.

O, rahatsızlığı tespit etti. Tanımamı sağladı. Bana da "Sen şu an zayıf durumdasın. Bu böyle devam ederse ruhsal olarak çökersin. Kendini korumayı öğren. Yaşama pozitif bak!" diyordu.

Koparıp atamıyorsun. Çocuğumun halaları, amcaları ve dedesi. Çocuğun onlara, onların çocuğa ihtiyaçları var. Doğal bir ilişki. Dengeyi sağlamak zorundasın. Yasak koyamazsın. Çocuğumu uzak tutamıyorum. Birbirlerine yakın olma hakları var. Kızım onları çok seviyor. Onları kendisine model olarak alabilir. Bir süre için onların iyi yönlerini görebilir. Kötü yönlerini gördüğünde dekötü olacak. Mesela buradaki halası ruhen sağlıklı bir bayan değil. Dengesiz. Bir şey, bir durum birinci gün iyidir, ikinci gün kötüdür. Çocuğumu onunla baş başa bırakmak istemiyorum. Kadın bir ikilem içinde. Onda çok büyük acımasızlılık ve şefkat iç, içe. İki çocuklu dul. Evliliğini yürütemedi. Amca dersen bir başka alem. Eşimin kopyası. Sorunlu bir evliliğe sahip. Onun eşi de ne yapacağını şaşırmış durumda.

Biz 1,5 yıl ayrı kaldık. Bir yıl karşılıklı kavgalar, atışmalarla geçti. Ben yeğenimin gözlerimi açması, onu bana tarif etmesi, tanıtması sonucu bir süre sonra eşimi ciddiye almamaya, takmamaya başladım.

Yaşamımı sürdürmem, çocuğumu büyütmem için gerekli her şeyi ben yapıyordum. Kimseden yardım istemedim. Dilden dolayı zorlanıyordum ama sorunları, dokümanları hal ediyordum. Yaşamımı belirli bir düzene oturttum. Kızımı yuvaya verdim. Parasal olarakta rahatlamaya başladım.

Oturduğum ev, eşimin ve kardeşlerinin ortak parasıyla alınmıştı. Yakınları "Bizim evimiz. Sen oturuyorsun. Kullanıyorsun!" diyorlardı. Bu durum beni rahatsız ediyordu. Minnetlerinden kurtulmak istiyordum. Eşim haftada 2-3 gün kızı alırdı. Ben biraz rahatlamıştım. Hırçınlıktan kurtulmuştum. Yeniden yaşama bağlanıyordum. Bu durum birkaç ay sürdü. O, bendeki değişikliği fark etmeye başlamıştı. Artık kızı alırken veya bırakırken hakaret etmiyordu. Dağ adamı yavaş, yavaş kibarlaşmaya, yontulmaya başlamıştı.

Kızım kendi babası olduğunu bildiği halde, onu tanıdığı halde, gittiğimiz aile ziyaretlerinde evlerdeki erkeklere "baba" olarak hitap ediyordu. O böyle yaptıkça ben çok kötü oluyordum. Duygulanıyordum. Üzülüyordum. Bu durumu çocuğa yaşatmaya hakkımız yok, diyordum. Kendime, eşime kızmaya başladım. Çocuk huzurlu, problemsiz bir ortamda yapılmalı. Rahat olması için her imkan hazırlanmalı. Çocuk; anne ve babayi istiyor. Tek taraf bütün özlemlerini gideremiyor. Baba ise ancak haftanın birkaç günü ilgileniyordu.

Ben; iş, yuva, ev arasında gidip, geliyordum. Çocuğumun durumuna üzülüyordum. Çocuk ile baba ilişkisini gözlemliyordum. O atmosfer yavrumu ilgilendiriyordu. Kızımın hislerini anladıkça, ihtiyaçlarını fark ettikçe daha çok üzülüyordum. Günlerim üzüntüyle geçiyordu.

Eşim, buralı doktor bir kadınla beraber yaşıyordu. Bir süre sonra ilişkilerinin bittiğini duydum. Kadının da psikolojik sorunları varmış. Bunun cebinden gizlice para alıyormuş. Sorunlular birbirlerini bulmuş!

Eşim bir gün evime geldi. Bana sarıldı ve kendisini af etmemi istedi. Şaşırdım. Ne oldu? Ölümün mü yaklaştı? diye sordum. Çaresiz bir yüz karşımdaydı. Kendisine, ben seni hiçbir zaman af etmeyeceğim, gerçeğini söyledim. Bu benim ilk tepkimdi.

O gün yeğenim bir arkadaşındaydı. Eşimle oturduk, sabaha kadar konuştuk. İlk kez bana açıldı. Çocukluğundan itibaren bütün yaşamını anlattı. Belirli bir yaşa kadar köyde kalıyor. Baba işçi olarak buraya geliyor. Babaanne, dede, amcalar, onların eşleri, çocukları ve annesi hep birlikteler. Babaanne ve dede evde askeri komutan gibiler. Anne sürekli eziliyor. Çocuklar eziliyor ve tanıklar. Daha sonra anne buraya geliyor. Bir kız kardeşi okuması amacıyla teyzesi gilde bırakılıyor. O, ruhsal olarak son derece sorunlu bir bayan. Bu da ilçede yatılı okulda askeri disiplin altında, sürekli dayak yiyerek, aşağılanarak okumuş. Yaz tatillerinde kendisini buraya getiriyorlar. Okullar açıldığında ağlıyor, geri gitmek istemiyor. Zorla geri gönderiyorlar. "Gideceksin ve okuyacaksın!" diyorlar. Okuyup, sınıf atlamasını, meslek sahibi olmasını istiyorlar. Ama bunun yaşadığı sıkıntılardan habersizler. Anlayabilecek, düşünebilecek birikime de sahip değiller.

Bu geceleri rüyalarında yakınlarını görür, sıçrayarak uyanır ve yatakta ağlarmış. Bunun hisleri, düşünceleri önemsenmez. Düşüncesi sorulmaz dikkate alınmaz. Anlaşılamaz. Büyükler kendisinin yerine karar verir. Köyde, okulda hep bastırılmış, aşağılanmış, ezilmiş, başarısızlıkla suçlanmış, öz güven kazandırılmamış. Sürekli eleştirilmiş. Filizlenmesine müsaade edilmemiş, darbelenmiş, bodur bırakılmış.

Anlatımlarından bir kesit " Evlilik bana göre bir iş değil. Ailemin baskısı sonucu bu evlilik gerçekleşti. Ben sekiz yıl ilçemizdeki yatılı okulda kaldım. Yatılı okulda okurken sürekli aile özlemi çektim. Bu açlığı, eksikliği hiçbir şeyle gideremedim. Her şey askeri disiplin altındaydı. Bizler askeri öğrenci değildik, sivildik. Ancak, yatılı okul olduğu için böyleydi. 750-800 öğrenci vardı. Kürt-Alevi köylerinde, mezralarda okul olmadığı için aileler çocuklarını mecburen o okula getiriyorlardı.

Anne ve baba yoktu. Başlarımızdaki büyükler okul sorumluları, öğretmenlerdi. İçlerinde bir tek olumlu öğretmen vardı. Diğerleri işkenceciydiler. Sürekli şiddet uyguluyorlardı. Bizler öğrenci değil de cezaevi mahkumları gibiydik. Aileler uygulamalardan haberdar değillerdi. Her öğretmenin kendisine özgü bir dövme istemi vardı. Hediye Güzel; tıraşlı kafalarımıza silgi sürerdi. Korkunç ağrı yapardı. Müzeyyen Taştan; diz kapaklarımıza tekme atardı.

Selahattin Kazan; (CHP Sivas-İmranlı ilçe başkanı) Bizleri elle kapı pervazına tutturup, bir süre bekletir ve sopayla parmak uçlarımıza vururdu. Banyodan çıkarken üzerimize kaynar su dökerdi.

Sevim Demir; Uzun tırnaklarıyla etlerimizi çekerdi ve iğne batırırdı. Binali Selçuk; "Ulan sizinle top oynarım!" diyordu. Topa vurur gibi bizi tekmelerdi.

Seyit Mehmet Sönmez'i görünce korku krizleri geçiriyorduk. Kendimize kaçırıyorduk.

Bir tek Abbas Işık adlı hoca bize sevgiyle hitap ederdi. O da olmasaydı her öğrenci bir psikopat olup çıkardı.

Babalarımız bizi yatılı okula götürdüklerinde hocalara "Öğretmen efendi eti senin, kemiği benim." derlerdi. Hocalar ailelerin durumunu fark etmişlerdi. Korumasızdık. Onlar sadist duygularını üzerimizde tatmin ediyorlardı. Ben o uygulamalar sonucu bu hale geldim. Babam diretiyordu. "Okuyacaksın. Adam olacaksın." Kim beni eğitecekti? Bu hocalar mı? Hocalar bizleri mahvetti.

Yiyecek verilmezdi. Sabahları çay, zeytin, reçel veya peynir. Öğlenleri kuru fasulye, nohut, bezelye, pirinç, bulgur. Konservelerden yemek hazırlanırdı.

Ulvi hoca sabahları moralimizi bozmak için özellikle berbat bir mercimek çorbası önümüze kordu. Hepimizde Kürt ve Alevi inancına sahip ailelerin evlatlarıydık. Sevilmiyor, kabul görmüyorduk. Ailem beni orada bırakmakla iyilik yaptığını, bana gelecek hazırladığını sandılar. Oysa tam tersi oldu. Köreltildim. Örselendim. Çevremdekilerin hayal edemedikleri şeyleri düşünen bir insanım. Ev, aile beni sınırlayamaz. Buraya geldim. Anarşistlerle, otonomlarla ilişki geliştirdim. İnsan belirli bir yaşa geldikten sonra, belirli şeyleri denedikten sonra bazı şeylerin farkına varıyor."dedi.

Direkt ifade etmedi ama yaptığı şeylerin yanlış olduğunu, pişmanlık duyduğunu belirtmek istedi. İlk kez kendisine eleştirel yaklaştığını gördüm ve kendisinde bazı eksiklerin var olduğunu fark etmiş durumdaydı. Değerlendirme yapıyordu. Bir duvara çarpıp ta sarsıntı geçirmiş ve kendisine gelmeye başlamış gibiydi. Geçmişini anlattığı için, geçmişin onda bıraktığı etkileri, kalıcı izleri açığa vurduğu için kendisini büyük bir adım atmış olarak değerlendirdim.

İçinde büyük bir boşluk olduğunu, bu boşluğu bir türlü dolduramadığını, ne yapmak istediğini bilmediğini, yaptıklarıyla doyuma ulaşamadığını, tatminsiz olduğunu açıkladı. Yeniden benimle ve çocuğuyla birlikte yaşamak istediğini belirtti.

Kendisine, sen sürekli arayış içindesin ve bu durumn da devam edecek. Bu boşluk dolmayacak. Ben dolduramıyorum, sana cevap olamıyorum, dedim. O, ısrarla değiştiğini söyledi. Ben, onun eve dönme teklifini kabul etmedim. Birden bire bir şeyler bitmiyor ve yeniden başlamıyor. Kızımın babaya, babanın da ona ihtiyacı vardı. Çocuğu alışında görünüm beni etkiliyordu. Kızımın baba özlemini çok net görüyordum. İlk ayrılışın sonunda sanki istemeden, ayaklarını sürükleyerek, zorlanarak geri döndü. İkinci ayrılışta kendisi isteyerek, bir zorlanma hissi uyandırmadan dönmek istiyordu.

Soğuk bir kıştı. Çocuğu getirip bıraktığında önce uzun oturmalar, sonrada geceleri burada kalmalar başladı. Kaldığı ev de kışlık yakıtı bitmişti. Ne aradığını bilmeyen, dipsiz bir boşluğa sahip olan, bir türlü tatmin olamayan erkek durulmaz. Gelir ve tekrar gider düşüncesine sahiptim. Tek, tek kalmalar sürekli kalmaya, tek, tek elbise getirmeler yerleşmeye dönüşmeye başladı.

Kendisine, bu bir deneme dönemi. Bir şey başlamışta, bitmişte değil. Sonucu birlikte göreceğiz, dedim. Bir süredir beraberiz. O, şu anda yeniden eski alışkanlıklarına dönmeye başladı. Kibarlık dönemi yavaş, yavaş bitiyor. Ne olacağını ben de bilemiyorum.

İkinci gelişinde birincisi kadar etkilenmedim. Kişilik olarak kendimi toparlamış ve daha güçlü hissediyordum. Kendi başıma bir şeyler yapabiliyordum. Ona mecbur değildim. Bağımsız bir bayan olmuştum. Birinci ihanette yalvaran, geri dönmesini isteyen, yolunu bekleyen bendim. İkinci gidişin dönüşünde ise O yalvardı. Kendini açtı. Özeleştiri yaptı.

İkinci ayrılıştan itibaren bir başka erkekle de olabileceğime inanıyordum. Duygusal olarak pek etkilenmedim. Benim yeğenimin bana yardımıyla güçlenmem sonucu, O, dönmüş, yalvarmıştı. Bu durum bana gurur veriyordu. Kendimden gururlandım. Birlikte kalıyoruz ama halada kendisine evet demiş değilim.

Cinselliği, cinsel yaşamı sorarsan; ben istiyorum ve beraber oluyorum. İhtiyacımı karşılıyorum. O istediği için yatağa girmiyorum. Ona aşıkta değilim. Kendi eliyle aşk alevini söndürdü. Küllendirdi. Oluşan sevgiyi öldürdü. Bu kadar şeyden sonra ne kalabilir ki?

Boşlukta kalan bir cinsellik vardı. Cinselliğimi bununla yaşıyorum. Bir başkasıyla değil. Ben istiyorum. İstediğimi de söylüyorum. O da isteklerimi yerine getiriyor. Ben kendimi bencil, onu kullanan ve ihtiyaçlarını karşılatan, giderten biri gibi görmeye başladım. Bu histe beni rahatsız ediyor. Sanki intikam alıyorum. O, bu sonucu yarattı! Kendimi toparlamaya başladım. Bu iş, cinsel ilişkide tek taraflı değildir. Çift taraflıdır, demeye başladım. Şimdi ilk dönemdeki hislerim yok oldu. Normalleştim.

Çünkü O daha önce bana " Ben bir yığın kadınla beraber oldum. Sen de kendini kadın mı sanıyorsun?"demişti. Aşağılanmıştım. Ben kendisine düşüncelerimi ifade ettim. Benim cinsel anlamda ilk beraber olduğum insansın. Deneyim sahibi değilim. Cinselliği, sevişmeyi bilmiyorum. Bu konuda cahildimse niye bana öğretmedin? Toplum, aile bana o şansı vermişlerdi de ben mi kullanmadım? Cinsiyetimizden dolayı şartlandırıldık. Kendimizden, cinsiyetimizden kaçtık. Bunu bilmiyor musun? Niye el değmemiş bayan arıyorsunuz? Aynı toplumdan gelmiyor muyuz? sorularını yöneltim. Sustu. Çünkü kendisini yormaz. Değişim yaratmak için de çaba harcamaz.

İkinci dönüşünden sonra birkaç ay iyi geçti. O yüzeysel bir düzelmeydi. Şu anda yine kaba. Paylaşmayı bilmeyen bir erkek. Kendi bildiğini okuyan, bana önem vermeyen, dağınık, kirli, kendine bakmayan, düzensiz, plansız, programsız bir insan. Müzik çalışmalarını da bıraktı. Çok güzel saz çalardı. Çokta iyi bir sese sahip. Değerlendirmedi.

Değişmedi, değişmez. Eskisi gibi. Ben yeniden araya mesafe koymaya başladım. Yeniden karşılıklı soğukluk gelişti. Şu günlerde de ben kullanılan insan mıyım?, düşüncesine saplandım. Yeniden beni önemsememeye, yanımda başka bayanlarla ilgilenerek, sohbet ederek, değer vererek beni kıskandırmaya, rahatsız etmeye başladı. Bu durum beni sarsıyor.

Yeterince yüküm var. Ben dışarıda çalışıyorum. Evle iliği bütün düzenlemeyi de yapıyorum. Alışveriş ve diğer şeyler. Çocuğun sorumluluğu da bana ait. Ne evde, nede dışarıda sorumluluk almaz, paylaşmaz. O, televizyona bakacak, kitap okuyacak. Bir evde birlikte yaşama, sorumlulukları paylaşma kültürü yok. Görmemiş, yaşamamış. Geçmişte annesinin, ablasının aldıkları rolü ben üstlenmiş oldum.

Bu ilişkide geçmişe göre önemli olan farklardan biri şu; onu memnun etmek için çaba göstermiyorum. Yemek yoksa kızımı götürüp dışarıda yediriyorum. Kendisini önemsemiyorum. Kendisi de bunu çok iyi fark ediyor. El eli yıkar, el döner yüzü yıkar, misali. Her şey karşılıklı. Dayanışma, paylaşım olacak ki bazı şeyler oluşsun, korunsun.

Çok gerilimli bir işte çalışıyorum. İş çıkışı alış-veriş yapıyorum. Çocuğu alıp eve geliyorum. Son derece hareketli bir çocuk. Baba düşünemiyor mu? Canını mı incitmiyor? Rahatını mı bozmak istemiyor? Bilemiyorum.

Ne biten nede sağlıklı devam eden bir ilişki. Ara kopma ve birleşmelerle bu güne geldi. Tutarlı bir sevgili, eş istedim. Karmaşık bir tipleyim.

Çocukken anne-babamızdan, birlikte yaşadığımız büyüklerimizden aldığımız tüm mesajları hafızamıza kaydediyoruz. Bunların yanlış olup olmadığını düşünemeyiz. Çünkü onlar bizim için en büyük otorite figürlerimizdirler ve doğrularımızı onlar belirlerler.

Eşim göçmenlikten dolayı yüreğinde koca bir sevgi açlığıyla büyümüş. Bilinç altındaki bir dürtüyle babasına, anasına benzeyen insanlar arıyor. Onların da kendisini sevmelerini sağlamaya çalışıyor. Diğer yandan babasıyla sürekli kavgalı ve hiçbir konuda anlaşamıyorlar. Onu sevmediğini söylüyor. Anneye doyamadan kaybetti. Sanırım duygusal anlamda yara almış kadınlara ilgi duyuyor.

Özellikle karmaşık ve düzensiz bir aile yaşantısının içinden gelenler, o ortamda büyüdüklerinden dolayı orada yaşanan her şeyi normal kabul ediyorlar. O yüzden de düzensiz ilişkilere yöneliyorlar. Eşim seçimlerinden mutlu değilse, gerçekten ne istediğine karar vermesi gerekir. Ancak bu yolla özlemini duyduğu doğru ve sıcak bir ilişki yaşayabilir.

10 yıldır beni maf etti. Yeğenimin sayesinde kendi iç kaynaklarımı tespit edip, kullanmaya başladım. Kendime bir dünya oluşturdum. Var oluşuma anlam kattım. Kendimi başarmaya programladım.

Döndü, geldi. Yaşamımın içine girdi. Birlikte mutluda olamıyoruz. Birbirimizden uzakta duramıyoruz. Eşim ruhsal olarak sağlıklı değil. Kendisine acıyorum. Durumuna üzülüyorum. Çok fazla sevgi taşıyorum. Durumunu bildiğim için tümden koparıpta atamıyorum. O düzelmiyor. İyileşmiyor. Sahip olduğum insan sevgisinden dolayı son noktayı koyamıyorum ve ben bu sorunlu ilişkiden dolayı baş aşağı gidiyorum.

Üzerimize yapıştırılan zayıf, duygusal, güvensiz vb. gibi demode etiketlerden kurtulmak gerekiyor. Kadınlar bu etiketleri kabul etmemelidirler. Ben hem anne, hem de babayım. O ise evimde, benimle yaşıyor ama güçsüz, sorumluluk almaya korkan bir erkek.

***

İnsan hayatındaki en kritik anlar doğum, dikkatsizlik ve tedbirsizlik sonucu meydana gelen kazalar, iş ve eş seçimidir. Eş seçiminde temel kriterler; kişilik ve karakter yapısı, kültür uyumu, cinsel çekicilik ve ekonomik yeterliliktir.

Kaldığı, içinde bulunduğu ortamı, ilişkileri, eşini, işini, evini seven bir insan mutsuz olmaz. Evleneceğimiz kişinin kişilik ve karakter yapısını tanımak çok önemlidir. Eş seçiminde başarılı olursak yaşam boyu rahat ederiz. Aksi takdirde sürekli huzursuzluk, ayrılıp, bir araya gelmeler, değişik rahatsızlıklarla karşı karşıya kalırız. Eş cinsel isteklere göre değil, akıl ve mantığa göre seçilmelidir. Topraklarımızda evlilik öncesi cinsel ilişki yasak. Belirli bir yaşa varan kişi cinselliğini yaşamak istiyor. Birey evlilik yapma yoluyla cinsel ihtiyaçlarını karşılayabileceğini öğreniyor. Hissedilen cinsel ihtiyaçlar ön plana geçiyor, bedeni işgal ediyor ve evlenilmek istenilen bireyin gerçek kişiliğini görmeyi engelliyorlar. Aşık olunca, körleşip kötü özellikleri, nefret duyunca da mantıklı hareket edip iyi özellikleri göremiyorlar. Kişilik yapıları evlilik yapıldıktan sonra, süreç içinde değişmezler. Değiştirilemezler. Bu bayan değiştirmeye çalıştı. Hem kendisi acı çekti, çekmeye devam ediyor, hem de acı çektiriyor.

Eğer O, hayata, ilişkilere, erkekçe bakarak egosunu besleyebilseydi, kısa sürede tuttuğunu koparan bir kadın haline gelebilirdi. Bizlerin egoları zayıf, kendimizi yeterince beğenmiyor ve iyi ifade edemiyoruz. Oysa kendi korkularımızın, güvensizliğimizin, bayan olmaktan kaynaklanan zayıf noktalarımızın kurbanı olmak yerine, başka bir yolu seçebilir, erkeksileşmeden, erkek egosuna sahip olmanın inceliklerini öğrenebiliriz. Fakat bunun için önce kendimize karşı dürüst olmalı, sonra da olaylara bir erkeğin bakış açısıyla bakmaya, yani karşı cinsle empati kurmaya çalışmalıyız. Böylece çok daha güçlü bir kadın portresi çizmenin yanı sıra, erkek dünyasına nüfuz ederek, onlarla ilişkilerimizde de daha bilinçli hale gelebiliriz. Biz kadınlar nedense kendimizi, toplumu, çevreyi ve hayatı fazla ciddiye alıyor, bu yüzdende sık, sık derin hayal kırıklıkları yaşıyoruz. Hayatın acı gerçekleri karşısında üzülüp yıpranıyoruz, öfkeleniyoruz, isyan ediyoruz ve farkında olmadan enerjimizi tüketiyoruz. O, 10 yılını bu ilişkinin gel, gitleriyle geçirdi. Oysa erkekler, kendileri dahil herkese ve her şeye alaycı bir bakış açısıyla yaklaşmayı, hayatla dalga geçmeyi, zorlukları mizah gücüyle yenmeyi gayet iyi biliyorlar.

Kabul etmek gereken bir başka gerçek ise fazla yufka yürekliyiz. Merhamet duygumuz, sağlıklı karar vermemizi engelliyor. O, iş hayatında da zorlanıyordu. Almanya'da büyüyen insanlar gibi davranamıyordu. Kalbiyle hareket ediyordu. Kolaylıkla, utanmadan, sıkılmadan "hayır" diyemiyordu. "Evet" demeye alıştırılmıştı. "Hayır" sözcüğü kendisine saygısızlığın göstergesi olarak öğretilmişti. Başkalarını gereğinden fazla düşünerek, onlar için endişelenerek, onlara acıyarak ve onların çıkarlarını gözeterek yaşamak, ona büyük bir problem, yaşam dengesinin bozulması, kalitesinin düşmesi olarak geri dönüyordu. Erkekler kadar katı ve acımasız olamıyordu. Duygularını geri plana çekip, mantığını devreye sokamıyordu. Sonuçları onu üzse de gerekeni yapması ve otoritesini ortaya koyması şarttı. Buna mecburdu. Bu şekilde ciddiye alınabilirdi. Eşi haddini, hizasını algılamaya başlardı. Onu hesaba katmak, karar verirken de göz önüne almak zorunda kalabilirdi. Ailelerimizde eğitim, terbiye adı altında, kendimizi ifade etmemize, duygu ve düşüncelerimizi kelimelere dönüştürmemize, sevinç, korku, endişe ve şüphelerimizi ortaya dökmemize müsaade edilmedi. Bunun adı "saygı öğretmek idi. " Ya çok fazla, ya da çok az konuşuyoruz. O, eşinin ağzından lafı cımbızla alabiliyordu. Erkek susarak, sorunlardan, sorumluluklardan kaçıyordu. Açık ve net değildi. Az konuşarak kendisini koruduğunu sanıyordu. Bu durumu da onu rahatsız ediyordu. Erkeklerle, birlikte yaşadıklarımızla, rekabet etme duygumuzu geliştirmek, geri çekilmemek ve istemlerimizi elde etmek için savaşmayı öğrenmemiz gerekiyor. Bu durum zaten evde, iş hayatında, psikolojik, ekonomik, sosyal ve kişisel silahlarla devam ediyor. Kaba gücün bir önemi yok. Biz kadınlar mücadeleye katılmak zorundayız. Yaşamın her alanında kendimizi geri çekmemeliyiz, vazgeçmemeliyiz, pes etmemeliyiz, korkupta kaçmamalıyız ve mücadelemizin sonunda başarısızlık olduğunu bilsek bile onurlu bir savaşçı gibi davranıp savaş alanını terk etmemeliyiz.

Erkekler en karmaşık konuları bile mümkün olduğunca basite indirgeyerek ele alıyorlar. Ayrıntılarda boğulmak yerine çözüme yönelik fikirler üretiyorlar. Biz ise tam aksine her şeyi dallandırıp budaklandırmaktan, kişiselleştirmekten, karşımıza çıkan bir problemin sonuçları yerine, nedenlerine ve etkilerine yoğunlaşmaktan, zorlukları gözümüzde büyütmekten ve hayatı kendimiz için zorlaştırmaktan adeta zevk alıyoruz. Sonra da içinden çıkılmaz hale gelen ve çözülmesi mümkün olmayan düğümlerin sadece bizim başımıza bela olduğunu düşünüp, bunalıma giriyoruz.

Eğer enerjimizi farklı ve yaratıcı işlerde kullanmak istiyorsak, yaşamımızın her alanında olabildiğince basit düşünmeliyiz, çevremizdeki insanların davranışlarının sebepleri üzerine kafa yormaktan vazgeçip, büyütmemeliyiz. O, kendi tecrübesizliğinin, iyi niyetinin sonucu bahsettiği sıkıntıları yaşadı, halen yaşıyor.

Toplumumuzda yıllar boyunca biz bayanlara fedakar olmamız, sabretmemiz, boyun eğmemiz, görmezden gelmemiz öğretildi. Bundan dolayı da mutsuz olduğumuz ortamdan kaçıp gitmeyi, bizi tatmin etmeyen bir duygusal ilişkiyi bitirmeyi ya da hak etmediğimiz davranışlara tepki vermeyi beceremiyoruz. Oysa çekip gitmeyi bilmek, karşı tarafı kırmak pahasına da olsa kendimizi kurtarmak, bazen egoyu korumanın tek yolu. O, bunu beceremedi, başaramadı. Eşi için kendi benliğinden ödün verdi, ancak vermemeliydi.

O, bu konuda, toplumdaki diğer bayanları, Almanları örnek alabilirdi. Alamadı. Farklı toprakta filizlenmiş, meyveye dönüşmüştü. Her insan önce kendisinden sorumludur. O, kendisini mutsuz eden ayrıntılardan kurtulmayı başaramadı. "Biraz daha dayanayım, belki düzelir, değişir.", demek yerine vakit kaybetmeden kendisi için yeni bir yaşam düzenlemeliydi, oluşturmalıydı. Kendisine zarar veren bir ilişki yaşıyordu. O ilişkiyi kendisi ve birlikte olduğu erkek daha fazla yıpranmadan bitirmesi gerekirdi. Başlangıçtan itibaren sıkıntılara katlandı. Bir erkek gibi egoist davranabilir ve tek başına yepyeni bir hayat kurmayı başarabilirdi. Güçlü bir kadın olmanın keyfini yaşayabilirdi. Demek ki zaaflıydı. Demek ki beyniyle karar veremiyordu. Problemli ilişkinin içinde sürükleniyordu. Bir türlü son noktayı koyamıyordu.

***

"Ödenemeyecek, borç verilemeyecek şeyler vardır. Mutluluk paylaşılmak istenir. Ayrılığı, boşanmayı çözüm olarak görmedim! "

NEFEL: Ben Iğdırlıyım. Azeri ve Müslüman'ım. Eşim ise Kürt ve Müslüman. 41 yaşımdayım. Babamın iki eşi vardı. Çok tutucu, katı, acımasız, tolerans bilmeyen bir insandı. Okumamıza da karşıydı. Bizleri okutmadı. Öğrenim görmemizi engelledi.

Amcam buradaydı. Onlar beni işçi olarak getirdiler. Geliş nedenim para kazanmaktı. Geldiğimde bir yıllık evliydim. Para biriktirip, temelli geri dönmeyi düşünüyordum. Bir yılın sonunda dönebileceğimi sanıyordum. Sonuçta geri dönmedim ve eşimi de buraya getirttim. Üç göz bir ev tuttum. Yavaş, yavaş yerleşmeye başladım. Her iki kaynımda geldiler. Onları da yanıma aldım, besledim, barındırdım. Hepimiz birlikte kaldık. Evde oturacak, kafamı dinleyecek yer bulamazdım. l6 yıl kayınlarımla birlikte küçücük bir apartman dairesinde yaşadım.

Gelir gelmez çalışmaya başladım. Bir buçuk yıl yumurta dizme, kartonlara yerleştirme işini yaptım. Sabah 05, gece 11- 12'ye kadar çalışırdım. Aylık 1. 000 mark alıyordum. Bana bir tek pazar günü öğleden sonra dinlenme izni verirlerdi. Çalıştığım firmayla evim yan yanaydı. Gezme, eğlenme yoktu.

Adamlar beni mecbur tutuyorlardı. "Yumurtalar dizilecek. İş bitecek!" diyorlardı. Ben dillerini bilmiyordum, işaretlerle anlaşıyorduk. Söylenileni, istenileni yapıyordum. l6 yaşımdaydım ve köyden gelmiştim. Ne derlerse ona göre davranırdım. Haklarımı bilmiyordum, köleler gibi çalıştırıldım.

İki yıl yemekhane, altı yıl kağıt fabrikası, üç yıl pastacılık, üç yıl jilet fabrikası işçiliği, yıllarım böyle geçti. Bir süredir de işsizim. Sabah 4. 30 da kalkar, çayı ocağa kor, kahvaltıyı, erkeklerin yanlarına alacakları yemek çantalarını hazırlardım. Kızlarımdan birini karşı komşuya, birini bir başka bakıcıya bırakırdım. Evde kalorifer yoktu. Hamile halimle kömürleri de ben taşırdım. Çamaşır yıkama makinem de yoktu. O kadar insanın çamaşırlarını da elde yıkardım. Eşimle birlikte aynı maaşı aldığım halde, evin içinde de onun ve kardeşlerinin kölesiydim. Hizmetçiydim. Akşamları ertesi günün yemeklerini de hazırlıyordum. İşleri bitirip yatıyordum. Eşimin bütün isteklerini tek, tek yerine getiriyordum. Kendisine hayır diyemezdim.

Evde olmadığım zaman kayınlarım beni çağırır, kendileri için yemek hazırlamamı isterlerdi. İstekleri bitmezdi. Emrederlerdi. Üç kişiye karılık yapıyordum, ama birisiyle evliydim. Onlar, beni huzursuz ediyorlardı. Huzursuzluğum, gerilimim umurlarında değildi. Adamlarda anlayış yoktu. Ben ağabeyleriyle evlenmiştim. Geldiğimiz yerdeki, Iğdır'daki geleneklere göre onların hizmetlerini de yapmak zorundaydım. Adım evin geliniydi ya hizmet sunmaya mecburdum!

Eşim ise bir günde 20.000 Alman markını kumara veren bir erkektir. Parası yetmiyor, eve gelip yiyecek paramızı da alıp götürdü. Daha sonra eve döndüğünde ise " Karı olsan cebimi dikerdin. Parayı düşürdüm." dedi. Hem kumarbaz, hem yalancı, hem de utanmaz.

Ben kendisine kızdığım, sinirlendiğim, tepki gösterdiğim zaman " İstemiyorsan çek git. Seni zorla tutmuyorum, gidebilirsin! Git. Evimi terk et!" derdi. Onu Almanya'ya getiren ben, işsizlikten, açlıktan kurtaran ben, çocukları doğurup büyüten ben, sorgulamadan çalışmayı, hizmet sunmayı öğrenen, öğretildiği gibi yıllarca ses çıkarmadan aynı şeyleri tekrarlayan, evi ayakta tutan ben ve O bana "Çık git!" diyordu. Sadece çocukları sevmeyi bilirdi.

Ben çocuklarımı bırakıp ta gidemezdim. Babam katı mı katı, acımasız, sevgisiz, kocam ise kumarbaz ve yalancı. Yakından tanıdığım iki erkek tipi. 7 sene içki ve kumar birlikte gitti. Amcam ve birkaç aileyle görüşüyordum. Ayrılmayı düşünemiyordum. Çocuklarımı nasıl, kime, hangi babaya bırakacaktım? Bir başkasıyla yapacağım evliliğin ne kadar iyi olacağını da bilemiyordum. Aynı şeyleri yaşayabileceğimi düşünüyordum. Yakından tanıdığım iki erkekten dolayı, bütün erkeklerin bunlara benzer olduklarını, farklı olamayacaklarını düşünüyordum.

Sıkıntıdan öyle olurdum ki, halsiz, bitkin düşerdim. İş yerinde işveren beni azarlardı. Çalışamıyordum, verimliliğim düşmüştü. Sürekli devam eden bir yorgunluk yaşıyordum. Doktora giderdim bir tespit yapamazdı.

Bir gün bana "Kocanla geleceksin, ben bu kadar hastalığı normal bulmuyorum. Eşini tanımak, kendisiyle konuşmak istiyorum!" dedi. İkimizin ilişkisini, psikolojik ve fiziki durumumun nedenini tespit etmek istiyordu. Gerçek neden de oydu.

Bu ülkede çalışmaya başladığımda paramın büyük bölümünü bankaya yatırdım. Paramı harcayacak zamanımda yoktu. Hep çalıştım. Sosyal yaşam sıfırdı. İş ve ev arasında gidip, geliyordum. On üç sene içinde 1 sefer Hollanda'ya, 2 sefer de Hamburg'a gittim. O da düğünler içindi. Tatil için gitmiş değilim. Iğdır'a iki, üç senede bir gideriz. Iğdır'da da evden dışarı çıkamazdım. Kocam bırakmazdı. Kendisi, orada da içer, sabahlara kadar gezerdi. Biz de onun eve dönmesini beklerdik. Seyrana gitmek, dolaşmak, eğlenmek yasaktı.

Eşim burada da Türkiye'den gelen işçilerin gittikleri kahvelere giderdi. Haftada bir ancak eve gelirdi. Yıkanır, üstünü değiştirir, benim paramı alır ve çıkar, giderdi. Kahve onun evi olmuştu. Kayınlarımda, bana ait evde, bana zulüm yapıyorlardı. Kendi ayaklarına özel servis bekliyorlardı. Çalıştıkları halde cep harçlıklarını benden alırlardı. Alman kadınlarla evlendiler. O kadınları alır eve getirirlerdi. Yıkayan, temizleyen, hepsine hizmet sunan bendim.

Biriktirdiklerimizle Iğdır'da ev aldım ve bir oteli inşa ettik. Kazancını alkole, kumara veren eşim onları da kendi üstüne tapuladı. Bana konuşma hakkı dahi vermedi. Onun bütün yakınlarını da ben besliyorum. Yaptırdığım oteli dolaşmama, görmeme dahi izin vermedi. Erkekler varmış, ben içeriye gidemezmişim! Otelden gelen geliri de onun ailesi yiyor. Ben çalıştım onun yakınlarını besliyorum. Buradan giden parayla yaşıyorlar. Onların kadınları benim sahip olduğum yaşam koşullarında yaşamıyorlar. Evle iş arasında koşuşturmuyorlar. Çocukları bakıcılara bırakmıyorlar. Hem fabrikada, hem de evde çalışmıyorlar. Bana göre çok rahatlar.

Ben kendi aileme destek olamıyorum. Para gönderdiğimi düşünün, eşim bedelini çok ağır hakaretlerle bana ödetir. İzinde ailemle görüşmeme, onları ziyaret etmeme dahi izin vermiyor. Babamın evine gidemiyorum. Yıllardır kızkardeşlerimi göremedim. Bırakmıyor. O, komutan, ben ise askerim. Ne diyeyim.

Burası Iğdır değil. Kadınları koruyan kurumlarda mevcut. Ben dayak yediğimi, aç bırakıldığımızı söyleseydim, polis bizi korurdu. Bu ülkede, aynen geldiğim yerdeki kadınlar gibi yaşadım. Karşı koymayı öğrenemedim. Kadın sığınma evine gidenlerin paraları, evleri yoktur. Ben oralara gitmeyi hiç düşünmedim. Çocuklarıma hem annelik, hem babalık yaptım. Kendi şerefimi korudum. Namusumla evimde oturdum. Çocuklarımın düzenlerini sağladım. Hep eşimin pişman olmasını, alışkanlıklarından vazgeçmesini, dışarıdaki hayattan doymasını, mutluluğu evinde aramasını, bulmasını bekledim. Ben Alman kadınlarının yaşamlarına hiç özenmedim. Hafta sonlarını tümüyle çocuklarımla geçirdim, halen de öyleyim. Kendime ait özel bir şeyim yok. Her şeyim ailem için.

Kaynanam ve diğer aile fertleri de yaşamıma, ilişkilerime müdahale ederlerdi. İki kızım vardı. Eşim, oğlan doğurmazsam üzerime kuma getireceğini söylüyordu. Benim çocuğumun cinsiyetini belirleyecek durumum yoktu, olamazdı. Bu ülkede isteğin dışında hamile kaldın mı, erkeğin izni, oluru olmadan bebekte aldıramıyorsun. Kocam muradına erdi, şimdi iki erkek çocuğumda var. Eşim ve yakınları, hepsi birlikte üzerimde hak iddia ediyorlardı. Ben kimdim, neydim? bilmiyorum. Benim dışımda herkes benim ve ailemle ilgili konuşma, düşünce belirtme hakkına sahipti. Halende aynı sıkıntıları yaşıyorum. Sürekli dışardan müdahale, yönlendirme var.

Adı üzerinde göçmenlik. Bazen oturuyorum düşünüyorum. Her şey bir film gibi gözlerimin önünde geçiyor. Geldiğim yeri, insanları özlüyorum. Eşimin düzelmesini bekledim. Yıllarım, gençliğim böyle geçti. Halen dayak yiyorum. Dün akşam çocuklara olan yaklaşımından dolayı tartıştık. Yine bana saldırdı. Bir sefer alışmış, yumruk atmadan duramaz. Dille kendisini ifade edemiyor. Hemen kaba kuvvete baş vuruyor. Oturup konuşmasını bilmiyor. Zorbanın biri. İnsan konuşarak sorunlara çözüm bulur. Dövüyor, kırıp döküyor ve benden karılık görevlerini yapmamı bekliyor. Kendisiyle yatmamı istiyor. O, beni iyi tanıyor. Ne yapıp yapamayacağımı iyi biliyor. Hep onun istedikleri olacak. Emirleri dinlenilecek.

Çocuklardan da utanmıyor. Evdeki şiddetin onları nasıl etkilediğini de göremeyecek kadar kör. Bu böyle devam ederse ergenlik dönemine giren çocuklar bu evde kalmaz. Onları koruyan yurtlara giderler. Huzur olmayan yerden kaçarlar. Adam olabileceklerini düşünemiyor.

Bu ilişkide o patrondur. Ama bilen, düşünen, öngörülü, iyi bir patron değil. Bizim erkeklerimizin yönetme hastalıkları var. Ben yönetilmeye bir şeyde demedim. İyi bir yönetici olmasını isterdim. İş hayatında da yıllarca yönetildim. Bu her istediğini zorbalıkla, kaba kuvvetle yaptırıyor.

Babamla aynı fikirlere sahip diyebilirim. Onun ilerisinde değil. Zorla kabul ettirmeyi, istediğini yaptırmayı tercih eden bir erkek. Sözü dinlenilecek. Baskı yöntemiyle liderliğini devam ettiriyor. Evde babam bizleri yönetti. Evlendim. Evlilikte de kocam yönetiyor.

Benim, onun hayatına, ilişkilerine müdahale edememe izin vermez. Başkalarının hayatları, ilişkileri üzerinde konuşmayı, değerlendirme yapmayı, dedikoduyu da sever. Evimde inisiyatif değil, hizmet sundum. Para getirdim. İş ve aile hayatımda erkekler tarafından yönetildim. Yönetiliyorum. Doktorum bunun yetişme, yetiştirilme tarzımla ilgili olduğunu belirtti. İnisiyatifli olmayı öğrenemedim. Beceremedim. Erkekler gözlerimi açtırmadı.

Babam evde baskındı. Kendi kararlarının kabullenilmesini ister ve bunu, baskı kurarak yaptırırdı. Karşı çıkılamazdı. Onunla iletişim kurmak gerçekten zordu. Kanun koyucu ve uygulayıcıydı. Bizler de ona tabiidik. Şimdi onu ve eşimi karşılaştırıyorum. Ortak yanlarını görüyorum. Her ikisinin yanında da kendimi kötü, güçsüz ve ezik hissediyorum.

Her iki erkekten de korktum. Şimdi görüyorum ki ben yetenekli ve özellikle eşimden daha becerikliyim. Sorumluluklardan kaçmıyorum. Üretiyorum. Yuvamı ben koruyorum. Dağılmasını önlüyorum. O, ne benim kadar çalışkan, ne de üretici. Sadece emeğim üzerinde yaşıyor. Babam Azeri, eşim ise Kürt. Anlayışta birbirlerine benziyorlar.

Bu durum benim tercih ettiğim evlilik şekli değil. Son derece rahatsızım. İçinden de çıkamıyorum. 25 yıldır evliyim ve bu ülkedeyim. Sürükleniyorum. Evliliğimin devamından yanayım. Eskisi gibi güçlü, sağlıklı değilim. Çok yorgunum.

***

En doğal dürtülerimizden, yaşamamız gereken bedensel, ruhsal ihtiyaç olan cinsellik, neden kadınların hayatında çok az bir yere sahip? Bayanlar hala seksi ayıp ve uzak durulması, mesafeli olunması gereken, bir durum olarak algılıyorlar. Cinsellik bilinmiyor. Cinselliğin yaşanmamasından dolayı ortaya çıkan sorunlar, sağlık sorunları olarak anlaşılmıyor, görülmüyor. Cinsel sağlığı olmayan, bu konuda sorunlu olan insanın ruhsal, fiziksel sağlığı da bozulur. Bu durum ailesel ve toplumsal ilişkileri de etkiler.

Ruh sağlığı konusunda eğitim görenlerden, uzmanlaşanlardan yardım istemekte can alıcı noktalardan biri. Hasta sorunlarını tespit edip, yardım istemezse, değişik şikayetlerle gittiği doktor tecrübeliyse kendisine soru sorabilir. Aldığı cevaplara göre hastayı ilgili bölüme sevk edebilir. Tecrübeli veya ilgili değilse hastasının cinsel sağlığıyla ilgilenmez. Burada doktorun gelişkinlik düzeyi, genel kültürü çok önemli rol oynar. Doktorlar cinsel sağlıkla ilgili sorular da sormalıdırlar. Çoğu hastalar sağlık sorunlarına cinsel konuların temel oluşturduğunun farkında bile değiller. Soru sormak, araştırmak doktorlara düşüyor.

Kadınlarımız, cinselliği hayatlarında değer verdikleri bir yere koymuyorlar. Yapılan anketler sırasında gerçekleri de anlatmıyorlar. Sorunları açıklıkla dile getirmiyorlar. Neredeyse sekssiz bir hayat sürdürüyorlar. Binlercesi orgazmı yaşayamıyor. Cinsel eğitimden, gereklilikten habersizler. Onlar kendilerini erkeklerine sunuyorlar! Cinsel kimliklerini tamamen bir kenara koyuyorlar. Güncel yaşamlarından çıkartıyorlar. Seks olmadan yaşamaya çalışıyorlar.

Savaşlardan dolayı her zaman erkekler çoğunluğu teşkil eden bir düzeyde ölmekteler. Bundan dolayı da yalnız kalan bayanlar içlerinde bulundukları toplumun değer yargılarına göre davranmak zorunda kalıyorlar. Dinlerinin de etkisiyle yeni evlilikler yapmıyorlar. Yapamıyorlar. Engelleniyorlar.

Bizim topraklarımızda çok genç yaşta, törelere dayandırılarak kendilerinden oldukça büyük yaştaki erkeklerle evlendirilmiş ve hayatlarının ortasında onların ölümüyle dul kalmış kadınlarımızın da sayısı yüzleri bulmaktadır. Kadın çocukluysa annelik yapmayı tercih ediyor. Annelik güdüsü ağır basıyor. Hislerini bastırıyor. Yaşamamayı tercih ediyor. Evlenmek istese de uygun bireyi bulması zorlaşabiliyor. Erkekler çocuksuz kadını tercih ediyorlar. Sorumluluk almak istemiyorlar. Bayanlar ise çocuklu erkekle evlenmekten de kaçınmıyorlar. Sadece tercih hakkı olan, hakkını kullanıyor. Kendi istemine göre karar veriyor.

Biz de erkekliğin ölçüsü olarak penis (kamçı) alınır. Erkeğimiz onun aktivitesine göre kendisini güçlü ya da zayıf görür. Bundan dolayı da cinsellik, erkeklerimizin hayatlarında önemli bir yer tutuyor. Onlar, "Sen erkeksin. Bayanlara göre fazlalığın var. Cinsel yönden güçlü olmalısın. İpler elinde olmalı. Yönlendirmelisin! Aktif, üstün, emreden, isteyen olmalısın. Bütün istemlerine cevap verilmeli!", mesajlarıyla şartlandırılıyorlar, eğitilip yönlendiriliyorlar. Bayanlar, onlara hizmet sunmalıdır! Onlar cinselliği önemsiz, yaşanmaması gereken bir durum olarak kabul edemiyorlar.

Cinselliği yaşayamamanın, vücudun ihtiyacı olan gıdayı sunamamanın nedenleri farklıdır. İlk etapta cinsel problemlerin konuşulması gereken kişi eş olmalıdır. İnsanlarımız sorunları konuşmamayı tercih ediyorlar. Konuşulmayan soruna çözüm bulunmaz.

Kadınlarımız, cinsel sorunlarını gizlenecek ve utanılacak sorunlar olmaktan çok, sağlık sorunları ve yaşam kalitesi ile ilgili problemler olduğunun ayırtına varmadıkları sürece sıkıntılı yaşayacaklar. Aileler dağılmaya, değişik şiddet biçimleri yaşanmaya devam edilecek. Cinsellik konusunda eşler birbirleriyle sürekli diyalog içerisinde bulunmak mecburiyetindeler. Sorun her iki tarafı ilgilendiriyor. Cinsel sorunlar, bilinemeyen, tespit edilemeyen sağlık problemlerinden de kaynaklanabiliyor. Ruhsal sorunlar baraj oluşturabiliyorlar. Cinsel sağlık ve genel sağlık arasında doğrudan bağlantı mevcuttur.

Aşk, stres hormonlarını azalttığı için vücuttaki birçok sistem olumlu yönde etkilenir. Seven, sevilen insanların kalp, tansiyon, şeker, bağışıklık ve sindirim sistemi sorunları azalıyor. Beyin kimyası değişiyor. Özellikle endorfin hormonu insana rahatlık veriyor. Ruhsal ve fiziksel sağlık için olması gereken cinsellik şart. Sevilmeyen, sevmeyen saldırgan, kırıcı, dökücü oluyor. İç dünyasını istemeye, istemeye yansıtıyor. Kendisini kontrol edemiyor. Gizleyemiyor. Ele veriyor.

Sevmek, sevilmek, fiziksel ve ruhsal sağlığımızın en etkili ilaçlarındandır. Aşk ve sağlıklı seks bir bütünü oluşturur. Aşk ve sağlıklı seks kalbin sağlıklı kalmasını sağlar. Depresyonun düşmesini sağlar. Değişik rahatsızlıklardan dolayı oluşan vücut ağrılarına karşı vücudun savunmasını artırır. Hastalıklara karşı bağışıklık düzeyini olumlu yönde etkiler, sindirim sistemini güçlendirir.

Romantik aşkın beyinde oluşturduğu etkiyi öğrenmek için denekler kullanıldı. Bu deneklere sevgililerinin fotoğrafları gösterildi ve daha sonrada beyin görüntüleme teknikleriyle beyinde nerelerin harekete geçtiği tespit edilmeye çalışıldı.

Medial insüla denilen beynin orta bölgesi ve beynin ön bölgelerinde daha fazla kan akımı ve hareketlenme görüldü. Endorfinlerde çok önemli. Bunlar daha çok morfin benzeri etki yapan birtakım hormonlar. Bu hormonlar ağrıları hafifletir, vücut direncini artırır, kişinin daha enerjik, pozitif, mutlu olmasını sağlar, bağışıklık sistemini güçlendirir.

Aşk bu hormonları harekete geçirerek mutlu ve sağlıklı olmamızı sağlıyor. Aşk bittiğinde ise kendimizi mutsuz, sağlıksız, güçsüz, bitkin ve hasta hissetmemizin nedeni; bu hormonların aniden geri çekilmeleridir. Aşk, vücutta bazı değişikliklerin olduğu ve farklı bir ruh haline girdiğimiz bir durumdur.

Aşk çok güzel bir his. Bireyin ayaklarını yerden kesiyor, uçuruyor. Gerçekleri görmesini, değerlendirme yapmasını engelliyor. Uyuşturucu etkisi yaratıyor. Oysa yaşam arkadaşını seçerken çok hassas olmak gerek. Sadece aşık olmak, aşık olduğumuz kişiyle bütün yaşamımız boyunca mutlu olacağımızın garantisini vermiyor. İlişkiyi garantilemiyor. Farklı bütünleyiciler, destekler olmadı mı ilişkinin bazı yönleri eksik kalıyor. Topallamaya başlıyor. Düşme, kırılma belirtileri gösteriyor.

Kadınımız belirli bir yaşa geldikten sonra, memleket değiştirse de toplumun tutsağı olmaktan kurtulamıyor. Dışarıdan hernekadar özgürmüş gibi davransalar da iç tutsaklık devam ediyor. İstekler ve alınan değerler çarpışıyorlar. Görüyorlar, gözlemliyorlar, düşünüyorlar, istiyorlar ama yaşayamıyorlar. Değişik savunma mekanizmaları geliştiriyorlar. Saklama, inkar, dikkatleri başka noktalara çekme çözüm değil. Çok kısa süren sohbetlerde bile bu bayanlarımızın içinde bulundukları atmosfer anlaşılıyor. Çünkü göçmen ve mülteci olanlarımız kapitalizmin geliştiği memleketlerde, içinde bulundukları toplumlarda insanların cinselliklerini yaşadıklarını çok açık görüyorlar. Her şey doğallığı içinde. Genelde bizim bayanlar seyirci konumunu alıyorlar. Ya da yapabilenler yaşadıkları ilişkileri gizleme gereği görüyorlar. Yargılanmaktan korkuyorlar. Aşk, sevgi, seks kirletiliyor. Olması gereken doğallıkta, güzellikte yaşanmıyor. Kapalılık, gizlilik getiriyor. Erkeklerimizse hem gizli hem de açık ilişkiler geliştiriyorlar. " Size ne!" diyebiliyorlar.

Biz bayanlar cinsiyetimizden dolayı evde iktidar değil, yedek, yardımcı güç olarak şekillendirildik, evliliklere hazırlandık. Erkek iktidarının yürütücüleri, koruyucuları, şemsiyelerinin altında yer almaları gereken beyinlere sahip insanlar olarak büyütüldük. Evliliklere yönlendirildik. Görücülere sunulduk. Beğendirilmeye, alıcıları, müşterileri olan bireyler yapılmaya çalışıldık. Himayesiz yaşayamayacağımız en yakınımızdakiler ve çevremizi saranlar tarafından tekrarlandı duruldu. Farkında olmadan söylenilenleri benimsedik. Evlilik dışı yaşamları düşünemedik. Düşünmekten korktuk. Toplumun onaylamadığı ilişkileri, evlilikleri göze alamadık. Toplumda, hepimizin sahibi olan devlet de seçimimizi onaylamalıydı. Aykırı durmamalıydık!

Birey arayışına cevap bulamayınca, anlaşılamama, değerli görülmediği, sevilmediği hislerine kapılıyor. Cinselliğin; ayıp, günah, yasak olarak bilinçaltına yerleştirilmesi, yani aileden öğrenilmiş davranış biçimleri, kişiliği etkiliyorlar.

Bayan; dişidir, annedir. Aşkı, sevgiyi, üremeyi, sağlıklı bir cinselliği birlikte barındırır. Birey kendisine yakın olanla, güven, yakınlık, güç, sıcaklık dengesi oluşturur. Cinsellik doğal bir içgüdüdür. Onu öğrenilmiş davranışlarla desteklemek gerekiyor. Sağlıklı bir cinsellik, keşfedilmiş bir ülkedir. Bunun bilincinde olmayan birey, bayan için ise bu bir yük, bir görevdir. Cinsel ilişkiyi, cinselliği yaşayabilmek için duygusal, fiziksel, bedensel olgunluğa kavuşmak gerekiyor. Bastırılmış duygular, biriktirilmiş öfkeler, kızgınlıklar ilişkiyi olumsuz etkiliyor. Cinsellik sağlıklı yaşanmayınca da kızgınlık oluşuyor. Sonuçta da cinsellik yaşanmıyor.

Cinsellik; ikincil öneme sahip bir dürtüdür, amacı neslin devamını sağlamaktır. Cinselliği; üremek için, zevk duyduğumuz için, iletişim, paylaşım olduğu için, yapılması gerekli olduğuna inandığımız için yaşarız. Ne kadar çok sıklıkta yapılırsa o kadar iyi olduğu öğretilir veya öğrenilir. Acıkınca yiyoruz, sekste acıkınca yapılır, sayısı standardı yoktur, bizse bazı tabularda sıkışıp, sekse bazı gereklilikler yüklemişizdir.

Cinsel arzu, biriyle cinsi ilişkiye girme arzusu olup, bedensel problemi olmayan herkeste mevcuttur. Bedensel olarak yeterli olgunluğa erişmiş kadın veya erkek o gününü yaşamsal olarak garantiye aldığında, rahat geçirdiğinde, ruhsal olarak rahat olduğunda cinsel arzu duyar. Cinsel arzu kavramı kişiden kişiye ve toplumdan topluma değişmektedir. Kadından kadına değişir.

Bizim toplumumuzda kadınların istek ile ilgili sıkıntılarını farklı gruplarda incelemek gerçekçi ve faydalı olacaktır. Erkekler ve kadınlar kabaca aynı ölçüde cinsel istek duyarlar. Ancak yetiştirilme şartları, içinde bulunulan koşullar, aile baskısı, ahlaki ve de dini etkiler kadınların bu isteklerini bastırma, başka kanallara yönlendirme veya gösterememelerine neden olur.

Bu konuda rahat olan erkekler genelde cinsel ilişki arzusunu kadınlardan daha sık duyarlar. Binlerce uyarı cinsel istek doğurabilir; görme, koku, duyma, dokunma, tatma, düşünce, duygular.

Cinsel isteksizlik nedenleri olarak; hamile kalma korkusu, bakire bayanlarda, özellikle evlilik öncesi ilişkilerde kızlık zarını kaybetme korkusu, eğer kadın cinsel ilişki isterse, bu isteğini gösterirse, birlikte olduğu erkeğin kendisi hakkında ne düşünebileceği endişe ve korkusu, canının acıyacağı korkusu, çevrenin baskısını taşıma ve düşüncelerini önemseme, ciddiye alma, ahlaksal, dinsel yasaklamalar, aile baskısı, yetişme ve şekillendiriliş tarzı, ayrıca eşle anlaşamama, uyumsuzluk, sevgisizlik sık sık görülen nedenlerdir. Ayrıca, depresyon, birlikte olduğumuz bireye güvenmeme, erkeğin erken boşalması, ilişki sırasında acı duyma veya kuruluk, cinsel ilişkiye zorlanmak, tacizi veya tecavüzü yaşamak, fiziki olarak hormonal bozukluklar, çeşitli hastalıklar, ilaçların yan etkileri, temiz olup, olmama vb. etkiler...

Cinsel arzu hayatın ileri yıllarında, yaş ilerledikçe, bir ölçüde azalır. Bizde cinsel organlar tanınmıyor. Cinsellik bilinmiyor. Yaşanması gereken zevkler korkulara, paniklere neden oluyorlar. Ne yazık ki bu durumdayız.

Birçoğumuz ilk cinsel ilişkide düş kırıklığına uğruyoruz. Çünkü seks hakkında bir şey bilmiyoruz. Vucudumuzu tanımıyoruz. Cinsel ilişkiye girdiğimizde, cinsel ilişkiden ne beklediğimizi de bilmiyoruz. Evlendiriliriz ama ilişkiye hazırlanmayız. Korkuyla gelinlikleri giyeriz. Hep korkutuluruz. Utanma öğretilmiştir. Bu konuda sürekli baskı altında tutulmuşuzdur. Erkeğin isteklerine boyun eğeriz. "Hayır" demesini bilmeyiz. Öğrenemeyiz.

Başarılı bir cinsel ilişkide, doğru iletişim ve karşılıklı anlayış çok önemlidir. Bu ikisi yoksa sevişmenin mutluluk vermesi mümkün değildir. İlk cinsel deneyimden sonra sorun daha da ağırlaşır. Şefkatle, sevgiyle ve yumuşaklıkla yaklaşılması gerekir. İnsan kendisini, cinselliğini yaşamak için en uygun zamanın geldiğine inandırabilmelidir. Rahat olabilmelidir. Bizim ilk deneyimlerimiz evlendirildiğimiz erkeklerle oluyor. Erkeği tanımadığımız için sorunlarını da bilmiyoruz. Anlayamıyoruz.

Araştırmalara göre Akdeniz erkeklerinin yaklaşık % 18'inde sertleşme sorunu mevcut. Sertleşmeden sonra karşılaşılan en büyük sorunsa erken boşalma. Akdeniz çevresi topraklarda doğan, büyüyen, yaşayan erkekler cinsel sorunlarını anlatamıyorlar. Uzmanlar yaptıkları araştırmalar sonucunda, Akdeniz erkeğinin cinsellik konusunda aslında pek bir şey bilmediğini de tespit etmişler.

Türkiye'de gerçekleştirilen cinselliğe yönelik araştırmalar, Türkiyeli bayanların ve erkeklerin sorunlarını tespit edip, üzerlerindeki sır perdesini kaldırıyor. Bu araştırmaların basında, televizyonda tartışılması, yazılması, okullarda anlatılması sonucu bizler mutlu bir cinselliği anlayabilme olanağına kavuşuruz. Cehaletten kurtuluruz. Cinsler birbirlerini anlayabilme, yardım etme aşamasına gelebililirler.

Bir ilaç firmasının yaptırdığı cinsellik araştırması, topraklarımızdaki kadınların en büyük sorununlarının cinsel isteksizlik olduğunu ortaya koymuş. Bir diğer sonuçta ise özellikle Akdeniz erkeklerinin en büyük sorunlarının "utangaçlık" olduğu tespit edilmiş. Ben kadınları utangaç bilirdim. Yanlış değerlendirme yaptığımı anladım. Erkeklerin korku çerçevelerine dahil olan penisin(kamışın) sertleşmemesi ve erken boşalma, kendilerini olduğu kadar kadınları da yakından etkiliyor.

Çünkü araştırma sonuçlarına göre kadınların isteksizliğinin temelinde erkeklerin bu sorunları yatıyor. "Nasıl olsa yine başaramayacak" düşüncesiyle kadın transa giremiyor. Erkekte bunu hissediyor. Durum daha da kötü oluyor. Bizim erkeklerimizin en büyük sıkıntıları konuyu paylaşamamalarıdır. Çünkü onlar, aile içinde kendilerine paylaşma öğretilerek büyütülmüyorlar. Sadece erkeklik rolüne hazırlandırılıyorlar. Bundan dolayı da sürekli kendilerine sunulmasını, verilmesini bekliyorlar. Bu alışkanlık yatakta da etkili oluyor.

Sıcak kanlı, çekici, kadınlara düşkün, cinsel hayatları rengârenk olarak bilinen erkeklerimiz göçmen, mülteci yaşamı, ilişkileri içinde her türlü doyuma ulaşmak istiyorlar. Sorunları olanlar da tuhaflaşıyorlar. Başarısızlık psikolojisi onları yiyip, bitiriyor. Değişik şekilde yaşamlarını etkiliyor. Yani dış yansıma yapıyor. Tedavisi olan cinsel rahatsızlıklara sahip olmalarına rağmen, büyük çoğunluğu ilgili tedavi birimlerine başvurmaya çekiniyorlar. Yardım, destek isteyemiyorlar.

Sorunlarını en yakın arkadaşlarıyla, hatta yanlarındaki bireyle bile paylaşamıyorlar. Bunu bir "eksiklik göstergesi" olarak algılıyorlar. Utangaçlık bataklığına saplanıp, oradan çıkamıyorlar. Oysa Avrupa'da tedavi imkanları mevcut. Dergilerde, gazetelerde, radyolarda, TV'lerde konular tartışılıyor. Uzmanlar görüşlerini belirtiyorlar.

Eğitimsizliğin getirdiği bir sonuç olarak en küçük bir sorun büyütülüyor. İlişkiyi mahf edebiliyor. Sadece cinsel arzunun uyandırılması için değil, cinsel organın doğru çalışması, cinsel organdaki kan dolaşımın yeterli olması, ereksiyon sağlanabilmesi için de kişideki androjen hormonu belli bir seviyede olmalıdır.

Ayrıca psikolojik faktörlerde önemlidirler. İçimize gömdüğümüz korkular, ereksiyonu baskılayabiliyor. Göç, göçmenlik, mültecilik bizlere travmalar yaşattırıyor. Yaşanılanların sonuçları bizleri etkiliyor. Sinirleri olumsuz etkileyen hastalıklar, sinir sistemiyle ilgili hastalıklar, erkeklerde ereksiyon sorununa yol açabiliyor.

Penis, damarlı bir organ. Dolayısıyla damarları ilgilendiren her türlü hastalık, kalp-damar yada beyin-damar sağlığını da ilgilendirdiği gibi, cinsel organı da ilgilendirir. Şeker, yüksek tansiyon ve kolesterol erkekleri bu konuda uğraştıran, rahatsız eden hastalıklardırlar.

Şartlandırılan, kamışla gücü, erkekliği ölçmeyi öğrenen insanımız, cinsellikle, korkuyu, tedirginliği bir arada yaşamak zorunda kalıyor. Cinsel sorunları olan erkeklerimiz normal bir cinsel yaşamın, yaşam kalitesi açışından ilk kural olduğunu düşünüyorlar. Çünkü kendilerine böyle öğretilmiş. Bilgilerini yenileme, değiştirme gereği duyanların sayısı sınırlıdır. Öğrenme tembeliyiz. Onlar, sorunlarını kabullenmedikleri için çözüm yollarını da bulamıyorlar. Doktorlara gitmek, konuşmak istemiyorlar.

Erkeklerimiz, kendi aralarında konuşurlarken cinselliklerini abartarak anlatırlar. Birlikte oldukları kadınların sayılarını, özelliklerini yüksek sesle belirtirler. Cinsel sorunu olamayan niye yüksek sesle cinsel gücünden, ilişkilerinden bahsetsin ki? Sorunu olan, sorununu farkında olmadan, bu şekilde yansıtıp, kendisini ele veriyor. Cinsellik bireye hastır. Özeldir. Başkalarına ballandıra, ballandıra anlatılması gerekmez. Ben bayanlarla yaptığım röportajlardan dolayı edindiğim bilgiler sonucunda, böyle konuşan erkeklerin sorunlu olduklarını anladım. Çünkü bayanlar bir şey anlatıyorlar. Onların eşleri ise farklı bir görünüm vermeye çalışıyorlar.

Erkeğimiz cinselliğiyle ilgili sorunlarını, zorluklarını dışa vurmaktan, paylaşmaktan utanıyor. Kendi cinsine bile açılamıyor. Konuşmak onları fazlasıyla zorluyor. Tedavi için ilgili yerlere gitmek istemedikleri gibi, yanlarındaki bayanlarla bile konuşamıyorlar. Bilinçli olan bayan erkeğin durumunu fark edip, tedavi olması konusunda onu zorlayabiliyor, ikna edebiliyor. Elinden tutup doktora, terapiste götürebiliyor. Yani yalnızca bayanlar utangaç değiller.

Aile, toplumsal eğitim çok önemli. Ne yazık ki bizler, T. C. vatandaşları olan insanlar, eğitimli değiliz. Liseyi, üniversiteyi bitirenlerimiz de fazla bir şey bilmiyor. Avrupa'da her türlü olanak olmasına rağmen öğrenmekten korkuyoruz. Çünkü korkularla büyütülüyoruz. Korkulara alıştırılıyoruz, şartlandırılıyoruz. Farklı ortamlarda da kendimizi eğitmiyoruz ve sorunlu oluyoruz.

Erkek ve kadınımız bilinçsiz, eğitimsiz olduğumuz için de vücudumuzun belirli bölgeleriyle ilgili olarak konuşamıyoruz. Tabulardan, korkulardan kurtulamıyoruz. Çekingenliğimizi atamıyoruz. Evliyiz ama sorunları paylaşamıyoruz. Sadece utanmayı öğrendik. Tutuk kalıyoruz. Sonuçta birbirimizi yıpratıyoruz. Değişmek zorundayız. Bu sağlığımız, sağlıklı bir aile için zorunlu. Çocuklarımıza huzurlu aile ortamları sağlayabilmek, birbirimize acı çektirmemek için şart ve gerekli.

"Medikal Tribüne Deutschland" dergisinde yayımlanan bir habere göre, cinsel ilişki sırasında ya da sonrasında ölen erkeklerin sadece dörtte biri eşlerinin kollarında hayata veda ediyorlar.

Frankfurt Üniversitesi'nde görevli adli tıp uzmanları, geçen 30 yıl içinde yapılan otopsi raporlarını inceliyorlar. Cinsel ilişki sırasında veya sonrasında öldüğü ortaya çıkan 60 vakayı daha ayrıntılı olarak inceleyen uzmanlar, incelenen kişilerin % 93'ünün, 59 yaşın üzerinde kalp krizinden ya da başka kalp hastalıklarından ölen erkekler olduğunu belirtiyorlar.

Uzmanlar, bu erkeklerin birlikte oldukları kişilerin kendilerinden ortalama 20, eşlerinden de ortalama 13 yaş genç olduklarını ifade ediyorlar. Cinsel ilişki sırasında hayatlarını kaybeden erkeklerin sadece % 25'inin ölmeden önce herhangi bir kalp rahatsızlığından şikayet ettikleri saptanıyor. Kaçamak yaşamanın oluşturduğu stres, heyecan onları ölüm yolculuğuna çıkarıyor. Yani aldatmak öldürüyor.

Toplumsal cinsiyet, her zaman farkındalık ve bilinçle birlikte ele alınması gereken bir kavramdır. Bu kavram 1970'lerde kadınların ikincileştirilmeleri, ötekileştirilmelerine karşı bir politik düşünce olarak ortaya çıktı. Toplumsal cinsiyet, sadece cinsiyet ilişkisi olarak değil, sınıf, etnisite, yaş gibi eşitsizlikleri de içinde barındırmakta. Bu eşitsizlikler içinde kendisini yeniden üreten bir cinsiyet rejiminden söz etmek gerekiyor. İktidar denilen şey, aynı zamanda cinsiyeti de içerir. Yaşadığımız toplumda her iki cinse de verilen tanımlar, kapitalizmin kendisini yeniden üretmek için ortaya çıkardığı şeylerdir. Toplumda, eril nitelikler daha çok iş gören, atak, güçlü olan olarak görülüp, değerlendirildikleri için eşitsizlik ortaya çıkıyor.

Toplumda oluşan ya da oluşturulan zihniyet kalıpları acı çektiricidirler. Bu kalıplar fark edilemeyecek kadar geniş olabilirler. İçinde yaşadığı kalıbı fark edemeyen, ezildiğini de fark edemez. Bu erkekler için de geçerlidir. Farkına varmayan hayallerini de bu kalıplar içinde kurmak zorunda kalır. Bireyler, ortam, ilişki değiştirince, ilişkilerinde sorun çıkınca kalıpların farkına varmaya başlıyorlar.

Sağduyu ve doğa kavramları da eşitsizliklerin üzerini örtmek üzere kullanılan kavramlardır. Kadınlar verici-duygusal, erkekler ise yırtıcı-tuttuğunu koparan gibi nitelendirilir. Zihniyet kalıplarına karşı siyasi mücadele verilirken, sağduyu ve doğa kavramlarının bağlandıkları kalıplar açılmıyor, deşilmiyor, yanlarından geçiliyor.

Bu zihniyet kalıplarını üreten en önemli kurumlar da sistemleri ayakta tutan, yaşamalarını sağlayan medya ve okullarıdır. Bunların aracılığıyla insanlara kalıplar içinde yaşama öğretiliyor, benimsettiriliyor. İktidar kavramının çok çeşitli biçimleri olmakta. Seksualitede iktidarın bir parçasıdır. Sınıf ilişkileri cinsiyetten ayrı olarak düşünülemez. Kadına biçilen roller devlete yakın ve ölçülebilir örgütlenmelerdir.

Kadını bilinçlendirmek için birlikte öğrenme tekniğinin kullanılması gerekiyor. Özgürleşme bir süreçtir. Feminizm, toplumsal cinsiyet meselesini siyasi alana taşımaya çalışan bir akımdır. Kürt kadın hareketlerinden bazıları, "feminist değiliz" diyorlar, ama yaptıkları feminizmin ta kendisidir. Meselenin bittiği ve tamamen eşitiz dediğimiz bir gün gelebilecek mi?

İçinde bulunulan koşulların yarattığı ruhsal rahatsızlıklar, bireyin iş ortamına da yansır. Bu bayan depresyondaydı. Depresyon geçici bir ruh durumu olmadığı gibi kişisel bir zayıflıkta değildir. Neden, sonuç ilişkisi sonucu oluşuyor. Ciddi, ama aynı zamanda tedavi edilen bir rahatsızlıktır. Birey veya çevresindekiler durumu fark etmeyince, tedavi edilmeyince kişinin kendisine zarar veriyor.

Çalışan bayan, depresyondan dolayı üreticiliğini de kaybeder. Bundan dolayı iş yerinde de zorlanıyor. Geçmişe göre daha yavaş tempoda çalışır. Sık, sık hata yapar. Konsantrasyonu sağlamakta zorlanır. Unutkanlığı, iş arkadaşlarına karşı tepkici olması, sıkça tartışması, işleri takip etmekte zorlanması iş yeri yöneticileriyle onu karşı, karşıya getirir.

İş ortamında yoğun baskı altındadır. İş organizasyonu konusunda hiç söz hakkı yoktur. Ödüllendirmeyen, eksiklikleri hep görüen, talepleri bitmeyen zorlayıcı patronlar ve evdeki eş, bu sonucu yaratmışlardı. İş yerinde ve evinde de eşi, kayınları tarafından duygusal olarak taciz edilmişti. Sürekli eleştiri, aşağılama, kendisine değersiz olduğunun hissettirilmesi, yoğun stres altında kalma sonucu depresyona merhaba demiştir.

Çalışma ortamı ile ilgili problemler ve evinin kaynaklık ettiği kişisel problemler onu yorgun düşürmüştür. Bundan dolayı da gülmeyen bir surata ve matem havasına sahiptir. Keyifsiz ve endişelidir. Yorgundur ve aktivitelerinde yavaşlama durumunu yaşar. Enerji kaybı kendisini his ettirir. Rahat yatamaz. Karamsar ve umutsuzdur. Yaşamdan zevk almaz. Kızgın gözlerle bakar. Anlatırken gerilimi yaşar. Ağlayarak konuşur.

Tedavi olması gerektiğinin de farkında değildir.

Kendisi için endişelenen, kendisine değer veren, seven birilerinin olduğunu bilmek elbetteki onu pozitif yönde etkileyecektir. Ona yardım etmek ve ilgili uzmana götürüp tedaviye başlatmak var olan rahatsızlığını süreç içinde ortadan kaldırabilir. İyileştirici etki yaratır. Kendine, bedenine değer vermeden, kendisine zaman ayırmadan yıllarca, saatlerce sürekli çalışma ve hep verici olma sonucu depresyona düşmüştür.

Çevresindeki bayanları izleyipte; "Benim yerim neresi? Neden bu durumdayım? Kendim için ne yaptım? Ne yapıyorum? Kendime de zaman ayırmalı, değer vermeliyim. Bu beden, bu motor çok çalışma sonucu kısa sürede devre dışı kalabilir. Dişlileri kırılabilir. Bir kenara fırlatılabilinir.!" diyemedi. Sonuçları yaşıyordu. Yaşayarak öğrenebilmek görebilmeyi de gerektirir.

Yalnızca bizim topraklarımızda değil, gelişmiş ülkelerde de aile sorumlulukları kadınların işgücüne katılmalarını engelliyor. Avrupa Birliği'nde gerçekleştirilen araştırma, 25-54 yaş grubundaki her altı kadından birinin aile sorumlulukları nedeniyle dışarıda çalışamadığını ortaya koydu. AB'nin istatistik kuruluşu Eurostat tarafından gerçekleştirilen araştırmaya göre, AB ülkelerinde 25-54 yaş grubundaki kadınların % 28'i dışarıda çalışamıyorlar. Söz konusu oran, Kuzey Avrupa ülkeleri Danimarka, Finlandiya ve İsveç'te % 15-17 düzeyinde seyrederken, İtalya, İspanya ve Yunanistan'da % 35-40'a ulaşıyor.

Araştırmaya göre, AB'de genel olarak 25-54 yaş grubundaki kadınların % 18'i, aile sorumlulukları nedeniyle çalışmazken, İsveç'te aile sorumluluklarından dolayı çalışmayan bu yaş grubundaki kadınların oranı % 2'nin altında kalıyor.

AB ülkelerinde 15-24 yaş grubundaki kızların % 56'sı çalışmıyorlar. Ancak bu kızların çoğu eğitim görüyorlar. 55-64 yaş grubunda işgücüne dahil olmayan kadınların oranı ise % 69'u buluyor. Bu yaş grubunda çalışmayan kadınların % 31'i emeklilik, % 21'i ise, aile sorumlukları nedeniyle çalışmıyorlar.

İngiltere'de ise Ulusal İstatistikler Bürosu'nun (ONS) yayınladığı yıllık raporda, boşanan kadınların % 40'ının, 65 yaşına geldiklerinde yoksulluk sorunları yaşadıkları belirtildi.

Raporda, boşanmış kadınların emeklilik çağına geldikleri zaman yüz yüze kaldıkları ekonomik sorunlara dikkat çekiliyor. İngiltere'de 2001-2002 yılında 65 yaşın üzerindeki boşanmış kadınların haftalık gelirinin 92 sterlin olduğu kaydedilirken, dul kadınların 112 sterlin ve evli kadınların ise 227 sterlin sosyal yardım aldığı belirtildi.

Boşanmış yaşlı kadınların bu derecede yoksul olmalarının başlıca nedeni ise çocuk bakımından ötürü verimli yıllarında çalışamaz durumda olmalarıdır. Eşlerinin emekli maaşlarını paylaşan bazı kadınların dahi evli ve dul kadınlara göre, daha zor koşullar altında yaşamlarını sürdürdükleri ifade edildi.

Şu anda % 15 gelir sahibi olan boşanmış kadınların durumlarında değişiklik yapılmaması durumunda 2050 yılında gelir yardımı oranının % 7'ye düşeceği uyarısında bulunuldu.

2001 yılında yoksullukla boğuşan boşanmış kadınların sayısının 250 bin olduğu kaydedilirken, bu rakamın 2021 yılında 750 bine çıkacağı belirtildi. 2000 yılından bu yana 300 bin kadının boşandığı ve bunlardan sadece 1. 300 kadının eski eşleriyle emeklilik maaşını paylaşmalarının mahkemece sağlandığı kaydedildi. (31. 01. 2004)

***

Görev yaptığınız kurum ile ilgili olarak bilgi verir misiniz?

S. A; "KİDÖB" adlı kurumda çalışıyorum. Bu kurum ihtiyaç üzerine 1980'de kuruldu. Berlin Senatosu tarafından genel kadın çalışmaları için bütçe ayrılıyor.

Verilen hizmetler; dil, okuma-yazma, kızlara ev ödevi yardımı, dikiş, saz kursu. Sağlık seminerleri düzenleniyor. Sosyal sorunları olan bayanlara ayda iki defa avukatla, hukuki danışmanlık yapıyoruz. Bu danışma aile ve yabancılar hukukunu kapsıyor. Ben her konuda danışmanlık yapıyorum. Bayanlar bütün bürokratik sorunlara cevap bulmak için geliyorlar. Biz gelenlere çözüm yolu sunuyoruz.

Sorunlar; emeklilik yaşına gelenlerin problemleri var. Birinci kuşak hiç bitmiyor. Çünkü burada olanla evlilik yapılıyor. Evlilik yapıp buraya gelen doğrudan birinci kuşak oluyor. Her yeni gelen, ilk gelenler gibi bir takım sorunlar yaşıyor.

İlk gelenlerin hiçbir olanakları yoktu. İşçi yurdundan fabrikaya, fabrikadan işçi yurduna gidiyorlardı. Kendilerini ifade edemiyorlardı. Yeni gelen birinci kuşak dil biliyorsa doktor veya birkaç sorununu çözebiliyor.

Kırsal - büyük şehir ayrımı yaparsak şurası önemli. Birey şehirde yaşıyor ama ne kadar şehirli? Köydeki yapıyı koruyarak mı şehirde yaşamış, yoksa şehirleşebilmiş mi? Bence aile yapısı önemli.

Gelenlerin ilk hedefleri bir şeylere ulaşmaktı. Bir kesimi ne Türkiye'de yatırım yapabildiler, ne de çocuklarına öğrenim gördürebildiler. Bugün dönemiyorlar da. Kabullenseler de, kabullenmeseler de burada bir şeylere alışıyorlar. Avantajları kullanmak zorundalar. Buradaki sağlık sisteminden, olanaklarından yararlanmak varken, Türkiye'ye dönüp, saatlerce hastane kuyruklarında beklemek veya doktorlara yüklü paralar ödemek istemiyorlar.

Düşünün ki bir insan otuz, kırk yıl boyunca kendisini bir yere ait his edemiyor. Yardım almak için buraya gelen birisi "Kendimi koridorda hissediyorum. İki oda var ama içeri giremiyorum. Burada yabancı, memleketimde ise alamanacıyım" dedi. Tam olarak durumu anlatan cümleler. Bu insanların çoğu ağır depresyonlular.

Uzun süre çalışamayan, kontrol için çağrılan hasta belgelerini doldurtmak için geliyor. Hangi ilaçları alıyorsun?, diyorsun. Bir torba ilaç çıkarıyor. Bakıyorsun bir yığın yan etkileri olan şeyler. İlaçları kontrol edince ruhsal sorunları olan bir insanla karşı karşıya olduğunu görüyorsun. Tabi ki iklimin de bireyler üzerinde etkisi var.

Buranın toplumunu oluşturanlar da onlara gidici olarak bakıyorlar. 40 yıl önce gelenler arasında aile ilişkisi bozulanlar oldu. Şimdi evlilik yaparak, evlilik yoluyla gelenlerde de bir yığın şeyler yaşanıyor. Kadın biliyor ki oğlunun Alman sevgilisi var. Buna rağmen, oğlunu Türkiye'den bir bayanla evlendiriyor. Özellikle akraba evlilikleri sonucu gelen gelinler evlerde hizmetçi gibi kullanılıyorlar. Oradan getirilen gelin, buradaki erkeği tanımıyor. Özelliklerini, bağımlılıklarını bilmiyor. Uyuşturucu, kumar, her türlü bağımlılık var. Korkunç şekilde gizli oyun bağımlılığı mevcut. Aletlerle oynuyorlar. Bu benim kuşağım da (1970' ler) çok yüksek oranda.

Bir evliliği örnek vermek istiyorum; Kız 19 yaşlarında. İki çocuk annesi olmuştu. Çocuklarla uğraşıyor. Adamla ilgilenemiyor. Adam uzun süre tuvalette kalmaya başlıyor. Kadın epey bir süreden sonra eşinin uyuşturucu kullandığını öğreniyor.

Bir başka örnek; kız memleketten gelin olarak getirilir. Gelin evde eşinin akrabalarının işlerini de yapar. Erkek arada bir kayboluyor. Gelin "Eşimin yakınlarıyla aynı evi paylaşıyoruz. Rahat edemiyor. Bundan dolayı da dışarıda kalmayı tercih ediyor." değerlendirmesini yapıyor.

Getirilir, getirilmez hamile kalmıştı. Bir kavgalarında adam kendisine "Seni istemiyorum. Bir başka eşim var. Ne halin varsa gör. Gerisin geriye geldiğin yere, Türkiye'ye gideceksin!" emrini veriyor!

Eğer bayan göz açıksa, bayanlarla ilgili çalışma yapan kurumlara müracaat edip haklarını öğreniyor. Bağımsız yaşayabilme olanaklarından haberdar oluyor. Tabi ki bu tür durumlarda kızın yetiştiği aile, çevre durumu, yapısı çok önemli. Geldiği yere döndüğünde neyle karşılaşacak? Kabullenilecek mi? Dıştalanacak mı?

Burada aile içinde işkenceye uğrayan bayanlarda var. Bir bayanı, kendisine almanca dersi veren hocası bize gönderdi. "Bu bana derse geliyordu. Çok rahat öğrenen, gelişmeye açık bir insandı. Ne olmuş? Ne yaşamış? İki yıl için de 15 yaş ihtiyarlamış!" bilgisini verdi. Biz bayanla ilgilenmeye başladık. Kocası değil, görümceleri kendisini dövüyorlardı. Evet, bayan, bayana işkence ediyordu.

Ben kayıtları dolduruyorum. Yapılması gerekenleri anlatıyorum. Bu gelini berdel "bir başka bayana karşılık verme " yapmışlardı. Kadın korkuyordu. Sorunlarını abisine de anlatamıyordu. Anlatamıyor, konuşamıyor ve sadece ağlıyordu. Dayak yediğini anlattı. Kendisine bir daha görümcelerin seni döverlerse polisi ara, dedim. Dövülüyor. Polisi arıyor. Polis bunları götürüyor. Görümceleri tercümana saldırıyorlar. "Siz gelinimizi alıp götürdünüz" diyorlar.

Bizim kadınlarımız, kadın sığınma evlerinde de kalamıyorlar. Oralar dolu. Bu kadın da bir süre sonra geri dönüyor. Görümceleri onu bulmak için burayı da bastılar. "Burayı yıkarız, yakarız. Kadınlara yol gösteriyorsunuz. Gelinimizi nereye gönderdiniz?" diyorlardı. Zorba, kabadayı görümceler!

Bu bayan eşiyle görüşüyor ve ayrı bir ev açma konusunda anlaşıyorlar. Sığınma evinden ayrıldı. Ayrı eve çıktılar. Ben şu gerçeği gördüm. İnsanlar yakın akraba evlilikleri sonucu getirilen gelinlere karşı daha acımasız oluyorlar. Düşündürücüdür!

Kimisinde de gelini getiriyorlar. Aile sorumluluğu ağırdır. Anne - baba sürekli destek oluyorlar. Burada gelinlerin hayalleri ve gerçekler çarpışıyor. Problem çıkınca kimi aileler, eşler "Ben bir şey yapamam. Geri göndermem. Nasıl istiyorsan öyle yap!" diyorlar.

Bir öğretmen kızı, ticaret lisesi mezunuydu. Küçük kasabadan çıkmak istiyor. Buradan giden işçi ailesi onu kendi oğullarına istiyor. O da "Kim olursa olsun. Buradan çıkacağım. Güzel bir hayatım olacak!" düşüncesiyle hemen "Evet" diyor. Arabaların plakaları kızlarımıza "evet" dedirtiyor. O, gelin amerikan filmlerinden etkilenmiş. Buraya getirildi. 1,5 odada, güneşsiz bir ev de, kayınbaba, kaynana, toplam beş kişi kaldılar. Kaynanası gelin hamile kalıp, doğuruncaya kadar onu Türkiye'ye göndermedi. "Giderde, dönmez. Geri gelmez" diyordu. Gelinin babası ise "Kızım bir sorun olursa. Eşinle anlaşamazsan haber ver. Gelir, seni alırım!" demişti. Çocuğu olmadan gitseydi, büyük bir ihtimalle dönmezdi. Orada, geldiği yerde, içinde bulunduğu olanaklar buraya göre çok iyiydi. Beş kişi bir buçuk göz evde kalmak! Kocası ve kocasının yakınları kendisini çok seviyorlardı. Değer veriyorlardı. Gelin ise "Evlendim. Anneyim" dedi ve kaldı.

Bize müracaat eden, yardım isteyen kadın bir şeyleri yapmaya hazır değilse, biz bir şey yapamıyoruz. Sadece yol gösteriyoruz. Kadın isterse adım atar. Karar kendilerine ait. Biz sadece destekliyoruz. Mesela dayak yiyen gelin bizi dışarıda gördüğünde selam vermezdi. Görümceleri "Oraya gitmeyeceksin. Yasak!" demişlerdi. Bu durum kadın için psikolojik işkenceydi.

Diyelim kadın boşanmaya karar vermiş, ama adam boşanma günü bir buket çiçekle karşısına çıkmış ve gönlünü almış, kadın isteğinden vaaz geçiyor. O, uyuşturucu kullanan iki çocuklu adam aynen böyle yaptı. Girişimleri dondurdu. Bir ay sonrada kadının boğazına yapıştı. Dövdü, hastanelik etti. Gülü verdi, boşanmadan caydırdı. Yumrukları attı, yere yıktı. Kadın bu saldırıdan sonra kendisine olan özgüvenini kaybetti. Tabii ki bireyin tavır almasında sosyalizasyonu çok önemli. Kimisi üç yıl, kimisi 30 yıl sonra boşanma girişiminde bulunuyor.

Kürt bir bayan evlilik yaptı. Kocası onu getirdiği yere geri gönderebilmek için "Bu bayanla formalite evlilik yaptım." dedi. Kadın dış gebelik yaşamıştı. Adamın doğru konuşmadığını tespit etmek amacıyla doktoru bulma çabasına giriştik. Böyle durumlarda yaşadık.

Polis ve ilgili hukuki çevreler ölüm tehlikesi olan bayanların kimliklerini değiştiriyorlar. Onlar, başka isimlerle güvenlikleri olan yerlere, mahallelere yerleştiriliyorlar. Böyle yapılmazsa bayanların can güvenlikleri sağlanamaz.

Yaşanılanlardan dolayı oluşan travma sonrası stres bozukluğunun bir alt grubu olarak tanımlanan " hırpalanmış kadın sendromu " erken dönemde şok, reddetme, içe kapanma, birbirinden ayırt edememe, korku ve depresyon bulguları, geç dönemde ise; korku, kaygı, yorgunluk, uykusuzluk, yeme bozuklukları, kayıp, ihanet ve umutsuzluk duygusu ile ortaya çıkmakta.

Paranoya olan biri zarfı açmadan buraya getirir. Bürokratik işler bunları boğuyor. Ellerinden gelse, iş bulma kurumuna gitmeyecekler. Ama iş bulmak için oraya gitmek zorundalar.

İnsanlar, hukuksal konularda çevreden duyduklarına, kulaktan dolma şeylere inanıyorlar. Gazetede okunanlar önemli! Açıyorsun kitabı, hukuki maddeler bunlar, bunlar. Senin durumun bu maddenin kapsamı içinde, diyorsun. "Yok ama falanca böyle yapmış !" diyor.

Mesela 50 yaşında işsiz bir bayan. Kağıtlarını dolduruyorsun. Sorulara doğru cevap vermek gerekiyor. Gizleyemezsin. Yalan söyleyemezsin. Gizli çalışma tespit edildi mi, parayı geri ödemek zorundasın. Bu bayan çalıştığını işsizlik kurumundan saklıyor. Durumu tespit edilipte maaşı kesildi mi de kabullenemiyor.

Uyum(entegrasyon) gerçekleşmedi. Gerçekleşmesi için hiçbir şey yapılmadı. Hem Türkiye, hem Almanya kayıtsız kaldı. Bireye geldiği yerde, devleti tarafından hiçbir şey verilmemiş. Almanlarsa, gelenleri yalnızca çalıştırma ve ürettirme yolunu tercih ettiler. Gelip, geçici, kalıp dönecekler, deyip hiçbir özen göstermediler. Gelenlerde de o psikoloji geçerli.

Sosyal ilişkiler açısından Türkiye buradan daha ileri. Mesela annem oradaki gelişmeyi yaşamıyor. İş ve evden başka bir şey bilmiyor. Orayı bıraktığı gibi bulacağını sanıyordu. Çok farklı yerden gelen insanlar belirli yerlerde, semtlerde yaşıyorlar. Bir köyden 40 aile gelmiş. İç, içe yaşıyorlar. Pek sorun yaşamıyorlar. Bütün boş zamanlarında beraberler. Farklılık olmuyor.

Ama aile çok sayıda Almanın olduğu mahalledeyse durum farklı. Çocuk "Dışarıda Almanya'dayım. Evde Türkiye'deyim" diyor. Bakıyorsun anne ve kızı hemen her konuda zıt görüşlere sahipler. Burada bir televizyon kanalı var. Herkes hazırladığı kaseti götürüp orada yayınlatıyor. Bir örgütün dini görevlisi o kanalda " Her alana girin, örgütlenin. Meydanı kafası açık orospulara bırakmayın!" diyebildi.

Her hangi bir birimden emir almışlar gibi bu kuruma gelmeye başladılar. Burada bize sormadan kimse açıklama yapamaz, bildiri dağıtamaz. Zaman gazetesi dağıttıklarına tanık oldum. Buradaki Krozberg semti Türkiye gibidir. 1980'de bir yasa çıkartıldı. Belirli semtlere taşınma yasağı oluşturuldu. Amaç belirli mahallelerde yoğunlaşmayı önlemekti. Bu şekilde uyum sağlama hedefleniyordu. O semtte yaşayanlar çıkmadılar. Alışmışlar. Kendilerini Almanya'da değil, Türkiye'de gibi hisSediyorlar, görüyorlar.

Düzenlediğimiz bir gecede bir bayan kürtçe şarkı söyledi. Bir başkası yüksek sesle, "Bölücülük yapılıyor. Sizi konsolosluğa şikayet ederim!" diyerek çıkıp gitti ve bizle olan ilişkisini kopardı. Yıllar sonra yeniden bu kuruma gelip, gitmeye başladı. Kürtlere, Kürtçe'ye tahammülü yoktu. Burası Türkiye değildi. Konsolos ne yapabilirdi? Ayrıca bir bayan kendi dilinden bize müzik dinletmişti. Teşekkür etmesi gerekirdi.

***

Danimarka'da yapılan bir araştırmada yabancı göçmen kadınların Danimarkalı kadınlara oranla daha fazla şiddete maruz kaldıkları ortaya çıktı. Araştırmaya göre, göçmen kadınlar, Danimarkalı kadınlarla karşılaştırıldığında üç kat daha fazla şiddete maruz kalma riski ile karşı karşıyadırlar.

Halk Sağlığı Enstitüsü araştırmacısı Karin Helweg Larsen yaptığı araştırmada, " Şiddet uygulanan yabancı uyruklu kadınların Danimarka'ya gitmeden önce de, geldikleri ülkelerde eşleri tarafından şiddete uğradıklarını, yabancıların karşılaştıkları sosyal sorunlar nedeniyle, erkeklerin eşlerine şiddet içeren davranışlara yöneldiklerini, bu nedenle kadınlara uygulanan şiddetin önlenebilmesi için, ailelerin eğitim ve bilgilendirilmesi gerektiğini" belirtti.

Araştırmaya katılan yardımcı hekim June Anita Ejlersen ise, " Göçmen kadınlara uygulanan şiddetin bir kültür haline dönüştüğünü, Danimarkalı kadınların maruz kaldıkları şiddetin eşler arasında oluşan küçük tartışmalar ya da alkolden kaynaklandığını, yabancılar arasında ise şiddetin nedenlerinin daha derin ve köklü olduğunu.. " vurguladı. (15. 6. 04)

Danimarka'da; Göçmenler, Mülteciler ve Uyum Bakanı Bertel Haarder, herhangi bir nedenle kendi ülkelerine giden, eşleri tarafından götürülüp bırakılan, terk edilen göçmen bayanların Danimarka'daki haklarını kaybetmediklerini ve kendilerine yardım edileceğini açıkladı. (kasım, 2004)

Parlamento Dışişleri Komisyonu'nda bilgi veren Bertel Haarder, eşleri tarafından ülkelerinde terkedilmiş kadınların Danimarka dış temsilciliklerine başvurarak içine düştükleri, düşürüldükleri durumu bildirmelerinin gerekli işlemlerin yapılması için yeterli olacağını, bu kadınlara, Danimarka'ya dönebilmeleri için bilet ve pasaport yerine geçecek bir belge verileceğini, terk ettiği eşine nafaka vermeyen kocaya da, nafaka ödeme cezası uygulanacağını açıkladı.

Yabancıların yoğunlukta yaşadıkları İngiltere'nin Haringey bölgesinde işlenen suç oranını düşürmek amacıyla çalışma yürüten Crime Stoppers (Suç Durdurucular) kuruluşu Haringey Belediyesi binasında Türkiyeliler, Kürtler ve Kıbrıslı toplumların temsilcilerine kahvaltı verdi.

Daha güvenli bir toplum için herkesin suça karşı işbirliği içerisinde olması gerektiği vurgulandı. Yabancı toplumların temsilcileri 2002'de yaşanan bazı olaylar ardından, suç oranını düşürmek amacıyla başlatılan çalışmaları değerlendirmek amacıyla bir araya getirildiler.

Yapılan konuşmalarda suç oranının düşürülmesi ve suçların önlenmesi için Belediye, Polis, Crime Stoppers ve Esnaflar Derneği'nin ortak çalışmasının önemine işarct edildi. İstenen başarının elde edilebilmesi için halkın Crime Stoppers'la birlikte çalışması gerektiği vurgulandı.

Londra Crime Stoppers Bölge Sorumlusu Elizabeth Manning, bir konuşma yaparak çalışmaları hakkında bilgi verdi. Crime Stoppers'ın suçu önlemeye ve çözmeye yönelik bir hayır kurumu olduğunu vurguladı ve " Biz polise bağlı çalışmıyoruz. Bizi arayan insanlara kimlik bilgisi sormuyoruz. Olay sonrası bize bilgi verenleri mahkemelere çağırmıyoruz. Bu yöntem halka zarar vermiyor ama toplum güvenliğinde büyük ilerlemeler kaydettiriyor."dedi.

Green Lanes Esnaflar Derneği Başkanı da, Crime Stoppers'ın çalışmalarına destek verilmesi için çağrı yaptı. Suç oranının düşürülmesi için ücretsiz telefon uygulamasının önemli olduğunu kaydetti ve "Çevrenizde bir olay yaşandığında ya da kötü bir durum sezinlediğinizde Crime Stoppers ile ilişkiye geçin." dedi. İngilizce bilmeyenler verilen çağrı numarasında kendi anadillerinde veya bildikleri bir dilde işlenen suçu haber verebilecekler.

Suç ve Toplum Güvenliği Komitesi Başkanı, halkın yardımı olmadan suçlularla mücadele etmenin mümkün olmayacağını kaydetti. Haringey Emniyet Müdürü Stephen Bloofield'de uyuşturucu kullananların para bulmak için suça bulaştıklarına dikkat çekti ve Bloofield bölge halkından yardım istedi.

İngiltere, hapisten erken tahliye olan suçlulara uygulanan bir yöntemi, aile içi şiddet uygulayan dayakçı erkeklere, sübyancılara ve tacizcilere de uygulayacak. Buna göre hafif ceza alan dayakçı eş ya da tacizci, ayak bileğine takılacak elektronik kelepçeyle uydudan takip edilecek.

İçişleri Bakanlığı, 120 mahkum üzerinde denenecek sistemde kelepçenin yanında bir de cep telefonu verecek. Suçlu cihazlardan birini çıkarırsa alarm çalacak. Sistem, uydudan suçlunun yerini 2 metre farkla belirleyecek. İstatistiklere göre Britanya'da her dakikada bir aile içi şiddet vakası kaydediliyor. (Eylül, 2004)

İngiltere'nin başkenti Londra'da Kürtlerin ve Türkiyelilerin çoğunlukta yaşadıkları Haringey'de, polis "daha güvenlikli toplum" sloganıyla yeni bir projeye imza attı. Pilot bölge olarak seçilen Haringey'de ilk defa uygulanacak proje, Türkiyelilerin ve Kürtlerin yaşadıkları sorunlara kısa sürede çözüm getirmeyi amaçlıyor.

Son 3 yıl içinde Harringey'de yaşanan suç oranlarında büyük bir düşüş yaşandığını kaydeden Harringey Polis Müdürü Stephen Bloomfield, amaçlarının Türkiyelilerin ve Kürtlerin sorunlarına en kısa zamanda çözüm getirebilmek olduğunu söyledi.

" Şu ana kadar Türkiyeliler ve Kürt halkıyla aramızda bir güven bağı sağladık. Bu proje kapsamında iki Türk polis memuru görev alacak. Başlarına gelen her türlü sorunu, Türk memurlarımız aracılığıyla iletecek olan Türkiye ve Kürt toplumu mensupları, isterlerse telefon yoluyla da bizlere ulaşabilecekler. İşlenen suçlarla ilgili bize ulaşıldığında, gereken durumlarda verilecek önerilerle, problemleri daha kısa sürede çözüme kavuşturmayı amaçlıyoruz" dedi. İki polis, Kıbrıs Türk Toplum Merkezi'nde 25 Kasım 2004'ten itibaren göreve başlayacaklar.

Polis Müdürü Bloomfield, evlerinde, işyerlerinde veya sokakta herhangi bir problem ile karşılaşanların, yapmaları gerekenlerle ilgili olarak, her türlü bilgiye kavuşacaklarını, bu projenin hayata geçirilmesiyle, istenilen güvenli ortamın oluşacağını, bu projeye Harringey Belediyesi'nin maddi anlamda destek verdiğini de sözlerine ekledi.

İngiltere İçişleri Bakanlığı ve Londra Belediyesi, değişik ırklardan oluşan toplumların polise güvenini sağlamak amacıyla 2009 yılı itibariyle kadrolarının % 30'unun yabancı olmasını hedeflediklerini açıklamışlardı.

Yetkililer, Londra'nın Haringey bölgesi gibi, farklı toplulukların bir arada yaşadıkları bölgelerde, farklı dili konuşup, farklı dinlere inanan bireylerden oluşan topluma en iyi hizmeti vermek için çok çalıştıklarını dile getirdiler. Metropolitan Polis Teşkilatı, bölgedeki çeşitliliğin yol açtığı hareketli hayatı kontrol altında tutmak için, farklı kesimlerden polislerin görev almalarının önemli olduğunu düşünürken, bunun kolay olmadığı, ama umut vaat ettiği görüşünde.

Etnik azınlıklar ile polis arasındaki güven eksikliği ve polisin etnik azınlıkların çoğunlukta yaşadığı bölgelerde uyguladığı "durdurma ve arama" yöntemi nedeniyle, azınlıkların bu görevden kaçındığı belirtiliyor. (Kasım, 2004)

Hollanda Adalet Bakanlığı tarafından yaptırılan araştırmada, suç işleme oranının yabancı kökenliler arasında daha yüksek olduğu tespit edildi. Herhangi bir suçtan dolayı polis tarafından gözaltına alınan sanıkların kökenleri, yaşları, cinsiyetleri ve eğitim düzeyleri ile ilgili kayıtlar incelenerek yapılan araştırma sonrası hazırlanan raporda, Hollandalılar arasında % 0.9'da kalan oranın, yabancı kökenlilerde % 2. 2 olarak belirlendiği yer aldı.

Bilimsel Araştırma ve Dokümantasyon Merkezi (WODC) ile İstatistik Bürosu'nun 2002 verilerini inceleyerek ortaklaşa hazırladıkları raporda, en yüksek oranının % 6, 6 ile Hollanda Antilleri ve Aruba kökenlilere ait olduğu belirtildi. Faslıların % 5, Surinamlıların da % 4 ile üst sıralarda bulunduğu listede Türkiye kökenli zanlılar ise % 2. 9 ile ortalarda yer aldılar.

Sayısal sonuçlara göre ise Hollandalıların 100 bin kişi ile en büyük sanık grubunu oluşturduğu açıklandı. Faslılar ve Surinamlılar'ın 10'ar bin kişi ile ilk sırayı paylaştıkları vurgulanırken, Türkiye kökenli sanık sayısının da 7. 466 olarak belirlendiği kaydedildi.

WODC araştırmacılarından Rob Bijl, Adalet Bakanı Donner tarafından meclise gönderilen raporla ilgili olarak yaptığı açıklamada, "İncelemelerde ciddi suçların sanıklarına ait verilerden hareket edildi. Bu grup zanlıların % 90'ı mahkeme tarafından suçlu bulunarak cezaya çarptırıldılar." dedi ve araştırmada vergi kaçakçılığı, yolsuzluk gibi suçların dikkate alınmadığını belirttikten sonra; "Bu grup, oranlarda önemli değişikliğe neden olabilir." dedi.

Norveç'te kızını zorla evlendiren babaya ceza; Norveç'in Drammen kentinde 17 yaşındaki kızını zorla evlendiren baba ve oğul hapis cezasına çarptırıldılar. Babaya 10 ay, oğluna ise 8 ay hapis cezaları verildi. Zorla evlendirmekten dolayı baba ve oğulun aldıkları ceza Norveç mahkemeleri için bir ilk niteliğini taşıyor. Baba, kızının biri ile sevgiye dayalı ilişkisi olduğunu öğrenir ve 17 yaşındaki kızını Güney Kürdistan'a göndererek zorla evlendirir. Zorla evlendirilen kız Norveç'e dönerek, yaşadıklarını Norveç Polisi'ne haber verir. Bu gelişme üzerine baba, " Bakınız, hepiniz şahitsiniz, ben şimdi bu kızı namusumu temizlemek için öldürmek zorundayım" der. 2001 yılında Norveç'e sığınmacı olarak yerleşen Güney-Kürdistanlı baba ve oğluna verilen ceza Norveç'te bir ilk oldu. Norveç mahkemelerince verilen bu cezanın zorla evlilik yaptırmak isteyenler üzerinde caydırıcı bir etki yaratacağı düşünülüyor. Savcı, baba ve oğul için 3 yıl hapis cezası ister. Değişik çevreler ise istenilen bu ceza miktarının zorla evlilik yaptırma girişimlerinin açığa çıkarılması önünde bir engel olacağı iddiasında bulundular. Her iki tarafın da mahkeme kararını temyiz etme hakları bulunmakta. (22. 05. 2005)

Belçika'nın Liege kentinde aile içi şiddete müsaade edilmiyor. Liege Başsavcılığı tarafından alınan tedbirlerle aile içi şiddete anında tepki gösterilecek. Konuya ilişkin sosyal ve hukuk kurumları ortaklaşa çalışmalar yürütecekler.

Savcılık, her türlü saldırıya karşı geçmişte cezasız kalan yaklaşımların hepsinin önümüzdeki dönemde mahkum edileceğini açıkladı. Sosyal ve hukuk kurumlarının ortaklaşa çalışmaları sonucunda Liege'de hayata geçirilecek sistemle aile içi şiddetin önlenmesi, konuya ilişkin tedbirlerin alınması planlanıyor. Belçika'nın Wallon bölgesinde ilk kez gerçekleştirilen bu ortaklıkta ayrıca şiddeti uygulayan kişiye de yardım götürülmesi planlanıyor. Güvenlik güçlerinin herhangi bir müdahalesine neden olan şiddet mahkemeye de götürülecek.

Hatta söz konusu kişinin daha fazla suç işlediği düşünüldüğünde tutuklanmasına kadar götürülebilecek olan olayda yenilik ise "hafif " olarak değerlendirilen ve sürekli tekrar eden şiddet olaylarında gözlemleniyor.

Şiddeti uygulayan kişi 15 gün bekleme merkezlerinde kaldıktan sonra şiddeti uygulayanlara yardım amacıyla oluşturulan Praxis derneğine üye olabilecek. Bu süreç içerisinde ise, söz konusu kişi, mağdur ile herhangi bir ilişkiye giremeyecek. Ardından bu gözlem süreci bir rapora dönüştürülecek ve hukuk kurumlarına iletilecek. Böylece söz konusu kişinin durumu da belli olacak. Şiddeti uygulayan kişinin Praxis derneğine gitmemesi ya da başka gerekçeler ortaya sürmesi ise, dava konusu olabilecek.

Fransa'nın kuzeyindeki Douai kenti başsavcılığı tarafından geçtigimiz yıllarda hayata geçirilen ve aile içi şiddet olayının azalması konusunda önemli gelişmelerden elde edilen tecrübelerle yola çıkan Belçikalı yetkililer, Fransa'da 250 dosyayı ele aldıklarını ve 2003 yılı içerisinde bu dosyalardan 4'ünün yeniden gündeme geldiğine de dikkat çektiler.

Liege Kraliyet Başsavcılığı, sürekli mağdurların cezalandırılmalarının ve asıl cezalandırılması gereken kişilerin herhangi bir uygulamaya maruz kalmamalarının, kadınların % 90'lık bir bölümünde mücadele etme gücünü kendilerinde bulamamalarına neden olduğuna da dikkat çekti.

Liege Başsavcılığında günde 5-8 aile içi şiddet dosyası ele alınıyor. 2004 yılı için 400 dosyanın takip edildiğini belirten yetkililer, Liege'de aile içi şiddet dosyalarında 2003 yılına oranla % 25'lik bir artış gözlemlediklerini de duyurdular. (9. 9. 04)

Adalet Bakanlığı verilerine göre, Fransa'da kadınlar erkek şiddetinin kurbanlarıdırlar. Ancak daha trajik olan ise şiddete maruz kalan kadınlar içinde şikayette bulunanların oranının % 6-8 ile sınırlı kalması.

Fransa'da kadınlara yönelik baskı ve şiddetin önüne geçebilmek, kadınların aile içinde ve toplumda maruz kaldıkları şiddete karşı caydırıcı önlemler alabilmek amacıyla Adalet Bakanı Dominique Perben ve Mesleki Eşitlik ve Paylaşımdan Sorumlu Bakan Nicole Ameline işbirliği yapmak üzere anlaştılar.

Hükümet tarafından hazırlanan 165 sayfalık bir kitapçığın hukukçular, polisler ve eğitmenlere gönderilmesine karar verildi. Bakanlıklar, kadınlara yönelik uygulanan baskı ve şiddetin önüne geçilebilmesi için, eğitimci, doktor, güvenlik güçleri ve hukukçulardan, daha etkili ve önleyici bir çalışma yapmalarını istiyorlar. Güvenlik güçlerinin bu konuda kendilerine gelmiş ihbarları değerlendirmeleri, aktif ve önleyici bir rol üstlenmeleri istenirken, doktorların ise çoğu zaman sadece kadının vücudundaki morlukları saymakla yetindiği eleştirisi yapıldı.

Kadına yönelik şiddete karşı mücadelede en çok zorlanılan konu ise, birçok kadının dayak, cinsel taciz gibi saldırılara maruz kalmalarına rağmen şikayetçi olmamaları. Kadınların bir kısmının korkudan, bir kısmının utanmalarından dolayı başvuru yapmaktan çekindikleri belirtiliyor. Şiddete maruz kalan bir kadının şikayette bulunmasının yaklaşık 7 yılsüren bir davasürecini bulabildiği kaydedildi.

Her iki bakanlığın ortak görüşüne göre, şiddete uğrayan kadınların önemli bir kısmı yaşadıkları problemleri herhangi bir soruşturma yapılmaması için doktorlarına dahi söyleyemiyorlar. Kadının uğradığı şiddeti açıklamamasında ailesinin dağılmasını önlemek, eğitimsizlik gibi birçok faktörün olduğu belirtiliyor.

Bakanlığın verilerine göre, cinsel veya fiziksel şiddete uğrayan ortalama 2 milyon civarında kadının eşlerinin yarısından fazlası mesleki kariyer sahibi erkeklerden oluşuyor. Bunlar arasında doktorlar, polis memurları, bakanlık görevlileri, üst düzey firma yetkilileri gibi iyi meslek sahibi çevreler bulunuyor.

Bir başka gerçeklik ; şiddet uygulayan erkeklerin % 91'i Fransız. Ancak bu oran Fransız kadınların maruz kaldıkları şiddeti diğer yabancı kadınlara oranla daha cesurca güvenlik birimlerine veya doktorlarına bildirdiklerinin de göstergesi. Yabancı kadınlar içerisinde ise Müslüman kadınların büyük çoğunluğunun eşleri tarafından uğradıkları şiddeti gizledikleri belirtiliyor. (Kasım, 2004)

Cezaevleri için Reform Örgütü (Prison Reform Trust) Avrupa'daki kadın cezaevlerinde köklü reformların yapılması çağrısında bulundu. (Kasım, 2004) Avrupa'da cezaevlerinde bulunanların % 5'inin kadın olduğunu bildiren örgüt, kadın cezaevlerinde standartlara uymayan uygulamalar yaşandığını kaydetti. Örgüt, psikolojik rahatsızlığı olan kadınların cezaevine gönderildiklerini ve bunun ucuz tedavi yöntemi olarak kullanıldığını belirtti.

Cezaevlerinde köklü reform yapılmasını talep eden Cezaevleri için Reform adındaki sivil toplum kuruluşu açıklamasında, "Son yıllarda cezaevleri ucuz tedavi biçimi olarak görülmeye başlandı. Cezaevlerini uyuşturucu alışkanlığından vazgeçirmek için mi kullanıyoruz? Gereken tedaviyi görme umudu olmayan kadınların hapse atılması acımasızlıktır." denildi.

Örgüt kadınların daha az şiddette başvurduğuna dikkat çekerek, kadın tutukluların ağırlıklı olarak hırsızlık, uyuşturucu madde kullanmak ya da satmak suçu işlediklerini kaydetti.

Almanya'da mahkum olan 3 bin dolayında kadın 7 ayrı cezaevinde yatıyor. Belçika, Hollanda ve Lüksembourg'da yargıçlar kadınlara hapis cezası vermekten genellikle kaçınırken, İngiltere'de, fark gözetilmeksizin suç işleyen kadınlar derhal hapse atılıyorlar. Cezaevlerinde yatan 5 bin dolayında kadının üçte ikisi çocuk sahibidirler. Çocuklarından ayrı kalmak, cezaevinde yatan kadınların çoğu için en büyük sorun.

Avrupa'nın birçok ülkesinde, suç işleyen kadınların yeniden topluma kazandırılmaları için kendilerine meslek eğitimi veriliyor, edebiyat yada bilgisayar kursları gibi seçeneklere de başvuruluyor. Terapiler de uygulanıyor.

Slovakya, Çek Cumhuriyeti ve Macaristan'da da kadın tutukluların durumlarını düzeltecek yeni uygulamalara başlandı. Buna karşılık Fransa'daki koşulların olumsuz olduğu bildirildi. 2004'tün başında, cezaevinde yatan hamile bir kadının kelepçelerinin doğum esnasında bile çıkarılmaması kamuoyunda büyük tepkilere yol açmıştı.

Bu olayın ardından Adalet Bakanı doğum sırasında kelepçelerin çıkarılması yönünde yeni bir düzenleme getirdi. Kadınlar cezaevlerinden hastanelere götürülürlerken hala kendilerine kelepçe takılıyor. Cezaevleri için reform, kadın tutukluların ayrıca ayrımcılığa tabi tutulduklarına da dikkat çekerek, bütün sivil toplum örgütleri ve kadın kuruluşlarının cezaevlerinde reforma gidilmesi için güç birliğine gitmelerini istedi.

Şiddet olgusu, güçlü-güçsüz, ezen-ezilen ilişkisi bağlamında varlığını sürdürmeye devam ediyor. Hem de giderek daha trajik sonuçlar doğurarak. Kadına yönelik şiddet, toplumsal şiddeti yeniden üreten boyutu, toplumsal yansımaları ve bireyin gördüğü zarar olarak iki yönlü etkisi ile bir halk sağlığı sorunu olarak bu sürecin değerlendirilmesini ve önlemlerinin tartışılmasını zorunlu kılıyor. Bizim topraklarımızda konuyu kim tartışacak? Kim güncelleştirecek? Hangi kurumlar destek sunacaklar? Kaç bayan konuya sahiplik yapacaklar?

Kadına yönelik şiddet için yasal önlemler alınması zorunlu bir hale geldiği için birçok ülkede yasal düzenlemelere gidildi. Yaşanılanlar sonucunda göçmen veya mülteciler arasında var olan şiddetin türü, niteliği ve uygulayıcıları saptandı. İstatistikler yapılıyor. İlgili kişiler basına açıklamalarda bulunuyor.

Bayanlarımız şiddetin her türünü yaşamalarına rağmen iş son noktaya gelmeyene kadar harekete geçemiyorlar. İlgili kurumlara başvurup yardım istemiyorlar. Başvuran, korunma talep edenlerin sayısı gerçek oranın yanında çok az kalıyor. Şiddet, şiddeti uygulayanın yanına kar olarak kalıyor. Birey yaptırıma tabii kalmayacağına inanıyor. Uygulanan şiddetin türü, toplumsal, bireysel kavranışı ile ilişkisi önem taşımaktadır. Göçmen veya mülteci bayan şiddeti bir biçimi ile yaşıyor. Şiddet kadına eşi, eşinin yakınları, kendi yakınları tarafından uygulanıyor. Bayanın şiddetine maruz kalan erkek sayısı yüz de kaçtır? Bilemiyorum. Yok değil. O, da mevcut. Şiddet kültürüyle şekillenen birey, bu aracı rahatlıkla kullanıyor. Ki Avrupa'da gelinlerini döven kaynanaların varlıklarına şahit oldum.

Bayanlarımız uğradıkları şiddet karşısında sessiz kalıyorlar. Yaşadıkları sorunlar bir kurt gibi onları içten içe kemiriyor. Çoğu kabullenemedikleri durumları yaşıyorlar ama mutlu bayan rolünü oynuyorlar. Neredeyse her biri bir sanatçı. Bir ilişkiyi kabullenememek ve yürütmek, kendisini yürütmek mecburiyetinde görmek, en büyük acıyı oluşturuyor. " El alem ne der? Aman sesimiz, huzursuzluğumuz duyulmasın, bilinmesin. Bu evliliği bitiremem. Boşanma benden uzak kalsın. Erkektir olur. Dışarıda dolaşır, doyar gelir. Babamın evine, kardeşlerimin yanlarına dönemem. Kimsem yok ki beni korusun. Şikayet edersem beni cezalandırır, öldürür. Kadın yer, erkek göktür. Kadın erkeğin elinin kiridir. Her evde olur böyle şeyler." cümleleri şiddeti gizlemenin temellerini oluşturuyorlar.

Başı kırılan, yüzü morartılan bayanlarımız hastanelere gitmek mecburiyetinde kaldıklarında; "Kaydım, düştüm. Dolaba takıldım. Banyoda yuvarlandım!" hikayelerini yaratıyorlar. Doktorlar da söylenilen cümlelere inanmak zorundalar. Şikayetçi olmayan yabancı bayanla ilgili herhangi bir işlem yapamazlar. Ağır vakaları polise bildirseler de mağdur şikayetçi olmayınca konu adalete intikal etmiyor.

Şiddet sonucu oluşan yaralanmalar baş, yüz, boyun, göğüs ve karın bölgesinde olduğu gibi, kol, bacak kırmayla da sonuçlanıyor. Vurulan darbeler sonucu oluşan görme ve işitme bozukluğu, yakmalar, ısırmalar, kesmeler, iltihaplanmalar şiddet sevicilerin kalıcı eserleri oluyorlar.

Bireye uygulanan ve süreklilik arz eden şiddet sonucu birey genel doktora gitmek zorunda kalınca da, gidiş nedenini, şikayetlerini, yorgunluk, baş, göğüs ağrısı, sindirim sistemi bozukluğu, nefes darlığı ve pelvik ağrılar şeklinde izah etmeye çalışıyor. Halbuki içinde bulunduğu ortam bu ağrılara kaynaklık etmektedir. Bilinçsizlik, sebepleri değil, sonucu söylettiriyor. Şiddet sonucu ruhsal, fiziksel tepkiler gelişmiştir. Bu bayanlar sinir hastalıklarının tedavi edildiği hastanelerde tedavi görmeye doğru yolculukta yapıyorlar. Defalarca hastanelere gidipte, oralarda kalanları gördüm. Bir çemberin içinde dönüp duruyorlar. Kendilerini o duruma koyan aile ortamlarına geri dönüyorlar. Yeniden hastanelere düşüyorlar.

Şiddetin esir aldığı aile ve çocukları saldırgandır. Onlar okulda arkadaşlarına şiddet uyguluyorlar. Özellikle çocukluk döneminde şiddete tanık olanlar potansiyel şiddet uygulayıcıları veya kurbanları olarak yetişmekteler. Okuldaki davranışlarından dolayı, istenmeyen öğrenci ilan edilen, okuldan uzaklaştırılan göçmen, mülteci çocuğu azımsanacak oranda değildir. Bunlar yaş dönemlerine göre değişik suçlarda işleyebiliyorlar. İntikamcı oluyorlar. Hesap sorma yöntemleri de şiddet uygulamak oluyor. Oysa sonuç itibarıyla kendileri zarar görüyorlar. Cezaevleri son nokta olabiliyor.

Göçmen ve mültecilerin yaşadıkları ülkelerde yapılan araştırmalar sonucu, örneğin Danimarka'da, en çok ilaç kullanan kesimin yabancılar olduğu tespit edildi. Sorunlara çözüm bulamayan, labirentten çıkamayan birey rahatsızlanıp, ilaca sığınıyor. Sorun hal olmadıkça ilaç çözüm getirmiyor. Sadece sorunu donduruyor, erteliyor.

Göçmen ve mülteciler arasında fiziksel ve mental hastalıklar artmakta. Bireyin yaşam kalitesi bozulmakta. Göçmenlik, mültecilik ve sonuç itibarıyla yaşanan şiddet, yabancının şiddet seviciliğini ve bu gerçekliğin toplumsal boyutunu ve toplum içindeki sürekliliğinin göstermektedir. Gazete sayfalarında yabancıların uyguladıkları şiddete, işledikleri suçlara özellikle yer verilir. Yabancılığın şiddete ne şekilde kaynaklık yaptığı, şiddeti niçin ürettiği ise yorum konusu yapılmaz.

Şiddetin yol açtığı bunalım, ölme isteğine yol açmakta. Bayanların intihar girişimlerinin bir çoğuna temel teşkil etmekte. Kendi içinde çözüm bulamayan ölümü düşünüyor. Umdukları desteği kadına yönelik hizmet sunan kurumlardan alan, çıkış yolu bulabilen bayanlar, ölümden uzak duruyorlar. Kendileri için farklı yaşamlar oluşturuyorlar. Mutluluğa doğru ilerliyorlar.

Sevgisizlik düşmanlığı geliştiriyor. Kaç aile, anne, baba bu gerçeğin farkındalar? Gerçek gereksinimlerinin bilincinde olmasalar ve kendi tepkilerini anlamasalar bile, çocuklar sevgiye hava, su ve yemek kadar gereksinim duymaktalar. Özellikle, 0-6 grubu çocukları fiziksel gelişimlerini sağlıklı olarak tamamlayabilmeleri için sevgiye daha fazla ihtiyaç duymaktalar. Anne, baba olmak, kolay bir görevi üstlenmek demek değildir. Çocuk, her şey hesap edilerek dünyaya getirilmeli. Bütün gereklilikler karşılanabilineçekse yapılmalı. Gerekenler verilemeyecekse, sırf egoları tatmin için, onlar birer araç olarak kullanılmamalılar ve görülmemelidirler. Temel ihtiyaç olan sevgi mutlaka verilmeli ve kendilerine hissettirilmeli. Ayrıca bu duygunun bilinçli olarak verilmesi önemlidir. Sevgi ortamında büyüyen çocuklar her konuda daha sağlıklı oldukları gibi, ileri yaşlarda daha başarılı ve uyumlu oluyorlar. Kıran, dağıtan, kin, nefret besleyen insanlar olmuyorlar.

Çocuklara sevgiyi göstermenin en belirgin 5 kuralı; onay sözleri. Bizim toplumumuzda çocukları eğitirken başarısızlıkları eleştirme eğilimi hakimdir. Takdir, onay çok seyrektir. Bu yaklaşım bireyin yetişkinlik yaşamında yıkıcı sonuçlar yaratabiliyor. Çocuk, yaptığı her doğru şey için övülmeli. Övülme nedeni kendisine anlatılmalı.

Nitelikli Beraberlik; çocuğun seviyesine inilmeli. Onun ilgi alanları keşfedilmeli ve hakkında mümkün oldukça çok şey öğrenilmeli. Tüm dikkat verilerek, tümüyle yanında var olunmalı. Her gün belli bir zaman dilimi, nitelikli beraberlik için çocuğa ayrılmalı ve bu bir öncelik haline getirilmeli. Çocuk bir kenara itilmemeli. Diğer işler, uğraşlar onun yerini kapmamalı. Varlığından, ihtiyaçlarından, gönüllü beraberlikten haberdar olmalı.

Fiziksel Temas; kucaklama, öpme ve dokunma çocuğun sevgi deposu için önemlidir. Deri teması, sevgi akışı pozitif etki yapıyor. Her çocuğun yaş, huy, sevgi dili, özellikleri konuları göz önüne alınmalı ve bu konuda bir yaklaşım belirlenmelidir. Çocuk büyüdükçe de, onaylama amacı ile kendisine dokunma alışkanlığı sürdürülmelidir.

Hediye Alma; çocuğa sunulan hediyeler, yerine, zamanına, nedenine göre verilmeli. Dozajı ayarlayamama çocuk için anlamsız olabilir. Yanlış değerler öğretebilir. Düşünülerek seçilmiş ve seni seviyorum, sana değer veriyorum, benim için anlam ifade ediyorsun, bundan dolayı da sana özel bir armağan aldım, tarzındaki onaylayıcı ifadelerle verilen periyodik armağanlar bir çocuğun sevgi gereksinimini karşılamaya yardımcı oluyorlar. Çocuk niçin kendisine sunulduğunu anlayabilmeli.

Hizmet Davranışları; çocuğa sürekli olarak hizmette bulunulmasına rağmen, belirli aralıklarla çocuk için özellikle anlamlı olan bir iş yapılmalı. Çocuk o işin kendisi için yapıldığını bilmeli. Büyükler için çekici olmayan, fakat çocuk açısından çok önemli olan bir iş ele alınabilinmeli. Birlikte yüzme, oyun oynama, odasını düzenleme, hayvanının ihtiyaçları için alışveriş yapma. Gitmesi gereken yere götürme. Birlikte sevdiği müziği dinleme, filmi seyretme vs.

***

"Takdir onay ve sevgi arayan erkekte aldatır. Boşluklarını doldurma ihtiyacından dolayı dışarıya yönelir. İlişkiyi tüketme noktası boşanmayı getiriyor. Kendilerini savunma güçleri ve örgütlülükleri en zayıf olan kadınlar ve çocuklar şiddete maruz kalırlar. "

ŞERVAN; Ben Londra'da kaldım. İngiliz iki bayanla evlilik yaptım.

İlişkiler yürümedi. Boşandık. Şimdi yalnızım. Orada, bizdeki aile ilişkilerini gözlemleyebildim. Tanık olduğum, beni etkileyen birkaç örnek verebilirim.

Bir gün dernekte oturuyordum. 3 tane polis kurumu ziyarete geldiler. Onların çalışma alanları "Şiddet, uyuşturucu, aile içi şiddet" konularıydı. Kendimizi tanıttık. Sohbete başladık.

Polisler: "Biz, bize yapılan başvuruları çözemiyoruz. Siz nasıl çözüyorsunuz? Bize yardım edin. Bu kurumun etkisi altında olan ailelerde şiddet, kumar yok. Diğer insanlara, bölgenizden gelenlere açılın. Diğer ailelerde şiddet mevcut." dediler. Londra belediyesi çapında azınlıklar birliğinin toplantısına davet edildik. Polis teşkilatı üyeleri oraya üye olmamızı istediler ve bizi desteklediler.

Kocalarından dayak yiyen, hakaret gören kadınlar kuruma gelip oturuyorlardı. "Sorunu çözmezseniz eve dönmeyiz" diyorlardı. Gitmiyorlardı. Biz de konuyla uğraşıyorduk ve sorunu çözüyorduk.

Bir olayı unutamıyorum. Maraşlı bir bayan geldi. Kötü dayak yemişti. Erkek uyuşturucu kullanıyor ve kumar oynuyordu. Bir akşam zencilerle birlikte eve gidiyor. Borcunun karşılığı olarak kadını onlarla yatmaya ikna etmeye çalışıyor. Resmen pazarlamak istiyor. Küçük bir kız çocukları da vardı. Kadın kızı alıp kaçmayı başarıyor. O soğukta sabaha kadar Halk Evi'nin kapısında beklemişlerdi. Kapıyı açan arkadaşlar kendilerini içeriye alıp, konuşuyorlar.

Kadın, işsizlik parası alıyordu. Polis yol göstermese, sosyal yardım kurumu yardım etmezse, aç kalacaklar. Erkek kadına verilen sosyal yardımı almak için de sürekli şiddet uyguluyor. Polis soruna çözüm bulamamıştı. Kadının dayak yemesini engelliyemiyorlardı.

Orada kadın sığınma (özgürlük) evleri var. Yer bulana kadar, bayanı bir hafta yurtsever ailelerde misafir ettik. Daha sonra hiç kimsenin yerini tespit edemeyeceği bir eve götürüp, yerleştirdik. Korumaya alındı. O, onurlu bir anneydi. Kendi vücudundan başkalarının yararlanmasına müsaade etmeyince, kendi iradesi, isteği dışında bir ilişkiyi kabul etmeyince, yüzü ve vücudu morartılmıştı.

Yine Maraşlı bir aile. Erkek iki eşliydi. Her üçü de aynı evde kalıyorlardı. Kadınlar zaman, zaman sorunlarını bize anlatıyorlardı. Bir gün erkek geldi "Her iki eşim beni dövdüler. Kapıyı açmıyorlar. Ben dışarıda kaldım, yurtse-verim bana yardım edin!" açıklama ve isteğinde bulundu.

Ben şaşırdım. İlk kez bir erkeğin "kadından dayak yedim" cümlesini kullandığını görüyor ve duyuyordum. Arkadaşlar, bu erkeği her iki kadınla yüzleştirdiler.

Kadınlar " Biz evde aç kalıyoruz. Gün oluyor hiç ekmekte bulunmuyor. O, bütün parayı yanına alıyor. Biz cüzdan taşımıyoruz!" diyorlar. İkinci eş, sık, sık kuruma gelmeye başladı. Sonuçta her iki kadında bu erkeği terk ettiler. Biri Kürdistan'a döndü. Çocuklu olan yalnız kalınca adam, kendisini dövmüştü. O, çocuğunu alıp yanımıza sığındı.

Kadın "O sürekli bana küfrediyor. "Sen gençsin, senin gözün dışarıda. Sen benim ölümümü bekliyorsun" diyor. " dedi. Biz belediyeye müracaat ettik. Boşanma davası açıldı. Bayan korunmaya alındı.

Orada boşanma davası açıldı mı, erkek kadına yaklaşamaz. Var olan kurallara uymazsa ceza yer. Biz belediyeden ev alıp, kadını yerleştirdik. Kendisine iş bulduk. İstekliydi. Çalışmaya, üretici olmaya ve yaşamını düzenlemeye başladı. Gizli çalışıyordu, ilgili kurumların haberi yoktu. Erkek bunu bir şantaj aracı olarak kullanmak istedi. Kadını rahatsız etmeye başladı. Adam çok ufak, tefek biriydi. Fakat beni asıl şaşırtan her iki kumanın birbirlerine oldukça saygılı olmalarıydı. Adama karşı ilginç, ilgi çekici bir dayanışma içine girmişlerdi. Birbirlerini koruyorlardı. Birliklerini oluşturmuşlardı.

Göçle birlikte dağılan insanlarımız, ailelerimiz arasında yüzlerce olumsuz örnek yaşanmakta. Hangisini anlatayım? Birleşmiş Milletlerin " Kadına Yönelik Şiddetin Yok Edilmesi Bildirisi " şiddeti, " Cinsiyete dayalı ve kadınlarda fiziksel, cinsel, psikolojik herhangi bir zarar ve üzüntü sonucunu doğuran veya bu sonucu doğurmaya yönelik özel yaşamda veya kamu yaşamında gerçekleşebilen her türlü davranış, tehdit, baskı veya özgürlüğün keyfi biçimde engellenmesidir " şeklinde tanımlıyor.

Avrupa meclisi kadın hakları ve fırsat eşitliği komitesi ise, " Sadece Avrupa'da değil, tüm dünyada her tür ayrımcılığa karşı ve bütün yaşam alanlarında kadın hakları ve fırsat eşitliğinin oluşturulmasını sağlamak istemektedir. Komitenin çalışması erkek ve kadınların hayal ettikleri gibi adaletli ve zengin değerleri olan bir toplumun oluşturulması doğrultusundadır.‘ denmektedir."

***

Ülkemizde sadece son iki yüz yılda rutinleşen savaşlarda aktif konumda olamayan, çarpışma alanlarında ayaklar altında ezilen çocuğunu kurtarmak, saldırganden kendi bedenini korumak için çırpınan bayanlarımızın çektikleri acılar bilinmemektedir. Çünkü gerçekler, yaşanılanlar yazılmamıştır.

Bayanlar bütün devrimlerin hamurlarını yoğuran bireylerdirler. Son yıllarda var olan siyasal gelişmeler sonucu kadın bizzat taraf olarak yerini almaya başlamıştır. Bayanlar Kürdistan'daki herhangi bir mitingde, bir toplantıda yerlerini almaları gerektiğinin bilincine vardılar. Artık her halk toplantısında, her seçimde kucaklarında bebekleri, üstlerindeki yamalı, yırtık elbiseleri, başlarındaki tülbentleriyle varlıklarını, istemlerini his ettirmekteler. Buradayız. Bizi hesaba katmak zorundasınız, demekteler. Her sınıftan bayan artık seçim meydanında yer alabiliyor. Çarşaflısını, sıkma başlısını, mini eteklisini, beli düşük pantolonlusunu yan yana görüyoruz.

Belediye, ilgenel meclisi ve milletvekili seçimlerinde oluşan görüntüler iç kabartıcı tarzdadırlar. İnsana coşku, daha fazla çalışma, araştırma, yazma istemi veriyorlar. Evinden dışarı adım atamayan, evine gelen erkek misafire hoş geldin diyemeyen, servis yapamayan bayan meydanlarda haykırırken içimi titretiyor. Pankartları taşıyan bayanlarımız büyük Fransız Devrimi'ni canlandıran tabloları oluşturmaya başladılar.

Bütün şiddete, zulme rağmen Kürt ulusal hareketini ayakta tutan, tutmak için gereken her şeyi yapan, can parçaları olan oğullarını ve kızlarını mücadeleye katan, sürekli hayır dualarını okuyan, başarı haberleriyle günleri akşam eden, kendilerine engel olan, karşı çıkan eşlerinden gizli olarak milislik yapan, yiyecekleri yemeği, giyecekleri elbiseyi özgürlük savaşçılarıyla paylaşan bayanlarımız, yanlarındaki, yakınlarındaki erkekleri de itekleyen varlıklar, motor güçleri konumundadırlar. Bayanların el atmadıkları, emeklerini katmadıkları siyasal, sosyal hareketler sönüyorlar. İstenilen değişimi gerçekleştiremiyorlar.

Bayanlarımızın gelişmeler üzerindeki belirleyici sosyolojik etkilerine rağmen, ulusal hareketin, partilerin politikaları üzerindeki etkileri çok sınırlıdır. Onlar öğrenim, eğitim görmedikleri için gelmeleri gereken yerlere gelemiyorlar. Oturmaları gereken koltuklara oturamıyorlar. Bazı şehirlerde siyasal partilerin büyün yöneticileri erkeklerden oluşmakta. Bazı bölgelerde bu durum aşıldı. Siyasal partilerimizin yönetimlerinde, merdivenlerden yukarıya doğru çıktıkça erkeklerin çoğunluğa, bayanların azınlığa doğru bir seyir izlediklerine tanık oluyoruz. Alt hizmet birimleri bayanlara, üst yönetim birimleri de erkeklerimize aittir! Toplumsal gerçekliğimiz oralarda sırıtmaktadır. Bayanımızın toplumsal hareket içindeki ağırlığıyla, üreticiliğiyle, fedakarlığıyla ters orantılı bir istatistik karşımıza çıkmaktadır.

Kürtlere ait olan televizyon kanallarında politik sorunların tartışıldığı programları genelde erkekler hazırlamaktadırlar. Bu erkeklerin tercihi de erkek konuklarıdırlar. Bayanları davet etme gereği duymazlar. Niye tek yanlı davranıyorsunuz? Kürt bayan politika yapmıyor mu? Sosyal hareketler içinde yer alamıyor mu? Gelen erkekler tartışmalarda hep erkekçe bir dil kullanıyorlar. Kendilerinden hareketle değerlendirmelere gidiyorlar. Konuların bayan gözüyle, yaklaşımıyla değerlendirilmesi de gerekmez mi? Tarzındaki öneri ve sorularımıza ise " Ne yapalım bayan yok. Düşüncesini dile getirecek bayan bulamıyoruz!" şeklinde cevaplar veriyorlar.

Bu durum aslında erkeklerin bilinçaltlarının dışa yansımasıdır. Yani bayanlar çalışmalı, erkekler de tartışmalı, konuşmalı, politika üretmeli. Çok az sayıda bayan politik tartışmalara katılabilmişlerdir. Bunların büyük bölümü de Kürt olmayanlardır. Erkeklerimiz tarafından Kürt olmayan bayan tartışma koltuklarına zevkle oturtulur. Bu davranışlarla da sahip olunan kompleksler sergilenir. Biz bizi yüceltmesini, değer vermesini, saygı duymasını bilmeyiz! Yabancıyı baş tacı ederiz. Onların az bilenini kendi çok bilenimize, emektarımıza tercih ederiz.

Kuzeyde 1970'lerde başlayan Kürt Ulusal Hareketi, bayanın bizzat aktif olarak içinde yer alması sonucu, bayanın içine yerleştirilmiş olduğu ve kapa-tıldığı ataerkil köleliğin zindanının kapısını aralamış ve çıkış, görüş olanağı sunmuştur. Özellikle feodalizmin bütün kurumlarıyla ayakta olduğu, dini kuralların toplumsal, bireysel yaşamın her noktasına hükmettiği alanlarda, bayanlarımız hayal bile edilemeyecekleri bir durumdan, köle konumundan adım, adım uzaklaşmaya ve olması gereken değişiklikleri yaşamaya başlamışlardır. Ulusal hareketimizin bel kemiğini oluşturmuşlardır. Bu düzeyde sarılmalarının nedeni de var olan ilişkileri kabul etmemeleridir. Elbetteki bu olumlu değişimlerin, dönüşümlerin karşında yer alan bilinçsiz, neyi savunduklarını bilemeyen, tutucu bayanlarımız da mevcuttur. Herkes kendi çıkarına olan sosyal çalkantıları fark edemez. Etmek için birikim gerekiyor. Olması, ulaşılması gereken aşamaya geldik mi? Elbette ki hayır. Ülkede de, diasporada da hala bir yığın sıkıntı yaşanıyor. Yapacak çok şey var.

Sorunları asgariye indirememememizin nedeni bayanların politikada gerekli olan noktalarda görev almamalarından kaynaklanıyor. Olması gereken kadrolara sahip değiliz. Var olanlar da birikimsizliğin, tecrübesizliğin, amatörlüğün, yalnızlığın getirdiği sonuçlarla boğuşuyorlar.

Tabanda var olan bayan gücünü, emeğini tavana yansıtmadıkça sıkıntı yaşayacağız. Olması gereken hızda dönüşüm sağlayamayacağız. Yani evin temelini, kolonlarını oluşturuyoruz. Bütün ağırlığı taşıyoruz, ama içinde oturup da, kendimizi korumaya alamıyoruz. İstemimize göre döşeyemiyoruz. Kapılar başkaları tarafından açılıp, kilitleniyorlar! Sosyal, siyasal hareketlerimiz içinde sayımıza uygun oranda idareci, çözüm gücü, karar mekanizması olamıyoruz. Oranlamayı yapamıyoruz. Bundan dolayı da ulusal hareketle-rimiz sürekli sorun yumaklarıyla baş başa kalıyorlar. Toplumsal sorunlara cevap olamıyorlar. Çözüm gecikiyor. Sosyolojik ve tarihsel sorunların çözümü de sosyolojik ve tarihsel anlamı olan, yani programatik ve stratejik tedbirler ve dönüşümlerle olur. Program ve stratejilerin doğruluğuna rağmen amaçlarımızdan hala uzaktayız.

Birlikte yaşadığımız halklara gelince; onların bayanları bizlerden daha ağır koşullarda yaşıyorlar. İdeolojik, kültürel ve ruh olarak bizlerden farklılar. Onların sollarının, sosyalistlerinin genel eğilimleri hiçte olumlu, olması gereken tarzda değil. Hareketlerini desteklediğimiz, birlikte hapis yattığımız, yürüdüğümüz, her türlü dayanışmada bulunduğumuz, kendilerinin yerine eylem yaptığımız, konuştuğumuz, çarpıştığımız egemen ulus sosyalistleri bizlerin beklentilerine cevap vermediler. Vermiyorlar.

Gerçek şudur; sosyalizm vb. kavramların içlerini dolduramayan bu insanlar özlerinde milliyetçidirler. Türkiye'dekiler ise ait olmadıkları bir ırkın milliyetçisidirler! Dönmeler daha çok tutucu oluyorlar. Evrimi yaşayamadıkları içinde tuhaflar. Demokrasiyi öğrenemedikleri, sindiremedikleri, gereklerini yerine getiremedikleri için bir üst aşamayı da düşünemiyorlar, yaşayamıyorlar, kaldıramıyorlar.

Demokrat olmayı beceremeyen, bu ideolojiyi evindeki insanlarla yaşayamayan, komşu halkla nasıl yaşayacak. Yaşayabilir mi? Elbetteki hayır. Kendilerini sosyalist sandıkları için demokrat olamamaktadırlar. Aşamalar karıştırılıyor. Yeni bir milliyetçilik-sosyalizm anlayışı ortaya çıkardılar. Bayanı da, erkeği de böyledir. Bir noktadan sonra devletlerini idare edenlerle aynı kulvarda yürümeye başlıyorlar. Devletin bürokratlarından, memurlarından, kolluk kuvvetlerinden önce onlar saldırıya geçiyorlar.

Ülkemizin sınırları içine dahil edildiği memleketler, gerçek anlamda sosyalist ve demokratları olmayan, tutucular, liberaller ve devlet partileri taraftarları arasındaki bir çatışmanın oluşturduğu stadyumlardan farksızdırlar. Kendi insanları tarafından hapishaneye çevrilmişlerdir. Bundan dolayı da bayanları olmaması gereken bir konumda bulunmaktadırlar. Günceli yaşayamamaktalar.

Kürt bayanlar var olan siyasal ve sosyal gelişmelerle bu bayanlardan farklılaşmaya, gelenek-göreneklerle çevrelerinde çizilen çemberleri bozmaya başladılar. Adım atmayı başardılar. Bu adımlar, var olan sorunları çözmenin yanı sıra, örnek olmayı da getirecektir. Bu sürecin hızlandırılması için yapılması gereken de, bayanların ulusal hareketteki gerçek, olması gereken yerlerini almaları, varlıklarını, ağırlıklarını politika ve örgütsel alanlara da yansıtmalarıdır.

Bayanların, Kürt partilerinin, bütün yönetim organlarında çoğunluk olmaları ve etkilerinin yeterince sarsıcı olması zorunluluktur. Kürt ulusal uyanışı böyle bir devrimci atılıma cesaret etmek ve başarmak mecburiyetin-dedir. Bayan yedek güç rolünü reddetmelidir. Kendisini basamak olarak kullandırtmamalıdır.

Bayanların kesin ağırlığı olan siyasal partilerimiz, birlikte yaşadığımız diğer halklara da Kürt hareketi hakkında gerekli olan olumlu mesajları verirler. Bayanlar arası iletişim bu olanağı sağlar. Onları sarsmaya, soru sormayı öğretmeye başlayabilirler. Sorgulamaya başlayan kadın sonuçta kesinlikle harekete geçer. "Hayır" demeye cesaret eder. Oluşan dalgalanma, "Ben sosyalistim, komünistim!" vb. izmleri kullananları da kendilerini sorgulamaya götürür. Destek sunmuyorlarsa da, en azından yıpratma, karalama, küçümseme, etki alanını daraltma, etkisiz kılma girişimlerinden vazgeçebilirler. Bu durum diğer halkların bayanlarının lehine olan bir gelişme olur.

Kürt ulusal hareketi, Kürt ulusunun bütün sınıflarını kapsamaktadır. Ulusal hareketin fakir tabakalarından gelen bayanlar gerekli olan öğrenimi, eğitimi göremediklerinden kararlarda etkili olamıyorlar. Güç, destek sunuyorlar. Fedakarlıklarıyla dikkat çekiyorlar. İnisiyatiflerde küçük burjuvalar ve burjuvalar yer almaktalar. Sivil alanda boy göstermek birikim istiyor.

Kürt bayan hareketi olması gereken düzeyde tanıtılamadı. Medya olması gereken tarzda kullanılamadı. İçe kapanık durumdadır.. Dışarıya açılım sağlayabilmesi içinde dil bilen, diplomat hüneri sergileyebilecek, donanımlı bayanlara ihtiyaç var. Bayanlar, her kesime hitap edebilecek şekilde eğitilmeli, kadrolaşılmalı. Klasik söylemler etkili olmuyor. Çevreyi genişletmiyor. Dünyadaki ilerici çevrelerin, hareketlerin desteklerini almak zorundayız. Bunun içinde planlı-programlı olmalıyız ve kendimizi ifade etmesini, tanıtmasını bilmeliyiz. Bu tarz girişimler sonucu başka halklardan bayanların Kürt bayana, hareketine bakışı değişecek ve olumlu yönde etkilenecekler. Bize inanırlarsa destek sunarlar. Güvenirlerse organlarımızda yer almaya başlarlar.

Kendimizi en modern, güncel, iyi görme hastalığından kurtulmalıyız. Bizden önceki bayanların mücadele tarihlerini, günümüzde dünyanın diğer ülkelerindeki kadın hareketlerini iyi incelemeliyiz. Dünya Devrim Hareketlerinde kadının yaşadığı deneyimleri çözümlemek, onlardan dersler çıkarmak, onların yarattığı özgürlükçü mirası sahiplenmek gerekir. Bu yaklaşım Kürt kadınının özgürlük mücadelesini daha da derinlikli kılacaktır.

Kendi dışımızdakileri ret yalnızca yalnızlaştırır. Geliştirmez. Küçültür. Biz kendimizi geliştirmezsek diğer ülkelerin deneyimlerinden yararlanmazsak, örnek almazsak bütün toplumsal mücadele deneylerinde olduğu gibi, ilk hedeflere varıldığında, ulusal sorun çözüldüğünde, erkeklerimiz bayanlarımıza da "Yeniden evlerinize ve çocuklarınızın yanlarına dönün." emirlerini yüksek sesle haykıracaklardır. Hazırlıklı olmayan, başarısız olur. Ne ulusal, ne cinsel kurtuluşu erkeklerden bekleyemeyiz. Bizlerin kurtuluş projeleri olmalı. Herkes projesini kendi gerçeklerine, istemlerine, hislerine göre yapar. Ulusal kurtuluş saflarında, siyasal partilerde, hareketlerde yer almış bayanlara övgüler yağdırmak, alkışlamak bizleri kandırmamalı. Geçiş süreleri iyi değerlendirilmeli. Erkek egemenliğini sürdürme stratejilerini dinamitliye bilmeliyiz. Erkeklerimiz ölüme giden kadını alkışladıkları kadar, karar mekanizması olmayı başaranı da alkışlayabilmeliler, sindirebilmeliler. "İyi ki varsın. Benim yapmam gerekeni yaptın. Beni yükten kurtardın. Kendini feda ettin. Benim sağ kalmamı sağladın. Sen hazırladın, ben faydalanacağım." düşüncesi maskelenmiş bir kolye gibi onların kalplerinin üzerinde asılı durmakta.

Biz evlerimizdeki, hareketlerimizdeki, siyasal partilerimizdeki erkeklere güvenmemeliyiz. İhtimalleri göz ardı etmemeliyiz. Acı da olsa, rahatsız edici de olsa tedbiri elden bırakmayıp, sürekli olarak kendimizi koruma psikolojisiyle hareket etmeliyiz. Gerçekliğimiz bu. Göçmen bayanlarımızın yaşadıkları da tedbirli davranma mecburiyetini ispatlıyor. Hükmetme hastalığı erkeklerimizin doğal yaşamalarını engelliyor. Gereksiz yere onlara acı çektiriyor. Yaşanılanlar, anlatılanlar bizi haklı çıkarıyor.

Yıllardır ağırlaşan ve çözümlenmeyen sorunların insanlarımızı her yeni dalgayla yeni bir felaketin eşiğine getirdiğini görmek zorundayız. Bu sorunların çözümünün de, sorunu ortaya çıkaran kaynaktan, ülkemizin sömürgeleştirilmesinden ve biz bayanlarında, egemenlerin ve çevremizdeki erkek egemenlikli düşünce yapısının bayanlarımızda ve erkeklerimizde yarattığı zihniyetin kurbanları olduğumuzu bilmeliyiz. Onlarca yıldır şekillenmiş zihniyetin yıkılması bir gerekliliktir.

Kadın mücadelesi, yüzyılımızda kendisini çok daha büyük bir zorunluluk olarak bütün dünyada göstermiştir. Erkek egemenlikli sistemlerin yaşanan sorunlara çözüm geliştirmemeleri, sorunları egemen zihniyet ve mülkleştirme olgusuyla ele almaları, onların karakterinin bir gereğidir. Kadının köleleştiril-mesi ve insanın mülkiyet haline getirilmesiyle oluşan sistem, günümüzde yaşadığı tıkanmayı aşmaktan uzak bir konumdadır.

Ülkemizdeki demokrasi mücadelesinin yarattığı kadın bilinci ve kadının mücadelenin her aşamasına aktif katılması, özgürlük bilinci ve örgütlülüğünü geliştirecektir." Özgürleşiyorum, erkeği ret ediyorum, nefret ediyorum, uzak kalmak istiyorum!" demekle de olmuyor. Kadın kişiliğinde oluşturulan zihniyeti yıkmak, savaşımların en büyüğünü gerektirdiği gibi, bunu başarmakta devrimlerin en büyüğüdür. Bu da tohumu yeşerebileceği yere koyma, gerekli olan suyu, güneşi, gübreyi sunma, yeşermesini, gelişmesini, çiçek ve meyveye dönüşmesini sağlamakla olanaklıdır. Mecburi olan aşamalar yaşanmadan, gerekli olan ürünü veremez.

***

"Kendilerini yönetemeyenler, Ankara'da egolarını tatmin edenler, Kürt halkını temsil edemezler. Halkın vekaletini alan erkek bana, en yakınındakine işkence yapıyordu. Gözümü açtırmıyordu! "

ZINÊ: İlk okul mezunuyum. Şanlıurfa merkez de büyüdüm. Bundan dolayı da Türkçe'yi öğrendim. Kırk yedi yaşımdayım. 14 yaşımda ailemin kararı üzerine kuma üzerine gelin geldim. 15 yaşında anne oldum. Eşim ise 26 yaşındaydı.

Ben 23 yaşımda iken Ankara'ya taşındık. O zaman 4 çocuk annesiydim. Bütün günüm çocuklarımla ev de, ev-aile için gerekli olan şeyleri yapmakla geçerdi. Yıl da bir tane çocuk doğururdum. Sürekli misafir gelirdi. Eşim ev de olsun, olmasın bizi tanıyan herkes evimize uğrardı. Gelen misafirleri doyurup ağırlamakla, memnun etmekle uğraşırdım. Kendi çocuklarıma ayıracak zamanım kalmazdı. Kendimi düşünecek vaktim yoktu.

Eşim çok zalim, fazlasıyla despot, acımasız bir insandı. Hiç bir zaman için beni desteklemedi ve bana yardımcı olmadı. Üstelik sürekli beni suçlar, aşağılardı. Takdir etmeyi bilmezdi. Olumlu, yapıcı yaklaşmazdı. Ben, benim hislerim, onun için önemli değildi. Benim bir insan olarak ihtiyaçlarım mı?, umurunda değildi. Acaba düşünebilecek durumda mıydı? Sanmıyorum. Beni insan yerine koymuyor, davranışlarıyla düşüncesini açığa vuruyordu. Sevgisizlik, anlayışsızlık sonucu hasta düştüm. Vücudumun direnci kalmadı. Çünkü psikolojik işkence altındaydım.

Verem hastalığına yakalandım. Hasta halimle çocuklarıma hem annelik, hem babalık yapıyordum. O ise sürekli dışarıda yer, içerdi. Keyfi, eğlenmeyi, gece yaşamını, yaşamayı bilen, kadınlarla gününü gün eden sorumsuz bir baba ve eşti.

Ben ise evde acı çekiyor ve sürekli ağlıyordum. Aynalara bakar, kendimi seyrederdim. Bir kadın olarak bir tek eksiğim yoktu. Tam bir Kürt güzeliydim. Başka erkeklerin ilgisini çekiyordum. İnsanlar, kadınıyla, erkeğiyle bana hayranlıkla bakarlardı. Gözlerini üzerimden ayıramazlardı. İsteklerini, düşüncelerini gözlerinden anlardım. Benimle olması gereken insansa başkalarıylaydı. Bana değer vermiyor, insan yerine koymuyordu. Kendime acıyor ve çaresizdim. Çocuklarım etrafımı sarmışlardı.

Ben geldiğim yerdeki aile ilişkilerini görüyordum. İnsanları, ilişkileri gözlemleyebiliyordum. Çevremdeki ailelerden habersiz değildim. Ankara'da ki ilişkileri de izliyordum. Farklılıkları, benzerlikleri ayırt edebiliyordum. Mutluluğu fark etmiştim. Kendimi başkalarıyla karşılaştırıyordum. Bundan dolayı da daha çok mutsuz oluyordum.

Ben evlendirildiğimde, evliliğin ne olduğunu dahi bilmiyordum. Babam Kürt beyiydi. Bir başka yere hanım olmaya gidiyorum, sanıyordum. Babamları ziyaret ettiğimde, eşimin evine dönmemek için diretiyordum, direniyordum. Anneme yalvarıyordum; "beni geri gönderme' diyordum. Onların töreleri bozmaları, dışına çıkmaları mümkün değildi.

6 yıl boyunca eşimden dayak yedim. Ben cinsel ilişkiden, yatak odasından nefret ediyordum. Benimkisi gibi olmayan yatak ilişkilerini duyuyordum. Farklı yaklaşımlar da vardı. Her erkek benim kocam gibi değildi. Kadınları memnun edenler, isteklerini soranlar, sorma gereği duyanlar, kadınlar tarafından anlatılıyorlardı. Ben sadece insani ilişki, mutluluk, sevgi arıyordum. Fazla bir şey istemiyordum.

Kumam ise kendisine dayatılan yaşamı, verilen rolü kabul etmişti. Normal bir ağa ve köylü ailesinden geliyordu. Başka yaşamları, ilişkileri, çevreleri görmemişti. O, da çevresindeki diğer kadınlar gibiydi. İkinci plana itilmek, kuma getirilmesi biz de normaldi. Din adamları akıl veriyorlardı! Kadınları, erkekleri ikna ediyorlardı.

Ben sinirlenince yemek yemezdim, aç kalırdım, ağlardım. Bu gün düşünüyorum da ne aptallık, tecrübesizlik! Hem adam beni cezalandırıyordu, hem de ben kendime acı çektiriyordum, kendi bedenimi cezalandırıyordum. Niye kendimi aç bırakıp yıpratıyordum ki?

O şekilde davranmakla neyi, hangi sorunu hal edebiliyordum? Hiç bir şeyi. O zaman, o günkü bilincimle, algılamamla değişik bir şey yapma, çare bulma, düşünce geliştirme yeteneğine sahip değildim. Bu gün düşünüyorum da, boş yere kendimi tüketmiş, yıpratmış ve cezalandırmışım.

Adam davranışlarıyla, yaklaşımıyla beni saldırgan, huzursuz, mutsuz bir insan yapmıştı. Ben anneydim ve o kötü ruh hali içindeydim. Oturup konuşmayı bilmezdi. Bir gece eşim beni çok kötü bir biçimde dövdü. Onu, işkenceci mi, celladı mı öldürmeye karar verdim. Uyanıp ta müdahale etmemiş olsaydı, canını oracıkta almıştım. Kendisini öldürmüştüm.

Ona göre kadın dövmek çok normal bir şeydi ve o insan Kürtleri temsilden, Türkiye Cumhuriyeti milletvekili olarak Ankara'ya gönderilmişti. Ne temsil, ne temsil! Politika dışında her şeyi yapıyorlardı. Diğer milletvekilleri de onun gibiydiler. Gece yaşamı ve kadınlar bütün zamanlarını alıyordu. İnsanların sorunları, sıkıntıları onu hiç mi hiç ilgilendirmiyordu. Ankara'nın cazibe merkezleri başını döndürmüştü. Evine, çocuklarına, eşine değer vermeyen, zaman ayırtamayan halk için ne yapabilir ki? Bir kere evinde hak, hukuk yok!

Onun milletvekili olması, elde edebileceği avantajlar, sahip olabileceği güç, yönetmesi mümkün olan çıkar ilişkileri, bölgemizdeki diğer şeyh ve ağaları harekete geçirdi. Devleti temsil eden birimlerin mensupları, şeyh ve ağa üçgeninin oluşturdukları karar biriminin kiraladığı bir ajan kendisini öldürdü. Ben 24 yaşındayken dul kadın sıfatını aldım. O zaman 8 çocuk sahibiydim. Bir anda tümden korumasız, savunmasız kaldım. Dışarıda çalışan, maaşı olan bir insan değildim. Bir tek gelir kaynağım yoktu. Öğrenim görmemiştim. Şaşkındım, desteğe, yardıma muhtaçtım. Ne yapacağımı bilemiyordum.

Kolum kanadım kırılmış, yuvam dağılmıştı. Ben kendimi düşünmüyordum. 8 çocuğumu besleme derdine, düşüncesine saplanmıştım. Sırtımı kime dayayacaktım? Çocuklarımı yatırır, sabaha kadar da yatağın baş ucuna çöker ve düşünceye dalardım. Eşimi öldürtenleri öldürmeyi düşünürdüm. Bende intikam duygusu gelişmeye başlamıştı. Kendi kendime planlar yapardım. Bu düşüncelerle sabah olurdu.

Bir daha evlilik olayına bulaşmadan, evlenmeden çocuklarımı nasıl büyütebileceğim kaygısı beni esir almıştı. Yaşadıklarım sonucu evlilikten, evlilik ilişkisinden nefret ediyordum. Bazen, düşmanı öldürürsem, hapse girer kurtulurum, o zamana kadarda çocuklarım büyür, düşüncesine saplanıyordum. Anlayacağınız kafam karma karışıktı. Hep hayal kuruyordum. Sürekli dalgındım. Bir yandan da çocuklarımın sevgisi, içinde bulunduğum ilişkiler, törelerimiz!. İşin içinden çıkamıyordum. Kendi çevremde dönüp duruyordum.

Bana ikinci evliliği yine geleneklere göre yaptırdılar. Karar ve tercih hakkı bana ve çocuklarıma ait değildi. Beni zorla kaynımla evlendirdiler. İkinci kez kuma üzerine gönderildim, gittim. İkinci eşimde ilk eşiyle zorla, geleneklere göre evlendirilmişti. Sevgiye, karşılıklı isteme, anlayışa dayanmayan bir evlilikti. Bundan dolayı da güzelliğimden etkilenen kaynım kendisi doğrudan benimle evlenmeyi istedi. Hiç bir zorlama olmadan beni kabul etti.

Önümde iki seçenek vardı, ya kaynımla evlenecek ya da çocuklarımı tümden yetim bırakıp o evden ayrılacaktım. Bir yandan da kendi aile fertlerim, yakınlarım baskı yapıyorlardı. Bana " Mutlu olamadın, eşin sürekli başkalarıyla gününü gün etti. Bu sefer seni, senin isteğin doğrultusunda evlendireceğiz!" diyorlardı. Ben onların yanlarına gitmeyi ve isteklerini ret ettim. Kendilerine, daha önce niye mutluluğumu düşünmediniz ? Beni kurban ettiniz, diyordum.

Töreye göre benim çocuklarım bana ait değiller. Onlar babanın, baba tarafının çocuklarıdırlar. Doğurduğum canlılar üzerinde söz söyleme hakkım yoktur. Hak iddia edemem. Eğer kendi ailemi, yakınlarımı dinleseydim, çocuklarımı amcalarına bırakıp ta gitmem gerekiyordu. Benim yakınlarım çocuklarımı kabul etmezlerdi. Kendilerinden birer parça olarak görmüyorlardı. Gerçek yaklaşımı, anlayışları bildiğim için ben de isteneni yapamazdım. Baba yok edilmişti. Ben de yok olamazdım. Onları korumalıydım. Bundan dolayı da kaynımın evlilik isteğini kabul ettim.

Daha önce ilk eşimin bana yaptıklarını, çektirdiği acıları, hakaretleri babama anlatamıyordum. Anlatmam durumunda beni yanlarına götürmeye kalkışacaklardı. Evliliğimin bitmesini isteyeceklerdi. "Biz sana eş, kadın verdik. Köle vermedik!", diyeceklerdi. Benden dolayı her iki aile fertlerinin birbirlerini öldürmelerinden korkuyordum. Ancak eşim öldürüldükten sonra babama her şeyi, yaşamımın zorluklarını anlatabildim.

Ben çevrenin bakışlarından kurtulmak, dedikoduya, dul kadın yaklaşımlarına maruz kalmamak için de kaynımla evliliği kabul ettim. Dini nikahı, adı, gölgesi üzerimde olsaydı yeterliydi. Dulluk ve 24 yaşında olmak! O ortamda baş belasıydı. Saldırıya, dedikodulara açık hedef durumunda kalıyordum. Dünyam yıkılmıştı.

Nikah kıyıldığı günde dünyam karardı. Eşimin ait olduğu aile meclisi törelerimize göre karar almış, ben de istenilen şekilde karara uymak zorunda kalmıştım. Karşı çıkamazdım ve seçeneksizdim. Anneydim. Yavrularımı tümden korumasız bırakamazdım. Yalnız yaşamama da müsaade edilmezdi. O ortamda, törelerin hepimizi esir aldıkları topraklarda birisinin nikahı altına girmek zorundaydım.

Büyük oğlum 8 yaşlarındaydı. Evliliğe büyük bir tepki gösterdi. Bir gün bana " Ben seni babamla paylaşamıyordum. Bu kararda nereden çıktı? Bu evliliği hiç kabullenemiyorum. Benim bu Allah'ın işine aklım ermiyor. Bu adama ne gerek var? Niye evlendirildin, evlendin, biz varız yetmiyor mu?" dedi.

Ben onu yatağımda yatırmaya çalışırken, o bana düşüncelerini söylüyordu. Ağlamaktan başka elimden bir şey de gelmiyordu. Çaresizdim. Cevap bulup veremiyordum. Sekiz yaşındakine gel de törelerimizi anlat ve onu ikna et. İkinci kumam ise durumu çoktan kabullenmişti. Yalnızlığına, sesizliğe bürünmüştü. Evli ama erkeksiz, yapayalnız, sevgiyi tadamayan, yaşayamayan, çocuklu ve nikahlı dul bir kadındı. Peygamber Efendimiz Tanrı adına erkeğe çok evlilik hakkını vermişti. Bizlerde uyuyorduk. Gerçekleştiriyorduk.

Ben daha çocukken Şanlıurfa'da Araplarla milliyet yüzünden kavga ederdik. Köle, tutsak bir halk durumuna konulduğumuzu bilmiyordum. İçinde bulunduğum ortama, çevreme göre seçkindim, çok iyi koşullarda büyümüştüm, her türlü imkana sahiptim. Üst tabakaydık. Diğer hislerden haberim yoktu. Ama ne hikmetse içim, hislerim sürekli ezilenlerden yanaydı.

Deniz Gezmiş ve arkadaşlarının durumunu sürekli izledim. İdam edildiklerinde büyük acı yaşadım. Benim için şurası çok önemli. Ben Türkleri iyi, uygar, gelişmelerden yararlanan, güncel düşünebilen insanlar olarak değerlendiriyordum. İnsani ilişkilerinin bizden çok daha iyi, gelişkin olduğuna inanıyordum. Kürtleri ise tersi durumda, zalim sanıyordum.

Şehirde gerçekleri görmeye ve Kürt olmayan kadınların da ezildiklerini, bizimle benzer şeyleri yaşadıklarını fark ettim. Komşu ailelerin durumlarını biliyordum. Yer değiştirmekle farklı ilişkileri gözlemlemeye başladım. Ama halkımın ve ülkemin durumundan dolayı benim yaşantımın da törelerle şekillendirildiğinin, halkaların sürekli sıkıldığının farkında değildim. 1979'da bir eczacıyla tartıştım. Eşimle kürtçe konuşmama karşı çıkmış ve bana "İrfan'lı mısın?" demişti. Ben tepki gösterince susmuştu. Ben ilaç alıyorum, kendi dilimde isteğimi eşime söylüyorum, O, haddini bilmeden bana emir vermeye kalktı. "Niye Türkçe konuş muyorsun?" sorusunu yöneltince, o kadarlık beyne sahipsen gel de dilimi öğren, kim oluyorsun ? deyince sesini kesti. Ben ezik büyütülmediğim için gereken yerde cevap verebilen bir yapıya sahibim.

Ankara'ya gidenleri soruyorsunuz, hangisi, hangi milletvekili geldiği yerdeki insanların sorunlarını çözmeye çalıştı, hakkıyla onları temsil etti ki ? Temsil ettirirler mi? Ankara'nın havası başlarını döndürüyor ve kendilerini kaybediyorlar. "Ne oldum!" delisi oluyorlar. İnsanlara, çevreye tepeden bakmaya başlıyorlar. Gerçekliklerinden uzaklaşıyorlar. Kendi rahatları, parasal olarak güçlenmeleri, var olan olanakları en iyi şekilde kullanma, değerlendirme dışında bir istekleri yok.

Çoğu gece yaşamının tutsağı oluyor. Ne çocuklar ne de kadınlar hak ettikleri değeri buluyorlar. Hepsi ilgisizliğe terk ediliyorlar. Erkeklerimiz Ankara'da kadınlar konusunda uzmanlaşıyorlar. En iyi giyinilen, en iyi yenilen, içilen, eğlenilen yerleri öğreniyorlar. Kürdistan için, Kürtler için ne yaptılar? Politika üretme dışında her şey! İkinci eşimde parlamenter oldu. Hep bu ilişkilerin içinde kaldım. Halkın yararına yapılan bir şey görmedim.

Ben kendim ailemin kurbanı olmuştum. Kızlarımın kişilikli, hislerine göre hareket etmeyen, mantıklı, ağırbaşlı, akıllı insanlarla evlenmelerini istiyordum. Biz de gönüllü evlilikler hoş karşılanmıyordu. Karşılanmıyor. Aşık olmak, sevmek, çirkeflik, edepsizlik, terbiyesizlik olarak görülüyor. İnsanların birbirlerini sevmeleri, istemeleri suç. Aşk, aşık olmak yasak. Sevmek kimin haddine! Yaptırımı çok ağır. Kardeşlerde birbirlerine müdahale etme yetkisine sahiptiler. Halende böyle. Büyük kızımda benim gibi, aile meclisinin kararıyla, düşüncesi dahi sorulmadan evlendirildi. Ben bir anne, bir büyük olarak halen çocuklarımın yaşamlarını düzenleme hakkına sahip değilim. Evimizin en büyük erkeği, kocam hepimizin yerine karar veriyor.

Oysa onlara bakan, büyüten, bütün eziyeti çeken de benim. Karar verme, konuşma, emretme yetkisi ise onda. İlginç değil mi ? Emek vermeyeceksin ve başkalarının emeğinin üzerinde konuşma, değerlendirme, pazarlama hakkına sahip olacaksın. Bu sahipliğin tek nedeni ise baba olarak bilinmesi. Ben hem eşimin, hem de aşiretinin değerlerini göz önüne almak zorundayım. Açıkça karşı koyamazdım. Çok şeyi ona his ettirmeden yapmak zorundaydım. Haberdar etmezdim. Gizlemeyi tercih ediyordum. Eşimin evde olan çok şeyden haberi olmaz. Buna neden olanda kendisinde var olan yaklaşım ve anlayıştır. Zaten kendiside sorumluluktan, görevlerden uzak kalmayı tercih eden bir insan. Kendini yormaz. Rahatına düşkün ve tembel!

Sürekli korkuya dayalı, başkalarının yönlendirdiği bir hayat yaşadım. Geçmişte kendi başıma çıkıp alışverişte yapamazdım. Ayrıldığımı, ona bir şey olduğunu düşünün, yaşamımı devam ettirme olanağına sahip değilim. Bir asker komutanından nasıl korkarsa, aynen o şekilde evlendirildiğim erkeklerden korktum, korkuyordum. Hiç bir şeyi kendileriyle paylaşmak istemedim, paylaşamadım. Evde bütün yük omuzlarımdaydı. Çamaşırcıydım, aşçıydım, temizlikçiydim. Ve bir hiçtim. Değerde görmüyordum. Takdirde edilmiyordum.

Bu gün geçmişe göre daha iyi durumdayım. Şimdi eşimden korkmuyorum. Karşı çıkabiliyorum, düşüncemi söyleyebiliyorum. Hayatımı, gençliğimi, güzelliğimi çocuklarıma ve törelerimize feda ettim. Bizler çaresizdik, seçeneksizdik. Ayrıldığımı düşünün, beni öldürtürlerdi. Törelerimiz böyle. Ben kadının yaşamıyla ilgili sınırları ihlal etmeye, bozmaya, yıkmaya kalkışamazdım. Yapabilecek durumda da değildim. O birikimi nereden alacaktım?

Bu gün silahlanan, savaşan, karşı durmayı, koymayı bilen, yüksek sesle konuşan bayanlara büyük bir özlemle bakıyorum. Keşke ben bugün dünyaya gelmiş olsaydım. Bugünün olanaklarını kullanabilme hakkına, gücüne sahip olabilseydim. Onların sahip oldukları araçları kullanabilseydim.

Onlar kendilerine dayatılan, sunulan yaşamı, giydirilen kefeni kabul etmiyorlar, yırtıp atıyorlar. Tek dileğim amaçlarına ulaşmaları, emeklerinin boşa gitmemesi. Vurulduklarında, esir düştüklerinde çocuklarımı kaybetmiş gibi oluyorum. Biz mutluluğu tadamadık. Köle olduk. Halende erkeğe olan köleliğimiz devam ediyor. Direnmeyi, karşı çıkmayı bilmiyorduk. Bu törelerin değişebilecekleri bile aklımıza gelmezdi. Zorlamak ne haddimize!

Eşini dahi seçme hakkına sahip olamayan, sevmesi yasak olan Kürdistanlı kız bu gün elinde her türden silahı ve savaşıyor. İnanamıyorum. Erkek ve kadının eşitliği için savaşıyorlar. Her türlü özgürlük için kendilerini feda ediyorlar.

Biz de uygar bir dünya istiyoruz. Benim yaşantımın hiç bir anlamı olmadı. Bizden sonrakiler mutlu olsunlar. Eninde sonunda öleceğim. Kim beni tanıyacak? Oysa haklarını savundukları için ölen kızlarımızı herkes tanıyor ve saygı duyuyor. Savaşlar insanlarda değişme, gelişme yaratıyorlar. Kızlar öldürüldüklerinde kadınlı, erkekli insanlarımızın yüzlerindeki hüznü, üzüntüleri görüyorum. Bizler değersiz işçilerdik. Sürekli sunduk, verdik ama kimseyi memnun edemedik. Göz dolduramadık, göz önüne alınmadık. Bu gün savaşanların durumu, konumları farklı. Baş tacı ediliyorlar.

Bizler çocuklarımızı, bedenimizden düşen insanları yönetme hakkına sahip değildik. Kızlarımız ülkemizi yönetme iddiasındalar ve görüyorum yönetiyorlar da. Yalnızca emir alan değiller. Emirde veriyorlar. Bugün gücüm yetse ben de onlara omuz veririm. Ama artık yaşlıyım ve güçsüzüm.

İnsanlar, bizim ortamımıza giremeyenler milletvekili ailelerinin durumlarını farklı düşünüyorlar. Çevremizde ki binalarda yaşayan, dayak yiyen ve tümüyle yalnızlığa terk edilmiş olan bayanları görüyordum. Kürt olanların isimlerini de tek, tek sayabilirim. Fakat ilişkilerimiz açısından iyi olmaz. Kürdistan'dan Ankara'ya giden erkeklerin ailelerine karşı sorumluluk duyguları yok. Ankara'da kendilerini kaybediyorlar. Erkeklerimiz de toplumumuzun birer parçaları. Gizli kalan, bastırılmış, yaşanmamış, yaşanması engellenmiş bütün hisler burada açığa çıkıyor. İnsanlar yaşayamadıkları her şeyi yaşamak istiyorlar. Ama çirkefçe, hoyratça yaşıyorlar.

Kürdistan'dan götürülen eşler beğenilmiyorlar. Tercihler, zevkler, damak tatları değişiyor. Eşleriyle alay edenler, dalga geçenler var. Sanki olanaklar vardı da o kadınlar değerlendirmemişler, okullara gitmemişler, kendilerini geliştirmemişler. Aileleri kızları için yatırım yapmışta, o kızlar fırsatları tekmelemişler, yararlanmamışlar. Bütün imkanlar erkek çocuklarına sunulmuyor mu? Kız "elin ateşi" olarak görülmüyor mu?

Erkeklerimiz kendi eşlerinden utanıyorlar. Onları kendileriyle beraber gezdirmiyorlar, kokteyllere, toplantılara götürmüyorlar. Sosyal yaşama katılmalarını istemiyorlar. Kürt kadını temizlikçi, bulaşıkçı, çocuk bakıcısı, misafir ağırlayıcıdır. Yabancı kadın ise sevilen, değer verilen, koltuk altına alınan, okşanandır.

Ankara'da dengeler kaybediliyor, ayaklar yerden kesiliyor. Ne çocuklar ne kadınlar onların umurlarında. Kadınlar anneliklerini yapmalı, beylerin bütün isteklerini de itirazsız, tepkisiz karşılamalılar. Evlerde kavga, gürültü eksik olmuyordu. Milletvekili lojmanlarında bazı çocuklar babalarını hiç göremiyorlardı. Gece yaşamından sabaha karşı uzaklaşan, evlere dönen babalar uyurken, çocuklar uyanıp okula gidiyorlardı.

Kendilerine layık görmedikleri kadınların yüzleriyle karşılaşmak o erkekler için eziyete dönüşüyordu. Evde oturup ta sohbet mi edecekler? Kendi ırklarından olan kadınlarla neleri paylaşacaklar? Ev, otel ve lokantadır. Yatıp, dinlenip, kirlileri değiştirip, akşama doğruda tertemiz giyinip kendilerini dışarı atıyorlardı. Erkekler istedikleri gibi tüketirken kadınların harcamaları mutfakla sınırlıydı. Kendileri mercedes kullanan, en pahalı elbiseleri giyinen erkeklerimizin mantosuz olan, kışın soğuğunda kazakla dışarı çıkan, yeterli elbisesi olmayan kadınlarını tanıyorum, gerçekleri biliyorum.

Ankara'ya gidiş, yakalara takılan rozetler, büyük isimler altındaki hafif kişilikler, dalgalanmalar, ilginç değişimler yarattı. Çoğunun evliliği bitti. Sarsılanlar, ortada korunmasız kalanlar ise kadınlar oldular. İlişkileri düzenli olan, eşlerini aldatmayan, dövmeyen, değer veren, ekonomik şiddet uygulamayan erkek sayısı çok sınırlıydı. İstediğini alan, istediği gibi harcayan kadın sayısı da fazla değildi. Ben sadece Kürtleri anlatıyorum. Diğer halklardan olanlarda da benzer ve daha değişik, daha kötü sorunlar yaşanıyordu. Bizden beter olanları mevcut.

Diğer partilerin milletvekilleriyle, 1991'de gelen Halkın Emek Partisi milletvekillerini karşılaştırayım. Diğer döneme göre çok farklılık vardı. Kadın ve çocuklar değer kazanmışlardı. Kürt erkekleriyle, kadınlarının birlikte dışarı çıktıklarını görmeye, toplantılara gittiklerini duymaya başladım.

1991'de gelenlerin durumları, istekleri, yaşamları farklıydı. Dikkatimi çekiyordu. Ayırt edici noktaları çok açık şekilde görüyordum. Kadınların bir kesimi farklıydılar. Bir bölümü korkusuzlardı, çok rahatlardı, bunu fark ediyordum. Erkekleri zorluyorlardı, itekliyorlardı. Politika biliyorlardı. Benim gibi değillerdi. Karşı çıkıyorlardı. Kabul etmiyorlardı. Erkekler onları hesaba katmak zorunda kalıyorlardı.

Kederi ve sevinci ailece yaşamaya başlamışız, başladık. Evlerindeki kadınları hakir görmeyenlerimiz de varlardı. Benim için sevindiriciydi. Bundan dolayı da ilişkilerimiz çok daha sıcaktı. Yalnızlık, kimsesizlik duygusundan kurtulmuştum. Birbirimizi ziyaret ediyorduk.

İkinci evliliğimde de ben Ankara'da kaldım, yaşadım. Kumam ise hep köy de ve çocuklarıyla beraber kaldı. İşin gerçeği adı evlilikti. Eşim benimle evlendikten sonra ona hiç yaklaşmadı. Yani evli, eşli dul. Yıllardır her yönden yapayalnız bir bayan. Eşim köye de gitmezdi. O, bir kadın olarak bir erkekten görmesi gereken hiç bir şeyi eşimden görmüyor. Eşimle resmi ve dini nikahlı ya eşimi beklemek zorunda. Kocam boşarsa, boşanmış olur. Dinimize göre kadının boşanma hakkı yok. O, sınırlarının dışına çıkamaz. Bir başka evlilikte yapamaz. Dini zincirlerle bağlı. Kocamın onu boşaması gerekir ki yeni bir evlilik yapabilsin. Öyle bir şey de aşiret kurallarına uymaz ve onun için de yapılmaz. Kumam o yaşamı kabul etti, öyle gidiyor. Ben kumayla birlikte yaşayamam. Dini nikahlı eşim onu değil, beni Ankara' ya götürmeyi tercih etti.

Eşim sadece benimle de kalmıyordu. İstediğiyle, arzuladığı kadınlarla beraber oluyordu. Ben ses çıkaramazdım. Rahatsızlığımı belirtemezdim. Niye dışarı gidiyorsun? diyemezdim. Onlar için yaptığı harcamanın sınırı yoktu. Kadınlarda para için kendisiyle beraber oluyorlardı. Ben bilmemiş, duymamış gibi davranmak zorundaydım. İstediği saate eve gelir, istediği saate giderdi. Karşı çıksam beni paylar, hırpalar, kırardı. Susmaktan başka seçeneğim yoktu. Konuşmadım ve bedenim hastalıklarla durumumu açığa koymaya, tepkisini göstermeye başladı.

Eşlerimiz, millet vekillerimiz hak, adalet olmayan ülkenin parlamentosunda sembolik milletvekilleridirler. Kendilerinin can güvenlikleri yok. Konuşturulmuyorlar. Kimseyi de temsil etmiyorlar. Daha doğrusu ettirilmiyorlar. Hakkı, adaleti, doğruyu öğrenemeyen, kabullenemeyen, uygulayamazda. Kadınlarla, toplumla ilgili kararları o meclis de bu erkekler onaylıyorlar. Kabul veya ret ediyorlar. Gel de ayıkla pirincin taşını. Bunlar bize ne verebilirler? Bizim için ne isteyebilirler? Yasalar çıkarlara göre onay veya ret ediliyorlar.

1991'de Kürt illerini temsilden Ankara'ya gelen DEP'li milletvekilleri konuşmalarından, isteklerinden dolayı cezalandırıldılar. Bir bölümü 15'er yıl cezayla içeri atıldılar. Diğerleri tedbirli davranıp, memleket dışına çıktılar. Halen sürgünde, hak etmedikleri koşullar içinde yaşıyorlar. Sürgün; adı üstünde. Sürülmek anlamına geliyor. Aynen öyle. Tanrı kabul etmesin. Ne diyeyim? Bizlere bedel ödettiriyorlar. Karşı çıkan, kötülüğü kabul etmeyen, sonuçlarına da hazır olmalı.

Bizler batılıları çok kültürlü, çok gelişmiş olarak düşünüyoruz. İnsanlarımız onlara sempatik görünmek için kendilerini parçalıyorlar. Kürdistan'da düşünülen batıyla, burada gördüğüm batı bir değil. Dışarıyla ilgili bir sürü yanlış düşüncelerimiz, saptamalarımız var. Batı hayranlığı ve düşmanlığı arasında büyüdük. Yaşlandık. Batılılar tek düze yetişiyorlar. Batılı olmak çağdaş olmak demek değilmiş. Ben bunu burada anladım.

Bizdeki batı hayranlığının gerisinde yatan şey bunlarda var olan teknolojinin çok gelişmiş olmasıdır. Bizler teknolojik gelişmeleri yakalayamadık. Eşitliği yaşayamadık. Teknolojiyi oluşturanlar teknolojiyle birlikte kültürlerini de memleketlerimize taşıyorlar.

***

İnsanımız, doğruları dile getirdiği oranda anlaşılmış olur. İnsan tüm boyutlarıyla ancak kendisini tanımlayabilir ve anlaşılabilinir.

Adalet kavramı felsefi ve siyasi düşünce sürecinde filozoflar tarafından eski çağdan günümüze kadar tartışma konusu oluyor. Günümüzde hukuk felsefesinin konusunu oluşturan adalet kavramı, içerik bakımından değişiklikler gösterse de yöneten ve yönetilen ilişkisinde adaletin işlevi hukuk sisteminin temelini oluşturur.

Sokratesin bilinci hiç bir otorite tanımaz. O bir misyonunun olduğuna inanıyordu ve insanların yanlış bir moral tarafından yönlendirildiğini görüp, onları bu yanlış moral değerlerinden kurtarmak istiyordu.

Atina'da, her meslekten insanla diyalog kurarak, onların bilgi düzeylerini, kimlerin hangi oranda işlerinin gerektirdiği bilgiye, beceriye sahip olduklarını, kendine has olan yöntemle ölçüp, ortaya çıkarmaya çalışıyordu.

Sonuç olarak, başkalarının yönlendirmeleri, etkilemeleri, hitaplarıyla dolmuş, kendileri olamamış, kendilerinden haberdar olamayan toplumun bireyleri ile yüz yüze kalıyordu.

Ona göre; başarısızlık, mutsuzluk ve kötülük bireyin yaşam bilgisinin eksikliğinden kaynaklıyordu. Bunun için de politik-ahlaki bir bilime ihtiyaç vardı. Bunun öğrenilebilinmesi için de hatasız, bilimsel ve kolay olması gerekirdi.

Sokrates toplumda olmayan bir bilime, bunun eksikliğine işaret ediyor ve bunun aracılığıyla vatandaşlarını kurtarmayı düşünüyordu. Toplumda faziletli bir yaşamın eksikliğini görüyordu. Faziletli yaşamın temellerini atmaya çalışıyordu. Faziletli bir yaşamı prensip haline getirip, toplumun hizmetine sunmak, moral reformu yapmak, yaşam faziletini bir bilim olarak, öğretme, öğrenme alanında yenileme, devrim yapmak istiyordu. Gençlerle olan sokak görüşmelerinde, konuşmalarında onları bağımsız ve tarafsız düşünmeye sevk etmeye çalışıyordu.

Ona göre insan sadece bir et parçası değildir. Onu insan yapan, kendisinin vücudu değil, aklıdır. Her insanda öğrenme kabiliyetine sahiptir.

Kapalı toplumların temel sorunlarından biriside farklı düşünene yaşam olanağı vermemeleri, onu cezalandırmaya gitmeleridir. Bunun için de kendilerine özgü olan yöntemleri kullanırlar.

Sokretes özgür düşüncesinden dolayı, tehlikeli bulunup, toplumun düşmanı ilan edildi. 70 yaşında, "Atina'da Tanrıları tanımamak, yeni Tanrılar icat etmek, gençliği baştan çıkarmak" suçlamalarıyla yargılamaya tabi tutuldu. Ölüm pahasına, düşüncesinin doğruluğundan taviz vermedi. O, bireyin bireyi idi. Olgunlaşmış bireyciliği, aklı, şahsiyetliliği, insani özellikleri, cesareti, sadeliği terk etmedi.

"Ben tanrı tarafından bu şehre gönderilen, uçan bir zehirleyiciyim. Bütün gün boyunca sizi izliyorum ve uyandırıyorum. Sizi ikna edip, bazen de ayıp-lıyorum. Eğer siz, beni Anytos'un tavsiye ettiği gibi hemen öldürürseniz, bu sizin yaşamınızın bundan sonrasını uyuyarak geçireceğiniz anlamına gelir. Taki Tanrı size bir başka zehirleyici gönderinceye kadar." der.

İnsanlara bilgece yaşama sanatını ve düşüncesini öğreten filozof Socrates (M. Ö / 470) Atina mahkemesi tarafından idam cezasına çarptırılır. Sosyal adaletin savunucusu olan Socrates'in o dönemin adalet sistemi tarafından ölüm cezasına çarptırılmış olması, oradaki adalet kavramının ikircikli özelliğini ortaya koyar.

Konunun daha iyi anlaşılması için Socrates'in şu düşüncesini aktarmakta yarar var. "İnsanları egemen oldukları zamanlarda denemelidir. Çünkü kötünün kötülüğü iyinin iyiliği o zaman ortaya çıkar."

Socrates'in öğrencisi olan ve onun düşüncelerini kitaplaştıran Yunan filozofu Platon (M. Ö. / 428-348), yargılanan filozof Socrates'in suçlu olduğu görüşünü yedinci mektubunda ret ediyor ve suçlamalardan önce adaletin ne olduğunun bilinmesi gerektiğini belirtiyor. O, mahkemede duruşmayı izliyor ve Socrates hakkında verilen idam cezasına ilişkin olarakta şöyle diyor; "Bilmiyorum, hangi tesadüften ötürü bizim arkadaşımız iktidardakiler tarafından mahkeme önüne getirilip, suçlandırılıyor. Yazılı yasalar ve gelenekler tümden çürümüştür. Halihazırda bütün site devletlerinde mutlak anlamda kötü siyasi yönetimler egemendirler."

Devlet adlı kitabında adalet kavramını inceleyen Platon, Socrates'in ağzından şunları dile getirir.

" Site devletinde adalet kavramı ortaya çıktığında, kişiye verilen yetkiden onun adaletli olup, olmadığı ortaya çıkar.",

"Bu durumda gerçek adaletin gerçekleşmesinin koşulları nelerdir?. Gerçeklik ve ideal nasıl bağdaşabilir?. ", sorusuna karşılık,

"Bu her şeyden önce sitede kadınlara ve erkeklere verilen eğitimle gerçekleşebilir. Böyle bir toplum filozoflar tarafından yönetilirse, ideal anlamda filozoflarca yönetilen bir toplumsal düzen ortaya çıkabilir. Bunun dışında ideal bir toplumun ortaya çıkışı imkansızdır." değerlendirmesini yapar. Sokrates ise:

" Eğer siteler filozoflar tarafından yönetiliyorlarsa veya filozoflar olduğu kadar şu anda görev verilen krallar veya gerçek anlamda felsefe eğitimini gören kişilerle, gerçek adaletli bir topluma ulaşamıyorlarsa, şu ana kadar tasvir ettiğimiz siyasal rejimin ortaya çıkması asla mümkün değildir. " (Devlet/ kitap altı/ 504e - 511e)

O dönemin filozofları bayan ve erkeklerin eşitçe felsefi eğitim almalarını ve aldıkları eğitime paralel olarak devlet yönetiminde görev almalarını, devletin doğrudan doğruya filozoflar tarafından yönetilmesini, adil bir toplumun ortaya çıkmasına ve adaletin gerçekleşmesine dayanak olarak görüyorlar. Bizler,daha 2300 yıl sonra da aynı sorunları tartışmaya devam ediyoruz. Malesef...

İnsanın gerçek kişiliğini para ilişkisi ele verir. Hangi ilişkide olursa olsun parayı paylaşma veya paylaşmama tarzı, yaklaşımı bireyin yaşam anlayışının göstergesidir. Bizdeki aile ilişkilerinde parayı alan, parayı verene bağımlıdır. İlişkiler bu tarzda şekillendirilmiştir. Bu durumda bağımlılık gerçekliğini geliştirmiştir. Birliktelik devam ettiği sürece bu bağımlılık devam eder. Bazen bir ömür boyu sürer.

Toplumca erkeğe verilen rol para kazanmak ve ailenin bütün sorunlarını yüklenmektir. Bu rolü gönüllü veya gönülsüz yüklenen, içinde bulunduğu toplumun erkeklik onurunun ölçülerine göre davranma mecburiyeti gören eş, erkek para kazanmak zorundadır.

Ancak çocuklar ekonomiye katkı sunmaya başlayabilecek duruma geldikten sonra; anne ve babalar eşleriyle var olan karşılıklı bağımlılıklarından kurtulabilirler. Eve, tarlaya, bağa, hayvanlara bakmaya mahkum edilen bayan üretir ve satışta elde edilen gelir erkeğin avuçlarına bırakılır. Para kaynaklarının sayısı azaldıkça, hareket kabiliyeti, beslenme, barınma olanakları azalır, bağımlılık daha çok artar. Eğer erkek eve para getiren tek kaynaksa, kadının ona itaatsizlik etmeden önce iyice düşünmesi gerekir.

Ev kadınlığı, ücretsiz işçiliktir. Çalışma saatleri belirli bir süreye bağlanmamıştır. Bayanın sürekli hizmet sunmaya hazır olması gerekir. Genelde kadın başlık parası verilerek, yani parayla satın alınmıştır. Kurulan, kendisine dayatılan bir sistemin elemanıdır. Bu sistemi, evlilik tarzını kabul edip, evlilik kurumunu oluşturan her iki taraf arasındaki rollerin karşılıklı kabullenilmesi de bir doğallık oluşturmaktadır. Onlarda çevrelerindeki diğer aileler gibidirler. Kavga, gürültü, karşılıklı kılıçları çekme, çocukları, yakın çevreyi kullanma, şikayetler, ağır hakaret ve saygısızlıklarla birlikte, tam tersi cephede uyumlu, paylaşımcı, karşılıklı fedakarlığa dayanan, barışçıl birliktelikler şeklinde süren ilişkiler de mevcuttur.

Erkek paranın sahibi olunca ilişkilerde kadının istediği tarzda olmaz. Olamaz. Erkek az veya çok kazansın. Mali durumuna göre birlikte yaşadığı insana, kadına sunduğu para miktarında değer verdiğini gösterir. Bu ilişkide bir anlamda "satın alınmayı" ortaya koyuyor. Giderlerinin karşılanmasını kabul eden bayan, erkeğe " Bu bayanı satın alabiliyorum. Giderlerini karşılıyorum ve istediğimi yaptırıyorum!" düşüncesini, tadını yaşattığının bilincinde olmalıdır.

Başka toplumları bilmiyorum ama bizde ev kadınlığı, yalnızca ekonomik ve sosyal bir mecburiyet değil, var olan toplumsal ilişkilerin getirdiği ruhsal bir şekillenişten de kaynaklanmaktadır. Oluşturulan çark cins olarak erkeğin üstünlüğünü temel alır.

Kız çocuğu ailesi tarafından geleceği düşünülerek, meslek sahibi olması için gerekli olan yatırımlar yapılmadan büyütülüp, evlendirilip, erkeğin şemsiyesi altına yerleştirilince, mecburen var olan, kendisine sunulan himayeyi kabul ediyor. Ondan iyi, sadık bir eş olması istenir. Yani ev kadını, evinin kadını olmalıdır. Neyi, ne oranda yapacağını, kimlerle görüşebileceğini, kendi ailesini ziyaret edip, edemeyeceğini dahi kocası belirlemelidir. Erkek bayanı yönlendirme, emretme, istediğini yaptırma hakkını kendisinde görür. Kendisine toplum tarafından verilen rol bunu gerektirir. Uymak zorundadır. Aykırı davranamaz.

Bayanda verilen emre uymak zorundadır. Çünkü alıştırılmıştır. Ekonomik ilişkiler, ruhi şekilleniş böyle emreder. Bu yaşamı, ilişkileri kabullenen bayan farklı aile ilişkilerine sahip olan, bireysel kararlarıyla hareket edebilen bayanı yadırgar. "İyi bir ev kadını!" rolünü benimseyen bayanımız diğerini yargılamada, suçlamada önceliği erkeklere vermez!..

Normal olan ise bu durumdaki bayanlarımızın farklı ilişkilere sahip olan bayanlarla kendi yaşamlarını karşılaştırabilmeleridir. Ama onlar bunun bilincinde değiller. Cehaletin getirdiği çekememezlik, kıskançlık, anlayamama, değerlendirememe onları olmamaları gereken yere oturtur, oturtuyor.

***

"İlişkinin sorumluluğu kişinin kendi omuzlarındadır. Sorun varsa, çözümü de vardır. Acılarımızdan besleniriz ve kendimizi tıkanmış görürüz. Bu durumda psikolojik yardım gerekiyor. "

MESUD BARZAGHINI; Sosyal Psikologum. Kermanşahlıyım. Orada liseyi bitirdim. İki yıl da askerlik yaptım. Fransa'ya geldim. Enfeksiyonal hastalıklar üzerine eğitim gördüm. Sonra bu ülkeye, İsviçre'ye gelmeye karar verdim. Burada da 7 yıl okudum. 7 yıldır da Sosyal Psikolog olarak çalışıyorum. 12 yıldır sağlık doktoruyum. 42 yaşımdayım. 20 yıldır Kürdistan dışındayım.

Sosyal psikolojiyi seçmemde yabancı olmamın etkisi var mı, buradaki yabancıların yaşadıkları sıkıntılar mı beni bu alana yöneltti, problemlere çözüm bulmak güdüsü mü ağır bastı? diye sorarsanız, gerçek şudur: Ben bu meslekte insanlara daha yakın oluyorum. İnsanların sorunlarını dinlemekten, çözücü güç olmaktan hoşlanıyorum. Hümanistim. Bu ülkelerde ve burada yaşayan yabancıların durumu beni düşündürdü. Ben de yabancıydım. Buradaki yaşamları, ilişkileri görüyordum.

Eşim okul arkadaşım. İyi bir insan. Kürt kadınlarına benziyor. Öğrencilik, okul dönemimde Kürdistanlı bir bayan tanısaydım onunla evlenirdim. Kürt'ü tercih ederdim.

Bizim erkeklerimizin buralı kadınlarla evlilik yapmaları, birlikte yaşamaları Kürtleri fazla rahatsız etmiyor. Bir Kürdistanlı bayan buralı biriyle evlilik yapsa veya birlikte yaşasa hoş karşılanmıyor. Kadına aynı hak tanınmıyor, reva görülmüyor. Bu doğru bir düşünce değil. İnsanlar kendileri özgür iradeleriyle yaşamlarını belirlemelidirler.

Kürdistanlı kadının buradaki yaşamını, konumunu nasıl değerlendiriyorum? derseniz; ben üç aileyi tanıyorum. Bu ailelerin tedavileri ile ilgileniyorum. Burada yaşamak onlar için çok zor. Zorlanıyorlar. Burada bir çok şeyin yokluğunu hissediyorlar. Bundan dolayı da ruhsal olarak hastalanıyorlar. Ölmek isteyenleri bile tanıdım. Yaşamak istemiyorlar. Yaşamdan zevk almıyorlar.

Kürdistanlı ve Asyalı kadınlar buraya geldiklerinde çok zorlanıyorlar. Düşünce olarak içinde büyüdükleri topluma göre farklılıklar görüyorlar. Uyum sağlayamıyorlar. Yaşanılan çelişkiler sonucu doktorluk duruma düşüyorlar. Depresyon geçiriyorlar.

Bir diğer yön; iş, para, iletişim (anlamama, konuşamama, yalnızlık) zorluğu da eklenince, kadın var olan durumu kaldıramıyor ve hastalanıyor. Burada verilen sosyal yardım, alınan maaşlar belli. Normal ihtiyaçlara, giderlere yetmesi mümkün değil. Ayrıca ırkçılıkta var. Bu insanlar bunu da hissediyorlar. İstenmeme, sürekli yabancılık duygusuyla yaşama! Kürdistanlı kadın buradakilerle aynı fırsatlara, olanaklara, yaşama sahip değil. Bizim kadınlarımız yaşayamıyorlar. Örneğin bir lokantaya oturamıyor, çocuğuna spor ve müzik eğitimi aldıramıyor. Kendisi de yapamıyor. Yalnız Kürtler değil. Diğer yabancılarda aynı sorunları yaşıyorlar. Kürtler ve Asyalılar burada kriminal problem yaratmıyorlar. Eski Yugoslavyalılar ve Arnavutların kültürleri farklı. Onlar problem yaratıyorlar.

Kadına yönelik şiddete gelince; erkeklerimiz niye, neden dolayı şiddete yöneliyorlar? derseniz, burada da erkekler kadınları dövüyorlar. Örneğin, alkol alan yumruk atabiliyor. Bu güney İtalya'da da böyledir. Kadını döven erkeğe müdahale etmek gerekir. Kürtlerin kültüründe şiddet olayı var. Ortadoğu ve Asya sistemlerinde bu anlayış mevcut. Benim ailemde bu anlayış değişti. Kardeşlerim eşlerini dövmezler.

Kadına şiddet uygulanmasında dini anlayışların - farklılıkların etkisi var mı?, derseniz, bugün Papa bir şey söylüyor. Katolikler "evet, evet" diyorlar. Ama herkes kendi bildiğini okuyor. İran'da da böyledir. Yönetim bir şey söylüyor. İnsanlar mecburen istemeden uyuyorlar.

İran'dan diğer ülkeler yolcu taşıyan, diğer ülkelerden İran'a götüren uçaklarda görüntü güldürücü ve düşündürücüdür. İran'dan ayrılan bayan uçakta çarşafını çıkarıyor. İran'a yaklaşan bayansa uçakta çarşaf giyiyor. Mecburen uyulan yasalar. Benimsenmemiş emirler.

Benim tedavi ettiğim bayanlar en çok nelerden şikayetçi oluyorlar?, dersek; bir tanesi var, sürekli hastaneye gidiyor. Değişik hastalıklardan bahsediyor. Bu kadın çok rahatsız. Bir çok problem bir araya geliyor.

Sosyal problemleri var. Bu kadın Kürdistan'a, geldiği yere dönmek istiyor. Ama gidemiyor da. Bir gün Kürdistan' ın durumu değişirse gidecek.

Ama çocukları burada büyüyorlar. Burada 14-15 yaşına gelmiş bir insanı oraya döndürmek ve orada yaşatmak zor. Orada büyüyüp buraya gelen nasıl sıkıntı çekiyorsa, buradan oraya giden de aynı sıkıntıları yaşayacak. Kesinlikle uyum sağlayamazlar. İnananlarımız daha önce belirttiğim konularda şikayetçi oluyorlar.

Bu kadınların özlemleri mi? Bunlar mutlu ve rahat bir hayat yaşamak istiyorlar. Burada çevrelerine bakıyorlar. Kendileri hiç bir şeye sahip değiller. Bundan da rahatsız oluyorlar. Bu da çok normaldir. Örneğin burada çalışan bir kadın, buralı bir kadın baskı altında değildir. İstediği gibi davranır. Burada Kürdistanlı kadınların çalışma alanları belli. Çalışsa da istediği gibi davranamıyor. Aile bağları, anlayış farklı. Bu insanlar bunu da hissediyorlar. İstenmeme, sürekli yabancılık duygusuyla yaşamada üzerine ekleniyor.

Ben kadınlarımızı dinliyorum. Sıkıntılarını açıyorlar. Şikayetçi oluyorlar. Her toplumda aile ilişkisi bir değil. Kadına baskı yapan erkek var olduğu gibi, baskı yapmayanda var. Bana göre Kürdistan'da kadını döven erkek, burada da dövüyor. Kocanın iş ve parasal durumu şiddete yönelmesinde etken. Örneğin kumar oynamış ve kaybetmiş. Eve gidiyor. Gerilim içinde. Kadına yöneliyor ve dövüyor. Bu ruh hali içinde olan annede çocuğunu dövüyor. Çocuk, anneyi babaya şikayet ediyor. Baba yine anneyi dövüyor. Kaybetmenin hırsını, öfkesini kadından alan erkek, bir yerine iki yumruk atıyor. Burada kendi kızlarına tecavüz eden babalar var. Ama bu olay bizim toplumumuzda olmaz. Böyle davranan bir babayı halk linç eder, öldürür. Burada kanunlar toleranslı. Bizlere göre insanlar daha geniş.

Elbette ki hasta, rahatsız olan annenin, çocukları, aile bireyleri üzerinde olumsuz yönde etkileri oluyor. Çocuklar çok kötü duruma düşüyorlar. Başta da okul yaşamları olumsuz yönde etkileniyor. Okulda başarısızlığa doğru gidiyorlar. Okul ve meslek ile ilgili başarı ve başarısızlıkta, elbette ki çocukların zeka düzeyi de etkilidir, önemlidir.

Benim tedavi ettiğim annelerin çocukları da problemli ve okulda da başarı-sızlar. Bu sadece Kürdistan'dan gelen aileler için geçerli değil. Diğer ülkelerden gelen ailelerin çocukları için de geçerlidir.

Dışarıdan, savaş alanından gelen çocuklar savaşı gördüler. Buraya da gelseler, gelmiş olsalar, problemlerini beraberlerinde getiriyorlar, taşıyorlar. Dayak yiyen bir kadın bunun etkisinden uzun süre kurtulamaz. Aynı evde yaşayan çocuk okula gitti mi veya dışarı çıkıp oynadı mı evde yaşanılanları unutabiliyor.

Savaşın sonuçlarını yaşayan hastalarım da var. Kürdistan'da yaşam çok değişik. Bombayla bir ailenin yarısı parçalanıyor. Savaş kadınları hasta ediyor. Savaş bitse de kadın kaybettiği yakınlarını hatırladıkça, savaşı sürekli hatırlar ve o anıları yaşar. Geçmişi, yaşanılanları unutmaları mümkün değil.

Eğer anne geldiği yerdeki yaşanılanlar, tanıklıklar sonucu tedavi görecek duruma düşmüşse, ailenin diğer bireylerinin de göz önüne, dikkate alınmaları gerekir. Ben bütün aile fertlerini göz önünde bulunduruyorum. Bütün aileyle ilgileniyorum. Yani aile psikologluğu yapıyorum.

***

"Hiç bir zaman eşim tarafından hesaba katılmadım. Göçmen olmada da beni ardı sıra sürükledi. Sonuçları ben yaşıyorum!"

SOSİN: Mardin, Derikliyiz. Derik merkezden geldik. 35 yaşımdayım. Okur, yazar değilim. 5 çocuk annesiyim. Eşim halamın oğludur. Yetimdi. Yaşamının bir bölümü İstanbul'da geçmişti. Ben kendisini tanımıyordum. Beğenme veya beğenmeme gibi bir durumu da yaşayamadım. Yetim olduğu için bizimkiler kendisini evlendirme, yuva sahibi yapma zorunluluğu duyuyorlardı. Beni kendisine vererek bu isteklerini gerçekleştirdiler. Annem, babam düşüncemi dahi sormadılar. 80.000 lira da başlık parası aldılar. Kendilerine göre tanrının yanında sevap işlemiş oldular. Para almadan da sevap işlenmiyordu!

Derik' te lokantamız ve taksimiz vardı, işletiyorduk. Ev bize aitti. Kiracı değildik. Sıkıntı çekmiyorduk. İkimizde eğitim öğrenim görmemişiz. Eşim yalnızca üç yıl okumuş. Benim işim eşimin ve çocuklarımın günlük ihtiyaçlarını karşılamak, annelik yapmaktı. Gelene, gidene ve evdekilere hizmet idi. Evimin dışına çıkamazdım. Sürekli meşguldüm.

6 yıl önce buraya geldik. İltica ettik. Müracatımız kabul edildi. Anlayacağınız rahat bize battı. Keyif için kalktık geldik. Eşimin kardeşi burada işçiydi. Ona uyduk. Eşyalarımızın bir kısmını sattık, bir kısmını yakınlarımıza bıraktık, dağıttık.

Eşimle ilişkilerimizin düzeyi nedir? Kendi başıma alış veriş yapabilir miyim? Çocuklarımla ve kendimle ilgili konularda karar verebilir miyim? Dayak var mı? Yani ev içinde ve dışarıda haklarım nedir? derseniz, evlendiğimizden itibaren eşim kesinlikle benim düşüncemi sormadı. Canı nasıl istiyorsa öyle davrandı. İstediğini alır, istediğini satardı. Örneğin lokantayı satar, ben kendisinden değil, işçi çocuklardan duyardım. Çok kere tartıştık. Kendisine, ben insan değil miyim? Niye? Ben de bu ev de yaşıyorum! Niye, haberim olmuyor? derdim. O, yine bildiğini yapardı. Bana karşı çok kötü sözler kullanırdı. Ağır hakaretler, küfürler. O da bizim oradaki diğer erkekler gibiydi. Ben kesinlikle çarşıya gitmezdim, gidemezdim. Kadının çarşıda dolaşması ayıp karşılanırdı. Eşim fistanlık kumaş beğenir, satın alır, getirir, ben de diktirir, giyerdim. Kumaşı, rengi veya deseni benim beğenme hakkım yoktu. Onun beğendiklerini beğenmek zorundaydım.

Gelirken düşüncen soruldu mu? Burayla ilgili neler hayal ediyordun? Neyle karşılaştın?, dersen; buraya gelişle ilgili olarak hiç bir bilgim yoktu. Buraya gelip, burada kalacağımızı, göçmen olacağımızı bilmiyordum. Bir aile Derik'ten, gidip Nusaybin'e yerleşse şaşardım. Tepki gösterirdim, kızardım. Nasıl yakınlarını, evlerini bırakıp ta giderler, derdim.

Biz oradayken çevreye göre, devlet görevlilerinin bizim üzerimizdeki baskısı fazla değildi. Yani bugünkü gibi değildi. Eşim sadece üç kez göz-altına alındı. Eziyet gördü, ama bugünkü gibi değildi. Defalarca sorgu merkezlerine götürülen insanlar var. Bizim orada Hıristiyan, Ezidi Kürt aileler de vardı. İlişkilerimiz çok iyiydi. Ben diğer insanlar gibi onları horlamazdım. Saygısızlık yapmazdım.

Geldim, siz birde bana sorun. Annem, babam, yakınlarım ölseler, cenazelerini göremeyeceğim. Bütün yakınlarımı terk ettim. Her şeyi, ama her şeyi çok özlüyordum ve halen özlüyorum. Ben 33 yaşıma kadar hiç Derik'in dışına çıkmamıştım ki. Tek bir sefer Diyarbakır'a doktora gittim. Derik'in köylerini dahi görmemiştim. Ayaklarım tutmuyordu ki Derik'ten ayrılayım. Gelirken matem havası içindeydim. Benim için ağlama, üzülme her şey iç içeydi. Çevremdeki insanlarda gelmemize karşı çıkıyorlardı. Ben bir süre kalıp döneceğiz, düşüncesindeydim. Burada kalacağımız nerden aklıma gelsin! Buraya gelme düşüncesi bana hiç hoş gelmiyordu. Tek oğlum vardı ve hastaydı. Çocuğumu kurtarma düşüncesiyle, umuduyla geldim. Hepimiz kurtarılacak duruma düştük.

Diyarbakır'da otobüse bindik. Pişmanlık duymaya başladım. İstanbul'da kalalım, tedavi ettirelim, diye direttim. Düşüncem kimin umurunda? Eşim diretti. "Gideceğiz" Hava alanına geldik. Şaşkındım. Etrafımı izliyordum. Her şey bana çok yabancı, her şey çok uzak. Bir kuyunun boşluğunaydım. Kendimi yapayalnız, kimsesiz görüyordum. Kimseye bir şey soramıyorsun, konuşamıyorsun. İnsanlarla bağın kesiliyor. Her şey, herkes yabancı. Hava alanında kabul edilmedik. Geri gönderildik. Biletlerde yanlışlık olmuştu.

Otobüsle Yugoslavya' ya geçtik. Zagreb'e ulaştık. Bizden önce gelen Ezidi dini inancına sahip Kürtler bizi karşıladılar. Bir gece orada kaldık. 2 dolmuşa bindirildik. Tanıdıklar bizi Almanya sınırına kadar getirdiler. Bizimle birlikte gelen bazı aileler yolda karar değiştirip, geldikleri yerlere döndüler. Bana göre onlar akıllıydılar, durumu sezdiler. Geri dönmekle en doğru kararı verdiler.

Biz iki minibüse yerleştirildik. Minibüslerin içinde yere uzandık. Üstümüze battaniyeler çekildi. Bu şekilde sınırı geçmeye çalıştık. İlk minibüs geçti. Bizler yakalandık. Bizleri akşama kadar beklettiler ve Avusturya' ya geri gönderdiler. Toplam 14 kişiydik. Gönderilenlerden 11 'i de geldikleri yerlere dönmeye karar verdiler.

Ben, eşim ve oğlum 15 gün Avusturya'da kaldık. Kaynım araç gönderdi. Bir taksiyle tekrar Avusturya sınırına getirildik. Almanya sınırında bekleyen araca bindik, gizliden sınırı geçtik. Üç ay kaynımın evinde kaldık. Kızlarım bizden sonra uçakla geldiler. İltica, siyasi sığınma baş vurusunda bulunduk. Başvuruda ekonomik amaçla gelmediğimizi, durumumuzun iyi olduğunu, kimlik sorunundan, baskıdan dolayı bulunduğumuz yeri terk ettiğimizi belirttik. Çünkü eşim korkuyordu. Korktuğu için memleketi terk etti.

Bize 6 aylık oturum verdiler. Bir yıl geçti " Buradan gidin, sizi kabul etmiyoruz" dediler. Avukatımız uğraştı. 6 ay sonra tekrar mahkemeye gittik. Zaman geçiyordu. Ama nasıl geçtigini bana sorun. Derik'in taşını, toprağını bulsam yiyeceğim. Üzüntü, sıkıntı her şey iç, içe. Mahkemede, ifadelerimizi alan heyete cevap veren oğlum " Ben T. C. ' ye askerlik yapmak istemiyorum. Asker olduğumu düşünün bana hiç tanımadığım Kürt veya başka milletlerden insanları öldürme görevi verilecek. Ben insan öldüremem. Ayrıca düşmanımda ya beni kullanacak yada öldürecek. Ne ölmek, ne de öldürmek istiyorum. Anti militaristim." dedi.

Eşim "Gözaltına alındım. Bundan sonrada rahatlıkla öldürebilirler. Bazı yakınlarım baskıdan dolayı Suriye'ye gittiler. Durum çok kötü. Sokaklarda insanlar infaz ediliyor. Devletin gizli güçleri insanlarımızı kaçırıp, öldürüyorlar. Cenazeleri dahi bulunamıyor. Aynı duruma düşmek istemiyorum!" açıklamasında bulundu. .

Türkiye Cumhuriyeti mahkemelerinin, polisinin, askerinin durumunu açıkça belirtiler. Sonuçta kabul edildik. Bize oturum verildi. Kiramız ve yiyeceğimizi karşılayacak kadar para veriliyordu. Çevremizde Kürt aileler yoktu.

Bir gün kaynımdayız. Televizyon seyrediyorlardı. Beni çağırdılar. " Gel bak, televizyon Kürdistan'ı gösteriyor!" dediler. Ben inanmadım. Gittim, seyretmeye başladım. Büyük bir şaşkınlık geçirdim. Bizim oraları, Kızıltepe yi, Diyarbakır'da kalan Kürt aileleri gösteriyordu. Kürtler ve televizyon! Sonradan video olduğunu söylediler. Ben video nedir, görmemiştim, bilmiyordum. Radyo yayınlarını duymuştum da, televizyon yayınını hiç duymamıştım. Şaşkınlık ve mutluluk duygusunu birlikte yaşadım. Nizamettin Ariç ile ilgili görüntüler vardı. Ben o sanatçımızı tanıyordum. Kürtçe kılamları duymaktan ve Kürdistan'ı seyretmekten mutlu oluyordum. Oturdum rahatlayana kadar ağladım, ağladım, ağladım!

Doğduğun, büyüdüğün yerleri uzaktan seyretmek ne kadar zor. Göç, göçmenlik! Ne kadar zor bir yaşam. Herkes, her şey garip, tuhaf. Kadir kıymet, değer yok. İçimden geçenlerin hepsini anlatamıyorum. Bilmem nasıl söyleyeyim, anlatayım.

Çocuklarım Derik' te de okula gidiyorlardı. Türkçe öğrenmek için çok zorluk çekmişlerdi. Burada da her şeyi yeniden yaşadılar. Yeni bir dil ve her şey bize çok yabancı. Gelirken 5 yıllık pasaport almıştık. Ben, kısa süre kalıp döneceğiz, düşüncesine sahip olduğum için, kendi pasaportlarımızı Alman yetkililere vermedik, sakladık.

Halende kocamla tartışıyorum. Bizi buraya getirip, bu yaşama, koşullara mahkum ettin, diyorum. Korkuyorum, korkuyorum. Çocuklarımı, her şeyimi kaybedeceğim. Toprağımızdan uzaklaştık. Bu gidişle, sürekli uzaklarda kalmakla her şeyden uzaklaşacağız. 13 yaşındaki kızım geçen gün dedesinden "amcam" diye bahsetti. Tabi ki insan ürküyor. Burada kaybımız mı fazla, kar mı fazla?, dersen, kaybımız fazla. Çocuklarımız her şeye yabancılaşacaklar. Tek güvencem, umudum Kürt savaşçılar. Tek umudum topraklarımızda insanca, insan gibi yaşamanın gerçekleşmesi. Gözüm, kulağım oradan gelen haberlerde.

Biz mahkemede de belirtik. Kürdistan'da sorunlar hal olduğunda, yaşama imkanı oluştuğunda döneceğiz, dedik. Ben o zaman burada ne yapacağım? Ne işim var? Çok mu zevk alıyorum? Mutlu muyum? Çevreme gülen gözlerle mi bakıyorum? Yanımdaki komşumla konuşabiliyor muyum? Onlarla bir şey paylaşabiliyor muyum? Yok, yok, yok.. Her şey, herkes yabancı. Buradan, buradaki yaşamdan, ilişkilerden çocuklarım etkileniyorlar.

13 yaşındaki çok hareketli. Geçen hafta Türkiye devleti görevlilerinin Kürtlere yönelik uygulamalarını protesto için yürüyorduk. Elinde bir şey yoktu. Cebindeki çakmağı alıp, polise fırlattı ve karşılığında göğsünün üstüne bir cop indirildi. Çocuğum okulu da bıraktı. Başarı sağlayamadı.

Kürtlerin etkinliklerine, gecelere, gösterilere gitmek istiyorlar ve gidiyorlar.

Bundan sonraki yaşama dair düşüncem ise şu; umutsuz değilim. Bir şeylerin iyileşeceğine, koşullarımızın düzeleceğine inanıyorum. Ama ne kadar sürer, ne zaman rahata kavuşuruz?, bilemiyorum. Toprağımdan uzaktayım. Her gün bir adım ilerlediğimizi görüyorum. Geldiğimde insanlarımızın korktuklarını görüyordum. Saklasalarda korku ve tedirginlik belli oluyordu. Hareket, çalışma azdı. Gün geçtikçe buradakilerin birliği artıyor. Ben görüyorum. Biz burada her yönden güçleniyoruz.

Almanların getirdikleri yasaklarda 5 kuruş etmedi. Kürtler bildiklerini okuyorlar. Yine geceler oluyor. "Yasak" lafı artık Kürtler üzerinde etkili olmuyor. Yasak, yasak, yasak... hayatımız bununla geçti.

Biz "yasak" denilen şeylere karşı çıkmasını öğrendik. Yasakları da, nedenlerini de biliyoruz. Oradaki kanlı rejimin tankı, topuna karşı yürüyoruz da, buradaki coplara karşı mı yürümeyeceğiz? Buradaki eylemci insanların hemen hepsinin yakınları Kürdistan'da ki köylerde, kasabalarda, ilçelerde, şehirlerde devletin adamlarından zarar görmüşlerdir. Ölme, yakma, talan, tecavüz. Yapılmayan, uygulanmayan zulüm yöntemi kaldı mı? Kalmadığına inanıyorum. Yapabilecekleri her şeyi yaptılar. Yapıyorlar.

Geldik, göçmen olduk, burada gözlerim açıldı. Bakıyoruz, dinliyoruz, görüyoruz. Anladım ki hiçbir yerde rahatımız yok. Almanların neyine, onları niye ilgilendiriyor? Onlarda Ankara'dakiler gibi yasaklar oluşturdular. Bizim Almanlarla bir derdimiz, sorunumuz mu var? Almanya nere, Kürdistan nere? Anlayamıyorum. Niye Türkiye'yi destekliyorlar? Bilenler söylüyorlar. Bunlar Osmanlıdaki bazı generalleri de desteklemişler. Artık yasakları kabul edip, sesizliğe çekilmeyeceğiz. Bunlara da her şeyi kabul ettireceğiz.

Almanlarla ilişkilerimizi merak ediyorsanız, anlatayım. Komşularımdan biri Alman aile. Geçen gün kadın bize geldi. Kürdistan'ı, Kürtleri gösteren video kasetini koyduk. Birlikte seyretmeye başladık. Kızım görüntüleri tek, tek anlattı. Ben seyrederken, özlemimin ne kadar çok olduğunu fark ettim. Kendimi kontrol edemedim. Göz yaşlarım inmeye başladı, ağladım. Özlediklerimi görmek, toprağımda olmak istedim. İnsanlarımızın yaşadıkları koşul-ları, yaşanılan acıları anlattık. Kadın şaşırdı. "Nasıl yaşayabiliyorsunuz. İnanılacak gibi değil! "dedi. O, da benimle birlikte göz yaşı döktü. Kasette gerillalar sıra, sıra geliyorlardı. İçlerinde yakınlarımda vardı. Şimdi kimi şehit, kimi halen savaşıyor. Her birimiz bir çöle düşmüşüz. Hiçbirimizin rahatı yok. Onlar canlarını dişlerine takmışlar gece gündüz, yaz, kış, kar, yağmur bizim için uğraşıyorlar.

Alman kadının bana ilk sorusu şu oldu. "Ülkene gitmek istiyor musun?" Burada olmamız, yürüyüşlerimiz, toplantılarımız, gazeteler ve en önemlisi gerillanın çıkardığı ses Alman insanlarını da ülkemizden haberdar etti.

Derik'in arkalarına çıkaydım. Bir bağa gireydim, yağmur suyunun karıştığı toprağı koklayaydım, bana yeterdi. Canım, içim yanıyor. Allah'ını seversin rahatsız olmam normal değil mi? Suyundan bir tat buluyor musun? Suyu içilmiyor. Nerede Derik'in suyu, domatesinin kokusu? Buranın havası ortada. Saat 10 oluyor güneşi göremiyoruz.

Geride bıraktıklarıma, göçmeyin, buralara gelmeyin, diyorum. Aman yalvarıyorum, gelmesinler. İnsan elindekileri bir kaybetti mi bir daha kavuşmak, eski düzeni sağlamak çok zor. Topraklarının üzerinde ölsünler. Kendi adetlerimize göre gömülsünler.

Her şeye bedel veriliyor. Göçmenliğin bedeli çok ağır. Yakınlarımdan göç etmeye istekli olanda yok zaten. Bizi ibret almalılar. Neyimiz eksikti. Kürtlerin büyük bölümünde olmayan her şey biz de vardı. Aç, açık değildik. Kendi malımızı, işimizi bırakıp geldik. Burada yardım kurumlarına avuç açtık. Dilenci durumuna düştük. Sürekli içerdeyiz, sabrım gelmiyor, sıkıntıdan kurtulamıyorum. Bir türlü rahatlayamıyorum. Huzurlu değilim.

Halen evden kendi başıma, yalnız çıkıp ta bir başka semte gidemiyorum. Okuma-yazma yok, dil yok, almanca bilmiyorum. Bir sağır ve dilsizden farksızım. Bir tek 5 Km uzaklıktaki doktoruma gidiyorum, gidebiliyorum. O da çocuklarım, isteklerimi, rahatsızlığımı anlatıyorlar. Ben burayı sevemediğim için öğrenmekte istemedim.

Kadının Kürdistan'daki ve buradaki durumunu karşılaştırayım; bana göre Kürdistan'da ki kadının durumu buradan çok iyi. Nasıl oluyor derseniz? Kadınımız kapalı, saygı var.

Geçmişte bizim hiç bir değerimiz yoktu. Geri kafalıydık.

Şimdi kadın kıymetli oldu. Gençler bizleri kurtardılar.

Öncekiler okumamışlardı. Şimdi serbestiz. İstediğimizi yapabiliyoruz. Allah bin kere talebelerden razı olsun.

Önce bir topluma gitsek elimizi karşımızdaki insana uzatamazdık. Ayıptı. Uymak zorundaydık. Yoksa alay konusu olurduk. Yemek yiyemezdik. Önce erkekler yerlerdi. Onların önlerinde kalan artıklar bizim payımıza düşerdi. Her şeyin iyisi, güzeli erkeğin hakkıydı.

Şimdi paylaşma başladı. Bizimde birlikte sofraya oturma hakkımız oluştu. Kızlarımız bizden daha iyi olacaklar, daha iyi yaşayacaklar. Çocuklarım okuyorlar, bana göre çok serbestler. En büyük fark bu.

Ben iki çocuk annesiydim yeni Kürdistan'ın varlığından haberdar oldum. Yaşlılar bir şey söylemiyorlardı, dünyadan habersizdim. Derik'in dışına çıkmamıştım. Bütün hayatım evde, ev işi yapmakla geçti. Kocamdan habersiz komşuya gidemezdim.

Şimdi kızım yürüyor, bağırıyor, karşı duruyor, istek sahibi. İsteklerinden dolayı da polis tarafından coplanıyor. Ben söylenilenleri anlamıyorum. O haberleri dinliyor ve bizi ilgilendiren şeyleri bana da anlatıyor.

Derik'te ve çevre yerleşim birimlerinde, ailelerimiz, yakınlarımız, bizler, belirli bir yaşa geldikten sonra evden çıkmamıza izin vermezlerdi.

Burada kızlarım kendilerini geliştiriyorlar, dışarı çıkıyorlar, dolaşıyorlar. Kapılar üzerlerine kapatılmıyor. Kendi düşünceleri var, düşündüklerini söylüyorlar.

Bizler anne ve babalarımızın, yaşlılarımızın karşılarında konuşamazdık. Düşüncemiz sorulmazdı. Haddimize miydi cevap vermek, karşı çıkmak. Hemen suçlanarak susturulurduk. Ayıp karşımıza duvar gibi yerleştirilirdi. Onu aşamazdık. Hepimiz aynı durumdaydık. Farklı olan yoktu.

Oysa şimdi biz kızlarımıza muhtacız. Biz onlara öğretemedik, veremedik. Biz onlardan öğreniyoruz. Onlar bizi eğitmeye başladılar.

Alman kadınların yaşamlarını, ilişkilerini beğenmiyorum, kabul etmiyorum. Günde birini alıp, birini bırakıyorlar. 2-3 çocuk annesi oluyorlar nikah yok. Hiç nikahsız yaşanır mı, çocuk sahibi olunur mu? Benim bir komşum tek başına yaşıyordu. Derken biri gelip gitmeye başladı. O gitti, bir başkası çiçeklerle gelmeye başladı. Kim olabilir, diye sordum.

Oğlum bana "Alman kadınların yaşamları böyle. Onlar bizim gibi değiller. Ölçüleri, değerleri farklı. Canlarının çektiği, zevk aldıkları kişilerle beraber oluyorlar!" dedi.

Bir gün yine başka bir adam çiçekle geldi. Elime bir şey geçirip kovacaktım. Biz namussuz muyuz ya, her gün gözümüzün önünde bir erkek geliyor, biri gidiyor? Bu ne biçim iş. Burası genelevimi? dedim. Oğlum müdahale etti. Ellerimi tuttu. Önüme durdu.

"Sen delirdin mi? Sana ne, müdahale edersen polis gelir. Kadın şikayetçi olursa seni içeri atarlar. Sana ne. Başına iş açma. Hapse mi düşmek istiyorsun? Başkalarının namus bekçisi misin? Yabancısın, yerlinin yaşamını mı kendine göre düzenlemeye kalkıyorsun? Haddini bil!" dedi.

Kaç erkek gelip gittikten sonra kadının ilk kocası olacak adam, şerefsiz, namussuz geldi. Sanki hiç bir şey olmamış. Ben ne bileyim! Bunları, bu bize yabancı olan yaşamın, ilişkilerin içinde biz de şaşırdık, kaldık.

Bizim için kötü olan bunlar için iyi. Gel de ayıkla pirincin taşını. Biz bir tanesini, bir erkeği, bir kocayı beğenme hakkına sahip değildik. Görmeden, tanımadan, konuşmadan evlendik.

Komşumun ilk kocası eve geldiğinde, ben içimden küfrediyordum. Hay be namussuz, kaç tane geldi gitti, sen de ne biçim mide var? Bu ne biçim ev ? Sen de kendini koca, erkek olarak görüyorsun hemi? diyordum. Çok geniş adamlar. Buradaki kadınlar erkekleri dövüyorlar ve evden kovuyorlar. Biz de kadın küser, babasının evine giderdi. Evden kovulduğunda da hiçbir şey alamazdı. Hak mı iddia edebilirdi? Her şey kocanındı. Onun evi, onun malı, onun çocukları, onun karısı, onun mülkü.

Buradaki kadınların bir tek iyi yanları var. Araçlarını kendileri sürüyorlar, maaşları var, kocalarına, yakınlarına, çocuklarına muhtaç değiller. Kocalarına yalvarmıyorlar. Erkekleri olsa da, olmasa da onlar için sorun değil. Yalnız yaşayabiliyorlar. Bizim yaşamımız tümüyle erkeklerimize bağlı.

Benim çocuklarım ve diğerleri burada ne Türklerle, Türkiyelilerle, ne de Almanlarla ilişki geliştirmiyorlar. Bütün yaşamları okul ve ev arasında geçiyor. Almanlar 13, 14 yaşlarındaki çocuklarını başsız, kontrolsüz bırakıyorlar. Biz onları ev, bark sahibi yapmadan bırakır mıyız? Evlenirler yine birlikte yaşarız. Burada o yok. Herkes kendi başına kararını alıyor. Kimse, kimseye karışamıyor. Çocuklar diskoda, alkolde, uyuşturucuda. Evde, anne, baba sevgisi, ilişkisi gören çocuk dışarıya, sokaklara kötü yaşama düşer mi? Bilmiyorum, bilmiyorum. Benim gördüğüm, anladığım kadarıyla ilgisizlik, sevgisizlik hakim. Çok iyi olan, bizim gibi yavrularını koruyan, disiplin uygulayan aileler de var. Ben bunları tanımıyorum. Çünkü bu toplumla ilişkim yok.

İki aydır bir çocuğum evden çıkmıyor. Kızdık, bağırdık. Çık, dolaş, dedik. "Çıkıp ta nerede dolaşacağım? Kimin, kimlerin yanına gideceğim? Birbirimizi anlayamıyoruz? Ortak bir şeyimiz yok ki buranın gençleriyle konuşalım. Ne konuşacağım?" dedi.

Alman aile çocuğuyla köpeğini bir tutuyor. Köpek çok daha değerli. Komşum, kızı köpeğine sahiplik yapmadığı zaman, onu dövüyor. Kocalarından çok rahat ayrılıyorlar. Gördüğüm, anladığım kadarıyla çocukların gelecekleri de onları ilgilendirmiyor. Ben dışarıdan bakıyorum, anlamaya çalışıyorum. Ne kadar doğru tespit edebildim, bilemiyorum.

Çocuklarından, evin kirasını alıyorlar. Onları evlerinin giderlerine ortak yapıyorlar. Anne, baba değil, bir yabancı ve genç ilişkisi gibi. Anne, çocuk arasında para hesabının yapılması size de acayip gelmiyor mu? Biz Kürdistan kadınları her şeyimizi çocuklarımıza sunuyoruz, veriyoruz ve tek varlıklarımız, garantilerimiz çocuklarımız değiller mi? Her şeyimizi onlar için feda etmiyor muyuz? Biz de annenin görevi, sorumluluğu ne kadar ağır değil mi? Sınırsız, hesapsız bir fedakarlık, sevgi sunmuyor muyuz? Bütün ümitlerimizi onlara bağlamıyor muyuz? Benim görevimde her kadının ki gibidir.

Burada kadınlarla ilgili toplantılara katılıyorum. Öğrenmeye başladım. Ülkede, bizim orada birbirimize güvenipte, konuşamıyorduk. Burada da, ülkede de bunu aştık. Ben her annenin yaptığı işleri yapıyorum. Ayrıca yaşamıma farklılık olarak geceler, toplantılar girdi. Evde bir başkası olsa, benim yaptığım işleri yapsa, sorumlulukları alsa, ben çıkıp faaliyetlere giderim. Şimdi gittiğim zaman evimin ihtiyaçları eksik kalıyor.

Sinir, gerilim, hastalık, dert sahibi oldum. Telefon açıyorum, yakınlarımla konuşmak, onların seslerini duymak istiyorum. Ama yakınlarıma ne söyleyeceğimi, ne soracağımı unutuyorum. Unutkanlık yakamı bırakmıyor. Benim için şu anda en büyük istek, tutku her şeyden fazla farz olan ülkeme dönmek.

Burada evlilikler nasıl gerçekleşiyor bir bilseniz? Kürtlerin yabancılarla evliliklerini bir görseniz? Evlere şenlik. Namusu olan Kürt, yabancıyla, almanla evlenmez. Bana göre evlenenin hakkı ölümdür. Kimse bize yar olmaz. Yabancıya bulaşan yavaş, yavaş kendisini kaybediyor. Burada yaşayan, bu ilişkilerin içinde olan, kendisinden, bizden uzaklaşıyor. Çünkü her şey bize yabancı. Biz farklıyız.

Kürtlerde kız, erkek yok mu? Ben hastanede yatarken gördüm. Türkçe konuşan bir erkekle karşılaştım ve izledim. O, alman bir bayanla evlenmişti. Bir de çocukları vardı. Çocuğun altını erkek temizliyor, yemeğini erkek veriyor. Bu günlerce bu şekilde sürdü. Ya o erkek bir Kürt kızı veya Türkle evli olsaydı aynı şeyleri yapar mıydı? Çocuğuna bakmazdı, inanmıyorum. Buranın toprağında, suyunda ne var bilmiyorum? Buraya gelenler sarı saçlıların köleleri oluyorlar. Bana göre erkek erkekliğini bilmeli. Kadının kölesi olmamalı.

Buradaki ilişkiler bana ters geliyor. Düşünüyorum, bizim oralarda yaşıyor olsalardı hepsi kadınlarına karşı birer paşa olacaklardı. Kaç erkeğimiz ölüm yatağına düşen karısına bir tas su verme zahmetine katlanır. Gönlünü hoş tutmaya çalışır. Düştük mü, ilk tekmeyi onlardan yiyoruz. Bir an önce bizlerden kurtulmak istiyorlar. Çalışana, üretene, sunana kadar iyiyiz. Düştük mü pe-rişanlık, rezillik bizi bekliyor. Kocalarımız anında bir başka evlilik arayışına giriyor. Dul kadında istemiyorlar. Genç kız arıyorlar. Burada yaşayan ve alman erkeklerle evlenen kızlarımız zaten daha beter duruma düşüyorlar. Onları hoş karşılamıyorum. Değer vermiyorum.

Hepimizin sorunları var. Ben kendi insanlarımın mutlulukları için bir şeyler yapabileceğime inanıyorum. Katkı sunabilirim. Gazeteleri satsam, yürüyüşlere gitsem, hiç bir şey bilmeyen Kürt'e bir, iki kelime anlatsam o da yeter. Herkes bilgisi kadar yararlı olabilir. Benim öyle fazla bir iddiam yok. Ama benim durumumda olan kadınlarımıza bir şeyler anlatabilecek durumdayım.

Buraya göçmeyi halen kabullenemedim. Geldiğime çok pişmanım. Sürekli geldiğim yerden bahsediyorum. Orayla yaşıyorum. Bedenim burada, ama kafam, ruhum orada. Yuva dağıldı. Bozulanı yapmak zor. Kocam her şeyi dağıttı. Elde yok, avuçta yok. Şimdi geri dönsek, orada ne yiyeceğiz? Her şeye sıfırdan başlamak zorundayız.

Sorunların çözülmesi, normal, bütün hakların yaşandığı bir dönemin oluşması, gelmesi gerekiyor ki dönebilelim. Onun için de bir an önce kurtuluş gerçekleştirilmeli ve bizlerde dönebilmeliyiz. Yaşamımız geride kalanlara, ülkemizde yaşayanlara örnek olmalı. Onlar bizlerin yaşadıkları sıkıntıları, çektiğimiz acıları bilmiyorlar.

Avrupa filimler de çok güzel. Herkes mutlu, her şey çok güzel, yaşamak kolay, her şey bol. Ama gerçek öyle değil. Dostluk, insanlık çok sınırlı. İnsan ancak kendi toprağında, kendi insanı içinde mutlu olabilir. Ölsen cenazen günlerce içerde kalır. Burada insanlar soğuk ve birbirlerinden çok uzaklar. Bu bizim insanlarımızı da, çocuklarımızı da etkiliyor. Sonuçta tabi ki yaşadığın yerden, ilişkilerden etkileniyorsun. Bir tek gecelere gidip geldiğimiz de kazandığımız moral bizi uzun süre ayakta tutuyor. Bir ölçüde hasret gideriyoruz, kendi topraklarımızda ki sıcaklığı geçicide olsa yaşıyoruz, hissediyoruz. İçimiz ısınıyor. Yaşamayan bilemez, anlayamaz. Hasretlik daha ne kadar devam edecek ? bilemiyorum. Burada kimsesiz olarak ölmekten korkuyorum. Korku ve tedirginlikten kurtulamıyorum.

Bu ülkede yaşıyor olmamızın en büyük faydası kızlarımın gelişmeye başlamaları, öğrenmeleri ve bana da öğretmeleridir. Babalarıyla, benim ilişkimden rahatsızlar. Adam yerine konmamamı, düşüncemin alınmamasını hoş karşılamıyorlar. Büyük kızım sevgi, değer olan ilişkiyle, olmayanı gözlerimin içine bakarak karşılaştırdı. Düşüncesini açıkça söyledi. O, benden, benim genç kızlığımdan çok farklı. Biz sadece itaat etmeyi öğrendik. Kızım kendi haklarından bahsediyor. Kadın - erkek ilişkisine yönelik değerlendirmesi şöyle; "Seven bir insan, sevgisini belli eder. Nasıl mı? Senin yaptıklarınla ilgileniyorsa, en çok sevdiğin şeyleri seninle paylaşıyorsa, çok ilgi duymasa da, sadece seni mutlu etmek için üç saat süren bir ortamda seninle kalabiliyorsa, seninle beraber olabilmek için yaptığın şeylere katılıyorsa, dışarıdayken, senden uzaktayken, seni sık, sık arıyorsa, kendi yakınları eş-dost çevresine hep senden bahsediyorsa, senin geldiğin aile mensuplarına ve arkadaşlarına iyi davranıyorsa, değer veriyorsa, seni mutlu edebilmek için çaba sarf ediyorsa, aşk ve sevgi belirtileri beden diliyle de sergileniyorsa, çok çalışmasına, meşguliyetlerine rağmen senin için zaman ayırtabiliyorsa, senin için kendi planlarını iptal ediyorsa, özel bir gün olmasa da sana hediyeler alma, hoş etme gereği görüyorsa, başkalarının yanında da seni sevdiğini her zaman dile getiriyorsa, günlük işlerinle, yaşantınla, sana mutluluk veren şeylerle ilgileniyorsa, ailesine ve çevresine seni onaylayarak, takdir ederek anlatıyorsa, sevgi taşıyor, demektir.

Planları yaparken yalnızca kendisini hesaba katıyorsa. Seni yok sayıyorsa, senin açından onun ne yapacağı hep belirsizse, kendisinden emin değilsen, hasta olduğunda ortadan kayboluyorsa ya da ilgilenme, sorunu öğrenme, yardım etme gereği görmüyorsa, senin onun için yaptığın şeyleri, O, senin için yapma gereği görmüyorsa, gelecek hakkında hiç konuşmuyorsa, düşüncene baş vurma gereği görmüyorsa, kendi istemine göre her şeyi belirliyorsa, onunla birlikte yaşamana rağmen gelecekte neler yaşayacağını, nerede olacağını bilemiyorsan, senin düşünceni, tavsiyelerini dikkate alma gereği görmüyorsa, beğenmediğin özelliklerini söylemene rağmen, cümlelerini hiç dikkate almıyorsa, nefret ettiğin yönlerini, alışkanlıklarını değiştirme gereği görmüyorsa, seni ciddiye almıyorsa, seninle birlikte herkesin içine çıkmaktan kaçınıyorsa, senle birlikte görülmekten utanıyorsa, bu babamın seni sevmediğini ortaya koyuyor. Derik'te değiliz. Her türlü sosyal hakka sahipsin. Kararını sen kendin ver, anneciğim!"dedi. Bu günleri de görecektim!

***

Birçok halk gibi Kürtlerde sürekli erkek çocuk istediler. Şimdi de raslandığı üzere Kız çocuklarının varlığı onlar için çekici gelmiyordu. Törelerden dolayı anneler; yavrularının eşdeğer görülmemelerine izin verdi. Fakiri de, zengini de aynı tavırları, yaklaşımı, anlayışı sergilediler. Değer yargıları, ortak.

Kadınlarımız; statüleri yüksek olanlarda, düşük olanlarda daha çok erkek çocuk dünyaya getirmek için birbirleriyle yarışıyorlar. Rütbece yüksek anne-ler mir, ağa, bey eşleri ayrıcalıklı konumlarını, hayatta kalabilme ve saltanatlarını sürdürme şanslarını erkek çocuklarına bağlıyorlardı. Bu şekilde ayrıcalık sahibi oluyorlardı. İktidar yarışında güçlü veya zayıf konuma düşüyorlardı. Halende ülkemizin bazı bölgelerinde feodal yapılar ve bu yapılar içindeki yarışlar devam etmektedir.

Rütbeleri düşük olan annelerde, alt katmanlarda ise erkek çocuk her şeydir. Bütün sigortaları kendisinde toplar. Bütün hesaplar onun üzerinedir. Tek güvence ve garantidir. Anne onu gözü gibi korumak zorundadır.

Bizde her erkek sorumluluklar yüklenir. Taşıyacağı bohça kendisine sorulmadan, önceden hazırlanmıştır. Yetki-görev-sorumluluk belirtilmiştir. O, kendi konumu için kendisinin savaşması gerektiğini bilir.

Bizde, ailenin varlığını sürdürebilmesi, güçlenmesi, güç sahibi olması için erkek çocuk avantaj olarak görülüyordu, halende görülüyor ve tercih ediliyor. Rakip aşiretlerle yapılan kavgalarda güçlü erkeklerin varlığı, sayılarının fazlalığı korkutucu, sindirici rol oynardı. Erkek sayısına göre boy, aşiret, güçlü veya zayıf görülüyordu. Halen de öyle. Bu nedenle anneler, bütün bedensel güçlerini erkek çocuklara aktarmaya, onları iyi beslemeye göre şekillendirildiler, hazırlandılar. Ayrıcalık, avantaj, hak onlara verildi. Ailelerde erkek veya kız çocukları farklı şekillerde beslenmeye tabii tutuldular. Erkek çocukların ağızlarına götürdükleri lokmalar kız çocukları tarafından seyredildi. Ailelerde eşitlik yok. Kız çocuğu doğduğu evde eşit muameleye tabi tutulmadığını fark edip, görüyor. İkinci sınıf uygulamaya yakınları tarafından alıştırılıyor. Bu durum kendisine benimsetiliyor.

Kız çocuğunun varlığını karnında hissedebilen anne, bebeğin yaşamına son verebilirde. Çünkü birçok toplumda olduğu gibi bizde de erkek doğuran kadın olmak ayrıcalık, üstünlük sağlamaktadır. Değer görmeye, takdir edil-meye yol açmaktadır.

Diğer yandan mutsuz bir evliliğe sahip olan annede kız doğurmak istemiyor. "Kız olursa benim yaşadıklarımı yaşar. Bahtı kara olur. Gün görmez. El oğlunun yaptırımlarına maruz kalır. Doğmasın, yaşamasın, çekmesin. Acılarına tanık olmayayım." düşünce ve anlayışı sonucu anne olmak istemeyen yüzlerce bayan mevcut.

Halbuki erkek çocukta başarısız bir evlilik yapıp, aynı şekilde mutsuzluk yaşayabilir. Bu hesaba katılmıyor. Onunkisi acı çekmek olarak görülmüyor. Yorumlanmıyor. "O, erkektir. Ona bir şey olmaz" değerlendirilmesi yapılıyor. Bu yaklaşım doğru değildir.

Sosyal sistemler düşünülünce sonuç oldukça anlamlı ve açık. Bizde doğuma iktisadi açıdan bakılıyor ve kız sahibi olmak ekonomik bulunmuyor. Genel bakış şudur; çocuk sevgisinin yaşanmasından, hislerin tatmininden, sevgi alış-verişinden çok, bebeğin maliyet hesabı ortaya çıkıyor. Gider ve gelir hesabı yapılıyor. Çoğu zaman gerçekler yüksek sesle değil de, fısıltıyla dile getiriliyor. Yalnız biz de değil, çoğu toplumda aynı bakış açısı mevcut. "Tanrı, hayırlı erkek evladı nasip etsin!" denir. Hayırlı kelimesinde gizli olan anlam iyi hizmet sunandır.

Doğan çocuklar ailelerin kendileri için yaptıkları yatırımların karşılığını vermelidirler! İnsanlarımızda aile statüsü, prestiji, mal varlığını koruyup artırma istemi, hesabı, çerçevelenip evlerin duvarlarına asılmıştır. Beklentiler, yapılması gerekenler, anlayışlar, istemler, çocuklara benimsetilir.

Amerikalı antropolog ve sosyobiyolog Profesör Sarah Blaffer Hrdy: "Bize pek hoş görünmese de, doğada yavruların öncelikle sevilecek nesneler değil, yatırım yapmaya değecek yada değmeyecek bir sermaye olarak değerlendirildiği gerçeğini kabul etmek zorundayız" derken, canlılara özgü olan, gizli tutulan gerçekleri, düşünceleri ortaya koyuyor.

Dünyanın bir çok yerinde kızların maliyetlerini karşılamadıklarına inanıldı, inanılıyor. Aile, kız çocuğu için yatırım yapmıyor. Gereksiz görüyor. Ne yazık ki kızlarını eğitme, meslek sahibi yapma bilinci ve isteğiyle hareket eden aile sayısı genelin içinde fazla bir oranı kapsamıyor. "Biz okutacağız. El oğlu yiyecek!" düşüncesi kökten sakattır. Böyle düşünen büyük, çocuğunun düşmanlığını yapmaktadır. Onu sadece hizmet sunmaya, vermeye alıştırmaktadır. Öğrenim, eğitim gören, haklarını bilen, ekonomik bağımsızlığa sahip olan bayan, muhtaç durumdaki ailesine, yakınlarına destek sunabilmenin yanı sıra, eşiyle eşit koşullarda yaşar, toplumunun gelişimine katkıda bulunur ve kendisini ezdirmez, ezmez. "Para dilenen kadın" konumuna düşmez. Özgür davranabilir. Öğrenim görmeyen sosyal hayata katılsa da en ağır işlerde, tarlalarda, bahçelerde, atölyelerde, fabrikalarda çalışabilir. Vasıfsızlığın getirdiği zorlukları, sıkıntıları yaşar.

Kırsalda kızlar küçük yaştan itibaren çalıştırılırlar. Buna rağmen iş yapmış kabul edilmezler. Kızların çalışmaları, emekleri sonucu ortaya çıkan üretim, artı değer ve alınan başlık erkek kardeşlerin sermayelerini oluşturmaktadır. Doğa kendisini dengelerken güçlü olanı yaşatır, beslenme, barınma hakkı verir. Zayıfa, güçsüze ise yaşama şansı vermez. Bu durum insanlarda, bizde ise maliyet hesabı gerçekliğini ortaya çıkarmıştır.

Sarah Blaffer Hrdy, insan psikolojisinin derinliklerinde, dünyaya gelecek çocuğuyla kendisi arasında bir tür gizli anlaşmanın bulunduğunu belirliyor ve açıklıyor. Bizdeki gerçeklik bu sözleşmenin kapsamı içindedir. Doğan çocuk yaşamalı ve ailenin beklentilerini tümüyle cevaplayabilmeli.

İnsanlarımız genetik aktarım, yaşama ve en üst düzeyde çoğalma istemleriyle hareket etmişlerdir. Manevi güçlerin, tanrıların çocuklar için gerekli olan her şeyi, ihtiyaçları sunduklarına inanmışlardır. Halende inanıyorlar. Bundan dolayı da rahatlıkla 15 çocuk doğuran kadınlarımıza rastlayabiliyoruz. Hamilelikten korunma malzemelerini kullanmak, "Günaha girmek, tanrı katında suç işlemek" olarak algılanmıştır.. İnsanlar bu istemi gelenek ve ideolojilere dönüştürmüşlerdir.

Dinlerin etkilerinin yanı sıra, kendilerini sömürenler tarafından çağa ait olmayan yaşam koşullarına mahkum edilmiş olan insanlarımız " Günah, tanrı bizi cezalandırır. Can veren ihtiyaçlarını da sunar!" vb. düşünceleri beyinlerine, benliklerine kazımışlardır. Ancak son yıllarda gebeliği önleyici gereçler kullanılmaya başlanıldı.

İnsanlık tarihinde sosyal faktörler birbirlerini körüklediler. Dengeler, ilişkiler alt-üst oldular ve dünyanın birçok yerinde babaerkil düşünce, yönetim biçimi kabul görmeye, benimsenmeye başlandı. Kalıcı olduğuna, korunacağına emin oldukları için, miraslar erkek çocuklarına bırakıldılar. Miras güç oluşturdu. Güçlenmeyi getirdi. Dengeyi bayanın aleyhine çevirdi.

Erkek çocuk, aile ve akraba olan erkeklerle güçlü ve etkili bir birliktelik oluşturmalıydı. Kendisinden beklenen buydu. Ayrı ev açamazdı. Ailenin diğer fertleriyle birlikte, eşi ve çocuklarıyla aynı evi paylaşmalıydı. Büyük aile tercih ediliyordu.

Buna karşılık kız çocuğu başlık alınarak, bedeni-üreticiliği pazarlanarak, satılarak evlendirildiği erkeğin, eşinin yerleşim birimine taşınıyor, yeni bir ilişki ağı oluşturuyordu. "Evlenecek, dışarıya gidecek, kalıcı değil!" anlayış ve beklentisi onu kaybolacak bir işgücü şeklinde değerlendirmeye tabi kılmıştır. Doğduğu, büyüdüğü aileye katkıda bulunmayacağı hesap edilmiştir. Anaerkil bir dile sahip olan ve ataerkil değerlere bulaşan Kürtler, kız çocuklarına mal varlığı bırakmadılar. Halende bu anlayış büyük oranda varlığını korumaktadır. Akraba evlilikleri özellikle mülkiyetin korunması, artırılması amacıyla gerçekleştiriliyorlar.

Sadece bizde değil, diğer toplumlarda da benzer anlayışlar, olumsuzluklar, yaklaşımlar mevcut. Tibetlilerin atasözlerinde de bayanları yargılayan cümlelere rastlıyoruz. Bir cümlede " Kız çocukları kargalardan daha iyi değiller!" deniyor. Yani karga çalar, alıp kaçar. İstediği yere konar ve yer. Emek harcamaz, alır gider. Asya toplumları birbirlerine benziyorlar. Kuzey Hindistan'daki bir atasözünde ise " Kız çocuklarını besliyorsun, kanatlanır kanatlanmaz uçup gidiyorlar " deniyor. Bu bakış açısını, var olan zihniyeti, yaklaşımı dile getiriyor. Burada gizli olan diğer gerçek ise gelişen yavru uçacak duruma gelince kendi kendisinin ihtiyaçlarını karşılamaya, kendi yuvasını yapmaya doğru kanat çırpıyor. İnsanlarda böyledirler.

Kız çocuğu üretim dışı mı kalıyor? Elbetteki hayır. Çok küçükken evdeki çocuk, kardeş bakımı, anneye yardım, zor şartlarda dışarıda çalışmaya başlama, ekonomik maliyetini karşılama olarak görülmüyor. Yeterince para sağlamış olmuyor. Yani; "kendisi için yapılan giderleri karşılayamadan evlenip gidiyor!" değerlendirmesine tabi tutuluyor.

Asya toplumlarıyla bir karşılaştırma yaptığımızda; Kürtlerin bayanlara çok daha insaflı davrandıklarını, değer verdiklerini tespit ettim. Bizde var olan yanlış yaklaşımlarda Ortadoğu kaynaklı dinlerin, dinsel kitapların temsilciliğini, aktarımını yaptıklarını belirten din görevlilerinin, tüccarlarının olumsuz miraslarıdırlar. Halk onları rehber olarak kabul ettiğinden söylenilenlere de inanıyorlar. Onların ağızlarından çıkan her cümle, sözlü hukuk çerçevesi içinde yer almaktadır. Yaptırım gücü vardır. Etkileyicidir, inandırıcıdır. Bayanların bu kesime değer vermeleri, itaat etmeleri kendilerini boğacak olan barajı beslemeleri, su akıtmaları gibi bir durumdur.

Bizde kız çocuklarına yaklaşımın temelini, bu kitapların aktarımcıları, tercümanları olduklarını söyleyen sahtekarların cümleleri, yaklaşımları oluşturmaktadır. Onlar suçlara, eşitsizliğe temel hazırlıyorlar. İnsanlarımızı inandırarak yönlendiriyorlar. O kitapları yazanların hepsi de erkek. Erkekler istemlerini, düşüncelerini kurallara çevirmişler ve satırlara dökmüşler.

Batılılar, Hıristiyanlarda kız çocuklarına kötü davranıyor, hatta onları öldürüyorlardı. Hıristiyanlıkla birlikte daha önce var olan uygulamalar yasaklansa da halk içine yerleşen, kabul gören inançlar gizlice yerine getiriliyordu. Bu durum Ortaçağ'a kadar devam etti.

1380-1580 tarihleri arasında kız çocuklarının % 40'ı manastırlara kapatıldılar. Dinsel görev alan ve evlilik yapmayan bu bakireler, anne olmadıkları için nüfus giderek azalmaya başladı. Kızların ruhani işlerle uğraşmaları, sadece cenneti düşünmeleri, dünya malına değer vermemeleri, ailelerden mal talep etmemeleri sonucunu doğurdu. Bu çözümle ailelerin mal varlığı da bölünmüyordu.

Ki İsviçre de yüzyıl öncesine kadarda bayanlar "Cadı" olarak sıfatlandırılıp yakılıyorlardı. Avrupa'da özellikle ekonomik kiriz dönemlerinde bu uygulamalara gidiliyordu. Varlık oğullara kalıyordu.

Kız çocuklarının, kızların üretimleri ve bedenleri sıkı bir ataerkil kontrol altında tutulmaya devam etmektedir. Kızların davranışları, ne zaman ve kimi ile evlilik yapacakları, aile meclislerinin görev kapsamları içindeyken, kaç çocuk doğuracakları da, kayınbabaların, kaynanaların, eşlerin, akrabaların olduğu kadar aşiretin, milletin ve devletin özel ilgi ve müdahale alanıdır. Bayan dışında herkes konuşma, düşünce belirtme hakkına sahiptir.

Genç kız trajedileri, sistematik bayan katliamları ailesel, kültürel, toplumsal, ekonomik boyutlarının yanı sıra, devlet ve siyaset ilişkilerini açmayı, deşmeyi gerektirmektedir. Bu memleketimizin her parçasında böyledir.

Monarşiler, askeri diktatoryal sistemler bizleri körleştirmişlerdir. Farklılaşmayı önlemişlerdir. Değişim, rejimleri ortadan kaldırabilir. Onlar, yönetenler, tedbirli davranıp, değişime taraf olanları ortadan kaldırmayı tercih etmişlerdir, kaçırtmışlardır. Bundandir ki yüzlerce aydın sürgünde yaşıyor. Toplum aynen bir tren gibi motorsuz, yöneticisiz bırakılmıştır.

Türkiye Cumhuriyeti'nde, aşiretler Kürt toplumu içinde varlıklarını korumuşlardır. Rejimin yürütücüleri onlardan kendilerine uyum/işbirliği sağlayanlara yaşamalarını sağlamışlardır. Çünkü var olan geleneksel toplum yapısının çözülmesi istenmemiştir. Ekonomik ve siyasal gelişmeler gerici, işbirlikçi aşiret yöneticilerinin aracılığıyla engellenmişlerdir. Onlar palazlanırken, güçlenirken halk yoksulluktan kurtulamamıştır. Reayanın doyması, okuması engellendi. Sistem tarafından bu sosyolojik yapıların çözülüşü tehlike olarak görülmüştür. Görülüyor. Sosyal yapı çözüldüğünde ortaya çıkacak tipten korkulmuştur. O tip "Ez benî- kulun, kölenim!" diyen insan olmayacaktı. Olmayacaktır. Haktan-hukuktan bahsedecekti. Bahsedecektir. Onların ise kullara ihtiyaçları vardı/vardır.

Kuzeyde köy koruculuğu sistemi aşiretlerden başlatıldı. En yüksek sayının olduğu koruculuk bölgeleri aşiretlerin güçlü olduğu bölgelerdi. Bohtan, Garzan, Serhat alanları. Sistem ayakta kalmak için onları can simidi gibi gördü ve kullandı. Aşiret sistemi, aşiret yöneticileri, devletle Kürt halkı arasındaki köprüyü oluşturdular/oluşturuyorlar.

Bizde de diğer toplumlarda olduğu gibi tarım, sanayi, bilgi toplumun aşamalarına geçişler yaşandıkça sosyolojik olarak diğer değişimleri de yaşayacağız. Bu kaçınılmazdır. Cemaate ait olan kişi bireyselleşecek ve aileyi, toplumu değil de sadece kendisini düşünmeye başlayacak, kendisiyle ilgili kararları alacak. Bu gelişmeyle de aile meclisleri devre dışı kalacaklar. Aktivelerini, ağırlıklarını kaybedecekler.

Ülkemizi, halkımızı sömürenler; bilinçlice tutuculuğu canlı tutuyorlar. Bunun bedelini ise insanlarımız kadın/erkek ağır ödüyoruz. Bizler, değişim isteyici, zorlayıcı, ilişkileri geliştirmedikçe acı çekeceğiz.

Dışa açılmayan ailelerde, çevrelerde eski ilişkiler korunuyor. Özellikle dış ilişkilere, toplumlara açılma, farklı dünyaları tanımayla bir çok aile olumlu yönde değişim yaşadı, yaşıyor. Toplumumuzda, kız çocukları da, erkekler kadar aileye sevgiyle, istekle kabul edilmeye başlandı. İnsanlarımız çocuklarına eşit davranma gereğinin, mecburiyetinin farkına varıyor. Kızlarda okutuluyor. Okuma istemleri engellenmiyor, teşvik ediliyor. Dışlanmıyorlar. Yük olarak hesap edilmemeye başlandı.

***

"Bizi engelleyen hisler, kötü yaşantılar, içerden özgürleşmemizi engelliyor"

RINDÊ; Nusaybinliyim. 1958 doğumluyum. Okula gitmedim, gönde-rilmedim. 1974'te, 16 yaşımda görücü usulüyle, aile fertlerinin istekleri, kararları üzerine evlendirildim. 13. 000 lirada başlık parası aldılar. Kocamla akraba değiliz. Ben onu görmüş, beğenmiş değildim. Yalnız eşim beni görüp, beğeniyor. Yakınlarını göndererek beni istetti. Aile bireyleri evliliğe karar verirlerken benim fikrimi de sordurdular.

Daha önce evli biri, beni ikinci eş olarak istemişti. Ben o isteği reddettim ve yakınlarıma karşı direndim. Kuma üzerine gelin olmayı kabul etmedim. Direnişim sonucu o evlilik gerçekleşmedi.

Beni isteten ikinci erkek genç, evlilik yapmamıştı. Bundan dolayı kendisini tercih ettim. Kuma üzerine gitmekten iyiydi. Şimdi yedi çocuk annesiyim.

Geldiğimiz yerde iş durumunuz iyiydi. Yoksul değildik. Eşim Türkiye Petrolleri Anonim Ortaklığı'nda taşeronluk yapıyordu. Arabamız ve 80 dönümde arazimiz vardı. Her şey ekiliyordu. Durumumuz çevremizdeki pek çok aileden iyiydi. Eşim az bir öğrenim görmüştü.

Buraya gelişimizde, göçmen olmamızda kaynım etkin oldu. O burada yaşıyordu. Burayı ballandırarak anlatıyordu. Cennet gibi gösteriyordu. Onun isteklerine göre davranan kocam, benim düşüncemi dahi sormadı, almadı. Kendi başına hepimizle ilgili olarak karar verdi. 1990'da ülkeden çıktık.

Kocam göç etmek, Nusaybin'den ayrılmak istediğini belirttiğinde ben üç ay direndim. Köyümden başka yere gitmem, dedim. Kendinden korkuyorsan, yaşam garantin yoksa git, ben ve çocuklarım köyümüzde kalalım, önerisinde bulundum. Dinletemedim. O, yalnız yaşamaya alışkın olmadığını ve yalnız kalamayacağını belirti. Eşyalarımızı tek, tek satmaya başladı. Ben üzülüyor, kahroluyor, zoraki ayakta dolaşıyordum. Mecbur kaldım, peşine düştüm, geldim.

İstanbul üzeri Çekoslovakya'ya geçtik. Oradan Almanya'ya geldik. Kaynımlar da kaldık. İki aile iç içe. İlk andan itibaren huzursuzluk yaşamaya başladık. Durumumuz beni kahrediyordu. Eşimin de morali bozuktu. Rahat değildi. Ben duygularımı gizleyemedim. Bu rezillik, bu perişanlık, bu açlık niye? diyerek bağırmaya başladım. Hep niye geldim? diyerek ağlıyordum.

Bizi bir yere yerleştirdiler. Çocuklarım buradaki aile yapısına göre çok fazlaydılar. İstedikleri gibi koşturamıyor, zıplayamıyor, haykıramıyorlardı. Onları kısıtlamak, sürekli var olan şartları hatırlatmak, onları üzüntülü görmek beni rahatsız ediyordu. İçten içe kendi çocukluğum ve çocuklarımın düştükleri duruma eriyordum.! Çok sayıda ilticacı aile ve hepside çok çocuklu idiler. Her şey allak, bulak. Birlikte idare etmek mümkün mü? Hepside sorunlu insanlar.

Kapılar, camlar kırılıyor. Benim çocuklarımın yaptığı söyleniyor. Biz dil bilmiyoruz. Kendimizi savunamıyoruz. Gerçeği söyleyemiyoruz. Yani istenmeyen aile ilan edildik. Kamp yöneticileri de kararlarını verdiler. Bulunduğumuz yerden, odadan bizi zorla çıkardılar. Bohçalarımız ellerimizde kampın önündeyiz. Daha sonra gerilla olan oğlum elindeki çantayı yere fırlattı. Alman görevlilere "Siz görürsünüz, ben toprağıma döneceğim. Evlerinizde, verdiğiniz artıklarda sizin olsun!" dedi. O, almancayı biraz öğrenmişti.

Burada yaşadıklarımızda onun geriye dönmesinde, dağa gitmesinde etkili oldu. Bizi bir yere yerleştirdiler. Barınmak, yaşamak mümkün değildi. Çok eski, yıkılması için karar alınmış bir binaydı. Duvar kağıdı ve benzeri şeyler alıp temizlemeye, düzenlemeye başladık. Çocuklarımın mideleri bulanıyordu. Kusmak istiyorlardı. Yemek yiyemiyorlardı. O kadar zor durumdaydık.

Ezidi dininden olan Kürt aileler olmasalardı mahvolmuştuk. Çocuklarım, hepimiz hasta düşecektik. Onlar, evin içini temizlemeyi, düzenlemeyi üstlerine aldılar. Sağlık için gerekli olan malzemeleri de alıp getirdiler, onardılar, hal ettiler. Gelen, giden oluyordu. Yatacak yer yoktu. Mecburen yerde yatıyordum. Sürekli halsiz ve hastaydım. Moralimin düzgün olduğu bir gün yoktu. Misafir ağırlayamıyorsun, yemek hazırlayamıyorsun. Sıkıntı, sıkıntı, sıkıntı. Çocuklarımla dahi doğru dürüst ilişki kuramıyordum. Onları dinleyemiyordum. Sürekli evimin, yakınlarımın hayalleriyle uğraşıyordum. Dalgındım. Kendi kendime konuşuyordum. Bazen boğulacak gibi oluyordum. Kapıyı açıp dışarı fırlardım. Yakalarımı açar, derin, derin nefes alırdım. Halende bütün olumsuzlukların izini taşıyorum.

Elimde olmadan çocuklarıma, eşime bağırıyordum. Çocuklarım içlerine kapandılar. Konuşmaz oldular. Burada Kürt aileler olmasaydı herhalde aklımı kaybederdim. Geceler oldu mu ben kendimi Nusaybin'de görüyordum. Biraz rahatlıyordum.

Toplantılara gitmeye başladım. Kadınlar kürsüye çıkıp konuştuklarında hayrete düşüyordum. Demek ki kadınlarda konuşabiliyorlar, söyleyecekleri sözleri var. Bunlar yüzlerce insana akıl veriyorlar. Nasıl yapmaları gerektiğini belirtiyorlar, diyordum.

Ben artık sorunları çözülmüş bir ülke ve bu ülke de sürdüreceğim yaşamın hayalleriyle yaşıyorum. Beni hayata bağlayan bu bağ tek mutluluk kaynağımdır. Delirmemi önleyen bu umuttur. Bu kadar can boşa mı toprağa düşüyor? Biz toprağımızdan uzakta sürünüyoruz. O ülkenin vatandaşları toprakları üzerinde rezil olmuşlar, aç ve perişanlar. Ben televizyonları dinliyorum. Çocuklar gazeteleri okuyorlar. Orduları için asker bulamıyorlar öyle mi ? Asker olması gereken her 100 kişiden 60 kişi kaçıyormuş. Oh ne güzel. Analar çocuklarını zenginler partilerde viski yudumlarken ölsünler diye mi büyüttüler? Ne biz bu durumlara düşseydik. Ne de o sınırlar içinde yaşayan kadınlar çocuklarını doyurmak için bedenlerini satmak zorunda kalırlardı. Kimseden bir şey istediğimiz yok. Yeter ki toprağımızda insanca yaşayabilelim. Biz huzur bulmadıkça, bize düşmanlık edenler de rahat bulamayacaklar.

4 aydır bu handayz. Burada; bir Afgan, altı Yugoslav ve biz, yani toplam sekiz aile kalmaktayız. Otuz kişiyiz. Almanların evleri uzak. Dışarıdaki binalar Ruslara ait. Rusya'da uzun süre yaşamış olan ve son gelişmelerden dolayı da bu ülkeye dönen, gelip iltica eden, kabul edilen alman göçmenler yerleştirilmişler. Onlar kendi toplumlarının içine dönmüşler ama yabancılık çekiyorlar. Orada geldikleri yerler de "alman göçmenler" burada da "Asya'dan gelen almanlar" olarak isimlendiriliyorlar.

Sosyal yardım görevlileri bizleri sürekli kontrol ediyorlar. Kaçak çalışıp çalışmadığımızı ve günlük yaşamımızı, ilişkilerimizi izliyorlar. Mutfak, banyo, tuvalet ve çamaşır makineleri ortak. Bütün kapılar bu salona açılıyor. Salonu da ortak kullanıyoruz. Birbirimizle ilişkilerimiz iyi.

Yugoslavlar çok anlayışlı insanlar. Bizim sorunlarımıza da duyarlılar. Benim tanıdıklarım, buradakiler böyleler. Kasetlerimizi ve gazetelerimizi anlamaya çalışıyorlar. Soru soruyorlar. Savaşın ne demek olduğunu çok iyi biliyorlar.

Biz misafir kabul edemiyoruz. Kimse burada yatıya kalamaz. Araba alamayız. Kardeşim bizi ziyarete gelmişti. İltica kampı görevlisi " Burada kalamaz, gitmesi gerekiyor, gidecek!"dedi. Anlayacağın zor durumda olan bir yakınına yardımcı olamazsın. Yanındaki misafir kovuluyor. Çünkü sana ait olmayan bir topraktasın!

Verdikleri parayla geçinmemiz mümkün değil. Kürtler Almanların kullandıkları elbiseleri, eskileri giymek zorundalar. Yenisini hangi parayla alacaklar? Verdikleri para hepimiz için, bütün masrafların toplamı 2400 mark.

Geldiğimiz yere göre çok para. Ama burada ise telefon, elektrik, su ve araba gideridir. Sürekli her şeyden kısmak, her şeyini çok sınırlı yaşamak zorundasın. Öyle davranmazsan verdikleri yardım parası on beş gün gitmez.

Dışarıda iş bulman, çalışman yasak. Çünkü durumun belli değil. Burada kalıp, kalmayacağın kesinleşmemiş. "Geldiğin yere döneceksin. Ülkemizi terk et!" de diyebilirler. Ne olacağını, önüne hangi kararın konacağını bilmeden korku, tedirginlik içinde bekliyorsun. Belirsizlik insanı mahf ediyor.

Çocuklarım çok zor durumdalar. Sıkıntı çekiyorlar. Ben hiçbir şey bilmiyorum ki onlara da yardımcı olabileyim. Bazen öğretmenler çağırıyorlar. Ne yapmam gerektiğini anlatmaya çalışıyorlar. İşin gerçeğini sorarsanız hepimiz bunalımdayız. Dışarıya çıkmasak içerde boğulacak gibi oluyoruz. Bazen Kürt aileleri ziyarete gidiyoruz. Dernekte birbirimize kavuşuyoruz. İçimiz biraz rahatlıyor. Ülkedeki gelişmelerden haberdar oluyoruz. Durumu kendimize göre değerlendiriyoruz.

Düşün, ülkede kendine ait her şeyin var. Burada beş para etmez biri geliyor sana kural dayatıyor. Bunlara, bunların yaşam kurallarına, ölçülerine, değerlerine uymak zorundayız. Ya alışacaksın, uyum sağlayacaksın ya da burayı terk edip, gideceksin. Yaşamına, ilişkilerine, her şeyine müdahale ediliyor. Tutsak gibisin.

Çoğu zaman sıkıntıdan, bunalımdan telefona sarılıyoruz. Yakınlarımızı, geldiğimiz yeri arıyoruz. Resimlere, video kasetlerine bakıp zaman geçiriyoruz, kendimizi avutuyoruz. Yoksa zaman geçmiyor.

Hiç tanımadığın, hiçbir şeylerini bilmediğin insanlarla aynı çatı altında, her şeyi ortaklaşa kullanmak zorundasın. Seçeneğin yok. İmkanın yok. Dinlenmek istersin, dinlenemezsin. Çocuk, ayak, makine sesi birbirine karışıyor. Sabah, akşam başkalarına göre kendini ayarlamak zorundasın. Ben geldim, gördüm, yaşıyorum.

Telefonla konuştuğumda da sürekli yakınlarıma gerçek durumumuzu, yaşadıklarımızı anlatıyorum. Toprağımızdan ayrılmayın, birbirinizin değerini bilin, buralarda hayat yok, diyorum. Yaşadığımız rezilliği dile getiriyorum. Niye, neden dolayı saklayayım ki ? Başkaları da göç yollarına düşüp, bizim yaşadıklarımızı mı yaşasınlar? Ülke de rahat, huzur yoksa, burada da yok, yoktur. Bu böyle bilinmeli. Biz cehennem haline çevrilen memleketimizden kaçtık. Bu cennet başkalarına ait. Başkaları hazırlamışlar. Bizleri görmek, paylaşmak istemiyorlar. Açıkça belirtiyorlar. Bakışlarla hissettiriyorlar.

Alman devlet yetkililerinin bizlere yaklaşımları dikkat çekici. Almanlar bizi özgürlük mücadelemizden koparmak için çaba harcıyorlar. Burada kendi içlerinde eritmek, kaybetmek istiyorlar. Onların değerlerini kabul etmemizi, yani Almanlaşmamızı bekliyorlar. Diğer yandan da örneğin buzdolabın yoksa ve ihtiyacın olduğunu belirtip istediğinde ise " Geldiğin yerde var mıydı, kullanmasını biliyor musun?" cümlesini alaycı bir halde anlına yapıştırıyorlar. Her cümleleri bir kurşun gibi içine işliyor..

Sosyal yardım kurumunun görevlisine tepki gösteren eşime, görevlinin cevabı şu oldu. " Orada, geldiğin yerde işçi yöneticisi olduğunu belirtiyorsun. Şimdi buradasın ve hiçbir şeysin!"

Evet, gerçekten göçmen olanın hiçbir şeyi yoktur ve hiç bir şeydir. Çünkü eşim kendi topraklarından kaçtı. Mücadele etmedi ve bunlara sığındı. Bunlarda gerçek durumumuzu, şartlarımızı biliyorlar. Sığınmacıyız, sığıntı durumundayız. Onların verecekleri yardıma muhtacız. Verdikleriyle yetinmek zorundayız. 4 yıldır, 4 yer değiştirdik. Halen de sığınma, iltica istemimiz kabul edilmiş değil.

Zaten biz buraya ekonomik nedenlerle gelmedik. Eşim devlet adına çalışanların kendisine zarar vermelerinden korktu. Kendisini rahatsız edeceklerini biliyordu. Burada çocuklar okula gitmeye başladılar. Alman ve Rus çocukları onlarla dalga geçiyorlardı. Birbirleriyle itişip kakıştılar. Biz yalnızdık. Baktık olacak gibi değil. Yakında bir cami vardı. Oraya gidip gelmeye başladık. Konuşma, dertleşme ihtiyacımız vardı.

Oğlum huzursuzdu. Sürekli yalnızlığını belirtirdi. Bir gün bir arkadaşıyla arasında geçen konuşmayı anlattı. Okuldan çıkıyorlar, alman genç; "Hadi gidip gezelim, eğlenelim!" isteğinde bulunuyor.

Benim oğlan ise "Babam izin vermiyor. Okuldan çıktım ve zamanında evde olmalıyım. Gitmezsem kızar, beni azarlar. Ben izin istemedim. Habersiz dışarıda kalamam!" cevabını verir.

Alman genç " Ben babama aşluk (almanca da argo bir kavram) diyorum. Sen nasıl izin istiyorsun. Her adım atışın için izin mi alıyorsun? Ondan korkuyorsun!" diyor ve kendisinin aile ilişkisini, özgürlüğünü anlatıyor.

Oğlum eve geldi. Durumu anlattı. "Ben ülkeme gitmezsem, bir gün gelir ben de aynı duruma düşebilirim. Ülkeme dönmemi mi, olumsuz duruma düşmemi mi istiyorsunuz?" dedi.

Biz kendisine, karar sana ait, dedik. Ayrımı yapabiliyordu. Evden ayrıldı. Gidip Kürt kurumunda siyasi eğitim görüp, geldi. Avrupa'da bir süre faaliyet sürdürdükten sonra, dağa, gerilla olmaya gitti. Biz kendimiz götürüp trene bindirdik. Resim çektik, vedalaştık. Kendisine başarı diledik. O kendisinden emindi. Ama henüz l5 yaşındaydı. Şu anda iki yıllık gerilla...

Biz burada çocuklarımıza gereken önemi vermezsek kaybederiz. Kürt gençlerinin durumlarını, yaşamlarını, ilişkilerini görüyoruz. Bazı ailelerin tek amaçları mark biriktirmek, zengin olmak. Mark uğruna çocuklarını kaybediyorlar. Çocuklar korumasız ve sahipsizler.

Diğer aileleri eleştiriyoruz, kızıyoruz. Onlara kızan insan, istediğinin en iyisini, en güzelini kendisi yapmak zorunda. Bir yandan yurtsever geçineceksin, bir yandan kendi halkına yardım etmeyeceksin, maddi, manevi destek vermeyeceksin. Bu iş sahtekarlıkla gitmiyor. Geçmişte tanıdığımız, eşimin birlikte dolaştığı çok sayıda insan; ülke, özgürlük uğruna öldüler. Onlarda Avrupa'ya kaçabilirlerdi. Ama kalıp savaşmayı tercih ettiler.

Yedi çocuğumuz var. En az biri ülkeye düşer. Ben birini verdim. Arkası da gelir. Bazı aileler, babalar tatmin olmak için kendileri uğraşıyorlar. Öyle olmaz. Hem kendin, hem de çocukların yer alacaklar, uğraşacaklar. Çocuklarını beceriksizlikle, yeteneksizlikle suçluyorlar, bu böyle olmaz. Ülke de bazı aileler tümden yok edildiler. Can, mal her şey gidiyor. Şavaşın yükünü yalnız Kürdistan'da yaşayanlar mı çekecekler? Burada mermi, küfür, elektrik yemiyoruz. Koşullar geldiğimiz yere göre rahat. Ceza yeme korkun yok!

Zaman geçtikçe herkes çalışma zorunluluğunu his edecek. Çünkü Avrupalılar da bizleri istemiyorlar. Kendileri için yük olarak görüyorlar. Aşağılanıyoruz, dıştalanıyoruz, uyum sağlayamıyoruz. Irkçılık hortlamış. İstenmiyoruz. Avrupa'daki hükümetlerle Ankara'da ki hükümetler ortaklar. Bir şeyleri paylaşıyorlar. Her türlü ölüm ve şiddet aracını Ankara'ya sunuyorlar, satıyorlar. Kürdistan'ın nimetlerini paylaşma kavgasındalar. Bizleri tümüyle eritmek, yok etmek istiyorlar.

Buralarda yaşayan insanlar ise bizleri, problemli ve bu problemlerini buraya taşıyan, huzursuzluğa kaynak teşkil eden kişiler olarak görüyorlar. Oğluma tek isteğimiz şudur; eğer yükü kaldırabileceksen, halkına ve ülkene zarar vermeyeceksen git. Oğul savaş oyun değildir. Bize mutluluk verecek haberler duymak istiyoruz. Herhangi bir olumsuzluk, seninde, bizimde bütün emeklerimizi yok eder, dedik. O, inançlıydı, kararlıydı. Her şeyden önemlisi kendisine güveniyordu. Karar onundu.

Buraya gelmeden önce başkalarına karşı çıkıyorduk. Savaşa katılmalarını, savaşçı olmalarını istemiyorduk. Gelmeden bir ay önce kaynımı garajdan döndermiştik. Savaşçı olmasını istememiştik. Onu engellemiştik.

Eşim gözaltına alındı. Onun öldürülme korkusu, bize ne olur endişesi, onu buralara kadar sürükledi. O da, bizi peşinden sürükledi. Pasaportla çıkış yapıp, buraya geldik. Zaten devlet adına çalışanlarda kaçmamızı, topraklarımızdan uzaklaşmamızı istiyorlardı. Dört yıldır alman görevlilerin verecekleri kararı, cevabı bekliyoruz. Beklemekten bıktık, bunaldık. Sonucun ne olacağını bilemiyoruz. Bekle dur. Sonumuzun ne olacağı belli değil. İltica, burada yaşama, kalma istemimiz kabul edilmiyor. Kabul edeceklerini de ummuyorum. Gelen herkesi de kabul etmiyorlar. Bizim dosyamız kabul edilecekler içinde olsaydı şimdiye kadar sonuçlanırdı. Bu yaşam daha ne kadar sürecek? Durumumuz, şartlar hiç te hoş değil.

Bir şeyler hal olsa, topraklarımda az da olsa yaşama imkanı doğsa bir saniye durmam. Halimizi, huzursuzluğumuzu görüyorsunuz. Ülke de biz 20 nüfus bir göz odada kalırdık. Yan, yana yatabiliyorduk. Burada her ülkeden insan var. Diğer ülkelerin bekarları mutfakta, sen de mecburen mutfağa gidiyorsun, ortak kullanıyorsun. Tuvalet yine öylesine. Öyle bir özgürlük ki, yalnızca etrafımızda tel örgü yok. Kaldığımız kampın 20 km dışına çıkmamız yasak. Açık hapishanede kalıyor gibiyiz. Çocuklarını burada bırakıp 2, 3 saatliğine bir yere gittin mi, gözün arkada kalıyor. Tedirginlik içinde gidip, dönüyorsun.

Nusaybin'de doğdum, büyüdüm. Doktor yüzü görmedim. Hiç hastalanmadım. Buraya geldiğim gibi hasta düştüm. İlk haftamı hastanede geçirdim. Hastalığımın temeli de gerilim, sinir. İçinde yaşadığım ortam, çevremdeki insanlar, soluk aldığım hava her şey değişti. Her şey altüst oldu. Hiçbir şey eskisi gibi değil.

Komşularımızda diğer topraklardaki savaştan, sonuçlardan kaçıp buraya gelen insanlar. Durumları bizden farklı değil. Bizim durumumuzdalar. Dil sorununu yaşıyoruz. El işaretleriyle ve yüzümün aldığı renklerden, mimiklerden, nefes alış verişlerden dolayı birbirimizi anlıyoruz. Çocuklar bir ölçüde almanca öğrendiler. Onlar anlaşmamızı sağlıyorlar. Elbette onlarda bu yaşamı beğenmiyorlar ve istemiyorlar. Başa gelen çekiliyor. Kendilerine sorarsanız önlerinde başka yol, seçenek kalmadığı için buradalar. Bu da savaşın getirdiği sonuçlardan biri. İnsanın en çok sevdiği yerden kaçması ve yakınlarından kopması, uzaklaşması.

Eşimle ilişkim göçmenlik süreci içinde iyice çıkmaza girdi. Göçmenliğin sonuçları kesinlikle aile ilişkilerini etkiliyor. Ben evliliğimin ilk üç yılında çok zorluk çektim. Çok becerikli ve çalışkan bir insandım. Çalışmayı seviyordum. Kesinlikle kıymetim yoktu. Her şeye eşim kendisi karar verirdi. Ne düşüncemi sorar, ne de nereye gittiğini, ne yaptığını söylerdi. Ev de beklemek, onun yakınlarının, büyüklerinin bütün hizmetlerini yapmak zorundaydım. Başka bir yol, seçenek yoktu.

İlk dayağımı neden dolayı yedim biliyor musunuz? Her iki oğlum olmuştu. Eşim ikinci kez, yani yeniden evleneceğini belirti. Ben isteğine karşı çıktım. Evlenip beni yoksulluğa, sefalete iteceksen, kabul etmiyorum. Babamın evine gideceğim, dedim ve bunun üzerine saldırıya uğradım. Misafirlerimiz oturuyorlardı ve benim çığlıklarım üzerine odaya gelip, araya girdiler. Beni yumruklarının, tekmelerinin şiddetinden kurtardılar.

"Kız doğuruyorsun ondan dolayı evleneceğim" diyemezdi. Zevki için ikinci evliliği istiyordu. Karnı da doyuyordu ya. Aç değildi. Eşim vahşiydi. Ateşti, baruttu. Kim yaklaşabilir, kim kendisiyle konuşabilirdi ? Kim nereye gittiğini, gününü nerede, nasıl geçirdiğini sorabilirdi ? " Sus. Soru sorma. Yerini, haddini bil. Seni ilgilendirmeyen şeylere karışma!" derdi.

İşin gerçeğini sorarsan kocam siyasi çalışmaları yapan insanlarla tanıştıktan sonra değişmeye, insan gibi davranmaya başladı. Gerillalar evimize gelip gittikçe, her şey konuşulur oldu. Öğrenmeye başladık. O da, ben de onlardan etkilendik. Onların ilişkilerini, hitaplarını, yaklaşımlarını konuşma, onları örnek alma gereği gördük. Eşim, kadını insan yerine koymayı onlardan öğrendi. Ay, ay farklılık, değişim ortaya çıkıyordu. Kocam masraflara, alış, verişe karışmazdı. Zaten olanaklarımız ölçüsünde davranıyorduk. Almışız, yemişiz problem yapmazdı. Gözü toktu. Fakat huysuzdu, sinirliydi. Saldırgandı.

Ne olur göçmenliği, şartları yazın. Yazın ki Kürtler gerçek durumu bilsinler de gelmesinler. Evini yıkıp gelen, geriyede dönemiyor. Burada hiçbir şeyin tadı yok. Yemeğin de tadı yok, insanın da tadı yok. Her şey bir tuhaf!..

Çocuklarını burada nasıl büyüteceksin? Aklı olan kendi toprağında istediği yaşamı kurmak için ne gerekirse onu yapar. Ben Almana ne diyeceğim? Onun ülkesi. İstediğini verir. Hak iddia edebilir miyim? Bu ülkenin kurulmasında emeğimiz var mı ki, hak isteyelim?

Ben burada Kürdistan'da ki ve buradaki konumumuzu görmeye, düşün-meye başladım. Kur'an'da kadının hakları bu şekilde belirtilmiş diyen imamlarımız, şeyhlerimiz bizleri yönetiyorlardı. Şeriat geçerliydi. Kürdistan'da kadına hayat hakkı yok. Bir sefer konuşamıyorduk. Her türlü kötü söze, zorbalığa mahkumduk.

Burada Kürt ailelerin durumları, ilişkileri çok değişmiş. Kadınlar istedikleri gibi davranıyorlar. Erkek dövmeye kalktığı an sonuç belli. Kanun var. Şikayet edildiği gibi içeriye gider. Erkekler buranın kanunlarına göre davranmak zorundalar. Herkes kendi başına. Burada erkek "bin dest (köle)" olmuş.

Nusaybin'de erkeğin ev içinde iş yapması ayıplanırdı. Her şey bizim sırtımızdaydı. Burada, erkek evde her şeyi yapıyor. Kadının yapabildiği, bizim kadının görevleri olarak bildiğimiz her şeyi. Benim gördüğüm kadarıyla Kürtler buradaki bütün olumsuzluklardan etkilenmişler. Almanlar gibi olmuşlar, onlara benzemişler ve her şeye açıklar.

Bana göre Nusaybin' deki kadın buradakinden iyidir. Ben onu, oradakinin anlayışını, düşüncesini tercih ediyorum. Her şey edep, namuslaydı. Burada sınır kalmamış. Kadın yatıyor, erkek çocuğu çıkarıp gezdiriyor, sırtında taşıyor. Yemek yapıyor.

Burada halen kocasının korkusundan evden dışarı çıkamayan, bir ekmek alamayan kadınlarımızda var. Her şeye erkek karar veriyor. Kimisi de çok rahat. Yani her şey ters. Normali çok az. Kadın gecelere gelmek istiyor. Erkek geliyor, kadını getirmiyor, gelmesini engelliyor. Her şeyi yalnızca kendisine hak görüyor. Ben kendimde yaşadım ve burada da çok açık gördüm. Yalnızca gerçek anlamda PKK'nın (Kürdistan İşçi Partisi) kadına yönelik çalışmasını, düşüncesini bir oranda tanıyan, yayınları okuyan erkekler düzeliyorlar. Daha önceki pis, kötü düşüncelerinden uzaklaşıyorlar. Konuşmayı, hak vermeyi biliyorlar. O evlerde her şey düzelmeye doğru gidiyor. Kimse kimseyi ezmiyor. Çocuğun, kadının, erkeğin davranışları farklı oluyor. Diğer ailelerimizden farklılaşıyorlar.

Alman kadının yaşamını ben yaşam olarak görmüyorum. Sürekli çalışıyorlar. Çalışmak zorundalar. Bir tek hafta sonları var. Aldıkları maaş da bir aya gidiyor. Hep içiyorlar ve yapayalnız yaşıyorlar. Anne, baba, çocuk, herkes kendi başına. Herkes istediğini yapıyor. Namus yok. Ben evimde kızımın veya oğlumun bir başkasıyla olmasını kesinlikle kaldıramam. Ama bunlarda çok normal. Hiçbir şeyimiz birbirine benzemiyor, uymuyor. Çocuklarını bu batakta yetiştirmek isteyenler varsa buyursunlar, gelsinler. Denesinler, görsünler. Ben bunların yaşamlarını özgürlük olarak görmüyorum. Bana göre, iyi olanı yapmıyorlar, yaşamıyorlar. Ben bunları görebildim, gördüm. Bilmiyorum farklı olan ailelerde olabilirler.

Dört yıldır buradayız. Nusaybin'e göre yaşantımızda bir farklılık yok. Çocuklarımızı başı boş bırakmıyoruz. Yalnız ve ilgisiz değiller. Ağabeylerinin nerede olduğunu da biliyorlar. Bizimle gelen ailelerin çocukları kiliselere gitmeye başladılar. Almanların yaşamlarından, geleneklerinden etkilendiler. Almanlarla arkadaşlık yapıyorlar. Biz Müslümansız.

Alman ailelerin çocuklarıyla ilişkileri bize göre çok farklı. Almanlar tabi ki her şeye sahipler. Yoksulları da vardır. Çocuklarının bütün isteklerini yerine getiriyorlar. Ya biz öyle miyiz? Sürekli her şeyden kısıyorsun.

Bunlar belirli bir yaştan sonra çocuklarını yapayalnız bırakıyorlar. Biz öyle değiliz. İstiyoruz ki bütün yaşamımız çocuklarımızla birlikte geçsin.

Burada annenin görevleri farklı. Oysa benim evimde her şey beni bekliyor. Elimden gelen, yapabileceğim her şeyi yapıyorum. Çocuklar her şeyi, bütün ihtiyaçlarını benden istiyor ve bekliyorlar. Annem, teyzelerim ne yaptıysalar ben de onları, aynı işleri yaptım. Yapıyorum.

Bizim kadınlarımız PKK'yı, siyaseti tanıdıktan sonra değişmeye başladılar. Artık kadın her şey oluyor. Erkek ayağı yıkayıp çorap giydirmenin yerini, haberleri dinleme, çocuğuna gazete okutma ve dinleme alışkanlığı aldı.

Ben yabancılarla evliliği onaylamıyorum. Erkeklerimiz o kadınların evlerinde köleleşiyorlar. Nasıl ki komutan askerine emir veriyorsa, isteğini belirtiyorsa kadınlarda öyleler. Ben o ilişkileri erkeklerimize yakıştıramıyorum. Üzülüyorum. Yarın ülkemize döndüğümüzde ne yabancı gelin, ne de damat gelir. Kürt olan gelir, gelmek zorunda. Çünkü, orası, geldiği yer ona ait. "Ben buralı değilim!" düşüncesine sahiptir. Kendisini oraya ait his eder. Olaylardan, gelişmelerden etkilenir.

Zaten yabancılarla olan evliliklerden doğan çocuklarda kayboluyorlar. Burada doğup, büyüyorlar. Almanlarla ilgili her şeyin, geleneklerin etkisindeler. Başta dillerini bilmiyorlar. Kendi topraklarına yabancılar.

Eğer erkek kendi kültürüne değer veriyorsa, kadında onun yetiştiği kültürü kabul etmişse, Kürtlere saygı duyuyorsa, Kürtlerin haklılığına inanıyorsa, yaşadıkları koşulları ve nedenleri biliyorsa, çocuğa kürtçe öğretiliyor. Çocuk babanın geldiği yeri, oradaki yaşamı, ilişkileri öğrenmeye başlıyor. Anne, babalar dönseler de, çocuklar gelmezler. Doğdukları yerlerde, buralarda kalırlar. Kürt gençleri hanımlıklarını ve beyliklerini korumak istiyorlarsa yabancılarla evlenmesinler. Ayak altına gidiyorlar.

Yaşadıklarım, göçmenliğin sonuçları hislerimi mahf etti. Kadın mıyım, neyim?, bilmiyorum. Kendimi koyuverdim, sevemiyorum. Kocamla aram açıldıkça, açılıyor. İkimizde rahat değiliz. Devam eden bir baskı altındayız. Belirsizlik hepimizi etkiliyor.

Kürt bir bayanla konuştum. Bazı sorunlarımı anlattım. Bütün göçmenlerin benzer sorunlar yaşadığını söyledi ve bana sorunlarımı anlatabileceğim bir uzmanla görüşme olanağı yarattı. Ben rahatsızdım. Rahatsızlığımın ne olduğunu da bilmiyordum. Şikayetlerimi anlatınca tespit yapıldı. O bana anlayacağım şekilde tariflerde bulundu. Cinsel isteksizliğin, cinsel birlikteliğin işkenceye dönüşmesinin nedenlerini anlattı.

"Cinsel isteği olmayan kadın yoktur. Normal hormon yapısına sahip her kadında cinsel istek vardır. Cinsel isteksizlik, zevk alamama veya orgazm olamama gibi şikayetlerle gerekli merkezlere baş vuran kadınların yapılan tetkiklerinde bedensel problemin % 1 olduğu görülmüştür. Geri kalan % 99'luk kesimde problemler tamamen ruhsal kaynaklıdır.

Bayanlar nedenleri anlayamıyorlar. Sorunların içinde yuvarlanıyorlar. Ancak belirli konularda öğrenim görmüş olanlar gerekli tespitleri yapabiliyorlar. Göçmenler bu sorunu çok sık yaşıyorlar. Yer değiştirmenin getirdiği sorunların altından kalkamıyorlar. Bu da cinsel yaşama, sağlığa yansıyor.

Cinsel isteksizlik, zevk alamama veya orgazm olamama tedaviyle düzeltile bilinir. Gerekli zamanı vermeli, ciddiye almalı, gerekli harcamayı yapmalısın ki sorun düzeltile bilinsin. Sana istek duymayı, ilişkiden zevk almayı veya orgazm olmayı öğretilebiliriz.

Sorunun düzelmesi kişiden kişiye farklılık gösterir. Kişinin yetiştirilme tarzı, işi, eşi, içinde bulunduğu ortamlara göre bu değişebilir. Göstereceğin çabaya göre süre uzayıp, kısalabilir.

Yapılacak basit bir jinekolojik muayene ve bir kaç hormon tahlili ve ek yardımla bilgi sahibi olacağız. Bu tahliller işimizi kolaylaştıracaklardır. Buraya gelen evli kadınlar bulundukları memleketlerde değişik tabularla, inançlarla büyütülüyorlar. Oluşturulan hisler bir alışkanlık haline geliyor. Bu şartlar içinde evleniyorlar.

Geldiğin bölgede "kızlık zarı" bayanların yaşamlarından daha değerlidir. Onun zarar görmesi bayanın yaşamına nokta koydurabilir. Bayanın vücudunda en çok değer verdiği, koruması gereken bölge haline getirilir. Bayan bu konuda aile baskısı altındadır. Sürekli değişik şeylerden hamile kalma, zarın yırtılması korkusunu yaşar. Her hangi bir etkiyle zarı yırtılan, kanaması olmayan bayan "kötü bayan" olarak damgalanır. Aile ve toplum ortaklaşa baskı uygular. Bu yaklaşımlar bayanın cinselliğinden kaçmaya, nefret etmeye, kendi kendisini suçlamaya başlamasına neden olur. Cinsellik istenmeyen, yaşanmayan ve problemli bir hal alır. Bir çok genç kız cinsel arzularını bastırmak yada mastürbasyona yönelmek zorunda kalır.

Mastürbasyonla, zar zarar görmez, bayan hamile kalmaz, günah işlememiş, ailesini, çevresini üzmemiş olur. En önemli ölçülerden biri de ailesindeki erkekleri başka bir erkekle aldatmamış olur.

Gençler mastürbasyon yapıyorlar ve hem bedenlerine, hem de psikolojilerine zarar verme endişesi de taşıyorlar. Hatta suçluluk duyuyorlar. Halbuki bu yaş grubu için en sağlıklı cinsellik mastürbasyondur. Mastürbasyon yapmayan gençler alternatifini buluyor. Bayan bulamayan genç, kendi cinsine yada hayvana yöneliyor. Halbuki mastürbasyonun hiçbir zararı yok.

Kızlar, kızlık zarını evlenecekleri kişiye saklamak, o gece kendisinden istenilen, beklenilen şekilde kan akmasını sağlamak için, vücutlarının diğer yerlerini erkeklere kullandırtıyorlar. Erkek kamışını bayanın ağzına (oral), anüsüne (anal), koltuk altına yada meme arasına yerleştiriyor, orgazm oluyor. Bu şekilde erkeğin rahatlaması sağlanıyor. Kızlar arkadaşlarını kaybetmemek, erkeklerin beklentilerine cevap verebilmek, beraberliği devam ettirebilmek için bu şekilde davranmak zorunda kalıyorlar. Anüsün zarar görmesini göze alıyorlar.

Evlilikte, sosyal uyumsuzluk, koca ile olan sorunlar, maddi sıkıntılar, cinsel isteksizliği yaratabildiği gibi daha çok arttırabiliyor. Eğer kocan seni döven, sevmeyen, aşağılayıp kötü davranan biriyse, sevişmek için istek duymayabilirsin. Bu da normal bir sonuç.

Bir çok kadın yetiştiği, büyüdüğü evdeki baskıdan, sıkıntılı hayattan kurtulmak için evlenir ve koca evinde de benzer ya da daha fazla baskı ile karşılaşır. Bu durum cinsel sağlığı etkiler. İsteği köreltir. Kurban işkencecisini sevemez. İstemlerine cevap veremez. Adatılmak, ciddiye alınmamak, değer görmemekte kadında cinsel soğukluk yaratır. Bu araştırmalarla tespit edilmiş durumdadır.

Korunmayı kabul etmeyen, çok çocuk sahibi olmayı erkeklik gibi gören bir bölgede doğan, büyüyen, evlilik yapan, anlayış kazanan kocadan gebe kalma, kürtaj olma korkusu yaşayan bir kadın nasıl cinsel istek duyabilir ki? Elbetteki duyamaz.

Farklı yaklaşım bekliyorsun, değil mi? Ayrıca geldiğin bölgede, seksi kadının bir vazifesi, erkeğe sunması gereken bir hizmet, kadının kendi bedeninden zevk almaması, bedenini kendisi için kullanmaması gereken bir durum olarak gören çok sayıda erkekte gerekli uyarıyı sağlamadan kadınla ilişkiye girmektedirler. Onlar kadın bedenini, kadının istemlerini tanımıyorlar. Bilmiyorlar. Bu durumda kadına acı verir ve cinsellikten soğutur.

Bu sonuçların hepsini birlikte yaşayanlar, vücudun biriken tepkisi hastalık, isteksizlik olarak dışarıya vururlar. Bunun tedavisi mümkündur. Bunun için hastanın ikna olması, iyileşmeye karar vermesi gerekiyor ki. Doktorun yol gösterip, yardım edebilme imkanı doğabilsin." dedi

Eşimin cennete gidiyorum düşüncesiyle kardeşinin etkisi altında kalarak aldığı yer değiştirme kararı beni tanımadığım, bilmediğim rahatsızlıklarla baş başa bıraktı. Doktor, doktor dolaşmak zorunda kaldım. Çıldırma aşamasına geldim. Halen iyi değilim. Geri dönemiyoruz. Burada da derdime derman bulamıyorum. Çünkü rahat ve mutlu değilim. Bundan dolayı da iyileşemiyorum.

***

Vücudumuzdaki beş organ dört mevsim gibidir. Her organın farklı hassasiyetleri vardır. Çok yoğun hislerle yaşıyoruz. Yaşam kalitesi kızgınlık damarına basıyor. Hisleri organize edemiyoruz. Beynimizin bir kesimi istiyor. Düşünüyoruz.

Ruh, zihniyet, inanç yaşam isteğimizi yönlendiriyor. Temiz enerjidirler. Vücudun, yaşamın motorudurlar. Onlar malzeme değiller. Dokunamıyorsun. Vücudumuz ise malzemedir. Elleyebiliyor, dokunabiliyoruz.

Vücut yükseliyor ve ruh, zihniyet ona doğru iniyor. Şöyle açıklayabiliriz; su dolu kazanı ateşin üzerine yerleştirirsek ateş ve su metal aracılığıyla birbirlerine dokunurlar. Ama suyu kazana koymazsak dökülür. İnsan vücudu da böyledir.

Baharda, hava sıcaklığı, ışık yere doğru inerek topraktaki tohumu kendisine doğru çeker. Tohum, tohum olarak kalmaz. Işına cevap verir. Yeşerir. Vücudunda ısı ve tohum ilişkisinde olduğu gibi, ruha ulaşması lazım. Ruh malzeme formu arıyor. Toprağın üzerindeyiz. Hislerimizin oranlarına göre vücudumuza ulaşmaları, onunla birleşmeleri lazım. Onlar, oranlarına, kapasitelerine göre vücudumuzla birleşebilirler. Hisler yaşamın motorudurlar. Ruhsal yapıyı, aklı, zihinsel yapıyı geçip vücuda ulaşmaları gerekiyor. Nesneleştirerek, somut duruma indirgeyerek yaşamak gerekiyor.

İnsan güneş gibidir. O, nasıl ışık yayıyorsa, engellenemezse, insan vücudu da aynı şekilde sevgi yayıyor. Engellenemez. Bizler de güneş yumağıyız. Işınlarımızı çevremize, dışımızdaki şeylere vermek zorundayız. Işınlarımızın çıkışları engellendi mi duyarlılık, heyecan, duyguya dayanan davranış tarzı gelişiyor. Vücutta heyecanları, duyguya dayanan davranış tarzlarını temizlemek gerekiyor.

İnsanda dalak hücrelerin beynidir. Birey büyük tehlike geçirince, sadece beyin değil, hücrelerde durumu hatırlıyorlar. Koruma mekanizması gelişiyor. Doğuştan sırtımızda taşıdığımız birer torbaya sahibiz. İçinde bütün hisler mevcut. Vücudumuzda geçmişimizle ilgili biriken şeyleri bu torbada taşımaya devam ediyoruz. Bizi engelleyen hisler, kötü yaşantılar sonucu gelişen duygular içerden özgürleşmemizi engelliyorlar. Bundan dolayı kendimizi bu duygulardan kurtarmamız, temizlememiz gerekiyor.

Her kızgınlığın arkasında sürekli, tamamlanamayan bir istek vardır. Birey yapmak istediğini yapamıyor. Bunu evliliğe indirgersek, yaşamını anlatan bu bayanın birlikte yaşadığı erkek onun istemlerini kabul etmiyor. İstek sahibi bayan kızıyor. Eşine bir şey vermek istiyor. Eşi kabul etmiyor, almıyor. Verilmek istenen şey yere düşüyor. Alınmıyor. Kadın oluşan kızgınlık sonucu hasta düşüyor. Güneşte ışınlarını yayamazsa, veremezse kötü olur. Işınların yayılması, dağılması varlığını sürdürmesi için mecburiyettir.

Her bireyde sevgi, aşk ölçüleri farklıdır. Bu ilişkide erkek korkaktır. Korkaklığını da maskeliyor, kendisine göre değişik barajlar oluşturarak kendisini koruyor. Kadının kendisine dokunmasını engelliyor.

Bayan eşiyle öznel ilişkidedir. Erkeğin önünde kendisini koruyan siperleri, barajları var. Bundan dolayı da bayan ona ulaşamıyor. O, var olan kapasitesiyle, birikimiyle bayanı anlayamıyor. Kadını anlaması için içinde bulunduğu zırhlardan, örtülerden, oluşturduğu hapishanesinden, barajlarından kurtulması gerekiyor.

Kadın içindeki sevgiyi istediği şekilde dışarıya, eşine veremiyor, enerjisi donup kalıyor. Boşalamıyor. Çöplük oluşuyor. Bu durum kaslarını sertleştirdi. Kadın kendisini dışarıya kapattı. Surlar oluşturdu. O surların arkalarına saklandı. Kendisini korumak için böyle davranması gerektiğine inandı.

Ev de çift taraflı hapishaneler oluşturuldu. Bayan şimdi tümüyle hapishanesinde yaşıyor. Oysa yaşam devam ediyor ve onun oluşturduğu hapishaneden çıkması, kurtulması gerekiyor. Mutluluğu bekliyor. Elbetteki herkes gibi onunda hakkı. Bunun için de kendisinin adım atarak hapishanesinin kapısını aralaması gerekiyor. Rahatsız ve kapıyı zorluyor. Eşi ise sakin. Kadının durumunu, hapishanelerin varlığını umursamıyor. Kadın zorlama sonucu hapishanesinin duvarında delik açtı. Duvarı yıkabilir. Bazı hisleri yaşıyor. Eşi ise kendisini iyi koruyor. Duvarı, hapishanesi güçlü. Kadınınkisi yıkılmak üzere. Çünkü zorluyor. Şu gerçeği anlaması, kavraması gerekiyor, eşini değiştirmesi mümkün değil. Zorlaması da bir sonuç doğurmaz. Çünkü adam değişmek istemiyor. Bayanın kendisinden başlaması, ilkin kendisini değiştirmesi gerekiyor. Kadın etrafındaki duvarın birisini kaldırabildiği an daha rahat olacaktır. En başta eşine bütün hislerini, gerçekleri söylemesi gerekiyor.

Sevgiyi alıp, vermek istediğini belirtmesi mecburidir. Çünkü depresyonla, danışmana gitme mecburiyetinde kalmakla ruhsal durum kendisini açığa vurmuştur. Bayanın kendisine gerekli olan şeyleri tespit etmek hakkı vardır. Kimse bu en doğal hakkı engelleyemez.

Çocukların anne gibi babaya da ihtiyaçları vardır. Baba ilişkiyi düzenlemek, geliştirmek zorunda. Kadın kendi istekleriyle uğraşmak, kendi kendisinin tutsağı olmaktan kurtulmak mecburiyetinde. Aksi takdirde sorunlardan kurtulamaz. Vücudunun en doğal isteklerini bastıran, göz ardı etmeye çalışan birey, değişik sağlık sorunlarıyla boğuşmaya başlar.

Toplum bireye "bunları, bunları yap" diyor. Kadın kendisine veya eşine değil, eşinin barajlarına, hapishanesine, toplumun kurallarına hitap ediyor. Eşine ulaşamıyor. Toplum o erkeği öyle yapmış, şekillendirmiş. Bayanın neden aramaması, açıklama yapmaması gerekiyor. Çünkü karşısındaki erkek anlamıyor.

Kadının korkuları var. Dışlanmaktan, itilmekten, kakılmaktan korkuyor. Kendisini güçlendirmesi gerekiyor. Bayan güçlenirse, diğerlerinin yargıları kendisini etkilemez. Kadın kendisini keşfetmeli. İçiyle barışabilmeli ki hapishanesinden çıkabilsin, kurtulabilsin. Diğerlerinin yaklaşımları kendisini etkilemesin, engellemesin.

Baharda bitki, ot yerden çıkınca çok zayıftır. Rahatlıkla koparabiliriz. O güçlenince, irileşince, güneş ışınlarını, suyu, gerekenleri aldıkça güçlenir. Koparmaya çalışınca zorlanmaya başlarız. Bizler, göçmen, mülteci bayanlar, betonu yarıp ta, güneş ışınlarına ulaşmayı başaran bitkiler gibi olmalıyız. Başkalarının bizleri ezmelerine, yaşam bağlarımızı koparmalarına imkan vermemeliyiz.

Girdiğimiz sokaklarda ilerleyebilmemiz için zamana ihtiyacımız var. Kendimizle, içimizdeki küçük bizle ilgilenmemiz, deneylere kavuşmamız gerekiyor. Hapishanelerimizden çıkmadan önce güçlenmemiz gerekiyor. Bu gücün oluşması için de ilaç almak mecburi olabiliyor. Birey içine bakabilmeli. Korkularını görebilmeli. Konuşabilmeli. Hassasiyetlerini, rahatsızlıklarını dile getirebilmeli. Kırılganlık, yaşama isteğinden, daha güçlü olma isteğinden gelir. Birey kendisini rahatsız edenleri bir kenara bırakabilmeli. Rahat yaşayabilmek için başkalarının yargılarını kenara atmak gerekiyor. Birey çevreyle mesafeli olabilmeli.

Bazen daha iyi verebilmek, sunmak, kaliteli olmak için bireyin kendi hapishanesinde kalması, tedavisine devam etmesi kendisi açısından iyidir. Kendisinden çok fazla vermek, vermek değildir. Sınırı bilmek lazım. Aksi takdirde birey kendisine zarar veriyor. Bayan sürekli vermiş, başkaları da almışl. Karşılıksız verici olmuş. Bedava verilmemeli. Hayır. Veremiyorum. Verdiklerim yeterli, kendim için de saklamalıyım. Depolarımı tüketmemeliyim, diyebilmelidir.

İçimizdeki hayat kendisi için gerekli olan yolu bulabilir. Bırakalım içimiz bahar gibi uyansın, yeşillensin. Kendimizi rahat bırakmamız, engellememe-miz gerekiyor ki içimizdeki hayat kendisini yenileyebilsin, çiçeklensin. Çiçeklendiğinde de, çiçeğini koparmayalım. Biz, göçmen ve mülteci olan bayanlarda bütün geçmiş birden yeşillendiğinde, yeni bahara geçişi engelliyor. Çiçek açamıyoruz. Açanları da solduruyoruz.

***

"Kavramak için görmek, görmek içinde dikkatle bakmak gerek. Ben gördüm ve tahammül edemediğim için çift sürgünü yaşıyorum. Sık, sık yeri değiştirilen bitki gelişmez. "

ARZÊ: Kürt ve Alevi'yim. Dersim, Nazimiye doğumluyum. Çok sayıda kardeşiz. Ben beş yaşımdayken annem öldü. Babam ikinci kez evlendi. En büyük ablam beni korumasına aldı. Baktı, büyüttü.

Annesizliğin yarattığı acıyı, beş yaşımdan itibaren yaşadım. Boynu bükük bir çocuğun içinden kopan fırtınaları kim bilebilir ki? Yaşayamayan anlayabilir mi? O fırtına, sahibinin dallarını koparır, kırar. O fırtına yaşayana aittir. Yanındaki üşümez, anlamaz. O, içinde gelişir, üşütür, acıtır, tüketir. O kutsal denilen varlık benim hayatımda yoktu. Yaşamın bütün zorluklarını hep yalnız göğüsledim. Annesiz büyüdüm.

Politikayla uğraşan yakınlarım 1980 askeri cuntasından sonra Türkiye dışına çıkma çabasına girdiler. Beni de yanlarına aldılar. Nusaybin'den sınırı geçerek Suriye'ye, oradan da bu ülkeye geldik. Sığınma başvurularında bulunduk.

Ablamlarla birlikte sadece bir gece evlerinde misafir olarak kaldığım ve o arada beni beğenen kişiyle telefon aracılığıyla görüşmeye başladım. Başkaları, ortak tanıdıklar, ona benimle evlilik yapması yönünde öneride bulunuyorlar ve ilişkimizi kurdular. O benimle evlenmek istedi. Bu istemini aktardı. Ablamda "Biz burada mülteciyiz. Yaşam zor. Sürünme. Sıkıntı çekmen gerekmiyor. Ülkeye dön. Aranmıyorsun. Tutuklanma durumun yok. Bir geleceğin olur. Adam hukukçu olacak. Maddi durumları da çok iyi ve bizden bir insan. Kürt ve yurtsever!" değerlendirmelerini yaparak, değişik seferler bu yönlü düşüncelerini açıklayarak, beni Müslüman Kürt'le evliliğe ikna etti. 17 yaşımdaydım.

Ben zamanla yarışan, doğruyu savunan, kendisini, insanları seven, kabına sığmayan, direkt konuşan bir Dersimliydim. Farklı ırk ve dinlerden insanlarla birlikte, el ele yürümek isteyen bir yolcuydum. Yakınlarım siyasi oturum hakkı aldılar.

Ben yolculuğa çıktım. Çıkarıldım! Evlilik yapmak amacıyla ülkeme döndüm. İşin gerçeği ben ablam tarafından geriye gönderildim. Annem ölmüştü ve babamda üvey baba gibiydi. Maddi durumu da iyi değildi. İlgilenmiyordu da. Düğünümü de yapmadı. Eşimin yakınları Dersime gelip, beni aldılar. Mardin'de düğünümü yaptılar. Eşim halen öğrenciydi ve baba parasıyla yaşıyordu. Her konuda ailesine bağımlıydı.

Evlendiğim gün, gerçek bir buz parçası gibi yüzüme çarptı. Önümdeki gerçekleri görmem için ışığa ihtiyacım yoktu. Her şey apaçık ortadaydı. Ölüm gibi bir gerçek. Benim olduğum ortamın, bana ait olmadığını fark ettim. Çok farklıydım.

Dönüşü imkansız görünen bir yolda, yolculuğa başlamıştım. Bölgedeki örf-adetler yeni bir kurban bulmuşlardı. Ya kendim olmalıydım ya da bir yaprak gibi beni sürükleyen rüzgarın önünde savrulmayı kabul etmeliydim. Var olan durum onu gösteriyordu.

Ben gelinleri olduğum andan itibaren, eşimin yakınları İslamiyet'in getirdiği bütün dini kuralları bana dayatmaya başladılar. Din, inanç değiştirmeye zorladılar. Eşim onlara hayır, diyemiyor, ses çıkaramıyordu. O, annesinin ve babasının yanında yeni gelin gibiydi. Beni koruyamıyor, savunamıyordu. Evde yaşça benden büyük olan her birey bana emir veriyordu. Ben emirlere, istemlere uymak zorundaydım.

Başım kapatıldı. Uzun etekler giydim. Mardinli bir bayan gibi olmaya zorlandım. Müslümanlığın gereklerini yerine getirmek zorundaydım. Gitmeme, geri dönmemede müsaade etmezlerdi. Ben onların "kadınları" olmuştum. Gidebileceğim, yardım isteyeceğim bir yer ve kişi yoktu. Bunu da biliyorlardı.

Üvey annemin evine gidemezdim. Beni kabul etmez, sahip çıkmazlardı. Bizde, yakınlarımda aile ilişkisi, bağlar güçlü değil. Birbirimize karşı soğuğuz. İstemeye, istemeye onların isteklerini yerine getirdim. Eşimin ve yakınlarının istedikleri tarzda yaşamaya başladım. İçimde de sürekli çatışma yaşadım. Durumumu bir türlü kabullenemedim.

Yetimlikten dolayı çocukluğumu ve genç kızlığımı yaşayamamıştım. Evliliğimi de yaşayamayacağımı anlamaya başladım. Her şeyi bırakıp çok uzaklara kaçmak istedim. İç dünyamda durmadan koşuyordum ve yorgun düşüyordum. Uzaklara gitmek istiyordum. Ama nasıl? Hangi olanaklarla? Nereye? Kimin yanına? Genç ve yalnız bir bayan olarak!

Ne sazım, ne kitaplarım, ne kasetlerim, ne de çakıl taşlarım vardı. Hiçbir şeyim yoktu artık. Hepsi benden uzaklarda, ablamın yanında kalmışlardı. İçine girdiğim, yaşamaya başladığım şeyin adı evlilikti. Karın tokluğuna, ihtiyaçlarımın karşılanması karşılığında her şeylerine yabancı olduğum ailenin işçisi olmuştum. Farklılığını gören, bilen ama adım atamayan, gücünü tüketen bir bedenin sahibiydim.

Yıllarca hüzünlerimi, keşkelerimi, acılarımı kimselere yükletmeden, kimseleri suçlamadan yaşadım. Suçlanması gerekenleri de suçlamadım. Suçlu aramadım. Düşünceler, sorgular, keşkeler, çaresizlikler, kuşanmışlık duygusu beynimi kemiriyordu. Bırakıp gitmeliydim. Çaresizdim, yorgundum. Düşünüyordum ve hayır olmaz, diyordum. Ön yargılarla, benim hakkımda yanlış değerlendirmeler, suçlamalar yapılırdı. Adımımı kapıdan dışarı attığımda, çevremde yer alanlar, beni taş yağmuruna tutarlardı. Kaçamazdım, kurtulamazdım. Ben bir kadındım. Ben Müslümanlığın kurallarını benimsemiş, hayata geçirmiş toplumun kurbanıydım, ipotekliydim, yalnızdım, çaresizdim. Annede olmuştum.

Boşanmak!.. Ne kadarda korkunç ve imkansız kılmışlardı. Beynimiz ve bedenimiz yanlışlara, tabulara nasılda sadakatle bağlanmıştı. Törelere yenik düşüyordum. Daha birinci basamaktayken gitmekten vazgeçiyordum. Her şey sadece düşüncede kalıyordu. Bir türlü eyleme geçemiyordum.

İçimdeki savaş devam ediyordu. Çileli, sıkıntılı günlerimin akşamlarında bitkin, yorgun ve amaçsız bedenim bana hesap soruyordu. Sürekli uykudan çığlıklarla uyanıyordum. Zaman, zaman gözyaşları içinde sıçradığım oluyordu. Her sabah, akşama kadar, bomboş gözlerle, anlamsız uğraşlarla, bir köle gibi bütün enerjimi başkaları için tüketiyordum. Hizmet sunmaya mecbur edilmiştim.

Yabancıyım, uçsuz bucaksız bir boşluk içindeyim hissinden kendimi kurtaramıyordum. Her sabah aynı duygular içinde uyanmaktan bitkin, yorğun düşüyordum. Kendi gerçekliğim, kişiliğim, özüm ve bulunduğum ortamın zıtlığı çarpışıyordu. Çelişkilerden uzak durmaya, onları görmemeye çalışıyordum. Çünkü çözüm gücü olamıyordum. Yüreğimin halatına öyle bir asılmıştım ki, ağırlığı kaldıramayacağını, bir gün kopacağını biliyordum. O günü beklerken, herkesle barışık, bir yönüyle de herkes gibi ama diğer yönden de herkesten farklı olmaya gayret ettim.

Ben bir canlıydım. Düşünme yetimim vardı. Vardım. O halde bedenimin özgür ve doğal olması kendisinin hakkıydı. Bireysel özgürlüklerimizi yaşayamamanın sıkıntısı, çıkmazı içinde tükenip gitmenin acısını ne çok canlar, yürekler ödediler. Bunlardan biri olarak, yaşamın anlamından yoksun bir canlı olarak, bitkin, yorğun, çaresiz, örf-adetlere tutsak olmak! İstemeden! İnanmadan! Başkaları tarafından beyinlerimize yerleştirilmeye çalışılan yanlış hükümler, doğrular altında adımlar atmak. Yapayalnızlık, sessizlik, kurban ediliş.

Yılların oluşturduğu yorgunluğu atmanın zamanı gelmeyecek miydi? İstesem, bilsem, konuşsam, karşı çıksam ne değişecekti? Çevremdekiler yine bildiklerini, istediklerini bana dayatacaklardı, bende yaşatacaklardı. Hepsi elbirliğiyle, ortak karar almışçasına beni ben olmaktan alıkoymak, uzaklaştırmak, özüme yabancılaştırmak için uğraşıyorlardı, uğraşacaklardı. Kendimin değil, onların istedikleri "ben" olmalıydım! Benden istenilen buydu.

İçimdeki sessiz çığlıkların, feryatlarını yükseltmeden, göz yaşlarımı saklı tutup, içime aktardığım süreç uzuyordu. Gülmenin günah, nefes almanın suç, konuşmanın-düşünce belirtmenin yasak-ayıp, kadın olmanın bedelinin sessizlik ve yalnızlık olarak ödendiği bir ortamda, yaşamdan istediğim şekilde pay almam gittikçe zorlaşıyordu. Ben kendim olmadığım sürece de başkalarının esiri, mahkumu olarak kalacaktım.

Onlar, en yakınımdaki insan dahil, yüreğimin çırpınışını, çaresizliğimi görmezlikten geldiler. Çığlığımı duydular, umursamadılar! Güldüler. Özgürce ağlayamadım, gözyaşlarımı içime akıttım. Duyduğum tüm acının yarattığı haykırışlar içinde bebelerimle birlikte umudu hep misafir ettim.

Kendilerini benim gibi güçsüz, çaresiz durumda görenler, içinde bulundukları ortamın kendileri açısından hiçbir yarar, fayda getirmediğini, maruz kaldıkları tüm olumsuz sonuçların, kendilerinin pasifliklerinden, başkalarını fazlasıyla ciddiye almalarından, toplum tarafından onaylanmayı beklemelerinden, istemlerinden kaynaklandığını bilmeliler. Benim, karar verememem ve cesaretsizliğim günlerin gizemli güzelliklerini ve coşkularını ben farkında olmadan alıp götürdü, toz edip savurdu.

Yeni bir yol almalıydım. Özgür bir güneş gibi parlayabilmeliydim. Çağdaş, layik olduğum bir yaşama demir atmalıydım. Teslim olmamalıydım. Bir Dersimli olarak yenilgiyi kabul etmek bana yakışmazdı.

Eşimle aramızda ilk günden açılan uçurumlar gittikçe büyüyordu. O, yaşça benden çok büyük olmasına rağmen yol gösteremiyor, yardım edemiyor, çözüm gücü olamıyordu. Kocaman bir çocuk gibiydi. Olgunlaşamamıştı. Kişilik oturmamıştı. Sadece içinde yaşadığı toplumun kendisine öğrettiği erkek rolünü oynuyordu. Aktördü. Bir eş olarak hiçbir sorumluluğu yerine getirebilecek bir kapasiteye sahip değildi. Edilgendi.

Beklentilerini, isteklerini açıklamazdı. Onun değil, yakınlarının istekleri olurdu. O da, o istekleri kızgınlıkla, öfkeyle söylerdi. Kendi kendisine darılırdı. Hiçbir açıklamada bulunmaz, küser, benimle konuşmazdı. Konuştuğu zamanda sürekli beni eleştirir, yargılar, aşağılardı. Her hareketi beni kendisinden uzaklaşmaya, kendisini itici kılmaya yetiyordu. Davranışlarıyla, yaklaşımlarıyla kendisini sevmememe, basit görmeme, güvenmememe yol açtığının farkında değildi.

Yetimliğimi işliyordu. Doğumda, ölümde bütün canlılara özgüdür. Dersimde gerekli tıbbi imkanlar, hastaneler olsaydı, annemde tedavi edilirdi ve ölmezdi. Yetimliğin acısını ben çekmiştim, çekiyordum. Yetim olduğum, çaresiz olduğum için kendisiyle evlenmiştim. Çünku yakınlarım beni korumamışlar, sahiplik yapmamışlardı. Ateşe atmışlardı. Yavaş, yavaş kavruluyordum. Annemin ölmesi, yetim kalmam suçmuş gibi karşıma çıkarılıyordu. Beni yıpratmak amacıyla kullanıyordu. Bana acı çektiriyordu. Sürekli annemi hatırlamama neden oluyordu. Başka bir şey yoktu. Beceriksizsin, yeteneksizsin, tembelsin, aptalsın, kavrama düzeyin düşüktür, gerisin, diyemiyordu. Çünkü o niteliklere sahip değildim.

Alevi dini inancına sahip olmamı kabullenemiyordu. Bana kızdı mı "Pis Alevi" derdi. Evlenme teklif ettiğinde nereli olduğumu, hangi dini inancı benimsediğimi biliyordu. Ben kendimi saklamadım ki! Olduğumdan farklı göstermedim ki!

Okumuş, üniversite mezunu cahil idi. Sadece öğrenim görmüştü. Ezberlemiş ve yazmıştı. Gelişmemişti. Eğitilmemişti. Böyleleri on üniversite bitirseler bir anlamı var mı? Kendisini bir şey sanıp, dini anlayışımı yargılıyordu. Küçümsüyordu. Geçersiz görüyordu. Sanki ben Alevi olduğum için suç işlemiş ve sanıktım. Kendisi de yargıçlık yapıyordu. Kara cahil, dinleri inceleme, kaynaklarını öğrenme, algılama gerekliliğini de görmüyordu. Mardin sınırları içinde Ezidi, Musevi, Hıristiyan inançlarına sahip Kürtler ve diğer halklarda vardı. Ona göre en iyi yol Müslümanlıktı. Araplar tarafından oluşturulan Kur'an'da ne yazıldığını bilseydi, anlamlarını çözmüş olsaydı, biliyor ve bundan dolayı da bize eleştirel gözle bakıyor, inanç sahibidir, farklı inancı kabullenemiyor, diyebilirdim. Eh.. o da yoktu. Bulunduğu ortamdan dolayı mecburen oruç tutuyordu. Yoksa dışlanırdı. Farklı davranamıyordu. İslam'ın şartlarını da yerine getirmiyordu. Klasik bölge erkeğini oynuyordu. Bana saldırabilmek için yetimliğimi ve Aleviliğimi kullanıyordu.

Mutsuz, mutlu olmasını bilmeyen bir insandı. Okul yaşamında, sosyal ilişkilerinde başarısızdı. Bundan dolayı da her şeye kuşku ile bakıyor, önyargı ile yaklaşıyordu. Kapasitesi ve algılaması düşüktü. Sahip olduğu şeylerle yetiniyordu. Konuşmasını bilmiyordu. Sadece hakaret ediyordu. Bana hükmediyor ve aşağılıyordu. Biz, ayrı ortamların, dünyaların iki insanıydık. Hiçbir şeyi kendisiyle, evlendiğim erkekle paylaşamadım. 16 yıl böyle geçti. Evdeki iki yabancıydık. Başkaları tarafından evlilik yapışkanıyla birbirimize yapıştırılmıştık ve öylece bekliyorduk. Birbirimizden kopamıyorduk. Birbirimizle konuşamıyorduk. Çünkü ortak konu yoktu.

Ben onun söktüğü her tuğlayı yeniden yerine yerleştirme, örme çabaları sonucu yorgun düştüm. Binanın temeli çürüktü. Bir gün yıkılmaya mahkumdu. İstesem de, istemesem de sonuç kaçınılmazdı.

Babası tarafından eleştiriliyordu. Baba beklenti içindeydi. Hiçbir şey alamıyor ve sürekli kendisine sunuyordu. Bu durumda onu kızdırıyor ve söyletiyordu. Adam başkalarıyla kendi oğlunu karşılaştırıyordu. Oğlunun iyi bir yönetici olmasını, işlerini idare etmesini, geliştirmesini bekliyordu.

Eşim, baba tarafından sürekli bastırılmış, anne tarafından korunmuş, kendine güveni olmayan ve geleneklerin kurbanı olan bir erkekti. Ne yazık ki beni de bu yaşamına ortak etmişti. Ne yapsam yaranamıyordum. Gam ve kederimle dost olmalıydım. Boyun eğmeliydim. Çaresizdim. Yalnızdım. Kimsesizdim. Gidecek bir sığınağım yoktu. Anneydim. Geri dönememe umutsuzluğu içimde gittikçe büyüyordu.

Çocuklarımdan ayrı düşmekten, kurulan düzenden, ilişkilerden korkuyordum. Yastığımı korkularla doldurmuştum. Başımı üzerine koyduğum andan itibaren etrafımı sarıyorlardı. Uyutmuyorlardı.

Eşimin ailesinin istemine göre hareket ettim. Kapandım. Oruç tuttum. İslam'ın gereklerini yerine getirdim. İnanmadan. Anlamını bilmeden. Mecbur kaldığım, zorlandığım için. Sevdiğim, değer verdiğim, kabul ettiğim için değil! Aylar olmuştu ki eşimin istediği kadını oynuyordum. Yıllarca eşimin istediği kadın oldum. Onun istediği gibi yaşadım. Kendimi unuttum. Kendi isteklerimi ve kendimi düşünecek zaman ve ortamım yoktu. Ben hayal idim. Eşimin istediği kadın vardı.

Bana takındığı tavırlar neticesinde yıllarca doğru bulduğum, inandığım tüm değerleri ayaklar altına aldım. Bildiğim tek gerçek oğlum ve kızımdı. Çocuklarım için dayatılan her şeyi kabul ettim. Tüm gayretlerime rağmen adam hiç tatmin olmadı. Mutluluğu yakalayamadı, yaşayamadı. Yaşamasını bilemedi. Ne istediğini bilmeyen bir zattı. Gel-gitleri yaşıyordu.

Aşağılandım, horlandım, dövüldüm, konuşturulmadım. Varlığımdan, kimliklerimden dolayı suçlu bir sanık gibi yargılandım. Onların gözünde ben bir suçluydum. Çağdaş düşüncelere sahip ve farklı olmam, gerçekleri savunmam, güçlü, üretken, atılgan, girişken olmam, eşimi ve yakınlarını çileden çıkartmaya yetiyordu. Ben kadındım!

Hiçbir kabahat işlemedim. Hiçbir saygısızlık yapmadım. Bir tek kötü cümle kullanmadım. Bana emir yağdıranlar, feodal düzenin, köylülüğün, cehaletin, önyargıların kurbanları idiler. Kendilerini yaşayamıyorlardı. Başkaları onlara kurallar dayatmışlardı. Onlarda bana dayatıyorlardı. Kendileri tutsaklardı. Benimde tutsak olmamı istiyorlardı. Kıstırıyorlardı, bastırıyorlardı.

Onların durumlarını, nedenleri ile anladım, değerlendirdim ve kendilerine kin beslemedim. Nefrete yer vermedim. Kendimden, emeğimden ve zamanımdan çaldım, onlara verdim. Yanlış yargılar içinde olduklarını ve bana yapılanların hiç birini hak etmediğimi savunduğum, söylediğim zamanlarda suratıma ve ağzıma yumruklar indi. Tükürük yağmuru içinde kaldım. Onlar her şeyin istedikleri gibi olacağını, beni kelepçelediklerini sandılar. Beyaz tahtanın üzerine yazılan simsiyah hükümler, "Yapma!.. Yasak... Sen kadınsın!.." Onlar, yasakların arkasına korkakça saklandılar. Yüzleşmekten korktular.

Düşünüyordum. Yatamıyordum. Niçin bu aileyle birlikteyim? Bunlarla ortak yanım neydi? Nedir? Neden kendimi bu kadar ezdiriyorum? Neden bu kadar yoruluyorum? İşkolik bir bayan olmuştum. Sürekli temizlik yapıyordum. Durmadan çalışıyordum. Ben nereden, hangi ortamdan geldim? Kimdi bu insanlar? Ben niye bunların hizmetçiliklerini yapıyordum? Aralarında ne işim vardı? Neden klasik kadını oynamayı kabul ediyordum? Sorular, sorular. ve sorular.. beynim işgal altındaydı. Kendimi kurtaramıyordum. Kendime gelemiyordum. Ben, ben olamıyordum.

Çocukluğum, gençliğim, çakıl taşlarım, kuş yuvalarım, evliliğim, yavrularım! Sonu gelmeyen cevapsız sorularla baş başa kalıyordum. Onlar, takılmış bir plak gibi beynimde dönüyorlardı. Israrla beni terk etmiyorlardı. Başımı ağrıtıyorlardı.

Kendimi zindana dünüşmüş yaşamdan kurtaramıyordum. Beynimi kemiren düşüncelerden bir an olsun ayrılamıyordum. Aklım karmakarışıktı.

Uçsuz bucaksız gökyüzündeki yıldızları seyretmek, gündüzün yorgunluğunu, anlamsızlığını, sıkıcılığını biraz olsun hafifletiyordu. Gözümün önünde sınır, engel yoktu. İstediğim kadar bakabiliyordum. O yasak değildi! Sınırsızca duyumsuyordum. Duvarların arasına sıkışmış düşüncelerim ve bedenim gökyüzünü seyredebiliyorlardı. Sanki sözcükler boğazımda düğümlenmişlerdi. İçimdeki sessiz çığlık kulaklarımı çınlatıyordu. Kalbimi sıkıyordu. Hayalleri ile büyüdüğüm özgürlükler, kimliklerim, her şeyim sorgudalardı. Kendime ihanet etmem sonucunda bunlar oluşmuşlardı.

Ben anneydim. Anneliğimden güç alıyordum. Yıllarca bana yapılan, reva görülen uygulamaları hak etmişim gibi susmuştum. Ne beden, ne de kişilik olarak çirkindim, ne huysuz, ne kavgacı, ne kaprisli-kompleksli, ne de beceriksizdim. Kimliklerim beni suçlu yapmışlardı. Eşim ve yakınları tarafından sürekli yargılanıyordum. Ne yapmam, nasıl davranmam gerektiğine dair kalıplar hatırlatılıyordu.

Ben sustum. Susturuldum. Yarın kızım veya gelinimde susacaklar mı? Onlarda birilerinin ellerinde yaz-boz tahtası olacaklar mı? Babadan-oğulla, anneden-kızına mı geçecek bu ilişki, anlayış, yaklaşım tarzı? Ne rahat, ne de yaşam sigortamız olmadan mı yaşayacağız? Herkes tarafından kabul görmek, onaylanmak uğruna bu kadar fedakarlık yapılır mı? İnsan başkaları için kendisini tüketir mi? Yaşar mı?

Çocuklarım bu ilişki içinde kendilerine düşen olumsuz payı aldılar. Onlar böyle bir aile şekillenmesini hak etmediler. Dövülen, boyun eğen, konuşturulmayan, cesaretsiz bir anneye sahip olmamalıydılar. Benim onları böyle bir ortamda dünyaya getirmeye hakkım yoktu. Kendimi kurtaramamıştım, yönetemiyordum. Yönetiliyordum. Onlara ne verebilirdim?

Çocuklarım ne istediğini bilmeyen, bunalımlar içinde olan bir babanın elinin altında kaldılar. Hayatın iyi ve kötü yönlerini analiz edemeden, güçsüz, kararsız bir şeklide varla - yok arası bir yaşam sürdürecekler. Çünkü gerekli olan güneşi, suyu, gıdayı alamadılar.

Sonunu getirmeliydim. Silkinmeliydim. Zincirlerimi parçalamalıydım. Asla pişman olmayacağım bir kararı vermeliydim. Çocuklarımı yüreğime gömerek yeni bir yolculuğa çıkmalıydım. Kaçmalıydım. Özgür bir kelebek gibi uçabilmeliydim. Çağdaş, cesur, onurlu, teslimiyete hayır diyen bir kadın olarak yaşamalıydım. Ben Dersimliydim. Özüme yakışır tarzda hareket edebilmeliydim. Düzgün Baba'dan yardım istemeliydim. Mart ayında Munzurda yıkanıp, arınmalıydım.

Çocuklarımdan dolayı yüreğim bir volkan gibi böğürse de, sevgi, saygı, güven ile bütünleşen bir yaşama demir atmalıydım. Kendime yolculuk etmeliydim. Yüreğime sığınmalıydım. Sımsıkı tutmalıydım. Bir daha geleceğimi kaybetmemek için iyi düğümlemeliyim. Sadece hava ve su ile yaşanılıyorsa, ben de yaşamalıydım. En önemlisi de kendimi sevmeliydim. Yıllarca kendimi sevmem engellenmiş, kendime değer vermem önlenmişti.

Şimdi çok, çok yorgunum! Elimdeki kalemde, bakışlarımda yorgun. Ortaklarımı da koruyamıyorum. Ben bir anneyim. Yakınlarım tarafından çözülmesi zor, yasaklarla örülen, çağdışı bir düzenin içine itildim, sahipsiz, korumasız bırakıldım. Dilim, düşüncem kilitlendi. Esir alındım. Feodal bir hukukçunun ellerine, ayaklarına bırakıldım.

Ama şükürler olsun ki bugün bütün zorluklara rağmen ayaktayım. Her şeye rağmen, nedir beni bu kadar yüreklendiren, ayakta tutan, yaşatan, cesaret veren? Var olmanın, her şeyi sevmenin gücü ve anne olmanın kudreti ve kutsallığı mı? İçimdeki enerji sana minnettarım. İyi ki varsın. Düştükçe, kalkıyorum. Geriye çekildikçe, atağa geçiyorum, öne fırlıyorum. Yıpratıldıkça, güçleniyorum. Darbelendikçe, yenileniyorum. Ağladıkça, rahatlıyorum. Zorluklar beni daha da mücadeleci, azimli kılıyor.

Kara, pas bağlamış beyinlerin beni yıpratmalarına artık izin vermeyeceğim. Tahammül yok. Tüketildi. Her şeye rağmen yüreğim sevgi ile dolu.

İçimdeki kaynağı koruyorum. Kendimle barışığım. Bundan dolayı da kendime güveniyorum. Zaman, zaman gücümden kendim bile korkuyorum. Kimseden moralmen destek, yardım almadan yaşadım, yaşıyorum.

Artık yalnız bir bayan olmam beni tedirgin etmiyor. Yalancı, karanlık, iki yüzlü, çıkarlar üzerinc kurulu olan dünyanın havasını solumuyorum. Bu da mutlu olabilmem için yeterli. Ardımda bıraktığım korkuların tutsaklığından kurtularak, ileriye doğru fırlıyorum. Yeni korkulara meydan, fırsat vermeden önümü görüyorum. Yüreğimin beni götürdüğü yere doğru gidiyorum. Ölümde olsa artık korkmuyorum. Yasakların, şiddetin üstüne basarak yürüyorum. Kaybedecek bir şeyim yok. Bir yönüyle yoksulum. Şimdi soğuk bir ülkede, iltica kampının yarı aydınlık odasında, sığınmacı bir anne olarak yaşıyorum. Kendi kendimle ilgili olarak karar alabiliyorum. Yalnız kalabiliyorum.

Artık farklı bakıyorum. Gökyüzündeki yıldızlar, sudaki iz, ay, güneş, esen rüzgar hepsi, hepsi bambaşka. Her şey benimle birlikte sürgünde. Müziğim, kitaplarım, defterim, kalemim, gözümün nuru çakıl taşlarım. Kafesteki kuşum. Yüreğim sürgünde. Bugün sürgünüm ama özgürüm. Yarı açım ama huzurluyum.

Kalemim, parmaklarımın ısrarı ile bir çocuk gibi satırlar arasında emekliyor. Yürümeye az kaldı. Enerji topluyor.

Bir uçurumun başından geri döndüm. İnsanlara bakarken, gözlerimden akan damlalar ayaklanıp ta, sayfalara doğru koşarlarken, yüzümü tırmalarlarken, kalbim kütür, kütür atarken, yavrularımı arıyorum. Onları görmek, koklamak istiyorum. Çok uzaktalar, yaklaşamıyorum. Ölüm korkusu buluta dönüştüğü için gidemiyorum. Sağnak yağmura tutulacağımı biliyorum.

Sürgünüm, sığınmacıyım, param parça bir can oluyorum. Bedenimi sonsuzluğa, boşluğa attılar, yuvarlanıyorum. Tutunacak bir ağaç arıyorum. Ben beni sorguluyorum. Kaybolan yıllarımı bulamıyorum. Bir pervane gibi kendi etrafımda dönüyorum. Döndükçe yeniden kendime ve yüreğime yaklaşıyorum. Kaybolan çocukluğumu, gençliğimi, kadınlığımı gözlerimde canlandırıyorum. Bir film izliyorum. İçime, derinliklere doğru yolculuğa çıkıyorum. Merdivenleri güçlendiriyorum.

Bana yapılanlara katlanmam, çaresiz ve kimsesiz oluşumdandı. Çaresizlikler içinde kayboldum. Kapalı toplumda boğuldum. Çok keşkeler gelip geçti. Zorlu yaşamın peşinden sürüklendim. Korkak bir kelebek gibi başkalarının ağlarına takılı kaldım. Bu bedeni bütünleştirmek için ne çok uğraştım. Yokuşlar tırmandım. Yolunu kaybetmiş yolcu gibi bakındım. Yoruldum, susadım, durdum, dinlendim, nefes aldım, adım attım. Güzel, yaşanılacak bir dünya aradım.

Yediğim yumruk darbeleriyle yuvarlandım. Düştüğüm yerde kalmadım, doğruldum. Olanaklar çok iyi düzeyde olmasına rağmen yokluğu yaşadım. Cimri bir erkeğin ellerine baktım. Her şey benden kısıtlandı. Varlık içinde yokluk yaşadım. Para istediğimde terslendim, aşağılandım.

Kararlılığımın sonucunda umut ışığının yanacağına emin oldum. Ben başarmalıydım. Başkaları istediler, emrettiler. Çaresizim hissine kapıldım. Pasif direnişte kaldım. Yıllar geçti ama yıkılmadım. Kendi kendimi imha etmedim. Sonuçta kendi ortamıma döndüm.

***

O, annesiz ve yoksul bir aileden gelmenin sonucu, bütün zekasına, yaratıcılığına, girişkenliğine rağmen olanaksızlıklardan dolayı öğrenim görememişti. Kendi kendisini eğitme, geliştirme savaşı veriyordu.

Kendisini ziyaret ettiğimde sıradan Mardinli bir bayanın durumuna düşmüş olduğunu gördüm. Dış görünüşüyle Müslüman bir bayanı andırıyordu. İnanmayan, ezberlediği satırların anlamlarını bilmeyen, aykırı bir çiçek gibiydi. Eşinin yakınları kendi inançlarına göre sevap işlemişlerdi. Onu Müslümanlaştırmışlardı. Ben şaşırdım. Beklemediğim bir atmosferle sarıldım. O ise hüzün tablosuna dönüşen bir yüze sahipti. Huzursuzluğunu yüzünden okudum. Gizleyemiyordu. Sadece izledim.

Arzê'nin üretkenliği, aktifliği, atılganlığı, sosyalliği eşini rahatsız ediyordu. O, onu taşıyamıyordu. Çünkü bayan kendisinden daha becerikli, pratik ve güçlüydü. Gelişme yanlısıydı. Güzel bir sese sahipti. Saz çalıyordu. İmkanları olsa müzik piyasasında rahatlıkla yer alabilirdi. Mardin'de "Sen yalnızca bana ait olmalısın" düşünce, istem ve anlayışı sonucu bastırılıyordu, geriletiliyordu.

Ne yazık ki erkekler beraber oldukları kadının ön planda olmasından hoşlanmıyor. Bu eğitim seviyesi ve ekonomik durumu yüksek kesimde de, yoksul veya orta düzeyde olan kesimde de aynı. Öne çıkan kadının çevresine hemen bir duvar örülüyor. Erkek, eşimin, sevgilimin, arkadaşımın gelişmesi, ilerlemesi, başarılı olması benim de ilerlemem, başarılı olmam, gelişmemdir diyebilse sorunlar, kopmalar yaşanmaz.

Onlar, aylar sonra kayınpederinin ticari işlerinden dolayı bir metropole taşındılar. Arzê, dışarıdan öğretmen okulu sınavlarını verip, kreş hocası oldu. Sosyal yaşama açılmak, meslek sahibi olarak yaşamak istiyordu. Yalnız kalmalarına rağmen, eşiyle olan ilişkisi düzelmedi. Sorunlar devam etti. O, ayrılmak istedi. Eşinin yakınları onun bu istemine tepki gösterdi. Kayınpederi 15 yaşında olan oğluna "Annen boşanmak istiyor. Babanla evli kalmak istemiyor. Bu isteğini kabul etmemiz mümkün değil. Bizde boşanma olmaz. Sana bir tabanca alayım. Onu vur. Oğlusun. Bu görev sana düşüyor." der. Şaşkınlık, korku, panik yaşayan genç, dedesinin istemini teyzesine anlatır.

Oysa aynı kayınpeder daha önce kendisine " Kızım ben 55 yıldır kaynananı çekiyorum. Aradığım hiçbir şeyi kendisinde bulamadım. Kadın değil. Baş belası. Nasıl bir insan olduğunu görüyorsun. Huzur, mutluluk göremedim. Hep koşturdum. Bana layık bir insan değil. Oğlum anasına benziyor. Ben çektim. Sende çek. Başka yolu yok! "demişti.

Öldürüleceğini anlayan, bundan emin olmaya başlayan Arzê, çareyi Avrupa'ya, yakınlarının yanına gelmekte buldu. Mecburen çocuklarını bırakmak zorunda kaldı, ablasına sığındı. Başka bir seçeneği yoktu.

Yakınları, ağabeyleri kendisine "Evine, kocanın yanına dön. Yuvanı yıkma. Kocan iyi bir insan. Daha ne istiyorsun? Adam her şeye sahip. Hem tüccar, hem avukat. Niye rahat durmuyorsun. Ses sanatçısı olmak senin neyine? Git evinde otur. Görevlerini yap. Ben, ben olmalıyım da ne demek?"

Sorunun neydi? Niye anlaşamadın? Niye kaçtın? Bunca yıl ne yaşadın?, demiyorlardı. Yani, bize yük olma. Sana verecek zamanımız, yerimiz, paramız yok. Başının çaresine bak. Kaçtığın, uzaklaştığın yere geri dön, diyorlardı. Ağabeylerinin maddi durumları çok, çok iyi olmasına rağmen birer yabancı gibi davrandılar. Hiçbir konuda destek sunmadılar. Uzak kalmayı tercih etti-ler. Mülteci oldukları ülkede, Kürt insanında bulunan olumlu kültürel özellikleri, insanı koruma, insana değer verme, paylaşma duygularını da kaybetmişlerdi. Avrupa'nın soğuğuna terk etmişlerdi. Düşündürücü, şaşırtıcı bir yaklaşım sergiliyorlardı.

Sürekli onu terk ettiği, hatırlamak istemediği, kaçtığı yaşama geri dönüşe zorladılar. Niye, neden dolayı yavrularından uzaklaşmayı göze aldın, alabildin? diyen olmadı. Kim durduğu yerde normal olan aile ilişkisini bozmaya kalkabilir? Yavrularından uzak kalmayı göze alabilir. İltica kamplarına sığına-bilir. Nedensiz huzursuzluk, boşanma gerçekleşir mi? Elbetteki hayır.

Kendisini ziyaret ettiğimde uzun uzadıya konuştuk. Bana " Aynı ortama gelin gittik. Her iki ailede Müslümanlardı. Ben niye senin gibi yapamadım? Niye senin gibi olamadım? Kürtlük dışındaki bütün kimliklerimden dolayı acı çektim!" dediğinde, kendisine, benim gibi olamazdın. Çünkü ben evlendiğim erkeğe ve onun ailesine avuç açmadım. Ücretli çalıştım. Maaş aldım. Evimin giderlerini karşıladım. Kayınpeder parası yemedim, üstelik onlara verdim, yedirdim. Onlar bana muhtaçlardı. Yani bana yardım vermediler ki, emirde verebilsinler.

Ben çalıştığım, para kazandığım, siyasi bir bayan olduğum, farklı inanca sahip bir aileden geldiğim halde, beni de senin konumuna düşürmek istediler. Girişimlerde bulunmadılar mı sanıyorsun? Ayrı bir evde yaşamama rağmen, çocuklarımın dedesi başımı kapattırmaya ve İslam'ın kurallarını bana dayatmaya, yaptırmaya kalkıştı. İsteklerini ret ettim. Kendi doğrularımı belirterek, savunarak kendisini cevapladım.

Ben sizi olduğunuz gibi kabul ettim. Hiç bir değerinize, inancınıza müdahale etmedim. Saygısızlık yapmadım. Siz de bana karışmayın. Beni zorlamayın. İnanmadığım şeyleri yapmam için baskı uygulamaya kalkışmayın. Hiç bir konuda kendimi sizlerden gizlemedim. Olduğumdan farklı görünmedim. Beni olduğum gibi kabul etmelisiniz, bunu bekliyorum, dedim.

O, komutan olmak, eşine yaptırdıklarının hepsini bana da yaptırmak isteyen kayınpeder, baskı uygulamaya kalkışması durumunda oğluyla olan evliliğimi, ilişkiyi bozabileceğimden korktu, çekindi. Kendi toplumları içinde, gelinlerinin kendilerini terk etmeleri kaldıramayacakları, sindiremeyecekleri bir durumdu. Alay konusu olurlardı.

Ayrıca ben metropolden ayrılıp, onların şehirlerine yerleştikten sonra, halkla güçlü bir bağ, diyalog kurmaya başlamıştım. Siyasiydim. Halk tarafından kabul gördüm, benimsendim. Yabancıydım. Ana dilimle kendimi ifade etmekte sorun yaşıyordum ama kendimi kabul ettirmeyi başardım. Kürt ve Müslüman olan insanlarımızdan kimliklerimi saklamadım. Kibirlik yapmadım. Halkı aşağılamadım, basite almadım. Değer verdim. Saygı duydum. Aynı şekilde de cevap aldım. Beni yüreklerine bastılar. Bu gelişmelerden dolayı da yaşlı komutan üzerime gelemedi.

Eğer siyasi olmasaydım, onların paralarıyla yaşıyor olsaydım, sıkar, suyumu çıkarırlardı. Çünkü benim çocuklarımın babası da senin eşinden farklı değildi. Yakınlarına "hayır" diyemeyen, karşılarında hazırolda bekleyen, onlar tarafından yönetilen, yönlendirilen, kendisi olamayan bir erkekti. Baba ve anne üzerinde baskınlardı.

Ayrıca onlarla aynı evi paylaşmadım. Onlar evimi döşemediler. Evimde kendilerine ait hiçbir şey yoktu. "Bizim" diyemiyorlardı. Aynı evi paylaşsaydım, evliliğim çok kısa sürede biterdi. Her şeyime, bütün ilişkilerime müdahale etmeye, beni yönetmeye, yönlendirmeye kalkışırlardı. Çatışmalar kaçınılmaz olurdu. Ayrı şehirlerde kalmamıza rağmen beni etkilemeye, ilişkilerimi kontrol etmeye çalışıyorlardı.

Bana baskı uygulayamadıkları, başımı kapattıramadıkları, beni eve tıkayamadıkları, erkeklerle konuşmamı, toplantılara, siyasi çalışmalara katılmamı önleyemedikleri, büromda çalışmamı engelleyemedikleri için kendi aralarında konuştukları zaman oğullarına hakaret ediyorlardı. Çocuklarımın dedesi "Benim oğlum şerefsiz. Karısını baş açık gezdiriyor. Kürdistan bağımsız olur ama oğlum olmaz. Öyle bir aileye, kadına bulaşmış!.." diyebiliyordu.

Çünkü O kendi evinin müdürüydü. Karısı çarşaflı ve yüzü peçeliydi. Farklı bir ilişkiyi kabullenemiyor, kaldıramıyor, fazlasıyla zorlanıyordu. Alışkın değildi. Beni isteyerek değil, mecburen kabul ettiler. Etmek zorunda kaldılar. Çünkü ben ve oğulları birlikte olamaya karar verdiğimizde onlar çok uzaklardaydılar. Onların isteklerine, iradelerine göre hareket etmemiştik. Oğulları onları bilgilendirmişti.

Ayrıca benim İstanbul'dan ayrılıp ta Siirt'te taşınabileceğimi, orada yaşamayı isteyebileceğimi de düşünememişlerdi. Benim Siirt'te yerleşmem onları sıkıntıya sokmuştu. Çocuklarımın babasının, babası, amcası imamlardı. Anne ve babasının akrabaları ruhani kesimi oluşturuyorlardı. Yakın çevreleri onları rahatsız ediyorlardı. Benim konumumu kabul etmiyorlar ve onlara karşı kullanıyorlardı. Kimisi ise onları yıpratmak için kullanmaya kalkışıyordu. Çocuklarımın dedesi beni kendilerine benzetme ataklarına geçiyordu. Atakları sonuç alıcı değildi. Beni teslim alamadı. Kendisini takmadım. Saygısızlıkta yapmadım.

Kayınpederimin babası bir tek sefer olsun evime geldi. Başımın açık olmasından, İslam'ın şartlarına göre yaşamamamdan dolayı beni görmekle günaha gireceğini düşünüyordu. Çocuklarımı dahi görmedi, tanımadı. Evine gitmedim. Gelmesi içinde ısrar etmedim. Durumunu anlayışla karşıladım.

Siyasi kimliğim ve ekonomik özgürlüğüm beni Müslüman Kürt ailesinin kölesi yapmadı. Kendimi koruyabildim. Çocuklarımın babası da yakınlarına karşı beni koruyabilecek, savunabilecek, destek sunacak durumda değildi. Zaten yakınları direkt olarak kendisine hiç bir şey söylemiyorlardı. Babası isteklerini doğrudan bana açıklıyordu. Sonuç itibarıyla, ben değil, onlar teslim oldular. Beni olduğum gibi kabul etmek zorunda kaldılar. İstemleri içlerinde küf bağladı. Daha fazla dillendiremediler. Ben kendi doğrularıma göre istediğim yolda ilerliyordum. Her şeye, bütün fedakarlıklarıma rağmen sonuç itibariyle ben de evliliğimi bitirdim. Yürümedi. Tek taraflı vefa ile gitmiyor. Çocuklarımla ilgili bütün sorumlulukarı ben taşıyorum. Onlar biyolojik babaya sahipler. Açıklamalarım onu geçmişine götürdüler. Uzun süre düşündürdüler.

Bu çift evlenirlerken sırt çantalarını alıp ta ailelerinden ayrılamamışlardı. Kendileriyle birlikte taşıdıkları sırt torbalarında kendi geçmiş yaşamlarıyla ilgili her şey, geçmişlerinden, ailelerinden, çevrelerinden aldıkları değerler, ölçüler, doyumlar, duyumsuzluklar, arzular, istekler, geleceğe yönelik umut ve umutsuzluklar, beklentiler birer taş parçası olarak yerleştirilmişlerdi.

Ne yazık ki hem çekirdek ailelerde, hem de büyük ailelerde, Arzê'nin aile ilişkisinde olduğu gibi, yakın çevre, akrabalar, tarafların kendi istemlerine göre yaşamalarını engelliyorlar. Onların doğallıklarının önüne setler çekiyorlar. Kendilerine göre sınırlandırmaya, şekillendirmeye çalışıyorlar. Bastırıyorlar. Zorluyorlar. Rahatsız ediyorlar.

Eğer yeni evli çiftler sırtlarında taşıdıkları torbaları boşaltıp, yeni yaşama göre seçici olmaya başlarlarsa, iki kişi birlikte yaşayacaklarını kabul ederlerse, yeni şeyleri kabul ederek, sindirerek torbaya yerleştirmeye çalışırlarsa, torbayı yeniden düzenleme başarısı gösterirlerse yeni çekirdek aile sağlam temellere oturtulmuş olur.

Ne yazık ki biz de genelde çevrenin müdahaleleri ve evli taraflarında bu müdahaleleri kabul etmeleri, ret edici tavır alamamaları sonucu ilişkiler sarsıntı geçiriyor. Toplum onları görsel, şekilsel olarak evlendiriyor. Akrabalar müsaade etmiyorlar ki çifti oluşturanlar kendi çekirdek ailelerinin yöneticileri, yürütücüleri olsunlar.

Bu çiftte olduğu gibi evlenmiş, fakat evlenememiş, evlenmeyi başaramamış, başartılmamış binlerce aileyle karşılaşabiliyoruz. Dış müdahale sonucu evlilikler acı, sorun yaratan kurumlara dönüşüyorlar. Taraflar ilişkilerinin kendi yakınlarıyla, aileleriyle olan sınırlarını çizemedikleri, konumlarını netleştiremedikleri sürece, kendi evlerinin yöneticileri, karar alıcıları olamayacaklardır. Hegemonya altında yaşama devam edeceklerdir.

Hüküm edilmeyi kabul eden, hükmedene daha çok cesaret, güç verir. Çiftler kendi aralarında, kendi rolleriyle ilgili bir netlik yaşamak zorundalar. Her zaman için annelerinin, babalarının çocukları olduklarını, evliliği gerçekleştirmiş olarakta yönlendirilmeyi kabul etmediklerini, birbirlerine anlatmak zorundadırlar.

Tam evlenememiş olan bu çiftte en belirgin görüntü, onların birbirlerini hiçbir zaman tam olarak kabullenmemeleri, onaylamamaları ve güven duymamalarıydı. Erkek kendi ailesine mesafeli kalamayan bir babaydı. Öğrenim görmüştü ama kendisini eğitememişti. Farklı bir şehirde dört yıl üniversite ortamında kalmasına rağmen, gerekli düzeyde sosyalleşemeyen, gelişemeyen, farklı kültür ve anlayışlara önyargılarla yaklaşan, geldiği bölgeye göre farklı olanları yargılayan, basit gören, uzak durmayı tercih eden, kendi köyünde öğrendiklerini en iyi, en doğru olarak algılayan, kendisinin değil, anne ve babasının dönemindeki ilişkileri savunan, yaşamak isteyen bir yapıya sahipti. Böyle olunca da farklı bir dini anlayış ve toplum içinde şekillenen bir bayanla doğal olarak ortak bir yaşam kurmayı başaramadı. Ast-üst ilişkisi istedi, aradı. Durumunu kabullenemiyordu, onaylayamıyordu.

O, daha başta yanlış tercih yapmıştı. Girmemesi gereken bir ilişkiye girmişti ve kendisini zorluyordu. Her iki tarafta birbirlerini benimsemiyorlardı. Tolerans, tahammül yoktu. Bu tarz evliliklerin sorunsuz, sıkıntısız yürüyebilmeleri için üst düzeyde bir gelişmişlik, birikim gerekiyor. Aksi takdirde kaçınılmaz son boşanma oluyor.

Bu evlilikte çiftler çok fazla ayrık kaldılar. Sadece iki kişinin ilişkisi değildi. Erkeğin yakınları, içinde bulundukları çevre, sürekli müdahaleci ve yargılayıcıydılar. İlişkileri kabul görmedi. Zaten kendileri de bütünlük oluşturamamışlardı. Erkek bayanı sadece fiziğiyle, estetiğiyle kabul etmişti. Onu bireysel özellikleriyle mutlak şekilde beğenmemişti. Eşinin köken özelliklerini, kimliklerini kabul etmemişti. Onun geldiği ailedeki bireylerin sosyal ilişkilerini onaylamıyordu. Bu yönüyle de ayrık düşüyorlardı. Beğenmiyordu ama onaylayabilirdi. Ki O Arzê'yle evlenmişti. Akrabalarıyla değil. Arzê'yi suçlamak, yıpratmak için yakınlarının sosyalizasyonlarını, evlilik ilişkilerini, güncel yaşamlarını başa kakma şeklinde kullanma hakkı yoktu.

Herkes kendi doğallığına, doğrularına göre yaşıyordu. Ama O, müdahale etme, çekiştirme, suçlama, yargılama amacıyla özel yaşamları bir silah gibi eşine karşı kullanıyordu. Kendi evinde kabullenmeyi yaşayacağı yerde, çok uzaklarda geziniyordu. Bundan dolayı da evlilik denilen kurumu gerçekleştiremedi, yaşayamadı. Eşiyle kendi arasında evlilik anlaşmasını, kontratını yapmayı beceremedi.

Duygusal isteklerini, ihtiyaçlarını anlatamadığı gibi karşı tarafı da algılayamadı. 10 yaş eşinden büyüktü. Yaşam tecrübesi fazlaydı. Ama kullanamadı. Durumu kendi lehine çeviremedi. Bir hukukçu, 10 yaş büyük bir erkek olarak aşk ve sevgiden oluşan hecelerle kontratı düzenleyip, cümlelerini sıralayabilirdi. Ama o yetenek, beceri yoktu.

Bayan kontrata dahil olmasını istediği maddeleri açıkça söyledikçe O rahatsız oldu. Göz önüne almadı. Duymak istemedi. Duyduklarını ve hissettiklerini yok farz etti. Kendi istemlerini ise dile getirmedi. Konuşmamayı, saklamayı tercih etti. Bayanın kendisini anlamasını bekledi. Çünkü diyalog kültürüne sahip değildi. Bilinç altındaki fırtınaları, boğuşmaları, yüzünün rengi ele verdi. Karşılıklı olarak bir kontrat oluşturamadıkları ve bir kontratta olması gereken maddeleri yaşayamadıkları için evliliği de başaramadılar. Birlikte, aynı ortamda yaşayan, ama gerçek evliliği yapamayan çiftler olarak kaldılar. Bu çift olmaya çalışan bireyler, ilişkilerinin karşı taraflarında kaldılar. Yaklaşma, yakınlaşma olmadı. Erkeğin akrabaları her ikisinin arasında, ortalarında yer aldılar. Birbirlerini görmelerini, anlamalarını, yaklaşmalarını engellediler.

Evlilik yaptırılıyor ama taraflar için gerekli olan duyguları, hayalleri, istek ve arzuları paylaşma, güven duygusunu oluşturma, yaşama, gerçekleştirilemiyor. Engelleniyor. Evin ortasında buluşamayan çift, birbirlerine yabancı kalmaya mahkum olur. Onlar, evliliklerinin çatısını kuramadılar. İlişkiyi, birbirleriyle mücadele etme, açıkları kollayıp bulma, kullanma şekline dönüştürdüler. "Senin bacın şöyle, senin abin böyle! " cümleleri birlikte yaşama isteğini yavaş, yavaş yok etti. Erkek hep sustu. Susmasının altında yatan nedenleri anlatmadı. Sonuçları da suskunlukla geçiştirdi. Sevgiyi, saygıyı ne verebildi ne de istediği ölçüde bulabildi.

İnsana, canlılara özgü olan desteklenmek, yalnızlık, hissetmek, takdir edilmek, beğenilmek, sevilmek ve iyi hissettirilmek arzularını kendi hataları sonucu yaşayamadı. Karşılıklı olarak birbirlerini doyurmayı bilemediler. Onlar evlendirildiler ve evlilikleri evlilik değil, 17 yıllık bir işkenceye dönüştü.

Evlenememiş olma döngüsü yaşayan bu çift, bayanın bireysel kararı, girişimi sonucu evlilik ilişkisini bitirdiler. Erkek bir türlü boşanmayı kabul etmedi. Evlenmedi. Bekliyor. Yeniden beraber olmayı teklif etti. Kabul edilmedi. Saldırganlaştı. Terk edilen erkek, çevresi içinde alay konusu olmanın korkusunu da yaşıyordu.

Yıllardır anneyi göremeyen çocuklar, sırt torbalarına yerleşen korkuları, endişeleri, sorunları kendi evliliklerine taşıyacaklar. İki çocuk sağlıksız anne-baba ilişkilerinin sonuçlarını kendi özel yaşamlarında da yaşayacaklar.

Bayanın sığınma başvurusunda bulunduğu ülkede oturum hakkı alabilmesi için gerekli olan bütün desteği sundum. Yolları tarif ettim. Kendisini moralmen güçlendirme gereği duydum. Verdiğim destek ve güçle direnişini sürekli bir hale getirdi. Yılmadı. Sonuçta oturum hakkı alabildi. Geri gönderilme, öldürülme korkusundan kurtuldu. Tanıdığım insanları devreye koydum. Kendisine ilişkiler sağladım. Sahip olduğu müzik yeteneğini daha çok geliştirip tanınmaya, müzik piyasasında yer almaya başladı. Ses sanatçısı olabilmeyi başardı. Emek, değer verdi ve iyi ürünler oluştu.

Eşiyse bulunduğu yerden tanıdıklarını devreye koyarak, ilişkilerini kullanarak onu engellemeye, önünü tıkamaya, başarısız kılmaya çalıştı. Faaliyetini sürdürdü ama başarılı olamadı. Yapılmaması gereken, gereksiz şeyler yaptı.

Bu bayan eşinin gölgesinde, onun soyadıyla, onun eşi olarak tanıtılarak yaşamak istemiyordu. Geride tutulmayı kabullenemiyordu. Kendisine ait sıfatlarla toplumda yerini almak, zevk aldığı alanda gelişmek istiyordu. Eşi bir türlü bu durumu anlamak, kabullenmek istemedi.

Oluşturulan bir ilişki yürütülememişti. Onlar birbirleriyle karşılaştıklarında birbirlerine selam verebilmeliydiler. Her şey yıkılmamalıydı. Düşmanlığa gerek yoktu. Müslüman Kürt olan erkek kadın tarafından terk edilmeyi bir türlü kabullenememişti. Sindiremiyordu. Onlar erkek olarak aldatabilirler, ikinci eşleri eve götürebilirler, dışarıda metres sahibi olabilirler, ayrılabilirler. Kadın ayrılmayı isteyemezdi, terk edemezdi. Yalnızca itaat etmeliydi.

Onlar, iki kız kardeş, Avrupa'dan Mardin'e giderek iki erkek kardeşle evlilik yapmışlardı. Kız kardeşlerden biri kendisine dayatılan, kendisinden istenilen her şeyi kabul edip, yerine getirdi. Aileyle, eşiyle çatışmaya girmedi. Teslim oldu. İstenilen gelin rolünü oynamaya başladı. İtaat etti, ediyor. Kendi şartlarını değerlendirdi ve bu tarzda hareket etme zorunluluğu gördü. Kendisine göre doğru olan kararı verdi. Aileyi bütün özellikleriyle kabul etti. Halen evliliği devam ediyor. Kendisini dönüştürdü. Her konuda Mardin'e uyum sağladı! Küçük ise bu süreçleri yaşadı ve kendisini ait hissetmediği ortamdan kaçarak, uzaklaştı.

Kız kardeşler arasında da sözlü çatışmalar, küskünlükler yaşandı. Evliliğin yürümesinden yana olan abla küçüğünü suçluyor, eleştiriyor, kızıyor, anne olduğunu hatırlatıyor ve onu ilişkiyi devam ettirmeye, entegre olmaya zorluyordu. Farklı davranmasını istemiyordu. Kendisini örnek olarak gösteriyordu. Yeğenlerini koruma görevini de yapmak zorunda kaldı. Kız kardeş ise kendisine tavır aldı, kendisinden uzaklaştı. Onunla görüşmüyor, konuşmuyor.

Ortak iki çocuk gelişmeleri izliyorlardı. Baba, anneyi çocuklara şikayet ediyordu. Onlarla dertleşiyordu. Çocuklar bilirkişi heyeti değillerdi. O, çocukları anneye karşı kullanmayı, saldırtmayı, şartlandırmayı ihmal etmedi. Onları görüştürtmedi. Bu davranışların sonucunda ruhsal olarak yaralananlar çocuklardı. Anneyi cezalandırdığını sanıyordu. Bilmeden çocuklarını cezalandırıyordu. Onların hem anneye- hem de babaya ihtiyaçları vardı. Baba bunu anlayabilecek durumda değildi. Terk edilmenin verdiği öfkeyle hareket ediyordu. Sağlıklı düşünemiyordu.

Evliliğimiz bitmiş olduğu için ne kadar üzgün veya kızgın olursak olalım, duygusal yüklerimizi çocuklarımıza taşıtma hakkımız, yetkimiz yoktur. Onlar kızgınlıklarımızı, üzüntülerimizi acı duyarak paylaşırlar.

Şiddetin, sorunların en yoğun yaşandığı ailelerde bile ayrılma kararı, çocukları tahmin edilenden daha fazla incitir, sarsar. Bizler konuşma tarzımızı ayarlayabilirsek, nasıl hitap etmemiz gerektiğini bilirsek, acının dozajını azaltabiliriz. Olması gereken, çocuk açısında yarar sağlayacak olan yöntem, girişim, anne ve babanın birlikte durumu çocuğa açıklayabilmeleridir. İki taraf aynı anda, birbirlerini suçlamadan konuşmayı başarabilirlerse, çocuk birbirleriyle çelişen hikayeler duymaz. Böyle olmaması, bir tarafın hiçbir açıklama yapmadan yaşanılan mekanı terk etmesi çocuğu beklenti sürecine sokar. O, sürekli geri dönüşü bekler.

Çocuklar hemen her şeyi bizler gibi algılayabiliyorlar, his edebiliyorlar. Bundan dolayı da direkt olmak ve dürüstçe hareket etmek, yalan söylememek gerekiyor. Çocuk kendi varlığının boşanmaya yol açmadığını, anne ve babanın anlaşamadıklarını, sorunun taraflardan kaynaklandığını anlamalı, bilmeli. Çocuğun, ruhsal ve fiziki sağlığının bozulmaması için kendisine güven vermek, sevgiden yoksun kalmayacağını, sürekli sevileceğini belirtmek, anne veya babayı suçlamamak, monopol aile olmanın getireceği süreçleri anlatmak gerekiyor. Belirsizlik onları kötü etkiler. Kalıcı izler bırakır.

Çocuk konuşabilmeli, düşüncelerini anne veya babaya açıklayabilmeli. Onun düşüncesi sorulmalı. Dinlenilmeli. Önemsenmeli. Kendisine değer verildiğini anlamalı. Terkeden tarafın döneceği beklentisine girmemesi sağlanmalı. Endişeleri giderilmeli, mantıklı cevaplar verilmeli. İkna edilmeli. Çocuğun kaldıramayacağı konular kendisiyle konuşulmamalı. Dert ortağı edilmemeli. Diğer taraf suçlu olarak anlatılmamalı, kötülenmemeli. Utanç duygusunun oluşmasına neden olunmamalı. Seçim yapmaya itilmemeli. Her çocuk en iyi, en kaliteli anne veya babaya sahip olmak, onlarla onur duymak ister. Bu onların haklarıdır. Onları karşı tarafa karşı kullanma hakkımız, yok. Çocuğumuz, eşyamız değildir.

Tek düşünceye saplanmak, başka düşünceleri, dini inançları kabul etmemek, fanatizm, aynı ırktan da olsa insanları ayrı kutuplara yerleştirebiliyor. Fedakarlıkla evliliği bir yere kadar sürükleyebiliriz. Sonuçta da bitkin düşeriz. Elimizde tuttuğumuz ipleri salıveririz.

Bizler, Kürtler, İslam olanlarımız, kontrol edemediğimiz, okuyup ta dil sorunundan dolayı anlayamadığımız, güncel yaşamda baskısından kurtulamadığımız, dinsel sınıfın, şeyh, imam ve sofuların yorumlarıyla anlamaya, değerlendirmeye çalıştığımız, kökenini Sümerlerden, Samilerden, onlara ait değer yargılarından alan bir inancın tutsaklarıyız. Samilere benzemeye çalışarak kendimizden uzaklaşmaya çabalıyoruz. Bu benzeyişin kurtuluş getireceğini sanıyoruz. İtaatle "Cennete" kürsü sahibi olacağımıza inanıyoruz.

Sağlıklı toplumlar yada kişiler, kendilerini referans noktası olarak alırlar. Taklitçi olamazlar. Kendilerine, özlerine ait olanı korurlar. Dış dünyaya, ben var olan konu hakkında ne düşünüyorum, gözüyle bakarlar. Dış etkenler sonucu toplumumuzun yada insanlarımızın kendilerine olan özsaygıları ve sevgileri azaldıkça, kendi düşüncelerinin yerine, başkalarının düşüncelerini, değerlendirmelerini koydular. Önemsediler. Kendilerini geri plana attılar.

Müslümanlarımız referans noktası olarak Ortadoğu'yu aldılar. Suudi Arabistan'da var olan anlayışı din anahtarı yoluyla kafalarda oluşturulan kafeslere yerleştirdiler. O kafeslerin parmaklıklarının arasından insanları, olayları, dünyayı değerlendirmeye başladılar. Sami dil gurubundan gelenlerin anlayışlarını, adet ve törelerini doğru kabul edip, kendimize ait olan olumlu değerleri kötü gördük, kendimizden uzaklaştırdık, kovduk.

Bilinçsizce, hem de gönüllü olarak yabancının kötüsünü, olumsuzunu misafir ettik ve birlikte yaşamaya başladık. Onlara benzemek için büyük çabalar sergiledik, sergiliyoruz. Kabul, onay görmeyi bekledik, bekliyoruz. Kültür tarlalarımızı zehirliyoruz. Kendimizden kaçışın sebeplerini çözebilen insan sayımız az. Yabancı kültür din aracılığıyla egemen geldi, işgal etti. Olumsuz dönüşümler yaşandı.

Kürtlerin şehirleşmeleri, şehirli olmaları engellendi. Sosyal değişim önlendi. Çağdışı anlayışlar beyinlere enjekte edildi. Var olan tutuculuk derinleştirildi. Kimliklerimizi kaybetmemiz için gerekli alt yapılar bizi yöneten rejimler tarafından hazırlandı. Bizlerde bilinçsizliğimizle bizleri öğüten değirmenlere su taşıdık.

Dedelerimiz, pirlerimiz, şeyhlerimiz orijinal Kürt olmalarına rağmen kendilerine gerçek olmayan secereler, soy ağaçları oluşturdular ve kendilerini Suudi Arabistan'a kadar taşıdılar. Bireysel, ailesel çıkarlara, toplumsal değerler, ulusal kültür kurban edildi. İbadette Kürtçe yerine Arapça kullanıldı. İsimler Arapçalaştırıldı. İnsanlarımız özsaygı kaybına uğratıldılar. Başkalarına ait olan şeyler kutsallaştırıldı. Kültürel yıkım yaşadık, yaşıyoruz.

Kendi kapalı dünyalarından, köylerinden çıkanlar, basınla tanışanlar, bizler okuma imkanı elde edebilenler, bizleri yöneten rejimlerin ideologları tarafından hazırlanan projelerin sonucunda çok ciddi kimlik ve özsaygı kaybına uğratıldık. Bize ait olan her şey aşağılandı, yadırgandı. Yabancı olan değerli, iyi gösterildi. Onlar, akıllarımızı ve vicdanlarımızı ellerimizden almaya kalktılar. Aldılarda. Bu özel projeler, yaklaşımlar, eğitimler sonucu kaybettiğini, verdiğini alabilen insan sayısı belli.

Başkalarına benzeşme çabaları gösterdik, kendimizden kaçtık ve üzerimizde özel projeler uygulayanların bizleri takdir etmelerini, onaylamalarını bekledik. Kişiliklerimiz parçalandı. Kendimizi değil, başkalarını sevmemiz, kendimize değil, yabancıya değer vermemiz istendi, şartlandırıldık, koşullandırıldık ve sonuçta da istenileni yaptık.

Kendilerinden, kültürlerinden onur duyan insanların torunları, kendilerinden, büyüklerinden kaçan, uzak durmayı, ilgisizmiş gibi görünmeyi tercih edenler oldular. Dönüştürme, devşirme, özüne yabancılaştırma budur. Bizleri yaraladılar. Tedaviye muhtaç insanlar haline getirdiler. Tedavi etmeye çalışanlarımız, tedavi olmaları gerektiğinin farkına varanlarımızda yüksek bir oranı oluşturmuyorlar. Çok hassasız, kırılganız. Kimliklerimiz, kişiliklerimiz parçalandı. Beyinlerimiz işlevsiz bırakıldı. Sağlıklı birey olabilmenin kulvarları bize tıkatıldı, boğdurulduk. Kendi zenginliğimizden, tarihimizden habersiziz. Özel projelerin sonucu olarak kendimizi değersiz bir halk olarak gördük ve üstün olarak sunulan yabancı kültürü kutsadık, kabul ettik.

Aydın, entelektüel olabilmeyi başaranlar direnmeye, bize ait olanı korumaya başladılar. Toplumla ilgili araştırma yaparken bağımsız ve tarafsız gözlerle çalışmalara başlamak gerekiyor. Beyni tutsak olan, ön yargılı olan insan araştırma yapamaz. Yapsa da yaptığına araştırma denilemez. Kürt halkının sağlıklı düşünebilen, farklılıkları, nedenleri, sonuçları görebilen, hastalıklarımızı, birbirimize acı çektirme nedenlerimizi, toplumumuzdaki şiddete olan eğilimi nedenleriyle ortaya koyabilen araştırmacılara ihtiyacı var.

Bağlanmayı, itaati öğrenen, hayır demeyi içeriğiyle birlikte kavrayamayan Kürt, sağlıklı sonuçlar çıkaramaz. Bundan dolayı da farklı dinlerden oluşan bireylerin evliliklerinin ayrılıkla, hüzünle sonuçlanması da değişik şekillerde yorumlanmaya yol açmaya devam edecektir. Az şey bilenler bir şeyin, inancın doğruluğundan çok rahat emin olabiliyorlar, ancak bilgi artıkça kuşkular da artıyor.

Bizler, öğrenim, eğitim görmüş Alevi dini inancına sahip ailelerin çocukları olan bayanlar, ulusal birliğimiz için, farklı inançlardan olan insanlarımız arasında güven, saygı, hoşgörü, kabul bağı oluşturabilmek için ilk dalışları yaptık. Evliliklerle ilgili olan toplumsal değerlendirmeleri, bakışları, istemleri kendimizden uzak tuttuk. Kapılarımıza yaklaştırmadık. İnsanlarımıza bütünüyle olumlu yönde örnek, model olmayı hedefledik. Hedeflerimize göre hareket ettik. Doğrularımıza göre yaşamaya çalıştık. Evliliklerimizi yiğitlik, cesaret imtihanlarına çevirdik ve başkalarının da bizleri takip etmelerini, aynı tarz evlilikler yapmalarını bekledik, onları teşvik ettik. Kilise, cami, cem evi, sinagog vb. binaların duvarlarının inananların üzerlerine yıkılmamaları, onları ezmemeleri, yakmamaları için diyaloglar önerdik. Gözlerin birbirlerine sevgiyle bakmalarını sağlamaya çalıştık. Öncülüğe davet ettik. Cesaret çağrıları yaptık. Ne yazık ki farklı dinler arası evliliklerden çok azı devamlılık gösterebildi. Çoğunluk ise olumsuz etkiler bırakarak sona doğru gittiler.

Gerçek şu; bu tarz evliliklerde de, evlenen kişilerin sosyalizasyonları çok önemlidir. Birey olabilenler, saygı, kabul kültürüyle yetişenler; sorun yaşamıyorlar. Etkiye açık olanlar, çevreleri tarafından yönlendirilenler, kendi doğruları olmayanlar, saplantılara sahip olanlar, yanındakileri bütün kimlikleriyle kabul etmeyen yaklaşımlarıyla evliliği bitiriyorlar. Onlar kendi kendileriyle yüzleşemiyorlar, değerlendirme de yapamıyorlar. Sadece suçluyorlar! Yalnız bir insan kendi bedenini yer. Kendi kendisinin efendisi olamayan bir kimse özgür değildir. Olamaz. İlişki de sürdüremez.

***

Alman hükümeti "Şiddetten Koruma Kanunu"nu resmen kabul etti. "Kurban Kalır, Fail Gider" düşüncesiyle hazırlanan yasaya göre, eşlerini döven erkekler evlerden çıkarılacaklar, kadınlar ise çocuklarıyla evlerinde kalacaklar. Ev kirasını ise erkekler ödemeye devam edecekler. Ancak bu duruma göre değişebilecek. Yeni yasa ile her yıl on bini aşkın kadının çocuklarıyla birlikte kadın yurtlarına sığınmak zorunda kalmalarının önüne de geçilmiş olunacak.

Kadın ve çocuklara ev içerisinde daha iyi koruma sağlamak amacıyla çıkarılan kanun çerçevesinde eşlerini döven erkekler evi bir süre ya da tamamen terk etmek zorunda kalacaklar. Kadınlarda dışarıya dönük sığınma yurdu derdinden kurtulmuş olacaklar. Buna ulaşmak için de kadın mahkeme yoluna başvuracak. Bunun en kısa sürede karara bağlanması için ise hızlı bir bürokrasi işletilecek.

Yasada dikkat çeken bir diğer yön, özellikle çocukların tehlikeye girdiği ailelerde erkeğe kalacağı farklı bir mekanı bulması dayatılacak. Erkeğin tümden evden uzaklaştırılması, yada bir daha aynı evde kalmayı deneme fırsatının kendisine tanınması kadının istemine bağlı olacak.

Yeni yasa erkeklerin eşlerine ev dışından tehditler savurmalarını ya da telefonla rahatsız etmelerini de önleyecek. Bu çerçevede, sivil mahkemeler erkeğin herhangi bir şekilde aileyi rahatsız etmesi, yakınlaşması veya yaşadıkları eve yaklaşmasını yasaklayabilecek. Bu durumdan henüz evlenmemiş kadınlarda faydalanabilecekler.

Yasakları çiğneyen erkekler cezalandırılacaklar. Mahkeme, şiddete başvurmuş olan erkeği 1 yıla kadar hapis veya para cezasına çarptıracak. Söz konusu yasa eşcinsel çiftler için de geçerli.

Demokrasinin en güçlü uygulandığı savlanan Almanya'da her yıl 50 bini aşkın kadının, uğradıkları şiddet sonucu kadın yurtlarına sığındıkları ortaya çıktı. Bu bayanların hemen, hemen tümünün, eşleri ya da hayatı paylaştıkları arkadaşları tarafından şiddete maruz kalanlardan oluştukları belirtildi.

Almanya'da, 1 Kasım 1976'da açılan ilk kadın yurdu vesilesiyle Alman haber ajansı DPA'ya konuşan (28. 10. 2001) Federal Aile Bakanı Christine Bergmann, "Varolan kadın yurtları yeterli gelmemektedir. Yenilerin eklenmeleri gerekiyor. Ev içinde kadına yönelik şiddet çok yüksek boyutta uygulanmakta. Ülke çapında 400 kadın yurdu bulunmakta. Çok sayıda geçici sığınma evleri, acil yardım büro ve telefonları açıldı.

Kadına karşı şiddet, toplumun belirli kesimiyle sınırlı kalmamakta. Şiddet sosyal tabakaların her alanında var. Erkek eşi ve çocukları üzerinde otorite ve kontrol yaratmak için şiddet uyguluyor. Bu mantık cinsler arası bir problemdir. Kadına karşı ev içinde şiddet, özel, ailevi bir mesele değil, aksine sokaktaki şiddet gibi takip edilmelidir. Alınacak önlemler çerçevesinde şiddete maruz kalanın değil, şiddet uygulayanın evi terk etmeye zorlanması gerekir. Kurban konumundaki kadın, çocuğuyla birlikte kadın yurtlarına sığınmayı çözüm olarak görmemelidir. Aksine, suçlular bir süre için yaşadıkları evleri terk etmeye zorlanmalıdırlar. Dövülen kalır, suçlu gitmek zorundadır" dedi.

Yaşları 16-85 olan 10 bin kadın arasında yapılan bir anket, Almanya'da kadınlara yönelik şiddetin birçok Avrupa ülkesinden çok daha fazla olduğunu gösterdi. Ankette, Türkiyeli göçmen olanlar ve Kürt halkından gelen kadınların % 49'unun aile içi şiddete maruz kaldıkları belirtildi. Ankete göre, kadınların % 58'i cinsel şiddete maruz kalırken, % 37'si eşleri veya erkek arkadaşlarından dayak yemiş. Kadınların % 13'ü tecavüz, tecavüze teşebbüs veya başka şekillerde cinsel ilişkiye zorlandıklarını itiraf ediyorlar. Araştırmaya göre, özellikle boşanma ve ayrılma dönemlerinde kadına yönelik şiddet artıyor.

Anketle, Türkiye'den veya Doğu Avrupa ülkelerinden Almanya'ya giden kadınlar arasında şiddete maruz kalanların sayısının çok daha fazla olduğu belirlendi. Türkiye'den giden kadınların % 49'una ev içinde kaba kuvvet uygulanıyor. Şiddet eğiliminin artması, getto yaşamına bağlı olarak çevre kontrolünün yoğun olması, medya aracılığıyla çağdışı değerlerin yaygınlaştırılması, işsizlik ve yoksullaşmanın, bu kesim içinde çok yüksek olması, entegrasyon çabalarının başarısız kalmasına bağlanıyor.

Federal Aile Bakanı Renate Schmidt, kadınlara yönelik şiddetin artmasının, bilgilendirmenin eksik olmasından kaynaklandığını ileri sürüyor. Schmidt, şiddetle karşı karşıya kalan kadınlara yardım etmek için bir telefon hattının oluşturulduğunu bildirdi. Öte yandan Almanya, Hamburg'da Almanya'nın en eski bayan barınma evlerinden biri kapatılırken, Kassel'de ve diğer birçok şehirde de parasızlık bahanesiyle kadın barınma evleri kapatılıyor. (Eylül, 2004)

Almanya'nın Hassen Eyaleti'nde yapılan Yabancılar Meclisi Seçimi sonuçlandı. Eyaletin Offenbach kentinde seçimlere "Kürdistan Liste" ile katılan bir bayan belediye meclisine girdi. Yabancılar Meclisi'nin önemsenmesi gereken bir kurum olduğunu belirten bayan, yabancıların Almanya'da birçok sorunla karşılaştıklarına dikkat çekti. Yabancıların, yaşadıkları sorunları böylesi bir meclis bünyesinde ifade etmelerini isteyen Kürt temsilci, kendi kültürlerini ve yaşam sorunlarını tartıştırmaları için önemli bir fırsatı yakaladıklarını söyledi.

Vildan Dirik, "Şimdiye kadar bu meclisin yaptırım gücü ortaya çıkmamış olsa bile eğer etkili bir çalışma yürütülürse, genel Almanya politikasına ciddi bir yansıması olacaktır. Kürtler aktif politikada yer almalılar. İlk hedefimiz bölgede yaşayan insanlarımızı aktif politikaya çekebilmek için altyapı hazırlığını yapmak ve insanlarımızı böylesi bir çalışmanın gereğine inandırmaktır.

Başta Kürtler olmak üzere bütün yabancıların yasal kurumlarda kendilerini ifade edebilmelerinin, sorunlarını dile getirebilmelerinin, aktif siyaset içerisinde olabilmelerinin, her açıdan önemli olduğunu bilmeliyiz. PDS ve bazı Alman partilerinde olan Kürt milletvekillerinin her fırsatta Kürt sorununu dile getirmeleri gerekir. Bir Kürt insanının milletvekili olması ya da parti üyesi olması önemlidir. Katılmakla ancak varlığımızı, kendimizi hissettirebiliriz. Kürdistanlıların temel sorunu olan Kürt kimliğinin Almanya'da resmen tanınması artık büyük bir aciliyet arz etmektedir. Kürt kimliğinin tanınması, Kürtçe anadilde eğitim haklarının her yerde tanınması ve özelliklede başta bulunduğumuz eyalette buna işlerlik kazandırmak, meclis bünyesinde tartışmaya sokmak ilk iki önemli amacımızdır.

Offenbach'ta yaklaşık 6 ay önce Kadın Kültür Merkezi adı altında bir dernek kurma başvurusunda bulunduk. Başvuru kabul edildi. Fakat yer sorunundan dolayı bir süre askıda kalacak. Kurulacak derneğin bütün giderlerini belediye karşılayacak. Bu dernek bütün kadınları özelde de Kürt kadınlarını kapsayacak. Kürt kadınlarının gerek savaştan kaynaklı gerekse de mültecilikten, işkenceden, göçten kaynaklı tüm sorunlarını tartışabileceği, çözüm yollarını arayabileceği mesleki anlamda bazı olanaklar için sosyal danışmanlık hizmetini alabileceği, kültür anlamında çocukların dil eğitimi, tiyatro, saz ve resim çalışmaları için açacağı kurslarla eğitim çalışmalarına öncelik verilecektir.

Somut bir dernek projesi çizdik. İleride daha farklı araştırmalara gideceğiz. Offenbach Uluslararası Kadın Bürosu ve bazı kadın oluşumları ile görüşme-ler yapıldı. Kadın kurumları ile ilişki içerisinde bulunmak ve ortak projeler üretmek gibi çalışmaları bundan sonra daha rahat yapabileceğimize inanıyoruz. Özellikle kadının yaşadığı sorunlar noktasında belli bazı adımları atacağımızı şimdiden belirtmek istiyorum"(2001)

Almanya, Avrupa Birligi'nin (AB) cinsiyet ayrımcılığına karşı hazırladığı düzenlemeye uymuyor. 2003-04 kışında yürürlüğe girmesi planlanan yeni düzenleme, Almanya tarafından bloke ediliyor. Düzenleme, iş hayatında cinsiyet ayrımcılığını önlemeyi amaçlıyor.

Almanya'da kadınlar, erkeklere oranla ortalama % 20 oranında daha az para kazanıyorlar. Meslekte uzmanlık ve maaş düzeyi yükseldikçe, aradaki fark artıyor. Eşit mesleklere, eşit ücret talepleri henüz yerine getirilmiş değil. Birleşmiş Milletlerin, kadınların ayrımcılığa maruz kalmasını önleme komisyonu CEDAW, meslek hayatında kadınlara eşit muamele yapılması için, Almanya Federal Hükümeti'ne özel önlemler alması yönünde öneride bulundu.

Kadınlara yönelik ayrımcılık, düşük gelirin yanı sıra, sağlık sigortasına ilişkin reformlara da yansıyor. Hükümet, bir yıl önce sağlık sisteminde reform yapılmasını kararlaştırdı. Almanya Kadın Doktorlar Birliği Başkanı Regine Rapp-Engels, planlanan reformda, özellikle ilaç ücretlerinin hasta tarafından paylaşılmasını eleştirdi ve "Kadınların ortalama geliri daha az olduğu için, yeni uygulamadan daha fazla etkilenecekleri çok tartışıldı. İlaç ya da tıbbi müdahale için hastaya düşen % 1 oranındaki pay, 300 Euro geliri olan bir kişi için, 3 bin Euro geliri olandan çok daha büyük bir yük."dedi.

Kadınlara yönelik ayrımcılık, özel sağlık sigortalarında daha da belirgin. Özel sigortalar kadınlara, erkeklerden çok daha yüksek olan farklı bir tarife uyguluyor. AB Komisyonu bu eşitsizliğe son vermek amacıyla, bu tür uygulamaları yasaklamayı öngören yeni bir düzenleme hazırladı.

Frankfurt / Main Üniversitesi'nden hukuk uzmanı Marita Körner, " AB'nin önerdiği düzenleme tüm sigorta anlaşmalarını kapsıyor ve 4. maddesinde şunu vurguluyor; 'Erkeklere ve kadınlara, gerek emeklilik gerekse sağlık sigortasında ortak bir tarife uygulanması zorunludur. Çünkü aksi halde cinsiyet ayrımı söz konusudur Ancak Almanya bu düzenlemeyi engelleyen ülkeler arasındadır"

AB, Sağlık ve Sosyal Hizmet Bakanları Konseyi, ayrımcılığa karşı düzenlemeyi gevşeterek, kadınların emeklilik sigortasına daha fazla aidat ödemelerini kabul etti. Buna neden olarakta, kadınların ortama ömürlerinin erkeklerden uzun olması gösterildi.

Hukukçu Körner, bu tezin sigorta şirketlerinin ileri sürdüğü matematiksel bir masal olduğu görüşünü savunuyor. Bu iddiayı doğrulayacak dünya çapında tek bir araştırma bulunmadığını vurguluyor ve aksine uluslararası araştırmaların, kadınların uzun süre çalışma hayatında yer aldıkları ülkelerde, erkeklerden daha uzun ömürlü olmadıklarını ortaya koyduğunu hatırlatıyor.

Uluslararası Çalışma Örgütü (ILO), Avrupa'da çalışma sektörlerindeki ayrımcılığa karşı yeni bir çalışma başlatıyor. Ayrımcılığın Avrupa'da çalışan göçmenlerin % 30'luk bölümünü etkilediğine dikkat çeken Örgüt, 27.5 milyon dolayında yabancı işçiyi çalıştığı mekana entegre etmeyi planlıyor.

Avrupa Birliği (AB) ve ILO'nun ortaklaşa organize ettikleri ve ekonomik olarak destekledikleri projede hedef Avrupa ülkelerinde göçmen işçilere yönelik olan ayrımcılığı ortadan kaldırmak.

Yeni projeyle göçmen işçilerin entegrasyonu üzerine çalışmada planlanıyor." Avrupa'da entegrasyon ve farklılıklara eşitliği sağlayabilmek." ismiyle hazırlanan projede, uluslararası çalışma örgütleri de ortaklaşa çalışacaklar. AB'nin ekonomik desteğini de alan projenin hedeflediği kitle ise özellikle göçmen işçiler.

ILO, Avrupa'daki el emeğini korumak ve ihtiyacını gidermek için şimdiye kadar herhangi bir tedbir alınmadığına da dikkat çekiyor. Dünya genelindeki 175 milyon göçmenden 56 milyonu Avrupa sınırlarında yaşıyor. Bunlardan % 27.5'i ekonomik olarak aktif olan bir kesim. Bu da Avrupa'nın aktif nüfusunun % 4'lük bir oranını teşkil ediyor. İsviçre ve Luxembourg'da ise aktif nüfus en büyük çoğunluğu teşkil ediyor.

1 Ekim 2004 tarihinden itibaren başlayan projenin sonuç alması için 18 ay gerekiyor. Yürütülen çalışmalara ilişkin bilgi bankasının da oluşturulması planlanıyor. Ayrımcılığa karşı mücadele etmek için Uluslararası Çalışma Örgütü 45 tedbirden de bahsediyor. Projenin ilk etaptaki hedefleri ise işveren örgütleri, sendikalar, yerel yönetimler, sivil toplum, akademik kurumlar, basın, göçmen örgütleri ve yaşayan yabancılar.

Proje koordinatörü Patrick Taran, "Avrupa ülkelerinde yaptığımız araştırmada göçmen işçilere karşı ayrımcılığın % 35'lik bölümünün elde dolaşan parayla yapıldığını tespit ettik. Örneğin yabancılara maaşlarının verilmemesi, sosyal haklarında kısıtlamalara gidilmesi gibi. Yeni gelenler nüfusu ve büyümeyi gençleştiriyorlar. Enflasyon yaratmıyorlar.

Göçmenlerin, işsizlik yardımı aldıkları, sosyal sigorta konusunda ciddi sorunlara yol açtıkları gibi yanlış izlenimler, negatif algılar, göçmenlerin yerleştikleri ülkelerde istikrarsızlık sebebi olabilir, insanların sosyal olarak dışlanmalarına, bazı grupların kendi aralarında gettolaşmalarına, sosyal sorunlara yol açabilir." diyor.

***

"Mutluluk nedir? Keyfince doymak, bir erkeği veya kadını olmak, sağlıklı yaşamak mı? Bunlar yetmiyor. Özgürlük, onur ve saygınlığı gerektirir. Yok. Zorla elde etmeye mecburuz. İnsandaki sevginin gücü çok şaşırtıcı"

NAZÊ: Ben Adıyaman Kahtalıyım. 70 yaşımdayım. 16 yaşımda büyüklerimin kararlarıyla tanımadığım biriyle evlendirildim. Eşim yetimdi, kimsesizdi. O, beni döver, söver evden kovardı. Ailem ise "Ayağınla o eve girdin, sırtınla da o evden çıkacaksın!" diyorlardı. Yani kefeninle, ancak ölün oradan çıkar. Gelip bize sığınma! Bizden yardım isteme!.. anlamında konuşuyorlardı. Koca evinden kaçardım, baba evinde de kabul görmezdim. Yediğim dayaktan etrafımdaki insanlar rahatız olurlardı. Çocuklarımın da babalarından ödleri kopardı. Kendisinden çok korkarlardı.

Çok gençtim. Evliliğe, sorumluluklarına, görevlere hazır değildim. Erken anne oldum. Çocuklarımın uygar birer insan olmaları için çabaladım. Büyük oğlum yaşadığı hayattan dolayı tam bir asi oldu. Babası onun kazandığı kişiliği ve davranışlarını, oluşan ruhsal durumunun sorumluluğunu da bana yüklüyordu. Ona göre, oğlumun asi olmasında suçlu bendim. Ben öyle olmasına neden olmuştum. O, kendisi yetimliğin, yalnızlığın, sevgisizliğin sonuçlarını yaşıyordu. Bunun farkında da değildi.

Sevilmemişti, sevmeyi bilmiyordu.

İlgi, değer görmemişti, göstermeyi bilmiyordu.

Şiddet görmüştü, şiddet uygulayıcısı olmuştu.

Takdir edilmemişti, takdir etmeyi, onurlandırmayı bilmezdi.

Hırpalanmış, aşağılanmıştı. Bizi hırpalayıp, aşağılıyordu.

Neyini anlatayım. Mutluluk evimize misafir olamadı. Ağır sözler, küfürler, hakaretleri sıralayan bir dil sürekli döndü, durdu. 12 eylül 1980 askeri darbesi olduktan sonra bir yandan polisle, bir yandan kocamla uğraşıyordum. Oğlumdan dolayı sürekli beni gözaltına alıyorlardı. Bir oğlum Ankara Mamak Cezaevi'nde yatı. Sonuçta akli dengesini kaybetti. Diğer çocuklarım okuldan kovuldular. 2, 3 ayda bir hapse gidiyordum. Anaydım, dayanamıyordum! Evladımı görmek istiyordum. Haftada bir de karakola gitmek zorundaydım. O durumda evde de dayak yiyordum. Hapishane görüşleri ve karakollarda hırpalanmak, aşağılanmak, tacize, saldırıya uğramak yetmiyordu. Evdeki erkekte üstünü tamamlıyordu.

Hapisten çıkan oğlumu üç ay tedavi ettirdim. O, 1988'de Norveç'e geldi. Diğerleri de peşinden geldiler. Adıyaman'da yaşamaları, kalmaları mümkün değildi. Devletin görevlileri sürekli kendilerini izleyip, rahatsız ediyorlardı. Öldürülme korkusu yaşıyorlardı. Bundan dolayı uzaklaşmayı, topraklarını terk etmeyi tercih ettiler.

Bir oğlum Norveçli bir ile evli. Yok oldu gitti. Öbürü halen akıl hastası. Bir tanesi iki yabancı evlilik yaptı, sonuç sıfır. Mutluluğu bulamadı, yakalayamadı. Geçmişin sonuçlarını yaşıyor. Mutluluk konusunda kendisine model olan bir babaya sahip değildi. Kendiside olamadı. Dengeyi tutturamıyor. İyi bir eş, iyi bir baba olamıyor.

Ben buraya iki aylığına misafir olarak geldim. Çocuklarımın durumlarını gördüm. Bunları bırakıp ta dönemedim. Keşke gelipte görmeseydim. Büyük oğlum diğerlerine de sebep oldu. Onun peşi sıra geldiler. Adıyaman'da simit satsalardı buradan, buradaki yaşamdan daha iyi durumda olurlardı. Bir tek Kürt kızıyla evli olan oğlum mutlu. Bizim gençlerimiz inşaat işçiliği yapsınlar burada kalmaktan ve çalışmaktan daha iyidir. Kafaları daha rahat olur. Ne yaptıklarını bilirler. Artık 6 değil, 60 çocuğum var. Bu çevrede tanıdığım insanlarımızın hepsini kendi çocuklarım gibi hissediyorum, görüyorum. Hepsinin yaşantılarını izliyorum, biliyorum. Onların rahatsızlıkları beni de rahatsız, huzursuz ediyor.

Ben buraya gelmek ve burada kalmakla eşimin dayağından kurtuldum. Buraya gelmek istediğimde de eşimle çok kötü şekilde tartıştık. Bana " Git ama pişman olacaksın!" demişti.

En son kızımı gözaltına aldılar. Yani anlayacağın devlettin görevlileri bize rahat vermiyorlardı. Sürekli polisle yüz, yüze gel, dur. Ben ülkede huzursuzdum. Hapishaneleri, işkenceleri, yoksulluğu gördüm. Burada da insanlarımızın yok oluşunu görüyorum. Oğullarımız buradaki kızlar tarafından kapışılıyorlar. Onlarla birlikte olan erkeklerimiz benim gözümde 5 kuruş etmiyorlar. Bana göre Norveç'teki Kürt erkekleri satılmışlar. Ailelerini, kendilerini büyütenleri aramıyorlar, buradaki kadınlara da demet, demet çiçek veriyorlar. Kadınları memnun etmenin yollarını öğrenmişler. Kibarlaşmışlar. Anlayışlı olmuşlar. Demek ki iklim, ortam değişince insanda değişebiliyor. Analar gelipte bunların hallerini görmesinler. Emeklerine üzülmesinler, yanmasınlar. Bu oğulları bugünler için mi büyüttük demesinler.

Benim buraya gelişimden sonra gözaltına alınan kızımda buraya geldi. 4 ay kaldı. Bir gün " Anne ben kararımı verdim, döneceğim. Bunlar gibi asalak, kişiliksiz olamam!" dedi.

Dönüp gitti. Ben onun aldığı karara çok sevindim. Babasına göre kızım okumayıp, evlenmeliydi. Kızı dövüyordu. Bundan dolayı da ben daha oradayken, kızım, kız öğrenci yurduna taşındı. Yavruma saygı duyuyorum. Oğullarım burada bitip, tükendiler. O ise farklı yaşamayı tercih etti.

Ben bu güne kadar iki Kürt kızı tanıdım. Kadınlar buralara gelmiyorlar. Gelipte sığınmıyorlar. Bayanlar kendilerini koruyorlar. Evlenipte buraya gelen bir bayan bana " Ben dört duvar arasında esirim" dedi. Erkekler kadınların öne çıkmalarını, burayı, burayla ilgili bir şeyler öğrenmelerini de engelliyorlar. Onları geliştirmiyorlar. Yalnız başına evde otur dur. Saatler geçmiyor. Buralı kadını engelleyebilirler mi?

Bu derneğe gelip, gidiyorum. Buranın yemeklerini yapıyorum. Türkiye'de Kürtlere yapılan zulmü buranın insanlarına duyurabilmek, rahatsızlığımızı dile getirebilmek için geçen yıl (1991) Türkiye'nin Oslo konsolosluğunun kapılarını hileyle açtırdım ve orayı işgal ettik. Onlar, oradaki görevliler beni tanıyorlar. Ben teravih geceleri camiye gidemiyorum. Çünkü Türkiyeli ırkçılar var. Beni rahatsız ederler. Artık parklarda da Türkiye'den gelenlerin yanlarına oturamıyorum. Hakarete uğramaktan, rahatsız edilmekten çekiniyorum. Devlet onları sahip olmadıkları ırkın azılı militanları yapmış. Türk değil, kendisini Türk görüyor. Normal Türk'ten tehlikeli, saldırgan. Başka ırklara saygıları yok. Tedbirli hareket ediyorum.

Ben buraya gelene kadar dayak yiyordum. Eşimi bıraktım, dayak ve küfürden kurtuldum. Bir de bu ülkelerden, göçmenlikten kurtulabilsek. Bir şeylerin düzelmesini, geriye dönme imkanlarının oluşmasını bekliyorum. Benim mutsuz, huzursuz evliliğim, o insan hakları olmayan, konuşulmayan rejimin etkileri çocuklarımı mahvettiler. Buralara kadar geldik.

Ben şunu anladım; evlenmeyi düşünen insan, evlenmeye karar verdiği kişinin, tek başına yaşarken de mutlu bir hayat geçirip, geçirmediğini araştırsın. Seçtiğiniz aday yalnızken mutlu bir hayat sürmüş ise evlendiğinde de mutluluğunu sizinle paylaşacak demektir.

Pasif, pısırık, arayış içinde olmayan, nimetin ayağına gelmesini bekleyen, gerekli kapıları çalamayan kişilerin düzen kurmaları, rahatlık vermeleri mümkün değil. Hayat yıllarca sürüyor. İnsan iyi gözleyebilmeli. İyi görebilmeli. İnsanlardan uzaklaşmayan, sosyal çevresi olan, deneyimler sonucu insanları tanıyabiliyor. İçe kapanık olan tanıyamaz ve sağlıklı kararlar veremez.

Benim oğullarım itirazcı, muhalif, birden parlayan, isyan eden, hep eleştirel yaklaşan erkeklerdirler. Onların hedefleri ülkelerinde değişimin olması, demokrasinin gelmesiydi. Evliliğe de bulaştılar. Başarılı değiller.

Arkadaşlarıyla dost olmayı tercih ediyorlar. En yakınlarında olan eşleriyle dost olamadılar. En gizli duygu ve düşüncelerini eşleriyle paylaşamadılar. Başları sıkıştığında arkadaşlarına koşuyorlar. Duygusal gelgitler yaşadılar, yaşıyorlar. Kadınlarla birbirlerine yakın olamadılar. Samimiyeti yakalayamadılar. İyi iletişim kuramadılar. Yakınlaşamadılar. İlişkilerinin iyi yürümesi için gerekli olan noktaları tespit edemediler. Bundan dolayı da yetim çocukların babaanneleriyim.

***

Toplumların; bayanları koydukları, yerleştirdikleri noktalar, kullandıkları dilde, deyimlerde ve hitap ederken belirginleşmektedir. Toplumumuzdaki kadını anlatan, tarif eden cümlelerde onurlandıran, yücelten hecelerle birlikte, yargılayan, aşağılayan, hiçselleştiren vurgulara da rastlıyoruz. Bayan dişidir. Kullanılan atasözleri ve deyimler toplumdaki zihniyeti, kadına biçilen, uygun görülen rolü gösteriyor. Birey olmak isteyen bayanlar ile onları bayancık konumuna sokmak isteyenlerin çatışması olmalı, devam etmeli. Toplum dönüşmeyince, dilde değişmiyor. Dili değiştirecek olanda kullanılan dilden rahatsız olan bayanlardır.

Özgürlük ne ithal edilebilir ne de kanunlarla dayatılabilir. Yalnızca toplumun kendi kültürü, karakteri ve koşullarıyla uyum içinde yeşerebilir. Her toplumda, halkta olduğu gibi Kürdistanlı bayanlar da kendi yollarını takip etmeliler, gerçekliklerine göre hareket etmeliler.

Meslek olarak "Ev kadını" sıfatını taşımak beraberinde değişik görevleri de çağrıştırıyor. Eğer bayan dini inancı sonucu, rolünü benimsemiş ve kabul etmişse fazla sorun çıkmıyor. Benimsemiyorsa durum farklı sonuçlar oluşturuyor.

İskoçya'nın Glascow Üniversitesi'nden bir grup bilim adamı, ev işleri ile kadın ruh sağlığı arasındaki ilişkiyi inceler. Sonuç; ev işlerinin kadını moralsiz duruma getirdiği ve genel olarak yaşama bakışında umutsuzluk yarattığı gerçeğidir. Ev işlerinin asıl etkileri depresif bir ruh hali yaratmalarıdır.

Araştırmayı gerçekleştiren ekibin başkanı Prof. Nanette Mutrie, günlük rutinler arasında bulunan alışveriş gibi bazı işlerin ise kadının ruh halini yumuşattığını, dinçlik kazandırdığını vurgular ve "Bunların, diğerlerinin aksine depresyonu engelleyici bir etkileri var" der.

Mutrie, depresyon kameraları ile izledikleri kadınlarda, en büyük negatif etkiyi ev işleri sırasında tespit ettiklerini, çok ev işi yapanların ruh hallerinin daha bozuk olmasını da "Bu tür kadınların evlerinde bakmakla yükümlü oldukları daha çok insan olabilir." şeklinde açıklar.

***

"Eğer istiyorsanız sağlıkçı, terapist, fikirlerinizi, bakış açılarınızı değiştirir. Bakış açınızın sağlıklı mı, sağlıksız mı olduğu değerlendirmesini yapmanızı sağlar. Sarhoşluk kusur yaratmaz, kusurlarınızı açığa vurur. "

SINÊ: 36 yaşındayım. İlkokul ikiden itibaren Antep'te okudum. Yatılı Sağlık Koleji mezunuyum. Hemşirelik yapmaktayım. Ailede 8 kız, toplam 9 kardeşiz. Annem ve babam görücü usulüyle evlendiriliyorlar. Babam annemden yaşça çok büyüktü. Köydeyken bize ait arazi çok azdı. Babam başkalarının işlerinde çalışırdı. Yarıcılık yapardı. Benden büyük olan her iki ablam hiç okuyamadılar. Benden küçük olanlardan üçü lise mezunu, biri ise öğretmen.

Eşimle akrabayız. Birbirimizi görmemiştik. Ben okulu bitirmiş göreve başlamıştım. O da, okulunu bitirmiş ve memurluk yapıyordu. Aileler evlendirilmemizi düşünüyorlar. Bizi birbirimize uygun görüyorlar. Düşünce ve istekler herikimize söylendi. Ben birkaç kez Antep'e gittim. O da, Ankara'ya geldi. Çok az görüştük. Ve bu evlilik yapıldı.

Çevredeki, bizim oradaki geçerli olan anlayış şuydu: "Okulu bitirmişim ve yalnızım. Hemen başımın bağlanması gerekir. İki kişi olmamız şart. Çünkü tayinim her yere çıkabilir. Eğer evli olmazsam bir yakınımın benimle kalması gerekir. Ben yalnız başıma köylerde kendimi koruyamam. Bir erkek öğretmen köyde tek başına lojmanda kalabilir.
Bir bayan kalamaz. Saldırıya uğrama tehlikesi her zaman mevcuttur!"

Pazarcıklı olan bir ebe-hemşire bekardı. Doğu'da bir yerde yalnız olarak görev yapıyordu. Erkeklerin hışmına uğruyor. Yoluna çıkıyorlar. Saldırıya uğruyor. Kız aklını kaybetti. Yıllardır iyileşemedi, kendine gelemedi, yaşamı mahvoldu.

Ben köyde ve çevre yerleşim birimlerinde de bayanlara yönelik düşünceleri duyuyordum. Bizim köyde genç bir kız öğretmenlik yapıyordu.

Amcamın oğlu " Ben onu kaçıracağım. Onunla evleneceğim!" der dururdu. Amcamın oğlu cahil mi cahil, odun gibi bir erkekti. Kız hiç isteyerek onunla evlenir mi? Ne yapacak? El atacak. Zora başvurup kaçıracak ki, istediği cvliliği yapabilsin!

Zaten bizim oralarda sosyal yaşama dahil olan, meslek sahibi memurelere "Hafif! Oynak kadın!" gözüyle bakarlardı. Ve gençlerde hiç bir şeyden çekinmeden, utanmadan onları rahatsız ederlerdi. Memure ne yapıyor? Devletin idari birimini temsilden muhtara dayanmak zorunda kalıyor. Ya muhtar oynaksa ne olacak?

Bizim Kürtlerin korkusu şudur; "Kızım yalnız kalırsa, başına bir şey" gelir. Meslek sahibi de olsa kadın eksik etektir. Ya "Yalnız yaşayamazsın" derler, ya da söyleye, söyleye senide şartlandırır ve evliliğe sürüklerler. Yani bir erkeğe, koruyucuya ihtiyacın vardır. Bir an önce koruyucunu bul!

Ege bölgesinden okula gelen, birlikte öğrenim gördüğüm kız arkadaşlarım vardı. Onlar bizim yaşadığımız korkuları yaşamıyorlardı. 12 yıldır mezun olduk. Halen evlenmeyenler var. Onlar kendilerine güveniyorlardı. Yalnız yaşamayı biliyorlardı. Bir koruyucuya, bir yöneticiye gerek, ihtiyaç duymuyorlardı.

Bizler hep yoksul ailelerin ve küçük memurların kızlarıydık. Okulumuz yatılıydı. Yani yarı açık hapishaneydi. Haftada iki saat çarşıya çıkabilirdik. Okul yöneticileri tarafından bizlere büyük bir baskı uygulanıyordu. Bütün yaşamımız ders-teneffüs-etüd, çalışma ve uykuyla sınırlandırılmıştı. Biz öğrenci değil, asker gibiydik. Hocaların karşısında hazırolda dururduk. Aman öğretmen kızarsa beni okuldan atar, aman öğretmen kızarsa haftalık dışarı çıkma iznimi iptal eder. Korku ve tedirginliklerle geçen bir öğrencilik yaşadık.

Üzerimizde psikolojik baskı vardı. Bize gelen ve bizim yazdığımız bütün mektuplar okunurdu. Okul yöneticileri seninle ilgili her şeyi biliyor. Özel yaşam diye bir şey yok. Kim bu uygulamaya itiraz edebilirdi? Özel yaşamım bana aittir, ben asker değilim, diyecek olsan, derhal okuldan kovulurdun.

Kadın ve erkek sorunu, aile yapılanmaları, ailede cinsel ilişki, sorunlar ve sonuçlar, toplumsal durumumuz, biz bu konuları konuşamaz ve tartışamazdık. Sosyal mesleği seçmiştik ! Sürekli verilenleri, önümüze konulanları ezberler, istenilen, öğrenmemize müsaade edilen dersleri çalışırdık.

Bazen bahaneler bulur çarşı izinlerimizi de yakarlardı. Günlerce binanın içinde kalırdık. Dışarı çıkamazdık. Bize yalnızca "Evet efendim, siz bilirsiniz efendim!" demek öğretilmişti. Zaten bizler, yoksul çocuklar, bir an önce okulu bitirip kısa yoldan meslek sahibi olmak, ailelerimize maddi destekte bulunmak için çırpınıyorduk. Öğrencilik yaşamımla ilgili olarak yalnızca verilen emirleri, korku ve baskıyı hatırlıyorum.

Ben mezun olur olmaz Ankara'da üniversite hastanesinde görev aldım. Tıp fakültesini okuyan öğrencilerle birlikteydik. Onlar bizim bilgilerimizden yararlanmaya, kendilerini geliştirmeye çalışıyorlardı. Bize ihtiyaçları vardı. Öğrendikleriyle üstlerinin gözüne girmeye, takdir toplamaya, kendilerini kabul ettirmeye çalışıyorlardı. Bize karşıda saygılıydılar. Herkes birdi. Farklılık yoktu, rahattım. Çok rahat çalışıyordum.

Ama Antep'te çalışmaya başlayınca gördüklerimi, yaşadıklarımı bir türlü kabullenemedim. Bir yılda dört çalışma yeri değiştirdim. Orada mesleki bilgi, beceri geçerli değildi. Arkası güçlü olanlar, politik arenada, kurumlarda üst düzey adamları olanlar, istediklerini yaptırıyorlardı. Doktorların havası o biçimdi. Tavır ve yaklaşımlarıyla adeta "Tanrı benim!" diyorlardı. Yanlarına yaklaşmak mümkün değildi.

Aynen asker ve subay ilişkisi. Doktor gelince ayağa kalkacaksın. Hazırolda bekleyeceksin. Hasta tabelasını elinde tutup beylerin eline uzatacaksın. Zaten doktorları da zor yakalarsın. Gelen hastalar yoksullardı. Doktorların ilgilerini çekmiyorlardı. Orada ne hastanın ne de hemşirenin değeri vardı. Doktorlar hemşireleri kendi çalışanları, işçileri gibi görüyordu. Hastaların ölmesi de doktorları enterese etmiyordu. Vicdanen rahatsız olmuyorlardı.

Hasta cetvellerini elime alır, doktorların peşlerinde dolaşır, defalarca tekrarlayarak, sorarak hastaya hangi ilacı vermem gerektiğini öğrenirdim. Onlar, lütfederlerse, isterlerse cevap verirlerdi. Sanki efendinin hizmetkarısın. Ayakta onu beklemek, ardı sıra kendisini izlemek zorundasın. Egolarını tatmin ediyorlardı. Ben bu ilişkileri kaldıramadım. Normalinde o tabelaya doktorun hasta için gerekli olan ilacı yazması gerekirdi.

Bölgemizde okur-yazar oranı az olduğundan, okuyanlara, dışarıdan gelen doktorlara oranın halkı saygılı davranıyor, değer veriyor. Bu durum da doktorların başlarını döndürüyor. Komplekslerini halkın, yerlilerin üzerinde tatmin ediyorlar. Kendilerini bir şey sanıyorlar. Bir başka ortamda o davranışları sergileyemezler. İnsan başkalarını ezmek, aşağılamak için okumaz. Okumak, bireysel eğitimde bir araçtır.

Görevli sağlıkçılar da bir adamını bulup işe girmişlerdir. Yeterli bilgileri yoktur. Mesleki özellikleri, incelikleri bilmezler. Orada pratik yaşam içinde ne öğrendilerse onunla yetinirler. Bu ilişkiler içinde gelen doktor da "ne oldum delisi" oluyor. Batıda bu saygısızlığı yapamazlardı. Doktor, hangi hemşireyle hasta kontrolüne çıkacağını kendisi belirliyordu. Bu çok saçma bir şeydi. Onlar bulundukları yerde görevli olan herkesle çalışmak zorundadırlar.

Kadınlarda da, hemşirelerde de yağcılık, yaltaklanma, gönle göre hareket etme, gönülleri hoş tutma, dalkavukluk ve bunun sonucunda da ön plana çıkma anlayışı, tutkusu vardı. Kişiliğiyle, mesleki bilgisiyle değil de, ucuz basit jestlerle kendilerini doktorlara kabul ettirme telaşındaydılar! Doktorların ne üstünlüğü vardı ki? Bizler, mesleki bilgiye sahiptik. Ancak bilgiyi kulanacak ortam yoktu.

Ben Antep'te çok mutsuz oldum. Oradan gitmek, kaçmak istedim. Ne ast, üst ilişkisi, ne hasta, sağlıkçı, ne sağlıkçı, temizlikçi ilişkisi vardı. Arkası güçlü olan istediği gibi davranıyordu. Temizlik nasıl yapılır? Temizliğe nereden başlanır? Temizlikçiler bunu bilmiyorlardı. Yapılması gerekeni söylüyorsun, aldığın cevap ise " Sen kim oluyorsun. Daha dün geldin. Haddini bil! "

Orada tek başıma bir şey yapamayacağımı anladım. Kurulan düzeni düzeltmek mümkün değildi. O kütü sistem çok iyi inşa edilmişti.

Bir gün bir hemşireyle, temizlik işçisi tartıştılar. Adam hemşirenin yoluna adam, kabadayı çıkartırdı. Tehdit ettirdi. Güvenliğin yok, bölgede kaba güç geçerli. Gece nöbetinden çıkardık. Saldırıya uğrama korkusundan dolayı yalnız eve gidemezdik. Çok kötü bir anlayış yerleşmişti. "Memure bayanlar herkesle birlikte olabilirler. İsteklere cevap vermeye hazırdırlar. Hafif bayanlardırlar. Kendilerinden istenildiği şekilde yararlanıla bilinir." düşüncesi geçerliydi. Yakınlarım iş bitiş saatinde gelir ve birlikte eve dönerdik. Korumasız, yanımızda bir erkek olmadan yürüyemiyorduk. Yani ailemizden olan bir erkek bizleri diğer erkeklerden korumakla, saldırılara cevap vermekle görevlendiriliyordu. Erkek, erkekten korkuyor. Yapabileceklerini hesaba katmak zorunda kalıyor. Tedbirli davranma gereği görüyor.

Yıllardır bu ülkedeyim ve çalışıyorum. Cinsiyetimden dolayı bir gün rahatsız edilmedim, hakarete, aşağılanmaya uğramadım. Buranın erkeği oradakine benzemiyor. Bunlar cinsellik konusunda aç değiller. Antep kadına saldırı, kadını aşağılama, bedenini değersiz bulma açısından ilginç bir yer.

Bilmiyorum nasıl duyuyorlar, haber alıyorlar, Yeni mezun olmuş bir memure geldi mi, bir bakıyorsun eşarpli veya çarşaflı kadınlar gelmeye başlıyor. " Güzel bir hemşire gelmiş, onu görmeye geldim. Oğluma alacam. Nerede, görmek istiyorum? " diyor.

Bilemiyorsun, gelen çarşaflı genelev görevlisi mi, gerçekten gelin almak amacıyla mı geliyor. Gelen memurelere aman dikkatli olun, aman hata yapmayasınız. Burada bunlar, bunlar yaşanıyor, derdim. Gelen kendini çok zengin olarak tanıtıyor, her şeyi vaat ediyor. Genç kızda da evlilikle ilgili kıstaslar, mantık gelişmemiş. Her şey toz pembe. Deneyimsiz. Arkadaşı olmasını da ister. Evlilik ve beyaz atlı prenste cazip gelir. Çarşaflı kadının aracılığıyla yoksulluktan kurtulup iyi bir yaşama kavuşma olanağını da yakalamak ister. Uyarmazsan, bilgilendirmezsen yeni mezunlar çok kötü şeyler yaşayabilir.

Yeni mezun ve Ege bölgesinden olan bir hemşire geldi. Gerçektende boylu poslu ve çok güzel, alımlı bir kız. Baktım çarşaflılar gelip gitmeye başladı. Aman dikkat, diyordum. Başka ne yapabilirdim ki? Kız oğlanı görmemiş, oğlan kızı görmemiş. İstihbarat kaynakları sağlamdı. Hemen haber alıyorlardı. Nasıl bir ağ kurmuşlardı? Anlayamdım.

Yine Egeli olan bir hemşire ise aslen Halepli olup ta Antep'e yerleşen, kaçakçılıkla uğraşan bir ailenin oğluyla evlenmişti. Erkek her gün alkollü bir halde kızın yanına gelirmiş. Bu akıllıda sanıyor ki adam ona olan aşkından dolayı içiyor. Alkol ve adamın duruşu, görünümü onu düşündürmüyor. Adam bunu kaçırıp evine götürüyor. Adamın bacıları ve annesi hemşireyi kabullenmiyorlar. Basit bir sağlıkçı olarak görüyorlar. Giden misafirlere de kendisini "Yeni hizmetçimiz" diyerek tanıtıyorlar.

Adamın her iki bacısı da çok kaprisli ve evlenememişlerdi. Hemşire ise yoksul bir aileden geliyor ve üvey babasının yanında büyümüş. Bir daha o eve, üvey babanın yanına dönmemek ve yoksulluktan kurtulmak için bu evliliği kabul ediyor.

Sürekli " Üvey babamın elinden kurtulmak için bu evliliği yaptım. Çok mutsuzum. Sürekli hakarete uğruyorum. Ne de olsa çekeceğim. Kendi elimle yaptım. Çocuklarımı yetim bırakamam!" diyordu. Gerçektende adamı çok sevmişti. Eşi yakışıklıydı. Ama kişilik hiçti. Rezilin, ayyaşın tekiydi.

Hemşire çok genç ve deneyimsizmiş. Evlilik nedir? Adam nasıl bir karaktere sahip ve benzeri konuları düşünebilmeyi de bilmiyormuş. Romantik aşk o kadar. Filmlerle oluşan düşünceler. Romantik dünya. Ama gerçeğe hiç uymuyor. Romantizm ve gerçek çarpışıyor.

Bu hemşire gerçektende o evin hizmetçisi olmuştu. Bir süre sonra kaynanası onları ayırtıyor. Aldığı maaşı tümüyle kaynanası elinden alırdı ve bunun yapacağı harcamaları belirlerdi. Hemşire giyeceği bir elbise alamazdı. Üzerinde bir kaç kuruş para bulunsa kocası alır ve tümünü içkiye verirdi. Ben ordayken çocukları 10 yaşındaydı. Annelerine kızarlardı. " Biz niye babaanneye gidiyoruz? Niye maaşını o alıyor!" derlerdi. Hemşirenin üçü bayan, dört komutanı vardı.

Bu meslek sahibi, ekonomik bağımsızlığı olan bir kadındı. Çalışıyordu. Ama bir başkası tüm maaşını alıp, yapılması gerekenleri de tek, tek ona emrediyordu. Kadın düşüncede, eylemde özgürleşememişti. Demek ki ekonomik bağımsızlıkta sonuçta bir işe yaramayabiliyor. Evde oturan, çalışmayan kaynana ve görümcelerinin denetimi altındaydı. Size ne, benim emeğim, istediğim gibi harcarım. Alkolik koca seni istemiyorum. Acıdan başka bana ne veriyorsun, diyemiyordu. Yıllar olmuştu ki ailesini görememişti. Adam ve diğer komutanları ailesini ziyaret etesine de izin vermiyordu.

Zaten ne o kendisini aileye kabul ettirebilmiş, ne de aile onu kabul etmişti. Hamile kalmış. Adam habire diretiyor " Çocuğu doğuracaksın. Ben oğlan istiyorum ". Buysa hep Allah'a yalvarıyor ki oğlu olsun. Allah yüzüne bakıyor ikiz doğruyor.

Bu kadın çocuğun olmasında, cinsiyetin oluşmasında neyin etkin olduğunu bilmiyor muydu ? Elbetteki biliyordu. Eşine ve ailesine anlatamıyor ki. Gel de Antep gibi yerde anlat.

Kız doğuranlara zaten "Kancık (dişi köpek) her gün bir kancık doğuruyor" derlerdi. Oranın erkeği çok huysuzdur. Ne kadınsız durur ne de birlikte yaşadığı, çocuklarının anası olan kadına değer verir. Bayanı yararlanılan, çalıştırılan, hizmet ettirilen bir eşya gibi görüyorlar.

Kadının çocukları annelerine tepki gösteriyorlardı. Annelerinin durumundan, konumundan rahatsız oluyorlardı. Babalarının huysuzluğunun nedenlerini, aile ilişkilerini sorguluyorlardı. Kadın ise çocuklarına hep kaçamak cevaplar verirdi.

Bayan hep ezilmişti. Evde üvey baba, okulda öğretmenler, yöneticiler birer komutan, işyerinde doktorlar tepeden bakar ve Antepli bir kocayla devam eden bir yaşam!..

O zavallım ezik bir kişilikti. Karşı çıkmayı, var olan durumu değiştirmeyi bilmiyordu. Buna gücü de yetmiyordu. Onun mutluluk ölçüleri de farklıydı. Kocası bir gün içmeden eve gitse, ertesi gün yüzünden, gülücüklerinden durumu belli olurdu.

Ben jinekoloji servisinde çalışmadım. Bir arkadaşım o bölümdeydi. Arada bir onu ziyaret ederken bayanların yaşadıklarına, sorunlarına tanık olurdum. O yaşadıklarını, sıkıntıları, sohbetleri anlatırdı. Orada, Antep'te, hamile kalan kadın yapayalnız kalıyor. Eşi elini tutup hastaneye getirmez. Doktor veya sağlıkçılarla görüşmez. "Problem nedir, ne yapabilirim?" demez. Beraber olur, zevkini yaşar, döller ve kenara çekilir. Rahatını bozmaz. Kadın çocuğu doğurmak istemiyorsa kendisi bizzat hastaneye gelip, durumunu hal etmek, çözüm bulmak zorundadır. Oluşan canlı erkeğin değildir!

Bayan bebeğini düşürmek, düşük yapmak için çöp mü kullanır, ilaç mı kullanır, hastaneye mi gelir, onun girişimleri, ihtiyaçları erkeği ilgilendirmez. Hele yoksulsa ne yapacak? Para ödemeden bebeği aldırmak için muhakkak bir tanıdığının tanıdığını bulmak zorundadır. Orada ricayla, hatırla işler hal olur. Adam bulamadı mı doğurmak zorundadır. Vajinaya koyduğu, düşük yapmak amacıyla kullandığı araçlar çocuğu sakat da bırakabilir. Bizler sağlıkçı olarak cehalet ve onun doğurduğu sonuçlarla yüz yüze kalıyorduk.

Erkekler yalnızca zevk almayı, tatmin olmayı bilirler. Kadının vücuduyla ilgili bölümü, cinsel ilişkinin kadın sağlığıyla ilgili sonuçları onları ilgilendirmiyor. Sonuçta kadın yapayalnızdır. Yalnızlık ! Bu da insan psikolojisi için çok kötü bir durum.

Kadın onlara göre civciv makinesidir. Her yıl doğum yapmalıdır. Kadının hap almak, spiral (rahim içi araç) taktırmak için de parası yoktur. Zaten erkek kesinlikle korunmaz. Korunmakta kadının görevidir. Onun kamışı doğrudan kadının etine değmelidir. Yoksa tat alamaz. Kendisini iyi his edemez. Plastik sarılı bir kamışla rahatlayamaz. İmkansızlıklardan dolayı çoğu kadın çocuk doğurur. Antep sokaklarında bolca yarı aç ve çıplak çocuklar görürsünüz.

Ben o kadınlara göre ne kadar farklı bir yaşantıya sahibim veya özgürüm derseniz, açıklayayım. Ben de tam anlamıyla özgür bir kadın değilim. İstediğimi alabiliyorum. Ama bilmiyorum bu durum ekonomik özgürlüğüme mi bağlı, eşimin yapısından mı kaynaklanıyor, bir başka neden mi var ? Bu eve ait harcamalara eşim karışmaz.

Ama şu bir gerçek, eşimin yakınları kendisini etkileyip yönlendiriyorlar. Kayınpederimin anlayışına göre "...bu eve gelen gelin, kendi ailesini unutmalı, ilişkilerini sınırlandırmalı. Eğer unutma ve sınırlandırma, bu eve bağlanma olmazsa tam evinin kadını olamaz, ev yapamaz!"

Yani soyadının değişmesiyle tümüyle erkeğin malı olmalısın. Ben çalışıyor, para kazanıyor olmasaydım, bana karşı tutumları farklı olurdu. Şu anda muhtaç durumda olan anneme de yardımcı olamazdım. Onların oğullarının kazancını ben nasıl ailem için kullanabilirdim?

Anneme para gönderiyorum. Biliyorlar, rahatsız oluyorlardır. Bana bir şey demiyorlar. Arkamdan konuşuyorlar umurumda değil. Ciddiye de almıyorum. Kayınpederime göre gelin ailesini ararsa, annesinin etkisi altında kalır ve kocasının evine bağlanamaz. Mutlu olamaz. Hangi anne kızının mutlu olmasını istemez ki? Saçma düşünceler.

Halbuki evlenen bir kız aile ilişkilerini düzenleyebilecek durumdadır. Aile ilişkilerini de, kendisini de yönetecek yetenektedir. O, "Kadın ailesiyle ilişkiyi bitirmeli.!" der durur. Peki niye erkek ailesiyle ilişkisini bitirmiyor? Eşimi öyle bir etkiliyorlar ki. İstediklerini de ona tek, tek yaptırıyorlar ve karar almasında da etkinler. Onun, bize karşı olan davranışlarını belirleyebiliyorlar.

Şu anda annem muhtaç durumda. Biz kardeşler kendisine yardım ediyoruz. Yükün büyük bölümü erkek kardeşimin üstünde. Eğer ben eşimin ailesinin, yakınlarının kaldıkları yerde yaşıyor olsaydım, muhakkak beni huzursuz ederlerdi. Benim emeğim üzerinde konuşurlar, değerlendirme yaparlardı. Paramı kullanmaktan uzak durmazlardı. Kazancıma kahyalık ederlerdi. Buradayım ve konuşulanları, söylenilenleri duymuyorum. Benim Antepteki evimin kirasını alıyorlar. Taksitlerle alıp döşediğim evimin bütün eşyalarını aldılar ve evlerinde kullanıyorlar. Bu yıl izne gittiğimde gördüm.

Bana; "Ülkemizden, buradan git!" dense, ben ne yapacağım? Kullanacağım bir tek şey yok. Ve beni en çok rahatsız eden olay her şeyimi alıp kullandıkları gibi, bana da sen insan mısın, hayvan mısın, bu eşyalar senin, alıp kullanabilir miyiz? demediler. Onlara göre evde, eşyada oğullarının ve onların kullanma, yararlanma hakları var.

Ama ben yıllardır evde ve dışarıda çalışıyorum. Olan her şeyi ortak aldık. Ne kadar oğullarınınsa o kadarda benim. İnsan nezaket gereği de olsa bir kez sorar. Benim eşyalarım habersiz açılmış, kullanılıyor. Gördüğümde çok kötü oldum. Hiç bir şey söylemedim. Eşime, niye haber vermeden böyle yaptılar?, sorusunu yöneltiğimde, eşimin cevabı: " Buradaki her şey, benim!" oldu.

Ya ben kimim? Benim emeğim nerede? Eşim öğretmen olacak! İnsan eğitmeni! Anlayışa bak. Bana hak tanımıyor. Bunların yetiştirecekleri çocuklar ne öğrenebilir? Eşitliği, paylaşımı, saygıyı, karşı tarafı dinlemeyi ve adaleti mi? Bilmeyen verebilir mi? Hayır!

Ayrıca eşimin ailesinin durumu iyi. Muhtaç değiller. Düşünse, adil bir insan olsa, evimizde oturmayı anneme teklif ederdi. Annem korunmaya muhtaç, açıkta. Kalacak bir odası yok. Ben bu teklifte de bulunamıyorum. Bulunamam. Ben bu ev de neyim? Bana sorma gereği duyulmuyor. Her şey oğullarının, ben oturup sömüren, tüketen, erkek emeği üzerinde keyif yapan bir kadın değilim. Bana ait eşyaların sorulmadan alınması, kullanılması sonucu yüzümden mutsuzluğum belli oldu. Bir hiç yerine konmak beni rahatsız etti. Kayınpederim huzursuz olduğumu duyuyor.

Benim için " Eğer o gelin bu evden bir tek parça eşya çıkarırsa, geri kalanları da ben çıkarır bahçede kendi ellerimle yakarım!" diyor. Anlayışa bak. Kimin emeğiyle, kimi tehdit ediyorsun? Benimle birlikte mi okudun, meslek sahibi oldun, kazandın? Ben ve aldığım her şey sanki onlara aitiz!

Bizim ilçe tümüyle boşalmış durumda. Dışarıya göç verdik. Gelen sebep oldu, bir diğerini getirdi. Araziler belirli el lerde toplanmış. Halk yoksul. Buraya gelip iki yıl kalan ev, arsa alıyordu. Nişanlıların kolları, boyunları altınla dolduruluyordu. Biz de görünümden, var olan havadan etkilendik. Yıllardır çalışıyordum. Fazla bir şeye sahip olamamıştık. Gider bir süre kalır, çalışır, birikim yapar, döneriz, dedik.

Ve dönünce de tekrar mesleğimizi sürdürürüz düşüncesindeydik. Burayı çok rahat yaşanılan, maddi sıkıntı çekilmeyen, istenilen her şeye sahip olunan bir yer olarak görüyorduk. Daha önce gelenlerin gönderdikleri dövizler bizi etkiledi. Buraya gelince gördüm kü o altın dizenler, ev alanlar gece gündüz çalışıyorlar. Çilekeşçe yaşıyorlar. Adamlar her an hareket halindeler. Yemeyi bilmiyorlar. Başkasının huzurunu da bozuyorlar.

Kimse demiyordu ki biz Avrupa'da robot gibi yaşıyoruz. Zaten buraya gelenlerin dörtte üçü köyden geliyor. Adamlar yaşamayı bilmiyor. İşe git, eve gel. Sosyal yaşantıları sıfır. Yeme, içme, harcama yok, biriktir. Köyden gelenler bu yaşamdan rahatsızda olmuyorlar. En azından her ay evlerine bir maaşta giriyor. Orada görmediği teknik araçları kullanıyor. Bunlar ruhsal yöndeki yıpranmalarının farkında da değiller.

Bu yıl izne gittiğimde insanları izledim. Köydekiler ruhsal olarak buradaki insanlardan çok, çok sağlıklı. Evet yoksulluk var, savaş var. Ama robotlaşmamışlar, ruhsuz değiller. Sinirleri yıpranmamış.

Biz Antepten çıktık. Önce bir başka ülkeye geldik. Oradan da yürüyerek buraya geçtik. Daha geçiş anında pişman olmaya başladık. Niye geldik, niye düzenimizi bozduk?, düşüncesi bedenimizi kapladı.

Sığınmacı olabilmek için polise müracaat ettikten sonra, bir hafta boyunca tahtadan yapılmış barakalarda kaldık. Oradan da bir başka sığınma kampına gönderildik. İkibuçuk ay da orada kaldık. Çok pişman olduk. Çalıştığımız yerleri aradık. İşe başlayıp başlayamayacağımızı sorduk. İdari görevliler görev yapmadığımızı bakanlıklara bildirmişlerdi. "İşe başlayamazsınız!" dediler. Geri dönemedik. Bütün haklarımızı kaybetmiştik. Ve burada kaldık. Çok sıkıntı çektik.

Hamileydim. O süre içinde yalnızca ekmek ve zeytin yedik. Yiyecek bir şeyimiz de yoktu. Çocuklar gördükleri her şeyi istiyorlardı. Alamıyor ve huzursuz oluyorduk.

Bizden önce gelenlerin gerçek yaşantılarını gördük. Yabancılara iş verilmiyordu. Dil bilmiyorsun, derdini anlatamıyorsun. Ev de vermiyorlardı.

Ev ve iş arıyorduk.

Sonuçta rutubetli, pis bir çatı katı bulduk. Ben iki yıl temizlik yaptım. Daha sonra mesleğimi ispatlayarak ve birazda dil öğrenerek kendi mesleğimi yapmaya başladım. Eşim ise dil öğrenemedi, öğretmenlik yapamadı ve inşatlarda çalışmaya başladı. Halen inşaatlarda çalışıyor. Buraya daha önce gelenlerde bize sahip çıkmadılar. Halimi görüyorlardı. Birisi demiyordu ki sıcak bir çorba yapıp ta içirelim. İnsanlarımız bir garip olmuşlardı. Birbirlerine karşı yabancı olmaya başlamışlardı. Biz gördüklerimiz karşısında şaşırıyorduk. Hamileydim, çocuğumu aldırmak istiyordum. Dil bilmediğimiz için aldıramadık ve o çocukta özürlü, sakat olarak doğdu.

Çevremizdekilerde "Siz para biriktirmeye mi geldiniz, çocuk yapmayı mı? Bu ülkede çocuk yaparsanız çalışamazsınız ve para biriktiremezsiniz!" diyorlardı. Bir ara temizlik yaptığım yerdeki rahibeleri yemeğe davet ettim. Halimizi görüp acıdılar. "Bebek bu evde yaşayamaz" dediler ve kendilerine ait olan bir yeri bize verdiler. 1,5 yıl verilen yerde kaldık. Buraya gelişimiz çocuklarımızı da kötü etkiledi. Biz sinirimizi, sıkıntımızı çocuklardan çıkarıyorduk. Onları dövüyorduk. Çocuklarda şaşırmışlardı. Bizleri tanıyamaz, anlayamaz olmuşlardı. Daha önce göçmen olanlar maddi özgürlüğe kavuşmuşlardı. Teknikle tanışmışlar, bilmedikleri aletleri görmüşlerdi. Bazıları hadlerini bilmiyor, ne oldum delisi olmuşlardı.

Bir kadını tanıyorum. Ben daha önce kendisini tedavi ettim. Köye gittiğimde hasta, olanlara iğne yapmaktan kurtulmazdım. Kadını burada gördüm. Dönüp bana demesin mi " Siz orada, geldiğimiz yerde bilgiliydiniz. Burada artık herkes eşit, bir oldu. Sen de benim gibisin!"

Ben kendisine acır, yardımcı olurdum. Bilgelik taslamıyordum ki. Görevim neyi gerektiriyorsa onu yapıyordum. Tavrı karşısında şaşa kaldım. Anlam veremedim. Ki onun öğrenim görmesini engelleyen, kompleks sahibi olmasına neden olan ben değildim. Kadın yalnızca para kazanmaya başlamıştı. Başka hiç bir değişim ve gelişimde yoktu. Kendini geliştirme yönünde bir çabası da mevcut değildi. Ve ben evlerine gittiğimde doktora gitmek için yine benden yardım istedi. Gittim, tercümanlığını yaptım. Şimdi buna ne diyeceksin?

Bir başka kadın ise yıllardır burada yaşıyor. Oda köyden gelmiş. Üç çocuğu var. Dönmüş bana "Ben çocuğun nereden çıktığını bilmiyorum. Doğum sırasında üstüme çarşaf çekiliyor, göremiyorum!" dedi. Vücutlarını tanımıyorlar, zavallılar. Dördüncü sınıfa giden çocuğunun elindeki kitaba baksa, resimlerde her şeyi görecek. Çocuğuna sorsa, çocuk kendisine anlatacak.

Bir başkasının uterusu alınmıştı. "Yarım adam oldum. Erkekten farkım kalmadı." dedi. Kendisine orası büyüme veya ur oluşması sonucu alınır. Seninkisi dış gebelik sonucu alındı. Sen yarım adamda olmadın, erkekte olmadın. Çünkü cinsel ilişkiyi vajina denilen rahimin ağız kesimiyle sağlıyorsun. Ayrıca beyin rahatlama, boşalma denilen olaya hazır olmayı sağlar. Vajina, kiliterus, dil, dudaklar, el ve peniste bunun için birer araçtırlar. Senin beynin sağlam. Cinsel gücünü, hislerini kaybetmiyorsun. Boşuna üzülme, dedim.

Rahim alınması denilen olaydan sonra aylık kanamalar olmaz. Kadın artık çocuk doğuramaz. Tek fark budur. Aylık kanama dönemlerinde kadın sıkıntıya girer, terler, huzursuz olur. İleri yaşlarda bunu engellemek için de ilaç kullanılır. Bunu biz de kaç kadın biliyor? Çok az.

Bana en ilginç gelen kadınlarımızın bir bölümü buradaki yaşamlarından çok memnunlar. Köyden gelmiş, görmemiş, hiç bir şeye sahip olmamış. Burada bazı şeylere kavuşuyor. Ve şükrediyor. Yani şükür edenlerimizde var. "Herkes, niye geldim? Neler kaybettim. Burada ne buldum ki?" demiyor.

Niye sahip olamamış? Niye yoktu? Niye, neden dolayı yoksullardı bunu düşünmüyorlar. Köyde tarlada çalışmış, hayvan bakmış. Ürün veya hayvan satılmış. Satan erkektir, parayı kullanan erkektir. Kadın o parayı tüketme hakkına sahip değil ki. Çok azı doğrudan o parayı kullanabiliyor. Bayan burada işçi oluyor. Bu önemli bir değişim ve gelişim. Burada kimi kadınlar çalışmalarına rağmen onların maaşlarına yine erkekler el koyuyorlar. Maaş erkeğin hesabına gidiyor. Harcamaları erkekler belirliyor.

Çoğu kadınımız depresyonda. İyi bir gözlem ve inceleme gerekiyor. İşin en kötü yanı kadınlarımız depresyon geçirdiklerini de bilmiyorlar. Sinirler darbeyi yemiş. O, şuram ağrıyor, buram ağrıyor, diyor.

Bir örnek; köyden yıllar önce buraya gelen ve işçilik yapan bir tanıdığım hep: "Midem, karnım ağrıyor. Dönünce yanlarım ağrıyor!" derdi. Şikayetleri üzerine doktorlar rahmini açıp kapadılar. Hiç bir şey bulunamadı. Kullanılan ilaçlara da cevap alınamıyordu. Sonuçta doktorlar psikologu devreye soktular ve tüm aileyi izlemeye başladılar.

Kadın bana "Doktorlar bana; 'Kocanla bir problemin var mı? Neden sıkılıp, hu z u r s u z o l u r s u n. Seni huzursuz eden nedir?' diyorlar" dedi.

Sonuçta kadına antidepresif ilaç verildi. 4 yıldır bu ilaçları kullanıyor. Kendisine, sürekli ilaç alma, senin için iyi olmaz, dedim. Bana " Eğer her gün o ilaçları almazsam bir şeyimi kaybetmiş gibi oluyorum." cevabını verdi. İlaçlar alışkanlık yaptı.

Kadın geçmişte yaşadığı bir olayın etkisinde olabilir. Buraya geldikten sonra üç yıl çocuklarını göremedi. Çocukları köyde bırakmıştı. Bunun etkisi olabilir. Çevre ve ilişkiler değişti. İşçi olmuştu. Yabancılık söz konusuydu. Bu nedenlerin hepsi onun sinirlerini hasta etmeye yetti. Hastalığını da bilmedi, karnını yardırdı. İçe dönük, kapalı bir bayan. Problemi, sıkıntısı olsa da konuşmaz. Doktorlara da sorunlarını tercüman aracılığıyla aktarıyor. Bilinmesini istemediği şeyler olabilir. Kendisi doğrudan doktorla konuşsa, arada tercüman olmasa çok iyi olacak. Tercümanın olması gizlemeyi, anlatmamayı getiriyor.

Burada yaşayan genç kızların ülkedeki erkeklerle evlendirilmeleri mi, hele o konuyu hiç sorma. Bana çok saçma, anlamsız gelen evlilikler. İşin gerçeği şu, Kürt gençleri kendilerini Avrupa ülkelerinin pasaportlarına satıyorlar. Bunun bir başka açıklaması, anlamı, izahı yoktur. Birbirlerini tanımıyorlar, özelliklerini, karakterlerini bilmiyorlar. Resime bak, karar ver. Bu devirde olacak şey mi?

Bir örnek vereyim. Bitişiğimdeki ailenin kızı. Kız çok yeteneksiz. Kendini geliştirme, değiştirme açısından hiç bir çabası yok. Bir robot gibi. yedi yıl önce buraya geldiler. Kendisine meslek yap, olanakları kullan, oku, dedim.

Babası olacak kişi " Boş ver okuyup ta ne yapacak ? Gitsin çalışsın!" emrini verdi. Ben kıza bütün yolları, imkanları gösterdim. Kendisi okuma yerine çalışmayı, eve para getirmeyi tercih etti. Şimdi köye gidip nişanlandı ve geldi. Aklı başında bir erkek bunu eş olarak tercih etmez. Hiçbir özelliği, yaratıcılığı yok. Ama halasının oğlu bu ülkeye gelebilmek için canı gönülden evlilik yapmayı kabul etti. Buraya gelip, bir süre kaldıktan sonra, kavgalar, tartışmalar başlayacak. Hesap üzerine kurulan çıkar ilişkileri uzun vadeli olmuyor.

Bir başka örnek. 5 yıl önce bir düğün yapıldı. Kızı Maraş'ın köylerinden getirdiler. Kıza baktım ay parçası gibi. Kıyamıyorsun bakasın. Gözlerimi alamadım.

Zamanla kız bunalıma girdi. Hastalandı. Doktorlar "Bulunduğu ortamdan uzaklaşması gerekiyor!" dediler. Altı ay gidip köyde kaldı. Hiç bir şey fayda etmedi. Çünkü eşini sevmiyor ve mutlu değil. Çevresini gözlüyor, farklı yaşamları görüyor. Sonuçta sürekli hasta ve mutsuz.

Kocası tabi ki kadının kendisini sevmediğini çok iyi biliyor. Sevmediğin bir insanın isteklerine cevap verebilir misin? İçinde kaldığın ortamda gülebilir misin? Neyi konuşacaksın? Neden zevk, tat alacaksın? Adam bir süre önce kadını almış nehrin kenarına götürmüş ve köprüden nehire atmak istemiş. Çevrede bulunanlar durumu görüp, kendisine engel olmuşlar. İşte sevgisiz, parayla kurulan evlilikte sonuç böyle olur. Bu evliliklerde mutluluk olmaz. Bunların hepsi yanlış, bilgisiz ilişkiler.

Kürt erkeği, kadının kendisiyle mutlu olmamasını, kendisini sevmeme sini kaldıramıyor, kabullenemiyor. Niye kadını ve kendini sıkıntıya sokuyorsun, zorluyorsun? Ayrıl, sen de rahatlarsın o da rahatlar. Kaç yıl yaşayabiliyoruz ki? Kısa bir ömür ve mutsuz birliktelikler. Bu dönem bu kuşaktakilerin yaptıkları evliliklerin tümü temelsiz ve sakat idi.

Buralı kadın mutlu mu? Bunların sıkıntıları, problemleri yok mu? Ben dahil hiç birimiz özgür değiliz. Buralı kadın kendini özgür görüyor. Bana göre değiller. Ben 7 yıldır buralı kadınlarla beraber çalışıyorum. Bizim bölümde buralılar ve eski Yugoslavyalı kadınlar çalışıyorlar.

Bunlar aile problemlerini anlatmazlar, konuşmazlar. Dayak yiyene de rastlamadım. Şunu belirteyim, Yugoslavyalı kadınların söyledikleri hiç bir şeye inanmıyorum. Çünkü çok yalancılar. Neden dolayı yalan konuşma gereğini duyuyorlar? Onu da anlamış değilim. Kendilerini evlerinin ağaları olarak gösteriyorlar. Gerçek öyle mi? Bilmiyorum. Şüpheliyim. Çünkü kendine güvenmeyen insan yalan söyler. Yaşamak istediğini yaşayamayan, hayalleriyle yaşayan insan yalan söyler.

Buralılar Ortadoğulu kadınların ikinci sınıf olduklarını, evlerinde konuşma haklarının olmadığını, başlarının kapalı olduğunu, dayak yediklerini, kocalarının isteklerine göre çocuk doğurduklarını düşünüyorlar. İzlenimleri, yargıları böyle. Bizlerle ilgili olarak önyargılılar. Ve bana " Dışarı çıkınca kapanıyor musun? Ailenin zoruyla mı evlendirildin? Kocan baskı yapıyor mu? Kocandan izin almadan dışarı çıkabiliyor musun? Eşin ikinci kez evlenmeyi düşünüyor mu?" tarzında sorular sordukları zaman ben sinirleniyorum. Hayır, o kıta da, oradaki ülkelerde bütün aileler bir değiller. Herkes aynı anlayışı, dini inancı paylaşmıyor. Sosyal gelişmeler farklı boyutlarda, her kadın dayak yemez, her kadın ikinci planda değildir, sizlerden ileri derecede, modern düzeyde yaşam olanaklarına sahip olan bayanlarımız da var. Önyargılı davranmayın, diyorum.

Benimle annem arasındaki farka gelince, annem ailesinin kararıyla kendisinden çok büyük olan babamla evlendirilir. Annemde ekonomik özgürlük yoktu. O dönemde hepsi böyleydi. Her şey erkeğin elindeydi. Çoğu ailede kadının düşüncesini açıklama yetkisi ve hakkı da yoktu. Evin büyüğü erkekti. Baba, yani tanrıydı. Babam diktatör, zorba biri değildi. Annem düşüncesini bir oranda söyleyebiliyordu. Bu da sanırım babamın yaşlı olmasından kaynaklanan bir avantajdı. Bazı ailelerde de para kadının sandığında saklanırdı. Kadın kullanabiliyordu. İlişkiye bağlı bir durum.

Bugün dağlarımızda silah elde dolaşan ve buralarda siyasal faaliyet yürüten bayanlarımızı tanıyorum. Onlarda gördüğüm şudur. Kararlı ve cesaretliler. Güven denilen olay var. Başta kendilerine inanıyor ve güveniyorlar. Güven duyguları geliştiği için, toplumu değiştirmeyi bir hedef olarak önlerine koyuyorlar. Bir an için kendimi onların yerine koyduğumda kesinlikle kaldırdıkları yükü kaldıramayacağımı ve onların yaşadıkları zorlukları yaşayamayacağımı görüyorum. Ben o koşullarda kalamam. Çok güçlü, sağlam bir psikoloji gerektirir.

Benim için en ilginç olan, her evden, her anlayıştan kız ve erkek ordu içinde, cephe içinde bir araya geliyorlar. Nasıl anlaşabiliyorlar? Nasıl birbirlerini idare edip geliştirebiliyorlar?

Halimize bak bir evi yönetmekte zorlanıyoruz. Kocalarımızı eğitemiyoruz. Eşimi ortak mülkiyet anlayışına kavuşturamadım. Halen beni tapulu malı olarak görüyor. Çocukların sorumluluğunu paylaşmıyor. Onlarsa herkesi geliştirmeyi hedeflemışlar. Beraber yaşadığım insan, benim emeğim için rahatlıkla "benim" diyebiliyor. Ortaklığı kabul etmiyor. Ve bu Asyalı bir öğretmen. Artık gerisini söylemeye gerek yok!

Ülkemiz özgürleşse bile, bu anlayışlar nasıl değiştirilecek ? Erkeği, geri anlayışı değiştirmek çok zor. Kadına da özgürlüğü sevdirmek, özgürlüğe alıştırmak zor. Çok zaman ve eğitim gerekir.

Halen aşiret sistemi, ağalar ve çok evlilik var. Bir sefer köle, ezik karakterlerin ortadan kalkması gerekiyor. Örneğin bir seçim oluyor. Kadınlarımızın hemen hepsi eşlerinin istedikleri partilere oy veriyorlar. Kendi iradelerine göre davranamıyorlar. Karar verebilecek durumda değiller. Siyasallaşamamışlar.

Düşün ki gelişmiş kadınlar aday, biz kadınlar o kadınları mecliste bizleri temsil etmeleri, olumlu, kadını geliştirici yönde bütün yasaları çıkarmaları için destekliyoruz. Mükemmel değişimler olur. Biz sadece seyrediyoruz. Hiç bir şey yapmıyoruz. Durumumuzu kabullenmişiz. Ne zaman ki erkekler "Ben" değil, "biz", "benim" değil, "bizim" demeyi öğrenirler, bizlerde çocuklarımız-la mutlu oluruz.

***

"Sizleri, bayanları koruyan bir erkek olmalı", dendi. Erkekler mi bizleri korudu, koruyor! Bizler mi onları koruyoruz? Üzerinde düşünülmesi gereken bir konu! Her erkek evlenme cüzdanıyla mülkiyetine aldığı kadını diğer erkeklerden koruyacak! Anlayışa, güvensizliğe bak!

Öz güvenden yoksun olan bireylerin oluşturduğu toplumda, erkek koruyuculara sahip olmak mecburiyeti! Gel de gülme. Bu koruyuculuğu da herkes ve devlet onaylayacak. Bireyi koruma rolü olan devlet nerede kalıyor? Erkek devlet iktidarını, rolünü, görevini erkeğe mi devrediyor? Biz de, geleneksel anlayışta, evlilik, eşlerin bedenlerinin tapusunu değiş tokuş ettikleri bir kurumdur. Bundan mı ki boşanmalar rahat gerçekleşmiyor. Sorunlar yaşanıyor. Evlilik; bir başkası üzerinde yaşama, var olma, kendini güçlü hissetme halini alıyor.

Kadınlar; erkek toplumsal kuşatılmışlığın verdiği çaresizlikle, erkeğe bağımlı olabiliyorlar. Alıştırılma, alışma, kolaycılıktan, erkeğin gücünden medet umanlarımızda binlerce!. Onlar erkeklerine verdikleri her türlü gücün kendilerine şiddet olarak döndüğünün farkında değiller! Onların verdikleri destekle erkek güçleniyor. Güçlü görülüyor. Yaşlandıkça da özlerine, geçmişlerine dönüyorlar. Tek başlarına bir hayat kurma, yaşama gücü, becerisi gösteren onlarca bayanımız da var. Onların erkeğin namus bekçiliğine ihtiyaçları yok.

Göçmen ve mülteci ailelerimizde gelişmeye biçilen elbise, sahip olduğumuz mevcut toplumsal gerçekliğe uymadığından, zoraki uydurma yoluna gidilmiş ve insanlarımız, gençlerimiz, bilinçsizce insan iradesinin kaldıramayacaği eylemliliklere sürüklenerek, ruhsal anlamda büyük tahribatlar yaşamalarına neden olmuştur. Değişime, dönüşüme karşı olma, yani tutuculuk insanlarımızın ruhsal olarak kaldıramayacakları, katlanamayacakları acılar çekmelerine yol açmıştır.

Toplumumuzun üyeleri, diasporadaki toplumsal örgütlenmelerimizi gerçekleştirenler, var olan gerçeklerin zorlamalarıyla değişimi gündemlerine aldıklarını belirttiler. Ancak ne yazık ki eskinin, geçmişlerinin bakış açısından kendilerini kurtaramadılar.

Şekillendiğimiz, doğup büyüdüğümüz ortamlardan dolayı biz demokrat olmasını dahi beceremiyoruz. Kürtlerin diasporadaki kurumlarında görev alanların sorunları çözme konusunda başarıya ulaşamamalarını, yaşanan olumsuzlukların nedenlerini, sadece insanlarımızın değişime karşı direnişleriyle açıklamak yeterli bir savunma aracı değildir. Yaşanan sorunların ve acıların temel nedenleri doğru tahlil edilmeden başarı şansımız olmayacaktır.

***

Feodal-idealist Ortadoğu kültürü, ekonomisi ve siyaset geleneği diasporada harmanlandı ve bunun sonucu olarakta kendi içimize kapanan, kapalı bir sistem biçiminde şekillendik. Toplumsal ve ulusal örgütlenmelerimizde model olarak alınan dogmatik model ve yönetim kültürü, aşırı merkeziyetçilikle de bunalımlar yarattı. Çözüm gücü olamadı. Diasporada Ortadoğu gerçeğiyle örtüştük. Sağlıklı değişim perspektiflerine ulaşamadık.

Doğu toplumu olduğumuz için toplumsal dokumuz, despotik liderler, karizmalar olmadan yaşayamaz. Hep gökyüzündeki ve onun yer yüzündeki temsilcilerinin güçlerine ihtiyaç duyarız. En çok peygamber üreten ve sürekli bir Mesih beklentisi içinde olan topraklarımızda, totaliter despotlardan kurtulamaz. Onlarsız yapamayız diye düşünmekteyiz...

Kültürel gerilikler ve ortaçağ değerlerinin etkisinden kendisini tam olarak kurtaramayan bireylerden oluşan toplumumuz, toplumsal beklentilerimizin somutlaştığı insanüstü yeteneklere, vasıflara sahip yöneticiler arar, bulur, yaratırız. Olmasını istediğimiz özelliklerle o kişileri donatırız. Bizleri yönetmelerini, yönlendirmelerini bekleriz.

Bizde toplumsal kimlik, bireysel kimlikten öndedir. Toplumun fertleri olarak çok büyük oranda bilimsel düşünceden uzağız. İnsanlarımız değişimden, yenilikten, yeni yaşamdaki beklentilerden, bireyselleşmenin mecburi olduğu toplumlar içinde yaşarken özgürlükten korkarız. Kapalı ve kendi içine kapanık köylü sösyal kültürünü içselleştirdiğimiz için ulusal, evrensel ve bireysel özgürlüğün yaratıcı gücünden habersiz olan insanımızın oranı ezici çoğunluk durumundadır...

Onlar, çocukluklarından itibaren bilinçaltlarına yerleştirilen korkularla ve oluşturulan suçluluk duygularıyla, kurtarıcı arayan, bulan, yaşatan bir toplumu da, var olan otoriteyle bütünleşmeyi tercih ediyor. Alıştırılmışlar! Bunun dışındaki yaşam, sürekli örtünen ve birdenbire, istemi dışında bir zorlama sonucu, tümüyle çıplak kalan bir insanın içine düştüğü ruhsal duruma denk bir psikolojiyi oluşturuyor.

Otoriteye, güce tapan ve onları tartışmasız, dokunulmaz tanrısal vasıflar gibi kabul eden toplumumuz niye bu duruma ihtiyaç duyuyor? Çünkü olması gereken sosyal, kültürel ve politik gelişmeyi yaşayamadık. Çağa cevap olamayan, değişimin düşmanı olan sömürgecilerimiz sistemli olarak erkek egemen, feodal, Türk İslam ideolojinin geri kültürel yapıları ile üstümüze geldi. Aşmamamız, geri kalmamız için gereken her şeyi yaptılar.

Bundan dolayı da diasporada demokrasi; bir yönetim biçimi olarak ailelerimizde geliştirilmek istense de, geçmişlerinde yaşamamaları sonucu tekliyor, takılıp düşüyorlar. Ailelerimiz biçimsel bir demokrasi görüntüsünden öteye gidemiyorlar. Bu tip bireylerin yönettikleri ulusal kurumlar da bir türlü kurumlaşamıyorlar.

Kapalı sistemler ile bunların doğurduğu despotik tipler, liderler, toplumumuzu oluşturan insanlarımızın geri, zayıf pozisyonlara sahip olmalarına neden oldukları gibi, onların her zaman bir otoritenin gücüne sığınmalarına da zemin hazırlamış / hazırlıyorlar. Bizde despotluk ve otorite; vazgeçilmez toplumsal bir ihtiyaçmış gibi benimsenmiştir. Bu gerçekliğin oluşturduğu belirgin kişilik özelliği ise özsaygınlığının, özkimliginin zayıflığıyla dikkat çeker. Onlar kurtarıcı portreler yaratır ve onlara bağımlıdırlar. Sürekli bir sürü pisikolojisi ile kendilerine çoban ararlar.

Yöneticilerine asla eleştirel gözle bakılmaz. Şahsa sadakat birinci koşuldur. Herkesten sadık olması istenir, beklenir. En küçük idari birimden, en üst birime kadar bu böyledir. Her basamakta görevli olanın sadece sıfatı farklı seslendirilir.

Bu tipten bir sosyal özdeşme, kurtarıcı ve kurtarılmayı bekleyenlerin, yani tapmaya alıştırılanların, tapma benimsetilenlerin, benlik kavramları, topluluk gurubunun kimliği ve cemaat olarak paylaşılan değerleri arasında bir bağlantı kuruyor ve bu bağı güçlendiriyor. Böyle bir sosyal ve psikolojik doku üzerinde şekillenen toplum realitemize uygun kurumlarımız diaspora daki sorunlara cevap olamadı/ olamıyorlar.

Asya'da, kuşatılmış bir adayı andıran ülkemizde demokrasinin gelişmesi mümkün görünmüyor. Her yönümüzde monarşi, askeri-diktatoryal sistemler tüm güçleriyle varlıklarını sürdürüyor.

Bundan dolayı da bilimsel, demokratik ölçülerden nasibimizi alamıyoruz. Dini, siyasi, idari lider tapınmacılığından kurtulamıyoruz. Fanatikleştirilen kitlelerimiz Everest dağının tepesindeki buzlara benziyorlar. Bu durumun yarattığı felsefik bakış açısı bilimsellikten uzaktır. Ne yazık ki güncel olmayan yaklaşımların temel yaşam biçimi olarak içimizde kabul görmesine imkan sunulmuştur. Ortam hazırlanmıştır. Bizleri esir alan ve yöneten anti-demokratik sistemlerin, bilimsel olmayan yaklaşımları, belirlenmiş yasakçı kuralları ve dokunulmaz tabuları olan bir toplum oluşturdular.

Sorunlar, sosyal ilişki düzeni üzerine konuşulanlar, tartışılanlar, yazılanlar olması gereken pozitif etkileri yaratamamışlardır. Bizi esir alan sistemlerin insana, bilime karşı olan yaklaşımları sonucu, bireyin iradesi bilinçlice zayıf bırakılmıştır.

Tek tip düşünmeye zorlanan, alıştırılan, koşullanan, "okul" adı altında ezberletilen tabular, insanlarımızda özellikle göçmenlik, mültecilik sonucu bir çok ruhsal hastalık oluşmuştur. Sisteme göre oluşan, şekillenen aile yapıları nedeniyle, doğumdan sonra, aile içinde, okullarda, askerlikte, işyerlerinde, resmi kurumlarla yüz yüze kalma sonucunda yapılanlar, varolan yaklaşımlar insanlarımızda özsaygınlığın örselenmesine, birey kimliğinin yitirilmesine ve yeteneklerin körelmesine yol açmıştır/açmaktadır. Sömürgecilik ve otoriter sistem; insanlarımızı tutarsız bir yaşama mahkum etmiştir. Söylediğine inanmayan, ama inanıyormuş gibi yaparak yaşayan sahte bir topluluk üretilmek istenmiş ve kişilikler darbelenmiştir.

Hastalıklı rejim, hastalıklı insanlar üretiyor. Kapalı ideolojik sistemler, denetimindeki insanları, adeta sağken mezarlara gömüyor. Doğallıkları deforme edilmiş, tabii yaşamaları engellenmiştir.

Birey hakları ve temel özgürlükleri üzerine konuşanlar mücadele edenler ağır yaptırımlara tabi tutulmuşlardır. Bireye rejimin yaşaması, varlığını devam ettirmesi için sınırsız hizmet hakkı verilmiştir. Bunun dışında ise hiç bir hakkı olmayan bir eşya konumuna itilmiştir. Birey hiçbir zaman toplumun öznesi olarak görülmemiş, bireylerden oluşan toplumumuza da gereken değer verilmemiştir. Bireye sadece biat ve hizmet etmek üzere sırtı sıvananvarlık durumuna indirgenmiştir. Bu durum insanımızda yetki, görev, sorumluluk üçgenine yaklaşımı olumsuz etkilemiştir. Birey görevlerinin, yaptığı işlerin sonuçlarının kendisini etkilememesini hedefine koyarak, verimsizliğe, hazırol-culuğa, tüketiciliğe ve yabancılaşmaya doğru yelken açmıştır. Araştırmadan, sormadan, öğrenmeden, yeniden, plan-proje üretmekten korkan, önüne konulana razı olan "şükür" eden bir insan tipi yaratılmıştır.

Baskıcı örgütlenmeler, canlılıklarını ancak anti-demokratik ortamlarda sürdürebilirler. Körleşme, bilgi birikiminin olmaması, gerilik sistemin işlerini kolaylaştırıyor. Onlar, bu durumu yaratan politikalarını kesinlikle terk etmezler. Onun için entelektüelleri, aydınları düşman görürler. Düşünmeyen, kafaları çalışmayan, yeteneksiz, uydu, mürit kişilerden kendilerine kaleler örerler.

Herkesin, aynı dili kullanmaları, aynı cümlelerle hitap etmeleri için bütün kurumları, basını güncel gelişmelere göre donatırlar. Farklılıklari "büyük tehlike" olarak görülürler. İnsanın özgün, dolayısıyla özgür olmadığı yerlerde demokrasinin yolları tıkanıyor ve müritler ordusu oluşturuluyor.· Tüm tarikatları ve zaviyeleri yasaklarken kendi her kurumunu; tarikatlaştırarak insanımızı tapınmaya alıştırıyor., yaşam "ötekiler" için, sudan çıkmış balığa dönüyor.

Değişimi, dönüşümü, ilerlemeyi temel amaç edinen insanlar toplumumuzun motorunu teşkil etmektedirler. Demokrasiyi her sahada kalıcı kılacak bir toplumsal gelişme, demokratik dönüşüm yaratamazsak gerçekleştirdiğimiz gelişmelerde kalıcı olamazlar. Toplum olarak her konuda bilinçlice mücadele edecek insanlara ihtiyacımız var.

İstediğimiz insani sistemi gerçekleştirebilmek için demokrasiye, seçeneklerde bulunabilmek için bireysel ve toplumsal özgürlüğe, farklılıklara ve farklı görüşlere saygı duyulmasını öğrenmeye, yani tahammüle, toleransa, adaletin gerçekleşmesi gerektiğine, adaletin varlığının bir zorunluluk olduğuna, sürü güdüsüyle değil, birey güdüsüyle hareket etmeyi öğrenmeye ve alınması gerekli kararlar konusunda seyircilikten uzaklaşıp, katılımcı olmaya ihtiyacımız olduğuna inanmamız gerekiyor.

***

"Sorunla yaşamak, beslenmek değil, sorunu çözmek istiyorsak çevremizdekiler yardım edebilirler. Bir ilişkiyi bitirebiliriz. Kendimizi bitirmemeliyiz."

NARÊ: 1968 Afyon, Dinar doğumluyum. Aile büyüklerim sürgün, göç sonucu buraya yerleşmişler. Baba tarafımda Kürtlük var. Nereden geldiklerini bilmiyorum. Babamlar da nereden geldiklerini araştırmamışlar!

Ben Avrupa'ya geldikten sonra ırk ayrımının farkına vardım. Kendi soyumu araştırma gereği duymamıştım. Büyük dedeme "Kürt Kamil" dermişler. Kürt Kamil Afyon'da ne arıyordu, nasıl, hangi nedenlerden dolayı gelmişti veya getirilmişti ? Bilenimiz yok yada biliyorlardı da bizlere anlatmadılar.

Babam öğretmen, annem ise ev emekçisi. Biz beş kardeş, ilçe merkezinde yaşıyorduk. Bütün kardeşlerde okuduk. Hacettepe Üniversitesi Dişçilik Fakültesi mezunuyum. Okulu bitirdikten sonra, doğduğum ilçeye döndüm ve muayenehane açtım. Diş doktoruyum. 1,5 yıl kendi mesleğimi yaptım.

Maddi sıkıntı içinde geçen bir yaşamın sahibiyim. Memur bir baba ve 7 nüfus. Üstelik 1979'da babamı bir dağ köyüne sürgün ettiler. O demokrat bir insandı. Sürgün sırasında çok sıkıntı yaşadık. Üç yılı babasız geçirdik. Altı yıl o dağ köyünde kaldık. Ancak babam orada malulen emekli olduktan sonra kendi ilçemize dönebildik.

Aile içinde hiç şiddet görmedim. Babam çok sakin bir insandı. Anlatma ve ikna yöntemini kullanırdı. Bizim babamıza karşı büyük bir saygımız var. Onun üzülebileceğini düşünerek bazı şeyleri yapmaya çekinirdik, çekiniriz. Annem tipik Anadolu kadını. Herşeye ağlayan, yufka yürekli bir bayan. Babamla iyi bir diyalogları vardı, anlaşıyorlardı. Barışın, sevginin filiz-lendirildiği bir evde büyüdük.

İlk arkadaşlığımı yaşadığımda 23 yaşındaydım. Arkadaşımla aynı bölümde öğrenciydik. O, Kayseriliydi. Okul bitti, doktorluk yapmaya başladık. Nişanlandık. Nişanlım para ve unvan kazanınca bir garip olmaya başladı. Ukala, başkalarına hava atan biri olmuştu. Beni şaşırtıyordu. O, artık benim okul da tanıdığım, gördüğüm hümanist insan değildi. Yapısındaki değişim beni çok rahatsız etti. Başkalarını ezmek için öğrenim görmedik. Sıfat sahibi olmadık.

Anormal ölçüde kıskanç bir erkek olup çıktı. Benim önüme kurallar koymaya, istemlerini dayatmaya başladı. "Bürona erkek hasta gelmeyecek. Sen yalnızca kadınların dişlerini yapacaksın." diyordu. Aklına esince oruç tutan bir insandı. Demek ki okulda kendisini iyi tahlil edip tanıyamamıştım. Gerçek kişiliğini mezun olduktan sonra görmeye başladım. Yani pratik yaşamda maskeler düşüyor ve gerçek yüzler ortaya çıkıyor.

Baktım beni tümüyle kontrolü altına alıp, yönetmek istiyor. Kabul etmiş olmamla, O'nun uydusu gibi olacaktım. Adam bana bunu dayatıyordu. İş ilişkilerimi de o belirleyecekti! Ne yapmam gerektiğine o karar verecekti! Durumumu değerlendirdim ve ayrılmaya karar verdim. Nişanlandıktan sekiz ay sonra ayrıldım.

Aynı düzeyde eğitim görmüşüm ama, O, beni kumanda edecek. Ya ben kimim? Niye okudum? Onun farklılığı neydi ki? Kendisini bana pazarlayamazdı! Klasik bir ev kadını rolünü oynayamazdım. Ona göre, onun isteğine göre bir yaşama evet demeliydim ki o ilişki devam edebilmeliydi. Onun kafasında bir kadın modeli vardı. Beni oraya oturtmak istiyordu. Ben o model olamazdım. Onun oluşturduğu hapishanenin içinde yaşayamazdım.

Ayrıldım, bu seferde çevrenin baskısı başladı. Bana; "İşi olanın bağı olmaz. Yiğit olan kadının evliliği devamlı olmaz!" demeye başladılar. Hep dedikodu yaptılar. "Ayrılacaktı da niye oğlanı ta Ankaralardan buraya getirdi?" diyorlardı. Küçük bir kasaba. Orada nişanlıdan ayrılmak büyük bir olay. Çok güçlü olman gerekiyor ki direnebilesin. Toplum sana baskı uygulayarak, senin yapmak istediğini sana yaptırmıyor. Bireysel kararlar vermeni engelliyor. Onların çizdiği sınırları yıpratmaman için konuşup duruyorlar. Seni sınırlamaya çalışıyorlar. Ailem kararıma saygılıydı. Bir şey demediler, tepki göstermediler. Baskı uygulamadılar. Üç ayımda böyle geçti.

Küçük bir kasabada ve bir dağ köyünde büyüdüm. Oradan gittiğim üniversite ve okul çevresinde ise hep derslerle uğraştım. Çok iyi niyetli bir insanım. Halkın tabiriyle "Uyanık. Gözü açılmış" değilim. İnsanlara kuşkuyla bakmasını bilmiyorum. Daha doğrusu hesapçı değilim.

Sınırlı bir yaşam ıçindeyim. Değişik şeyler görmeyince, yaşamayınca, yaşamlara tanıklık etmeyince, deneyim sahibi olmayınca, insanları tanıma, değerlendirme yeteneğinde gelişmiyor. Sürekli iyi niyetini koruyorsun. Yani tetikte kalmasını bilmiyorsun.

Bu adamda bizim oralı. Buradan izne geliyor. Buraya döneceği son gün beni yolda görüyor. Kim olduğumu soruyor. Yanındakiler tanıtıyorlar, benimle ilgili bilgi veriyorlar. Buraya döndükten sonra telefonla beni aradı.

Ben şaşırdım. Kendisini tanımıyorum. Kendisini tanıttı. Ortak tanıdığımız ailelerden bahsetti. Üç ay düzenli aradı. Bunun tanıdıkları babamı da tanıyorlar. Tanıdıklar araya girdiler. Bana da " O, seni çok seviyor" diyorlardı. Ben ise, onu tanımıyordum, beni nasıl sevebilsin ki? diyordum. Düzenli telefon açıyor, her konuda konuşuyordu. Telefondaki sohbetleri hoşuma gidiyordu. Hoş bir ses ve entelektüel hava!..

Tekrar izne gelmiş. Muayenehaneme geldi. Kendisini tanıttı. Kendisine, olmaz. İsteğini kabul etmiyorum, dedim. O, bana göre yaşlıydı ve çirkin bir erkekti. Benim beyaz atlı prensime benzemiyordu. Tavırları hiç hoşuma gitmedi. Ukala, kendini beğenmiş tavırlar sergiliyordu. Yani ben bilirim, ben yaparım, tarzı.

Ben bununla evlenemem, evlenmem, dedim. Aracılar hep gelip, gidiyorlardı. Bana " Seni kraliçeler gibi yaşatacak. Bu küçücük yerde ne yapacaksın? Git Avrupa' da en iyi imkanların içinde yaşa. Hayatın tadını çıkar. Adamın her türlü imkanı var. Zengindir. Olanaklarından yararlan!" diyorlardı. Sanki tanıyorlar. Birlikte iş yapıyorlar. Bütün özelliklerini biliyorlar gibi konuşuyorlardı.

Kendi ilçemde evlensem, görücü usulüyle olacaktı. Klasik bir evlilik yapacaktım. Başka seçenek, alternatif yoktu. Adamın beni ne kadar anladığını ve sevdiğini nereden bilecektim? Aracıların " A... kızım adam seni çok seviyor!" sözleri beni etkiliyordu. Genç ve yalnız bir insandım. Küçücük kasaba beni boğuyordu. Diğer bayanlara göre farklı bir konuma sahiptim. Meslek sahibiydim. Çevremdekilerle tatmin olamıyordum. Bu da sürekli telefonla arıyor, dil döküyordu. İhtiyacım olan, aradığım sohbeti sergiliyordu.

Kendisine Avrupa'da ne yaptığını, neyle meşgul olduğunu sordum. Bu şehirde gazetecilik bölümünü bitirmek üzere olduğunu, bitirme tezini hazırladığını, Cumhuriyet gazetesinde takma adla yazılarının düzenli olarak çıktığını belirtti. Yani sol düşünceye mensuptu, aydındı. Avrupa'da yaşayan bir entelektüeldi. Ben bununla konuştuktan sonra Cumhuriyet gazetesinde bütün yazıları takip etmeye başladım. Söylediği ismi arıyordum. Yazılarını okumak, değişik konulardaki düşüncelerini bilmek istiyordum. Onun dışında burada da bir derginin yayın yönetmeni olduğunu belirtmişti. Yani karşımda mükemmel donanımlı, kendisinden çok şey öğreneceğim entelektüel bir erkek vardı.

Benim yeni olan her şeye karşı tutkum var. Hep öğrenmek, gelişmek istiyorum. Öğrenmeye doyamıyorum. Monoton bir yaşamdan, ilişkilerden sıkılırım. Dünyaya açılma, görme, tanıma, öğrenme, bilme isteğim vardı. Küçük bir kasabada ne öğreneceksin?

Bir hukukçu ve üç tıp doktoru da bana evlilik teklif ettiler. Kabul etmedim. Ben sürekli aynı tempoda giden, hiç bir farklılığı olmayan, tek düze bir yaşam istemiyordum. Evleneyim, arabam, evim olsun, demiyordum. Ben evlilikten, iki insanın birlikteliğinden başka şeyler bekliyordum. Farklı bir ilişki özlemi içindeydim. Var olan klasik, şekilci evlilikler bana çekici gelmiyordu ve beni tatmin etmiyordu. Farklı bir arayış içindeydim.

Adam kendisini anlatıyor. Avrupa'nın önemli bir şehrinde medyada söz sahibi. Yazıp, çizen, okunan, dinlenilen, görüşlerine baş vurulan, değer gören bir insan tablosu çiziyordu. Benim için renkli bir yaşam olacaktı. Hep değişim ve gelişimi yaşayacaktım. Karı - koca rolünden çok, sevgiyi sürekli yaşatma, ayakta tutma, birbirimizi geliştirme, iyi birer dost olma isteğim vardı. Evlilikte sevgi ölmemeliydi. Karşılıklı anlayışla sürekli canlılığını korumalıydı. Bilgi transferi olmalıydı. Karşılıklı manevi zenginleşme olacaktı.

O hayallerinden, yapmak istediği şeylerden konuşurdu. Oh ne güzel, ufku açık bir insan, kasabada çakılıp kalmayacağım, yaşamım sadece diş yapmakla geçmeyecek, dedim.

Halbuki kendisini ilk gördüğüm gün kanım kaynamamış, bana çekici gelmemişti. Yani içimde bir kıpırdama hissetmedim. Kesinlikle bununla evlilik yapamam. Bana göre değil, itici biri, dedim. İkinci gün biraz yumuşadım. Üçüncü gün isteğini kabul ettim. Dördüncü gün nikah yaptık. O, buraya döndü. altı ay sonra düğün yapmamız için geldi.

Düğün oldu. Bunun bacılarının davranışları hiç hoşuma gitmedi. Çok kabaydılar. Odun gibi bayanlar! Görgüsüz denebilinecek türden. Saygıyı öğrenememişlerdi. İlk gün Pamukkale'ye gittik. Bu söylene, söylene valizleri arabadan indirmeye başladı.

Bana " Yalnızca pijamalarını alsaydın olmaz mıydı? Eşek ölüsü gibi valizi hazırlamışsın. Ben bunu taşımak zorunda mıyım?" dedi. Ben gelinlikleyim. O tavrı, cümleleri beni incitti. Kendisinden incelik bekliyorum. Düşündüm, baltayı taşa vurmuşum! Hata yaptığımı gördüm. Yalnış bir karar vermiştim.

Valizleri aldı gidiyor, ben arkasında yürüyorum. Odaya girdik. Soyundu, banyoya girdi. Yıkandı, geldi yattı. Bir şey konuşmuyor. Ben halen gelinlikle odanın köşesinde oturuyorum. Ne bana yaklaşıyor ne de ilgilenme gereği görüyor. Sanki yalnız.

Baktım adam yattı. Üstümdekileri çıkardım ve ben de yatağa uzandım. Kendisiyle beraber olduğum ilk geceyi bu şekilde geçirdim. Sabahleyin uyandığında, cinsel ilişkiye hazır olmadığını, bakire biriyle ilişkisinin olmadığını, dul ve diğer kadınlarla beraber olduğunu, belirti. "Şimdiye kadar bakire biriyle beraber olmadım!" açıklaması beni yıktı.

Yaşamım bana aitti ama ben kendisine açıktım. Dürüsttüm. Bundan dolayı da incelikleriyle ona anlatmıştım. Onunda açık olmasını istemiştim. Bana hep siyasetle uğraştığını, kadınlara ayıracak vakti olmadığını, cinsellikle uğraşmadığını, cinsel ihtiyaçlarını bir kenara ittiğini, yaşamadığını, uğraş alanının farklı olduğunu, söylemişti.

Kendisine Avrupa'ya geldiğimde başka birisiyle karşılaşmak istemiyorum. Orada bir başkası var mı? Gerçek durumunu anlat, bilmek istiyorum, demiştim. Çok yoğun olduğunu, siyasetten dolayı cinselliğe zaman ayıramadığını söyleyen adam, bir kaç gün sonra, birlikte kaldığımız ilk saatler de " Bakire birisiyle hiç beraber olmadım!" diyor.

Ben o kadar saftirigim ki düşünemiyorum, demiyorum ki bu yaşta ki bir insan nasıl ilişkisiz zaman geçirir. Acemi çaylak olan bendim. Cinselliğini yaşamayan bendim. Onu da kendim gibi sanıyor ve her söylediğine inanıyordum. Yıllardır cinsel özgürlüğün her yönüyle kullanıldığı bir toplumda yaşayacak ve ilişkiye girmemiş olacak! Olacak şey değildi. Ben o zamanki kapasitemle düşünemiyordum, algılayamıyordum, anlayamıyordum.

Ayrıca cinsel ilişkiden korkuyordum. Deneyimsizdim, acemiydim. Cinselliği ayrıntılarıyla bilmiyordum. Nasıl davranmam gerektiğini de öğrenememiştim. Hiç ilişkim olmamıştı. Onun beni hazırlamasını bekliyordum.

Bodrum'a gittiğimizde davranışlarının nedenlerini açıklamasını istedim. Bu ilişkiyi isteyen sendin, peşimden koşturan, habire adam yollayan sendin. Beni mi beğenmiyorsun, niye ilişkiye hazır değilsin? Neden çekiniyorsun? Sorunların mı var? Cinsel ilişki seni de mi korkutuyor. Problemlerin mi var? İlişkiye giremiyor musun? Sıkıntın nedir? Kadınlardan zevk almıyor musun? Kadın bedenine dokunamıyor musun?, dedim.

Bana "Çok tradüsyonel (gelenekçi) düşünüyorsun. " dedi. O ne demek?, o kelimenin anlamını bilmiyorum, dediğim de ise " Açar sözlüğü bakarsın. Her şeyi ben sana anlatacak değilim!"cümlesiyle beni yanıtladı.

Zaten benim bazı korkularım vardı. Avrupa'da üniversite öğrenimi gören, medyada söz sahibi bir insan benimle evleniyor. Kendimi ondan eksik görüyordum. Bu adam beni niye tercih etti? Hangi özelliğim çekici, etkileyici geldi?, diyordum. Ayrıca ben nasıl bununla uyum sağlayacağım? Nasıl seviyesine yetişeceğim? vb. soruları kendime soruyordum. Bu tavrı da, yani bilgelik taslaması da her şeyin üzerine tuz biber oldu. Ukalalık yapıyordu. Şımarık, bilmiş rolleri. O saflığımla, iyi niyetimle, ağır bir insan olmadığını anladım. Hafifliğin sinyallerini veriyordu.

Güya balayındayız. Adamda sevgi-ilgi-sıcaklık yok. Bir yabancı gibi.

Bundan dolayı da Bodrum'dan nefret ettim. O isim bana yaşadığım olumsuz-lukları, sevgisizliği, kabalığı hatırlatıyor. İlginç bir balayı geçirdim.

İlçeye döndük. Eşyalarımı topluyorum. Aileme, yakınlarıma yaşadıklarımı anlatamıyordum. Söyleyemedim, üzülmelerini istemedim. Kendi evimde, yakınlarımın yanında kalmak istedim. Nasıl olsa benimle yatmadı da. Cinsel ilişkide de bulunmamıştık. Toplumun değer verdiği "kızlık zarı" da yırtılmamıştı. Kalamadım, yaşadıklarımı anlatamadım. Adamın peşine düştüm. Cesaretli, anında tavır alabilen bir insan değildim. Biz hiç yeni evli gibi olmadık. İstemeye, istemeye, hüzün yüklü olarak göç ettim ve buraya geldim. Niye anlatamadım? Niye hislerimi, kendimi ifade edemedim? Genetik özelliklerle birlikte, yetiştiğim ortamın etkisiydi.

Burada kız kardeşiyle birlikte aynı evde yaşadık. Görümcemde abisini benimle paylaşamadı, yalnızdı ve çok problem yarattı. Beni kendisinin ortağı gibi görüyordu. Kabullenmedi. O, onun abisiydi. Ben kimdim ? O, gazeteciyim diyen erkek, 10 gün sonra çalışmaya başladı. Üç hafta sonra temizlik işine gittiğini, eve gelen bir misafirle yapılan konuşmadan anladım. Kendisine sordum. Açıklama istedim.

Bana "Para kazanmak zorundayım. Okula gidiyorum. Bu geçici bir dönem!" dedi. Yine inandım. Ben yalan söylemeyi bilmiyorum. Ne düşünüyorsam, ne yapmak istiyorsam doğrudan söylerim. Bundan dolayı da söylenilenlere inanırım. Kuşkuya kapılmam.

Geldikten bir hafta sonra görümcem söylenmeye başladı. "Ben temizliğe gidiyorum, sen niye evde oturuyorsun?" Kendisine, ben buraya temizlik yapmaya, başkalarının pisliklerini temizlemeye gelmedim. Kimse temizlik yapacağımı, temizlikçi olacağımı da söylemedi, dedim. O da abisi gibi rahatlıkla yalan konuşan bir bayandı. Olmadık şeyleri, hayal ettiklerini, arzularını gerçek gibi anlatırdı. İnsanları inandırıyordu. İnanarak konuşuyorlardı. Çok iyi rol yapıyorlardı.

Ağrıma gidiyordu. Kocam olan adamdan para da isteyemiyordum. Üç ay sonra ben de büro temizleme işine başladım. Yani alan, iş değiştirdim. Küçük burjuvalıktan, işçiliğe geçiş yaptım. Bu arada dil kursuna gittim. Bir yandan da iş arıyordum. İkinci dil kursunu bitirdikten sonra iş bulabildim.

Eşim olacak erkek hiç sıkılmadan yalanlara devam ediyordu. Bu şehirdeki üniversitenin gazetecilik bölümünü bitirdiğini söylemişti. Gördüklerim, tanık olduğum yalanlar sonucu ben de kuşku ve güvensizlik oluştu. Araştırdım, bu şehirdeki üniversitede gazetecilik bölümü yok. Onun burada okula gittiğini gören bir tek insan yok. Anlattıkları hep yalan üzerine kurulan senaryolarmış. Halen kim mesleğini sorsa "Gazeteciyim" diyor. Ben yanındayken de sıkılmıyordu. Aynı şeyleri tekrarlıyordu.

Afyon'dan döndükten sonra, burada " Ben bir diş doktoruyla evlendim!" diyormuş. Hava atıyor. Yani toplumda, insanlar arasında kendisini bir şekilde ispatlıyor. Benim etiketimi kullanıyor. Benim aracılığımla yer kapmaya, sınıf atlamaya çalışıyor. Aile mensupları sürekli buna; "Yaşın geçti, evlen!" diyorlar. Bu resmi, toplumun istediği evliliği yapmakla onları susturdu. "Alın işte size evlilik!"dedi. Evlilik olayını denedi. Ben de onun deneme kurbanıydım.

Bana göre yalan söylemesinin nedenleri;

a) Kendisini ispat etmek olabilir.

b)Ya da aile baskısının etkisi sonucu, kendisini aile fertleri arasında ifade edememiş olabilir. Oluşan ezik kişilikte onu yalancı yaptı.

Zaten bana söylediği de şuydu. " Evliliği merak ettim. Gördüm, bana göre bir şey değil. Cehennem hayatı. Ben bir eve, bir kadına bağlanamam. Önceden komünisttim, evlendim. Şimdi anarşistim. Anarşistler evli kalmazlar. Biz ayrılalım hayatım!"

Halbuki ne siyasal yapı, ne de başka bir şey vardı. Kominizmi, kominal(ortak) yaşamı, zorlukları, sevinci paylaşmasını mı biliyordu? O şartlarda iki yıl birlikte kaldık. Sadece alıcıydı. Egoistin tekiydi. Vermesini bilmiyordu. Öğrenememişti. Yedi ay aynı yatağı paylaşmadığımız zamanlar oldu. Benimle olmak, aynı yatağı paylaşmak istemiyordu. Hiç bir zaman sağlıklı bir cinsel ilişkimiz olmadı.

Bu konuyla ilgili bir açıklama yapma gereği de duymuyordu. Kendisiyle konuşma, diyalog kurma çabasına giriyordum. "Bunalımdayım" derdi. Kendisine; öyleyse psikologa gidelim. Bu işin tedavisine bakalım. Seni bunaltan nedenleri birlikte ortadan kaldıralım, sana yardım etmek istiyorum, öneri-sinde bulundum. Bunu söylediğimde de " Ben psikologlara inanmıyorum" cevabını verirdi.

Bir başka ilişkisi olabileceğini düşündüm. Kırk yaşında bir erkek. Yıllardır burada yaşıyordu. Deneyim, tecrübe sahibiydi. Kadınları çok iyi tanıyordu. Uzmanlaşmıştı. Ben bunu fark ediyordum. Yanımda bayanların gözlerinin içlerine bakıyordu. Onları maniple edebileceğine inanmış olmalı.

Kendi kendimi yedim. Sıkıntılara çözüm bulamıyordum. Ben onun çocuğu yerindeydim ve ilişkinin normalleşmesi için çaba gösteriyordum. Durumum, yalnızlığım, çektiğim acı onu ilgilendirmiyordu. Evliydim ama çok, çok yalnızdım. Kim, kimin iç dünyasını anlayabilir? Yaşamak gerekiyor. Yaşamayan beni anlayamaz. Bir aile ortamında kalmadığın zaman eşler arasındaki gerçek ilişkiyi, sorunları anlayamazsın, bilemezsin.

Dışardan konuşmak, yargılamak çok rahat ve basit bir şey!..

Bir başkası mı var ?, dediğimde ve kendisine soru yönettiğim de " Bir kadının, bir başka erkek için birlikte olduğu erkeği terk etmesi ya da bir erkeğin aynısını yapması dünyanın en aşağılayıcı olayıdır!" derdi. Benim kendi kendime kuruntu yaptığımı, böyle düşünceleri uydurduğumu, kendime güvenmediğim için de kuşkucu olduğumu, söylüyordu.

Bu insan sürekli bana bunalımda olduğunu söylüyordu. Bu bir kedi yavrusu da olsaydı o durumda kendisini terk edemez veya sokağa atamazdım. Hep yardımcı olayım diye düşündüm. Zaten evlilik ilişkisine dayanarak kendisinden hiç bir şey beklemiyordum. Suçluluk psikolojisine girmek istemiyordum. Bu süre içinde maddi olarakta bana hiç bir katkısı olmadı. Ben çalışıyordum. Sadece, karşımdaki sorunlu bir insan, kendisine yardım etmeliyim düşüncesine saplanmıştım. Özveriye sahip bir insanım.

Evlendiğimizden altı ay sonra "Ayrı yaşayalım o zaman birbirimizi özle-riz. İlişkimiz daha uzun sürer. Birlikte olmaktan zevk alabiliriz!" demeye başladı. Ama bir türlü de evden ayrılıp gitmedi. Önce çok ağladım. Niye böyle yapıyorsun? Birlikte mutlu olabiliriz, iyi bir dostluk geliştirebiliriz, diyordum. Ben çok tecrübesiz, insanları tanımayan, rahatlıkla söylenilenlere inanan bir insandım. İyi niyetim, acemiliğim kullanılıyordu. Şimdi düşünüyorum. O, bir sadistti. Sağlıklı bir insan değildi.

Ben onun düşmanı değildim ki. Kendisi benimle olmak istedi. Günlerce telefon açtı, başkalarını araya koydu. Beni ikna etmek için uğraştı. Ben onu evliliğe zorlamadım. Ben kabul etmedikçe O çabasını artırdı. Toplumun anlayışına göre bana sahip olduğunu his ettiği andan itibaren de, geri çekil-meye başladı. Artık onu ilgilendirmiyordum. Beni bir alet yerine koymuş ve üzerimde hislerini tatmin ediyordu.

Beni üzer, moralimi bozardı. Ben ağlarken o konuşmaya devam ederdi. Beni üzmekten, acı çektirmekten zevk aldığını anladım. Yani hep beni tedirgin etti ve acı çektirdi. Olmadık, olmayacak, insana yakışmayacak şeyler konuşuyordu. Ben çok iyi niyetli, doğal davranan, kendisi gibi olabilen bir insanım. Hep güvenilir ilişkiler içinde yaşadım, bulundum. Özümle barışığım. Kendileriyle barışık insanlarla da pozitif ilişkiler kuruyorum. Pozitif enerji yayıyorum. Kendimi olduğum gibi kabul ettim. Şeffafım. Sosyal hayatımda mutluluğu yakalamıştım. Üçkağıt, hile, nedir, bilmiyorum. Birisiyle tanıştığımda, acaba bana zarar verir mi? Davranışlarında ne kadar samimi? Ona ne ölçüde inanabilirim? sorularını sormazdım. Mesafeli davranmazdım. Bu yapımdan dolayı da çevremdeki insanları rahatlatır, güven verirdim. Başarılı ilişkiler kurardım.

Evlendiğim adam ne söylüyorsa inanıyordum. O, benim yapımı çok iyi tahlil etmişti. Yapamayacağı bir çok şeyi yapabilecekmiş gibi konuşurdu. Ben de inanırdım. Kapasitesini anlayamamıştım. Onu çözememiştim. Kendisiyle barışık değildi. Kendisini kabul ettirmek için devamlı benliğine yabancı kalıyordu. Bundan dolayı da güven vermiyordu. Ben sıradan, sade bir bayandım. O yükseklerde uçmaya çalışıyordu. Çapı yeterli değildi. Dalgalanıyordu. Düşüyordu. Olduğu gibi görünmek istemiyordu. Ama şunu çok iyi anladım, bir kadının onun için ağlaması ona zevk veriyordu. Ben değerli, bulunmaz bir erkeğim havasına giriyordu. Bütün çabası, her şeyi ilgi odağı olmak içindi. Bunu çok geç fark ettim.

Bir ara Kürtlerin verdikleri demokratik mücadelede yer alacağını, enternasyonalizmin gereği olarak onlara, katılacağını söyledi. Ben inandım. Bekliyorum, günler yaklaşıyor gidecek. Ne aptalım! gerillayı, kadro veya çalışanlarını da tanımıyorum. Onlarla ilgili olarakta Türkiye basınının milliyetçi, taraflı, dezenformasyoncu, etkisinin altındaydım, gerçekleri bilmiyordum. Bu adam Kürt değil, bunu bu yapısıyla kabul ederler mi?, diye düşünemiyordum. O kim? PKK'da siyasal mücadeleci veya askeri savaşçı olmak kim?

Bir ara solcu bir gurupla güney Amerika'ya gideceğini, dönüş tarihinin belli olmadığını, eğer iki yıla kadar gelmezse kendisini beklemememi, hayatımı düzenlememi emretti. Ben yine kendisine inandım. Hep "Gidecem, gidiyorum!" derdi. Hiç bir zamanda gitmedi.

Doğduğum ilçede deprem oldu. Haberleri izledim, sarsıldım. Gece yarısı sarhoş olarak eve geldi. Duydun mu? Deprem olmuş, çok ölü var, bilgisini verdim. Bana "Orada adam mı var? Taş yağsa, hepsi de ölseler umurumda değil!" dedi. O gece de çok ağladım. Eşyalarımı topladım, biletimi aldım, Türkiye'ye gittim. Giderken, gidiyorum, döndüğümde artık bu evde yaşamayacağım, diye düşündüm.

O, çevresindekilere söylediklerimi anlatıyor ve " Onda cesaret, özgüven yok ki, gidemez, yalnız yaşamaya alışkın değil, yaşayamaz. İnsanlara bağımlıdır!" diyor. Döndüm ve ertesi gün bir başka eve taşındım.

Ben yokken tanıdıklarım kendisini bir bayanla sokakta öpüşürken görüyorlar. Gerçeği benden gizlediler. Ayrıldıktan bir hafta sonra kendim onu aynı durumda gördüm. Kendisine hiç bir şey sormadım. Artık gerekte yoktu.

Benim için her şey açıktı. Şunu anladım. Adam bunalımda falan değil. Öyle bir şey olsa da beraber olduğu kadın onu teselli ederdi. Çünkü benimle değil, onunla öpüşmeyi tercih ediyordu. Benim fiziğim ve güzelliğim başkalarını etkilerken, kadınıyla, erkeğiyle insanlar benim çekiciliğimden, güzelliğimden bahsederlerken, o uzak durmayı tercih etti. Ben hafif bir insan olsaydım, ölçülerim, sınırlarım olmasaydı, onun çevresindeki erkeklerin alıcı, davet edici bakışlarına cevap verirdim. Onlarla birlikte olur, ihtiyaçlarımı giderirdim. Onun da ruhu duymazdı.

Benim üniversite mezunu olmam onda eziklik yaratmış olmalı. Yetenekli, yaratıcı ve zeki olmam onu rahatsız etti. Altı ayda dil öğrenmemi bir türlü ka-bullenemedi. O, beni hırpalayarak, ezerek, aşağılayarak, sıkıntıya, bunalıma sokarak, kendi kompleksini yenmeye çalıştı. İşin gerçeği şunu da başardı. İki yıl içinde beni kendine güvenmeyen, yaşamdan zevk almayan, içine kapanan, sosyal yaşamı sıfıra inen, yaşamda hedefi olmayan bir insan haline getirdi. Ya bir tuhaf oldum. Kendimi tanımıyordum. Bir yıldır ayrıyım. Yavaş, yavaş kendime gelmeye başladım. Yeniden gelişme, öğrenme, hedef belirleme isteğim gelişti. Artık gülebiliyorum. Kendime gelmem de, yaşamdan zevk almaya başlamam da bu çevrede yaşayan kadınların büyük rolü oldu. Çoğu terk edilmiş, aldatılmış, değişik acılar, tecrübeler yaşamış ya da sırtını erkeklere vermeyen, kendi yaşam projelerini çizen, oluşturan, gelişkin kadınlar. Onları tanımamam çok iyi oldu. Onlar beni yeniden ayağa kaldırdılar. Yürümeye başladım. Gözümün önündeki kara perdeyi kenara çektiler. Işığı görmemi sağladılar.

Ayrılma konusunda ailemde beni destekledi. Yaşadıklarımı anlattığım zaman babam durakladı "Kızım iyi düşün, nasıl istiyorsan öyle yap. Sonuçta senin yaşamın söz konusu. Kendi doğrularına göre yaşa. Herkesin doğruları bir değildir. Çevreyi, söylenilecekleri, yargılamaları boş ver!" dedi. Sonuçta babaydı. Yaşadığım her şeyi de kendisine anlatamadım.

Buradaki diğer ailelere gelince, bazı aileler sevgilerini, saygılarını koruyorlar. Birbirlerini anlayıp, karşılıklı değer verdiklerinde mutlu kalıyorlar. Biten ilişkilerde, problemli ilişkilerde sonuçta acı genellikle kadının payına düşüyor. Kürt aileleri tanımıyorum. Kürtler dışındaki Türkiye'den gelen diğer halklardan ailelerle ilişkilerim var. Herkes çalışıyor. Dışarıda bir yerlere oturunca insanları görüyorsun. Ev gezmeleri olmuyor. Çünkü vakit yok.

Ben Kürtlerin verdikleri mücadelenin gereğine inanıyorum ve onları haklı görüyorum. Bütün Türkiyelileri, diğer halklardan olup ta, asimle edilerek Türkleştirilen, ırkçılaştırılan insanları düşman olarak gören anlayışa kızıyorum. Rejim gözümüzü açtırmadı. Tek tip insanlar olduk. Önümüze konulanları "doğru" olarak gördük ve inandık. Biz üniversite bitirdik ama düşünmeyi, toleransı, farklılıkları kabul etmeyi öğrenemedik. Herkes askeri kafaya sahip bir duruma getirildi. Sivil gibi düşünmeyi öğrenme imkanımız olmadı.Yani demek istediğim, oradaki herkes Kürtlere düşman değil. Ben buraya geldikten sonra çok şey öğrendim. Görüş açım değişti. Gerçekleri fark ettim. Okulda yalan tarihi okuduğumu anladım.

Bayan gerillaların savaş alanındaki durumlarını, siyasal çalışmalardaki zorluklarını, bayan olmalarından dolayı yaşanılan problemleri, sıkıntıları da bilmiyorum, bilemiyorum. Bizzat görmeyince, tanık olmayınca değerlendiremiyorum, yorumlayamıyorum.

Burada, dört Kürt kadınının yaşamını anlatan bir filmi izledim. Bunların ikisi gerillaydı. Bayan savaşçılarla ilgili yazılara rastlarsam okuyorum. Konuşulursa dinliyorum.

İşin bir diğer yanı ben kendimi "Türk" olarak görüyorum. Bir Anadolu kasabasında büyüdüm. Okuduğum okullarda da her şey " Türk" olmayla ilgiliydi. Onaltı yıllık okul yaşamı boyunca "milli marşlar, tek ulus, tek ırk, tek dil, tek devlet" kavramlarıyla şekillendirildik, yatıp, kalktık. Bu etkilerinden kurtulmak kolay değil. Şimdi ırk benim için o kadar da önemli değil. Sülalemin nereden geldiğini de bilmiyorum.

Burada ilişkiler kısa vadeli. İnsanlar doyumsuz. Hepsinde boşluk hissi ve mutsuzluk mevcut. Bana göre huzur azgınlığı. Bu ülkede kimse aç, açık kalmıyor. Bir insanın geleceğinden kuşkusu yok. Açlıktan ölme korkusu yok. Bütün sigortalar ve güvenceler mevcut. Her şeyini düşünmen, ayarlaman gerekiyor. Zaman içinde doyumsuzluk başlıyor. Paran az, olanakların sınırlı olabilir. Ama ortada korumasız kalma riski yok.

İç huzuru bulamıyorlar. Kendilerini başkalarıyla karşılaştırıyorlar. Hırslara gem vurulmuyor. Hırslandıkça mutsuz oluyorlar. Geçinecek kadar para yeter. Zenginlikle, mutluluk aynı oranda artmıyor. Yemesini, kullanmasını bilmek lazım. Mutlu olmasını bilmiyorlar. Çoğu evli, bekar. Birlikte olmanın zevki alınamıyor. Şükretmesini bilmiyorlar. Bu birazda irsi herhalde. Hayata bir anlam ve amaç kazandıracak pozitif şeyler bulunmalı. İnsanlar burada daha fazla bencilleşiyorlar. Alıp- vermenin dengesi kurulamıyor. Kırıcılaşıyorlar. Kibarlık evlere misafir olmuyor.

Sorunlarla baş etmesini bilmiyorlar. Bir taraf öfkeli, kızgın olduğunda diğer taraf yatıştırıcı olabilmeli. Olay büyütülmemeli. Eşler birbirlerine bağlılık ve sevgilerini açık bir şekilde ifade edemiyorlar. Problemler karşısında açık ve net iletişim kurulamıyor. Birbirleriyle uyum içinde olmaya dikkat etmiyorlar. Çevreden gelen tehdit, birlikteliğe zarar vermemeli, güç katmalı. Rol ayrımı kesin görülmemeli. Değişik rolleri üstlenebilmeliler. Bundan da rahatsız olmamalılar. Karşılıklı yardım hedeflenmeli. Fiziksel şiddet, kaba kuvvet ve dayatmalar evlilik kurumundan uzak tutulmalı. Aile içinde ve dışındaki kaynaklar kullanılmalı. Sorunları aşmak için sorunla ilgili uzmanlara başvurulmalı.

Geldiğim yerde kimse açlık üzerine felsefe yapmıyordu. Aşını, işini, geleceğini düşünen insan, " Eşimle cinsel konuda uyumum var mı, yok mu ? " diye düşünmüyor. Düşünemiyor. Burada bakıyorsun doyumsuzluk üzerine felsefe yapmaya başlıyorlar. Ayrıca burada ne yaparsan yap toplum seni fazla yargılamıyor. Toplumsal baskıdan kurtuluyorsun. Tepki olarak en fazla çevreyle ilişkilerini koparırsın o kadar. Gizli kalmış, bastırılmış bütün hisler, istekler yaşam hakkı buluyor. İnsanlar canlarının istedikleri gibi yaşamak, her şeyi tatmak istiyorlar. " Özel hayatım!" cümlesi beyinlere yerleşiyor. Birey bir nebze "Dıştalanır mıyım?" korkusu yaşamıyor. Sonuç olarak çevre, ilişkileri değiştirebiliyor.

Bir yıl öncesine kadar yaşadıklarımı şimdi değerlendiriyorum. Öyle bir insan için çaba harcamaya, üzülmeye gerek var mıydı? Yoktu. Elbetteki harcadığım emeğe de değmiyordu. Ben kendi halime, düştüğüm duruma, geçen zamanıma üzülüyorum. Bunları yaşamamış olmak isterdim. Ama yaşadım, geldi ve geçti. İnsan kendi geçmişinden kopamaz. Bu tarz evliliklere, hele bu tip ısmarlama evlilikler kesinlikle insan yaşamını yaşanmaz kılıyor.

Ben gözü açılmamış bir insandım. Başkalarının etkisinde kaldım. Evlilik yapıyordum ama benimle evlenmek için çırpınan insanın geçmişini, kaldığı yerdeki ilişkilerini, yaşamını araştırma, öğrenme gereği duymamıştım. Aracılarda onun kişiliğinden habersizdiler. Maskeli yüzünü görüyorlardı ve övüyorlardı. Hata ne yaptıklarının, kim için aracı olduklarının farkında bile değillerdi. Bir sahtekara kefil oluyorlardı. Kendilerine göre sevap işliyorlardı. Ailemde araştırma yapma gereği duymadı. Ben ise o zaman ne yapmam gerektiğini dahi bilmiyordum. Çok tecrübesizdim. Herkesi kendim gibi düşündüm. Kısacası insanlara inanıyor ve güveniyordum. Karşıma çıkan erkeği de kendim gibi sanıyordum. Oysa gerçek şuydu ; O, ben değildim. Bir başkasıydı. Ben onu değil kendimi tanıyordum.

Arada bir güzel evliliklerde ortaya çıkıyor. Daha çok buradaki işçi çevresinde. Sol dünya görüşüne sahip olduklarını iddia eden insanların oluşturdukları ilişkilerde, öyle geçinen çevrede mutluluk olmuyor. Ben evlendiğim adamın çevresindeki insanlarda mutluluk, mutlu olanı görmedim. Doyumsuz, huzursuz, kendileriyle barışık olmayan insanlar. Sol maskesiyle yaşayan solsuzlar !

Türkiye'deki rejimle çelişkisi olan, orada yaşam hakkı bulamayıp buraya göçmen olarak gelen, siyasi oturum hakkı alan bir aileyi örnek vereyim. İki çocukları var. Kadın geldiği yerde üniversitede kariyer yapmış. Kocasının politik faaliyetlerinden dolayı Avrupa'ya gelmek zorunda kalmış. Erkek siyasi. 16 yıldır burada yaşıyorlar. Adam burada var olan olanakları kullanıyor, dil öğreniyor, kendini geliştirip bir kurumda yer alıyor. Hobi, boş zamanları değerlendirme amacıyla politik çalışmalarını da sürdürüyor. Kendisine çevre ediniyor. Kadınsa, o kadar eğitime, öğrenime rağmen çocuklarının annesi ve evinin kadını olmayı tercih ediyor. Klasik aileyi koruma duygusu ağır basıyor. Süreç içinde değişimler yaşanıyor. Adam sürekli dışarıda ve buranın kültürel yapısından, ilişkilerden etkileniyor. Başka kadınlarla ilişki geliştir-meye, onlarla çıkmaya başlıyor. Arayışları, istemleri farklılaşıyor. Kadın ne duruma düştü görebiliyor musunuz?

O, gelenekselci ev kadını konumuna düşmüştü. Burada kendisini geliştirmedi. Eşinin gelişimini yeterli gördü. Sırtını sağlam bir kayaya verdiğini sanıyordu. Evin babası dışarıda çalışmalı, kendiside çocukları yetiştirmeliydi. Görev bölüşümü yapmışlardı. Kendisine bir çevre yaratmadı. Erkek evin ve çocukların sorumluluğundan kurtulmuştu. Çünkü anne her şeyi yapıyordu.

Sonuçta, geçenlerde baba evi terk etti. Bir başka kadını tercih etti. Türkiyeli bayanı dışarda gördüm. Harıl, harıl iş arıyor. "Ben ne yapacağım? Ne yapabilirim? Şimdi bütün yük, bütün sorumluluklar benim omuzlarımda. Çocuklar halen öğrenci!" diye yırtınıyordu.

O, iyi niyetinin, geleceği, olabilecek değişimleri hesaba katmamanın yarattığı sonuçları yaşıyor. Erkeğin hiç bir sorunu yok. Bütün yük, yeni bir yaşam kurma sorumluluğu kadının sırtında. Üniversite kariyeri olan kadın burada sıradan biri konumunda ve bir çembere sıkışmış durumda. Gününde insanların sürekli değiştiğini kabul etseydi, öğrenseydi, gelecekte olabileceklerin hesabını yapsaydı, bu gün şaşkın bir halde sokakları adımlamazdı. Hiç kim-seye güven olmuyor. Sırtımızı dayadığımız kayalar bizleri rahatlıkla ezebiliyor. Üzerimize devrilebiliyorlar. Kayalara değil de, sağlıklı bacaklara, beyinlere, iyi mesleklere dayanarak ayakta kalmayı bilmeliyiz.

Bir başka aile; erkek siyasi nedenlerle orada kalmıyor ve buraya geliyor. Daha önce evlenememiş. Burada da istediği tarzda bir evlilik yapamıyor. 15 yıl önce kendi köyünde uzaktan görüp beğendiği bir kızı babasına istetiyor. Tesadüf bu ya o kız da evlenmemiş. Erkeğin ailesi kızı istiyor. Söz kesiliyor. Kızı buraya getirdiler. Tarladan çıkıp, şalvarı, çapayı bırakıp gelmiş. Yüzü güneş yanığı, elleri nasırlaşmış, parmaklar sertleşmiş vaziyette..

Adam tutturdu " Bu çirkinleşmiş, yaşlanmış. Ben bunun bu kadar değişmiş olacağını düşünemedim. Mümkün değil, bununla evlenemem!"

Kızın ağabeyleri buradaydılar. Adamın boğazına çöktüler. "Bu oyun değil. Sen bacımızı istedin, istettin. Buraya getirtin. Şimdi nasıl geri göndereceğiz? Herkes ne der? Bacımıza leke süremezsin. İftiralar, dedikodulara ortam yaratamazsın. Evlenmek zorundasın. Zamanında düşünseydin!" dediler.

Zoraki, ısmarlama yapılan bir evlilik oldu. Mutluluk mümkün mü? Ve o yüzü güneş yanığı olan kadın bu adama nasıl ısınacak, nasıl sevecek? Söylenilenleri nasıl unutacak? İstenmediğini, sevilmediğini biliyor. Herkes durumlarını duydu. Ağabeyleri olmasaydı adam onu uçağa bindirip geri, geldiği yere göndermişti. İnsanlar ne diyeceklerdi? "Elbetteki bir özrü, eksiği vardı. Demek ki kız değildi. Gittiği yerden, koca evinden kovuldu!" Kim burada yaşanılanları, insan ilişkilerinin boyutunu bilebiliyor ki?

Ben anne olmak, doğanın verdiği ayrıcalıktan yararlanmak, bir kadın olarak annelik duygusunu yaşamak istiyordum. Hamile kaldım. Eşim üzerimde yoğun bir baskı uygulayarak üç aylık bebeğimi verilen sürenin son gününde zorla aldırdı.

"Ben çocuk istemiyorum. Baba olmaya hazır değilim. Evlatlık alırım. Bütün sorumluluğu üzerine alıyorsan doğur. O doğduğu andan itibaren ben çeker giderim. Benden hiç bir şey bekleme!" dedi.

Tamam, ben de yurtta sürünen, yetim, kimsesiz bir çocuğa anne olmak istemem. Ama önce kendi bedenimde bazı şeyleri yaşama hakkına sahibim. Hiç bir organım eksik değil. O, bebeğimi zorla, baskıyla aldırdı. Ben aylarca kürtajın etkisinden kurtulamadım. Kendimi hamile sanıyordum. Ruhsal olarak bebek aldırmaya hazır değildim. Onun baskısına karşı direnemedim. İstediğini bana yaptırdı.

Ben bu adamı tanıdım ve siyasilere kaşı benden tepki oluştu. Bu ve bunun gibiler devrimciliği de, demokratlığı da kendi işlerine geldiği gibi kullananlardır. Demokrat olmayı becersinler, devrimcilik uzaklarda kalsın. Ayrıldığım adam hangi politik gurubun yanına giderse onun rengine bürünüyordu. Türkiye'den çeşitli nedenlerle buraya gelenler, burada işlerini yürütmek için buranın solcularına yanaşıyorlar. Değişik imkanlardan yararlanıyorlar. Avrupa devrimciliği. İstedikleri kalıba giriyorlar!

Devrimciler ve halk orada, devrimcilerin amaçları bellidir. Bunlar burada ne yapıyorlar? Her şey bireysel çıkarlar için. Ayrıldım, adam sürekli beni arayıp huzursuz ediyordu, " Benim ilişkilerimi kullanma. Benim tanıdıklarımla ilişkini kes!" derdi. Ben onun ilişkilerini kullanmadım ki. Kadınlar, içinde bulunduğum durumu görüp bana yardımcı oldular. Onlardan aldığım güç ve moralle yaşamımı yönlendirmeye, projelerimi oluşturmaya başladım.

Bu insan demokrat dahi olabilseydi, bana bu acıları yaşatmazdı.

Tamam ayrıldık. Burada yaşayabilmem içinde destek sunmalıydı. Kendisi buraya gelişime, iş yerimi kapatmama neden olmuştu. Dönüp bana "İlişkilerimi kullanma!" diyebiliyor. Gelişkin, güçlü, örgütlü kadınlar olmasaydılar, benim işim zordu. Şimdi yalnız yaşıyorum. Aşmam gereken epey engel var. Geri dönmeyi de düşünmüyor değilim. Ortamını oluşturabilirsem geri döneceğim. Ege'de bir şehir de rahatlıkla mesleğimi sürdürebilirim. Yaşamdan ders almış, tecrübe sahibi olmuş, insanları değerlendirebilme yeteneğini kazanmış olarak ülkeme gideceğim.

Ben şimdi geçmişe göre çok farklı davranabiliyorum. Burada tanık olduğum, yaşadığım şeyler benim için öğretici oldu. Hiç bir şey eskisi gibi değil. Gelişkin bayanlar, terapistler sağ olsunlar. Görmemi sağladılar. Sürekli okuyorum. İnsan psikolojisi ilgimi çekiyor. Bu tarz kitaplara, yazılara yöneldim. Edebiyat, bilimsel çalışmalarda eğitimin bir bölümünü oluşturuyorlar.

Geldiğim yerdeki zenginlikle buradaki zenginliği birleştirmeyi, sentez yapmayı başardım. Bundan dolayı da kendimle barışık olarak, yaşamdan tat alarak, yaşama sevincime yeniden kavuşarak yaşıyorum. Yaşıma rağmen bayağı tecrübe sahibi oldum. Benim yaşadıklarım evlilik yoluyla yer, ülke değiştirmek isteyenlere örnek olmalı. Normalinde, bilinmeyenden, tanınmayandan korkulur. Ben tanımadığım bir insana güvenerek bu serüvene atıldım. Doktorluktan temizlikçiliğe transfer oldum! Burada kalmayacağım. Siyasi bir insan değilim. Geldiğim yere döneceğim. Zindanda yatma, göz altına alınma korkum yok. Mesleğimi yapmak istiyorum.

***

O dediği gibi yaptı. 1994'te geri döndü. Tecrübeler edinmiş bir bayan olarak iş yerini açma girişimlerini başlattı. Yalnızda kalsak kesinlikle umut-suzluğa kapılmamalıyız. Yaşadığımız her ilişki bize bir şeyler katıyor. O iliş-kileri yaşarken içimize çöreklenen reddedilme, terk edilme korkuları yada utangaçlığımız ve küçük düşürülme endişesi kişisel anlamda gelişimimize katkı sağlıyor.

Deneyimler sonucunda öğrendiğimiz ve içimizde en derinlerde yarattığımız öfke, yargı, direnç ve geri çekilme gibi olguları besleyen savunma mekanizmamızı bu tarz ilişkiler yaşarken ortaya çıkartırız.

İçimizde taşıdığımız ve bir parçamız olan bazı kalıplar ilk beraberliklerde ortaya çıkar ve diğer arkadaşlarımızla, iş arkadaşlarımızla, ailemizle ve çocuklarımızla olan ilişkilerimizde de etkili olur. Bundan dolayı da biriyle birlikte değilsek, yalnızsak, paniğe kapılmayalım. Çünkü yaşadığımız bütün ilişkilerden gereken deneyimleri kazanabiliriz.

Kimi insanlar birilerinin kendisini kontrol etmesinden hoşlanmazlar. Birilerinin kendisinden bir şey beklediğini anladıkları anda bu onları boğar ve o insandan hemen uzaklaşırlar. Kendilerinden, içlerindeki boşluğu doldurmalarını isteyen insanlara karşıda çok hassas olurlar. Ne var ki kendilerini geri çekiş çoğu zaman o bireylerin lehine sonuç vermez. Çünkü geri çevrildiklerini gören kişiler daha çok onların üzerlerine gitmeye başlar.

Bu bayan evlilik teklifini ret ettikçe eşi telefonlarını sıklaştırdı, aracıların sayılarını artırdı. Hedefine vardıktan sonrada geri çekildi. Çünkü sorumlulukları, görevleri, eşinin bir bayan olarak beklentileri vardı. Aslında erkek bayana yaklaşımıyla, kişilik sorununu ele vermişti.

Yetiştirildiğimiz ortamlarda bizlerden bir şey beklendiği zaman, içimizdekini, gerçek hislerimizi karşımızdakine söylemeyi öğrenme aşamasına, yeterliliğine ulaşmamız gerekiyor. Soru sormanın yasaklandığı, ayıp, saygısızlık olarak değerlendirilmeye tabi tutulduğu ortamlarda büyüyen insanlar soruları içlerinde depolarlar. Karşılarında, yanlarında olanlara açık, açık soru sormayı öğrendiklerinde ise kendilerini daha çok sevmeyi öğreniyorlar.

Bu bayanın etrafındakilere, eşine "Benden ilgi ya da onay beklediğinde kendimi iyi hissetmiyorum. Seninle sıcak bir ilişki yaşamak istiyorum. Fakat senin kendini iyi hissetmeni sağlayacak şeyin ben olmasını istemiyorum" demesi gerekiyordu, diyemedi. Eşi ise egolarını tatmin etmeye devam etti.

Etrafımızdaki kişilerle aramızda olan her türlü etkileşim içimizdeki birtakım inançlarımızı dışa vurmamızı sağlar. Ayrıca kurduğumuz her ilişkiden bir şeyler öğrenme şansımız var. Örneğin, kendimizi yetersiz ve önemsiz hissediyorsak o zaman karşımızdakilerin sergiledikleri herhangi bir soğuk ya da eleştirel tavrı kendi üzerimize alma eğiliminde oluyoruz. Böyle bir durumla karşılaştığımızda kendimizi yalnız, reddedilmiş hisseder ve karşımızdakine öfkeyle tepki veririz.

Bize acı veren duygularımız ve olaylar karşısında sergilediğimiz aşırı tepkiler, kendimize ve çevremize çizdiğimiz sınırlar, kendi hakkımızda o güne kadar bilmediğimiz birçok şeyi keşfetmemize, kendimizi daha iyi anlamamıza yardımcı olabilirler.

Eğer birey kendisinin sevecen ve ilgili biri olduğuna inanırsa, o zaman kendisinin nasıl göründüğünü yada hareketlerini baz alarak değil "kim olduğunu" ön plana çıkartarak tanımlar. Böylece, karşısındaki kişinin sergilediği soğuk yada eleştirel tavrı üzerine alma huyundan vazgeçer. Ona anlayışlı bir tavırla yaklaşır yada o kişinin tavrına kırılmadan, kendisini olayın dışına atar.

Yaşadığımız bütün ilişkiler ve bu ilişkiler içinde verdiğimiz tepkiler kişiliğimizin ve ruhsal dünyamızın gelişmesine yardımcı olurlar. Çevremizdeki insanlarla aramızda hoş olmayan etkileşimler yaşadığımızda verdiğimiz tepkileri ölçerek kontrol edebildiğimiz veya edemediğimiz davranışlarımızı keşfedebiliriz. Öfke bizi içimizde bu duygulanmaya neden olan sebebi aramaya yöneltir.

Böyle bir durumda öfkelenmemize neden olan şeyin karşımızdakinin davranışı değil, kendi inandığımız birtakım düşünceler olduğunu anlarız. Bu durum kişiliğimizi güçlendirmek için doğru bir yola adım atıyoruz demektir.

Bir ilişkide halkın deyimiyle "Kanın kaynaması!" gerekir, ruhi bir şeyler hissedilmelidir. His olmayınca sevginin oluşması mümkün değildir. Arkadaşlar, aile, çevre bir yana konula bilinmeli. Birlikte kalınan, yaşanılan birey göz önüne alınmalı. Ona göre düzenlemeler yapılmalı. Başkaları birliktelik hakkında karar vermemeli. Bu hak verilmemeli. Birlikte olunana her şey anlatılmalı. Özel dünya açılmalı. Gizlilik tercih edilmemeli. Güven oluşturulup, kazanılmalı.

Ahlaki değerler, yaşam tarzı, inanç sistemi ilişkinin uzun veya kısa süreli olmasında etkilidir. İyi tanıma hedefe konmalı. Birlikte kalınan dönemlerde gözlemci olunmalı. İnciten, kıran, tavır ve düşünceler üzerinde durulmalı. Açıklanmalı. His ettirilmeli. Beklenen sevgi sunulmalı. Gerekende alına-bilmeli. İlişkiyi sürekli, kalıcı yapmak için ortam hazırlanmalı.

Dürüstlük, iletişim, ihtiyaçlar konusunda açık sözlülük, iyi bir dinleyici yeteneğine sahip olmak önemlidir. Hiç bir ilişkinin garantisi yoktur. Aynen yaşam gibi bir yerde başlayıp, bir yerde bitebiliyorlar. İlişkinin bitme korkusunu yaşayacağımıza, her anı dolu, dolu, tadını alarak geçirmek gerekiyor.

Toplum "ben merkezci" erkek ve sürekli sunan, veren, köle kadın tipi yaratmış. Bu bayan özveriliydi. Bencil değildi. Nereye kadar verip, nereden itibaren alması gerektiğini öğrenememişti. Eğer ailede öğrenilmezse, onun gibi iki erkeği yakından tanıdıktan sonra, deneyimlerle, yaşanarak öğreniliyor.

Hep vermek zorunda olduğu şeklinde eğitilen insan, bir süre sonra bunu alışkanlık haline getiriyor. Durumunu fark ettiği andan itibaren de rahatsızlık, huzursuzluk gelişiyor ve giderek sürekli sunduğu kişiden uzaklaşmaya, kopmaya başlıyor. Eh... her şey bir yere kadar!

Yaşamın kendisi zordur. Sevgi, aşk, saygı oldu mu, insan birbirinden uzak-ta da olsa, yan yanaymış gibi iyi ve saygın bir ilişki sürdürebilir. Ortalama bir ilişkide yaşanan birçok şeyi yanımızda olmayan sevgilimiz, eşimiz ile paylaşabiliriz.

Birbirlerine fiziksel olarak uzak olan kişilerin ilişkilerinin diğer ilişkilerden farklı özellikleri vardır. İhtiyacınız olduğunda birbirinize gereken ilgiyi gösteremeyebilir, başınızı omzuna dayamayabilir, ellerini tutamayabilir, ilişkiyi yürütmekte zorlanabilirsiniz. İlişkiye başlarken, iki tarafta var olan ilişkiden ne beklediklerini açıkça ifade etmelidirler. Eğer ortak değerlerde birleşilirse o zaman ayrı kalınan sürelerde asla aldatma yaşanmayacaktır. İlişkinin başında her iki taraf kendileri için önem taşıyan değerleri açıkça dile getirirlerse süreç içinde yanlış anlaşılmalar ve hatalar oluşmaz. İstenilenler, ilişkiden beklentiler saklanmamalıdır. Beyin ve kalp birliktenliği sağlanmalıdır.. Taraflar birbirlerini anlayabilmeliler. Anlarlarsa cevaplayabilirler. Kırgınlık, dargınlık, yanlış anlaşılma da olmaz. Güven bir ilişkide olması gereken ilk koşuldur. Dürüstlük ve güven unsurlarından yoksun olan bir ilişkinin geleceği kısa bir süre sonra tehlikeye gire r. İlişkiyi canlı, sağlıklı ve verimli tutmak tarafların ellerindedir.

Duygular her fırsatta dile getirilmelidir. Bu durum önemsenmeyi, özlenmeyi beraberinde getirir. Sevgi pekişir. İlişkinin gelişimine yardımcı olur. Doğru bir çabayla ilişkiler güzel yürütülebilinir. İletişim kaybedilmez, günlük yaşantı doğru bir şekilde anlatılırsa çok başarılı ve ileriye dönük bir ilişki yürütme imkanı ortaya çıkar.

Hayattaki en zor şeylerden biri de çok emek harcadığımız ve çok fazla sevgi verdiğimiz bir şeyin bittiğinin farkına varmaktır. Bu bazılarımızda tam bir şok etkisi yaratırken, bazı insanları da gözlerinin önünde olan şeyleri fark edebildikleri ve kavrayabildikleri için çok fazla şaşırtmaz.

Bir ilişki yaşayan insanlar genelde ilişkilerinde problem olduğunu kendi kendilerine itiraf edemedikleri ve bir çok probleme göz yumdukları için aralarındaki bağın koptuğuna dair önlerine çıkan işaretlere kayıtsız kalırlar. Gözardı edemeyecekleri bir şey gelip yüzlerine vuruluncaya ve beraber oldukları kişi artık o ilişkinin bittiğini söyleyene kadarda problemleri halletme eği-limlerini sürdürürler.

Bu da genelde uzun zamandır birlikte olan çiftlerde çok daha sık görülen bir durumdur. Önemli olan bu ilişkinin gerçekten bitip bitmediği ve ilişkinin hangi noktada olduğunu kavrayabilmektir.

Bir ilişkinin bittiğini gösteren en can alıcı nokta; birlikte olduğumuz kişinin başka biriyle ilişkisi olduğunu öğrenmek. Sevgilimizin /eşimizin bize her türlü şiddeti uygulaması. Akla gelebilecek her şey hakkında tartışıyor olmak ve hiçbir konuda ortak bir yol bulamamak. Onunla birlikteyken huzur ve mutluluk hissedememek. O kişiyle bir şeylerin kesin olarak bittiğinden emin olabilmek. Bunların dışında da dikkat etmemiz gereken birtakım işaretler vardır. Bazen acı da olsa yaşadığımız ilişkinin bize bir fayda sağlamadığını kabul etmemiz gerekebilir.

Hernekadar "Aramızda sevgi olduğu müddetçe her şeyin üstesinden gelebiliriz!" söylemine inansak ta, bazen de taraflardan birinin ya da ikisinin ilişkiyi bırakıp gitmesi gereken durumlar olabileceğini ve bunun aslında iki taraf içinde çok daha faydalı olacağını kabul etmeliyiz.

Örneğin; eğer taraflardan biri, kasıtlı olarak diğerinin hayattaki birtakım hedefleri için adım atmasını engelliyorsa, işte o zaman ciddi bir problem var demektir.

İki tarafın da kendilerine ait birtakım hayalleri ve amaçları olduğunda, arada mutlaka bir anlaşmazlık çıkar. İki tarafta orta yol bulmaya yanaşmaz-larsa o zaman işler çıkmaza girer. Bu durumda bazen taraflardan biri kıskanç davranışlar sergilemeye başlar ve diğerini kontrol etmeye çalışır. Eğer böyle bir kaosun içinden çıkılamıyorsa ilişkiyi bitirmek her iki taraf içinde en iyi yoldur. Onu sevmediğimizi fark ettiğimizde, sürekli olarak yalnızken yaptığımız şeyleri düşünüp bekar hayatımızı özlediğimize karar verdikse, sevgilimizin /eşimizin sadece bizi üzmemek için bu ilişkiyi sürdürdüğünü anladıysak, hiçbir ortak hedefimiz ya da hobimizin olmadığı sonucuna vardıysak, asla değişmeyecek olan ve bizi fazlasıyla rahatsız eden birtakım huyları batmaya başladıysa, onun yanında "kendimiz" gibi olamıyorsak, kendimizi kötü hissetmemizi sağlıyor ve sürekli olarak hedeflerimizi ve fikirlerimizi eleştiriyorsa, o ilişkinin yapıcı, geliştirici bir özelliği yoktur. Bitirilmeli. Bitirilmekten korkulmamalı.

Bir insan sadece yalnız kalmamak ve kendini garantiye almak uğruna kötü giden bir ilişkiye devam etme eğiliminde olmamalıdır. Bu noktada, yaşananlara kadercilikle yaklaşmak "Ne yapayım, kaderim buymuş!" demek hayatımızın geri kalan kısmını mutlu bir şekilde yaşamamız için kendimize ve çevremizdekilere hiç bir şans tanımamamız anlamına gelecektir.

İnsan daha iyi bir gelecek için bazen terk etmeyi ve vazgeçebilmeyi de öğrenmelidir. Sevgi bitmiyor. İnsan yaşadığı sürece bu hissi taşıyor. Rahatlıkla yeniden sevebilir. Yenilikten, değişiklikten korkmamalıyız!..

İnsanlar "vücut dili"nin ne olduğunu ve nasıl kullanıldığını az çok bilirler. Karşımızdakinin hareketleriyle bize vermeye çalıştığı mesajları gerçekten anlayabiliyor muyuz? Bazen karşımızdaki bir şey söylerken, yaptığı hareketlerden aslında başka bir şey demek istediğini düşünür. Özelliklede sevgilimizin, eşimizin bir hareketiyle gerçekten içinden neler geçtiği konusunda kafamız karışabilir.

Karşımızdaki kişinin vücut dilini anlamak çok zor gibi gözükebilir. Fakat bu işin inceliklerini öğrendiğimiz vakit karşımızdakinin gerçekte ne demek istediğini anlayabiliriz.

Bizimle konuşurken bize nasıl baktığına dikkat ediyor muyuz? Eğer bizimle göz teması kuruyorsa o zaman kendisini bizim yanımızda rahat hissediyor ve bizimle ilgileniyor demektir. Bu aynı zamanda onun dürüstlüğünün ve samimiyetinin de bir göstergesidir. Fakat konuşurken gözlerini bizimkilerden kaçırıyorsa bunun nedeni ya bizimle ilgilenmiyor olması ya da çok utangaç biri olmasındandır.

Tedirgin biri sizinle konuşurken sürekli sandalyesini sallar, saatine bakar ve başka şeyler düşündüğü izlenimini verir. Bu hareketiyle sizinle ilgilenmediğini veya o anda başka bir yerlerde olduğunu gösterir. Sizin yerinize başkalarına odaklanan bir kişi sizinle ilgilenmediği veya sizinle herhangi bir diyalog kurmak istemediği mesajını verir.

Sessizlik birçok şey ifade eder. Sizinle çok fazla konuşmuyorsa bunun bir anlamı olmalı. Ya sizinle olmaktan fazla hoşlanmıyor yada anlattıklarıyla ilgilenmeyeceğinizi düşünüyor. Tek yapmanız gereken bu sessizliği yorumlarken çok dikkatli olmak.

Kendinizi rahat hissetmediğiniz bir ortamda kollarınızı göğsünüzde çapraz birleştirir, karşınızdaki insanla yüz, yüze bakmamak için pozisyonunuzu değiştirir ya da aranıza mesafe koyarsınız. Yanınızdaki kollarını kavuşturup sizden farklı bir yöne bakıyorsa o zaman onun sizin dışınızda başka şeylerle ilgilendiğini anlamalısınız. Elinizi tutmuyorsa yada size herhangi bir temasta bulunmuyorsa bu hareketinden kendini sizin yanınızda rahat hissetmediğini çıkartabilirsiniz.

Hepimiz, bizi anlayacak ve ihtiyaçlarımıza karşılık verecek, aramızda sıra dışı bir çekim ve iletişim kuracağımız birinin hayaliyle, o insanı bulmaya çabalarız.

O kişiyi bulduğumuzda ikimizde birbirimiz için yaratıldığımızı düşünmeye başlarız. O, hayalini kurduğunuz kişi olabilmek için her türlü ihtiyacımıza cevap verdiğinde, aramızdaki tüm sınırlar zamanla kaybolup giderler ve zamanla birbirimizin "ruh eşi" olduğumuza inanırız.

Ona uymaya çalışmamalıyız, kendimiz olmalıyız. Ne kadar çok "kendimiz" gibi hareket etmeye çalışırsak, karşımızdaki insanla olan ilişkimiz de o kadar güçlü olur. İyi olmaya çalışmamalıyız. Karşılık görmek için sevgi vermemeliyiz. İlişkinin başından itibaren kendimiz olmalıyız. Hem maddi, hem de manevi açıdan bütün hayatımızı yanımızdakinin üzerine kurmamalıyız. Birimiz diğerini herhangi bir açıdan kurtarmaya kalkıştığımızda duygularımız ve bağlılık hissimiz karışmaya başlar. Onu istediğimiz için onunla birlikte olalım, ona ihtiyacınız olduğu için değil. Yavaş adımlarla yürümeliyiz. İlişkideki her aşamayı sindirerek yaşamalıyız. Arkadaş olunmalı. İyi bir arkadaşlık zamanla, risk alarak, çaba göstererek ve iletişim kurarak dürüstlük çerçevesinde oluşur.

***

" Hayatın binlerce hazinesi içinde umut ya da umutsuzluğu, sevinç ya da hüzünü seçmek bizim elimizdedir. Tabi ki çevremizin tutsağı değilsek!.."

HANDAN: Alevi-Türkmen bir ailenin ferdiyim. Yedi kardeşiz. Köyde doğdum, büyüdüm. Bir başka köye giderek ilkokulu okuyabildim. Köyümüzde okul olmadığından diğer bacılarım okuyamadılar. Köyde gelir kaynağımız tarlalarımızdan elde ettiğimiz ürünlerdi.

Ailemizde şiddet kültürü yoktu. Babamın annemi dövdüğünü hiç görme-dim. Bize de el kaldırmazdı. Annem ve babam birbirlerine tutkundular. Onların sevgileri hiç mi hiç bitmedi. Babam dışarıdan eve gelmeyene kadar annem yemek yemezdi. Onu beklerdi. Birlikte yemek, sofrayı paylaşmak, yerken sohbet etmeyi yeğlerdi. Zevk alırdı. Bu ilişkinin varlığından dolayı mutluydu.

Babam kesinlikle çocuklarını birbirinden ayırtmazdı. Hepimize aynı değeri verirdi. Annem erkek çocuklarına daha çok değer verir, sever, kızdığı zamanda erkek kardeşlerimize bize baskı yapmalarını söyler ve isterdi. Yani emir verirdi.

Erkek kardeşlerim ekseriyetle ev dışı işlerle uğraşırlardı. Tarlalarda birlikte çalışırdık. Ev işleri, hayvan bakımı da biz bayanların göreviydi. Köy de Türkiye sol hareketlerinden biri etkindi (THKO). Bazen bu düşünceye sahip olanların arasında kolektif, toplu çalışmalar, hasat kaldırmalar olurdu. Köyde üç, dört yıl bu durum sürdü. Siyasi hareketin sorumluları, her akşam bir evde köylüleri toplar, eğitim toplantıları yaparlardı. O kişilerin amaçları köylüleri siyasi olarak geliştirmek, bilinçlendirmekti.

12 Eylül 1980 askeri darbesi tırpan gibi insanlarımızı biçmiş, herkes içeri alınmış, arananlar, kaçanlar, sonuç itibarıyla insanlar dağılmışlardı. Düzen bozulmuştu. Köyde yaratılan komin hayatı ortadan kalkmıştı. Bizim orada Ermeni, Asuri-Keldani, Kürt ve Türkmenler aynı ekonomik

imkanlara sahipler. Herkes kendi yağıyla kavruluyor.

Ben yaşadıklarım, tanık olduğum olaylardan dolayı sağlıksız, hasta göründüğüm için yakınlarım yalnızca evde iş yapmama müsaade ediyorlardı. Dışarının, bağın, bahçenin işlerini yengelerim yaparlardı.

Babam beni okula gönderecekti. Devrimci olduğunu iddia eden bir dayım engel oldu. Kendi kızını zorla birisine verdi. Kız benim okula gideceğimi duyunca nişan yüzüğünü atıyor ve " Ben de okula gideceğim. Evlenmek istemiyorum. " der.

O dayım bize geldi ve babama " Nedir, ne oluyor? Sen bunu burjuvaların okuluna mı göndereceksin? Yarın senden pantolon, para isteyecek. Seni tanımayacak. Burjuva kültürünü alacak. Gerçekleri, doğruları öğrensin. Okul da, rejime kadro, eleman yetiştirme merkezlerinde bunun beynini yıkayacaklar. Kendileri gibi yapacaklar. Halkına düşman edecekler!" dedi.

Babama baskı yaptı. Okula gitmemi engelledi. Şimdi düşünüyorum da ne geri bir insandı. İnsan okumakla öğreniyor, eğitiliyor. Bizim köydekiler, ilericilik adına gericiliği yaşatıyorlardı. Tutucuydular. Evindeki kızı dövüp, tercih, yaşamını belirleme, yönlendirme hakkı vermeyen adam, topluma mı yaşam, tercih hakkı verecekti? O halleriyle, anlayışlarıyla iktidar ellerine geçse her biri bir diktatör olur. Çünkü sistemin sopası altında büyümüşler, şekillenmişler. Başka anlayışları, düzenleri tanımıyorlar. Sistemin kopyaları oluyorlar. Baskı görenler baskı yoluyla isteklerini yaptırıyorlar.

Çevremizde kızlar gönüllü, isteyerek evleniyorlardı. “Bizler evlenmeyeceğiz, gerilla olacağız!” derdik. Kışın karda ayakkabısız dolaşırdık. Yemek yemezdik, açlığa ne kadar dayanabileceğimizi, denerdik.

1980’de "Askeri cunta" geldi ve hayaller gerçekleşmedi. Hepimiz evlendik. "Ben devrimciyim, çağdaşım!" diyen erkekler evlerle, ailelerle ilgili bütün yükü kadınların omuzlarına bırakmışlardı. Dağılmışlardı, kaçmışlardı. Ben bunu da anlamıyorum. "Ben düzenin değişmesini, yenilenmesini istiyorum. Değiştirmeye adayım. Görev üstleneceğim!" diyen insan niye evleniyor? Niye çocuk yapıyor? Çocuklara, kadınlara yazık değil mi? Kadın ve çocukların bir aile ortamı içinde yaşamaları gereken şeyleri yaşamalarını da engellemiş oluyorlar. Sorunlu çocukların oluşmasına kaynaklık ediyorlar. "Benim çocuğum" diyor. Emek vermediğin, zaman harcamadığın, gelişmesine katkıda bulunmadığın, eğitemediğin, her devresini gözlemlemediğin, sorularına cevap vermediğin, geleceğini hazırlamadığın bir canlı nasıl senin olur? Olması mümkün değil. Bu durumda olan baba ve çocuklar birbirlerine ısınamıyorlar. Yabancı gibi oluyorlar.

Erkeklerimiz kadınları kendilerine bağlı tutuyor. Serbest bırakmıyorlar. Onlara yönelik görevlerini, sorumluluklarını da yerlerine getirmiyorlar. Bir yandan insan hakları savunucusu, özgürlük aşığı gibi konuşup, davranacaksın. Diğer yanda eşini tutsak alacaksın. Benimsin. Beni bırakamazsın. Ayrılamazsın. Bir başkasını tercih edemezsin, kendi yaşamınla ilgili olarak yalnız başına karar veremezsin, diyeceksin. Kendi iradesiyle davranmasını engelleyeceksin.

Erkeklerimiz bir şey yapıyor görünüyorlar ve kenara çekiliyorlar. Ailenin getirdiği yükten kurtuluyorlar. Aileyle ilgili bütün görevleri kadınlar yapıyorlardı. Her konuda onlar sorumluydu. Yengelerimin ve köyümüzdeki diğer kadınların durumunu izliyordum.

Koca devlet güçleri tarafından aranıyor. Kaçmış, gizlenmiş ya da yakalanmış ve tutsak, kadın hem anne, hem de baba oluyor. Gel de yükü taşı! O, "politiğim" diyen insanların çocukları babasız büyüdüler ve babalarına karşıda saygılarının, sevgilerinin olmadığına tanık oldum. Hepsi ezik, içlerine kapanık, bir yanları sürekli eksik, huzursuz ve mutsuz aileler oldular. Hapse giriş nedenlerini çocuklarına anlatamayan, aileyle ilişkileri kopan, çocuklarını kazanamayan bir baba, Türkiye'yi veya Kürdistan'ı nasıl kazanacak, kurtaracak ?

Ben değişim, yenilik, yenilenme düşüncesine aşık olmuştum. Teorik olarak anlatılanlar mükemmeldi. Herkes doyacak, herkes huzurlu olacak. Kimse kimseyi ezmeyecek, sömürmeyecek. Hiç bir şey gerçekleşmedi. 12 Eylül Askeri Darbesi tırpan gibi insanları ortadan biçti ve geçti. Ailece çok acı çektik. Bu darbe benim hayatıma da mal oldu. Huzuru yaşamam engellendi. Sevgisizliğe mahkum oldum.

Siyasi nedenlerden dolayı 12 Eylül 1980 Askeri Cuntası'nın kolluk kuvvetleri tarafından içeri, hapse atılanlardan biri abimlerle birlikte kalmıştı. İçerden yeni çıkmıştı. Anası onu yanına almış köyleri dolaşıyor ki kendisine kız beğendirsin ve evlendirsin. O ve dayımın oğlu da cezaevinde birlikte kalmışlardı, birbirlerini iyi tanıyorlardı. Dayı oğlu sebep oldu. Onları alıp bize getirdi. Annesi derdini, köyleri dolaşma nedenini söyledi. Oğlu bana baktı. Tepeden tırnağa süzdü. Anasına dönmüş ve sessizce, " Bu kız çok zayıf, herhalde bir hastalığı var. Olmaz, ben böyle hastalıklı, benizi kaçmış biriyle evlenemem!" demiş.

Anası ise içeride işkenceyle öldürülen abimi tanıyormuş. Oğluna " Yalnız kemikleri kalmışta olsa bu o insanın bacısı. Ben bu kızı gelin olarak alacağım!" diyor. İsteğinde diretiyor.

Askeri cuntanın darbesini yemiştik. Ailece yaşadıklarımız beni etkilemişti. Annem ve babam sürekli cezaevlerini dolaşıyorlardı. Aşık olduğum insanda içeri alınmıştı. Hapse tıkılmıştı. Ben üzüntüden dolayı sapsarıydım, çok halsizdim. Bunalımlıydım. Sapsarı olmam, takatsız kalmam benim için bir suç teşkil etmişti. Yaşayan, yürüyen ölüye benziyordum. Köylülerimiz benim için " Sararmış, solmuş. İsteyeni, beğeneni yok. Kimse almıyor. Ev de kalmış!" diyorlardı. Söylenilenleri duyuyor ve çok kötü şekilde etkileniyor, yıpranıyordum. Yalnızdım, boşluktaydım. Onların, iç dünyamı, derinlerdeki dalgaları, fırtınaları bilmeleri mümkün değildi. Benimle ilgili olarak herkes kendine göre bir değerlendirme yapıyordu.

Yaşça benden küçük olanlar arkadaşlarım evlendiler. Köy yeri, başı bağlanmamış bir ben kaldım. Bu durum beni etkiliyordu. Hayata küsmüştüm. Evliliği de düşünmüyordum. Kafam karmakarışıktı. Çevredekiler beni rahat bırakmıyorlardı. Evlenmeyen bendim, onlara neydi? Bir bayramda, bir düğünde topluma giremiyordum. Sanki herkes bana bakıyor, benimle ilgili konuşuyordu. Suç işlemiş bir insan gibi rahatsız ediliyor ve rahatsız oluyordum. Bekâr kalmayı "ayıp" sayıyor, evlenmemi teşvik ediyorlardı.

Köylülerin süreklilik kazanan psikolojik baskıları beni etkiledi. Sonuçta evlenme düşüncesi, isteği bende de gelişti. Beni görmeye gelen adam hapisteyken kardeşini nişanlıyorlar. Bu da içerden çıktığında ondan etkileniyor. Annesi de zaten kendisini evlendirmek istiyor. "Zamanın geldi de geçti" diyor. Bu da onlardan güç alarak evlenme girişiminde bulunuyor. Birlikte köyleri gezmeye başlıyorlar. Bizim eve geldiklerinde yüzünü, tipini gördüm. Hiç sevmedim, beğenmedim. İçimde bir kımıldanma olmadı. Kanım kaynamadı. Üstelik bir ayağı da sakat, topaldı.

Annemlere, "Tamam bu kişi abimin arkadaşı. Bize dost olarak kalsın. Ama ben bununla evlenmek istemiyorum!" dedim. Annem ve babam çevrede söylenenlerden etkileniyorlardı. Babam birine aşık olduğumu ve onun da tutsak düştüğünü biliyordu. Aşkımı tanıyordu. Durumumdan haberdardı.

"Ben kaçağa, devletle problemi olana kız vermem. Kızımın hayatını karartamam. Devletin ne yapacağı belli olmaz!" diyordu.

Kaynanamın beni gelin alma isteği karşısında ise bana "Adam içeri girmiş, çıkmış. Devlet tarafından aranmıyor. Hapis cezası yok. Seni aç, açık koymaz. Babasını tanıyorum. Çok iyi bir insandı. Ondan düşen çocuk kötü olmaz!" dedi, ve dediğinde de diretti.

28 yaşımdaydım. Daha görücüler, yani kaynanam ve eşim bize geldikleri gün karar verildi. Söz kesildi. Benim ağlamam, diretmem, 'ben bunun-

la evlenmem' demem bir işe yaramadı.

İkinci sefere evimize geldiklerinde nişanlıkları getirdiler. Onların getirdikleri altınları zorla üzerime taktılar. Çünkü hediyeleri bana yaklaştırmalarına, boynuma takmalarına izin vermiyordum. Yirminci gün de beni gelin ettiler.

Babam kendilerine "Oğullarım içerdeler. Ne olacakları belli değil. Parasal olarak durumum iyi değil. Bir yıl sonra kızı gelin edek. Bazı ihtiyaçlarını alırım. Bu süre içinde birbirimizi de daha iyi tanırız." dedi.

Kaynanam kendisinin bu isteğini kabul etmedi. "Bir yıl bekleyemem. Hemen alıp, götüreceğim!" cevabını verdi.

Babam yanıma geldi ve " Nişanlınla konuş, görüş!" dedi. Aynı odada bir süre kaldık, sohbet ettik. Kendisine, gerçek olan şu; ben seni sevmedim, sevemedim. Bu evliliği de istemiyorum, cümleleriyle düşüncemi açıkladım.

Nedenlerimi, isteksizliğimi '...kalbinde bir başkası mı var?" sorusuyla öğrenmek istedi. Kendisine, evet, ben birine aşığım, o şimdi devletin tutsağı. Hapiste. Aynı dosyalardan yargılandınız. Halen yargılanıyor. Kusuruma bakma ama sana da kanım hiç kaynamadı' şeklinde kendisini yanıtladım.

Bana " Seni anlıyorum. Sevmek, sevdiğinle yaşamak, benim gibi seninde hakkın. Sen de bir insansın!" dedi.

Onun annesinin ve benim babamın zoruyla bu evlilik gerçekleştirildi. Her ikisi bizim yerimize karar verdiler. Sevdiğim erkek hapiste ve ben de köy yerinde yaşıyordum. Ne arayabiliyorsun, ne haberleşebiliyorsun, ne de ziyaretine gidebiliyorsun. Ayıptı. Yapamazdım. Nişanlı bile değildim. Ki evli kadınlar dahi hapse, eşlerini görmeye gidemiyorlardı. Götürülmüyorlardı. Yakınları, tutsak ve ya mahkumları ziyaret ederlerdi. Bireyi seçeneksiz bırakan, acı çektiren çok kötü adetlere sahibiz.

Kendi içime kapanmıştım. Acımı, özlemimi dağlara, taşlara mı anlatacaktım. İçimdeki ateşi söndüremiyordum. Eriyordum, zayıflıyordum. O da bana ulaşamıyordu. Haber dahi gönderemiyordu. Hem siyasiydi, hem de tutsaktı. Ben kendisinin içerden çıkmasını, özgürlüğe kavuşmasını bekleyecektim. Ama yakınlarım bırakmadılar. Verilen evlilik, evlendirme kararının gerçekleşmesini O'da engelliyemiyordu. İnsanların birbirlerini sevmeleri de suç, olarak görülüyor, gösteriliyordu. Sevgi yasak barajına takılıyor. Geçmesi, akması engelleniyor.

Ben erkeğin vücudunu tanımıyordum. Evlenmeden önce, evlenen arkadaşlarımdan değişik şeyler duyardım. Bana ilişkilerini, yaşadıklarını anlatırlardı. Vücutlarındaki değişimden bahsederlerdi. Ki köylerde çeşme başlarında, tarlalarda, birlikte çalışma sırasında bayanlar birbirlerine her şeylerini anlatırlardı. Gizli, saklı kalmaz. İsteyerek, severek evlenenler, anlayış, iyi yaklaşımla karşılaşanlar, gülen gözlerle ilişkilerinden, eşlerinden bahsederlerdi. Okuyarak değil de, duyarak evlilik ilişkilerini öğrenmiştim.

Her şeye rağmen evlendirildiğim adamın üzerimdeki gelinliği çıkartmasını, bana sarılmasını, sıcak davranmasını bekliyordum. Çünkü diğerlerinde sevgiyle sarılma ve okşama yaşanmıştı. Gelinlikler içlerindekiler incitilmeden, acıtılmadan çıkartılmışlardı. Oysa eşim ilk gece kapıdan bulunduğum odaya girdi ve doğrudan soğuk bir ses tonuyla, emir vererek "soyun" dedi. Yanıma yaklaştı, beni yatağa doğru itekledi. Ben yerimde dondum, kaldım. Taş gibi, kadına nasıl davranması gerektiğini bilmeyen çok kaba bir erkekti.

O anda bana yaklaşmasını, elini sürmesini, bedenime dokunmasını istemedim. Çok dağınık, karma karışık bir ruh hali içinde ve sinirliydim. Üzerime saldırdı. Üstümdekileri aceleyle çıkardı. İstediği şekilde beni yatırdı ve istediğini yapmaya başladı. İşini bitirince de beni kenara itekledi. Sanki kendisine ait değersiz, değer vermediği bir eşyayı kullanıyordu. Ben cansızdım!

İlk gecede tecavüze uğradım. Kalktı, kapıda bekleyenlere kanlı çarşafı verdi. Görevini bitirmişti. Erkekliğini, kamışının varlığını, çalıştığını, gücünü kanıtlamıştı. Alnı ak ve rahattı. Kendisinin erkek olduğunu ispatlamıştı. Kanamaya sebep olmuştu. Benim o gece yaşadıklarımı unutmam mümkün olmadı. Onun, her yatağa gelişinde o anı hatırladım. Huzursuz oldum.

Ben her zaman eşimin evinde kalamazdım. Sık, sık annemlere giderdim. Bir yıl böyle geçti. Bir yıl sonra eşim kendi kendisine karar aldı ve Avrupa'ya geldi. Niye mi? Jandarmalar köylere gelir, arama-tarama yapar ve bizleri rahatsız ederlerdi. Sürekli köyler basılırdı. Eşim de korktu, daha önce yurt dışına kaçan abimden etkilenip buraya geldi. Ben o sırada hamileydim.

Kaynanam ise "Diğer oğlumu evlendireceğim. Evimizde yeterince yer yok. İstiyorsan annenlere git, orada kal!" dedi.

Biz güya köyün en ilerici, siyasi ailesiydik. Kaynana " Gelin kapının itidir. Ne bulursa onu yer. Hak iddia edemez!" derdi.

Benim amacım aileyle iyi olmak ve geçinmekti. İlginç bir aileydi. Temizlik, düzen, disiplin diye bir şey yoktu. Herkes kendi başına. Birlikte oturup yemeyi bilmezlerdi. Pis ve görgüsüzlerdi. Aile kültürü denilen şey yoktu. Ben düşünüyordum. Bunlar demokratlarsa, ya olmayanlar nasıl?

İçeri düşmekle, hapis yatmakla fazla bir şeyin değişmediğini, bireylerin gelişemediklerini, demokrat olunmadığını o ailede öğrendim. Çevre, ortam, ilişki değiştirmek şartmış. Ama farklı ortamlara girmek gerekiyormuş.

Guatr ameliyatı olmuştum. Bunu bir eksiklikmiş gibi yüzüme vuruyorlardı. Sürekli hastalıklı olduğum hatırlatılıyordu. Ben Türkmen Alevi'si, onlar ise Kürt Alevi'si idiler. Belki de Türklerin, Türkiye hükümeti idarecilerinin Kürtlere yaptıkları kötülüklerden dolayı bana tepki duyuyorlardı.

Bir kez kocam beni dövmeye başladığında kendimi korumak istedim. Kaynanam olacak kadın ise, onu engelliyeceğine, gelip elimi tuttu. Oğlu sopayla rast gele, her yerime vuruyordu, O da elimi tutmuş, kendimi korumamı engelliyordu. Oğluna yardımcı oluyordu. Kalbim duracak gibi oldu.

Annesi niye ellerimi tuttu? Çünkü oğlu ikinci sefer beni dövdüğünde ben de onun, saldırganımın göğsünü yumruklamıştım. Cevap vermiştim. Kadın oğlunu yumruklarımdan korumak amacıyla hareket ediyordu. Dövülmemede destek sunuyordu. Beni etrafa, köylülere asabi, geçimsiz bir insan olarak tanıyorlardı. Bütün uğraşları kendilerini haklı çıkarmaktı.

Ben askeri cunta mensuplarının köylülerimize, aile fertlerime yaptıklarından dolayı sinirli bir insan olmuş ve içime kapanmıştım. Evlendiğim adam yaşadıklarımızı bilmesine rağmen beni anlayacağı, rahatlatacağı yerde daha çok üzerime geliyor, beni fazlasıyla tahrik ediyordu.

Evlenirken, düğün töreni yapılırken ağlayanlara kızardım. En mutlu gününüz. Ölüme mi gidiyorsunuz? Niye ağlıyorsunuz? derdim. Kendim de düğün günü kurudum kaldım, doyasıya ağlayamadım.

Jandarma saldırıları sonucu biz ailece her şeyi kaybetmiştik. Yoksul bir aileydik. İnanmayacaksınız ! Saçımı tarayacak tarağım yoktu. Üstüme giyecek elbise bulamıyordum. Nişanlandığımda bana güzel şeyler almışlardı. Bu da beni etkiledi. Güzel giyindiğin zaman daha moralli oluyorsun. Kendini sevebiliyorsun. Kaynanam bana hiç bir zaman sahip olamadığım şeyleri almıştı. Nişan yapılan günde evimize getirmişti. İnsansın! Sevgiye, ilgiye, değere ihtiyaç duyuyordum. Kaynanamın benimle ilgilenmesi, sevgiyle yaklaşması hoşuma gidiyordu. Yoksullukta canıma tak etmişti.

Evlenmeden önce kendi köyümde beni insan yerine koymuyorlardı. "Bu da iyi olsa, biri de bunu alırdi!. Ev de kaldı! Ömrü geçti! Kocadı!" vb. diyorlardı.

Tüm hakaretlere sessiz kaldım, karşılık veremedim. Diyemedim ki evde kaldımsa size ne? Evlenmiyorsam size ne? Tam tersi kendime olan güvenimi kaybettim. Çevreden korkan, çekinen, ürken bir insan oldum.

Evlenmeyen bendim. 28 yaşında olan bendim. Evlenmediği için çevrenin saldırısına uğrayan bendim. Eksik, kusurlu görülüyordum. Halbuki ne fiziki ne de akli sakatlığım vardı.

Bu aşağılanmalar sonucu beynime yerleşen duyguları, düşünceleri halen de atmış değilim. İlk kez size, bir insana iç dünyamı açtım. Yaşadıklarımı anlatıyorum. Kimseye anlatamıyorum ve anlaşılamıyorum. Daha önce başka kadınlar yaşamlarını bana anlatıyorlardı. Ben güler geçerdim.

Elbetteki evlilik olayıyla birlikte kaynanamın ve görümcelerimin durumları beni düşündürdü. Eşim ailenin ilki ve oğlan çocuğu. Sanırım bacılar ve anne beni oğullarıyla paylaşamadılar. Çünkü başka bir neden yoktu. Tartışmaya neden olacak, kavga çıkaracak bir şey yoktu. Mutlu olmasını bilemeyen insanlardılar. Ben evlerine düşman olarak girmedim. Ben onları kabul ettim. Benim isteklerim, yaptıklarım onlara ters geliyordu.

İlk dönemlerde kaynanam yaptığım işleri çok beğenirdi. Komşuları çağırıp. gösterirdi. "Gelinim ne kadar becerikli, hünerli!" derdi. Zamanla değişti. Beni istemez, bana iş yaptırmaz oldu. İş yapmamı istemiyordu. Boş, boş, hiç bir şey yapmadan, üretmeden oturdun mu, insanda işe yaramama duygusu gelişiyor. Görümcelerim şehirde okumuş, liseyi bitirmişlerdi. Birer kütükten farkları yoktu. Kaba, görgüsüz birer lise mezunuydular. İnsanla ilişki kurmayı bilmiyorlardı. Köyden nasıl çıkıp şehre gitmişlerse, aynı yapıyla, anlayışla, kabalıkla, görgüsüzlükle geri dönmüşlerdi. Hocalar kendilerine bir şey verememişti. Demek ki onlarda iyi birer eğitmen değillerdi.

Görümcelerim ağabeylerini savunur, bana ise yabancı muamelesi yaparlardı. Ailemin durumunu bilmelerine rağmen "Bize ne çeyiz getirdin?. Bomboş , sallanarak geldin. Ailen sana değer verse çeyizde verirdi!" der, yoksulluğumuzu yüzüme vururlardı.

Kaynanam, ben evlenmeden bir yıl önce eşini kaybetmişti, duldu. Yalnız bir kadındı. Oğlunu benimle yan yana görmek istemedi. Ona kendi yalnızlığını hatırlatıyordum. Ben yalnız veya dul kadının halini anlarım. Ağabeylerim içerdeydiler, tutsaklardı. Yengelerimle birlikteydik. Ondan dolayı tecrübe sahibiydim. Kendisiyle konuşmaya çalışırdım. Bana cevap vermezdi. Zaten o çok az Türkçe konuşabiliyordu. Ben de Kürtçe'yi bilmiyordum. Anlaşamazdık ta.

Kızlarından biri annesine "Anlaşamıyorsanız, bunu kovun babası gile gitsin. Evimizde kalmasın!" önerisinde bulundu. Kaç sefer bana "Biz senin hastalıklı, ameliyat geçirmiş olduğunu bilmiyorduk. Yoksa almazdık!"

dedileer.

Bu ne demekti? Kadına yapılan, reva görülen her şeyi kabul etmek. Halbuki kendileri de evleneceklerdi. Evlenmek istiyorlardı. O ortamda, iliş-kiler içinde aynı şeyleri yaşayabilirlerdi. Hasta olmak, ameliyat olmakta o topraklarda suç ve eksiklik olarak görülüyor. Kızın sağlıklısı istenir, gelin olarak alınır. Tercih edilir. Hastalık canlılara özgü bir gerçeklik değil mi? Herkes, çeşitli nedenlerden dolayı hastalanabilir.

Bir gün eşim bana "Eşek oğlu eşek!"dedi. Kendisine, 'Sensin!', dediğimde, "Ailen için tekrarlayacaksın!" cümlesiyle beni zorladı. Kendisine, ben ailemle şeref duyuyorum, geçmişimde ve aile bireylerimin geçmişlerinde utanılacak bir şey yok. Hepside onurlu insanlar. Hakaret sahibinindir, cümleleriyle kendisini yanıtladım.

Eşim devlet görevlilerinin kendisine eziyet etmelerinden korkup buraya gelmişti, buradaydı. Ben evde doğum yaptığım için içimde parça kalmıştı. Hareket ettiğim zaman kan kaybediyordum. Onun yakınları bana yardımcı olmuyorlardı. Doğumun altıncı gününde babam gelip beni doktora götürdüğünde, doktor kendisine bağırdı. "Bu ne hal? Niye daha önce getirmediniz?" dedi. Babam ilaçlarımı aldı ve 40 gün kendilerinde yattım.

Annemlerde de yer yoktu. Gelinlerle, torunlarla birlikte hepsi bir evde kalıyorlardı. Ben çocuğumla birlikte altı ay bir bacımın evinde kaldım. Sonuçta farelerin cirit attığı bir evi kiralayıp yaşadım. Pislikten çocuğumla birlikte dizanteri oldum. Yiyecek şeyim mercimek çorbası ve zeytindi. Başka bir şey bulamıyordum, satın alamıyordum. Çocuğum ateşleniyordu. Soyup kapıya çıkarıyordum, bu şekilde ateşini düşürmeye çalışıyordum. Kaldığım yerde açlık çekiyordum. Ailemden uzakta da yaşamak istemiyordum.

Eşim Avrupa'ya geldikten bir yıl sonra bizi de getirdi. Şu anda da geldiğime pişman değilim. İşin gerçeği ben köyde yaşamayı çok seviyordum. Köydeki yaşamdan sıkılmıyordum. Alışkındım.

Eşim burada bir yıl yaşamıştı ama mübarek zere kadar bir değişime uğramamıştı. Aynı kalastı. Bizi getirme işlemlerini başlatıyor ve hiç bir hazırlıkta yapmıyor. Bir bacısı da evliydi ve onun ardı sıra gelmişti. İki aile bir evde kalıyorlardı.

Geldik, çocuğu üzerinde yatıracağımız bir yatak bile yok. Kürt bir aileden döşek almaya gittik. Ben yokken çocuk kendisine işemişti, ağlamıştı. O, çocuğa nasıl yaklaşacağını bilmeyen biriydi. Kızı sakinleştireceğine, tokatlayarak, döverek sesini keseceğini düşünüyordu!

Döşeği elimizde görüyordu. Kapıdan içeri girdiğimiz gibi, bana ve bacısına vurmaya başladı. Çocuk bizim dayak yiyişimizi görünce çığlık attı. O, bize " Neredesiniz, nerede kaldınız?" diyordu. Anlayış sıfırdı. Ben kendi ailemde kavga, dayak, zorbalık görmedim. Bundan dolayı da çok zorlanıyordum.

O kadar cimri bir erkekti ki. Para verdi mi sanki etinden parça koparıyorsun. Öyle bir acı çekiyordu. beş kuruş para vermezdi. Eve bir şey alamazdım. Evin bahçesinden başka bir yere gidemiyordum. Ne evde, ne üstümüzde bir şey vardı. Kız hastalandı. Doktora götürdük. Doktor halimize acıdı, kendi kızının elbiselerini paketleyip evimize getirdi. "Çocuk üşümesin. Bunlar onu korur. Bir süre için ihtiyacını karşılar." dedi. Ki eşim çalışıyordu. İyi bir maaşta alıyordu.

Var olan yasalara göre burada kalabilmemiz için yetkili makama gidip ifade vermemiz gerekiyordu. Mahkemeye gittik. Ben titriyorum. Hava soğuk üzerim de kalın bir şey yok. Görevli memur, ifademi alan bayan, ceketini çıkarıp bana giydirdi. Adam ne yer, ne yedirir, ne giyer, ne de giydirirdi. Bir gömlek iyice yıpranana, delinene kadar kullanılırdı.

Vitrinde bir şey görsem, bunu bana alır mısın? desem; "Sen daha ona layık bir kadın olamadın, layık değilsin." derdi. Benim hiç bir şeyden haberim yoktu. Yaşayan kördüm. Teknikle yüz yüze kalmamıştım. Elektrikli araçları kullanmasını bilmiyordum. Telefon açmasını dahi bilmezdim. Eşimin bacısından ve kendisinden zulüm görüyordum. Kadın, kadına rahatlıkla şiddet uygulayabiliyor! Kocam bu ülkede, sokak ortasında dahi beni dövdü. Çocuk kucağımda, ben çocuğa sarılmışım, çocuğu koruyorum, düşürmemeye çalışıyorum. O, var gücüyle beni tekmeliyor. Çocuk şoka girdi. Sessizleşti.

Bunlarda, bu ailenin fertlerinde kişilik eksikliği var. Bir ailede küfür, hakaret, dayak olacak şey mi? İstemeye, istemeye kendisiyle aynı yatağı paylaşıyordum. İlişkiden zevk aldığım anlar çok azdır. Bana sarılmasını istemiyordum. Aynı yatakta yatmakta beni rahatsız ediyordu. Kendiside bunu his sediyordu.

" Benimlesin, fiziğin bu odada ama kafan başka yerde. Beni çekici bulmuyorsun, sevmiyorsun. Bir kadın gibi davranamıyorsun. Bu ev de sıcaklık ve sevgi yok. Yüzün gülmüyor. Sürekli hüzünlüsün, dalgınsın. İstersen ayrılalım.!" derdi.

Bu adamı koca olarak kabullenemedim. Arada sevgi olmayınca evlilik yürümuyor. Dört yıl birlikte kaldık. Üç yıl önce ayrılmaya karar verdim ve ayrıldım.

Burada gelişemedim. Gelişmemi de engellediler. Kendisi kördü. Beni de iyice körleştirmek istedi. Beni eve kapatır, kapıyı üzerimde kitler ve işe giderdi. Ben bu durumu buradaki sosyal kurumun görevlilerine anlattım.

İnsanlar inanamadılar.

Hamile kaldım. O dönemde değişik şeyler yemek istiyorsun, adı üzerinde aş eriyorsun. Evde yemek yapamıyorsun, kokusunu kaldıramıyorsun. Her şeyden tiksiniyorsun. İlgiye, anlayışa ihtiyacım var. Bana yiyecek almazdı. Beni anlamamaya, isteklerimi ciddiye almamaya, kayıtsız kalmaya devam etti. Düşündüm, bebeği aldırmaya karar verdim. Kendisi de bu isteğimi kabul etti.

Her şey birikti, birikti, bir yerde patladı. Dayanma sınırı tükenmişti. Sosyal yardım kurumunda Türkçe bilen bir bayan vardı. Gittim, yaşadığım her şeyi ona anlattım ve yardım istedim. Kadın durumumu anlayınca, eşimle görüştü. Yardım etmek için harekete geçti.

Ayrılmak istediğimi eşim yakınlarıma söylemişti. Onlar da kendisine "Çok ağır şeyler yaşadı, geçirdi. Ağabeyi içerde işkenceyle öldürüldü. Diğerleri hapisteler. Kadın şimdide göçmen. Al bir psikologa götür. Tıbbi yardım alın!" diyorlar.

Ben, eşim ve Türkçe bilen bayan birlikte danışmana gittik. Psikolog "Evliliğini tamir et. İçinde bulunduğun ilişkiler seni huzursuz ediyor. Bu ilişkiyi bitir. Ben de bir başka topluma girsem, dillerini, kültürlerini bilmezsem ve eşimle de anlaşmazlığı yaşasam, aynen senin durumuna düşerim." açıklamasında bulundu.

Psikologun durumumu, aile ilişkimi anlaması beni çok mutlu etti. İlk kez bir insan tarafından anlaşıldım. Anlayışla karşılandım. Kesinlikle bu evlilik bitecek kararını verdim.

Yardım kurumu görevlisi boşanabilmem için de yardımcı olmaya başladı. Ev buldu. Aylık bütçemi hesapladı. İhtiyaçlarım alındı ve adamdan kurtuldum. Artık ona avuç açmayacaktım. Bana ait bir gelir vardı. Yiyecek ve elbise de alabilecektim. Bayat şeyleri yemek zorunda kalmayacaktım. Çocuğum sokakta çocukların ellerinde gördüğü şeyleri isteyince, ben çaresiz olarak etrafıma bakmayacaktım. Elimi cebime atabilecektim. Bana ait bir cüzdan olacaktı.

Çocuk ayrılmamızı kabullenemedi. Üzüntüden hasta düştü. Sürekli ağlıyordu. Babasını arıyor, görmek istiyordu. Bir sefer babası kendisini görmeye geldiğinde, babasının bacaklarına sarıldı. "Gitme. Evimizde, bizimle birlikte kal!" seyip ağladı. O ise çocuğu yerde bırakıp, çıkıp gitti.

Feodal onuruna yediremiyordu. Çocuğu sakinleştirmeye, ikna etmeye yönelmedi. Ne kadının, ne de çocuğun ruhundan anlayan, yaklaşmasını bilen bir erkek. Acaba erkekleri veya kendisini tanıyabilmiş mi ? Bilemiyorum.

Halbuki ben kendisine, çocuk için gelip gidebilirsin. İstediğin zaman görebilirsin, önerisinde bulundum. Hiç bir sınırlama koymadım. Anlaşamadık, ama düşman olacak halimizde yoktu. Kavgaya, gerilime ne gerek vardı. Sorun ikimizin arasındaydı. Anlaşamıyorduk.

Ya biz evliyken de aramızda tartışma, konuşma olayı yoktu. Kendisiyle konuşmak istiyordum, düşüncelerimi açıklardım, rahatsızlıklarımı belirtirdim. Adam dönüpte cevap vermezdi. Konuşmayı bilmiyordu. Bir seferinde içimden geçen her şeyi, beni huzursuz eden noktaları tek, tek yazdım ve kağıdı eline verdim. Konuşmayı bilmiyorsun, ama okumayı biliyorsun. İyi anlayarak, tekrar, tekrar oku ki huzursuzluk bitsin, dedim. Kağıdı alıp kenara fırlattı. Okumadı.

Burada evlenecek kadın bulamadı. Kim onu, o haliyle kabul eder. Genel kültür sıfır. Burada yaşayan kadının gözü açılmış, kendisinin durumunu değerlendirebilecek durumda. " Ben " demeyi öğrenmiş. İlk evliliğinde mutlu olamamış, boşanmış olan kadın bir daha aynı hatayı yapar mı? İyice sormadan, öğrenmeden, tanımadan, denemeden evlenir mi?

En önemlisi de ben boşanmayı istedim. Çevredeki herkes bunu biliyordu. Burada çok sayıda yalnız yaşayan bayan var. Hiç biri onunla evliliği kabul etmezdi. Kendisi de burada yaşayan bir kadınla evliliği göze alamazdı. Bana yaptıklarını bir başkasına yapamazdı. İkinci kez terk edilirdi.

Yine annesi onun adına çevre köylerde kız aramaya çıkmıştı. Adam burada yaşıyor ya ! Kız verecek yoksul aile çoktu. Dul kadınla da evlenmezdi. El dokunulmamış genç kız olacaktı. Annesi yoksul bir aileyi ikna ediyor. Söz kesiyorlar. Bu bütün masrafları, başlık parasını ödedi ve kızı getirtti. Hiç görmediği, tanımadığı, huyunu, suyunu bilmediği birisiyle ısmarlama evlilik yaptı. Avrupa'ya gelme tutkusuyla, köyden kurtulma isteği birleşti ve kız bunun annesinin evlenme teklifini kabul etti.

Adam evlendikten sonra, gelip çocuğu görmek istemedi. Arama gereği de görmüyordu. Çocukta artık kendisini sormuyor. O, arada bir geldiğinde, kızım kapıyı açmamı ve onunla konuşmamı da istemiyor. Çocuğumun içinden geçenleri bilmem mümkün değil. Elbetteki babasını görmek, sarılmak, konuşmak ister, ama bu ihtiyaçlarını gizliyor. Tepki gösteriyor. Var olan tepki, görme isteğinin olduğunu sergiliyor.

Ben aldığım sosyal yardımla ancak çocuğun günlük ihtiyaçlarını karşılıyorum. Bir babanın yerini de dolduramıyorum. Çocuğuyla ilgilenmesini, zaman ayırtmasını istiyorum. Demek ki erkeklerimiz kadınlarla ilişkiyi biti-rince çocuklarla da bitiriyorlar. Anneyi sevmeyen, aramayan çocuğunu da aramıyor.

Yaşamım dört duvar arasında geçiyor. Eve kapandım. Dışarı çıkmıyorum. Kimseyi görmek istemiyorum. Misafir kabul etmiyorum. Geçenlerde bir Kürt bayan bana; "Bir rahibe gibisin. Tek başına manastırına kapanmışsın. Rahibe tanrıya inanır ve ondan güç alır. Ruhsal sağlığını koruyabilir. Ya sen? İnsanlardan, özellikle erkeklerden kaçıyorsun. Bu durum normal değil. Bu yalnız-lığın sonu iyi değil. Dışarı çık. İnsanların arasına karış. Kimse seni yemez. İnsanlarla konuş, açılırsın, rahatlarsın. Yalnızca sen boşanmadın. Sen sorun yaşamadın. Herkesin kendisine göre sıkıntıları var. Eve kapanmak. Kendine hapishane yaratmak var olan sıkıntıları ağırlaştırıyor, çözülmez hale getiriyor. İnsanlarla paylaş, konuş ki geçmişin olumsuz mirasından kurtulasın. Hafifleyesin. Yeni kapıları görüpte açabilesin. Bu şekilde dışarıya adım atabilirsin." dedi.

Evime gelen hep benden bir şeyler kopardı, götürdü. Çevremdekiler, yakınlarım çok menfaatçiler. Yakınlarımdan, kimseden destek görmedim. Dürüst insanlarla dost olmak isterim. Evet insanlardan uzak kalmak sağlığa zarar veriyor. Yalnız gelen bir erkeği evime alamam. İnsanlara güvenim kırıldı. Kendime güvenim kalmadığı gibi, başkalarına da güvenemiyorum. Eşiyle gelen erkeği evime alırım, kapımı açarım. Ben ancak bu şekilde namusumu korurum. Bana zarar gelmesini istemiyorum. Atılan küçük taşları önlemezsen ardından büyükleri atılır.

Boşandım diye, içinden geldiğim çevreden gelen insanlardan yemediğim hakaret, görmediğim saygısızlık kalmadı. Burada kalan yaşlı bir köylümüz evime geldi ve ağzına geleni bana saydı. Nasıl olurda boşanmak istermişim!

"Yakında bu sokaklar da enik (köpek yavrusu) doğurmaya başlarsın. Karnın doydu, kudurdun. Sen de utanma, arlanma yok. Buralı kadınlar gibi olmak, ipini koparmak, yalnız yaşamak istiyorsun. Bu şekilde özgür olacaksın öyle mi?" dedi.

Ben kimseyi aldatmadım ki! Beni rahatsız eden bir ilişkiyi bitirdim. Bu kişinin ailesi köyde. Burada dişi olan her şeyin üzerine atlayabilecek kadar zayıf, gözlerinde içinin istekleri, pisliği okunan bir erkek. Dostu var. Kadınsız duramaz. Eşine bağlı değil. Değişik ilişkiler yaşıyor ve dürüst değil. Söyledikleriyle yaptıkları birbirini tutmuyor. Ama gelmiş bana dürüstlük, namusluluk dersi vermeye kalkışıyor. Benim bu cümlelere karşı olan reaksiyonum ise hıçkıra, hıçkıra ağlamak oldu. Konuşamadım. Aynı dili kullanarak kendisini cevaplayamadım. Hırsımı içime gömdüm. Sana ne!.. diyemedim.

Bana göre ihanetçi olmamak dürüstlüktür. Kadın kendisini başkasına, başkasının arzularına alet etmemeli. Zevk aracı olmamalı. Bir ağacı korumaya almazsan, her geçen meyvesini koparmaya kalkar. Kadında böyledir. Ben burada yalnızım, sahipsizim. Burada akrabalık, hısımlıkta beş para etmiyor. Kendi ayaklarının üzerinde durabilmelisin. Düştün mü tekme vuran çok olur.

Beni ziyaret eden Kürt bayan "Sana dışarıda selam veren, hatırını soran, seni evinde ziyaret eden herkes senden yararlanmak mı istiyor? Bu düşüncen doğru değil. Yaşama olumlu yönleriyle bak. Mutluluk verici şeyleri bul. Hep karamsar, kötümser olma. Konuş. Kendini savun. Seni rahatsız, huzursuz edenleri cevapla. Cevap vermeyipte saygısızlığı, hakaretleri acıya dönüştürdün mü sonuçta hasta düşersin. Kendini korumasını öğren." dedi.

İnsanlara güvencim olmadığı için evime gelmelerini de istemiyorum. Geldiklerinde huzursuz oluyorum, sıkılıyorum, bir an önce çıkıp gitmelerini bekliyorum. Ayrıca ben bizim oranın erkeklerini de tanıyorum. Kuzu görmüş kurda benziyorlar.

Zamanım boşa geçti. Kaç yıldır buradayım, dil öğrenemedim. Bu toplumla ilişki geliştiremedim. Buranın insanlarını tanımıyorum. Farklılıkları bilmiyorum. Hiç bir konuda gelişemedim. Hiç bir sosyal faaliyetim de yok. İyice tembelleştim. Beynimi kullanamıyorum, üretici değilim. Ben politikadan, politik olduklarını söyleyen insanlardan çok çektim. Güncel düşünen, davranan insan olmayı başaramamıştık. Burada politik faaliyetleri olanlardan da uzak durmayı tercih ediyorum.

Köyde evimiz basıldı. Babaannem, babamın askerler tarafından tekmelenerek, dipçiklenerek yerde sürüklenişini ve askeri araca bindirilişini gördü. Jandarmaların evin bayanlarına el atışlarına, sarkıntılık edişlerine, tacizlerine, tecavüzlerine tanık oldu. Sonuçta delirdi. Zulmün korkusu onu mahvetti. Bizi, torunlarını asker sanır, kapıların arkasına saklanırdı. Askerler yengeme el attılar ve sürüklemeye başladılar. Soruşturmaya, işkence merkezine götürüyorlardı. Annem kendisini askeri aracın önüne attı. Onları engellemek istedi. Annemin saçlarından tutan silahlı adamların onu yerde sürükleyişleri hafızam-da canlılığını koruyor. Orada, kendi köyümde bir Türkmen olarak hep korkuyla yaşadım. Dilim, kültürüm yasak değildi. Ama insan olmamdan dolayı var olan haklarımı da yaşayamıyordum. Düşünce ve konuşma hakkım var mıydı? Hayır.

Ben mağaralarda kalıp kendilerini koruyan, çevredeki insanlara perspektif sunan, devrimci olduklarını söyleyen insanlara yemek taşırdım. Onlar ise siyasi çalışmalara ağırlık verirlerdi. Ama teoriler pratiğe dönüşmedi ve başarılı olamadılar. Biz geri kalmışız. Karar verme yetkisine sahip olabilseydik, zorla evlendirilmezdik.

Geldiğim şehirde olsaydım da boşanabilirdim. Bu isteğimi yakınlarıma söylediğimde "Senin sorunun!" dediler. Benden önce boşanan kadınlarımız da oldu. Ben gençliğimi yaşayamadım. Yıllarım boşa geçti. Mutsuzluğumu yakınlarım da görüyordu.

Eğer köydeyken boşanmış olsaydım babama, anneme sığınacaktım. Tarlada çalışıp yaşayacaktım. Burada sosyal yardımla geçiniyorum. Verdikleri yardımla da zoraki geçiniyorum. Bu ülkede işsizlik var. Rahatlıkla iş bulunmuyor. Ücretler çok az. İhtiyacı karşılamıyor. Ben çalışsam çocuğa bakacak kimsem yok? İş arıyorum. Bir yardım kurumunda bulma ihtimali yüksek.

Erkeklere karşı bir tepkim yok. İnsanın iyisi de, kötüsü de oluyor. Bu her ırk için geçerli. Ben köydeyken dayak yediğimi ve uğradığım hakaretleri babama söyleyemezdim. Bir gün bacım beni yıkarken sırtımdaki morlukları gördü. Dayak yediğimi o zaman söyledim. Açıklamak zorunda kaldım. Bize elini vurmayan baba, hakaretlerden haberdar olsaydı beni gerisin geriye evine alırdı. O da bir erkekti. Ama farklıydı. Ben yaşadıklarımı anlatmasını, kendimi ifade etmesini de bilmiyordum.

Bundan sonrada yaşayamadıklarımı yaşamak ve iyi bir evlilik yapmak istiyorum. Şu anda bütün sevgimi çocuğuma vermiş durumdayım. Hislerimi, bedenimin ihtiyaçlarını ise bastırıyorum. Genç bir insanım, sevmeye, sevil-meye, okşanmaya, değer görmeye, onurlandırılmaya, takdir edilmeye, anlaşılmaya ihtiyacım var.

Eşim sakat olduğu için rahat hareket edemiyordu. Beni zorluyordu. Canımı acıtıyordu. Kendisini geriye doğru itekliyordum. Zevk alamıyordum. Bir an önce işini bitirmesini, kenara çekilmesini istiyordum. Bizim yaşamımızda bir yenilik yoktu. Hep aynı tarzda sürdü. Cinsel fantezilerden haberdar değildik. Ben isteklerimi de kocama söyleyemezdim. "Nereden öğrendin? Nasıl öğrendin?, Kimden duydun?" sorularıyla karşılanacak ve suçlanacaktım. O, hiç bir zaman ilişkiyi gözden geçirme gereği duymadı. Ben cinsel soğukluğu yaşadım. Bu yaşadıklarım, geçmişin sonucu olmalıydı. İlk deneyimde eşimin yanlış, kaba yaklaşımı da beni etkiledi. Bilinç altımda bazı şeyler var. Sürekli bir etki altındayım. Belki de geçmişimle yüzleşsem bu durumdan kurtulurum. Köydeki toplumsal baskı ve öğrendiğim tabular sonucunda ilişkiler sırasında kendimi hep baskı altında hissettim. Rahatlayamadım. Hep kasıldım. İlk gecede korktum. Kendimi kastığım için haz alamadım, acı, ağrı çektim. Benim durumumda olmayan bayanları da biliyorum. Herkes ağrı çekmiyor. Çok iyi zevk alanlarda var!..

Belki de kocam, kendisine doğrudan hislerimi anlatmam, bir başkasını sevdiğimi belirtmem sonucu o da acımasız ve sevgisiz oldu. Onu kandırmadım. Yalan söylemedim. Bir başkasını seviyordum. Durumu bildiği halde benimle evlendi! İkimiz de huzuru yakalayamadık. Mutluluk evine giremedik.

Daha önce cinsel sorunlarımı, ailedeki var olan ilişkileri bir görevliye anlattım. O bana; "Libido kaybına uğramış olabilirsin. Bu durum psikolojik yapılardaki değişikliğe neden oluyor." dedi. Ben bunun ne anlama geldiğini de bilmiyorum. Libido kaybının nedenlerini yazılı olarak verdi ve anlattı; istenmeyen gebelik korkusu, ilişkiye girmeyi önleyen korkular, kişinin psikolojik durumundaki değişiklikler, sosyal ve ekonomik nedenlere bağlı stresler, travmaya neden olan tıbbi müdahale, vajinanın penisi içine alması sırasında ağrı olması.

Cinsel hayatı etkileyecek birkaç jinekolojik rahatsızlığı da açıkladı; rahim ağzı enfeksiyonları, vajinal mantar, trikomonas gibi vajinal enfeksiyonlar, vajinal akıntılar, yaşa bağlı hormonal yetersizlikten kaynaklanan kuruluk, ameliyat sonrası meydana gelmiş yapışıklıklar, ikiden fazla, zorlu normal doğumlarda mesane tabanının gevşemesine bağlı idrar kaçırma problemi. Bu tür rahatsızlığı olan kadınlar cinsel ilişki sırasında da idrar kaçırabilirler." dedi.

"Neden psikolojik olabilirmiş. Vajinismus olabilirmiş. Bu anatomik ve ruhi hassasiyet yüzünden vajinanın şiddetli ve ağrılı büzülmesi, cinsel temas sırasında vajinanın etrafındaki kasların kasılmasıymış. Cinsel ilişki sırasında duyulan bu acı, kadının seksten soğumasına neden olabiliyormuş. Vajinizm psikolojik rahatsızlıktan ileri gelebileceği gibi, vajinal enfeksiyon, östrojen azlığı, deriye değin sorunlar ve rahimdeki iltihaplanma ya da yaradan da ileri gelebilirmiş. Bu gibi durumlarda bir doktora başvurmamızda fayda varmış. O, cinsel soğukluğun en etkili ilacının sevgi, sabır ve anlayış olduğunu çiftlerin unutmaması gerektiğini belirtti.

Toplumumuz kadına yatakta ne kadar baskı yapıyorsa, erkeği de o kadar serbest bırakıyor. Performansından şüphe edilmeyen erkekte, kendisine gösterilen bu güveni baskı olarak algılayabiliyor. Halbuki erkeklerde de bazı fizyolojik sorunlar sıkça görülebiliyormuş. Cinsel fonksiyon bozuklukları ile uğraşan uzmanlar, öncelikle ilk iş olarak olayın fiziksel mi, yoksa psikolojik mi olduğunu araştırıyorlarmış.

Fiziksel rahatsızlıklardan ileri gelen cinsel isteksizliği bir takım tedavilerle ortadan kaldırmak mümkünmüş. Bu fiziksel rahatsızlıklar çoğunlukla kalp - damar hastalıkları, bazı hormon veya enfeksiyon hastalıkları ile libido üzerinde olumsuz etki yapan ilaçların neden olduğu hastalıklar oluyorlarmış.

Psikolojik nedenlerden bazıları ise stres, sürmenaj, kendisine güven eksikliği, çift arasında yaşanan sorunlar olabiliyormuş. Bu gibi durumlarda çiftlerin aralarındaki problemleri çözmek üzere bir evlilik uzmanının yardımını almaları gerekebilirmiş. Sorunlu evliliklerde cinsel sorun; % 95 oranında oluyormuş. Sorunsuz evliliklerde cinsel sorunlar; % 5'imiş. Burada, bu ülkede bilmediğimizi öğrenme şansına sahibiz. Sormasını bilmek lazım. Derdi olan derman aramalı. Gerekli yerlere danışarak, bilgi alarak sorunlu ilişkiler düzeltile biliniyor. Ben kendimi iyi his etmiyorum. Danışma konusunda da geç kaldım. Bu ülkede bulunan akrabalarımda bana hiç bir destek sunmuyorlar. Herkes ancak kendi yarasına merhem sürebilir. Hepsinin değişik sıkıntıları var.

***

"Evlilik ve aile kurumu!" bu sözcükler beni hep düşündürtmüştür. Çocukluğumdan itibaren çevremde var olan ailelerde ki ilişki tarzları, mutsuz ortamlar beni bu kurumdan uzaklaştırmıştır. Tepki duymama neden olmuştur.

Dünyada ki diğer toplumları bilmiyorum ama biz de, Ortadoğu toplumlarında aile kurumu korku piramitleri üzerine inşa edilmektedir. Evlilik öncesi hazırlık döneminde erkeğe korku gömleği giydirilir. O, şiddet kullanmaya teşvik ve ikna edilir. Beraber olacağı bayanı ne düzeyde sindirirse, korkutursa o düzeyde iktidarını sağlamlaştıracaktır! Hangi iktidar? diye sormak gerekir. Niye sorumlulukları, görevleri paylaşım değil de, efendi ve köle ilişkisine hazırlanma? Efendi ve köle ilişkisi her zaman ihanet duygularını beraberinde taşır. Bu ilişki tarzında ne dostluk, ne arkadaşlık, ne paylaşım, ne de anlayış vardır. Zor üzerine kurulan, oturtulan bir aile ilişkisi her zaman sallanmaya, yıkılmaya mecburdur. Ahşap bir binayı andırır.

Korku, iki yüzlülüğü, ihaneti, ortak olmamayı, arkadan bıçaklamayı, sorunları ve sıkıntıları evde ki yetişkin kişiyle değil de, başkalarıyla konuşmayı getirir. Bu tür ortamlarda da mutluluk olmaz.

Halk arasında kullanılan "Êl oğlu!" deyimi de temelinde güvensizliğin seslendirilmesidir. Bir insanla evleneceksin ama ona hiçbir konuda güvenmeyeceksin, sırdaşın yapmayacaksın, açılmayacaksın. Sürekli yaşanılanları, günlük aktiviteleri saklayacaksın, anlatmayacaksın, duymaması için çaba harcayacaksın! Biz de evlilik budur. "El kızı ve el oğlu" birlikte yaşamaya mecbur edilirler, ama var olan kültürle dost olmaları da önlenilir.

Sürekli dışarıdan, akrabalar, toplum bireyleri tarafından ilişkiye müdahaleler olur. Güçlü olan birey bu müdahaleleri engeller. Etki altında kalmaz. Başkalarının istemlerine göre aile ilişkisini yürütmez. Benim ilişkim, ben yaşıyorum, karışamazsınız, der. Bizde toplum kişinin kendisini yaşamasını engelliyor.

Bizde ilk gecede, gerdek anında hemen mahkeme kurulur. Mahkemenin savcısı, hakimi ve halk jürisi hazır. İlişki gerçekleştirilmeli. Kan akmalı. Yoksa yargılama başlar. Ceza bayana kesilir. Erkeğin sorunlu olacağı düşünülemez. İlişkide kontrol tümüyle erkekte!..

Yapılan araştırmalara göre Türkiye'de kadınların % 59'u evliliğin ilk gününde şiddetle tanışıyorlar. İlk gece; sevginin, saygının, anlayışın, yumuşaklığın doruk noktasında olması gereken gece, erkek şiddet kullanmaya yöneltilir. Bu durum bizdeki toplumun eseridir. Erkeğe, gelinin önünde kedinin bacaklarını koparıp yarması öğretilir ki, evi korku işgal etsin ve bununla birlikte yabancılıkta sürekli olarak hüküm sürsün. Gelin damattan korksun! Korkunun egemen olduğu evde de sevgi yeşermez, gelişmez.

İlk gece yaşadıkları korkuları dile getiren bayanları duydukça, dinledikçe birbirimize karşı olan acımasızlığımızın dozunu da fark etmiş oldum. O gece, yaşadıkları korku ve itilip, kakılmalardan dolayı sinirleri hasta düşen kadınlar aramızda dolaşıyorlar. Tanıdığım biri on yıl önce yaşadıklarından dolayı tedavilik duruma düşmüştü ve süreç içinde de iyileşmeyi başaramadı. İkinci evliliği de başarılı olmadı. Çünkü, O, sorunlarını bitirememiş ve yeni ilişkiye de taşımıştır.

Kadın ilk geceki şiddeti yalnızca toplumun onayıyla evlendirildiği erkekten görmüyor. Devleti temsil eden bireyler de şiddet uygulamakta görevliler ve görevlerini de yeni evlilerin onurlarını davetliler önünde zedeleyerek ye-rine getiriyorlar. Bu şiddet ve engellemede hem gelin, hem de damat hırpalanıyor. İlk gecelerini karakollarda geçirenlerin sayısı azımsanacak gibi değil. Düğünlerin Kürt ulusal renkleri ve müzik eşliğinde zenginleştirilmesi asimilasyoncu, yasakçı zihniyeti saldırganlaştırıyor. Çoğu sefer düğün konvoylarına ateş açılıyor. Saatlerce bekletiliyorlar. Gözaltılar yaşanıyor. Düğün evleri basılıyor, misafirler, gelin ve damadın yakınları birlikte karakollara götürülüyorlar. Yapılanlar, insana bu kadar da olmaz dedirtiyor.

Saldırılar sadece Kürdistan'da değil, Kürtlerin yaşadıkları yerleşim birimlerinde de yaşanıyor. Mersin'in Demirtaş mahallesinde yapılan bir düğüne (kasım 1999) baskın düzenleyen sivil polisler, Mezopotamya Kültür Merkezi müzik gruplarından "Koma Vendidad"ın elemanlarından ikisini gözaltına alır, düğün sahiplerine de hakaretlerde bulunarak, düğüne katılanları zorla dağıtırlar. Düğünü basma ve gözaltı olayı, farklı dile, kültüre tahammülsüzlüğün bir göstergesidir. Topraklarımızda ve göçmen, sürgün olarak Türkiye Cumhuriyeti sınırları içinde yaşayan Kürt ailelerde benzer sahneler onlarca defa yaşandı.

Türkiyeli bayanlar, bayan hakları, insan hakları savunucu olduklarını belirtenler bazı uygulamaları dile getirirler, tepki gösterirler ama çok yakınlarında olan Kürt ve diğer halklardan bayanların yaşadıklarına ise sessiz kalmakla onay vermiş olurlar.

Savaş bölgesinde, Siirt ilinde gazeteci ve insan hakları savunucusu olarak görev yaptığım süre içinde, bir tek kadın gurubunun dahi desteğini alamadım. Kadına uygulanan şiddete yönelik olarak basına yansıttığım bütün bilgilere rağmen onlar ilgisizliklerini devam ettirdiler.

Kürt kadınına yapılanlara karşı çıkmak, var olan siyasal sisteme karşı çıkmak demekti ve bu da riskli idi.. Cesaret ve fedakarlık göstermek için rejimin kalemşorlarının sundukları, çizdikleri çerçevelerin dışında düşüncelere, felsefelere sahip olmak gerekiyordu. Sistemin işleyişini benimseyen, amacı rejimi yaşatmak olan kadınlarda yapılanlara karşı çıkmıyorlardı.

Son bir kaç yıldır farklı kesimlerden bayanlar Kürt, Kürdistanlı bayanların maruz kaldıkları olaylara tepki göstermeye başladılar. Bunun nedeni de Kürt bayanların örgütlenmeye, kendilerini duyurmaya, varlıklarını hissettirmeye başlamalarıdır. Kürdistanlı kadın pankart açıp, yürümeye başlayınca diğer halklardan olanlar da protestocular içine girme gereği gördüler.

Birleşmiş Milletler tarafından da kabul edilen "25 Kasım Uluslararası Kadınlara Karşı Şiddetin Sona Erdirilmesi Günü" bayana yönelik şiddetin, durumun uluslararası boyutunu da göstermektedir.

Kadının adı, kimliği olmalı. Kadın kendi iradesi dışında ona bahşedilen tüm sıfatlara karşı durarak, devletlerin egemen ideolojilerine ve toplumun değer yargılarına karşı bir eleştiri sunmak mecburiyetindedir. Bizleri esir alan devletlerin hükmeden, konuşma hakkı tanımayan, değer bilmeyen ideolojileri, hak-hukuk gözetmeksizin bayanlar üzerinde kendi egemenlik tahakkümlerini kurarlarken, bayanlar onların istedikleri ve gene onların belirledikleri statü içinde var olabiliyorlar.

Onlar biz bayanları, toplumsal gelişmenin alt-üst oluşu içinde kendi tarihlerimizden yoksun bıraktılar. Bundan dolayı da çelişki yumaklarından, dramatik sahnelerden kurtulamıyoruz. Bulunmamız, durmamız gereken yer bizlere bahşedilendir.

Yakınları olan bayanların acı çekmeleri, mutsuz olmaları sonucu sürekli kendi kendileriyle çelişen erkeklerimiz, toplumsal yapının, egemenlerin kadına bakışı arasında gidip, gelmek zorunda kalıyorlar. İçinde yer aldığımız toplumların çelişkileri ve bu çelişkilerin deşifre edilmeleri, kangrenli yaralara çok sayıda neşterin vurulması gerekiyor. Neşter vurulmaya başlandı. Buna rağmen irinin temizlenmesi uzun bir sürece yayılacaktır. Çünkü insanlar kolay, kolay değişmiyorlar, gelişmiyorlar.

Gelişen üretim ilişkileri, sanayileşme sonucu emek gücüne olan gereksinme, kadını bir yanıyla toprakla uğraşmaktan koparıp, teknolojik araçlarla üretime katarken diğer yandan da onu umutsuzlukla ve yalnızlıkla baş başa bırakmaktadır. Kurallarla sınırlandırılmak, iş makinesine dönderilmek, yaşamın saatlere sıkıştırılması, emirlerle yaşamak onu boğmaktadır. Kadın kuşatma altına alınmıştır.

O, bir yandan üretici olarak dışarıda üretime katılırken diğer yandan da evinin ve evdeki devlet temsilcisinin, erkeğin hizmetine mecbur hale getirildi. Bu durumu kabul eden kadın sürekli verici oldu. Sürekli sundu. Kendisini düşünmedi, bedenini devre dışı bıraktı. Devlet, kadının kendi başına yaşama isteğini, olanağını elinden aldı. Köyünden kopan, göçen bayan, dışarıdaki üretimin, sanayinin bir parçası olarak üretici konumuyla kendine yabancılaştı, ucuz iş gücü olarak sömürü ağı içinde makinenin ve sokağın bir parçası halinde yabancılaştırıldı.

Bayanların zayıf olduklarını, kendi başlarına hiç bir şey yapamayacaklarını ve kendilerini koruyamayacaklarını borazanlarla bağıranların hedefleri onları aile denen kurumda, erkeğe bağımlılaştırmaktır.

Bayanları, yapabilecekleri üretken olmayan işlere mecbur ettiler. Emekleri karşısında bir değer sunmadılar. Sosyal güvencesiz bıraktılar. O tarzda yaşamaya mecbur ettiler. Bayan güvencesizliği ve seçeneksizliği birlikte yaşadı. Yoğun, yorucu işlerle uğraşan bayan, aynı zamanda küçültüldü. Diğer yandan da gelişmesi engellendi. Yaptıkları işler onları geliştirmedi. Yaşamları belirli çerçeveler içinde başladı ve bitti.

Kadın erkeğe göre çok direngendir. Alternatif bulucudur. Üretkendir. Savaş alanlarında bizzat, aktif olarak yer alan erkeklerin evlerinde bıraktıkları boşlukları dolduran anneler, çifte sorumluluğu birlikte götürebilmekteler. Tek tarz yaşamaya şartlandırılan erkekler, yanlarındaki bayanları kaybettiklerinde çok fazla zorlanıyorlar. Şaşkınlık geçiriyorlar. Bayanlara uygun görülen, bırakılan görevleri yapamıyorlar. Bayan arayışına giriyorlar. Yalnız yaşayamıyorlar. Oysa yalnız kalan kadın yeni bir evlilik yapmadan da yaşamını sürdürebiliyor. İki rolü birlikte oynayabiliyor.

Kırsalda, küçük yerleşim birimlerinde yaşayan, doğal üretime, ekonomiye katılan bayan teknolojik gelişmeyle bir yönüyle üretimden de koparıldı. Tüketici özelliğine büründürüldü. Bu durum kadının yeteneğinin ve bilincinin de körelmesine neden olmuştur. Eve kapatılan kadın yaratma yeteneğini terk etmek zorunda bırakılmıştır. Sosyal yaşamları sıfırlandırılmıştır. Çalışmayan, kullanılmayan beyin tembelleşiyor. Birey köreliyor!..

***

"Yalnızlığı, paylaşamam duygusu herkesi etkiler. Öfke ve sağlıksız duygular olumlu yöne çevrilmeli. Kızgınlık yok edilmeli ki ilişki iyi yönde gitsin. Olgunluk seviyesi arttıkça evlilik uzuyor"

MERÊ : 32 yaşımdayım. Hiç okula gitmedim. Altı kardeşiz. Bingöl'ün bir köyünde doğdum ve büyüdüm. Önceleri köyümüzde okul yoktu. Okul yapılınca çocuklar devam etmeye başladılar ve benim de üç kardeşim ilkokulu bitirebildiler. 22 yıl aynı köyde yaşadım.

Biz küçükken babam ölüyor. Yetim büyüdük. Çok yoksulduk. En büyüğümüz erkekti. O, İstanbul'da, fırınlarda çalışarak bizlerin ekmek parasını çıkarıyordu. Evin erkeği rolünü, sorumluluğunu almıştı. Bize ait çok az tarla vardı. Az sayıda da hayvan besliyorduk.

Kardeşlerime bakmak üzere küçük yaşta iş yapmaya başladım. Köy yaşamı öyledir. Yürümeye başlayan kendinden sonra doğan kardeşini korumakla görevlendirilir. Çünkü anne sürekli meşguldür. Çocuklarına zaman ayıramaz. Köyde ben hep evin işini yaptım. Bizde kadınlar çobanlık yapmaz. Evin içindeki bütün işler kendileri tarafından yapılır. Ben evin en büyük kız çocuğuydum. Her işi de yapıyordum. Yapmak zorundaydım.

15 yaşımdayken evlendirildim. 25.000 TL başlık alındı. Benden büyük olan abim babamın yerindeydi. Benimle ilgili karar verme hakkına sahipti. O, başlık parasını belirledi ve istedi. Bizde adet öyledir. Baban yoksa evin büyük oğlu, erkek kardeşlerin sorumluluğunu alırlar. Eğer varlarsa amcalar, dede konuşma hakkına sahiptirler. Eşimle aynı köylüyüz ve akrabayız. O benden 10 yaş büyüktür.

Ben çocuktum ve eşimin düğününe de gittim. O, çok küçükken ailesi tarafından evlendirildi. Ailesinin isteyip gelin olarak eve getirdikleri kızla oğulları anlaşamadılar. İkisi de birbirlerini sevememişlerdi, sevemediler. Eşimin annesi ve babası kendileri için çalışacak bir gelin istiyorlardı. Evde iş yapacak bir kadın lazımdı. Annesi biraz rahatsızdı, hastaydı. Bacıları da evlenmişlerdi.

Gelinle hiç geçinemediler. Kadın sürekli küserek babasının evine giderdi. Defalarca o gitti, bunlar ardı sıra gidip getirdiler. Kadın getirilir ve bir kaç gün sonra tekrar tartışma yaşanır, o tekrar yola düşer giderdi. Kadın o evde, o insanlarla kalmak istemiyordu. Kaynaşamamış, ısınamamıştı. Eşim askere gidip geldikten sonra olmayacağını görür. Evlilik yürümeyecek, kadını bıraktı, boşadı. Gerçekten sorun neydi? bilmiyorum.

Aileler bizi birbirimize münasip, uygun görüyorlar. Evlendirilmemize karar veriyorlar. Büyükler düşüncelerini söyleyince biz önce şaşırdık. Sonrada büyüklerimiz istiyorlarsa olur, dedik. Biz birbirimizi iyi tanıyorduk. Ben evlendirilmekten korkmadım. Eşim iyi bir insan. Bugüne kadar kimseyi incitmemiştir. Bu yönü benim için yeterliydi ve önemliydi. Varlık, zenginlik beni ilgilendirmiyordu. Zaten her iki ailede yoksuldu. Bizde olmayanı onlar bize verirdi. Onlarda olmayanı biz onlara verirdik.

Evlerinde çalışacak adam lazımdı. Hiç ayrı ev açarlar mı? Evde altı erkek vardı. Ben ise evin en büyük gelini oldum. Buraya gelince evden ayrıldım. Daha sonra kayınlarımda evlendiler. Buraya göre düşünecek olursak biz dört aile bir arada yaşadık. Eşimin büyükleri beni kendi kızları gibi görüyorlardı. Bana yabancı gözüyle bakılmazdı. Ne söyleseler, ne isteseler yapardım. Saygısızlık yapmasını, ters cevap vermesini bilmiyordum. Onları dinlerdim. Birbirimize değer verirdik. Bütün köy halkı bizim aile mensuplarının ilişkilerine hayret ederlerdi. Sesimiz çıkmaz, kavgamız olmazdı.

Olumlu ilişki, barış havası istenilerek oluşturulmuştu. Bizim evimizde küfür, dayak denilen şeyler yoktu. Büyükler büyüklüklerini biliyorlardı. Bizi kırmazlardı. Bir eksiğimiz, hatamız olsa da gömemezlikten gelirlerdi, ses çıkarmazlardı. Biz de küçüklüğümüzü bilirdik.

Ben evdeki işleri, eltilerim, kayınlarımın eşleri arasında paylaşıyordum. Önce kendim işe başlardım ki onlarda beni örnek alsınlar. Örneğin odun mu getirilecek, önce kendim ipimi alır evden çıkar, kırsala doğru yönelirdim. Onlarda beni takip ederlerdi. Diğer ailelerde kötü şeyler oluyordu. Birbirlerini dövme, hakaret etme, küsüp baba, yakın yada tanıdıklarının evlerine sığınma vb.

Eltiler olmayacak şeyleri, hakaretleri birbirlerine sayar ve karşılıklı şiddet kullanırlardı. Kayınlar gelinleri döverdi. Bizde ise iyi bir düzen oturmuştu. Kimse kimseye iş bırakmazdı. Herkes kendi işini, sorumluluğunu bilirdi.

Yedi yıl birlikte yaşadık. O zaman zarfında kaynanam elini bir işe vermemiştir. İş yapmayı sevmezdi. Kendisine iş yaptırmamızı istemezdi. Ona iş teklif etmez, yardım istemezdik. Yemişsin, içmişsin, harcamışsın, demezdik. O, bir hanım ağaydı.

Önce ben tek gelindim. Her şeye yetişemiyordum. Bütün işleri yapabilmem mümkün değildi. Kaynanam, elini bir şeye sürmezdi. Ben gidip süt sağıyorum, sen de çorba ya da hamur yap desem, dönüp bana " Sen evin geli-nisin. İş yapıp yapmamam seni ilgilendirmiyor. Yapılması gereken işleri yap. Benden bir şey isteme, bekleme!" derdi. Ben bu cevabı alacağımı bildiğim için hiç bir teklifte bulunmazdım. Oda sesini çıkarmazdı. Gücümün yettiği, becerebildiğim kadarıyla iş yapardım. Kendimi öldürecek halim yoktu ya!

Bizde tahıl ekilmiyor, ekin olmuyor. Yüksek dağların yamaçlarında yaşıyoruz. Buğdayı hep satın alırız. Yalnızca ot biçilir. Onu da erkekler biçer. Bizde biçileni, erkeklerin ardı sıra toplardık. Onların yiyeceklerini hazırlar ve yabana götürürdük. Yedi yıl içinde yalnızca iki yıl eşimle birlikte kalabildim. O mecburdu, gitmek zorundaydı. Baharda İstanbul'da inşaatlarda çalışmaya başlardı. Kışın ise köye, eve gelirdi. Yoksul ve kalabalık bir aileydi. Dışardan para gelmesi gerekiyordu.

Eşim 1984'te bu ülkeye geldi. Geliş nedenimiz yokluk, yoksulluktur. Beni de 1987'de getirtti. İnşaatlarda çalışmakla kendilerini kurtaramıyorlardı. Alınan para yetmiyordu. Burada çalışarak yoksulluktan kurtulacağımızı düşündük. Ondan dolayı da göçmen işçi olduk.

Eşim birisine epey para vermişti. Adam eşinin ve çocuğunun pasaportlarını bizi buraya getirmek, sınır kontrollerini aşmak için kullandı. Babamın evinde beni arabasına bindirdi. Yola çıktık. Üçüncü gün buraya vardık.

Eşimin yakınları kızdılar. "Tanımadığımız bir erkekle nasıl yola çıkacaksın? Olmaz gidemezsin!" dediler. Ben ise, ne olacak? Eşim kendisin tanıyor, güvenip göndermiş, ben de birlikte gideceğim. Hiçbir şey olmaz, dedim. Ve yola çıktım.

Burayla ilgili hiç bir şey bilmiyordum. Korkuyordum, korkularım vardı. Buraya yetişip yetişemeyeceğimin endişesini taşıyordum. Yolda başımızdan nelerin geçe bileceğini, nelerle karşılaşabileceğimizi düşünüyordum.

Buraya gelmekle bütün yakınlarından uzaklaşıyorsun. Hiçte güzel bir duygu değil. Göçle birlikte herkes bir tarafa dağılıyor. Geride bıraktığın her şeyi özlüyorsun. Rüyalarında onlarla birliktesin. Tanıdıklarını görüyorsun, konuşuyorsun. Hoşuma giden tek yön eşimle bir araya geldik. Çocuklarım olmuyordu. Burada tedavi olma imkanım vardı. Tedavi oldum. Şimdi istediğim kadar çocuk sahibiyim.

Değişik nedenlerle bu ülkelere gelen insanlarımızın, ailelerimizin çoğunun ilişkileri sarsıldı. Bu konuda örnek çok. Uzun süre ayrı kalma sonucu insanlar birbirlerine yabancılaşıyor. Soğuyor. Sevgileri bitiyor.

Bu ortamda erkeklerimizde baharda kapıların açılmasıyla birlikte çayırlara salınan boğalara dönüşüyorlar. Kuduruyorlar. Kendilerini kaybediyorlar. Nereye doğru koşacaklarını bilemiyorlar. Yaşayamadıkları her şeyi yaşamak istiyorlar. Kadınlarımızın çoğu sürekli terk edilme, aldatılma korkusu yaşıyor.

Eşim dürüst bir insan. Ben onda sahtekarlık görmedim. Başkalarıyla olmayacağını, beni bırakmayacağını biliyordum. Olmamıştır da. (Acaba! Avrupa'da üç yıl yalnız kalan bir erkek!) Eğer başka kadınlarla beraber olsaydı ben kendisine olan sevgimi ve saygımı kaybederdim. Kendisinden eminim. O da benden emin. Bizim ilişkimizde kuşku, korku yok. Ben daha köydeyken burada yaşanılan değişik şeyleri duymaya başladım. Köylülerimizin, çevre köylülerin hikayeleri, yaşadıkları serüvenler yayılıyordu, konuşuluyordu. Buraya geldikten sonrada, burada erkeklerimizin yaşadıklarını, yaptıklarını duydum, gördüm. Görüyorum.

Yıllardır evliyiz. Ben bir sefer olsun eşimden dayak yemedim. Hakaret de etmez. Ne yapsa benim düşüncemi sorar. Ben de aynısını yapıyorum. Ondan habersiz bir şey yapmıyorum. Yapmak istediğim şeyi önceden kendisine söylerim. Düşüncesini sorarım.

Biz Müslüman Kürt'üz. Babaannem Ermenidir. Yani Hıristiyan. Ermeni soykırımından kurtulmuş. Akrabalarımız onu küçükken korumaya alıp, büyütüyorlar ve dedemle de evlendiriyorlar. Kaynanam ise Kürt ve Alevidir. O da evlendikten sonra Müslümanlığa göre gerekli olan ibadeti öğrenmeye, yapmaya başlıyor. Din değiştiriyor.

Ben başkalarının dini inançlarına karışmıyorum, karışma hakkını da kendimde görmüyorum. Gavur gavurluğuna göre davranıyor. Ben de Müslümanlığıma göre davranıyorum. Bu anlayışı da burada çalıştığım kilisedeki görevlilerden aldım. Bunlardan çok şey öğrendim. Burada dini inançlara karışılmaması gerektiğini anladım. Herkes tanrıya inanıyor. Yollar farklı. Varılan nokta bir. Niye birbirimizi incitelim.

Ben adetlerimizi terk etmedim. Eşim beni zorlamadı. Kendim başımı ka-patıyorum. Bizim oradan gelen tanıdıklarımızın başları kapalı. Ben de mecburen kapalı tutuyorum. Başımı açsam çevremdekiler bana iyi gözle bakmayacaklar. Dedikodu yaparlar. Yakınlarıma telefon açıp laf söyleyecekler. Rahatsızlık yaratacaklar. Eşimi rahatsız edecekler. Konuşulanlar ta buradan köye kadar bir anda gider. Huzursuzluk olur. Bizim oradan gelen bir kaç kadının başı açık. Başları açık olanlar bizim başlarımızı kapatmamızı iyi görmüyorlar. Gericilik olarak isimlendiriyorlar. Açsam bir türlü, açmasam bir...

Bizim toplumumuz insanları baskı altına alıyor. Farklı davranmalarını engelliyor. Bizimkiler değişime karşılar. Geldikleri gibi kalmak istiyorlar. Normalinde bana karışma hakları yoktur. Ama arkamızda dedikodu yaparlar. Ben istemiyorum ki söz çıksın. Huzursuzluk oluşsun. Başımı köydeki gibi tülbentle örtüyorum, namazı da kılmıyorum. Elbisem ayak bileklerime kadar uzanır. Kısa giyinemem. Vücudum görülmemeli.

Sürekli dışarıdayım. Bir kaç yerde birden çalışıyorum. Çocuk büyütüyorum. Kendime ayıracak beş dakikam yok. Evimin işini de ben yapıyorum. Eşim bardağa çay doldurmasını bile bilmez.

Kayınlarım buraya gelmediler. Kocamın amcasının oğlu bizimle birlikte dört yıl kaldı. Eşimin hizmetini nasıl gördümse, çocuklarıma nasıl baktımsa onun içinde aynı şeyleri yaptım. Ben sanki onun annesiydim. Halbuki yaşça da benden büyük biriydi ve erkekti. Akrabaydı, eşim de kendisine destek olmak istiyordu. Çocukları köydeydi. Para kazanıp, göndermesi gerekiyordu. Bizimle kalınca ev kirası, elektrik, su ve diğer şeyler için masrafı olmuyordu. Ben de mecburen her işini yapıyordum.

Bizimle kalmasını istemiyordum. Bu düşüncemi eşime de söylüyordum. Eşim ise " Biz akrabayız. El alemin içinde sesimiz çıkmasın. Herkes bize gülmesin. Ona yardımcı olmak zorundayız. Para kazansın. Köydekiler ne yiyecekler? Onları düşün. Biz buradayız. Sen ve çocuklar aç kalmıyorsunuz. O da parasal olarak kendisini kurtaracak duruma gelsin. İdare et. Sesini çıkarma!" diyordu.

Fakat o adamda da hiç insanlık yoktu. Kadir kıymet bilen birisi değildi. Çok kaba, görgüsüz bir erkekti. Sanki ben onun işlerini, hizmetini yapmak zorundaydım. Diyelim yetiştiremedim, elbiselerini yıkayamadım. Ağzı durmazdı, pis, pis konuşurdu. Sürekli benimle dalga geçer ve beni aşağılardı. Taklidimi yapardı. Zoruma gidiyordu, ama çekiyordum.

Benim evimde kalıyordu. Dönüp bana "Çık bu evden git. Buraya layık değilsin!" diyebiliyordu. Kadınım ve kovulmayı göze almalıydım! Kendi evimin içinde onun korkusundan dolayı rahat hareket edemiyordum. Yani iyi olmazsam, beyefendinin işini, ütüsünü, yemeğini iyi yapmazsam beni evimden kovacak, kovduracak.

O bizim köydeki anlayışla yaşayan, kadını bir sinek yerine koyan, bir böcek gibi gören, değer vermeyen, bir kafaya sahipti. Bana "Sen bize yaramıyorsun!" diyebiliyordu. Ben onunla değil, amcasının oğluyla evliydim. Eşimin kullanmadığı, bana layık görmediği kelimeleri o kullanıyordu.

Eşim ise hep "Bir şey olmaz, geçecek, sabırlı ol. Kusuruna bakma. Cahilliğine ver, sen iyi ol. Herkes bize gülmesin!" der kendimi teskin ederdim. Kaba davranışlara maruz kalan bendim. Onun bacısı da erkek kardeşimle evli. Bir seferinde kardeşimde bizde ve ben sofrayı hazırladım. O, yaptığım yemeği beğenmedi. Kalktı kendisine başka şeyler hazırlamaya başladı. Oğlumda "Amca niye böyle yapıyorsun? Burada hazır yemek var!" dedi. Geriye döndü ve oğluma bir tokat yapıştırdı. Ben de sinirlendim ve oğluma vurdum. Sen niye karışıyorsun?, dedim. Bunun üzerine, O, bana doğru yöneldi ve kardeşimin yanında beni istediği kadar, içini rahatlatana kadar dövdü.

Kardeşim müdahale etmediği gibi kapıyı açtı ve çekip gitti. Ben kardeşimden de bir şey anlamadım. Belki de kardeşim karışsaydı, onu engellemeye kalkışsaydı, ikisi birbirlerine girer ve birbirlerini dövmeye başlarlardı. İş büyürdü.

Ben o adamın anlayışından, yaklaşımlarından nefret ediyorum. Kendisini görmek istemiyorum. Kadına kesinlikle değer vermiyor. Benim yanımda da onun hiç bir değeri yok. Her şey karşılıklı. Beni adam yerine koymayanı ben niye adam yerine koyup ta saygı göstereyim ki?

Bize misafir geldiğinde birlikte oturup sohbet ettik mi, ben de sohbete katıldım mı adam rahatsız oluyordu. Halinden, davranışlarından huzursuzluğu belli oluyordu. Ona göre ben kadındım ve benim konuşma hakkım yoktu. "Bu amcam oğlu karısını niye böyle yapmış? Bu kadın niye misafirin bulunduğu odaya geliyor, oturup konuşuyor? Konuşmalara niye karışıyor?" diyordu. Yalnız kaldığımızda söylenirdi. Beni aşağılarken kendisini aşağıladığının farkında değildi. Ben onlardan bir parçaydım. Biz, bize benziyorduk. Ufak farklılıklar vardı. Beni basit, cahil olarak görüyordu. Ben konuşulanları dinler, bir şeyler öğrenmek isterdim. Zaten dinleyerek çok şey öğrendim. İmkanlar vardı da kullanmamış mıydım? Kendiside benden farklı değildi. Aynı köyden çıkmıştık.

Bir keresinde yine ev de misafir var. Bu yine söylenmeye başladı. Erkek misafirlerden biri kendisine kızdı ve " Bu zamanda insanın kızı, eşi, anası, bacısı insanın hizmetini yapmıyor. Burada kalıyorsun. Her şey hazır önüne geliyor. Bir de beğenmeyip laf mı söylüyorsun? Bu kadının ne mecburiyeti var? Sen ne biçim bir insansın? Biraz gözlerini aç da çevrene bak. Hangi devir de yaşıyorsun? Yarın eşini bu ülkeye getirsen ona da aynı şekilde mi davranacaksın? Bu yaklaşımlarını terk et!" dedi ve kendisini bozdu.

Evden çıkıp gitti ve dışarıda eşimi buluyor "O adamın senin karınla ilişkisi mi var? Niye onu savunuyor? O kadını boşa, bize yaramaz!" diyor.

Bu olay her şeyin tuzu biberi oldu. Eşim " Bu kadar anlayış, tolerans, destek yeterli. Tek taraflı olmuyor. Biz sustukça, O saygısızlığını artırdı. Ailemi, çocuklarımı rahatsız ediyor. Yeter!" dedi ve elbiselerini eline verip, kapıyı gösterdi. Kendisini evden kovdu. İnsan olsaydı da bizimle yaşamasını bilseydi. Verdiğim emeğe acıyorum.

Üç yıllık evliydi ve buraya geldi. İki çocuğu vardı. Sorumsuz bir erkek.

Burada kalabilmek, oturum hakkı alabilmek için buralı bir kadınla evlilik yaptı. Bir de çocuğu oldu. Buralı kadınla üç yıl evli kaldı ve bu kadının karşısında aynı asker gibi hazıroldaydı. İsterse kadının isteklerini, dediklerini yapmasın! Sıkar. Kadın viskisini yudumlarken o etrafı toplar, temizlerdi. Birlikte alış verişe giderlerdi. Bizim kadınları aşağılayan erkek, buralı kadından olan çocuğuna da bakardı. Kadının istediğini yerine getirmezse, hırçınlaşırsa, kadının polisi çağıracağını yada kendisini evden dışarı atacağını çok iyi biliyordu.

Sonuçta zaten aynen öylede oldu. Bir gün geldi " Kadın beni kovdu. Bana ait her şeyi bu çantaya koyup, dışarı, çöpe attı!"dedi. Biz de kendisine güldük. Zaten ondan sonra yanımızda kalmaya başladı. Kendisine, kadın çok iyi yapmış. Sen bu tavrı hak ediyorsun. Boşuna demiyorlar "Dinsizin hakkından imansız gelir...", dedik. Sırf burada kalma hakkı elde edebilmek için, kadının kulu, kölesi oldu ve sonuçta da evden kovuldu. Bu kadar fedakarlığının, tavizinin karşılığında bu ülkede kalabilme hakkı aldı. Kadının ona söylediklerini, ona yaptığı hakaretleri, O da bana sayıyordu. Kadın onu basit görüyordu, aşağılıyordu. O da beni. Onun gücü bana yetiyordu. Davranışlarını, cümlelerini amcasına söyleyemezdim!..

Erkekse, gücü yetiyorsa O kadını döveydi, hakaret edeydi. Neyle karşılaşacağını, kadının kendisine nasıl bir ceza vereceğini iyi biliyordu. Kadının karşısında konuşamıyordu. Sadece dinlemekle yetiniyordu. Tepki gösteremezdi.

Yatakta yatarken kadın hangi taraftaysa O, o kolunu hızla kadının göğsüne, yüzüne indirirmiş, vururmuş. Kadın "Niye böyle yapıyorsun!" dediğinde de "Ben uyurken ne yaptığımı bilmiyorum!"dermiş.

Bize de bu durumu anlatıyordu ve " Ben kadından hıncımı, intikamımı bu şekilde alıyorum!" derdi. Biz kendisine gülerdik. Erkekliğe, insanlığa bak!

On bir yıl burada kaldıktan sonra köydeki eşini ve çocuklarını getirdi. Burada olan çocuğunda nafakasını her ay tıkır, tıkır ödüyor. Ben evlerine gidip gelmiyorum. Kürt olan eşine de aynı şekilde kaba davranıyor.

Şimdi burada durumumuz iyi. Yalnızca çocuklarımın geleceklerinden korkuyorum. Neyle karşılaşacağımızı bilmiyoruz. Biz buradayız ama akrabalarımızın büyük bölümü geldiğimiz yerdeler. Hepsinin zulümden, yoksulluktan kurtulmalarını istiyorum. Bu isteğimin gerçekleşmesi içinde herkesin olumlu yönde çalışması ve geldiğimiz şehirleri kalkındırmaları, güçlendirmeleri gerekiyor.

Ben Kürt kadınının yaşam biçimini, terbiyesini, saygısını, olgunluğunu görmek istiyorum. Bizim yaşam biçimimizi tercih ediyorum. Kürt kadını eşine, ailesine, toplumuna bağlı. Buradaki kadın öyle değil. Bunlar günlük yaşıyorlar. "Bu günüm iyi geçsin, yarın önemli değil!.." düşüncesindeler. Biz bir ömrün hesabını yapıyoruz.

Buraya gelen kadınlarımız da yalnızca kendilerini düşünmeye başlıyorlar. Köyde ekmeğin olmasa komşundan isteyebiliyorsun. Burada öyle değil. Yoksa, aç kalırsın. Paylaşım yok. Biz robot gibi olduk.

Sürekli temizliğe gidiyorum. Dönüyorum, kendi evimi temizliyorum. Çocuklarım kendi başlarına büyüyorlar. Gereken zamanı, sevgiyi veremiyorum. İlgilenemiyorum. Saatler yetmiyor. Bütün gün çalışıyorum. Ortada bir şey yok. Birikim yapamıyorum. Burada yaşam çok pahalı. Ayrıca çocuklarımın derslerine yardımcı olacak durumda değilim. Çünkü okumayıyazmayı dahi bilmiyorum.

Buralı kadın bize göre özgür. Kürt kadını işe gidip eve geliyor. Başka bir şey yaptığımız yok. Sosyal yaşamımız sıfır. Kürdistan'da yaşayan kadın bizlere göre çok iyi durumdadır. Kendi tarlası, kendi bağı. Biz en ağır ve pis işlerde çalışıyoruz. Çalışmak zorundayız. Ülkedekiler hastanelerdeki yaşlıların altlarındaki bok, çiş taslarını kaldırmak zorunda kalmıyorlar. Ben işten dönünce yemek yiyemiyorum. Kusmak istiyorum. Sürekli pislik temiz-liyorum.

Burada adama, insana saygıyı öğretiyorlar. Dininle, ırkınla ilgili baskı altında kalmıyorsun. Oğlum bize sormadan okul yöneticilerine, Hıristiyanlık dersi almak istemediğini söylüyor. Çünkü Müslüman olduğunu biliyor. Kimse "Sen bu memlekette yaşıyorsun. Mecbursun. Dinimizi öğrenecek ve uygulayacaksın. Bu dersi öğreneceksin. Din değiştireceksin!" demiyor. Din derslerinin olduğu saatlerde çocuklarım eve geliyorlar.

Benim yakınlarım beni on dört yaşımda evlendirdiler. Ben kızlarıma karışmak, onların yerine karar vermek istemiyorum. Yabancıya gitmesinler, akrabalarımızla evlensinler, demem. Onların kendi sevdikleriyle evlenmelerini isterim. Halen küçükler. Büyüdüklerinde, karşıma geçip isteklerini sıraladıklarında nasıl davranabilirim? Bilemiyorum. Ama gerçek şu; tanıdıklarım hep geldiğimiz yerden gelin ve damat getiriyorlar. Ya da buradaki tanıdıkların çocukları birbirleriyle evleniyorlar.

Yakın köylümüz olan bir anne ve babanın kızlarına karşı olan davranışları bizi rahatsız etti. Kızları başka bir şehirden gelen iki Kürt gencini sevdiler. Onlarsa kızları engelliyorlar. Aile ve bütün akrabalar bu sevgilere karşı birlik olmuşlar, bir araya gelmişler. Kızlarda onların hepsine karşı direniyorlar. Neymiş, ailenin burada çalışarak edindikleri malları yabancı birileri yemesin ! Yani damat babanın akrabası olmalı. Malları başlarını yesin.

Küçük kız ruhsal olarak hastalandı. Okuldaki derecesi düştü. Başarısız bir öğrenci oldu. Onu alıp başka yerlere gönderdiler ki sevdiği gençten soğusun. Aylardır bu tartışma sürüyor. Eşim müdahale etmek istedi. Ben bırakmadım. Bize "Size ne, siz niye karışıyorsunuz? Sizin kızlarınız mı?" diyeceklerdi. Aramız açılırdı. Kendilerinin gençleri varmış. Kızlar amcalarının oğullarıyla evlenmeliymişler. Niye yabancı, başka şehirden erkeklerle evlenmek istiyorlarmış? Kızlarda akrabalarıyla evlenmiyorlar ve akraba evliliği de istemiyorlar. Aylardır o kızlar bunalımdalar. Huzursuzlar, sinirleri gergin. Aileyle, akrabalarla, kızların direnişi karşılıklı olarak devam ediyor. Bütün akrabalar da anne ve babayı destekliyorlar. Kızlar çevreden, ailelerden anlayış isiyorlar ve bekliyorlar.

***

Otoriter aile yapılarında çocuk yetiştirmede kurallar ve cezalar katıdır. Anne veya baba " Gözüme bak ve ne istediğimi anla "derler. Çocuğun kendileriyle uyumlu ve kendilerinin beklediği tarzda çoçuk olmasını isterler. Olmadığı takdirde ağır cezalar uygulanır. Bundan dolayı da çocukta suçluluk duygusu gelişir. Bu ortamda büyüyen çocuk ergenlik çağında uygun olmayan davranışlara girebilir. Otorite figüründen gizli her şeyi yapabilir. Kuralları ve sınırları belirleyene karşı gizliliği tercih ediyor. Yani otoritenin olmadığı koşullarda istediği gibi davranır. Çünkü otorite onun içinden, kendisini düzenlemesi, ayarlaması, istemesi sonucunda gelmiyor. Dış baskı sonucu oluşuyor.

Tutarsız ailelerde çocuk yetiştirme konusunda net bir görüş yoktur. Bir türlü çocuk için uygun olan yöntemi bulamazlar. Bundan dolayı da çocuk sınırlarını bilemez. Çocuk anne ve babanın nerede hayır, nerede evet diyeceğini çözemez, anlayamaz. Bundan dolayı da başka insanlarla ilişki kurarken zorluk çeker. Sağlıklı ilişkiler geliştiremez. Beklentide kalır. Kendi sınırlarını koyamadığı için, insanlar içinde kendisini güvensiz, yalnız, sevilmiyor his sedebilir.

Demokratik ailede ise, eşit duygusal paylaşım hakkı vardır. Bazen de roller alt-üst olabiliyor. Çok küçük yaştan itibaren çocuğa seçenek verilir. Bu bütün kararları çocuğa bırakmak anlamına gelmiyor.

Normal, olması gereken yapılara sahip olmayan ailelerde, hastalıklı ortamlarda normal ve sağlıklı çocuk büyüyemez. Aile veya büyük için tek mutluluk kaynağı olmak, çocuğun omuzlarına ağır bir yük yerleştirmekle aynı anlama gelir. Çocuk o yükü ömür boyu taşır. Ondan kurtulamaz. Büyüklerin böyle bir hissi, istemi çocuğun geleceğini, yararını düşünerek, çocuğa yansıtmamaları gerekiyor. Her çocuk için model bir baba, anne gerekir.

Göçmen, mülteci ailelerimizde çok değişik sorunlar yaşanıyor. Çocukların yaşlarına göre sorunlar değişiklik gösteriyor. Danimarka, Kopenhag'da yaşayan Kürdistanlı psikolog, pedagog vc eğitmenler; Kürt çocuklarının geleceklerine yönelik değerlendirmeler için bir araya gelme zorunluluğunu gördüler. Uzmanlar Kürdistandaki aile sisteminde çocuk yetiştirme modelinin ortaya çıkmadığını belirterek, çocukların arayışlarına vurgu yaptılar.

Danimarka Kürt Kadın Derneği idarecileri, "Kürt çocuklarının değişen dünya şartlarına uygun eğitimi!" konusunda uzman eğitmenlerden yardım istediler. Dernek yöneticileri tarafından hazırlanan proje çerçevesinde, sürgünde yaşayan Kürt ailenin modern çocuk yetiştirebilmesi ve karşılaştığı sorunlarına ön açıcı cevaplar sunma istemiyle Kürt eğitmenler bir araya getirildiler.

Toplantıda, Danimarka'da yaşayan tahmini 35 bin Kürdün günümüzün koşullarına uyum sorunu yaşadıkları belirtilerek, Kürtlerin kendi kültürlerini, örf ve adetlerini öğrenme ve öğretme konusunda kopuk kaldıkları açıklanarak, Avrupa Birligi koşullarında yetişen yeni neslin uyum sorunları masaya yatırıldı.

" Aile içinde çocuk eğitimi nasıl olmalıdır? " sorularına cevap arandı.

Danimarka'da yaşayan Kürt gençlerin ailelerinden ve dışarıdan ne kadar eğitim aldıkları konusu tartışıldı. Tartışmada, Kürt çocuklarının ailelerinden otoriter, baskıcı bir eğitim aldıkları gerçeği ortaya çıktı. Bunun da günümüzün modern eğitim sistemiyle çatışan bir durum olduğu dile getirildi.

Toplantıda varılan sonuç; " Kürt halkının büyük bir kesimi yerleşim olarak köylerde yetişmekte ve politik olarak sömürülen halk sınıfına girmektedirler. Tabii ki baskı altında olan diğer halklar gibi feodal dönemi aşamamışlar. Kendi içlerinde ve kendilerine göre, doğru olan terbiyeyi (eğitimi) verme tarzını irdelemeden doğru görüyorlar.

Tabi ki bütün dünya halklarının yaşadıkları feodal dönemlere göre o çağların da doğruları vardı. Ama günümüzün milenyum, uzay çağında yaşayan çocuklara göre bu yaklaşımın, eğitim tarzının yetersizliği, yanlışlığı ortaya çıkmaktadır. Hele AB ülkelerinde doğan gençlerin rüyalarında bile görmedikleri tarz ve üsluplar, ebeveynlerde var olan düşünceler, doğrular, istekler çocuklara empoze edildiği zaman, aile içinde çatışma oluşuyor. Bu eğitim dışında başka bir alternatifi bulunmayan aile bireyleri zoraki baskı de-nemeleri yüzünden çıkmaz içinde kayboluyorlar."

Danimarka'da doğan ve büyüyen Kürt gençleri de doğal olarak her dünya çocuğu gibi gördükleri, duydukları bazı konuları ilk önce anne ve babalarına ya da en yakın insanlara sorarlar. Eğitmenler ; "Çocuk, babasına veya annesine herhangi bir konuda, bir soru sorduğunda, kendisine yüzeysel ve kendisini ciddiye almadan, geçiştirmeli bir cevap verilirse, çocuk; yarın günümüzün modern çağında Danimarka okullarında veya kütüphanelerinde, bilgisayar aracılığıyla mantıklı ve ciddi bir cevapla karşılaştığında, tatmin olduğunda, kendi ailesine karşı güvensizlik yaşayacaktır. Çocuklarımıza karşı var olan yanlış yaklaşımlarımız, onları kendi elimizle dışarıya sürmemize yol açmaktadır.

Çocuğun kendi ailesini kendi kafasında küçük, basit, ilkel görmemesi için ona doğru ve ciddi yaklaşmak mecburiyetindeyiz. Maalesef, toplumsal olarak çocuk yetiştirme konusunda çok büyük eğitim eksikliğimiz var. O yüzden çocuklarımızın birçoğu kendi ailelerine karşı güvensizlik taşımaktadırlar.

Yanlış yaklaşımlardan dolayı kendisini dışarıda bulan çocuk, sisteme daha fazla bağlanıyor. Dışarıdaki eğitim sistemi ise entegre adı altında gençleri asimle etme yollarının peşindedirler. Avrupa'daki realiteyi de göz önüne aldıktan sonra, ortaya bir sentez çıkarmamız gerekiyor." dediler.

Diasporada sürdürülen yaşantılara rağmen geleneksel yaşam tarzıyla mo-dern yaşama uyumda zorluklarla karşılaşılmaktadır. Eğitim, kültür, ilişkiler, siyasal ve ekonomik alanda dünya bir değişim içerisinde. Kürt ailesi, kendi köyündeki, geldiği kasabadaki, gettodaki yaşamını diasporada da devam ettirmek istiyor.

Tez, antitez ve sentezi oluşturabilmek için çocuklarımıza kendi tarihlerini kavratmak, kültür donanımlarını oluşturmak, onları modern eğitime doğru yönlendirmek gerekiyor.

Kapitalizmin çok iyi geliştiği ülkelerdeki ailelerle, Kürt ailelerini kıyaslarsak, bizim aileler devamlı olarak, almak isteyen bir konuma giriyorlar. Diğer ailelerde ise çocuk büyüdükten sonra herkes kendisinden sorumludur. Ne yazık ki toplumumuzda çocuk bir eşya, mülk olarak görülüyor. Çocuklarımızı küçük yaşlarda iş yaşamına itiyor ve onları gelecekte kişilik sorunları ile karşı karşıya bırakıyoruz. Böylece onların toplum tarafından bir meta olarak algılanabilmeleri görünümünü yaratmış oluyoruz. Çocuklarımızın olumlu ya da olumsuz, bütün davranışlarından bizler sorumluyuz.

Çocuklar dikkate alınmadıklarını anladıkları anda birçok metot geliştirerek farklı yansımalarla aileye kendilerini kabul ettirmeye çalışırlar. Çocuklarla ilişkilenmede yüz yüze, samimi ve yapmacıksız konuşmak önemlidir. Varlığının kabul edildiğini bilen ve değer gördüğünü hisseden çocuklar gelecekte şekilleniş açısından daha sağlam özelliklere sahip oluyorlar. Aşırı baskıcı, tutucu, koruyucu, umursamaz ailelerin çocukları büyüdüklerinde büyüklerinin benzeri davranışları sergiliyorlar. Neden sonuç ilişkileri mutluluk yada mutsuzluk, ürcticilik yada başarısızlık getirmekteler.

Diasporada yaşayan Kürt gençleri kendilerini aramaktadırlar. Diasporadaki binlerce ailemizde çocuk yetiştirme modeli tam olarak keşfedilemediğinden, ortaya çıkarılamadığından dolayı, çocuklarımız, gençlerimiz hangi kültür, grup ya da anlayışları örnek alacakları konusunda karar-sızlık, şaşkınlık, tedirginlik ve korkulu yaşamaktadırlar. Çocuk ya kendisini yaşadığı ülkenin olgusunda arıyor yada etnik halklara yaklaşıyor.

Çocuk için kurallar ve sınırlar gerekiyor. Kendisine seçenekler sunulabi-linmeli. Duygu paylaşımı önemlidir. Koruyucu, kollayıcı aileler, yeterlilik duygusu gelişmiş, özgüvenli insanların oluşmalarını engelliyorlar. Tavuk gibi sürekli yavrularını kanatlarının altında görmek isteyen anne ve babalar onları köreltiyorlar. Kaygılı anne ve babalar kaygılı çocuklar yaratıyorlar.

Ahlak; içten kontrollü bir denetim mekanizmasıdır. Çocuk doğruyu, yanlışı, ödülü ve cezayı büyüklerinden öğrenir. Onbir yaşına kadar haz merkezlidir. Ergenlik çağında ise eğer modeline değer veriyorsa, onun sahip olduğu değerlere uymaya çalışır. Büyüdükçe de kendisi içten kontrolle içinde yaşadığı kültüre ve evrensel ölçülere göre belirlemelere gider. Ahlak duygusu, içinde olduğumuz toplumdan ayrı bir biçimde gelişemez. Ahlakı belirleyen kültürdür. Çocuklara örnek olmak, esnek olmak, içinde bulundukları kültürle bağlarını geliştirmelerine olanak tanımak gerekiyor. Çocuk anne ve babanın şekillendiği, büyüdüğü ortamda davrandığı gibi davranamaz. Ev değil dışarısı onu çok fazla etkiler. İnsan içinde yaşadığı topluma uyum sağlamak zorundadır. Aksi taktirde dengesizlik oluşur.

Çocuk eğitiminde toplumsal değerler olarak tanımlanan gelenek ve görenekler önemli bir yer tutmakta. Bunlar zamana göre değişmekteler. Yapılan araştırmalarda ortaya çıkan gerçek; öğrenciler en çok ailelerinden anlayışlı olmalarını istiyorlar. Kuşaklar arası değişim, aynı zamanda kuşaklar arası çatışmadır. Ve bu, bu süreçte ortaya çıkmaktadır.

Aileler, çocuklarını görmek istedikleri gibi değil, bulundukları düzey ile kabul etmeliler ve onlarla arkadaş olmalılar. Bu durum çocukla anne-baba arasında sağlıklı bir diyalogun gelişmesine neden olacaktır. Ağır sorunların yaşandığı ortamlarda çocuklar özgürce büyümüyorlar.

***

"Evlilikte, aşk, sevgi, iyi bir ilişki beklentisi olur. Evlilik doğal, kolay bir seçim. Ama emek, çaba istiyor. Bu toplumda rollerimiz değişti. Toplumsal değerlerimizin değişmesiyle bireysel yıpranma başladı. "

ÇIÇÊ; Kocam bize yakın bir köydendir ve akrabam sayılır. Evlenmeden evvel benimle evlenecekken bu ülkedeydi. Senelik izne gelince benim yaşımı büyütüp, kendisiyle evlendirdiler. Eşim yeniden bu ülkeye döndü. Bir süre sonrada beni getirtti. Ben 15 yaşımdaydım. Kendisi benden 17 yaş büyüktür.

Sadece ilkokul üçe kadar okuyabildim. Bura da akrabalarım ve köylülerimiz yoklar. Almanya'da varlar. Bazen onları ziyarete gidiyoruz. 20 yıl oldu ki buradayım. Dil de öğrenemedim. Ben hep çalıştım. Genellikle lokantalarda ve temizlik işlerinde. Üç yıldır sakatlık sigortasından maaş alıyorum. Üç çocuğum var. Kocamda iki sene önce iş yerinde kaza geçirdi. O da sakatlık maaşı alıyor. Fakat aldığımız maaş bize yetmiyor. İkimizde hastayız. Durmadan ilaç alıyorum. Bir tek yazın köye gidince ağrılarım kesiliyor.

Biz, yani ben ve kocam bütün ailemiz aslında Kürt'üz. Ben eskiden hiç Türkçe bilmiyordum. Okulda biraz öğrendim. Ben ve kocam halen kürtçe konuşuyoruz. Fakat çocuklara Türkçe öğrettik. Yarın Türkiye'ye giderlerse zorluk çekmesinler diye. Çocuklar kendi aralarında Almanca konuşuyorlar. Ben ve kocam namaz kılarız. Kocam burada bir camide namaz Bütün gününü orada geçiriyor. Yalnız kalmıyor. Konuşacak insan buluyor.

Ben ise evdeyim. Pek bir yere gidemiyorum. Çok az misafirimiz oluyor. Türk, Kürt bizim için fark etmez. Hepimiz Müslümansız. Müslümanların hepsi kardeştir. Camide epey tanıdığımız Afyon'lu, Denizlili Türk olduklarını söyleyen insanlar var. Sağ olsunlar bizlere çok iyidirler. Onların yanında Kürtlüğümüzden, dilimizden bahsetmeyiz. Dinen biriz. Kürtlerden pek kimseyi tanımıyorum. Biz politika işlerine bulaşmak istemiyoruz. Politikadan pek anlamayız.

Yıllardır hep doktorlara gidiyoruz. Hem ben, hem de kocam. Fakat bir türlü iyileşemedik. Ben üç sefer, kocamda iki sefer ameliyat olduk. Her seferinde durumumuz daha da kötü oldu. Buranın doktorları pek bir şey anlamıyorlar. Türkiye'de olsaydı şimdi çoktan rahatlamıştık.

Ama işte durum ortada, geriye de gidemiyoruz, dönemiyoruz. Orada ne iş yapacağız? Kocam zaten çalışamıyor. Burada az da olsa bize bir maaş veriyorlar. Ayrıca çocuklar da okula gidiyor. Almancayı iyi öğrenmişler. Belki kendi hayatlarını kurtarırlar. Biz onları yalnız bırakamayız. Erkek çocuk ilerde tek kalabilir. Ama kızları nasıl tek başlarına bırakabiliriz? Öyle kolay değil. Adetlerimiz izin vermiyor.

Dertlerimiz çok. 20 yıldır buradayız. Beş kuruş paramız yok. Hep akrabalara gönderdik. Onlar da orada yiyip, içtiler. Başkalarının evleri, dükkanları, arsaları var. Bizim hiç bir şeyimiz yok. Zaten bu yüzden gidemiyoruz.

Özellikle kocamın kardeşleri ve yeğenleri bizden alıp, alıp yediler. Ama ne yapayım? Kocam beni dinlemedi ki! Yapma herif, gönderme, verme, dedim. O, istediği gibi davrandı. Onları koruma, yardım etme isteği onu verici yapıyordu. Bizden kıstı. Çocukların ihtiyaçları karşılanmadı. Çocuklarım yaşamaları gereken şeyleri yaşayamadılar. Akrabaları yedi.

15 yıldır burada üç odalı bir ev de kalıyoruz. Evimizde kalorifer dahi yok. Görüyorsun, çok eski bir ev. Üç çocukta hala aynı odada yatıyorlar. Yerimiz dardır. Çocuklar büyüdüler. Kızlar neyse, ama erkek çocuğun artık ayrı bir oda da yatması gerekir. Yaşı 17 oldu.

Fakat daha büyük bir eve taşınamıyoruz. Çok pahalı. Zaten burada ev bulmakta çok zor. Kimse Türkiye'den gelenlere ev vermiyor ki. Verseler de paramız yok ki. İkimizin aldığı maaş ancak karnımızı doyuruyor.

Bir de bu hastalığımız var ya. Çalışamıyoruz da. O zaman her şey daha kötü oluyor. Bu ülkede çalışmayanları sevmezler. Ne yapalım. Allah böyle istedi. Zaten burada hastalandık. Şimdi de kimse yüzümüze bakmıyor.

Bu ülkeyi pek tanımam. Geldiğimizden beri ben bu şehirdeyim. Her iki veya üç senede bir Türkiye'ye gidiyorduk. O zamanlar biraz değişik yer görüyordum. Şimdi üç senedir bir yere ayrılmadık. Belki ileride Almanya'ya, akrabalarımızı ziyarete gideriz. Dil bilmiyorum ya, işte ondan olacak, pek tanımıyorum burayı.

Doğrusu buranın insanlarınıda pek sevmiyorum. Zaten ne dediklerini anlamıyorum. Hep asık suratlıdırlar. Din, imanda yok. Ahlakları çok bozuk. Namus nedir bilmezler. Bir tek paraları var işte. Allah onlara para, bize de din ve iman vermiş.

Bazen çocukların öğretmenleriyle görüşmek zorunda kalıyoruz. Onu da pek anlamıyorum. Çocuklar tercüme ediyorlar. Tam anlatıyorlar mı? Onu da bilmiyorum. Adetlerimiz birbirine uymuyor ki. Zaten onlar da bizimle görüşmek istemezler. Ortak bir yanımız yok. Anlayacağınız dertlerimiz çok. Bu çocuklar ne olacaklar? Bizimde yaşımız geçti. Durumumuz ne olacak? Ne yapacağız?

Geldik buraya, biraz para biriktirip, geri gidelim, dedik. Olmadı. Geliş o geliş. Halen buradayız ve 5 kuruş paramız yok. Sağlığımızda mahf oldu. İkimizde hiç bir işe yaramıyoruz. Bu saatten sonra artık neyi düşünebiliriz. Olan oldu. Ben çok insan tanıyorum. İşte bu Afyon'lular, Denizli'ler. Daha dün geldiler buraya. Hepsinin Türkiye'de bir kaç evi var. Biz ise 20 seneyi geçtik. Sonuçta sakat olduk. Yinede bir şeyimiz yok. En büyük sorunumuz çocuklar. Hep onları düşünüyoruz. Acaba ne olacaklar? Bir meslek öğrenip çalışsalar, evlenseler, çocukları olsa, o zaman rahat ederiz.

Kocam ilk zamanlarda ara sıra beni döverdi. Fakat çoktandır, artık dövmüyor. Bazen kızıyor. Ama artık çocuklarda büyüdüler. Zaten kendiside artık yaşlandı. Bu yaştan sonra kavga olmaz ki! Ben onu hiç tanımıyordum. O da beni tanımıyordu. Allah kısmet etti ve evlendik.

Allah kimseyi utandırmasın. İnşallah tüm istediklerimiz olur. Ama ben kızlarıma söyledim. 18 yaşına girmeden evlenmeyin diye. Ben çok erken evlendim. Üç yıl çocuğum olmadı.

Kızlarım şimdiden "Hiç evlenmeyiz!" diyorlar. Ama bu da olmaz tabi. Kadın milleti 18 yaşını geçti mi evlenmeli. Yoksa bu memlekette neler olmaz ki. Allah korusun kandırırlar. Başlarına bir iş gelirse, hayatları mahf olur. Erkek çocuğa kolay, kolay bir şey olmaz. Allah, inşallah bizi utandırmaz. Söyleyecek başka neyim olsun ki.

***

Bayanlarımız yaşamın her alanında toplumun kendilerine dayattığı görevleriyle birlikte, onlarla bütünleşerek yaşamaktadırlar. Günün gelişimi, monotonluğuyla, koşuşturmasıyla, karmaşıklığıyla devam eder. Fabrikasında, bürosunda, bulunduğu zaman zarfında, beyni o an meşgul olduğu işle iştigal edilmişte değildir. İşten ayrıldıktan, kapıdan çıktıktan sonra koşturarak ev denilen kuruma doğru yönelir. Dışarıya açılmakla yoğun bir koşuşturma içinde kalan bayan, evindeki devlet temsilcisinin, çocuklarının, varsa diğer yakınların isteklerini yerine getirmek, karşılamak zorundadır. Zaman yaratmaya mecburdur. Bu hengame, koşturmaca içinde kendisine ayıracak zamanı da yoktur. Onu bulamaz. Çünkü, çevresinde var olan herkes onun ideal bir kadın olmasını bekler ve isterler. Davranış ve hitaplarla da bu belirtilir.

Çocuğun bakımı genellikle göçmen kadının görev alanı içindedir. Annelikte onu tutsak alır. Çocuğu için gerekli olan her şeyi sunmak zorundadır. O doğurmuştur! Çocuk yuvasına, bakıcıya ya da okula bırakır. İş dönüşü alınır. Kadın kendisini kontrol edebilmeli, gerilimini, üzüntüsünü, yorgunluğunu yansıtmamalıdır. Anne maskeli olmalıdır. Çocuğunu sevebilmelidir. Kendisi hak ettiği sevgileri yaşayamıyor da olsa rolü neyi gerektiriyorsa yapmalıdır. Evdeki devletin sevgi beklentisini de karşılayabilmelidir. Yoksa erkek kızar. Dışarıya yönelir!

Ev, göçmen anne için dışarıda biriktirilen kızgınlıkların, öfkelerin deşarj edileceği, çalışanların, okuyanların beslenip giydirildikleri, her türlü ihtiyaçlarının planlanarak karşılandığı, devletin cinsel gereksinmelerinin düzenli bir biçimde giderildiği bir atmosferdir. Dışarıya kapatılmıştır. Açık verilmemelidir.

Bayanın şikayet etmeye, istemeye hakkı yoktur. O, anadır. O kutsaldır! Örnek, aranan, istenen bir bayan olmalıdır. Evdeki devletin, kocanın asık suratı ve canının sıkıntısıyla birlikte yorgunluğunu da giderebilmelidir. Yakınmamalıdır, şikayet etmemelidir.

Göçmen bayan maddi iş gücüdür. Maddi güvencesi kendi çalışmasına bağlıdır. Bu zorunluluk onun sanayinin bir parçası olmasından ileri gelmektedir. Sanayi'ye ailece bağımlılaştırılmıştır. Sermaye için gerekli olan üretim alanlarında çalışabilir. Sosyal yaşama katılma, dışarıda çalışma sonucu bayan aile denilen ortamdan dışarı çıkma, dışarıyı yaşayabilme olanağına kavuşuyor. Evinden kopmaya başlıyor. Dış dünyayı da görebiliyor.

Bu kopuşta, maddi kazanç elde etmede bile bayan özgür değildir. Birlikte işleyen ikili bir sömürünün ilmeği boynundadır. Çalıştığı yerde iş veren, evde erkek onun yöneticisi, efendisidirler. Çifte ilmekle birlikte yaşayan bayan zorlanır. Boğulma belirtileri göstermeye başlar. Bir yandan ekonomik bağımsızlık kazanırken, diğer yandan da sermayenin ekonomik ablukası altına girmiştir. Çoğu bayan evliliği dışarıda üretmekten, çalışmaktan kurtulma yolu olarak görüyorlar. Bu kulvarda yürümeye başlıyorlar. Bilinçsizlik onları ikinci tutsaklığa doğru götürüyor. Yalnız yaşayan, bekar olan, bu tercihle yükünü ağırlaştırıyor. Çalışmamak, para karşılığı üretmemek, erkeğe bağımlılığı, yük olmayı getiriyor.

Evlilik kadını mülk haline getiriyor. Düşünebilen, yeterli donanıma sahip olan bunu fark edebiliyor. Temkinli yaklaşabiliyor. Aile ilişkisi süreç içinde bağımlılaşmayı, alışmayı getiriyor. Bağımlılaşan, alışan, bu ilişkinin götürülerini göremiyor, uzaklaşamıyor. Sevgi, aşk köleleştirme amacıyla ustaca kullanıla biliniyor. Çünkü görmeyi, analiz etmeyi engelliyorlar. Birey durumunu değerlendiremiyor. Kullanıldığını fark edemiyor.

Sanayinin artan işgücü ihtiyacı göçmen kadını kendisine bağımlı kılmış, diğer taraftan da ekonomik yetmezlikle karşı karşıya bırakarak erkeğe bağımlılaştırmıştır. Göçmenlikte konumunu fark edip, değişik yaşam tarzlarına, olanaklara sahip bayanları izleyip, bireyselleşmeye, özgürleşmeye doğru giden kadın, toplumumuzu korkutuyor. Tedirgin ediyor. Yargılamalar başlıyor. Tek başına yaşama atılma isteği çevresini rahatsız ediyor. Özgüven sarsılmaya çalışılıyor. Devlet de tedbirli davranıyor. Evlilik teşvik ediliyor. İstatistikler, araştırmalar, istemleri, beklentileri, gerçekleri ortaya koyuyorlar. Toplumun, bireyden, toplum için gereken katkıyı, aile kurumu aracılığıyla alabileceği tespit edilmiş durumda. Bundan dolayı da dinsel kurumlar kullanılmaktadırlar. Boşanmanın yasaklanması, kabul görmemesi, kadının evlilik kurumuna, nikaha esir edilmesi amaçsız değildir.

Doğurganlığına bile müdahale edilmektedir. Halen bir çok ülkede kürtaj yasaktır. Bayan kendi iradesiyle kararını verememektedir. Yaptırımlarla karşılaşmaktadır. Doğurmak, sorumluluk almak, yeterlilik ister. Kendisini yeterli görmeyen bayan doğurmak istemez. Bunun yasayla engellenmesi, cezayi yaptırımların olması normal değil. Birey kendi iradesiyle karar alabilmeli. Devlet karışmamalı.

Bayanların rahat hareket edebilmeleri, kürtajın yasallaşması, doğum kont-rolünün parasız olması, boşanmanın kolaylaştırılmasıyla mümkündür. Bunların sağlanması kadının vücudunu rahat kullanabilmesini, özgürleşmesini, aile kurumuna tutsak olmamasını getirir. Toplumun en küçük hücresi ailedir. Aile denetlenince sistemin işlemesi rahat, sorunsuz oluyor.(!)

Kendilerini "ahlak bekçileri" olarak ilan eden sistemler, aile kurumunun bozulmaması, dejenere olmaması için çaba harcamaktalar. Devletin, erkek düzeninin istikrarı bozulmamalıdır. Gerçekten aileyi tehdit eden her şey devleti tehdit eder. Çünkü istenen aile, hizmet sunan, biat eden toplumu oluşturur bu da devletin temel direğidir. Aileyi sarsmak, sorgulamak, tahlil ve dejenere etmek, onu yargılamak, kişisel ilişkilerin ve kuşaklar arası sorunların boşlukta yer aldığını görmek demektir. Ailenin çürümüşlüğünü, yozlaşmışlığını ve işlevlerini açığa çıkardığımızda, toplumumuzun değişik dini anlayışlarıyla birlikte, bizi sömürenlerin üzerinde hüküm ettikleri topraklarımızda veya göçmenlikte aile kurumunun üzerinde inşa edildiği, oturtulduğu çürük temelleri, kokuşmuşluğu, samimiyetsizliği, sevgisizliği ve yozluğu açığa çıkarıyoruz demektir.

İsviçre Federal Kamuoyu Araştırma Enstitüsü'nün 2003 yılında İsviçreli ve ülkede yaşayan yabancı ailelere yönelik yaptığı araştırmanın sonuçları kamuoyuna açıklandı. Araştırma sonuçlarına göre aile kurumu, ağırlaşan sosyal yaşam koşulları, bireysel yaşama tarzı ve aile kurumunun eşlere getirdiği sorumluluklardan dolayı çöküyor.

Hızla yaşlanan nüfusa rağmen İsviçrelilerin evlilik kurumuna yanaşmamaları ve çocuk istememeleri, genç nüfusun erimesini de birlikte getiriyor. İsviçre Federal Kamuyu Araştırma Enstitüsü'nün 2003 verileriyle ortaya çıkardığı sonuçlar ise İsviçre'de, "İmdat!" olarak kamuoyuna duyuruldu.

Araştırmalar ışığında; 7,5 milyonluk İsviçre nüfusunun önümüzdeki elli yıl içinde ihtiyarlaşacağı ve yaş ortalamasının 40'a dayanacağı açıklandı. İsviçre'de yaşayan 1,9 milyon yabancı nüfusun ise yılda 4.7 oranında büyüdüğü ve bu kesimin elli yıl sonra genel genç nüfusun yaklaşık % 35'ini oluşturacağı da altı çizilerek aynı araştırmalarda yer verildi.

"İsviçre İsviçrelilerle güzeldir" söylemlerini yaşam çizgisi haline getiren sağ partiler ve milliyetçi kesimler ise verilen uyarı karşısında belki de tarihlerinde ilk kez kendilerine yüklenerek milliyetçiliğin ne anlama geldiğini sorgulamaya başladılar.

İsviçre Federal Kamuoyu Araştırma Enstitüsü'nün "Aile kurumu yok oluyor" başlığı altında kamuoyuna açıkladığı verilere göre İsviçrelilerin % 36'sı yalnız yaşamaktan memnun.

% 43'ü ise evlenmeden beraber yaşamak istediklerini ve çocuk sahibi olmak istemediklerini açıklıyorlar. Internet, mektup ve teleteks üzerinden bir yıl boyunca araştırmalara katılanların % 30'u ise evliliğin özgürlükleri kısıtladığı ve ağır sorumluluklar getirdiği görüşünde birleşiyorlar.

Aileler ve çocuklara tanınan sosyal ve ekonomik haklar konusunda birçok Avrupa ülkesinin gerisinde olan İsviçre, tüm zenginliklerine rağmen bu konudaki tutumunu sürdürmeye devam ediyor. Aynı araştırmanın sonuçlarına göre erkeklerin % 76'sı devletin ailelere ve çocuklara tanıdığı sosyal ve ekonomik hakların yetersizliğinden dolayı baba olmak istemiyorlar.

Her yüz kadından 36'sı, tüm koşullara rağmen çocuk sahibi olmak istediklerini açıklarken, 27'si çocuk sahibi olmak istediklerini fakat ekonomik, sosyal yaşam ve sorumluluklardan dolayı çocuk sahibi olmaktan çekindiklerini açıkladılar. Yine her yüz kadından 19'u hiç bir koşulda çocuk sahibi olmak istemediklerini açıklarlarken, 18'i ise kararsız olduklarını belirttirler.

İsviçre Federal Kamuoyu Araştırma Enstitüsü'nün aynı araştırma sonuçlarına dayanarak çıkardığı diğer bir gerçek ise İsviçrelilerin akraba yalnızlığı. Söz konusu sonuçlara göre İsviçrelilerde akraba ilişkileri bitmiş durumda. (Ocak 2004)

Anayasa'da kadın ve erkeğin eşit haklara sahip olduğu ibaresi olsa da, Almanya'da kadınların elde ettiği gelir erkeklere oranla çok az. Dünyanın birçok ülkesinde kadınların erkeklerden daha az para kazandığı bir gerçek.

Üstelik bu eşitsizlik yalnızca az gelişmiş ülkelerde değil, sosyal devlet anlayışına sahip ülkelerde de böyle. Almanya'da kadın ve erkeğin eşit ücret kazanmadığı ülkeler arasında yer alıyor.

Anayasa'da kadın ve erkeğin eşit haklara sahip olduğu ibaresi yer alsa da bu ne yazık ki pratikte böyle işlemiyor. Avrupa Birliği'nde konuyla ilgili yasal düzenlemeleri yapmış ama sorun uygulamadan kaynaklanıyor. Berlin'de yapılan ve 300 uzmanın katıldığı uluslararası bir kongrede, kadınlarla erkeklerin eşit gelire sahip olmaları için nelerin yapılması gerektiği tartışıldı. Almanya hükümetinin kadın ve erkeklerin meslek ve gelir düzeyini ele aldığı yeni rapor pek iç açıcı değil.

Rapora göre, Almanya'nın batısında yaşayan kadınlar, erkeklerden üçte bir az kazanıyorlar. Ayrıca batıda yöneticilik yapan erkeklerin sayısı kadınlardan iki kat fazla. Almanya'nın doğusunda ise durum biraz daha iyi görünüyor. Burada yaşayan kadınlar, erkeklerin yıllık gelirinin % 94' ünü kazanabiliyor.

Almanya'da otel, bar, restoranat ya da gıda maddeleri üreten işletmelerde çalışan kadınlar, kimya ve inşaat sektöründe çalışan erkeklerden daha az para kazanıyorlar. Maaşlar belirlenirken, objektif kriterler dikkate alınmıyor. Yaşlılar yurdunda çalışan kadınlar bedensel olarak zor koşullarda çalıştıkları halde, daha yüksek maaş alamıyorlar.

Bu nedenlerden ötürü Almanya'da kadınlar bazı ülkelerde yürürlükte olan "eşit işe, eşit ücret" uygulamasının başlatılmasını istiyorlar. Eşitlik politikası konusunda danışmanlık yapan Karin Tondorf, "Kadınların dışlanmasını engelleyen bir sözleşme sunulduğunda, işveren bunu imzalamayı reddediyor. Bu noktada hükümete önemli görevler düşüyor. Birçok ülkede yürürlükte olan, işverenle kadınların yaptığı sözleşmelere bazı yükümlülükler ve kurallar getiren sözleşmeler uygulanmalı." diyor.

Tondorf'un bahsettiği sözleşmelere düzenleme getiren yasa, Kanada'da uygulanıyor. Burada "Eşit işe, eşit ücret" parolası temel alınmış. Hollanda'da ise kurulan bir komisyon, kadınlarla erkeklerin eşit ücret alıp almadığını denetleyen bir sistem geliştirilmiş.

Ancak Tondorf'un en yaratıcı bulduğu sistem Avusturya'da yürürlükte. Tondorf ; "Avusturya'da kadın ve erkeklerin eşit haklara sahip olmaları için oluşturulan bir komisyon var ve bu komisyon avukatlarla birlikte kadınlara haklarını nasıl arayabilecekleri ve nerelere başvuruda bulunabilecekleri konusunda yol gösteriyorlar. Böylesi bir komisyon ne yazık ki Almanya'da yok." diyor.

Berlin'de yapılan kongrede, iş sözleşmelerini denetleme yetkisinin olması ve işletmelere mali danışmanlık hizmeti sunulması gerektiği belirtildi. Kongrede; kadınların ihmal edilmesine göz yumulmaması gerektiği konusunda görüş birliğine varıldı. Katılımcıların hemfikir olduğu bir diğer önemli nokta ise, kadın ve erkeğe eşit ücret ödenmesi konusunda Almanya'nın örnek bir ülke olmadığı.

Almanya'nın Baden-Württemberg eyaletinde, Avrupa Birliği dışında yabancılara yönelik "bakım parası" ayrımcılığı 17 senelik hukuk mücadelesi sonucunda kalktı. Eyalet Mahkemesi'nin kararına göre, doğum yapan anneye verilen üç senelik bakım parası hakkından, Kürtler, Türkiyeli gibi yabancılar da yararlanabilecekler.

Baden-Württemberg'de hükümet, 1984 yılında, doğum yapan ve çalışan kadınlara, bir yıl için ödenen 4 bin 800 marklık bakım parası yardımını, üç yıl boyunca ödeme kararı almıştı. AB içinde bulunan Yunan, İspanyol veya Portekizlilerinde yararlandığı bu haktan, Türkiyelilerin yararlanamayacakları kaydedilmişti.

Aynı yıl başlatılan hukuk savaşı, sonuçlandı. Almanya'da doğum yapan Selma Sürül adlı Türkiyeli bayanla, doğum yardımı alıp, almama konusunu görüşen Avrupa Birliği Adalet Divanı, Almanya aleyhine karar verince, göçmenler için de yeni bir yol açılmış oldu. (Aralık, 2001)

İç içe yaşayan değişik milliyetlerden olan insanlar birbirlerinin kültürel değerlerinden etkilenmektedirler. Kürdistan'da yaşayan Asuri-Keldani, Ermeni, Arap, Türkmen, Çerkez, vb. halklar Kürtlerle benzer özellikler sergilemekteler.

Dini birlik sonucu değer ölçüleri hemen, hemen aynıdır. Komşuluk, yaşamda karşılıklı etkileşimler yaratmaktadır.

Toplumca benimsenen gerici, köreltici, geliştirmeyen kurallara karşı durma beceri ve cesaretini gösteren kadın yadırganıp dışlanmaktadır. Hemcinslerinden bir bölümü içten içe hayranlık duysalar da, duygularını sesli olarak dile getiremezler. Topluma hedef olmak, olabilme riski onları korkutur. Hemcinslerin bir bölümü ise erkeklerden daha fazla saldırganca yönelirler. Statükocudurlar. Tutucudurlar. Her konuda, her değişimde ilk olma, her zaman büyük bir cesaret ve girişkenlik ister.

***

"Boşanma kararı çocuğa sorulmamalı. Kadın ya da erkek olarak seçim yaparsınız. Bireylere göre durum değişiyor. Boşanma ilk çözümde değil. Ama boşanmaktan da korkmamalısınız!"

GURBET: 1971 doğumluyum. Yedi yaşıma kadar köyde, üç yıl da Sivas merkezde yaşadım. İlkokul dördüncü sınıfa gidiyordum. Babam bizi buraya getirdi. O, yıllar önce bu ülkeye işçi olarak gelmişti. Annem bizleri babasız büyüttü. Burada ise beş buçuk yıl okula gidebildim. Ailem, büyüklerim okumamı değil, çalışmamı, para kazanmamı istediler. Okula gitmemi engelledi-ler. Onlar, kısa vadeli hesaplar yapıyorlardı. Geniş, uzun vadeli düşünemiyorlardı. Bana, "Okul neyine lazım? Çalış, para kazan!" diyorlardı.

Onaltı yaşımda çalışmaya başladım. Annemle aynı yerde çalışıyorduk. Kendisiyle anlaşamıyordum. Sürekli düşünce bazında çarpışıyorduk. Evde komutan, iş yerinde komutan. Hep emredecek, yönetecek. Rahat nefes alabilmek için işten ayrıldım. Bu şekilde kendisinden uzaklaşabildim.

Buraya geldikten altı yıl sonra Sivas`a izne gittik. Annemin ve babamın yakınları beni oğullarına istemeye başladılar. O ailelerin amacı oğullarının benimle evlenmelerini sağlayıp, benim vasıtamla oğullarının Avrupa'ya gelmelerini gerçekleştirmekti. Bunu anlamamak için aptal olmak lazımdı. Ben öyle ahım, şahım güzellikte olan bir insan da değilim. Hangi yönüm onlara çekici geliyordu ki? Çok sayıda taliplim, isteyenim olması beni şaşırtmıştı. Çekici, tercih edilen olmuştum. İsviçre oturumumla onları cezp ediyordum.

İki yıl sonra tekrar izne gittik. Zor, baskı yoluyla beni dayımın oğluyla nişanladılar. Kim benim düşüncemi göz önüne alır ki? Annemin, babamın çocuğu olmam, onlara benim yerime karar verme hakkını veriyordu. İstemiyorum, evliliğe hazır değilim dedikçe " Bununla evlenicen. Aile içine yabancı erkek getirmiyecen. Gidip elin itiyle mi evlenecen? Başkası Avrupa'ya gelip para kazanacağına, bu geleceg. Başkası doyacağına bu doyacag!" diyorlardı.

Annem olacak kadın ise bana döndü ve " Ben seni doğurdum. Büyüttüm. Seni gardaşıma gurban veriyom. Ne olacag? Sevmiyom, istemiyom ne demeg? Evlen, evlenecen. Biz böyle istiyoz!" dedi.

Beni zorla nişanladıkları kişiyi çocukken köyde görmüştüm. Aradan yıllar geçmişti. Oğlanla hiç konuşmadım. Konuşma gereği de duymadım. Neyi konuşacaktım? Kendisine ısınamadım. O da biliyordu ki bu iş zorla oluyor. Anam beni kardeşine kurban ettiğinde, onyedi yaşımdaydım. İki yıl da nişanlı kaldım.

Bu süre içinde nişanlandırıldığım erkek köyden birini bıçaklıyor. Babam buradan para gönderiyor. Parayla, rüşvet vererek, onu içerden çıkarıyorlar. Benim yaşanılanlardan haberim yoktu. Durumu gizliyorlardı. Daha sonra gerçeği duydum.

Yine para vererek, Sivas'ta yaşayan bir başka kızı ikna ediyorlar ve onu nikah memurunun yanına götürerek, ona göstererek resmi nikah, evlilik yaptırıyorlar. Nikah memuru da rüşvet karşılığı nikahı yapıyor. Yani benim yerime bir başkası evliliğe, nikaha "evet" diyor. İmza atıyor. Bu şekilde evlilik için gerekli olan işlemler bitiriliyor. Ben burada çalışıyordum. Bütün maaşım babam tarafından alınıyordu. Babamın emir, istek ve gönderdiği parayla bürokratik işler düzenleniyordu. Ne hoş bir evlilik, değil mi? Ben hiç bir zahmete katlanmıyorum! Ailem çok fedakar ve her şeyi hal ediyor! Beni çok seviyor, koruyor ve düşünüyorlar.(!)

Bıçaklama olayını duydum. İyice tedirgin olmaya, korkmaya başladım. Büyüklerime, ben evlenmeyeceğim, o adamı istemiyorum, evliliğe hazır değilim, diyordum. Beni dinlemiyorlardı. İnsan yerine konmuyordum. Yok kabul ediliyordum. Kendileri bir yandan işlemleri devam ettiriyorlardı. Babam yakınımla evliliği kesin olarak kabul etmeyeceğimi bildiği için, gizlice sahte nikah yaptırtıyor.

Sürekli "Evlen, ne olacag. Bir gün evlenmiyecen mi? Yabancı değil. Ele mi gidecegdin?" diyordu.

Kendisi için ise "Siz memleketteygen, ben burada 77 milletten gadınla oldum. Her renge sarıldım. İstediğim gibi yaşadım. Bütün zevgleri tattım. Her şeyden tat aldım!" diyordu.

Annem orada, köyde, 5 çocuğu büyütmekle uğraşırken, O, burada 77 milletin tadına bakıyor ve hepimizin içinde övünerek yaptıklarını, yaşadıklarını, zevk alışlarını anlatıyordu.

Nikahımın yapıldığı kişiyi buraya getirebilmeleri için, benim yabancılar polisine gitmem gerekiyordu. Ben de gitmiyordum, diretiyordum ve habire dayak yiyordum. Polise gittiğim günde yine dayak yedim. Tokatların eşliğinde evden çıkarıldım. Resmi daireye gidip, resmi işlemleri yapmam emredildi. Gittim. İstedikleri oldu. Sonuçta akrabalarını buraya getirdiler.

Bende kendisine, o erkeğe yönelik hiç bir duygu yoktu. Zorla, baskıyla, dayakla, küfürle sevgi olur mu? Elbette ki olmuyor. Sevecek, ısınacak olsan bile sevemiyorsun, ısınamıyorsun. Ailemin yaptıkları ve karşımdaki erkeğin anlayışsızlığı, fırsatçılığı, sevilmediğini, istenmediğini bildiği halde yaltaklanması, sığıntı olmayı kabul etmesi, sevgi dilenmesi bana itici geliyordu. Çok iyi biliyordu ki ben kendisini sevmiyorum. Buna rağmen evliliği kabul etti. Onurlu bir erkek olsaydı, kendisini istemeyen bir bayana sahte evlilikle yaklaşmazdı.

Aynı evde yaşamaya başladık. O, kendi anlayışına göre bana sahip olacaktı. Yönlendirecekti. Tipik, klasik bir Sivas, Türk, Müslüman erkeği.

Köyde, kaldığı çevrede gördüğü, kendisine model olarak aldığı erkekler gibi davranıyordu.

İstemlerine cevap vermiyordum, veremiyordum. Baba dayağından, baskısından, küfüründen kurtuldum, onunkisi başladı. Sürekli dövüyordu. Beni kurbanlık olarak veren anama ve diğerlerine hiç bir şey söylemiyordum. Çünkü bana " Sen hag ediyon. Adama niye ısınmıyon? İstediglerini niye yapmıyon? Niye sevgi, ilgi göstermiyon? Niye değer vermiyon? Ondan iyisini mi bulacagdın? Bizden bir parça. El değil. Kadrini bil!" diyeceklerdi.

Nikahlım iş buldu. İkimizde çalışıyorduk. Parayı görmeye başlayınca kendisini hepten şaşırdı. Sivas erkeği! O, erkektir ve bütün haklara sahiptir. Burada altı aylıkken, gece on iki de işten gelirken, trende bir bayana tecavüz etti. Gavuru bulmuş ya! İstediğini yapabilir. Ona tecavüz etmesi kendisine sevap kazandırır! Ama burası Türkiye değil. O, yerleri karıştırdı. Kendisini yakalayıp, içeri attılar. Altı ay içeride kaldı. Babam yine avukat tuttu. Onu kurtarma çabalarına girişti.

Babama, ben bu adamla olamam, yaşayamam, evimin içinde rahat edemiyorum. Saldırgan, kural, kaide yok, normal değil, dedim. Düşüncelerimi söylediğim için, babam olacak adamdan kendi evimde dayak yedim. Ben nasıl onun bacısının oğlunu istemem? Bu erkeği evimde görmek istemiyorum, derim. Gel de çıldırma, delirme...

Annem de, babamdan korkuyordu. Evlilikleri baskı, korku üzerine inşa edilmişti. Sürekli dayak yiyen, hakarete, aşağılanmaya uğrayan bir kadındı. Nikahlımın trende bir kadına tecavüz etmesiyle birlikte annemin kafası karıştı. Yavaş, yavaş adamı tanımaya başladı. Babama bir şey söyleyecek olsa, babam kendisine "Orospu, orospu, sen gızına yüz veriyon. Arga çıgma. Bırag. Adama ısınsın!" derdi.

Hem annemle birlikte yaşıyor, hem de utanmadan, sıkılmadan bu cümleleri kullanabiliyordu, halende kullanabiliyor. Annem hakarete uğruyordu, aşağılanıyordu. Ama durumumu anlamaya, tepkisiz ve sessiz kalmaya, beni zorlamamaya başladı!" Anayla gızın gaderi birbirine mi benzermiş a yavrum?" diyordu. Ne kaderi? Kader dediği şeyi çizen, benim yerime karar veren, kendisiydi.

Ablam evlilik konusunda beni etkiledi. "Çocuk olursa birbirinize ısınırsınız. İlişkiniz düzelir. Adam yumuşar. Yavaş, yavaş geldiği yerde kazandığı alışkanlıkları terk eder. Buradan etkilenir. Seni anlamaya, kadını tanımaya başlar!" dedi.

Ben de ona kandım. Üç aylık evliyken hamile kaldım. Bu ilişkinin yürümeyeceği gününde belliydi. Aptalca bir denemeye giriştim. Derler ya bir kez kandırılmayı kabul eden, birden fazla kandırılmaya mahkumdur. Aynen öyle! Çocuk, anlaşamayan, farklı dünyalara sahip olan kişileri uzlaştırabilir mi? Hayır. Pratiğimle sonucu gördüm.

Adam habire bana "Burada okula gidenden hayır mı beklenir? Kim bilir kaç dostun oldu? Kim bilir neler yaptın, yaşadın!" der dururdu. Sanki ben onunla zorla evlendim. Onu zorladım. Hiç sıkılma, utanma bilmezdi. Sürekli beni döverdi. Konuşmayı bilmezdi ki. Konuşma isteğimi belirttim mi, onun tepkisi, cevabı ise yumruğu havaya kaldırmaktı. Yedi aylık hamileydim fırlattığı bıçak bacağıma saplandı. Hastaneye gittim ve doktora ise, düştüm de böyle oldu, dedim. Gerçeği söyleyemedim. Çünkü bıçağı fırlatan tutuklanırdı. Bütün akrabalarda bana karşı sözlü saldırılara geçerlerdi.

Çocuk doğduktan sonra, O, bacısını getirdi. Bacısı bana " Sen garısın. Acıg sesini çıgarma, sus, cevap veme. Garı gısmı susmasını bilmeli!" derdi.

Kendisine, başıma getirilenler, bana yapılanlar, sana yapılsaydı, yapılsa sen susar mıydın? diyordum. Kocam para biriktirmek, bakıcıya ödeme yapmamak amacıyla çocuğu götürüp köyde yakınlarına bıraktık. Onu dünyaya getirdim, ama ne analık, ne de babalık yaptık. Doğur, başkasına teslim et ki sana büyütsünler. Giderlerini karşılayamıyorsan, gerekli olan şeyleri sunamayacaksan niye doğuruyorsun? Kafasızlık, tecrübesizlik, terbiyesizlik!...

Evde dayak faslı devam ediyordu. Babam, Sivas'a gitmişti. İki kez küstüm babamgile gittim. Kocam, oraya geldi ve annemin yanında beni dövmeye başladı. Annem kendisine "Eşeg sıpası, gendi evinde dövdüğün yetmiyo, burada da mı, gözümüm önünde de mi dövüyon?" dedi ve üzerine doğru bir tabak fırlattı. O, beni bıraktı, anneme döndü. Annemin her tarafını bir güzel morarttı. Babam burada olsaydı, birbirlerini dövmeye başlayacaklar ve ev kana bulanacaktı. Annemin vücudu günlerce kömür karası kaldı. Akrabalarımız geldiler. Araya girdiler. "Bir şey olmaz. Her evde böyle şeyler oluyor. Çocuğunuz var. Akrabasınız. Küslük, ayrılık olmasın!" diyorlardı.

Öyle vahşi bir insandı ki, hiç bir şeyden anlamıyordu. Kaide kural, disiplin bilmezdi. Eli sopalı zorbaydı. Kesinlikle karşı tarafı dinleme, düşüncesini ciddiye alma, birlikte karar verme gibi bir alışkanlığı yoktu.

Burada adettir. Çalıştığım işyerinin yöneticileride yılbaşı için yemek töreni düzenlemiş, bir gece organize etmişlerdi. Bütün çalışanlar bir araya geleceklerdi. Bende gitmek istiyordum. Döndü bana; "Orospu musun? Orospuların içinde ne yapacaksın? Gavurların içinde, yemeklerinde ne işin var?" dedi. Benimle gelmek istemediği gibi, bir de hakaretleri sıraladı.

Ben çalışıyorum, para kazanıyorum. Paramı yiyor. Bu ülkedeki bütün bilimsel gelişmelerden, nimetlerden, üretilen her şeyden, teknolojiden yararlanıyor, faydalanıyor, kullanıyor. Kimse onun ırkına, dini inancına karışmıyor. Beraber çalıştığım insanlarla bir gece geçirmek, eğlenmek istemem ona göre orospuların içine gitmem demek oluyordu. Eğer bu insanlar namussuzlarsa ve kendiside namusluyduysa bu ülkede ne işi vardı? Gidip Sivas'ta kendisine göre bir yaşam kurup yaşasaydı. Kendi namus anlayışına göre orada yaşama ortamı bulurdu. İşlerinden dönen kadınlara saldırdığında da, Türk Ceza Kanunu'na göre saldırgan erkeği koruyan hafifletici sebepler göz önüne alınarak, serbest bırakılırdı, ceza yemezdi!

Yaptıkları üst, üste birikiyordu. Küfür ve tehditler birlikteydi. Baktım olacak gibi değil. Zırnık, gelişmiyor. İnsan ilişkilerinden olumlu yönde etkilenmiyor. Boşanmak için mahkemeye başvurdum. Evliliğe nasıl zorlandığımı, evlilik şeklini, yapılan nikahı, eşimin bana yaptığı bütün işkenceleri mahkemede ayrıntılarıyla anlattım. Heyet üyeleri şaşkınlık içinde ilgiyle dinlediler.

Ayrılma isteğim üzerine yakınlarım yine olumsuz tavırlar sergilediler. Babam olacak adam "Eğer bu ev de bizimle galacagsan boşanabilin. Burada galacag ve her ay bana 500 frang verecen. Ben namusuma laf dedirtmem. Yalnız galaman!" emrini verdi.

Allah'ın belası, paradan başka bir şey görmüyor ve istemiyordu. Sanki benim için ne yatırım yaptı? Ne kadar harcama yaptı? Ne verdi ki, ne alsın? Okumamı engelledi. Meslek sahibi olmamı önledi. Beni kısa yoldan para kazanmaya yöneltti. Burada okumak için bütün imkanlar mevcut. Onların fazla bir masraf yapmalarına da gerek yoktu. Ders çalışacak olan bendim.

Bu göçmen işçilerin gözlerini ancak toprak doyurur. Sürekli para konuşurlar. Sürekli alacak, verecek gündermdedir. Kaç apartman, tarla, arsa alınmış. Önemli olan budur.

Evimde kalırsın ve her ay bu kadar para verirsin, demesi üzerine giyindim ve evden çıktım. İş yerimdeki şeflerime durumumu anlattım ve yardım iste-dim. Yakınlarım, ailem değil, buralı insanlar bana destek sundular. İş yerine ait olan bir yeri boşaltıp bana verdiler. "Burası geldiğin yer değil. Hukuk işliyor. Güvenlik sağlanıyor. Burada kalabilirsin. Çocukta seninle olur. Güvenliğinde sağlanır. Korkma, rahat ol. İşine devam edersin. Kısa sürede sıkıntılarından kurtulursun!" dediler. Bu insanlar ne Türk, ne de Müslümanlardı. İnsanlardı. İnsan gibi davranıyorlardı. Yardım elini uzatıyorlardı. Verdikleri yere yerleştim. Bir daha da babam olacak kişinin evine adım atmadım.

Erkek kardeşlerimde onunla aynı özelliklere sahipler. Anlayışsızlar, burada yaşayan geri kafalılar. Düşünce itibariyle babamdan daha ileri bir düzeyde olmaları gerekirken; onun düşüncelerini, isteklerini destekliyorlardı. Sanki Türkiye'de yaşıyorlardı.

İki buçuk yıl o köyden getirtilen adamla evli kaldım. Çalıştım, onun avukat ve hapis paralarını ödedim. Beni her konuda sömürüyordu. Maaşım ondan yüksek olduğu için mahkeme çocuğun sorumluluğunu da bana verdi. Biz ayrıldıktan sonra sürekli beni arayıp tehdit ediyordu, öldüreceğini belirtiyordu.

Bir süre sonra eroin satmaktan dolayı yakalandı. Kısa sürede zengin olma tutkusu onu tutsak almıştı. Nasıl daha çok kazanırım? düşüncesinin esiri olmuştu. Görmemiş, yaşamamış, yememiş. Nasıl davranacağını bilmiyordu. Sindiremedi. Ağır geldi. Buradaki olanakları kullanıp, normal bir yaşam oluşturacağına, iyice kendisini dağıtmaya başladı.

O içerdeyken ben gidip köyden çocuğu getirdim. Ümitlendi, kendisiyle yaşayabileceğimi sandı. Eğer çocuğu getirmeden boşanma davası açsam, yakınları çocuğu bana vermeyeceklerdi. Tedbirli davranmak zorundaydım. "Bizim çocuğumuz. Sen kadınsın. Sana düşmez. Bize ait. Oğlumuzun çocuğu!" deyip, yavrumu saklayacaklardı. İşin yoksa hukuki yollarla uğraş, dur. Erken davranıp çocuğumu kurtarabildim.

Ben burada yapayalnızdım. Ailem, yakınlarım boşandığım için beni dıştaladılar. Onlar beni kurban etmişlerdi. O kadar acıyı yaşadım ve sonuçta da yalnız bırakıldım. Ayakta kalmak için direniyordum. Sürekli ağlıyordum. İki sefer bu şehirde bulunan köprüden atlamak istedim. Benim yaşama sevincim, isteğim, tutkum yoktu. Çevremdeki insanlar bende hiç bir şey bırakmadılar. İçimde var olan her şeyi çekip çıkardılar. Çürümüş ağaca dönderdiler.

Oğlanı köyden getirdikten sonra düşündüm. Bu çocuk ne olacak? Onun için bile olsa yaşamam gerekiyordu. Bu çocuk beni yaşama bağladı. Çünkü yaşam benim için azaptı, işkenceydi. Ailemin dışlaması, suçlaması yetmedi. Bütün köylülerimiz, tanıdıklarımız da beni dışladılar. Her biri bir hakim ve savcı olmuşlardı. Yargılıyorlardı, suçluyorlardı. Dışarıda, yolda beni görürler ve gömemezlikten gelirler, selam vermezlerdi. Onların bakışlarını, tavırlarını kaldıramazdım.

Ben o yaşamı, dayağı çektim. Beni suçlayanlar çekmediler. Onlara kalsa ben aynı azabı çekmeliydim. Ayrılma cesaretini göstermemeliydim. Ayrılmak ve yalnız yaşamakla kötü kadın olmuştum! Onlar benim evimde olanları, gerçekleri nereden, nasıl bileceklerdi? Evli olup ta evlilik adı altında her türlü boku yiyenler, gayri meşru işler yapmaları göze gelmiyordu. Nikah maskesiyle, örtüsüyle gerçekler saklanıyor. Benim onların paralarına da ihtiyacım yoktu. Bir Allah'ın selamı, "Nasılsın?" kelimesi insanı ayakta tutuyor.

Babam olacak adam bile evinde iken döndü bana "Sen orospusun. Orospu olmasan ayrılmazdın. Gocanı terk etmezdin!" dedi. O der de, êl demez mi? Halbuki "Orospu"luğun alasını yapan babamdı. Müslüman'dı ve nikahlı olmadığı insanlarla düşüp kalkmıştı. Anamı aldatmıştı. Gözleriyle kadınları soyuyordu. Kadın bedeniyle ilgili olarak ileri, geri konuşuyordu. Sürekli zina yapıyordu.

Ben o yalnızlığımda kendi cinsimden de, bölgemden, ülkemden gelen kadınlardan da hiç bir destek görmedim. Kadınlar birbirlerini yadırgayıp ayıp-larlarsa, çekiştirirlerse erkekler insanın halini anlayıp ta destek sunar mı? Dikkat çekici değil mi?

Benimle birlikte alış verişe gelen kadınlar, evime gelenler geriye çekildi. Gelmek, yanımda, yakınımda görünmek istemediler. Bir tanesi, benim köylüm olan, bir seferinde benimle alış, verişe gelmek için söz verdi ve gelmedi. Kendisine nedenini sorduğumda başka şeyler söyledi. Ona, ben ayrıldığım için, beni kötü kadın olarak görüyorsunuz, değerlendiriyorsunuz. Benimle görünmek istemiyorsunuz, korkuyorsunuz. Keyfiniz bilir, nasıl isterseniz öyle yapın, dedim. İlişkimi tümden kestim. Gerçekleri görmek için düşünce, bilinç, gerçekleri konuşabilmek için de medeni cesaret, gelişmişlik gerekiyor. Bizim oranın insanlarında ise bu yok.

İşin garip tarafı benim haklı olduğumu, iyi yaptığımı, alınması gereken tavrı aldığımı belirtenler bu çevrede tanıdığım, sadece selamlaştığım Kürtlerdi. Beni görenler, durumumu duyanlar. "Öyle birisiyle yaşamak zorunda değildin. Ondan kurtuldun. İyi oldu. İyi yaptın. Olumlu bir karar verdin. İyi insanlar da var. Yeni bir evlilik yapabilirsin. Her erkek kocan gibi değildir!" diyorlardı.

Moral veriyorlardı. Oysa Türklükleriyle övünen, kendilerini Kürtlerden üstün gören benim aile bireylerim ve çevremiz ise; Kürtleri sürekli aşağılar ve basit, ilkel insanlar olarak gösterir, değerlendirirlerdi. Kimler, hangi yönetimler onların gelişmelerini engelliyorlardı, zenginliklerini çalıp, kullanıyorlardı, ondan habersizdiler.

Epey bir süre, iki buçuk yıl yapayalnız kaldım. Çalışıyordum, kimseye muhtaç değildim. Ama sonuçtâ insandım. Yalnız yaşanmıyor. Yalnızlığı kaldıramadım. Çalıştığım iş yerine alış, verişe gelen bir Kürt'le tanıştım. 23 yaşında sevgi dolu bir insandı. Ben yirmi üç yaşında onun vasıtasıyla sevgiyi, sevmeyi öğrendim. Gerçekten sevdim. Çok iyi bir insandı. Yüzünden, gözlerinin derinliğinde kişiliği okunuyordu. İnsan sevgisi, iyi niyeti belli oluyordu. Biz ayrı ırklardan gelen Asya insanlarıyız. Simalardan bu durum anlaşılıyor ve bir yakınlık, sıcaklık doğuyor.

Sevmeye başladığım erkek bu ülkede siyasi sığınma talebinde bulunmuştu. Kendisini bir iltica kampına yerleştirmişlerdi. Oturum hakkı da verilmemişti. Zor durumdaydı. Köyden çıkıp gelmişti. Şehir yaşamına yabancı idi. Neyi, nasıl alacağını bilmezdi. Bir şey almaya çalışır, diğerini düşürür. Yiyecekleri tanımaz. Satıcılardan yardım isterdi. Saf, temiz, kötülük bulaşmamış bir görünüm sergiliyordu.

Kendisini tanımaya başladıktan sonra, kendisine evlilik teklifinde bulundum. Kendi durumumu, yaşadıklarımı ayrıntılarıyla anlattım. İki yıl arkadaşlık yaptık. Ona burada kalma hakkı vermediler. Onunla birlikte doğduğu şehre gittim. İlk kez Kürtleri yakından gördüm. Kendisiyle resmi nikah yaptım ve gerisin, geriye buraya getirdim. Yakınlarım bir Kürt'le evlilik yaptığımı duyduklarında kudurdular. Yeniden üzerime gelmeye, beni tümden rahatsız et-meye ve dışlamaya başladılar. Nasıl oluyordu da bir Kürt'le evlenir mişim? O, Müslüman Kürt olmasına rağmen kendisini kabul etmediler, etmiyorlar. Ya bizimkilerin ümmet anlayışı nerede kalıyor? Tüm sülale bana cephe almış durumdalar. Onların anlayışına göre Müslüman bir Türkü tercih etmeliydim!

Aileme ağır gelen, kabullenemedikleri asıl gerçek ise, ben nasıl kendim karar veririm ve bir erkeği tercih edebilirim? İkinci kez de onlar benim yerime karar vermeliydiler. Ağabeylerim evlenirken bana mı sordular ? Annem ve babam mı karar verdi? Hayır. Kendileri tercih haklarını kullandılar. "Bizim yaşamımız. Biz seveceğiz, biz isteyeceğiz. Biz evli kalacağız. Kimse karışamaz!" diyorlardı.

Eşimin akrabalarından bazıları da kendisine "Oğlum Avrupa'da büyüyenden karı olur mu? Çocuklu kadın. Ne yapacaksın? Bu işten vazgeç. Niye dul karı? Kendine bir kız bul. Sen dul musun?" demişler.

Annesi ise "Oğlum başkalarını dinleme. O kadın bir evlilik yaşamış. Acı görmüş. Pişmiş. Toy bir insan değil, rahat edersin. Bunları dinleme!" diyor.

İki yıldır evliyim. Çocuğum bu insanı öz babası biliyor. Eşim bir öz babanın göstereceği, sevgiyi, anlayışı yavruma gösteriyor. Ben elimi kaldırsam, kızsam, bağırsam o beni sakinleştiriyor. "Vurma, ilgilen, isteğini yap, onu anla, zaman ayır, konuş. " diyor.

Bu insanla geçici bir ilişki düşünmüyordum. Elbetteki korkularımda vardı. Bundan dolayı da kendisiyle iki yıl arkadaşlık yaptım ve iyice tanımaya, anlamaya çalıştım. Oğlumun gerçek babası ise bir başka evlilik yaptı. Köyden evlendi. O kafayla gideceği yer orasıydı. Bir başka ilişkiyi taşıyamazdı, kaldıramazdı. Ağır gelirdi.

Ailem beni törelerimizin kurbanı etti. Onlar kendilerine göre beni korudular, bana iyilik ettiler. Başımı bağladılar. Beni hata yapmaktan, kötü yola düşmekten uzak tuttular! Ben zulmü, acıyı yaşadım. Onlar seyirci oldular ve hakaret ettiler.

Kimseden kimseye fayda yok. Herkes kendi acısını yaşıyor. Sonuç olarakta yapayalnız kalıyorsun. Ben yaşıyordum, onlarsa ilgisizlerdi. Ben başımın çaresine bakmak zorunda kaldım. Onlara kalsa ömür boyu sürünecektim ve o adamın derdini çekecektim.

Ben burada olmama, para kazanmama rağmen, bu durumları yaşadım. Birilerinin benden faydalandırılması isteği sonucu bu duruma düşürüldüm. Yani süt ve gübre veren bir inektim. Ne sütüm, ne de gübrem başkaları tarafından kullanılmamalıydı. Kendi ahırımızda, tarlamızda kalmalıydı. Anlayış buydu.

Annem olacak kadın sürekli babamın şiddetine maruz kaldı, dayak yedi. İnsan yerine konmadı. Hep aşağılandı, horlandı. Kendine güven duyması, kendinden emin olması engellendi. Onun çektiği, yaşadığı şeyler kendisine ders olmadı. Sekiz yıl olmuştu ki buradaydı. Buradaki insanları görmesine, farklılıkları duymasına, kadınların rahatlıklarına tanık olmasına rağmen, köydeki yaşama, ilişkilere, değerlere sıkı, sıkıya sarıldı. Vazgeçemedi. Buradaki yaşamı ret etti ve sonuçta da bana bunları yaşattı. Beni kendi korkularının kurbanı etti. O, ömür boyu çekti. Ama ben çekmedim, çekmemeliydim, çekemezdim. Farklı olmak zorundaydım. Farklı bir dünyada yaşıyordum.

Kendi seçimimle, değerlendirmemle yaptığım evlilikte sevgiyi, saygıyı, değeri, mutluluğu buldum. Eşim köyden gelmiş biri ama çok farklı. Akrabam gibi bacağıma bıçak saplamıyor. Öz babası gibi oğlumu yerden kaldırıp duvara fırlatmıyor. Annemi yumruklamıyor. Küfürlü konuşmuyor. Yakınlarıma saldırmıyor.

Ailem "kader" diye, diye beni mahvetti. Ben bugün kadere inanmıyorum. Kader insanın kendi elinde. Şimdi ben hiç bir aile ferdini görmek istemiyorum. Onların, eşime karşı olan saygısızlıkları ağrıma gidiyor, kaldıramıyorum. Değer verdikleri, zorla koynuma soktukları Türkün burada yemediği halt, işlemediği suç kalmadı.

Annem daha yeni, yeni bana " Ben bugünkü durumda olsaydım, babanın kahrını çekmezdim, ayrılırdım. Yıllarım boşa geçti. Birlikte yaşanılacak bir insan değil!" diyor.

Tabi ki 12 yıl yalnız kalıp, bizleri köy ortamında büyüttü. Orada, geldiğimiz yerde, değer yargıları, anlayış, yaklaşım, her şey çok farklı. Hemen, hemen bütün aileler aynı düşüncelere sahipler. İşin en garip tarafı bende de önyargı oluşmuştu. Size gerçeği itiraf edeyim; Kürtleri hiç mi hiç sevmezdim. Bu büyüklerimin bende oluşturdukları bir düşünceydi.

Ailemin bende oluşturduğu insani olmayan bir duyguydu. Sanki kendileri mükemmel insanlardı. Kötü olan ne varsa onu Kürtlere mal ederlerdi. Oysa bu ülkede aynı şekilde Türkler aşağılanınca da bizimkiler tepki gösteriyorlardı, gösteriyorlar. Hiç sıkılmadan da ırkçılıktan bahsediyorlar.

Diğer yandan bana "Bekar adam, dul karıyla evlenir mi? Adam bu ülkede kalma hakkı elde etti mi, seni boşar. Senle yaşamaz. Kendini kullandırıyorsun. Sonu olmayan bir evlilik yaptın!" diyorlar. Mutluluğumu bozmaya çalışıyorlar. Beni tedirgin, sürekli sorularla kafası işgal edilmiş bir duruma getirmek istiyorlar. Eşimi seviyorum ve arayışlarıma cevap alıyorum. İkinci çocuğumu da yaptım. Allah'ıma bin şükürler olsun iyiyiz.

Ben bizim insanlarımızın değişeceklerine inanmıyorum. Sivas olmuş gericiliğin, yobazlığın merkezi. Şehir merkezinde çarşafsız dolaşamıyorsun. Onları bırak, burada yaşayan yakınlarımız normal giysilerini bırakıp, çarşafa büründüler. Hemen her konuda çok tutucular, tutuculaşıyorlar. Kimileri bunun göçmenliğin sonucu olan içe kapanma olduğunu söylüyor. Bu kültür, bu anlayış kolay, kolay değişmez. Ben çektim, başkaları çekiyor ve çekecekler. Ben bana dayatılanı ret etmeseydim, yaşamımı değiştirmeye kalkmasaydım aynı durum devam edecekti ve çocukta kişilik bozukluğu oluşacaktı. Direnişe geçtim ve birbirimizden kurtulduk. Sorunlu evlilik bitti. Çocuğum da sevgi olan bir evde sağlıklı büyüyor. İş çıkışı severek, isteyerek evime dönüyorum. Gülen yüzle, heyecanla eşimin dönmesini bekliyorum. Kendisiyle her şeyi paylaşabiliyorum.

***

Hiç birimiz yaşamın acılarından muaf değiliz. Trajediler yaşıyoruz. Ancak radikal bir kararla yaşamımızda değişim yaratabiliriz. Aldığımız kararların arkasında durabilmeliyiz. Biz netleşmedikçe sorunlu ilişkileri bitiremeyiz. Yaşamda, ilişkilerde netleşmemiz şarttır. Genellikle ilişkiyi bitirecek, bulunduğumuz mekanı terk edecek, gidecek gücümüz olamadığında, bu durumun karşımızdakinden kaynaklandığını, onun ilişkinin uzamasının, sürece yayılmasının sebebi olduğunu düşünür ve durumu bu şekilde etrafa yansıtırız. Sorumluluk taşımayan bir değerlendirmeye gideriz. "O, benim yakamı bırakmıyor!" deriz. Gerçek olan ise şudur; İlişkide her şeyin bitmesi, tükenmesi gerekiyor ki kesin bir sonuca varabilelim.

Ustalaşan şoför bozuk olan aracı garaja ulaştırabilir. Yaşamda ustalaşmak gerekiyor. Çünkü canlılık, canlılığın devam etmesi için savaşı zorunlu kılıyor. Zorluklara teslim olmamalıyız.Yaşamın iki yüzü vardır. Bir yüzü mutluluk, bir yüzü mutsuzluk olarak ele almak gerekir. Eğer becerikliysek, yeteneklerimiz varsa kullanmasını başarabiliriz. Mutsuzluk yaratan tarafı kapatıp, diğer yönü çevirebiliriz.

Yaşamı şu şekilde de değerlendirebiliriz; yaşam, denizde olan bir gemi ve biz de yolcuyuz. Yıllar içinde fırtınalarla, yüksek dalgalarla, durgunluklarla karşılaşırız. Yaşadıklarımız bize tecrübe, ders olur. Deneyimlerimizle yeni fırtınaları aşarız. Denizi geçmek, hedefe varmak için gemiyi kullanmak mecburiyetindeyiz. Geminin bozulmaması için gerekenleri yapmak, vermek zorundayız. Yenileme yapmazsak, gerekenleri sunmazsak yol alamayız. Gemiyi kullanamayız. Kullanmasını bilmek lazım ki denizde ilerleyebilelim. Yoksa yerimizde kalır, yan yatar, su alır ve batma tehlikesi geçiririz.

Vücudumuz, beynimiz bir gemi gibidir. Gemiyi kullanarak sahile ulaşabilir ve karada olan şeylerden yararlanabiliriz. Yaşayabiliriz. Denemek gerekir. Yaşam deneydir. Bazen hata, bazen başarı karşımıza çıkar. Korkulara, yaşama asılmamak, zorlamamak lazım. Kaybetme korkusu yaşamamalıyız. Korku bedenimizi işgal etmemeli. Korkularımızı terk etmeye hazır olmalıyız. Ancak istekler bizleri sonuca götürebilir. Deneyerek öğrenmeliyiz. İstemesini bilmeliyiz.

Biz bizimle mutlu olamayınca kızgın, gerilimli oluyoruz. Aileden, çevreden bekliyoruz. Beklentilere cevap bulamıyoruz. Bunun içinde arayış içinde, tedbirli, donanımlı olmamız gerekiyor.

Düşünmeyle kendimizi tanıyoruz. Keşif ediyoruz. Yaşadıkça yeni dalgalarla karşılaşırız. Bundan dolayı da hazır olmalıyız. Mutluluğu arayan, ulaşma yollarını fark eden, mutlu olur. Her şey bize bağlı. Biz yenilenmeden, yeniden korkmazsak, adım atarsak sahip olmadığımız şeylere kavuşabiliriz. Doyasıya yaşayabiliriz.

Eş seçimi, kişinin tüm yaşamını etkileyen çok önemli bir tercihtir. Hafife alınmamalıdır. Tercihler doğru yapılmalıdır. Tercih, gelecek, mutluluk, açısından büyük önem taşıyor.

Bizlerde genellikle eşler arası uyumdan çok, zenginlik, kariyer, asalet, çıkar hesapları üstüne evlilikler kuruluyor. Aile kurmak, şirket kurmak değildir. Bu bayanın ailesi şirket kurma düşüncesiyle hareket eder. Şirket kurulduğu gün iflas etmiştir. Onlar, bunu göremez. Sürekli cepten ekleyerek yaşatmaya çalışırlar.

Evlilik müessesesi, % 50'şer hisseyle kurulan bir şirket gibi algılanmamalıdır. Evlilik, eşlerin birbirlerine duygularını ve kendilerine ait zenginlikleri verdikleri bir ortaklıktır. Şirketler kar amacıyla kurulur, zarar edince de kapa-tılırlar.

Evlilik ise iş hayatımızla birlikte özel hayatımızı da kapsayan, kar kaygısı yaşanmaksızın kurulan bir ortaklıktır. Bu ortaklığın sermayesi, aşk, sevgi, anlayış, fedakarlık, dayanışmadır.

Hesapları, kaygıları ön plana alarak memleketten getirilen gelin ve damatlarla, yaptırılan evliliklerde çok sayıda çift, yaşadıkları geçimsizlikler, sorunlar nedeniyle değişik acılar yaşadılar, yaşıyorlar. Boşandılar, boşanıyorlar. Çocuklar yetim kaldılar, kalıyorlar. Bu çiftlerin bir bölümü de birbirlerinde aradıklarını, beklentilerini bulamamalarına, mutlu olmamalarına rağmen, evliliklerini sürdürmeye çalıştılar, çalışıyorlar. Birbirlerinin ömürlerini tükettiler, tüketiyorlar.

2001'de yaşanılan acı bir örnek; Almanya'nın Mannheim kentinde Ren Nehri'ne atlayarak intihar eden 21 yaşındaki, 15 aylık evli Ümmi Gülsüm Tüzen'in ailesi kızlarını ilginç, ders verici bir yöntemle toprağa verirler.

İntihardan kayınvalide Sehrat Tüzen'i sorumlu tutan Ümmü'nün annesi Fikrinaz ve babası Cemal Şimşek, kızlarının mezar taşına, "Kaynanası yüzünden intihar eden Ümmi Gülsüm Şimşek. Ruhuna fatiha!" diye yazdırırlar.

Kızlarının intiharıyla şok yaşadıklarını, olayda tek sorumlunun ise kaynana olduğunu iddia eden Fikrinaz Şimşek; "Kızımı allı duvaklı gelin ederek Almanya'ya gönderdik. Kayınbabası benim ağabeyim olur. Damadımla kızım iyi anlaşıyorlardı. Ancak kaynanası Sehrat, kızıma rahat vermiyordu. Bunu kızım sık, sık bana söylerdi.

Bir seferinde telefonda ağlayarak, "Anne, artık dayanamıyorum. Kaynanamın yüzünden canıma kıyacağım!" demişti. Bir hafta sonra kendisini Ren Nehri'ne atarak intihar ettiği haberi geldi. Mezarlığa defnettik ve mezar taşına da kaynanasının yüzünden intihar ettiğini yazdırdım. Ben kızımın ölümüne nasıl katlandıysam, onlarda bu yazıya katlanacaklar. Yazıyı okudukça kahrolacaklar!" der.

Göçmen, mülteci olan ailelerin çocukları zorla evlilikleri, intiharları, öldürülmeleri, aileden, evden kaçışları yaşarlarken ülkedekiler ne yapıyorlar? Ya onların seçenekleri var mı? Ki son yıllarda savaşın sonuçlarından dolayı bulundukları yerleşim birimlerinden başka yerlere savrulan ailelerin çocukları göçün en ağır etkilerini yaşıyorlar.

Bayanların kutsallıkları ve bu kutsallıkların getirdikleri sonlar bizlere acı çektirmektedir. Öldürmelerin temel nedeni bilinçaltlarına yerleştirilen, çeşitli gerekçelerle, araçlarla canlı tutulan, toplumsal, ailesel ilişkileri yönlendiren kadın düşmanlığıdır.

Bir yandan kadının kutsal olduğunu söylerler. Diğer yandan acı çektirici, yaralayıcı, öldürücü davranışlarla donanırlar. Bayanın "kutsal "olduğunu belirtmek ve bunu kadının hafızasına kazımakta onu el altında tutmanın bir diğer yoludur. Öğrenim görememiş veya sadece rejime hizmet eden tapınaklarda öğrenim görüpte, eğitilmemiş, görmesi, duyması engellenmiş, robotlaştırılmış bayanı ortadan kaldırmanın, onu toplumsal-sosyal hayattan uzak tutmanın, uzaklaştırmanın en sinsi yaklaşımı, kendisini kutsaklık kefenine yerleştirmektir. Onu da buna inandırmaktır. Bayan için hazırlanmış olan tabutluklar onun erkeğe göre alt aşamadaki konumunu korumanın, sağlamlaştırmanın en güvenli, tedbirli araçlarıdırlar.

Tarihe, kutsal kitaplara, Peygamber'lere gönderme yaparak bayanların kutsal oldukları belirlemelerinde bulunmak, bunu cemaatlerde, topluma açık yerlerde, basınyayın araçlarını da kullanarak dile getirmek, özellikle onun analık gibi kutsal bir görevi olduğunu haykırmak, " Cennet anaların ayaklarının altındadır " cümlesiyle süslemek, sözde, yapmacık yüceltmektir. Bu tür cümleler teoride kalan amaçlı övmelerden ibarettirler. Kutsal olan bıçaklanmaz, darbelenmez, vurulmaz ve küfüredilmez, kurşun sıkılamaz. Binalardan, köprülerden atılıp sulara bırakılamaz. Kıyılamaz!

Dinsel kitaplarla, peygamberlerin cümleleriyle ipekli kumaşlara büründürüldükleri izlenimi verilen bayanlar, aslında zincirlenip tutsak edilmişlerdir. Onlar bu zincirlerin farkında değiller. Demirden kelepçeler onlara altından bilezikler olarak sunulurlar. Yeterli birikime sahip olmayanlarda büyük bir istekle, canı gönülden bu kelepçeleri kabul ederler. Onları okşamayı, sevmeyi ihmal etmezler. Bu bayanlar içinde bulundukları toplumsal ilişkileri, geçerli olan kültürü över, takdir ederler. Kendilerine değer verildiğine inandırılmışlardır. Onlarda etraflarındaki bayanları inandırma uğraşına girişirler. Gönüllü olarak çalışırlar. Cennetten yer satın almayı hedeflerler. Etkileme, maniple etme yoluyla her kelepçe vurulmasını sağladıkları bayandan dolayı cennete daha çok yaklaştıklarına, sevap işlediklerine inanırlar. Onlar aldatılmışlıklarını görmez ve başkalarının aldatılmalarına da aracı olurlar.

Eşlerini mutlu etmek için vücut temizliği, bakımı yaparlar. Erkekler için güzel olmalıdırlar. Erkeğe zevk sunup, mutlu etmelidirler. Cinsellik ise bunun en önemli aracıdır. Bir yandan bayanın vücudunun görünmesi yasaklanır. Yaptırımlara tabi tutulur Diğer yandan kendisini "Erkeğine sunması", dinsel görev olarak emredilir. Kadın vücuduna olan tepkinin, yargılamanın, düşmanlığın altında istem, korku vardır. Zaaflılar, doyumsuzlar, isteklerini kontrol edemeyenler kadını suçlamakla kendilerini aklamışlardır. Kadını ise yargılamışlardır. Sürekli yargılanma hissiyle yaşamasına neden olmuşlardır.

Onlar bayanın çıplak bedeninin, cinselliğinin estetik bütünlüğünden, güzelliğinden etkilenmiş ve ürkmüşlerdir. Kendi istemlerini, eksiklerini ise gizlemeyi yeğlemişlerdir. Göklerden geldiğini belirtikleri emirnamelerle kendi sıkıntılarını gidermeyi başarmışlardır.

Erkekler kadını örtme, kelepçeleme konusunda birbirlerine güç vermişlerdir. Kitap yazan biri kendisinden önce yazanları kopyalamıştır. Kadınlar bu kitapları yazanları sorgulayacakları yerde, bilinçsizce, körce onların dayattıkları kural ve kaideleri benimsemişlerdir. Onların istemlerine göre kendileri için yaşam çerçeveleri oluşturmuşlardır.

Bayanın kutsal, yüce olduğunu söyleyenler projelerini başarıya ulaştırmışlardır. Onun bedenini evlerde, bez parçaları içinde gizlemeyi becermişlerdir. Onu sosyal yaşamdan, tüm toplumsal süreçlerden koparmışlardır. Meydan okuyan, gücüne inanan, evin dışındaki ilişkileri de idare etme becerisine sahip olan bayanı körleşmeye doğru koşturabilmişlerdir. Eve kapatmışlardır. Bayan kutsallık maskesi altında sığınağına doğru kovulmuştur. O, da bu tarz kovulmayı kabul edip, sığınağında gizlenmiştir.

Bu şekilde, zavallı, kadın bedeninden, onun etkisinden çekinen, cinsel doyuma ulaşamayan, bayanın estetik güzelliği karşısında hislerini kontrol etme becerisi gösteremeyen erkeğimiz; zırhlarından çıkma, rahat nefes alma, yürüme, çalışma ortamına kavuşmuş olur.

Halbuki gizli korkular teşhir edilmediler. Neden sonuç itibarıyla tedavi edilmediler. Öylece bekletildiler. Bundan dolayıdır ki bayan halen örtülü, halen kelepçeli. Hastalık bütün canlılığıyla mevcut. Kadını karanlık kıta, entrikacı, korkulması gereken cinsiyet olarak değerlendirenler, kadın cinselliğinin doğurduğu çekiciliğin etki alanında yuvarlananlardı. O yuvarlanmayı da kabuletmiyorlar. Çünkü açık yürekli ve cesur değiller. İnsana özgü istemlere sınır konulamaz. Gerçekler gizlenemez, saklanamaz. Gizlilik daha çok istek, ilgi yaratır. Kapatılanı cazibeli, çekici kılar.

Bayandan, cinsel organından korkmak! Zayıflıklardan, doğal yetersizliklerden dolayı başarısız olmak ve kadını suçlamak! Yani öfkeyle dolup, öç almak. Hep bayanın cinselliğini aşağılarlar. Bu faaliyetten bıkmazlar. Penis onların ellerindeki öç, intikam alma, ceza kesme aracıdır. Onsuz yaşamı düşünemezler. Varlıkları sıfıra iner! Toplum erkeklerin böyle olmalarını kendilerinden ister.

Onlar, diğer yandan da kadının cinselliğine, cinsel organına taparlar. Bayan bulamadılar mı dişi hayvana yönelirler. O da olmazsa krizlere girer, saldırganlaşırlar. Çünkü doğanın verdiği üreme gücü, yani oluşmasını sağladığı spermler boşaltılmalıdır, dışarıya atılmalıdır. Boşaltılmaması rahatsızlık yaratır.

Erkek sadece toplumsal düzeyde değil, cinsellikte de egemenliği ele geçirmiştir. Onlar, bu ilişki tarzını korumak, yaşatmak için de gerekli olan her olanağı yaratıp, her aracı kullanıyorlar. Yoksa kadın cinselliği iktidarı ele alır. Buda kadın iktidarını getirir. Bizde iktidar hırsı doğal yaşamı engeller.

Ailelerde dostluğu, dayanışmayı, sırdaşlığı değil, kuşkuları, güvensizliği, düşmanlığı, yarışı, bastırmayı, köreltmeyi, körleştirmeyi getirir. Korkuları canlı tutup, çoğaltır. Uykuları bozar. İnsanları hasta düşürür.

Göçmen veya mülteci olarak yaşayan ailelerimiz bayanlara yönelik tutumlarından dolayı onların evlerden kaçmalarına, korunma merkezlerine gitmele-rine yol açıyor. Kapatılma, örtünme, kutsallaştırma girişimlerine karşı direnen, alternatif yollara başvuran bayanlar sonuçta bulundukları ülkelerin sosyal kurumlarında görevli olan bireylerden yardım istiyorlar. "Kutsalsam da, bayağıysam da, tehlikeliysem de ben bana aittim. Bırakın ben kendimle ilgili kararı vereyim!"diyorlar.

Ülke diasporanın aynasıdır. Ülkeye bak diasporayı gör. Töre, göçmen olanı ensesinden yakalamıştır. Bırakmaz. Çünkü bilinçaltını işgal etmiştir. Göçen aile onu kendisiyle birlikte taşır. Çocuğuna, çevresindekilere dayatır. Farklılaşmayı kabul etmez. Kendi bildiğinde diretir. Çarpışmalar başlar. Törelere karşı durabilmek, cinayetleri engelleyebilmek, ortadan kaldırabilmek için, ekonomik, siyasal ve kültürel hayatta toplumun yeni birimler halinde örgütlenmesi gerekir.

Töre, denenmiş belli bir hayat biçiminin işleyişini sağlamak için, geleneğin geçerli olduğu anlaşılmış kurallarını haklaştıran bir türü. Töre, değişmenin yavaş olduğu topluluğun ve o topluluğu kuşatan dış dünyayla ilişkilerinin muhafaza edilmesi için, içeride kutsanması gereken bir manevi değerler manzumesidir

Modern kapitalist dönemden önceki tüm maddi ve manevi değerlerin üretimini denetleyip gerçekleştiren en asli organizasyon biçimi hanedir, ailedir. Efendi-köle ilişkisi şeklinde düzenlenmiş hiyerarşik yapıda, töre, herkesin bulunduğu yeri korumasını, altındakilere emir veren, üstündekilere de elpençe davranmasını ister ve sıkı sıkıya denetler. Küçük topluluk dış dünyayla ilişkilerini yeni bir biçimde kurabilirse, törelerin etkinliği azalır.

Feodal, geri toplumsal yapılanma içinde onur denilen içi boş şey, erkeğin her zaman güç kullanma potansiyelini ifade eder. Tabi ki gücü yetene! Bıyığına el dokundurmayan, kesmeyen Kürdistanlı erkek, bıyığını alaylı bir gülümseme eşliğinde yolan devletin kolluk görevlisine karşı sessiz kalabilir. Başını önüne eğebilir. Ki defalarca Siirt'te bu durumlara tanık oldum. Bu erkeklerimiz yerleşim birimlerinin basılmaları sırasında tacize, tecavüze uğrayan evlerindeki bayanların durumlarını anlamamış gibi davranabiliyorlar. Sessizliklerini koruyorlar. Sıkıntıları içlerine gömüyorlar. Yaşanılanları soramıyorlar. Sormaları, öğrenmeleri, silahlı birimlerden hesap sormaları anlamına gelir. Bunu yapmaya cesaret edemiyorlar. Gurulandıkları erkekliklerinden o an eser kalmaz olur.

Birey, yalnızca çevresindeki erkeklere, ailelere, aşiretlere karşı değil, güçlüye, devleti temsil eden kolluk kuvvetlerine karşıda onurunu korumak zorundadır. Buda her erkeğin harcı değildir! O, elindeki öldürücü araçla birlikte ancak kendisinden daha zayıf gördüğü bayana yönelebilir.

Niyc bizim topraklarımızda töre cinayetleri işleniyor? Niye en yoksul olan bölgede töre hükmünü sürdürebiliyor? Çünkü o bölgede sanayi geliştirilememiştir. Olması gereken sosyolojik değişimlerin, gelişmelerin önü alınmıştır. Oralı birey var olan ekonomik, siyasal, sosyal sistemin dışına çıkamamıştır. Geleneklerine sımsıkı sarılmıştır. Kaybetmek istemez! Bilinçsiz bırakılmış Kürt ve Türk kadını; geleneklerin gelişimini engellediğini, ona acı çektirdiğini, körleştirdiğini anlayamaz. TC. resmi iddeolojisi; başta kadınlar olmak üzere halkımızı, binleri, gelişmenin karşısında baraj oluşturan bir avuç sömürücü zümreye teslim etmiştir. Aynı çark dönüyor. Halk sürü yerine konuluyor. İnsanlarımız sürü güdüsünden kurtulup, birey güdüsüne kavuşamıyorlar. Çünkü bireyleşen, tapmaz, itaat etmez. Bakmayı, görmeyi, soru sormayı öğrenir.

Hiç bir güvencesi olmayan insanlar var olan ekonomik çark içinde mevcut aile yapılarına asılı kaldılar. Çekirdek aileye geçiş çok ağır gelişmekte. Yoksul köylü elbetteki değişimden korkar. Hiç bir sosyal güvencesi yoktur. Ağasının eline bakar. Yarıcılık yapmak zorundadır. Korkularıyla yaşar. Neye sahipse onu korur. Korumak ister.

Kürtlerin yaşadıkları her yerde yaşamları karartılıyor. Türkiye'nin her yerinde benzer şeyler yaşanmaktadır. Türkiye sınırları dışında yaşamaya başlayanlarda var olan törelerin tutsaklığından kurtulamıyorlar. Türkiye toplumundaki siyasal iktidarın oluşum biçimi ve sahip olunan mantık değişmedikçe de cinayetler işlenecektir.

Topraklarımızda yaşam, günlük ilişkiler kolektiftir. Bireysel bütçe oluşmamıştır. Herkes herkesten sorumludur. Birey davranışlarından sorumlu değildir. Ortak sorumluluk mevcuttur. Bir bireyin hatası veya suçu dahil olduğu topluluğa mal edilir. Birey gurubunun denetimindedir. Kontrol altındadır. Bireysel değil, kolektif onur söz konusudur. Bundan dolayı da aşiretler arasında kan davaları bitmez. Yıllarca sürer. Kişi dahil olduğu guruptan, gurupta kişiden sorumludur.

Göçen, içinde bulunduğu ortamı değiştiren, farklı toplumsal ilişkiler içinde yaşamaya başlayan yada bulunduğu yerleşim biriminde sanayi ile yüz, yüze kalan kişi modern topluma geçişden sonra, kan bağı, aile, hısım akraba ilişkilerini pek takmamaya, bu bağlardan kurtulmaya başlar. Daha doğrusu yükünü fark ederek bağlarını çözmeye, yükün altından çıkmaya çalışır.

Bireysel istemlerini yaşamaya, yaşayamadıklarını tatmaya karar verir.

İçinde yaşadığı toplumun sahip olduğu ölçülerin getirdiği tutsaklığı anladıkça onlardan hızla uzaklaşır. Toplumun tutsaklığı, namus, şeref, onur gibi soyut kavramlar içinde bulunan ve bu ortamdan uzaklaşmaya başlayan kişi, yeni durumuyla rahat nefes almanın yanı sıra, para, mevkii, görünümüne, diplomasına göre iş imkanı da sağlar.

Sosyal, siyasal, ekonomik değişime uğramayan toplumlarda töreler kılıçlarını bilemeye devam ederler. İnsanların, üzerlerine giydirilen kefenleri yırtıp da, rahat hareket edebilmeleri, farklılaşmaları için bir üst yaşam şekline kavuşmaları gerekiyor. Bu da sistemler tarafından bilinçlice engelleniyor. Bundan dolayı da özgürlükçü değerler yabancı, korkutucu kalıyorlar.

Göçmen, mülteci Kürdistan kitlesinde, düşünce ve isteklerin çarpışmaları gizlenemiyor. Var olan imkanları kullanmak, yararlanmak isteyenlerle bu girişimlerde bulunamayanlar, tutuk olanlar, atağa geçemeyenler arasında bir çe-kişmedir devam ediyor.

Paris'te yaşayan Şırnaklı Asuri-Keldani aileleri ziyaret ettim. Ziyaret öncesi bunlar farklı bir dini anlayıştan geliyorlar. Hıristiyanlar. Yıllardır bu ülkede yaşıyorlar. Kadın-erkek, büyük-küçük ilişkileri Şirnak'taki Kürtler gibi değildir, düşüncesine sahiptim. Kapıdan içeri girdiğim andan itibaren kendimi Kürt bir ailede his ettim. Şaşkınlık yaşamaya başladım. Onlarca yıla dayanan töre, Şirnak'tan, Paris'e taşınmıştı. O topraklarda iç, içe yaşayan, komşu olan halklar her türlü alış-verişte bulunuyorlar, birbirlerinden etkileniyorlar. Ortadoğu kaynaklı dinlerin kaynağı da birdir.

Birey hangi ülkede yaşarsa yaşasın, maddi zemin, ilişkiler değişmediği sürece, töreler devam ediyor. Değişmek isteyen de bastırılıyor, yadırganıyor, yargılanıyor ve guruptan kopmamaya zorlanıyor. Dış çevreye açılamayan, ilişki değiştiremeyen, entegre olamayan da korkularıyla birlikte kalıyor ve gurup, cemaat ilişkisini sürdürüyor. Belirli bir yaşın üzerinde olan insanlar törelerinin iyiliği, düzen sağlayıcılığı üzerine yorum yapmaya devam ediyorlar. Bundan dolayı Şirnak'taki töre Paris'te egemenliğini koruyor.

Mantıkları değişmiyor. Değişmemek için de kendilerine göre her türlü savunma mekanizmasını oluşturuyorlar. Şehirde yaşamalarına, teknik araçları kullanmalarına rağmen şehirleşemiyorlar. Onlar, Paris'te kendilerine oluşturdukları mahallelerde yaşıyorlar.

Ancak yeni kuşaklar dış kültürü sindirebilirse, değişime yaratmaya inandırılırsa, toplumun ekonomik ve siyasal hayatıyla beraber, kültür hayatında da birimler halinde örgütlenirlerse iyi yönde sağlıklı bir değişim yaşar. İlk kural; gençlerin evlerdeki yerel iktidar sahiplerinin denetiminden kurtulmalarıdır. Bunu başaranlar törelerin boğazını sıkabilir, günlük yaşamlarından uzaklaştırabilirler.

***

"Herkes kendi yangınını koynunda, kimliğini cebinde taşır. Savaşlar bizlere yıkım getirmiş! "

GÜLÎŞAN ŞADÎ; Yaşım doksana yaklaştı. Dünü, olan her şeyi bu günkü gibi hatırlıyorum. Kürt ve Aleviyim. Ben 1917'de Adana-Ermenek-Akçalı'da doğuyorum.

Yakınlarım hangi nedenlerden dolayı oralara gitiklerini isterseniz açıklayayım. Birgün Sivas, Gümüşhane ve Erzincan olarak isimlendirilen şehirlerin yerleşim birimlerinde yaşayan insanlarımız, Kürtler çeşitli nedenlerden dolayı ovalara doğru, yani güneye doğru gidiyorlar. Gidenlerin büyük bölümü kadın ve çocuklar. Benim yakınlarım ise Akçalıya doğru yöneliyorlar ve oraya yerleşiyorlar.

Osmanlı-Rus savaşı ve seferberlikte de gidenler olmuş. Gümüşhane Şiran'dan, Adana'ya doğru yola çıkıyorlar. Yol güzergahı boyunca çeşitli yerlere yerleşmişler. Babam 15 yaşındayken yollara düşmüş. Öküz arabası, at, katır, eşek ve ineği taşıma amacıyla kullanıyorlar. Taşıyabildikleri eşyaları bu hayvanlara yüklüyorlar. Kaçış şeklinde bir gidiş. Yollarda yağmurdan, kardan, doludan ve soğuktan dolayı hasta düşüyorlar. Derman yok. Doktor yok. Hasta düşenlerin çoğu yaşamlarını yitiriyor. Annemin ilk eşi Kemah tarafında hasta düşüp, ölüyor.

Biz Şiran'a bağlı Şadi köyündeniz. 1923'te tekrar kendi köyümüze dönüyoruz. Babam çetecilik yapmış. Osmanlı İmparatorluğu'nun, İttihat ve Terakki'nin katliam yapan silahlı yöneticileri ile bir olup, Ermeni'lerin öldürülmesinde görev alır. Adına "Yusuf Çavuş" derlerdi. Ermeni'lerin yaptıklarını öğrenmelerinden ve kendisini öldürmelerinden korktuğu için bizi alıp, gece habersiz bir şekilde köyden, Akçalıdan kaçıyor. Bu şekilde Şiran'a dönüyoruz.

Büyüklerimiz bize, Kürtlerle Ermenilerin "dayı- yeğen" olduklarını söylerlerdi. Önce onların kutsal kitabım, sonrada bizimkisi gelmiş. Bazı Ermeni'ler ve Laz'lar da bizim dini inancımız mevcut. Tek fark Ermeniler sünnet olmuyorlar. Alevilerin çoğu evlenmeye yakın ya da askerlikte sünnet oluyorlar.

Bizim o köylerde Alevi - Kürtler, Filleler (Hıristiyan, Ermeniler ve Rumlar) ve 1.000 yıl kadar önce topraklarımıza girmeye başlayan Alevi, Müslüman, Türkmenler yan yana köylerde yaşamışlar. Bizim oralarda kıtlık olduğunda Kürtler Karadeniz'e taraf gitmişler. Oralara dağılmışlar.

O topraklarda yerli olan Ermeni'leri, Rumları kırıyorlar, öldürüyorlar. Hıristiyan inancına sahip insanları mahf ediyorlar. Sağ kalabilenler dağlarda saklanıyorlar. Bayburt, Trabzon, Karadeniz taraflarına gidiyorlar. Boşalan bu köylerde Kürtler, Türkmenler ve Kafkasların yerleşik halkları olup ta Osmanlı-Rus savaşı sırasında batıya doğru göç eden, Çerkez, Lezgi vb. değişik halklardan insanlar yerleşiyor ve yaşıyorlar. Osmanlı- Rus savaşı sırasında Kafkaslardan gelen diğer halkları Kocgiri'nin Kürt beyleri, o zamanın idarecileri oralara yerleştirmişler.

O topraklarda hep savaş oluyor. Her savaşta da Kürtler ölüyorlar. İnsanlarımız muhacir (göçmen) oluyorlar. Savaştan kaçarlarken, yollarda, kimisini kurt yiyor, kimisini ayı parçalıyor. Neler, neler yaşıyorlar! Osmanlı İmparatorluğu'nun yöneticileri imparatorluğun ayakta kalabilmesi için gerekli olan verginin toplanması amacıyla başkalarının topraklarını işgal edip, talan ediyorlar. Yerleşik halkların zenginliklerine el koyuyorlar. Bu amaçtan dolayı savaşa götürülen ve esir düşen erkeklerimizin acıları da ayrı bir şey. Eşimin üç amcası da son Osmanlı-Rus savaşında Ruslara esir düşer. Rusya'da rejim değişiyor da, Ruslar geri çekiliyorlar. Kürtler Osmanlı'ya asker olmak istememiş, hep savaştan, askerlikten kaçmışlar.

Ruslar Erzincan'a kadar gelmiş. Onlar aç olanı doyuruyor, çıplak olanı giydiriyorlarmış. Onların kötülük yaptıklarına dair kimseden birşey duymadım. Osmanlılar erkeklerimizi zorla askere aldıkları gibi, kadınlarımıza da zorla erzak taşıttırıyor, iş yaptırıyorlar.

Savaşlardan dolayı açlığa mahkum edilen halk ne yapabilir? Hırsızlık gelişir. Boşuna demiyorlar " Aç köpek fırın yıkar. Açın Allah'ı yoktur" Hiçbir şey kalmıyor ve insanlar yaşayabilmek için çalıyorlar, öldürüyorlar. Bazılarının da silahları var. Yol kesiyorlar. İnsanları soyuyorlar. Birinin 2 keçisi varsa, diğerinin yoksa, malı olmayan çalıyor. Biri bahçesine bir baş soğan mı ekmiş, diğeri alıp götürüyor. Kimisi cebren (zorla) yapıyor, kimisi gizli. İnsanlar içinde açlık ve korku yaygınlaşır.

Dini inançlarımıza gelince; Havva'nın Adem'i kandırdığı söyleniyor. Şeytan onları kandırıyor. Yılan cennetin bekçiliğini yapıyor. Şeytan yılanı kandırarak cennete giriyor. Adem'e arpa, Hava'ya ise buğday tanesi veriyor. Her ikisi de şişmeye başlıyorlar. Fırsat bulamıyorlar ki tuvalette gitsinler. Kendilerini kirletiyorlar. Koktukları, pis koku yaydıkları için cennetten kovuluyorlar. Onlar, cennetin dışında bir buz parçasının üzerinde cinsel ilişkiye giriyorlar. Bundan dolayı da kadınların baldırları (kalçaları) hiç bir zaman ısınmaz. Havva hamile kalıyor. Erkeklerin 30, kadınların 40 nefesleri vardır. Kadın 40 nefsine hükmeder, erkek 30 nefsine hükmedemiyor.

İnsanlar üç kısımdır ; insan, köpek, eşek karakteri, huyu taşırlar.

Adem Ata çift sürüyor. Havva Ana ona hizmet etmiyor. Önem vermiyor. Adem Ata bu duruma bir şey demiyor. Bunu gören Tanrı, Adem Ata'ya acıyor. Kendisine bir melek gönderiyor ve "Git Adem'e hizmet et!" diyor.

Bir gün Havva Ana bakıyor ki evin içine bir şevle(ışık) vurdu. Gözünü ondan alamıyor ve o ışık ay gibi bir kıza dönüşüyor. Kızla konuşuyor. Kız." Tanrı beni Adem Ata'nın hizmetini yapayım diye gönderdi." açıklamasında bulunuyor.

Havva Ana huzursuz oluyor. Kalkıp Adem Ata'nın yemeğini hazırlıyor, kendisini de süslüyor ve tarlaya gidiyor. Adem Ata onun boynuna sarılıyor. "Bu ne hal, bu ne cilve?" diyor.

Havva Ana kendisine "Sen beni seviyor musun?" sorusunu yöneltiyor.

Adem Ata "Tabi ki senden başka kimse yok!" diyor ve yemin ediyor. Eve geliyorlar. Kızı görüyor. Ay diyor benim, Güneş diyor benim. O kadar ki güzel. Adem Ata kızı kendi oğluyla evlendiriyor. Oğlunun adı "Şitialeyselam". Bu oğlan Havva Anadan değildir.

Havva Ana " Bu çocuk benden" diyor. Adem Ata " Öyle ise sen nefsini bir küpe koy, ben de bir küpe koyacağım. " derr. Havva Ana nefsini koyduğu küpe gidip bakıyor ki, böcekler, yerdeki sürüngen mahlukatlar oluşmuşlar. Gizlice Adem Ata'nın küpüne bakıyor ki çok güzel bir oğlan çocuğu içinde oturuyor. Kıskanıyor, küpü sallıyor. Çocuk sakat oluyor. 40 gün tamamlanıyor. Çıkarıyorlar ki topaldır. Adem Ata'nın durumdan haberi yok. İnsanların sakatlığı o günden kalma. Aleviliğin aslı bu çocuktan gelmedir. Bu çocuğun evliliğindendir. Biz onun zürriyetiyiz.

Havva Ana'nın çocukları bu çocuğu çok kıskanır. Kavga ederler. Adem Ata beddua eder. " Sabahleyin kalkayım, göreyim biriniz diğerinizin dilini anlayamıyor duruma gelesiniz. Tanrı her birinizi bir yere atsın, dağıtsın!" Sabahleyin kalkıyorlar ki kimse kimsenin dilini anlamıyor. Bizler İbrahim Halil'in zürriyetindeniz, soyundanız diyorlar

Erkeklerimiz diğer dinlerden kızlarla evlenip onları yolumuza dönderirirlerse sevap işerler. Ama diğer dinlerden olan dul kadınlarla evlenemezler. Onların kanı bizim eteğimize düşse nemerhem oluruz. Bizim kanımız onların eteğine düşse onlar zalim oluyorlar. Biz sevaba giriyoruz. Yolumuza, dinimize göre bizim kızlarımız, kadınlarımız başka dinden olan kişilerle evlenemezler. Örneğin müslüman kız alevi ile evlenemez. Yasaktır.

Erkek çocuğu olduğunda müjdesi anneye, babaya, kız çocuğu olduğunda müjdesi tanrıya gider. Kızlar, kadınlar emanettirler. İnsan öldüğünde ruhu havaya çıkar. Cenaze mezara konduğunda ruh üzerine gelir. Ölen kişinin ruhu yeni doğan çocuklara geçer. İnsanın vücudu, cendeği dolaşmıyor, ruhu dolaşıyor. Rüyalarda öyle değil mi? Yatağındasın ama ruhun her yerde geziyor. Ölen kişi iyi bir insan değildiyse ruhu insana değil, bir hayvana geçer.

Doktor mu, derman mı vardı? Hastalanan, rahatsız olan, ateşi yükselen insanların, çocukların başlarının etrafında elimizi daire şeklinde dolaştırıp, avucumuzdaki tuzu serpiyorduk ve kalanları da ateşe atıyorduk. Ateş ne kadar ses verirse, tuz ne kadar yüksek sesle yanarsa çocuk da o kadar nazara gelmiştir, göze gelmiştir, gözden etkilenmiştir. Ateş kötülüğü, pisliği yakıyor, yok ediyor. İnsanı kötü etkiden kurtarıyor, temizliyor. Ateşe atılan tuz insanı ağırlıktan, hastalıktan, sıkıntıdan kurtarır. Onun duası vardır. Tuz avuçta, baş üzerinde çevrilirken bir yandan da duası okunur.

Sabah daha ay kaybolmadan sağ elimizle kapıyı açarız. Yüzümüzü aya dönerek dua ederiz. Tanrımız güneş doğarken de dua ederiz. Yer ve gök ikrarla (inanç) birbirine bağlıdır. Dua üstünde duruyorlar. Güneş darlık içinde, ejderhaların içinden çıkıp geliyor. Biz de ondan yardım istiyoruz. Ayla güneş kardeş ve bacılar. Onların sırtları birbirine dönüktür. Birbirlerini hiç göremiyorlar. Birbirlerini görseler dünya alt, üst olur. Dedelerimizden, kitabımızdan biz bunu duyduk. Güneş Tanrısı; yer gök içindir. Sıcaklıktır, aydınlıktır. Kürtler okumadıkları için fazla dua bilmiyorlar. Dualar yazılı değiller. Sözle kuşaktan kuşağa aktarılıyorlar. Tapınaklarımıza, ocaklara, ziyaretlere, türbelere yakarır, dua ederiz.

Güneşe "Ya roja welatê ezîz, ji bo huzur û hûrmeta te, xwadê lı me xwedi derkeve " deriz. Yani, aziz ülkenin güneşi, tanrı senin huzurun, hürmetin için bize sahip çıksın, diyoruz.

Akşamları ay doğmaya başladığında ise " Ya hiva zeri tu dızani, huzur ê, xûrmet ê, şefaatê bıde me "deriz. Turuncu ay sen biliyorsun, bize mutluluk, saygı, esirgeme, koruma hisleri, hayırlı şeyler ver, diyoruz. Ona yakarıyoruz, yalvarıyoruz.

Diğer inançlara sahip olanlar, bizim gibi olmayanlar ise peygamberlerinden şefaat isterler. Biz onlar gibi değiliz. Tanrılarımız olan güneş ve aydan yardım isteriz. Bilmiyorum, Tevrat, İncil ve Kuran'da böyle şeyler, dualar var mı?

Güneşi ve ayı kutsal, değerli ve aziz olarak görüyoruz. Ziyaretlerimizi (kutsal mekanlar) ziyaret ederiz ve oralardan tanrıya sesleniriz. "Qeday te dibim xade, em kulê tene, ruyê xwe bi me va bıgerine, şılli bıbarine" Allah'ım sana kurban oluyorum. Biz senin kullarınız. Yüzünü bize taraf dönder, yağmur yağsın deriz.

Osmanlı'nın hakaret ettiği, aşağıladığı, saraya yaklaştırmadığı Türklük 1920'den sonra öne çıkarılıp, bu anlayışla da Müslüman ve Türk olmayanlara yönelik yok etmeler, toplu katliamlar yapıldığı için tanrılarımıza bizleri ırkçılardan korumaları için yalvarmaya başladık. " Tu firsende nedî tırkan, tu ruye wi sahıri bı me nîşan nedi, me bı destê wî nedê kuştın, me jı wi zalımi xilaskê " Türklere fırsat vermeyesin, o kötünün yüzünü bizlere göstermeyesin, onun eliyle öldürülmemize fırsat vermeyesin, bizi o zalimden koruyasın, derdik.

Köyde, ocaktaki ateşin söndüğünü hiç görmedim. Ocaktaki ateş hiç söndürülmez. Kutsaldır. Sürekli ateş közlerini külle kapatarak ertesi güne kalmasını sağlardık. Ateş közünü, ateş külü içinde korur saklarız. Sabah kalkar o közü bez veya başka bir şeyle tutuşturur, gürleştirirdik. Kimsenin kapısına gidip ateş istemezdik. Allah birdir. Bin bir ismi var. Xızır'da deniyor, Allah ve xızır özdeştir deniyor.

Bizde mart ayında kutlanan, kutsal olan karaçarşamba gününün bir özelliği de, ergenlik çağındaki kızların başına fes ve üç ayrı renkten -sarı, kırmızı, yeşil- eşarp (nerme) bağlanmasıdır. Bu bağlama kızın evliliğe hazır olduğunu belirtir. Onun simgesidir. Kızlar toplu olarak bir yere otururlar. Ergen erkekler onlara bakarak, onları süzerek önlerinden geçerler. Orada genç kız ve erkekler birbirlerini beğenirler. Bu yadırganmazdı. Hor, acayip görülmezdi. İnsanlarımız bu törenlerden sonra uzak köylere de kız istemeye giderlerdi. Yani orası, o alan evliliğe karar verme, eşini seçme yeri oluyordu.

Biz de 14, 15 yaşına gelmiş kızları istemeye gelirlerdi. Ev sahipleri gelenlere "Gidin biz kendi aramızda görüşüp, birbirimize danışacağız. Ona göre size bir haber veririz!" derlerdi. Eğer kızlarını o aileye gelin olarak vermek istemiyorlarsa hemen isteklerini ret ederlerdi. Çoğunlukla kızın durumdan haberi olmazdı. Her şeye kızın dedesi veya babası karışırdı. Dede, baba yoksa ağabeyler, amcalar karar verirlerdi. Eğer başlık fazla istenmişse oğlan tarafı başlığı indirtmek için uğraşırdı. Bizim zamanımızda mecidiye kullanılırdı. Kızın başlığı fazla olursa, kıymeti de fazla olur, derlerdi.

Aynı köylü değillerse, zaten kızla oğlan birbirlerini hiç tanımazlar. "Falancanın kızı varmış, gidip isteyelim!" anlayışı geçerliydi. Söz alındı mı bir hafta sonra oğlanın annesi ve yakınları tarafından kıza 5, 6 tane gümüş çeyrek, yüzük, giyim eşyası, kebap, meyve, götürülürdü. Oğlan tarafı kız tarafının istediği her şeyi götürmek zorundaydı. Kız tarafı da dünürleri beklerken komşuları çağırır ve hazırlık yaparlardı.

Çağrılan komşular hediyeler getirirler. Oğlan tarafının götürdükleri eşyalar açılır, yemekler hazırlanır, birlikte yenir ve düğün günü beklenirdi. Düğün (buy) gününden önce bayan düğün görevlileri (berbular) çağrılırlardı. Onlar kız evine gidip gelini hazırlarlar ve diğer hazırlıkları yaparlardı.

Bir gün önceden oğlan tarafı düğün için gerekli olan şeyleri "dermalci"ler aracılığıyla kız evine gönderirler. Bu kişiler gerekli olan miktarda hayvan, yağ, şeker, çerez ve meyve götürürler. Düğüne davet edilen insan sayısına göre tahmini oranda hazırlık yapılır. Kız tarafının bütün istediklerini "dermalci"ler götürmek zorundadırlar. Hem kız, hem de oğlan tarafı misafir çağırırlar. Kız evinde bir gün, oğlan evinde 2, 3 gün davul, zurna çalınır.

Gelin, düğün öncesi kız evine gönderilen bayanlar (berbular) tarafından hazırlanıp ata bindirilir ve yola çıkarılır. Erkekler önde gelin ve berbular en arkadadırlar. Berbuların ve gelinin atlarının yularını birer erkek tutar. Gelin iki berbunun arasında yolculuk yapar.

Mısahib damadı hazırlar. Damat ve erkek mısahib evin damında gelenleri ve gelini beklerler. Damat bir mendille ağzını kapatır. Diğer elindeki elmayı da gelinin kafasına nişan alarak atar. Mısahibde (Ailevi'likte bir kurum. Ergenlik dönemine giren her erkek çocuğu bir başka erkek çocuğunu kendisine en yakın dost olarak seçer. Her alevinin misahibinin olması zorunludur. Dayanışmayı, yardımlaşmayı, dostluğu sağlayan bir kurumdur. Dini törenle misahiblik pir tarafından onaylanır. Bu ilişki akrabalıktan, kan bağından önemlidir. Kutsaldır. Erkekler evlendiklerinde eşlerde misahib olurlar.) hazırlanan kuruyemişleri, yukarıdan aşağıya doğru döker. Yemişler düğün alayına karışanlar, gelenler tarafından kapışılırlar.

Elmayı kapan bahşiş karşılığında damada geri verir. Biz de elma önemlidir, değerlidir. Hasta ziyaretine veya herhangi bir ziyarete gittiğimizde de hediye olarak götürürüz. Ziyaretine gittiğimiz bireye sunarız.

"Buk li ser hespê, sêv li mistê. Kes nizane ku dê bibe kismetê kê ye. Gelin atın üzerinde, elma ise avuçta. Kimse bilmiyor ki kimin kısmeti dir" derdik. Gelinin başına atılan elmayı yakalayan iade eder ve ilk gece gelinle damat birlikte o elmayı yerler. Nikah şerbetinden de bir miktar bardağa konur, bu hazırlığı mısahib bayan yapar ve her ikisine içirir. Ayrıca gelinin annesi helva pişirir. Kesilen bir hayvanın kalbi ve ciğerlerini de birlikte kaynatır, bir hey-beye kor ve gelinle birlikte gönderir. Bu eti de gelin ve damat birlikte yerler.

Misahib kadın en üst düzeyde düğün sorumlusu, idareci, aracı bayan "berbuya mezin" olur. Gelin ve damatla o ilgilenir. Çarşafı da o kaldırır. Bir kalburun içine kor. Bir gün sonra kadınlar çağrılır, davet edilirler. Mısahib kalburu (bejing) odanın ortasına kor. Kalburun üstüne hediyeler atılır. Kaynana, kayınpeder adına altın bırakılır. Evin diğer erkeklerinin verdikleri hediyeleri de kaynana getirip kanlı çarşafın üstüne kor.

İlk gecenin sabahı kadın mısahib gelini, erkek mısahibde damadı yıkar. Üç gün boyunca sabah gün ışımadan mısahib damadı evine götürür ve akşam hava kararınca gelinin yanına getirir. Üçüncü günde geleneklere göre gelinin başı bağlanır.

Gelinin alın kısmında bulunan saçından bir miktar kesilir. Buna pullık (kakül) diyoruz. Ayrıca bısk (zülüf) yapılır. Zülüflerin uçları kesilir. Zülüfler erkek kardeşlerin, kaküller ise kocaların payıdırlar (Zulfik yên biran e, Pullik yên mêran e) denir. Bısklardan kesilen saç telleri 15 gün sonra gelini görmeye gelen erkek kardeşe verilir. Pullık ise daha önceden damada sunulur.

Gelin 15 gün boyunca cacımdan (keçi kılından yapılan renkli ince kilim) yapılan perdenin arkasında tutulur. İki duvar arasında gerilen cacımın arkasına gelinin oturacağı yer hazırlanır. Gelinin erkek kardeşi gidip perdeyi indirmek zorundadır. Perdeyi indirdiğinde gelin kendisine hediye verir.

Biz Alevilerde mısahiblik çok önemlidir. Gelinle damadın elini birbirine veren misahibdir. Bu süre içinde eve misafir geldi mi gelin misafire görünmez. Misafirler onu görmek istediklerini belirtirler. Gelini görmek içinde hediyeleriyle birlikte giderler. Aileden biri gelini misafirlerin yanına götürür. Gelin gelenlerin ellerini öper. O sırada gelinin hediyesi avucuna konur. Eline verilir. Gelin el öpmeden sonra gidip kapının arkasında bekler. Misafirler oturmasını istediklerinde oturabilir. Yoksa oturamaz. Saygısızlık olarak görülür. Misafirlere ikramda bulunur, servis yapar. Verilen hediyeler ise geline aittir.

Gelinlik yapmak demek; söylenileni, istenileni, emredileni yapmak, yaşça kendisinden büyük olanlarla da konuşamamaktır. Ayıptır, büyükler sesini bile duymamalıdır.. Gelin uzun bir süre evin fertlerine gelinlik yapmak zorundadır. Emredileni, istenileni yapar. Cevap veremez, kendi düşüncesini belirtemez. Birkaç sene geçtiginde kaynana, kayınpeder izin verdiklerinde konuşabilir.

Ben 15 yıl gelinlik yaptım, konuşamadım. Konuşma hakkım yoktu. Söylenilenleri, istenilenleri yaptım. Köyde yalnızca mısahibimin ailesiyle konuşabiliyordum. Köyün büyükleriyle, yaşlılarla da konuşamıyorum. Büyüklerin yanında çocuklarımızla konuşamazdık. Ateşe de düşseler ellerini atamazdık, kaldıramazdık. Örtülerimizi burunlarımızın üstlerine kadar çekerdik. Bu saygının ifadesiydi. Bizden büyükler ağızlarımızı, görmemeliydiler.

Bizden büyüklerin yanlarında biz eşlerde birbirimizle konuşamazdık. O da ayıp karşılanırdı. Eşine ismiyle hitap edemezdik. Düğünden sonra damat da bir süre evdeki büyüklerle konuşmazdı. Yakınları tarafından hediyesi verilerek konuşması istenirdi. Hediyesini aldıktan sonra damat herkesle konuşmaya başlar. Ancak bütün sınırlar gelin için geçerlidir.

Gelin doğum yapacak olsa ev halkı sabaha kadar beklerdi. Bebek olunca da anne ve bebeği dört gün, dört gece beklerler, yalnız bırakmazlardı. 40 gün boyunca evdeki ışıklar söndürülmezdi. Nedeni de şuydu. "Elk" gelipte, doğum yapan kadının ciğerlerini çıkartıp götürebilir korkusunu yaşıyorduk. Elkin erkeği de, dişisi de vardır. Gözle görülmezler. Bebeğin kundağının üzerine iğne, çuvaldız koyardık ki bebeği saldırıdan koruyalım. Elk korkup gelmesin, bebeğe yaklaşmasın. Aynı amaçla soğanı bıçağın ucuna geçirirdik, beşiğin üstüne korduk. Bebeğin yüzünü de açmazdık.

İlk çocuğumda doğum sancısı tuttum. Kımıldayamıyordum. Ama utancımdan sesimi de çıkaramıyordum. Üç gün sancı çektim. Gece kalkıp ahıra gittim. Amacım pisliğimin, suyumun evin içine dökülmemesiydi. Utanıyordum ve eşime, bana yardım et de diyemiyordum. Diyemezdim. Geleneklerimiz böyleydi. Eşim durumumu görüyor. Sancı çektiğimi anlıyor. O da büyüklerden utandığı için sesini çıkaramıyor ve bekliyor. Bizde o kadar çok ayıp vardı ki! Her şey ayıptı!.

Bir parça çırayı taşların arasına yerleştirdim. Duvara dayandım. Çocuk yere düştü. Çocuğun sesini duyan eşim evdeki bayanları uyandırıyor, kızıyor, bağırıyor ve "Bırakın orada ölsün. Akşamdan beri sancı çekiyor. Biriniz kalkıp ta yardım etmediniz."diyor. Bende güç kalmamıştı. Kımıldayamıyordum. Çocuk yerde, ahırın pisliğinin içinde bekliyordu. Gelip bebeği yerden aldılar. Götürüp yıkadılar. Beni odama çıkardılar, temizleyip, yatağa koydular. Sabahleyin baktım kundak kan içinde. Karanlıkta bebeğin göbeğini iyi bağlıyamamışlardı. Kan kaybetmişti. 40 gün yaşayabildi.

Bizde çocuk doğduğunda bir süreye kadar babalara göstermezlerdi. O da ayıplar arasındaydı. Eşim ilk kez bebeğimi ölü yıkama taşının (teneşir) üzerinde, yıkandığı sırada gördü. Eve geldiğinde hayıflanıyordu. "Bu ne biçim kanun, töre insan çocuğunu bile göremiyor. Dokunamıyor. Koklayamıyor!" deyip, durdu.

Bizler her yerde çalışırdık. Doğum sancıları tutana kadarda iş yapmaya devam ederdik. İkinci çocuğumda, kesilmiş meşe dallarını (çulu) sırtımda taşırken sancılanmaya başladım. O halde saatlerce yürüdüm, sırtımdaki yükle eve kadar geldim. Karnım yere geliyordu.

O gün odun kesmeye giderken kaynanam "Bu gelin sizinle gelmesin, günleri yakın. Doğurmak üzere." uyarısında bulundu.

Kaynım ise onun isteğini, uyarısını ciddiye almadı, kabul etmedi. "Niye, benim karım çalışıyor? Bizimle birlikte geliyor. O da gelecek!" dedi.

Beni zorlayarak o halimle odun kesmeye, düzmeye, taşımaya götürdü. Mecburen gittim. İtiraz edemezdim. O, evin erkeklerinden biriydi ve öyle istiyordu. Eve döndüğümde, sırtımdaki yükü ahıra indirdim, bir, iki adım attım, bebek yere düştü. Kendim ise bitkindim. O halde akşama kadar çalışmıştım. Daha doğrusu çalıştırılmıştım. Eşimin yakınları beni fark edene kadar o çocukta ahırda düştüğü yerde, gübrenin, pisliğin içinde kaldı.

Çocuklarımızın göbeklerini bazen biz kendimiz keserdik. Bir doğumumda sekiz yaşındaki kızım yanımdaydı. Yaz günü herkes işte, tarlada. Kızımdan ip ve ustura (gûzan) istedim. Göbek kordonunu karından itibaren elimle bir karış ölçtüm. Göbek bağının altına bir tezek (kurutulmuş hayvan pisliği) koydum. Ve üstten kesmeye başladım.

Çocuğun göbeğini başka kadınlar keserlerse, başlarındaki feslerden bir gümüş lirayı çıkarır, kordonun altına yerleştirir ve kesmeye başlarlardı. Biz bu koşullarda yaşadık. Biz bu durumları yaşadık. Nerede doktor, nerede ilaç, nerede istirahat. Doğum yapar ve ertesi gün tekrardan çalışmaya devam ederdik. Kırsal yaşam içinde farklı şeyler olmuyor. Herkesin durumu aynıdır.

Biz de, Alevi'lerde belirli kurallar vardır. Bir sefer bebeğin kırkı çıkmadan kesinlikle cinsel ilişki yasaktır. Çünkü melekler anneyi ve bebeği bekliyorlar. Ondan dolayı erkek kadınla olamaz. Anne hamileyken çocuk annenin karnında oynamaya başladığı andan itibaren de cinsel ilişki yasaktır. Yapılırsa, baba çocuğuyla zina yapmış sayılır. Günahtır.

Birde eğer erkek gurbete gitmişse, köyden uzaklaşmışsa evine, köye döndüğünde ilk gece kadınla yatamaz. Yalnız yatmak zorundadır. Toprak hakkı vardır. İlk gece toprak ziyaret edilmiş olur. Ailevi'likte toprak kutsaldır. Kişi ilk gece toprağına sarılacak. İkinci gece kadına sarılabilir. Şimdi nerede öyle nefislerine sahip insanlar! Doğum yapmıştım. Kırkım çıkmamıştı. Eşim İstanbul'dan geldi. Bana yaklaşmadı. Bekledi. O zamanlar insanlarda utanma, sıkılma, inanç, ibadet vardı.

Yapmadığımız iş yoktu. Her işe koşardık. Çocuklarımızı sırtımıza bağlar o şekilde hayvan derisi içine (meşk) boşalttığımız yoğurdu yayar, ayranı, yağı ayırtırdık. Beşik sırtımızda, bir çocukta elimizde öğle tarlaya giderdik. Ekip, biçerdik. Odun kesme, hayvana yükleme, taşıma, her şeyi yapıyorduk. Erkekler gurbete çalışmaya giderlerdi. Bizde köyde sürekli çalışırdık. Çalışmak zorundaydık. Sahip olduğun mülkü işleyebilir ve yıllık ürünlerini kaldırabilirsin. Yoksa aç kalırsın.

Gelin olduk mu, evde yaşça bizden büyük olan herkese hizmet ederdik. Cevap veremez, karşı çıkamaz, konuşamazdık. Kaynana, kayın, görümce, kayınpeder herkes sana koca, komutan. Kadınlarda ar, haya vardı. Kocalara karşı çıkmaz, söyledikleri, istedikleri, her şeyi yapardık. Büyüklerimiz dünyanın kurulduğundan beri aile ilişkilerinin bizdeki gibi olduğunu söylerlerdi. Kimse var olan düzeni bozmaya kalkamazdı. Herkes adetlere uyardı.

Bizim yasa koyucularımız ve yürütücülerimiz, dinimizin öğreticileri, görevlileri olan pirlerimizdiler. Sosyal düzeni sağlarlardı. Pirler köylere geldiklerinde kadınlar kendilerini eziyet eden eşlerini onlara şikayet ederlerdi. Pirler zulüm yapan kocaya "...Bu kadın senin yayında emanettir. Onu, aç, çıplak bırakma. Erkek gök, kadın ise yerdir. Sen ne yapsan kadın senin derdini çeker. Bugün canını sana teslim etmiş. Sana hizmet ediyor. Olumsuzluklarına rağmen bu ilişkiyi devam ettiriyor. Ne istiyorsun? Niye problem yaratıyorsun ? Niye iyi davranmıyorsun?" derken, kadına da ".. Kendinizi, namusunuzu koruyun, birbirinizle geçinin, saygılı olun. " derlerdi.

Kendisine iyi davranılmayan, hakaret, saygısızlık, zulüm gören kadın küser (kızıp evi terk etme) bir yakınının, bir dost ailenin, misahibinin, kirivinin veya babasının evine giderdi. Bir süre sonra ya kaldığı evin insanlarından biri ya da kendisini ikna etmeye giden eşi veya eşinin bir yakını kendisini alır, koca evine getirirlerdi. Öyle bugünkü gibi boşanma falan yoktu. Boşanma çok nadir oluyordu.

Ailelerimiz bizlere "...Sizleri canlı olarak o evlere gelin verdik, ancak ölüleriniz o evlerden çıkar" diyorlardı. Yani zulüm, sevgisizlikte olsa, rahatlık, huzur, kıymette olsa o ev de yaşamak zorundasın. Kadının seçeneği yoktu. Durumu fark edipte, kızlarını gerisin geriye alan aile sayısı azdır.

Eşlerimiz anneleriyle, babalarıyla birlikte her konuda karar alırlardı. Bizim düşüncemizi sormazlardı. Pirler erkeklere "Yaptıklarınız, uyguladığınız şiddet, hakaret, aşağılama iyi şeyler değildir. İyi bir yolu tercih etmiyorsunuz. Birbirinizle geçinin, eşlerinizi dövmeyin, eğer kadınları kötü yolda gördüy-seniz getiriniz nikahlarınızı yenileyeyim. Elinizi kana bulamayın." derlerdi.

Erkek kadına "Ben seni boşadım!" dediği anda nikah düşüyordu. Nikahsız oluyorlardı, kalıyorlardı. Bu durumla birlikte aynı evde yaşamaya devam ediyorlardı. Kışa doğru pir köye geldiğinde kadın kendisine gerçeği anlattığında o nikahı yenilerdi. Nikahı yenileyebilmesi içinde erkeğin düşüncesini sorardı." Kadını eş olarak kabul ediyor musunuz? " derdi. Erkek kabul ettiği anda nikah yapabilirdi. Erkek kabul etmese nikahı yenileyemezdi. Bazı erkekler ikinci nikahı kabul etmiyorlardı. Kadının evden gitmesini istiyorlardı. Bu evlilikler bitiyordu. Kadın kovuluyordu. Hiç bir hakkı da yoktu. Yalnızca üstündeki elbiselerle gelin olarak girdiği evden uzaklaştırılıyordu. İkinci evliliklerde nikah tazeleniyordu. Sevdikleri bayanlarla ve erkeklerle evlilik yapamayanlar ise kılamlarla duygularını anlatıyorlardı. Kendilerini ifade ediyorlardı.

Biz var gücümüzle çalışıyorduk. Bir teneke buğday ekerdik. Ya iki, ya üç teneke gelirdi. Çok yoksulduk, paramız yoktu. Ama insanlık, komşuluk, dostluk, dayanışma vardı. Ben geçmişi, bugün var olmayan ilişkileri çok özlüyorum. Bu dönemi bu ilişkileri hiç sevmiyorum. Beğenmiyorum.

Bugün komşuluk, tatlı dil, merhaba yok. Kimse kimseyi tanımıyor. Büyüklük, küçüklük bilinmiyor. Yaşlılar köşede otururlardı. Sabahleyin kalkıp dışarıya iş yapmaya gidecek olan oğul önce babasının elini öperdi. Baba "Bavo himet kê, ez terım kar..Baba dua et ben işe gidiyorum." derdi.

Şimdi öyle olmuş ki yaşlıları adam yerine koymuyorlar, değer vermiyorlar. Hiç bir şey yaşlılara hak olarak görülmüyor. Gençler anne, babalarından utanıyorlar. Onları, küçük, değersiz olarak görüyorlar. Yanlarına yakıştıramıyorlar. Birlikte dışarı çıkmıyorlar. Yürümüyorlar. Sosyete dönemi!

Biz büyüklerimizden utanmazdık. Hakir görmezdik. Başkalarını, yabancıları yüceltmezdik. Bizler de kendimizi küçük, hakir görme hisleri yoktu. Bu duygu dışarıya açılmakla, okullara gitmekle, yabancı kültürü tanımakla gelişti. Yani sonradan oluştu. Çocuklarımızın kafalarını yıkadılar. Onları kendilerine yabancılaştırdılar. Kendi kültürlerini tanımalarını önlediler. Kültürlerinden kaçar, utanır hale getirdiler. Acayipleştirdiler.

Geçmişteki birlik, kadir kıymet yok yoldu. Bizler birbirimizle görüşürken birbirimizin her iki omzunu hafifçe öperdik. Yaşlıların ise elleri öpülürdü. Yanaklar öpülmezdi. İnsanlarımız öldüklerinde Koçgiri'li bayanlar getirilir ve bu bayanlar çifter, çifter ölünün yanı başında oturur ve ağıt (kılam) söylerlerdi. Duygular ortaktı, birlikte ağlardık. Şimdi kim kimi ilgilendiriyor? Bizim özel, önemli günlerimiz vardı. Bu günleri hep birlikte karşılardık. Birlikte ibadet eder, birlikte eğlenirdik, gülerdik.

İlk eşimle 15 yıl evli kaldım. Bir gün olsun şiddet uygulamadı. Ben de küsüp bir yere gitmedim. Eşim kanserden dolayı öldüğünde acıdan mahvoldum. Dünyam karardı.

O, sağken ve öldükten sonra büyük kaynımdan defalarca dayak yedim. Adam anasına, başka şeylere kızar, gelir hıncını benden alırdı. Eşim kendisini kızmaz, tepki göstermezdi. "Evin dirliği, huzuru bozulmasın. El aleme malzeme olmayalım!" derdi. Niye, hangi hakla böyle davranıyorsun? demezdi. Biz Kürt kadınları kulduk, köleydik. Bugünkülere bakıyorum da, ne kadar rahatlar. Biz neler çektik, neler! Erken dünyaya gelmişiz. Geçmişi bu yönleriyle yeniden hatırlamak, anlatmak, istemiyorum.

Evin kumandanı kaynanamdı. Kaynanamla, eltim hiç anlaşamazlardı. Kaynım annesinden habersiz eşine bir şey alacak, ihtiyaçlarını giderecek, gönlünü hoş edecek olsa, kıyamet kopardı. Kaynanam alınan şeyleri gelinine vermez, elinden alır, sandığına kor kilitlerdi. Bir yığın hakaret, lafta sayardı. Kimse ondan izinsiz adım atamazdı.

Bizim üzerimizde bir tek yular eksikti. Yani yularlarımız açıktan çekilmiyordu, gizliydi. Ne söyleseler onu yapardık. Sürekli çalıştığımız halde, kaynanamı geçipte mutfağa giremez, canımızın çektiği bir yiyeceği alıp, yiyemezdik. Kaynanam ne verirse onu yemek zorundaydık. Çünkü o "bermal"dı. Yani çiftliklerde çalışan köleler misali. Çalış, üret ama tüketme hakkın yok. Önüne ne bırakılırsa onu yiyebilirsin.

Kaynanam, "Gelin nedir ki yağlı ekmek yesin. Kuru kömbe(yalnızca un, tuz ve su karışımından oluşturulan, pişirilen, yağsız yiyecek) ayran nelerine yetmez ki?" derdi.

Çalış, çalış, emeğinle ilgili bir şey söyleyemezsin, değerlendirme yapamazsın. Bazen kaynım anasına "Allah'tan kork. Onlar da, gelinler de bizimle beraber çalışıyorlar. Bize, oğullarına yağlı yediriyorsun da, gelinlere niye böyle davranıyorsun? Onları her şeyden uzak tutuyorsun. Yiyecek vermiyorsun. Hiç bir şeye layık görmüyorsun. Yaban ekmekle, ekşi ayranla insan beslenebilir mi?" derdi.

Erkekler ayrı bir masada topluca, biz gelinler ve çocuklar ise birlikte yemek yerdik. Taze yoğurt, yağ dururken kaynanam bize iyice ekşimiş, dökülecek duruma gelmiş olan ayranı verirdi. O şartlara rağmen doktor, hastalık bilmezdik. 50 yaşımdayken doktora göründüm. 65 yaşımda ise ilk kez hastanede yattım.

Eşim öldükten bir süre sonra, 15 yıl gece, gündüz çalıştığım evden beni kovdular. "Babanın evine git. Burada neyi, kimi bekliyorsun? Artık bu eve ait değilsin!" dediler.

Kocamın ölmesiyle ben bir yabancı olmuştum. Ortaklık bitmişti.

Çocuklarım tümden yetim kaldılar. Üstelik kaynanamda yabancı biri değildi, halam idi. Nereye gidecektim? Çocuklarımı nasıl bırakacaktım? Gitmek, çocuklarımı terk etmek istemedim. Beni evden attılar. Eşim ölmüş, annelik hakkı da elimden alınmıştı. Acıyla, göz yaşlarıyla baba evine döndüm.

İlk evliliğim ben 14 yaşımda iken yaptırıldı. 15 yaşında anne oldum. İkinci kez ise benden 10 yaş küçük olan teyzemin oğluyla evlendirildim. Onun köyünde ve Erzincan'da yaşadım. Her iki evlilikte on üç doğum yaptım. On bir çocuğum sağdır.

Kız kaçırma; gençler birbirlerini sevmişlerse veya erkek kızı sevmişe ve kız, kızın ailesi evlilik isteğini kabul etmezse, oğlanın yakınları veya arkadaşları tarafından ailenin, kızın haberi olmadan, kız gönüllü veya zorla bulunduğu yerden uzaklaştırılır. Saygın olan, değer gören birisinin evine götürülür. Durum kızın ailesine haber verilir. Her iki aileyi barıştırmak için "rusipî" dediğimiz sözü, değeri kırılamayacak insanlar harekete geçer. Nişanlı kızları dahi zorla kaçırıyorlardı. Sonuçta taraflar anlaştırılırdı. Başlık parası verilirdi. İlkin kızın erkek kardeşi daha sonra ise anne ve babası kızlarını ziyaret ederlerdi. Gelinin yakınları damatlarını kendileriyle birlikte evlerine götürür ve ona hayvan hediye ederlerdi.

Kızları ise aylar sonra davet edip baba evine götürürlerdi.

Gelinlerin bazıları yedi yıl sonra doğdukları evleri ziyaret edebiliyorlardı. Kızlar gelin oldukları eve alışsınlar anlayışıyla bu süre uzatılıyordu. Yakınlar evlendirilen kızlarını misafir ettiklerinde "Qiza xwe kırın zeyi.(Kizlarını eve davet ettiler" derlerdi. Davet edilen geline de inek, koyun, keçi ve giyim hediye edilirdi.

Gelin kendisiyle birlikte kebap, kete, kuru yemiş, şeker, tülbent, önlük getirir, kendisini ziyarete gelenlere hediye olarak verirdi. Örneğin birisine kazak hediye etmişse, o kişide kazaktan daha değerli bir hediyeyi alıp, kazakla birlikte geline hediye olarak geri verirdi. Köydeki her aile tek, tek gelini yemeğe davet ederlerdi. Kızın ailesi de kızlarını davet edenlerin hepsini evlerine davet ederek, topluca, hepsine birden yemek yedirirlerdi.

Yasaklar!; erkekler için biz üç renkten yün çorap yapardık. İsmet İnönü döneminde bunu yasakladılar. Siyah veya beyaz renkten yün çorap yapılması emredildi. Çorapların üzerine değişik desenler yapardık. Nakış yapmamızda yasaklandı. Çorabın aşağıya kaymaması için ağız kesimi iple bağlanırdı oda yasaklandı.

Bizler üçpeşli giyerdik onu da yasakladılar. Ondan sonra elbise (fistan) giymeye başladık. Erkeklere yaptığımız şallarda (pantolon) yasaklandı. Onlara, Ankara'da tahta oturanlar, komutanlarımız tarafından fabrika yapımı hazır pantolonlar giymeleri emredildi.

Köyler için "saneci" leri (vergi görevlileri) oluşturdular. Yazın buğdaylar harmanda iken bu kişiler gelir, çıkan buğdayı tenekelerle ölçer, nüfusa göre çok az bir miktar bırakır ve diğerini, devletin payı olarak alırlardı. Bütün emeğimize el koyarlardı. Hayvanlar içinde aynı şeyleri yapıyorlardı. Bunun adı vergilendirmeydi.

Bir emir verdiler "İki ekmeği olan birisini yer, birini de jandarmaya verecek." Ağzımızdan yiyeceğimizi zorla alıyorlardı. Vergi görevlileri kendilerini bir yerlerde gizler, köylüleri izler, yiyeceklerimizi sakladığımız yerleri görür ve el koyarlardı.

Kadınlara emirle, zorla yün çorap, yelek, pantolon yaptırdılar. Jandarmalar bekçiler ile birlikte ev, ev dolaşır, bunları toplar ve Almanlara, Hitler'in askerlerine gönderiyorlardı. Bizden alıp, diğer devletlere veriyorlardı.

İsmet İnönü herkesin ağzına bir parça kemik atıyordu. İstediğini yaptırıyordu. Almanlarla dost, ortak çıkarları var olcaktı ki, onlara destek sağlıyorlardı. İkinci dünya savaşı sırasında onlar için bizlere yün çorap ördürtüyorlardı. Alman askerin giydiği elbise, kullandığı çorap bizim neyimizeydi? İnönü ve adamları her gün bir emir veriyorlardı. Kendimiz giyemiyorduk, çocuklarımıza giydiremiyorduk, zorla elimizden alıp, Alman askerine, cepheye gönderiyorlardı.

Demek ki Hitler kazansaydı bunlara da pay, kemik düşecekti. O kaybedince bunlarda seslerini çıkaramadılar. Her şey, bütün yardımlar gizli, el altından yapılıyordu. Artık ortak hesapları neydiyse? Birlikte ne yapacaktılarsa?

Kışlık erzakımızı hazırlar evlere yerleştirirdik. Kışın jandarmalar evleri basar, bize ait olan yiyecek maddelerini hane nüfusuna göre ölçüye vurur ve fazla bulduklarına el korlardı, zorla alırlardı. Bundan dolayı köylüler jandarmaların geldiğini birbirlerine haber verirlerdi. Ambarlarda bulunan yiyecekleri çuvallara, hebanlara (hayvan derisinden yapılmış yiyecek ve benzeri eşyaları korumada kullanılan eşya) kor, dışarıya götürür, karın altında saklardık. Sürekli baskın korkusuyla yaşıyorduk.

Bir ara başka bir emir geldi. " Fazla çocuk yapılmayacak!" Kocalarımızla yatmamız dahil, her şeyimize karışıyorlardı. Bugünkü gibi ilaç, araç gereçte yoktu. Biz sürekli korkuyla yaşadık. Çalıştık, başkaları yedi.

1938 Dersim Kürt direnişi sırasında yaşanılan vurgundan sağ kalan kadınlar guruplar halinde çevre yerleşim birimlerinde dileniyorlardı. Gücümüzün yettiği kadarıyla onlara yardım ederdik. Onlar, başkasının döşürdükleriyle evlerinde insanlarını besliyorlardı.

Bizim insanlarımız sürekli savaşın ağır etkilerini yaşamışlar. Bir baba kızını buğday karşılığında evlendirir. Başlık olarak buğday alır. Kızı kendisine yaptırılan evliliği kaldıramaz, kabul etmez. "Buğday, ekmek gelmeyen yıl babam beni pişmiş ekmek yaptı- Sala ku nan nati, bavê mın ez kırım nanê pati " diyor. Açlık insanlara her şeyi yaptırıyor, yaptırabiliyor.

Korkusuz bir gün yaşamadım. 1923'te cumhuriyet adlı yeni rejim ilan edildikten sonra Mustafa Kemal ve diğer generaller tarafında mecliste kabul ettirilen kanunlarla bize, Alevilere ait olan her şey yasaklandı. Dini ibadetlerimizi, her şeyimizi gizli yapmak zorunda kaldık. Köylere emir geldi ve bizlere; "cem yapamazsınız, kendi anlayışınıza göre ibadet edemezsiniz. Saz çalamazsınız!" dediler.

Biz, bizleri de Ermeniler ve Rumların durumuna koyacaklarına inandık. Çünkü daha önce tahta oturan Osmanlıydı. Ondan sonrada Osmanlının zabitleri (subayları), idarecileri oturdular. Yeni düzeni kurdular. Sürekli "yasak" kelimesi yayılıyordu.

Seferberlikte binlerce Kürt Osmanlı için cephelere götürüldüler. Savaştırılıp, öldürttüler. Çokları geri dönemediler. Göç yolarına düşürülen halk ise açlıktan, hastalıktan, bitten, soğuktan kırıldı. Savaşlara götürülenlerin aileleri de mahvoldu.

Türkler bizler gibi perişan olmadılar. Yerlerinde, evlerinde kaldılar. Onlar, Ankara'da oluşturulan yeni yönetim şekliyle Kürtlerin ve diğer yerli halkların, insanların başlarına yönetici oldular. Anadolulu değiller. Yerin, toprağın altı kazıldığında "Türk medeniyeti" diye bir şey çıkıyor mu? Hayır. Göçer olan bir halkmış. Konduğu, işgal ettiği yeri kendisinin saymış. Orada olan kültürü, zenginliği kendisine mal etmiş. "Emek vermişsiniz. Zaman harcamışsınız. Bulmuşsunuz, yaratmışsınız. Sizindir. Bende yararlanabilir miyim?" sorusunu dahi sorma kibarlığını da gösteremiyorlar. Zor, şiddet, el koyma geçerli. Tarihi kazılarda çıkan eserler Anadolu'nun, Mezopotamya'nın gerçek sahiplerini tanıtıyorlar, anlatıyorlar. İşte televizyon programlarında gösteriyorlar. Hepsi başkaları tarafından yapılmış.

Yabancılar güzel ülkemizin her tarafına göz diktiler. Bol ürün veren ovalarımız, nehirlerimiz, dağlarımız, madenlerimiz, petrolümüz yabancıları çekti. Zenginliklerimize sahip olmak istediler. Sonuçta oldular da!

Yerleşim birimlerimizi yakıp, yıktılar. Biz onardık, tekrar gelip viraneye çevirdiler. İnsanlarımızı tutsak aldılar. Sürü yerine koydular.

Aşağıladılar. Bayanlarımızı köle gibi kullandılar. Pazarlarda sattılar. Arazilerimiz, bağlarımız saldırılardan dolayı kurudul, çölleşti. Biz değil, başkaları bizleri yönetiyor.

Yazıdan, hünerden, sanattan, tarımdan, üretmekten, çoğaltmaktan, kutsallıktan anlamayanlar; ziyaretlerimizi, kutsal yerlerimizi harabeye çevirdiler. Yaktılar. Bizi fakir biraktırdılar ve kafirlikle suçladılar. Bize ait bütün zenginliklerin üzerlerine oturup "bizimdir" dediler. Bizim kültürümüzü kendilerininkisi olarak ele alıp, ilan ettiler. Turistik dergi ve kitaplarda kullanıyorlar. Hiç sıkılmıyor, utanmıyorlar. Tanrı kabul etmesin.

Neden biz insanlar bu kadar kötü, bu kadar acımasız, bu kadar vahşi olabiliyoruz? Anlayamıyorum. Emek verilerek, zevk duyularak yapılan evler, konakları yaktılar. Annelerin sevgiyle büyüttükleri çocuklar boğazlandı. Kan dökmek ne kazandırıyor ki? Niye insanların gözleri doymuyor? Ben ne bileyim! Zulüm yapanda, zulüm görür. Kimsenin ahı kimseye kalmaz. Bize ait olan ve viraneye çevirmiş oldukları memleketimizin, evimizin temelinin, duvarlarının üstünü örtüp, her şeyimizi tümden sahiplendiler. Gölgesinde yaşamamıza da müsaade etmiyorlar. İşte bunun sonucunda insanlarımız dağıldı.

Herkes Avrupa'ya geldi. Küçük oğlumda onlardan etkilendi göç yoluna düştü. Ben artık yaşlıyım. Ekip biçemiyorum. Yoksa köyümden ayrılmazdım. Bana bakacak kimsem yok. Çocuklarım köyde yanımda kalsalardı evimden ayrılmazdım, buralara kadar gelmezdim.

Burada bütün gün evin içindeyim. Komşularımla, bu ülkenin insanları ile hiç bir ortak şeyim yok. Her şey bana yabancı. Köyümde yaşamak istiyorum. Kim köyünü, evini sevmez? Buranın nesini seveceksin?

Çocuklarımız dünyaya açıldı. Herşeyden haberleri var. Biz köyümüzün dışında bir şey bilmiyorduk. Gençler kendilerine hak tanıyorlar. Hakları olduğuna inanıyorlar. Haklarını arıyorlar. Güçlüler, ileriler. Tabi arka olmadan, güç olmadan insan başaramaz. Biz müslümanlarla aynı sofraya oturamazdık. Birbirimizi düşman bilirdik. Şimdi insanlarımız fark gözetmiyorlar. Birlikte yiyip, aynı yerde yatabiliyorlar.

Biliyor musunuz beni en çok rahatsız eden nedir? Bizim insanlarımız cetlerini (soylarını), her şeylerini unutmuşlar. Bize ait olan kültürü, inancı, hiç bir şeyimizi bilmiyorlar. Buralara gelen, her tarafa dağılan insanlarımız köklerini, köçeklerini unutuyorlar. Pirlerini, rehberlerini bilmiyorlar. İnsanlarımız ana, baba, vatan, ibadet her şeyi unutmuş.

Anneler, babalar, çocuklar okusunlar, bilgi sahibi olsun istiyorlar. İyi, güzel! Biz de okullar yoktu. Bir şey görmedik, öğrenmedik. Buralarda, yaban ellerde imkanlar kullanılıyor. Ama büyüyen çocuklar da buralılar gibi oluyorlar. Anneler, babalar kendilerine ait şeyleri onlara öğretmiyorlar.

Bak burada kilise, cami, sinagog var. Herkes evladına yolunu öğretiyor. Bizim çocukların, cemden, pirden, kurallarımızdan, yolumuzdan haberleri yok. Çocuklarımıza her şeyimiz öğretilmeli. Bizim öğrendiklerimiz, bize öğretilenler kötü şeyler değillerdi! Niye geldiğimiz yerdeki her şey pis, kötü, zararlı mı? Niye böyle düşünüyorlar? Niye başkalarını yüceltip, kendilerini küçük düşürüyorlar, görüyorlar? Niye insanlarımız kendi değerlerinden uzak duruyorlar? Öğrenmekte, öğretmekte ısrar etmiyorlar?

Kızım benim yakınlarım takılmışlar Türkiye sol hareketlerinin peşlerine. Tümüyle onların etkilerinin altındalar. Ne Kürtlüklerini, ne de Aleviliklerini kabul ediyorlar. Kendilerini tümden ret edip, zorla gidip başkalarına yamanıyorlar, yapışıyorlar. "Dünyada herkes birdir ve eşittir!" diyorlar. Tamam herkesi bir ve eşit görsünler. Kimseye haksızlık yapılmasın. Baş göz üzerine. Ama kendilerinden, cetlerinden, yollarından, topraklarından kaçmasınlar. Uzak durmasınlar. Beni düşündürüyorlar, üzüyorlar, yaralıyorlar. Herkesi bir, eşit görmek, kardeş görmek Kürtlükten, Alevilikten kaçmak demek mi? Ben yakınlarımdan bir şey anlamadım. Pirlerini, rehberlerini kaybetmeleri, değer vermemeleri beni huzursuz ediyor.

Şimdi öyle bir devir ki kimseye bir şey de söyleyemiyorsun. "Herkes hürdür. İstediğine inanır. İstediği gibi davranır. Baskı yapılamaz." diyorlar. Yavrum saygı, hürmet mi kalmış ? Hani, nerede?

Çocuklar, burada yabancıların içinde büyüyorlar. Köylerini, toplumlarını, cemlerini, ziyaretlerini, pirlerini görmüyorlar. Bilmiyorlar. Tanımıyorlar. Habersizler. Ana, babalar da "itiqatı - inançı" kaybetmişler. Kaybetmeselerdi çocuklarını; yollarına, dillerine, topraklarına göre yetiştirirlerdi.

Torunlarım bana hiç bir şey sormuyor. Merak etmiyorlar! Bildiklerimi, geçmişimi öğrenmek istemiyorlar. Gerek görmüyorlar. Benden yararlanamıyorlar. Benim dilimi konuşamıyorlar. Suçlu olan kim? Başta oğlum ve gelinim. Kime ne diyeyim?!

***

Bebeğin doğumunu bekleyiş Dersim'in, Demenan, Alan aşiretleri fertlerinde sürekli bir şenliğe dönüşür. (diğer aşiretlerdeki durumu bilemiyorum) Doğum olan evin tavanına bağlanmış halatlarla "çamçolıke" denilen bir oyun oynanır. Oyunun esası ağaç dalları üzerine çifter, çifter binen köyün gençleri, kız ve erkekler, karşılıklı olarak destanlar, şiirler, fabller, kahramanlık, aşk türküleri söylerler. Bunun dışında "sert" isimli bir oyun oynanır. Komşu bayanlar demir sacda buğday kavurması yapar yada ceviz, palamut vb. yiyecekleri hazırlayarak, oynayan, türkü söyleyen gençlere verirler. En töresel oyunlardan bir tanesi "gaxand"da olduğu gibi, bebeğin doğumunda oynanan "khalkek" oyunudur. Bunun doğuş efsanesiyle bağlantılı olduğu söylenir.

Doğuş kutsaldır. O, şenlikle karşılanır. Gençlerin sergiledikleri bütün oyunlar yeni doğan bebeğin selamlanması, doğuşunun kutlanması anlamına gelir. Ancak bebeği doğuran "dixaskane-lohusa"nın var olma, çoğalma eylemi, daha önce çocuklarını katleden bir anne olduğu ileri sürülen "helkhe, helk"in, ona ve bebeğine düşman olmasını da getirir. Halk dilinde anlatıldığına göre, bu bayan işlediği cinayetten ötürü ebediyen dipsiz kaplarla(elek) su taşımaya mahkum edilmiştir.

O, sazlıklarda, çeşme yakınlarında bulunan ve tasvir edildiği biçimiyle karmakarışık, taranmamış saçları, çok uzun memeleri olan ve memelerini omuzlarının üzerinden geriye iten, cadı benzeri bir yaratıktır.

Helke'nin amacı nedir? Hem "dıxaskan"ı, doğum yapan anneyi, hem de henüz isim verilmemiş olan yeni doğmuş bebeği ortadan kaldırmaktır. O, var oluşun ve yaratılışın düşmanı, karşı bir güçtür. Eylemi kin ve intikam üzerine kurulmuştur. Saldırısı var oluşa yöneliktir.

Geleneksel tedbirlere gelince, beşiğin etrafına keçi kılından yapılmış ipi dolamak ve "dıxaskan"ın korunması içinde, onun yatağını kıl keçisinin kılından yapılmış kilimin üzerine yerleştirmek ve etrafını da kıldan örülen iple çevrelemektir. Yanına da bir tas su, suyun içine de metal bir kaşık ve çuvaldız konur.

İnanca göre, "Helkhe" gözle görülmez ama geçişinden, oluşan esintiden, rüzgardan, onun evde olduğu his edilir. Eğer his edildiği anda kendisine çuvaldız batırılırsa, görünmez değil, görünür duruma düşer ve yakalanır. Çuvaldız çekildiğinde de yeniden sır olur. Görünmez.

Tarihte, Yunan trajedi yazarlarının da konusu olan "Medea" aslında Medya'lı bir bayan olup, doğan çocuklarını katleden bayan olarak trajedi konusu oluyor. Yunan mitolojisinde Euripides Medea'i, onu, Med kültüründen alarak trajediye dönüştürmüştür.

Aynı şekilde, benzer olarak Yunan mitolojisinde " Sysifos" işlediği suçlardan ötürü sırtındaki kayayı dağın doruğuna doğru taşır. Fakat her bırakışında taş tekrar yuvarlanıp ilk durduğu yere döner. Sysifos onu tekrardan tepeye kadar taşımaya mecburdur. Bir türlü tepeye ulaşamaz.

Çağdaş Fransız yazarı Albert Camus, "Sysifos efsanesi" adlı kitabında bu konuyu işler. Bu açıdan "Helkhe" mitosunun derinlemesine inceleme konusu yapılması gerekir. Koçgiride, Dersimde görülen bu olgu geçmiş dönemlere aittir.

Mezopotamya'da gelişen dinlerden biri Mytraizm'dir. Bu çok tanrılı dinde su tanrıçası "Ana Hita"dır. Hit kavramı Kürtçe'nin dımıli (zazaca) lehçesinde "ıslak" anlamına gelmektedir. Dolayısıyla Ana Hita, su tanrıçasıdır.

Dersimin dokuz kilometre kuzeyinde "Ana Hita" tapınağı Mezopotamya ve Anatolyanın İslamlaşmaları sürecinde "Ana Fatma" olarak adapte edilmiştir. Dersimdeki köy isimleri Türkçeleştirilirken bu kez de "Ana Fatma" kavramı, "Baba Ocağı" şeklinde dejenere edilmiştir.

Yine "Bereket Tanrıçası", "Kybele" Roma dininde "Magna Mater" olarak adlandırılır. Şair Lucretius, " De Rerum Natura-Evrenin doğası üzerine" adlı kitabının girişinde "Magna Mater"i , "Aeneas"ın soyunun doğurucusu ve "Alma Venus" olarak yorumlar. "Alma Venus" Kürt mitolojisinde "Astaro Pazewer!" olarak geçer. Tanrıça kültü, egemen kült olarak dinsel anlamda erkek kültünden farklıdır ve öncedir.

Mısır, Sümer, Hitit, Akat, Asur ve Babil toplumlarındaki inanç sistemleri incelenince, kültürler arası ilişkide kadın kültünün ağırlıklı olduğu anlaşılır. Dinlerin deformassiyon ve politikleştirilmesi süreci buna farklı yorumlar kazandırmıştır.

Daha sonraki dinsel süreçlerde, her din konumlarına göre bu sorunlara farklı yaklaşımlar sergilemişlerdir. Pek çok zengin kültürün sentezi olan Alevilik inancının pirlerinden birinin yorumuna göre de dünyadaki ilk insan "Ana Fatma" adlı bayandır. O, su içinde bulunan oda gibi bir şeyin içindedir. Dört erkek melek kendisini ziyaret ederler.

Her dinde farklı bir yorum yapılır. İnsanlık tarihinin Adem ve eşi Havva ile başladığı sanılır. Yalnızca ikisinden bahsedilir. Ancak Sümer tabletlerinin çözümlenmelerinden sonra, Aramanca ya da Babilce'den çevrilen Gılgamış destanındaki "Yaratılış" efsanesinin öğrenilmesinden sonra, Tevrat ve İncil gibi dinsel kitaplardaki varoluşla ilgili dinsel açıklamalar yeni yorumlara, tartışmalara yol açmışlardır.

Özellikle Ortadoğu kaynaklı olan Museviliğe göre ise, efsanelerde anlatılan biçimiyle, Tanrı, Havva'dan önce Lilith'i yaratmıştır. Yani Adem'in ilk eşi Havva değil, Lilith adında bir bayandır. Ancak, Lilith Adem'e itaat etmediği ve onu terk ettiği için lanetlenmiş (!) ve bir şeytana dönüşmüştür.

Efsaneye göre; Tanrı, topraktan Adem ile Lilith'i yaratır. Onları cennete yerleştirir. Onlarda oradaki birlikteliklerinde günümüzde var olan sorunları yaşamaya başlarlar.

Erkek olan "Adem" ilişkilerde yöneten olmak ister. Lilith bu girişim ve istekleri kabul etmez. Buna karşı "Adem" ise kendisini, bağışlayan, bereketli gökyüzü, Lilith'i de ürün veren toprağa benzeterek bu şekilde birleşmek konusunda istemini sürdürür.

Adem istem ve tavırlarıyla direnişini sürdürünce, Lilith, Adem'le birlikte yaşamanın kendisi için zor olacağına karar verip, Tanrı'nın söylenmemesi gereken adını söyleyerek göğe yükselir. Adem'in isteklerini kabul etmeyip, itiraz ve direnişle karşılık veren ve bulunduğu yeri terk eden Lilith'in yeri ve ismi de dışlanmışlar arasına katılır. O, çevresindeki cinlerle ve cinlerin kralı Şamael "Şeytan" ile ilişkiye girer ve onlardan çocuklar doğurur.

Cennette yalnız kalan Adem, Tanrı'ya dua ederek Lilith'i geri ister. Tanrı, Sanvai, Sansanvai ve Semangelof isimli üç meleği geri çağırmak üzere Lilith'e gönderir. Meleklere, Lilith dönmediği takdirde her gün yüz çocuğunun öldürüleceğini kendisine söylemelerini emreder. İstenilen söylenir. Lilith kararında ısrarlıdır. Dönmez. Tehdit uygulanır.

Lilith, yaşadıklarından dolayı duyduğu acıyla bu durumdan sonra bütün hamile ve doğum yapmış kadınların, bebeklerinin baş düşmanı olmaya yemin eder. Erkek çocuklar doğdukları andan itibaren sekiz gün içinde, kız çocuklarının ise yirmi gün içinde yaşamlarına son verecektir. Sadece yakınında bu üç meleğin ismi ya da şekli bulunanlara dokunmayacaktır.

Kürt Alevi'lerde bahsedilen "Elk" bu "Lilith" le aynı benzerlikler gösterse de farklı felsefi ve dinsel açıklamalara dayanırlar. Helke ile Lilith'in hangisinin daha önce, hangisinin daha sonra oluşturulduğu araştırma konusu olmalıdır. Bu açıdan Kürt mitolojisinin yeniden değerlendirilmesi gerekir.

Talmud'da, Tevrat'ın başta yazılı olmayıp, sonradan yazılı hale getirilen ikinci bölümünde, Lilith'den "dişi bir şeytan" olarak söz edilir. Bir hayalet şeklinde evlere girdiği, gözle görülemediği, kadın ve çocukları hedef alıp, erkekleri baştan çıkararak, onlara zarar verdiği, anlatılır.

Lilith'e ait bazı özellikler Babil'in "kötü tanrıçası" Lamatşu'ya mal edilmiştir. Lamatşu'nun Türkçe "albastı, loğusa" hastalığı olarak isimlendirilen olumsuzlukları yarattığına, hamilelere zarar verip yeni doğan bebekleri öldürdüğüne inanılıyor. Lilith'in özellikleri bayan olarak tarif edilmesinden dolayı Lamatşu'yla özdeşleştirilmiş olabilir.

Kadın cinsinin köreltilmesi ve köleleştirilmesinde dinlerin katkısı büyüktür. Alevilik inancına sahip olan toplumlarda ise kadının özgür olduğu belirtilir, belirtiliyor. Ben bu inanca sahip olan toplum içinde büyüdüm. Çocukluğum bir dağ köyünde geçti. Dış etkilere tümüyle kapalı, Kürtlüğün ve Aleviliği en doğal, sade halleriyle yaşayan insanlardan kendi kültürel değerlerimi aldım.

Tanık olduğum ilişkiler sonucu şunu rahatlıkla söyleyebilirim; gerçek hiçte söylenildiği gibi değildir. Eşitlik yok. Dini ibadetler hep birlikte yapılıyor. Kadın, erkek yan yanadır. Ama pratik yaşamda kadın ezilendir, hakarete uğrayandır, horlanandır. Orada da, küçük yaştan itibaren kız çocuğuna bir erkeğin egemenliği altında, zimmetinde yaşaması öğretilir. Her konuda öncelik erkek çocuğuna verilir. Bütün yatırımlar onun geleceğini güvenceye almak içindir. Aileler, bu şekilde kendi geleceklerini de güvenceye almış olacaklarını düşünüyorlar. Bu yaklaşımlar sonucu da sömürge toplumun kendisine, başkasına güven duymayan, ürkek kadın tipi ortaya çıkıyordu, çıkıyor. Daha doğrusu yaratılıyor.

"Kadının zayıflığı ve geriliği!" yıllardır bir toplumsal doğma, yıkılmaz temel bir dünya görüşü haline getirilmiş ve bunun üzerine bedeni, ruhi ve ahlaki bir baskı sistemi inşa edilmiştir. Bizlerde erkek, kadının iş gücünü, onu ömür boyu koruma karşılığında (!) sömüren sorumlu aile işvereniydi, iş-verenidir.

Kırsal yaşamda üretim çok yorucu ve zaman alıcıdır. Kadının bütün yaşamı ve gücü ailenin varlığını sürdürmesi için gerekli olan ihtiyaç maddelerini üretmekle geçiyordu, geçiyor. Kürdistan'da teknik araçların kullanılmadığı alanlar bellidir. Yoksul köylü fiziksel gücüyle üretici olabilir.

Dünyanın diğer bölgelerinde olduğu gibi, bizim topraklarımızda da tarımsal üretim değişime uğradı. Metropollere ve diğer ülkelere göçler yaşandı. Çocukluğundan itibaren evin dışındaki dünyayı araştırmanın, öğrenmenin kötü bir şey olduğuna inandırılan bir kız çocuğu, kendisinden istenilen, beklenilen, evlenmek, iyi bir eş (köle), evinin kadını, işçisi, çocuklarına iyi bir anne olma, konularında hazırlanır, şekillendirilir. Bu duygular bilinçaltına işlenir. Ama kendisine güvenmesi, yalnız yaşayabilecek güce erişmesi, atılgan, yaratıcı olması da öğretilir mi? Hayır. Onun, doğal yetenekleri törpülenir, küçültülür, kırpılır.

Ellerine, ayaklarına, duygularına, düşüncelerine, yeteneğine, üretkenliğine, yaratıcılığına görünmez zincirler vurulan kızlarımız, kadınlarımız yaratıcı olabilirler mi? Elbetteki hayır. Kadınlarımız, kızlarımız "Kader, alınyazısı, tanrı böyle buyurdu", denilerek kendilerine dayatılan yaşama, engel ve bastırmalara karşı çıkmama yönünde şekillendirildiler, şekillendiriliyorlar. Karşı çıkmasını bilmiyorlardı, bilmiyorlar. Karşı olma, ayıpsanmayı ve günahkar olmayı beraberinde getiriyordu, getiriyor. Kadere inanmak kadınımızı rahatlatıyordu, rahatlatıyor. Sorumluluktan kurtarıyordu, kurtarıyor. Eylemlilikten, karşı çıkıştan uzaklaştırıyordu, uzaklaştırıyor.

Bugüne kadar kadınlarımızın sosyal hayata katılmaları engellendiği, toplumun dinamiği olmaları önlendiği, bastırıldıkları için, toplum olarak kölece yaşamaya devam ettik. Mahkum olduk. Kadınlarımız, babalarının, amcalarının, kocalarının, kayınlarının, kayınpederlerinin, kardeşlerinin, ağalarının, sömürgecilerin istediklerini yaptılar, halen binlerce yapanımız mevcut.

Yazgı denilen olaya kendi cinsiyetimiz, cinsimiz, toplumsal yapımız konularında bilinçlenerek cevap vermeye, tartışmaya başladık. Farklı toplumlara açılmakla, radikal düşüncelerin toplumumuzda yayılmasıyla birlikte, kadınlarımız bir oranda kendi istediklerini yapmaya, yapabilmeye başladılar. Toplumsal değişim engellenemez. Ama ağırlaştırılabilinir.

Bayanlar, araç-köle olmaktan çıkıp birey olmaya başladılar. Yüzlercemiz ise halen ücretli köleyiz. Ekonomik olarak bağımlı, -ekonomik olarak bağımsız olsa da- politize olmamış, kafasında özgürlük kavramı şekillenmemiş kadın ruhsal zincirlerini kıramaz. Yüreğindeki hapishanenin kapısını açamaz.

Günümüzde kanbağının yerini duygu ve düşünce (ideoloji) bağlarının almaya başlamasıyla birlikte kadının dünyası da değişmeye başladı. Kendisini babasına, kardeşlerine, eşine, çocuklarına adamış kadın tipinden, kendisini özgürlüğe, eşit koşullarda paylaşıp, yaşayacağı bir ülkeye, mücadeleye adamış kadın tipine geçildi.

Kadınımız yaşam çerçevesi olarak kendisini ve ailesini almayıp, çerçeveyi renklendirdi, değiştirdi, genişletti. Toplumu, içinde yaşadığı dünya ve insanlığı ele alarak düşünmeye başladı. Kürdistan'da temel insani haklar konusunda verilen savaşlar ve sonuçları -şiddet, göç, açlık - toplumumuzda var olan ilişkileri alt üst etti. Kadınlarımız bireysel ve toplumsal güçlerinin farklarına vardı. Kendilerini yetenekleriyle, üretkenlikleriyle, ileriye yönelik politika ve kararlılıklarıyla anlatmaya, kabul ettirmeye başladılar.

Siyasal bilinçlenme sonucu oluşan istem ve kararlılıklarıyla "Kader, alınyazısı, tanrı böyle buyurdu" denilerek kendilerine dayatılan yaşama, engel ve bastırmalara karşı çıkıyorlar. Karşı çıkılması gerektiğini kendi cinslerine ve topluma anlatıyor, tartışıyorlar. Kısacası özgüven denilen olay gelişti.

Kız çocuğuna küçük yaştan itibaren büyükler tarafından verilen, aşılanan eziklik duygusunun yarattığı sağlıksız kişilik yerini, gerçeklerin aktarılmasıyla birlikte hayatta iddia sahibi olan sağlıklı kişiliklere bıraktı.

Kadınlarımız, kadınlık bilincine erişmelerindeki gecikme sonucu, kendi yazgılarının değişmesi için, kendi istem ve kararlarını belirleme eylemine sahip çıkamamışlardı. Kadınımız, gelişeceğim, çevremdekileri de geliştireceğim, kendimi seveceğim, çevremdekileri de seveceğim, kendime saygı duyacağım, çevremdekilere de saygı duyacağım, saygı duymayı öğreteceğim, demeli.

Başkaları tarafından bizim adımıza karar verilerek oluşturulan sahte evlilik kurumlarının yarattığı ekonomik ve toplumsal güvencelerin temelsizliğini de açığa çıkarmalıyız. Köle bir toplumun kadını da, erkeği de sağlıklı değildir. Olamazda.

Başkalarının istediği tarzda yaşamak, insanı mutsuz eder. Mutlu olmayan, olamayan insanlarda çevrelerine mutsuzluk yayarlar. İki insanın birlikteliğini, birbirlerini sömürme, kullanma, yararlanma olarak değil, birbirlerini her konuda destekleme, geliştirme, tamamlama, yan yana yürüyebilmelri önemsenir.

Kadın olmak, "kadınlara özgü" diye bilinen işleri yapmak değildir. Erkeğe bağımlılık değildir. Başkalarının belirlediği, şekillendirdiği yaşamı, geleceği kabullenmek hiç değildir. Toplumda egemen olan yaşam biçimine, anlayışa göre rolünü oynamak da değildir. Ülkemizde Kadın hareketi; Kürdistan'ın ve halklarının özgürleşmesi, gelişmesi, çağdaşlaşması için bir zorunluluktur.

Alevi topluluklarını ait oldukları uluslara göre ele almak gerekir. Kürdistanlı Aleviler, Kürdistan toplumunun bir parçasıdırlar ve bütünün özelliklerini sergilerler. Pratik yaşamda kadının konumu da pek fazla farklı değildir. Doğa içerisinde, insanı insan yapan, onu diğer canlı yaratıklardan ayıran, ona eşsiz ve benzersiz olma niteliğini kazandıran düşünebilme gücüdür. Ama bireyleri birey yapan, benzersiz oluşlarıdır. Bu anlamda farklılıkları da görmek gerekir.

İnsanlar arasındaki sınıfsal, düşünsel, ideolojik farklılıkların çatışmaları ve yer değiştirmeleri sonucu bugünlere geldik. Yani hep farklı fikirler çatıştı, çelişti. Herkesin aynı şeyi düşündüğü, hiçbir çelişkinin olmadığı bir ortamda düşünen insanın yokluğu sırıtır, görülür. Her şeyin kendi karşıtıyla varolduğunu ve gücünü karşıtından aldığını söyleyebiliriz. Bundan dolayı da çelişkilerden korkulmamalı hatta bireyler buna özendirilmelidirler.

Egemen olanlar farklılıkları, yasaklarla, kendilerine göre oluşturdukları yargı mekanizmalarıyla yok etmek istediler, istiyorlar. Yasaklar, baskılar belki görece bir sessizlik sağladı, sağlıyor. Ama bu geçici ve aldatıcıdır. Yasaklarla kitlelerin yönetildiği, işlerin yürütüldüğü ortamlarda konulan yasaklar, onlara uymaya zorlananlara güç verip, aykırılıkları, karşı çıkışları mayalarlar. Böylesi bir sonuçta tartışan değil, çarpışan güçleri ortaya çıkar. İnkarı yaşatmak, imhayı gerçekleştirmek isteyen güçler, meşrutiyet kazanmak ve kendilerinin kalıcılığını, yok edilemezliğini ispatlamak için ölümüne mücadele yöntemleri seçti, seçiyorlar.

Çoğulculuk olarak isimlendirilen ve her sesin, rengin, görüşün, cinsin, ulusun kendilerini ifade edebilecekleri, birbirlerine saygı duyarak yaşayabilecekleri, kendilerini özgürce ve kendi iradeleriyle yönetecekleri bir ortam bizim durumumuzda olan bütün insanların ihtiyacıdır.

Doğanın kendi kanunları çerçevesi içinde dönmesi, üretmesi gibi, insanda da bir denge mevcuttur. Doğallığa aykırı davranılması sonucunda hem doğal afetler, hem de toplumsal, bireysel çalkantılar yaşanır ve sonuç itibariyle bundan zarar görende insanlar oluyorlar.

***

"Evlilik, aşk, sevgi ilişkisinin doğal bir beklentisidir. Aşk, sevgi bitince evlilikte biter. Paylaşılacak bir şey yoksa, saygı kalmadıysa, anlaşamama, anlaşılamama durumu mevcutsa, insanlar birbirlerini evliliği sürdürmeye zorlamamalılar. "

GULAN: Sınır bölgesi Kürtlerindeniz. Aslen Dersim'den gitmeyiz. Kürt-Alevi bir ailenin çocuğuyum. Sekiz kardeşiz. Babam işçiydi. Değişik yerlerde çalıştı. Ekonomik olarak çok zorlandı. Annem ise ev kadınıydı.

Ben lise mezunuyum. Kardeşlerimden kimisi okudu, kimisi okulu bıraktı. Olanaksızlıklar ve yoksulluğun yarattığı sonuçlardan dolayı oluşan isteksizlikler sonucu okullarından ayrıldılar. Ben orta ve liseyi ilçede oturan ablamın yanında okuyabildim. Kısıtlı imkanlarla yıllarımı geçirdim. Okulda başarılıydım. Ama imkansızlıklardan dolayı üniversiteyi de okuyamadım. Kız lisesini bitirdim. Çekingen bir yapım vardı. Girişken, atılgan değildim. Sosyal olarak gelişmemiştim. Bizler, geleneklerin, var olan eğitim anlayışının baskısı altındaydık.

Lise döneminde birisine duygusal olarak bağlandım. Bağlandığım kişide de bana karşı sevgi gelişmişti. Ama açılamadı. Hislerini belirtmiyordu, duygularını bastırıyordu, gizliyordu. O insan üniversiteyi kazandı, bulunduğumuz yerden ayrıldı. 16 yıl sonra kendisini gördüm.

Ben liseyi bitirince nişanlandırıldım. 1,5 yıl nişanlı kaldım. Nişanlımla beraber dışarı çıkınca kız kardeşimde bizimle birlikte gönderilirdi. O, koruyucu olarak görevlendirilirdi. Yanında bir gözlemci, takipçi olunca ne konuşabilirsin! Ailemin anlayışına göre bacım yanımızda olunca cinsel ilişkiye giremezdik ve kızlık zarı da zarar görmez, sağlam kalırdı. Onlar, benden çok zarı koruma gereğini hissediyorlardı. Toplum bunu istiyordu.

Nişanlımla birbirimizi yakından tanıma fırsatı olmadı. O dönemde anlaşmazlık belirtileri çıktı. Çok farklı yapılara sahiptik. Beklentilerimiz değişikti. Aslında ilişkiyi bitirmek istedim. Abimlerle konuştum. Onlar da gelenekleri karşısında kararsız kaldılar. O dönemde ayrılık "çok ayıp" karşılanırdı. Bu şekilde, kafamdaki sorularla birlikte evlendim.

Evlendiğimizin ilk ayında huzursuzluk başladı. Ayrılmaya kalkıştık. Toplum tarafından yanlış değerlendirilir diye (kız mı değildi?) bir süre daha beklemek zorunda kaldım. Üç aylık evliyken hamile kaldım. Bebeği aldıracaktım, eşim bırakmadı. "Kalsın. Dokunma. Doğur!" önerisinde, isteğinde bulundu. Çocukları sevdiğini belirti. Üç ay daha böyle devam etti. Demek ki üreme duygusu ağır bastı.

Evliliğin sorumluluğunu kaldırabilecek durumda olmadığından bunalıma girdi. Kendisi psikolojik olarak rahatsızlandı. Benimle tanışmadan önce "Evlilik bana göre değil. Ben evlenmem!" diyormuş. Evliliğe karşı olan bir insan. Nedenleri neydi? Niye bu kurumu benimsemiyordu? Korkuları mı vardı?, bilemiyorum. Öğretmendi. Sonuçta yakınlarımla yeniden konuşma gereğini gördüm. Ben ve yakınlarım kesin tavır koyduk. Adam boşanmaya da yanaşmadı. Hem "Evlilik bana göre değil" diyor, hem de boşanmak istemiyordu.

Bir gün bana "Yurt dışına gideceğim. Dinleneceğim. Biraz kendime gelmek istiyorum. Her şey düzeldiği takdirde sizi yanıma alacağım!" dedi.

Tabi ben bu cümlelere inanmadım. Evden ayrılma isteği bir kaçıştı. Çıkmaza girmişti. Toplumdan çekindiği için ve iki ailenin çatışmasını engellemek amacıyla buraya gelişi tercih etti. Ben durumu anladığımdan üzerine fazla gitmek istemedim. Gelmesine karşı çıkmadım. Çok tutarsız bir insandı.

Kendisi evden ayrılıp bu ülkeye geldikten sonra, ben valizimi toplayıp annemlere gittim. O zaman altı aylık evliydim. Avukat tuttuk. Boşanma davası açtık. Bize yardımcı olmadı. Dava iki yıl sürdü. Çünkü adresi tespit edilemedi. Bir süre sonra buradan ailemi aradı. Bunalımda olduğunu, iltica ettiğini, sığınma talebinde bulunduğunu, bir süre beklemem gerektiğini, belirtti. Genelde hafta sonları beni arardı.

Telefonları, ikna edici cümleleri sonucu tekrardan ailesinin yanına döndüm. Yakınlarıyla birlikte yaşamaya, kalmaya başladım. Evli, duldum. Uzun süren yalnızlık, ailesinin baskısı, ekonomik sıkıntılar, kendisine olan bağımlılığım, sevgim ve dört yıl içinde yaşadıklarımın etkisiyle yüz felci geçirdim.

Bir gün Hollanda'da olan abimle konuştum. O, bana "Derhal onun ailesinin yanından ayrıl!" emrini verdi. Babamla da görüşmüş. Babam, bu telefon sonucunda kaynanamlara gelip, beni aldı. Tedavi etme girişimlerinde bulundu. Bir süre hastanede kaldım.

Eşim beni aradı. " Uğraşıyorum, işlemleri bitirmeye çalışıyorum. İkinizi de yanıma getireceğim. Bizim olmayan bir ülke. İşlemler kolay, kolay hal edilemiyor. Zaman alıyor!" dedi.

Sonuçta, babamla birlikte buraya gelebilmem için gerekli olan işlemleri yapmaya başladık. Eşimin yakınları bana hiç bir destek sunmadı. Oğullarına güvenmediklerinden, onun aile sorumluluğunu alamayacağını bildiklerinden dolayı benim buraya gelmemi de istemiyorlardı. Hiç bir açıklamada bulunmadılar. Sonuçta bürokratik işlemler bitti. Yola çıktık. Gelip bizi karşıladı.

Bana "Seninle açık konuşacağım. Tepki gösterme. Rahatsız olma. Sorun yaratma. Kabullen. Ben burada, buralı bir kadınla birlikte yaşıyorum. Kadınla anlaşamıyorum, ayrılacağım!"açıklamasında bulundu.

Tabi ki ben böyle bir gelişme beklemiyordum. Çünkü kendim dört yıl boyunca yalnız kalmış ve erkek arayışına girmemiştim. Onu aldatmamıştım. Başım döndü. Yerimden kalkamadım. “Bu da mı olacaktı?” diyebildim. Şok geçirdim. Bayandan kopacağına, ayrılacağına da inanmadım. "Gözden uzak olan, gönüldende uzak olur!" derler ya, ayrılık, uzak kalma erkekleri hemen yeni ilişkilere yöneltiyor.

Ben ve çocuk ilticaya başvurduk. İltica kampına verildik. İşlemlere başlandı. Kampta kalmamız gerekiyordu. Ben düşünemediğim, beklemediğim sürprizin sarsıntısını yaşıyordum. Kuma sahibi de olmuştum. Ben orada her konuda yapayalnız kalırken, O, burada her şeyi istediği gibi yaşıyor. On gün boyunca hep ağladım. Eşimin ilişkisini kabullenemedim. Kıskançlık krizleri geçirdim. Bir çıkmazın içindeydim. Ne yapacağımı da bilemiyordum.

Ev verildi. Kamptan çıktık. Eşim alışmıştı ve İtalyan bayandan kopamıyordu. Bizimle kalmıyor, sürekli sevgilisinin yanına gidiyordu. Bizim için ise bir yabancı olmuştu. Ayrılık soğukluğu da beraberinde getirmişti. Kadının uçkuruna bağlanmış olmalıydı. Bizim erkeklerimiz cinsel organa bağlanıyorlar, bağımlı hale geliyorlar. Bunu da sevgiyle karıştırıyorlar. Beraber kaldıkları kişiyi sevdiklerini sanıyorlar. Oysa cinselliği yaşayamadıkları anda da kişiyi rahatlıkla terk ediyorlar.

Araya giren zaman sonucu O, bana, ben ona çekici gelmiyorduk. Geçmişte yüzüne baktığımda kendimi dünyanın en mutlu insanı his etmemi sağlayan gözler, artık içimi kıpırdatmıyor, sevgi zincirlerini şakırdatmıyordu. Vurulduğum, tutulduğum yüz, benim için anlamsızlaşmaya başladı. Kendimi aldatılmış, aptal yerine konulmuş, kullanılmış görüyordum. Öfkeliydim!

Ben açlığı da burada öğrendim, yaşadım. Eşim bu devletin sosyal yardım kurumlarının bize verdikleri sosyal yardımı, yiyecek parasını da elimden alırdı. Çocuğumla birlikte aç kaldığım günler oldu. Bana ne kadar sosyal yardım verildiğini de bilmiyordum. Çünkü, O, buranın dilini öğrenmişti. Evliydik, buradaki medeni hukuka göre evin şefi olarak kabul gördüğünden, yardım kurumu görevlisi her şeyi ona teslim ediliyordu. O, parayı cebine kor ve diğer kadını memnun etmek, hediyeler sunmak için kullanırdı. "A...veren tatlı olur!"

Zamanla örgü örerek çocuğumun giderlerini karşılamaya başladım. Zengin bir bayan ekonomik durumumuzu bildiği ve sadece bize acıdığı için kendisine değişik şeyler yapmamı istiyordu. Ben onun istediği şeyleri örüyordum ve o da bedelini ödüyordu. Üç ay böyle devam etti. Bu arada, eşimin buralı kadından bir oğlu oldu. İlişkimizin yürümeyeceği açıkça belliydi. Ben ve kızım kenarda kalmıştık. İtalyan bayanı tercih ediliyordu.

Benim hamilelik dönemim, doğumum ve sonrası ise tümden yalnız geçmişti. Var olan sorunların içine bir başka canlıyı da katmıştım. Eşime, madem burada başka bir yaşam kurdun, niye beni buraya getirttin? Biz buradayız ve diğer kadından kopmuyorsun, bu böyle olmaz, diyordum. O, yanımıza geldiğinde hep tartışıyorduk. Bu tartışmalardan biri sırasında beni dövdü ve parmağımı kırdı. Tek kolla üç ay bütün işleri yaptım. "Doktora , banyoda düştüm, parmağım kırıldı de!" Dedim. Gerçeği anlatamadım. Herhangi bir şikayette bulunsaydım, O, sınır dışı edilirdi.

Daha sonra durumu bir avukata anlattım. O, bana "Şikayetçi ol. Burası Türkiye değil. Hukuk işliyor. Kadını koruyan yasalarımız mevcut. Eşin, burada bu şiddeti uygulayamaz!" dedi. Tutuk, pasif yapım aynen devam ettiği için girişimde bulunamadım. Durumu sineye çektim, kabullendim. O da benim kişiliğimi iyi çözdüğü, bildiği için istediği gibi davranıyordu.

İstanbullu Rum bir bayan burada iş yeri işletiyordu. Beni migrosta gördü ve "Gel biraz beraber oturalım, konuşalım!"dedi. Eşimin buradaki yaşamını, ilişkilerini tümüyle bana anlattı. Son cümle olarakta; "Kızım başının çaresine bak. Sırtını bu adama dayama. Çürük ağaçtan da beterdir. Durumunu, içinde bulunduğun gerçekliği kabul et. Kabul etmezsen baş aşağı gidersin. Sağlığın bozulur. Bu durum kızını da etkiler. Kocanı yok, ölmüş say. Yalnızlığını kabul et. Gerçeklerden kaçma. Kendin için çözüm yolları ara, bul. Ayaklarının üzerinde durmalısın. Yaşamını planlamalısın.

Kendini yalnız farz etmelisin!" dedi. O, bayan, bana yardımcı oldu. Yolları, olanakları gösterdi. Yavaş, yavaş yaşamımı düzenlemeye başladım.

Sonuçta eşimle konuştum ve boşanmaya karar verdik. Hemen boşanamıyorsun da. Ü yıl avukat denetimi altında bekledik. Bu arada bende iş buldum. Kızım için ayakta kalmamın gerekliliğine, zorluklara karşı savaş vermemin mecburiyetine inandım. Savaşçı olmalıydım. Annede ben, babada ben olmuştum. Bebeğimi aldırmamı engelliyen, onu doğurmama sebep olan bu erkekti. İstediği zevki aldı, beni dölleyip kenara çekildi. Üreme güdüsünü tattı. O, sadece biyolojik babaydı.

Beni buraya getiriş nedenini sonradan anladım. Oturum almakta zorlanıyordu. O zaman ailesiyle birlikte bu ülkeye gelmeyenlere kalma, çalışma hakkı verilmiyordu. Bu ülkede kalma hakkını elde etmek için beni buraya getirtti. Yani ben ve çocuğum kendisinin amacını gerçekleştirmesi için birer araç yapılmıştık.

Eşim,Türkiye'ye gelipte boşanmaktan da korkuyordu. Yakınlarımın kendisini cezalandıracaklarını düşünüyordu. Burada dostuyla resmi evlilik yapamıyordu. Bu yoldan da oturum hakkı alamıyordu. Çünkü iltica başvurusu sırasında benimle evli olduğunu söylemişti ve bu belgelerle ortadaydı. Yetkilileri kandıramazdı.

Buradan çıkış yapamıyordu. Türkiye'ye gelmiş olsaydı, bu ülkeye giriş yapamazdı. Beni yıldırarak, yıpratarak boşanmayı kabul ettirmek istiyordu. Ayrı evlerde yaşamaya başlamış olmamıza rağmen gelip bana saldırırdı. Şiddetin değişik şekillerini uygulardı. Bende buraya geldim, olanakları, imkanları öğrendim ve geri dönmedim.

Onun burada beraber olduğu kadın sayısını bilemiyorum. Çok rahatlıkla ilişki kuruyor. Maniple ediyor. Daha nişanlıyken ilçede yaptıklarını, bayanlar konusundaki açlığını duyduk. Ailem işin içinden çıkamadı. Cesaret edipte nişanı gerisin geriye atamadılar. "El ne der! Başkaları gelip seni istemezler. "El dokundu" derler. "Gelin olarak alınmazsın. Ev de kalırsın. Dedikodu yapılır. Adın çıkar. " dediler ve beni ateşe attılar. Hayatım karardı. Gençliğim çürüdü. Hiç bir şey yaşayamadım. Yürümeyeceğini bile, bile bu evliliğe sürüklendim. Bir de çocuk yaptım. Kafasızlığım, bağımsız karar veremeyişim, isteğimde diretemeyişim, teslimiyetçi oluşum beni mantıksız bir sevgi yaşamama, eşime bağlanmama ve sonuç itibarıyla da bu duruma düşürdü.

Sekiz yıldır tümüyle yalnızım ve burada yaşıyorum. Şimdi 36 yaşımdayım. Yalnız yaşamaya başlamak ve kimseye muhtaç olmamakta beni rahatlattı. Burada kalmak benimde işime geliyordu. Kürtlerde bana yardımcı oldu. Çok değişik insanlardan değişik tepkiler de aldım. Burada bir kadının yalnız yaşaması Kürt toplumuna ters geliyor. Kabul görmüyor.

Düşündüm, ben bir insanım ve yürümeyen, anlamı olmayan bir ilişkiyi onurlu bir şekilde bitirdim. Ne yapayım? Rahatsız olanlar varlarsa olsunlar! Herkesi razı edecek halim yoktu.

Çevremdeki erkekler bana rahat vermediler. Çok sayıda evlilik teklifi aldım. Hepsini de ret ettim. Talepliler arasında istediğim ölçülere sahip bir erkek yoktu. Ayrıca, en önemlisi, ben deneyim sahibi de olmuştum. Korkarak, temkinli bir şekilde insanlara yaklaşmaya başladım. Çünkü yüz üstü bırakılmıştım. Üstelik şiddete uğramıştım. Aç bırakılmıştım. Bunların sonucunda oluşan tedirginlik, korku ve güvensizlik çemberinden kolay, kolay çıkamıyorum. Halen de yalnızım.

Kızım 12 yaşında. O, çok tepkici ve hırçın bir çocuk. Böyle olmasının nedenleri yaşadıklarımız, tanık olduğu şeylerdir. Çocukta derin izler oluştu. Bir aileye gidelim veya mutlu bir çift evimize gelsin, O, huzursuz oluyor. Yani onlar mutlular, beraberler, biz niye değiliz? Onlar birlikte yaşıyorlar, biz niye yalnızız?, düşüncesine sahip. Düşüncesini direkt söyleyemiyor da. Beden diliyle, hırçınlık, saygısızlık yaparak, duygularını belirtiyor. Baba yok. Ben yanındayım. Bütün kinini, öfkesini bana kusuyor.

Kızım, bir çocuğun yaşaması gereken şeyleri yaşayamadı. Bir yönü hep eksik kaldı. Baba hiç ilgilenmiyor. Diğer bayan ve diğer çocuk onun ilgi alanı içindedir. Kızım gelecekte de bugünün sonuçlarını yaşayacak. İçindeki eksiklikler, yaralar varlıklarını devam ettirecek. Onun yaşamı boyunca mutsuz bir insan olarak kalmasından korkuyorum.

Kendisine, babanla farklı yapıdayız. Ortak yanlarımız yok. Ancak sen evliliği yaşadığında bizim durumumuzu anlayabilirsin. Var olan durumu ka-bullen. Bütün erkekler kötü ve sorumsuz değiller, diyorum. Ne derece sağlıklı bir anneyim? Ne yapmalıyım? Bilmiyorum, bilemiyorum.... Bu soruları kendime soruyorum.

En büyük isteğim çocuğumun sosyal ve ruhsal olarak sağlıklı bir insan olması. Sağlıklı annenin çocuğunun her yönden sağlıklı olacağına inanıyorum. Benim durumumda ortada. Rahat değilim.

Çocuk buradaki, çevredeki ailelerin, babaların çocuklarına yaklaşımlarını, ilgilerini görüyor. Onlar gibi olmak, benzer şeyleri yaşamak istiyor. Babası ise insanlara gösteriş olsun, toplum tarafından kınanmasın diye arada bir gelip kendisini alıyor. Bazen de aylarca aramıyor. Olmasa daha iyi. Çocuk bilecek ki babasız ve durumu kabul edecek. Bu hem var, hem yok!

Çok duygusal bir insanım. Çocuğumdan ayrı kalamam. Beni yaşama bağlayan tek dal. Ona sarılıyorum. Ondan ayrı olamam. Benim her şeyim.

Babasının sorumluluk duygusunu taşımadığını iyi biliyorum. Çocuğu al, büyüt deseydim, bütün sorumlulukları verseydim, bakmayacak ve bir torbayı fırlatır gibi, onu götürüp yakınlarına bırakacaktı. Çocuğum, onun annesine, babasına hizmetçi olacaktı. Nasıl teslim edebilirim? Öğretmen. Ama çocuk psikolojisini anlayan bir insan değil. Bir baba en azından çocuğuna karşı sabırlı olmayı bilmeli. Çocuğun hareketlerinin, tepkilerinin nedenlerini de yorumlayabilmeli, anlamalı.

Çocuğu dışarı çıkardığında, çocuk mutsuz veya huzursuz olsa, " İt, aynen annen gibisin" diyor. Çocuk huzursuz bir şekilde eve dönüyor ve bana saldırıyor. "Niye babam bana annen gibisin, diyor? Farklı bir cümle söyleyemez mi? Niye beni senle karşılaştırıyor, kıyaslıyor. Bu davranışlarından bıktım. Yanında mutlu olamıyorum. Buna fırsat vermiyor!" diyor.

En kötü şey ise kızım babasından korkuyor. Çocuk kendisinden bir şey isteyemez ve düşündüklerini de açıklayamaz. Egoist bir baba. Bir tek çocuğun oluşmasına neden oldu, o kadar. O da zevke ulaşmak için yatağıma geldi. Keyfini alıp rahatladı. Sonucu tümüyle ben yaşıyorum.

Binlerce bayanın yapamadıkları fedakarlığı yaptım. Beni bir robota dönderdi. Sürekli üzerimde baskı kurar ve beni aşağılardı. Durduğu yerde huzursuzluk çıkarırdı. Defalarca saçlarımdan tutarak, başımı duvarlara vurdu. Bu darbeler sonucu sürekli baş ağrısı çekiyorum. Başkalarıyla dostluk kurmamı, görüşmemi de istemezdi. İstiyordu ki sürekli evde oturayım. Resmen değişik işkence seansları uyguluyordu. Aşağılaması da bir başka işkenceydi.

Bana yardımcı olmak isteyen insanlara da tavır alırdı. Geriye, geldiğim yere dönmemi istiyordu. "Burada değil, Türkiye'de boşanalım!" diyordu. Oraya dönmemin ne anlama geldiğini çok iyi biliyordum. Yine başkalarının eline bakacaktım. Burada çalışıyorum. Sosyal güvencelerim var. Yaşam kaygısı duymadan, kendimi güvencede hissediyorum. Hiç bir zaman çaresiz kalmayacağım. Hukuksal olarakta kadın hakları mevcut.

Yani yakınlarıma sığınmayacak ve yoksul ailemden kızımın giderlerini karşılamalarını istemeyecektim. Kendim çalışıyor, üretiyor ve ekonomik bağımsızlığa sahiptim.

Eşimin buralı bayanla olan ilişkisi de hesap üzerine kuruluydu. Burada kalmak için, kadına sığınmış durumdaydı. Sığıntıydı. Sevgi, saygı yoktu. Kadın çok sayıda erkekle beraber olmuştu. İstediği gibi yaşıyordu. Bizlerin kültürüne sahip değildi. Kadının daha önceki ilişkilerinden olan çocukları eşime her türlü lafı, hakareti sayıyorlardı. O ise söylenilenleri sineye çekip oturuyordu. Kadınla eşimin çıkarları bir noktada çakışıyordu. Kadının buna çok faydası dokunuyordu. Burada kalmasını sağladı. Maddi destekte sunmuştu.

Biz ayrıldıktan sonra, İtalyan bayan kızımın babasının Türkiye'de evlenmek istediğini duyuyor ve kendisini evden kovuyor. Hem de nasıl? Onu eşyalarıyla birlikte kapının önüne atıyor. Poliste kendisinin oturum süresini uzatmıyor. Adam ne yapacağını şaşırdı. Dolanıp durdu. Kadının eşimden olan çocuğu şimdi sekiz yaşında.

Ben oturumumu garantiye aldım. Durumum kesinleşmeyene kadarda ondan boşanmadım. Kalma hakkını elde ettikten sonra resmi olarak ayrıldım. Kızımın babası dışarı atıldı ve oturum, bu ülkede kalma hakkının tehlikeye girdiğini anlayınca, gelip benden yardım istedi. Bana yalvardı. Ezildi, büzüldü, küçüldü. "Ne olur iyi bir baba olduğumu, kıza karşı sorumluluklarımı yerine getirdiğimi resmi makamların görevlilerine söyle. Sadece kızdan dolayı oturum süremi uzatabilirler. Başka bir çare yok. Aksi takdirde beni geri gönderecekler. Sınır dışı edecekler. Ağır bir ameliyat geçirdim. Türkiye'de yaşama imkanım yok. Hiçbir garantim mevcut değil. Çalışamam da!" açıklama, istek ve ricasında bulundu. Çünkü buralı bayanla evlenme sonucu, yani evlilik yoluyla oturum hakkı almıştı. Kuralları yerine getirmediği gibi geri gönderirlerdi.

Haline baktım, acıdım. Yabancılar polisine gittim. Çocuğuna karşı ilgili, sorumlu bir babadır. Çocuk için gerekli her şeyi yapıyor. O, olmazsa çocuk zor duruma düşer, dedim. Resmen yalan söyledim. Benim bu girişimim sonucu, onun, burada kalmasına izin verdiler. Yoksa üstündekilerle gerisin geriye göndereceklerdi.

Bu durumu duyan çok sayıda insanımız beni bu konuda eleştirdi. " Sen halen O adama bağımlısın. Ondan kopamadın. Onun sana uyguladığı şiddeti, reva gördüklerini hak ediyorsun. Bir türlü akıllanmıyorsun. Yaşadıklarından ders çıkaramıyorsun. Ona, hayır demesini bilmiyorsun. Daha ne kadar seni kullanmasına müsaade edeceksin? Sen onun durumuna düşmüş olsaydın buradan gönderilmen için ne gerekirse onu yapardı. Çocuğun varlığını bile göz önüne almazdı. Acımasız davranırdı. Ne yapar eder seni geri göndertirdi" dediler. Ben insancıl yanımı yenemiyorum. Ona, hayır, diyemiyorum. Halini gördüm, acıdım. Ama O, ne bana, ne de çocuğuna acıyor. Ne bileyim. Biz bayanlar niye böyleyiz ? bilemiyorum !

Buralı kadına elini kaldıramaz ve yüksek sesle konuşamaz. Yapsın, sonucunu görürüz. Kadın bir ara bana telefon açtı. Daha önceki üç evliliğinden 5 çocuğu olduğunu söyledi ve "Bu adamın yüzünden çocuklarımı kaybettim. Durup dururken evde huzursuzluk çıkarıyor, küfrediyor. Evimde huzuru sağlayamıyorum. Çocuklarım dışarıya yöneldiler. Değişik şeyler yapmaya başladılar. Kriminalize oluyorlar. Okul durumları iyi gitmiyor!" diyerek dert yandı.

Kadın, erkeksiz kalamıyor, yaşayamıyor. Erkekle olunca da çocukları için gerekenleri yapamıyor. Onların ihtiyaçlarını karşılayamıyor. Çocuklar anneyi bir başkasıyla paylaşamıyorlar. Evde tartışma olunca değişik şeyler gelişiyor. Çocuklar dışarıya yönelip, değişik suçlar işliyorlar. Kadın bana dert yanınca, kendisine, ben olayın içinden çıktım. O, benim erkeğim değil. Kızıma da babalık yapmıyor. Herhangi bir sorununuz olursa beni bulaştırmayın. Çocuktan dolayı bazı şeylere mecburum, katlanıyorum, kendisinden uzaklaşamıyorum, dedim.

Bu adam benim hayatımı mahvetti. Beni iyice sindirdi. Hayattan bezmiş, korkak bir insan yaptı. İç dünyasında huzursuz olan, kendi kendisiyle mutlu olamayan, kavgalı bir insanım. Bu yaşta dalgınlık, unutkanlık, hırçınlık, asabiyet, her şey mevcut.

Sürekli aşağılandım. Eleştirildim. Yetersizlikle suçlandım. Yakınları bile; "Bu adama nasıl dayanabiliyorsun, hakaretlerine biz tahammül edemiyoruz!" diyorlardı. Kızımı hep ön planda tuttum. Onu kaybetmek istemiyorum. İkimizi birlikte kabullenen bir baba, bir hayat arkadaşı aradım. O anlayışta olan birisiyle de karşılaşamadım. Bir tek cinsellik için de, bir erkekle beraber olamam. Gelişmiş, belirli değer yargılarının dışına çıkmış bir erkek istiyorum. Birbirimizin dilinden, isteklerinden anlayabilmeliyiz.

Bazıları, burada oturum alabilmek amacıyla bana yaklaştılar. Oturum aldıktan sonra ayrılma hesapları yapıyorlardı. Ben enayi değilim. Kendimi kullandırmam. Yeterince kullanıldım ve aşağılandım. Bedelini çok ağır ödüyorum. Çocuğumda her erkeği kabullenen bir yapıda değil. Kızımla iletişim kuramayan bir insanla ben nasıl yaşarım? Beni eşi, onu da kızı gibi kabullenecek bir insan olmalı. Sevgi ve oluşan boşlukları doldurmak önemli. Eğer ben evliliğimin ilk ayında baş gösteren anlaşmazlığı ciddiye alıp, akıllı davransaydım, evliliğimi bitirseydim bu kadar süre acı çekmezdim. Anne olmazdım. Çocuksuz dul olacağım için de rahatlıkla yeni bir evlilik kurabilirdim. Çocuğumun olması yaşamımı mahvetti. Yaşadığım bütün stres ve üzüntü ona yansıyor. O da benimle birlikte acı çekiyor. Sürekli gerilimde olan bir insanım. Kızım komşularıma kendisini sevmediğimi, istemediğimi, söylemiş. Çocuk bu yargıya varıyor. Kendimi sevemiyorum ki, onu da sevebileyim. Ben rahat değilim ki, o da olsun. Benim fark edemediğim gerçeklikleri O fark edebiliyor.

Kızım Katolik kilise görevlilerinin kurdukları ve problemli ailelerin çocuklarının, yetimlerin kaldıkları bir yurtta kalıyor ve orada okuyor. Onu ancak hafta sonları alabiliyorum. Çünkü sürekli çalışıyorum ve ona ayıracak zamanım yok. Akrabada yok. İlgilenecek, sorumluluk alacak birisini de bulamadım. Ödeme yapmam gerekir. Aldığım maaş zoraki giderlerimize yetiyor.

Kız yetimler yurduna gitmek istemiyor. Pazar akşamları gözyaşları içinde benden ayrılıyor. Ben hangi hakla bu çocuğu dünyaya getirdim? O, şimdiden beni sorgulamaya başladı. Geleceği de beni korkutuyor. Tam bir asi olacağa benziyor.

Kendi toplumumdan belirli ailelerle görüşüyorum. Kendimi korumak zorundayım. Karşı cinsten uzak durmaya çalışıyorum. Sürekli temkinli davranıyorum.

Ben Alevi dedesi kızıyım. Ocağız. Toplum içinde ağırlığımız var. Ailemin şerefini, onurunu düşünmek zorundayım. İnsanların dedikodularından korkuyorum. Malzeme olmak istemiyorum. Yani bir yönüyle baskı altındayım. Rahat hareket edemiyorum.

Yalnız olduğum için posta kutuma mektuplar atıldı. Rahatsız edildim. Bu şekilde yaşamak kolay değil. Kendi cinsimden, kadınlardan da bir destek göremiyorum. Göze geldiğim, güzel olduğum için beni kıskandıklarını hissediyorum. Kadınlar, özellikle benden uzak duruyorlar. Erkeklerin bakışları da gözümden kaçmıyor. Ne yazık ki kadınlarımız arasında dayanışma, birbirlerini destekleme düşüncesi, isteği yok.

Buradaki kadınların hepsi benim neden yalnız kaldığımı, neler yaşadığımı biliyorlar. Kendileri de aynı şeyleri yaşayabilirlerdi, yaşayabilirler. Hiç bir şeyin garantisi yok. Bana moral, güç verecekleri yerde, evlerine gitmeme onlarda rahatsızlık yaratıyor, yaratabiliyor.

Elbette ki sevgiye, ilgiye, dost sıcaklığına, sohbete, diyaloga ihtiyacım var. Kadınlarımızda gördüğüm gerçeklik şu, hepside eşlerini korumaya almak, korumak istiyorlar. Kimden koruyacaklar? Yalnız yaşayan bayanlardan mı? Bir erkek evinde doyumsuzsa, dışarıda arayışa girmişse, ne yaparsan yap onu durduramazsın, önünü kesemezsin, isteklerinden uzak tutamazsın, gidişini engelleyemezsin. Bana göre bu tür evliliklerin de hiç bir anlamı yok. İçi çürümüş ve ayakta durabilen bir ağacı anımsatıyorlar. Dul bir kadın olarak Türkiye'de de yaşamanın ne kadar zor olduğunu geçen yıl izne gittiğimde daha iyi anladım.

Biten bir ilişki yaşadım, terk edilen bir bayan olarak öç almaya yönelmedim. Bu tür şeylerle uğraşmak, zaman kaybetmek bana göre değil. Ayrıca öç almaya kalkanların durumlarını da görüyorum. Başkalarına sakız oldular. Rezilliğe gerek yok. Ama öç almayı düşünmedim de değil. Öyle bir şeye girişseydim, belki rahatlardım. Öfkem, kızgınlığım biterdi.

Bu ilişkinin ardından geriye sadece kötü, yıpratıcı anılar kaldı. Şimdi kendim ilişkilerimi istediğim gibi düzenliyorum.

Bir evlilik yapsam da ağabeylerime sormadan karar veremem. Yalnız başıma davranamam. Onların düşünceleri benim için önemlidir. Ben ağabeylerimden habersiz bir şey yapamam. Her şeyden korkuyorum, her şeye kuşkuyla bakıyorum. Hayat beni böyle yaptı.

Ben sinirimi bağırıp, çağırarak yenemedim. İçime gömdüm. Bedenimi rahatlatamadım. Ayrıca üzüntümü içime atarak, sağlık durumumda olumsuz etkilendi. Yalnızca, hep ağladım. Hislerimi dışarıya yansıtamadım.

Politikaya, politikayla uğraşanlara mesafeliyim. Kadın sorununa da uzaktan bakıyorum. Sosyal yaşamımız sıfır. Yaşamımızı görüyorsunuz. İşten eve, evden işe. Kimseye yardım edecek durumda değilim. Herkes kendi sorununu çözsün.

***

Erkekler bazı durumları kadınlara göre daha kolay kabullenebiliyorlar. Ayrılık onlar için kabullenilmesi gereken bir gerçekliktir. Eğer ilişki bitmişse, ayrılmak gerekiyorsa yapılacak bir şey yoktur. Bu onların üzülmediği anlamına da gelmez. Erkekler yetiştirilişlerinden dolayı çoğu zaman üzüntülerini dışa vurmamayı, duygularını karşılarındakilere aktarmamayı, paylaşmamayı tercih ediyorlar. Onlar için bir ilişki bittiyse bitmiştir. Üzülseler bile bunun fayda sağlamayacağını düşünürler. İç dünyalarını yansıtmadıkları için çok rahatlıkla kalp-damar hastalıklarına yakalanıyorlar.

Çok az şey bazı insanlar üzerinde ilişkiyi bitirme, birlikteliğe son verme kadar bir etki uyandırır. İstemeden de olsa yaşıyoruz. Hayatta neyle karşılaşacağımızı bilemiyoruz. Gerçekle yüzleşmek, kabullenmek, zorluklara teslim olmamak, kendimizi sorgulamamız gerekiyor. Kavgaya, ağız dalaşına hiç gerek yok.

Olumsuzlukları yaşadım. Burada benim hatam, eksiğim neydi? Niye bunları yaşadım? Hangi özelliklerim, zaaflarıma neden oldu? diyebilmeliyiz. Eve, içe kapanmamak gerekiyor. Sonuçlar değerlendirilmeli. Anlayabilenle konuşulmalı. Sevebiliriz. Canlıyız ve sevgi taşıyoruz. Verip, alma ihtiyacı görüyoruz. Önemli olan birlikte olacağımız insanı tanıyabilmemiz. Tanıyabilecek ölçülere ulaşmamızdır. Yanımızda oturan, evimizi paylaştığımız, yeni yeni ısındığımız, yaklaştığımız insanın kafasından geçenleri hissedebiliyor muyuz? Yapabileceklerini, niyetini tahmin edebiliyor muyuz? İlişkinin geleceğine yönelik bazı sorularımız ve yanımızdaki bireyin verdiği cevaplar, bizi davranışların nedenlerini bulmaya, onu değerlendirebilmeye götürür.

İlişkinin başlangıcında bazı soruların kafamıza takılmasına engel olamıyorsak ilişkinin uzun vadeli olmasını isteyen bir birey, bir bayan olarak birtakım soruların cevabını merak etmemiz normaldir. Cevabı da yanımızdaki bireyden almalıyız. Yanımızdaki erkeğin bize farkında olmadan gönderdiği sinyalleri iyi algılamamız gerekiyor. Çünkü bizim için önemli olan soruların yanıtlarını onun en küçük hareketlerinde bile bulabiliriz. Onu bir kitap gibi okumayı başarabiliriz.

Bu bayanı nişanlılık döneminde yanındaki erkeği anlamaya başladım. Ama kendisi pısırıkı. Onu sevdi ve sevgisine yenildi. Teslim oldu. İkircikli bir ruh haline girdi. Aile olumlu bir tavır koyamadı. Erkeği iyi tahlil edipte, kızlarını uyaramadı, koruyamadı. Hep birlikte sağlıklı bir karar veremedikleri için de, O, bugün çocuklu dul olarak yalnız yaşıyor.

Fiziki olarak, güzellik olarak, yetenek olarak, bilgi olarak eksikliği yok. Aylardır göçmen ve yalnız bir bayan olarak yaşamını sürdürüyor. Ama ailesel eğitimin, sosyalizasyonunun esiri olarakta acılar yaşıyor. Halen yakınlarına sormadan kendisiyle ilgili olarak karar veremiyor. İçine oturtulduğu çemberi kıramadı, kıramıyor. Düşünüyor. İstiyor. Pratiğe geçiremiyor. Alışkanlıklar-ından kolay, kolay kurtulunmuyor.

Ne yazık ki birilerinin mutlulukları, başkalarının mutsuzlukları üzerine kuruluyor. İçimizi esir alan sıkıntıların ve adlandıramadığımız hüzünlerin kıskaçlarında yuvarlanan kar toplarına dönüşürüz. Yuvarlandıkça ağırlaşırız. Sağlıksız duygu ve düşünceler tarafından esir alınırız. Onları taşımaya mahkum oluruz. Pişmanlıklarla ve keşkelerle geçen yılları geriye getiremeyiz.

Gerçekleri görmek, bilmek, anlatmak istemeyiz. İçimizdeki boşluklar, öfkeler, kızgınlıklar ve düzensizliklerle yüzleşemeyiz. İnançlarımızı, güncel gelişmelerle, buluşlarla, bilgilerle tazelemeyiz. Değişime kendimizi kapatmamızdan dolayı da bizi hırpalayan sonuçlara merhaba der ve yaşama küseriz.

Dışta varolan zıtlıkları görmememezlikten geldikçe, kendi dinamiklerimizi yaratıp, geliştiremeyiz. Elbetteki acı çekmekte bizler için kaçınılmaz son olur. İlkin kendi oluşumuzu gerçekleştirmemiz gerekir. Buda bilinçli mücadele gerektiriyor.

Sürekli sızlanış ve şikayet yenilgiyi çağrıştırır. Bir suçlu aramak bizim yetersizliğimizi, çözümleyici olamadığımızı gösterir. Bu bayan pir kızıydı. Pir kızı olması ocağa bağlı taliplerin onun yaşamıyla ilgili karar vermeleri, onu kısıtlamaları anlamına gelmiyordu. Ki Alevi toplumunda Pir-Talip ilişkileri dejenere olmuş durumda/ Ayrıca, O, farklı bir toplum içinde yaşıyor. Kendisini görünmeyen zincirlerinden koparamıyordu. Her şeyi, herkesi hesaba katıyordu. Halbuki sorun kendisiydi.

Bilinçli sevgi, anlaşılmak, umut etmek, onaylanmak insana güç, direnç veriyor. Sevgiyle, aşkla yürünülen yollar, kötü ilişkiler sonucu hatırlanılması, yürünmesi, görülmesi istenmeyen mekanlara dönüşebiliyor. Beraberliklerin başlangıcında boşanma, ayrılma çok yabancı kavramlar olarak kalırlar. Başlanılan ilişkinin yaşamın sonuna kadar devam edeceğine inanılır. Boşanma, bir ilişkiyi bitirme, hele çocuklar da varlarsa hayatın en ağır travmalarından birini oluşturur.

Her ilişki bireylere, sahiplerine özgüdür. İlişki, aşk, sevgi ya doruk noktasına kadar yaşanılır yada nefrete, kine dönüşür. En acı olan şeyde sevginin nefrete dönüşmesidir.

Boşanma, ilişkiyi bitirme değişik gelişmeler sonucu ortaya çıkıyor. Bu örnekte olduğu gibi aldatılma, kırıcı kavgalar, hakaretler, şiddetin her türü, karşılıklı konuşamama. Bu aile sesli bir boşanma süreci yaşadı. İlişkileri çevrelerinde tartışıldı, konuşuldu. "Haklı, haksız!" kelimelerine maruz kaldılar. Onlar gitmeyen, yürümeyen bir ilişkiye sahiplerdi. Ayrıca erkek tercihini de yapmıştı.

Boşanma, evlilikten daha fazla beceri, yetenek, manevra gücü istiyor. Taraflar kılıçlarını karşılıklı kullanmaya başladıklarında makul ve en az zarar veren boşanmayı yaşayamıyor. Kırıp, dökmeler, ağır yaralanmalar, onarılamayacak etkiler oluşuyor. Boşanma talebi tek taraflı olunca, diğer taraf zırhlarını giyerek saldırıya geçtiği gibi, mağdur, zavallı, kullanılmış ve terk edilmiş rolüne de soyunabiliyor. Toplumumuzda konuşarak, anlaşarak, ortak kararla boşanma sonucuna varabilen insanlarda var.

Boşanma bu bayanda, yasal, ekonomik, sosyal ve psikolojik evrelerini yaşadı. O, boşanmanın sosyal ve psikolojik evrelerinde yapayalnız kaldı. Kızında da oluşan sıkıntıyı ve geleceğe yönelik olarak onun yaşamında ortaya çıkma ihtimali yüksek olan olumsuz etkileri azaltabilecek hiç bir girişimde bulunamadı. Çocuğun geleceği babayı da ilgilendirmedi. O, sadece özel dünyasında. Sevgililerine zaman ayırtabiliyordu. Çocuk geri plandaydı.

Bu bayanın birlikteliği daha başlangıcında alarm sinyalleri veriyor. Ama o kendisi için en büyük kötülük olan direnme yoksunluğuna sahip. Kendisi için en sağlıklı girişim olan ilişkiyi bitirme kararını alamaz. Durumu ailesine havale eder. Onlar da topluma havale ederler.

Birlikteliğini resmi nikahla yasallaştırdıktan sonra da olayların içine sürüklenir. İflas etmiş bir ilişki içinde gel-gitleri yaşar. Terk eden tarafta olamaz. Erkek, duygusal, bedensel ve yasal ayrılık için gereken girişimleri pratik yaşamıyla, tavırlarıyla ortaya koyar. Tartışmalar bitmez. Bayan sürekli ağlayarak tepkisini gösterir. Kendisini yıpratmanın dışında bir şey yapamaz. Bir süre ne yapacağını da bilemez. Sonuçta, eşiyle birlikte boşanma kararı verebilir.

Boşanma sonrası gerilimleri, sorunları yaşamaya başlar. Aradan aylar geçmişti ama kendisiyle görüştüğümde de o sorunları yaşadığını fark ettim. Sağlıklı, mantığıyla karar verebilen bir insan olamamıştı. Destek ve süre gerekiyordu. Çok sorunlu, sıkıntılı, aylarını yalnız geçirdiği, sözde bir evlilik yaşamıştı. Böyle bir ilişkiden kurtulduğu için kısa sürede kendisini toparlaması gerekirdi. Sırtındaki yükü atmıştı. Hafiflemesi lazımdı. Ama halen bazı yüklerin altındaymış gibi bir izlenim yaratıyordu.

O, geçmişte evli, nikahlı ama ruhsal olarak yalnız, boşanmış bir bayandı. Göçmen olduğu andan itibaren kesintili sürelerle eşiyle yan, yana kalabilmişti, fiziksel birliktelikler olmuştu. Duygusal ayrılık egemendi.

O, ilişkiyi bitirme yada devam etme kararını vermek zorundaydı. Duygusal yalnızlık, bir başka kadının, kumanın varlığı onda hisler hattında da değişik ruh halleri, çatışmalar yaratmıştı.

Kendisinin giderlerini karşılamak için atağa geçme gereği görmüştü. Çünkü erkeğin hiç bir katkısı olmadığı gibi onu sömürüyordu da. Cinsellikle ilgili sorunlar da yaşıyordu. Ruhi ve bedensel sağlık alarm vermeye başlamıştı.

Gerçektende tam bir Kürt güzeliydi. Fiziğiyle ilgi noktası olmasına rağmen, istemlere, arayışta olan insanlara, kendisiyle birliktelik için çabalayan erkeklere cevap veremiyordu. Sağlıklı bir tercih yapamıyordu. Uzak kalmayı yeğliyordu. Çünkü halen yastaydı.

O kızının babasını seviyordu ve duygusal bağdanda kurtulamamıştı. Bağımlılığı devam ediyordu. Kızının babasına duygusal yönden hak ettiğinden çok fazla bir yatırım yapmıştı. Değer vermişti. Bunun verdiği acıyı yaşıyordu. Adam uyguladığı her türlü şiddet ve yaklaşımlarıyla bu yatırımı çar, çur etmişti ama halende bitirememişti.

Bayanlara özgü olan sevgi verme, annelik, koruma güdüsü mü var olan sevgiye dayalı sermayenin bitişini engelliyordu ? Elbetteki etkisi vardı. Ayrıca o Kürt bir anne, göçmen, çocuk sahibi ve hem kendi cinsi, hem de aile, akraba, çevre desteğinden yoksun olarak, dilini iyi bilmediği bir toplumda, duygusal yalnızlığın şokunu yaşıyordu.

Kolay bir girişim değildi. Yaşadıkları ve yalnızlığı sonucu içine girdiği matem havasından kurtulamıyordu. Belki de kurtulmak istemiyordu. Kimisi acı çekmeyi sever. Ayrıca onun için de şekillendiği, yetiştiği Alevi dini inancına sahip insanlarımızda da matem sevilmekte. Hüzün sürekli evlere konuk olmaktadır. Bu anlayış içinde şekillenen bayan da kolay, kolay matem kültüründen uzaklaşamıyor. O, yas kültürünün yarattığı tahribatın, sıkıntının farkına varamıyor. Kendisine, ilişkilerine zarar verdiğini göremiyordu.

Canlılar sürekli bir değişim, dönüşüm yaşar. Bu kural değişmez. Bizler değişiriz. O, eşinin Avrupa'da duygusal olarak değişim ve yabancılaşma yaşadığını, toplumun erkeğe sunduğu bütün olanakları kullanan sorumsuz bir eş ve baba aşamasına ulaştığını belirtiyordu. İyi bir tespitti. Elbetteki göç, aylarca uzak kalma, evlilikle, ilişkiyle ilgili hislerde de değişim yaratıyor. Özlemle birlikte, unutma, soğuma da gelişebiliyor. Yaşanan boşluk, yalnızlık sonucunda, çevrede bulunan bayanlara yönelim gerçekleşiyor. Ki bu durumu çok sayıda erkeğimizde gözlemliyorum.

Toplum evlilik dışı ilişkide erkeği suçlamadığı için, erkek de bütün hislerini, doyasıya yaşamak istiyor. Nasıl olsa geldiği toplumun baskısından, değer yargılarından da uzaklaşmış, kurtulmuştur. Farklı bir toplumun içindedir. Erkeklerimiz, "Yaşasın bireysel özgürlükler" sloganını yalnızca kendileri için haykırabiliyorlar.

Eşi, onu ve kızını kendi bireysel istemleri önünde bir engel olarak görüyor. Onlardan kaçıyor. Uzaklaşmak, memlekete göndermek istiyor.

Bayansa kendisini depresif, yenilgiye uğramış, başarısız, sıkıntılı bir insan olarak değerlendiriyor. Olumsuz hisler yaşıyor. Boşanmalarına rağmen çatışmalar, söz düelloları, kızgınlıklar, öfkeler devam ediyor. Bayan olayların kendisi dışında geliştiğini düşünüyor ve mudahale etmiyor..

Yas döneminin uzaması, onun bireyselleşme sürecini de uzattıkça uzatıyor. Travmatik bir durumun sonucu olarak başaşağı gidiyor. Kontrolünü kaybetmiş. Olayların kendini sürüklediğini göremiyor. Tabi ki temel neden onun son noktayı koyamaması, halen bekleyişte olmasıı. Boşanmasına rağmen halen evli gibi. Yaşadığı gerçekliği ruhen kabul edememiş. Psikolojik boşanmanın son aşamasına varamamış. Egolar tam anlamıyla birbirlerinden ayrılmamış.

Erkekle olan bütün ilişkilerini koparması, görüşmemesi, dedikodulara izin vermemesi, malzeme olmaması, şehir değiştirmesi, onun boşanma sonrası oluşan ruhsal ortamdan kurtulmasını, uzaklaşmasını sağlardı. O ise kendisini kurtaramıyordu. Çünkü aynı şehirde kalıyorlardı. Haberler gelip, gidiyordu. Birileri onları taşıyordu. O, boşanmış evliydi. Duygusal boşanmayı başarmamıştı.

Duygusal boşanma sorunuyla birlikte, sosyal boşanmayla yüz, yüze kalmıştı. Boşanması sonucu sosyal statüsü değişmişti. Çevreden kendisini uzak tutuyordu. İzole etmişti. Daha önce görüştüğü ailelerle görüşmüyordu.

İnsanların kendisini yalnız bıraktıklarını, özellikle evli bayanların evlerine gitmesini istemediklerini, eşlerini ondan kıskandıklarını belirtiyordu. Kabuğuna çekilmişti. Yalnızca işe gidip, geliyordu. Diğer zamanlarında da evine kapanıyordu. Sosyal boşanma onun için bireysel bir aşamaydı.

Psikolojik olarak eşine yönelik gel-gitleri yaşıyordu. Hem halen sevgi hislerini taşıyor, hem de kesinlikle birlikte yaşayamayacağını biliyordu. Ruhsal olarak tümüyle boşanmayı kabul etmesi, kendisini ilişkinin tümden bittiğine inandırması ve bireysel özerkleşmeyi yaşaması, yeniden birey haline gelmesi onun için en hayırlı, sağlıklı sonuçtu. Yalnızdı, yalnız yaşıyordu. Çocuğunun da bütün sorumluluğunu taşıyordu. Ama ruhsal olarak kabul etmenin son aşamasına gelememişti.

Boşanmıştı. Sosyal, duygusal, mesleksel, toplumsal statü, içinde bulunduğu konum itibariyle, kendisini yeniden tanımlaması gerekiyordu. Ben kimim? Neredeyim? Ne yapıyorum? Birey olarak görev ve sorumluluklarım nedir? sorularıyla yerini belirlemeliydi. Göçmen bir bayan olarak tanımlamalıydı. O, zorlanıyordu. Yeniden yanlış ilişkilere sürüklenme ihtimali yüksekti. Sarsıntılı, dalgalı bir dönemi yaşıyordu. Bir limana mı yetişecekti yada karaya mı vuracaktı, belli değildi. Karaya vurma ihtimali yüksekti. İçinde bulunduğu boşluk onun için ağır bir yük oluşturmuştu. Sevgisiz, yalnız kalma, kendisi için sıkıntı yaratıyordu.

Yaşadığım evlilikte benim rolüm neydi? Bana verilen rolde ben ne yaptım? Neler yaşadım? Neler istedim? Neler verip, neler aldım? Terazinin kazanç mı, kayıp mı, hangi kefe daha ağır, sorularını kendimize sorabildiğimizde ve cevaplayabildiğimizde, aslında yaşadığımız ilişkideki hesaplaşmanın bitmesi aşamasına ulaşmış oluyoruz. Defteri kapatmayı başardığımız, becerdiğimiz an kendimiz için sağlıklı kararlar almaya doğru yönelebiliriz. Geleceğimiz açısından projeler çizip, hedefler belirleyebiliriz.

Çocuk bu ilişkinin arasında mahf olmuştu. Sahip çıkmayan, aramayan, sormayan, babalığın görev ve sorumluluklarını yerine getirmeyen bir baba ve mutsuz, huzursuz, gerilimli, çocuğu başının belası, ayak bağı olarak gören bir anne.

O çocuk hakettiği, aradığı sevgiyi, değeri bulamıyordu. Çevresine annesinin kendisinin varlığından rahatsız olduğunu söylüyordu. Hırçın, saldırgan, özellikle sorun yaratan, söz dinlemeyen bir çocuktu. Bu davranışlarıyla kendisinin varlığını anlatmaya, kabul ettirmeye çalışıyordu. Sonuçta da daha çok tepki topluyordu. Baskı görüyordu.

Yetimler yurdunda kalmak istemiyordu. Kendı evinde olmak ve o şekilde okula gitmek onun en büyük isteğiydi. Anneyle, baba çocukla ilgili görev bölüşümü yapamadıkları için çocuk rahibelerin koruması altındaydı.

Saatlerce çalışan anne yorgun düşüyordu ve çocuğa bir şey veremiyordu. Çocuk en doğal bir istekle anne ve babasını kendi yanında görmek istiyordu. Anne ve baba birlikte boşanma olayını kendisine anlatmamışlardı. O, onların boşandıklarını biliyordu. Ama içinde bırakıldığı yalnızlığı kabul etmiyordu.

Baba çekip gitmişti. "Babam, annemi ve beni terketti!" düşüncesine saplanmıştı. Güven krizi yaşıyordu. Diğer yandan anne ve baba arasındaki sorunlarda aracı olmak istemiyordu. Tanıklık yapıyordu. Anne ve baba, bayan ve erkek olarak seçimlerini yapmışlardı. Çocukta o ilişkinin ortasında eziliyordu.

Ne yazık ki halen binlerce anne ve baba korkularını çocuklarının korkuları, zayıflıklarını çocuklarının zayıflıkları, isteklerini çocuklarının istekleri haline getiriyorlar. Oluşturdukları tahribatın, verdikleri zararın farkında değiller.

Sürgünde yaşadığım İsviçre'de şahit olduğum bir başka gerçeklikse, kendi kendileriyle, karşı cinsle kavgalı hale gelen göçmen, mülteci veya yerli anne ve babaların büyük bölümü çocuklarının hangi yaş dönemlerinde onlara nasıl davranmaları gerektiğinin bile bilincinde değiller. Çocukları sadece aç, çıplak, barınaksız bırakmamak, her şeyi çözmüyor. Buralarda sosyal yardım kurumları olmazsa hiçte hoş olmayan manzaralar oluşacak.

Çocuğun sahip olduğu cevherleri, yetenekleri işleyipte çocuğun eline vermek gerekiyor. Annelik, babalık budur. Çocuğun bütün yaşamını etkileyecek temel taşlarını büyükleri döşüyorlar. Sorumluluktan kaçamayız. Sonuçları hesaplamak zorundayız.

Kızları kavgacı, erkekleri suskun yapan içinde büyüdükleri atmosferdir. Aile içi kavgalardan daha çok etkilendikleri gözlenen kız çocuklarının, ilerideki yaşlarda kavgaya meyilli oldukları, az etkilenen erkek çocuklarının ise suskun ve içlerine kapanık duruma geldikleri tespit edilmiş durumdadır. Anne ve babaları sık, sık kavga eden çocukların, edindikleri olumsuz izlenimleri uzun süre üzerlerinden atamadıkları da belirlenmiş durumda.

Anne ve babaların ev içinde yaptıkları kavgalardan olumsuz etkilenen çocukların ruhsal durumları bozulmakta. Çocukların, özellikle şiddeti içeren kavgalardan uzak tutulmaları gerekiyor. Sık, sık anne ve baba kavgası görerek ruh sağlığı bozulan çocuk, özgüven duygusu da kazanamıyor. Bu nedenle, özellikle şiddet içeren kavgalar ve sert tartışmalar çocukların önünde yapılmamalıdır.

Fiziksel şiddetin artmasından ve kavganın içeriğinden çok etkilenen çocuklar, aşırı korkuya kapılabiliyorlar. Fiziksel şiddet gören çocuk başkalarına veya kendi kardeşlerine de şiddet uygular.

Aile içi şiddet ve kavgayla tanışınca depresyona giren çocuklarda, davranış ve uyku bozuklukları oluşuyor. Bu bozukluklar, ileri yaşlarda da devam edebiliyor ve onarılması güç problemler ortaya çıkıyor. Çocukları kandırmak çok zor, hatta mümkün değil. Çocuk, kavganın uzlaşmaya varacağına inandığı zaman fazla etkilenmiyor.

Çocuklar, anne ve babalarını sürekli mutlu ve huzurlu görmek isterler. Buda onların en doğal haklarıdır. Tartışma ve kavga görmeyen çocukların, insana güvenme, başkasını sevme ve kendi başına iş yapma yetenekleri istenilen düzeyde gelişmekte.

Boşanma sürecinin, bireysel, toplumsal sonuçları olan bir olgu olarak ele alınması gerekir. Eşlerden biri için evliliğin devam şartları (duygusal, cinsel vb..) ortadan kalksa bile diğeri, değişik sebeplerle biçimsel olarak evliliği sürdürmeyi tercih edebiliyor. Sosyal açıdan boşanmış bir birey olmanın getireceği güçlükler, ekonomik bağımsızlığın olmaması gibi etkenler, toplumumuzda daha çok kadınlar açısından, boşanmanın önündeki engelleri oluşturuyorlar. Bu ilişkide olduğu gibi bazen aşırı bağımlılık gibi kişilik yapıları da sorunlu evlilikleri bitirmeye engel olabiliyor.

Boşanma sürecinde bazı eşlerin, çocukları bir şantaj aracı olarak kullanmalarına, onlara hakem rolü vermeye çalışmalarına da tanık oluyoruz. Bu tip sakat yaklaşımlar; çocukta yalnızlık ve güvensizlik hislerini geliştirir. Bu durumu farklı halklardan olan insanlarda da gördüm. Irk fark etmiyor.

Boşanan, daha doğrusu boşanmayı bir türlü başaramayan anne ve babaların, çocuklarına yaşattıkları sorunlar göz ardı edilecek gibi değil. Boşanan anne ve babalardan her iki tarafta çocuğu kullanabiliyorlar. Daha doğrusu, boşanma halinde çocuk kimde kalırsa, o taraf çocuğun beğenisini, takdirini, olurunu kazanmak için olağanüstü verici davranıyor ki rakibine üstünlük sağlasın. Tercih edilen olsun. Bunu fark eden rakipte aynı eğilimi gösterince çocuk disiplinsiz, sınırlarını, haklarını bilemeden büyüyor.

Anne, babalar devamlı çocuğun önünde birbirlerini kötüleyince, birbirleri hakkında olumsuz cümleler sarf edince, çocuğa baskı uygulayıp da taraf olmasını, tercih yapmasını isteyince, sonuçta çocuk kendisi için çok önemli varlıklar olan anne ve baba arasında seçim yapmak zorunda kalıyor. Bu ise kendisinde ciddi duygusal fırtınalara yol açıyor.

Genellikle çocuklar annede kaldıkları, anneler boşanma durumunda kendilerini daha fazla mağdur gördükleri için, çocukları babaya vermek istemiyorlar ve onların babayla görüşmelerini engelliyorlar. Yani çocuk aracılığıyla, çocuğu kullanarak, boşandıkları kişiden intikam alıyorlar. Eziyet ediyorlar. Acı çektiriyorlar. Bu sahneler çocuğu zedeleyen ve güven duygusunu henüz çocukken yok eden bir ortama hazırlar. Anneler ne yaptıklarının farkında, bilincinde değiller. Babalara değil, kendi yavrularına tamir edilemeyecek zararlar veriyorlar. Onlara çok kötü bir miras bırakıyorlar. Bu arada olan çocuklara oluyor.

Boşanma sürecinde çocukların anne ve baba arasında var olan problemlerde taraf, müttefik olmaları bekleniyor. Ebeveyinlerin çocuklarını kullanmaları, evdeki tartışmalarda ve bunun sonucunda çevreye kendilerinin haklılıklarını kanıtlama girişimleriyle başlıyor, mahkemelerde, duruşmalarda devam ediyor. Her iki ebeveynde çocukların kendi tarafları, savunucuları, koruyucuları olmalarını bekliyorlar. Bazen öyle kötü sahneler gerçekleşiyor ki, ebeveynler çocuklarından kendi lehlerine ifade vermelerini de isteyebiliyorlar. Orada, o ortamda, başkalarının önünde çocuğun içine düşeceği durum hesaba katılmıyor. Büyükler sadece o anı kurtarmaya çalışıyorlar. Kendilerini düşünüyorlar.

Anne-babalar, eşlerinde gördükleri kötü, olumsuz özellikleri, "aynı baban, aynı annen gibisin!" vb. suçlayıcı, yargılayıcı sıfatlarla, cümlelerle çocuklarına yönelik olarak kullanıyorlar. Var olan özellikleri onlarla özdeşleştiriyorlar. Aslında bu davranışlarla onları istismar ediyorlar. Çocukların tepkilerini topluyorlar. Çocukta benzetildiği kişiye yönelik olarak ya tepki, sevgisizlik, uzak durma isteği yada onunla olma isteği gelişiyor.

Çocuk seçim yapmak zorunda bıraktırılıyor. Oysa çocuk için en büyük zorluk, en ağır darbelerden biri; seçim yapmaktır. Anne mi, baba mı? O, karar verecek ve verdiği karara göre bir daha öbür tarafa dönmemek üzere ayrılacak. Seçim yapmaya zorlanan, itilen, teşvik edilen çocuklar yaşamlarındaki en büyük taşlardan birini yok sayma durumuyla yüz yüze kalıyorlar. Bir tarafı tercih edince de diğer tarafın kendileri için gerekli olan sevgisini alamıyorlar.

Boşanma sürecinin ortaya çıktığı yaşa bağlı olarak, çocuklarda çevre ile uyum sorunları, okul başarısında düşme, aile dışında sosyal guruplara yönelme, evden kaçma, alkol-madde kullanımı, alt ıslatmalar, konuşma güçlüğü, anksiyete ve depresyon gibi ruhsal ve davranışsal sorunlar ortaya çı-kabiliyor. Sorunlar oluşup ta devam ediyorsa bir uzman yardımı almak en doğru yaklaşımdır. Kaç anne-baba bunun gerekliliğini düşünebiliyorlar ki?

Bu bayanı on yıla yakın bir süre izleme imkanım oldu. Kızı 15 yaşına vardığında içine girdiği sosyal çevreden dolayı uyuşturucu kullanmaya başladı. Baba ise bu durum karşısında sürekli anneyi suçlamayı sürdürdü. Anne soruna çözüm bulabilecek bir birikime sahip değil. Çalışmak zorunda. Kız saatlerce yalnız kalıyor. Doğal olarak arkadaş çevresinden etkileniyor. O, anne ve babasının sağlıksız eserlerinin bir ürünü, anıtıydı. Sonuçta, tarafta olmuştu. Babayı suçlu olarak değerlendiriyordu.

Anne yıllarca yalnız yaşadı. Evlilik girişimleri oldu. Sonuçta izne gittiği memleketinde, ağabeylerinin kendisiyle evlenebileceğini belirtikleri, kendi bölgesinden olan ve Kanada'da göçmen olarak yaşayan, bir erkekle tanışıp, evlenmeye karar verdi. Fizik, güzellik onun için birinci planda geliyordu. O, beyaz atlı prensini bulmuştu.

Göçmen olarak yaşadığı ülkeye döndü. İşten çıktı. Oturum hakkını iptal ettirdi. Bütün ilişkilerini koparıp, kızıyla birlikte Kanada'ya beyaz atlı prensinin yanına gitti. Bu gidişle kızını da içinde bulunduğu sosyal çevreden koparacağına inanmıştı. Ki oturum hakkını öldürtmek zorunda değildi. Altı ayda bir bulunduğu ülkeye giriş, çıkış yaparak haklarını koruyabilirdi. Adamı tanımak için bir süre koyabilirdi. İlişki ona çok fazla güven verip, başını döndürmüş olmalıydı.

Gittikten kısa bir süre sonra sorunlar başlar. İkinci eşiyle anlaşamaz. Sadece izin süresi içinde tanıdığı, duygusal olarak etkilendiği, pratikte tanıyamadığı, birlikte zaman geçiremediği, olaylar karşısında refleksini ölçemediği, değerlendiremediği, eleştirel gözle bakamadığı erkek, onu kızıyla birlikte evden kovar. Sokakta kalırlar. Ne yapacağını da bilemezler. Çünkü her şeye tümüyle yabancıdırlar. Türkiye'ye gönderilme kararıyla yüz yüze kalırlar. Gittiği ülkede kalabilme koşulları yerine getirilmemiştir.

Ağabeylerini arar. Durumunu anlatır. Onlar kendisine " Biz sana yirmi bin örö veririz. Kızının babasıyla konuş. Paralı evlilik teklif et. Evlen ki çalıştığın ülkeye girebilesin. Kalma hakkı elde edesin!"derler.

O, kızının babasını arayarak durumunu anlatır, terk ettiği ülkeye, işine dönebilmesi için kendisinden yardım ister. Bu yardımın karşılığında da emekli olana kadar yatırılan ve içerde biriken, kalan tüm parayı kendisine vermeyi teklif eder.

Kızının babası parmağını dahi oynatmaz. Kendisine " Ben senden kurtulana kadar neler çektim? Yeni bir evlilik yapıp ta başımı belaya koyamam. Kızımı yanıma getirtmek için girişimde bulunabilirim!" der. Yardım etmez. İlgilenmez. Oysa birkaç yıl önce kendisi yardım istediğinde bu bayan gerçeği yabancılar polisinden gizleyerek, kızının babaya ihtiyacı olduğunu, babanın bütün sorumluluklarının yerine getirdiğini söyleyerek, onun oturum hakkının öldürülmesini engellemiş ve kalmasını sağlamıştı.

Göçmen anne çalıştığı ülkede aldığı evlilik tekliflerini doğru dürüst değerlendiremediği için kilometrelerce uzağa gitti. Hem yalnız kalmak, yaşamak istemiyor, hem de sağlıklı bir ilişki kuramıyordu.

O, yaşadığı yeni ilişki ve içine düştüğü durumla çevrede konuşulmaya başlandı. Değerlendirilmelere tabi tutuldu. Sağlıklı olmayan birey, sağlıklı insan bulamıyor ve geliştirdiği sağlıksız ilişkiler sonucunda da sürekli sorun, acı yaşıyor. Goethe ;"Baskı ve şiddet yalnızlıktan doğar, karakter dünyanın fırtınaları ve dalgaları arasında şekil alır. " der.

***

"Yalnız bir insan kendi bedenini yer. Sahip olunan olanaklar insanın başına vurmamalı. Ne oldum delisi olmamalı!"

HAVÊ: Biz 10 kardeşiz. Köyde büyüdüm. Bütün yaşamım köyde geçti. 28 yaşındayım. İlkokulu bitirdim. Köyde o vardı. Şehirle köyümüz arasında 15 kilometrelik bir uzaklık mevcut. Yakınlarım beni okula göndermedi. Benim küçüğüm iki yıl Antep'de okula gitti. Okuyamadı, bıraktı, geldi. Yakınlarım benim ev de, tarlada çalışmamı istiyorlardı. Eve işçi lazımdı.

Evlilik yapmak amacıyla Avrupa'ya getirtildim. Evlendiğim adam köylümüz. 6 yıl önce buraya gelip iltica etmiş. Sığınma isteği kabul olmuş. Daha öncede hapiste kalmış. Kendisini uzaktan görmüştüm. Sohbetimiz, merhabamız olmadı. Yaşça benden hayli büyüktür.

Annesi bana evlilik teklif etti. "Oğlumla evlenir misin" dedi. Oğlu köyden birisiyle evlenmek istemiş. Buralı kadın, burada yaşayan kadın istememiş. Kendi resmini göndermişti. Annesi, annem ve babamla konuştu. Resmini bana gösterdi. Bir erkek kardeşimin dışında yakınlarım evlilik teklifine "olur, olmalı" dediler. O abim ise evlenmek isteyen erkeğin dul ve çocuklu olmasından dolayı evlilik kararına karşı çıktı.

Ben bu evlilikten korkmadım. Yalnızca çocuğunun olması beni düşündürüyordu. Çocuk babaya verilirse "bakarım" düşüncesine sahiptim. Kadının bir daha onun yanına döneceğine inanmıyordum. Çünkü eşimin akrabaları "O kadın gitmiş. Bir daha dönmez!" diyorlardı. Annem özellikle çocuğa karşı iyi davranmamı istiyordu. "O çocuğa kendi kardeşlerine baktığın gibi bakmalısın. Boynu bükük kalmasın. Ana eksikliğini hissettirme" diyordu.

Buraya niye geldim? Orada niye evlenmedim? diyorsanız, açıklayayım. Köyün işleri çok zordu. Gece üçte tarlaya gidip, tütün toplamaya başlardık. Akşam yediye kadar bu çalışma devam ederdi. Günde 16 saat. Akşam, saat dokuzda ancak yatabiliyorsun. Her yıl üç ay bu böyle sürer. Ben tütünden bıktım. Köydeki işten, tarladan kaçtım.

Evlilik kararı verildi ve babam "Başlık almam ve kızıma da bir şey vermem!"dedi. Annem kendisine karşı çıktı. "Ben bu evden başlıksız kız çıkarmam, karşılıksız vermem. Başlıksız gidenin kıymeti olmaz. Değeri bilinmez!" dedi ve diretti. Eşimden yüklü bir başlık aldılar. Bana karşılık verilen başlık parası yakınlarıma kaldı. Bu evlilikle, başlıkla ilgili düşüncemde sorulmadı.

Yakınlarım resmi işlemlere başladı. Pasaportumu çıkardılar. Buraya gelebilmek için İstanbul'da gittik, başvuruda bulunduk. Bana bu ülkenin vizesi verilmedi. Arayışa girdik. Sonuçta, orada Türk mafyasının elemanlarıyla görüştük. Onların yönlendirmeleri sonucu mecburen kaynımla birlikte normal yollardan, mafyanın ayarladığı bir otobüsle Romanya'ya geçtik. Otobüsün şoförü bizi bir otele götürdü. Otelde beklettiler. Orada sekiz ay kalanlarda vardı. İnsanlar parklarda, sokaklarda yatıyorlardı. Beklemekten bunalıma düşüyorlardı. Birbirlerini bıçaklayanlar, hırsızlık yapanlar.vs. olumsuz ne ararsan mevcuttu.

Romanya'da şebekenin oradaki adamlarıyla görüştük. Onlar bizi bu ülkeye kadar getirmelerinin bedeli olarak 2. 100 frank istediler. Fiyatta anlaştık. Eşim buradan Romanya'ya kadar geldi. Bizden istenilen paranın yarısını orada verdi. Diğer kalanı ise bizi buraya yakın olan bir ülkeye getirdiklerinde kendilerine verecekti.

İstanbul'dan, Berlin'e götürülmek için 7. 000 alman markına anlaşanlar varlardı. Tanık oldum. Romanya'daki şebeke elemanlarının İstanbul'daki bağlantıları çok iyi çalışıyor. Orada, diğer ülkelerden İstanbul'a getirilenlerle birlikte, Türkiye'yi terk etmek isteyenleri de belirli yerlerde, merkezlerde toplamaya başlıyorlar. Şebekeciler, otel, lokanta adresleri verip bu insanları 20, 30, 40, 100 kişilik guruplar halinde İstanbul'dan yola çıkarıyorlar.

Şebeke, insan mafyası olmadan insanların Romanya'ya, Romanya'dan da diğer ülkelere ulaşmaları mümkün değildir. Onların Çekoslovakya ve Almanya ile de bağlantıları var.

Batman'lı bir anne sekiz ay olmuştu ki Romanya'daydı. Durumunu gördüm. Üç çocukla birlikte parasız kalmıştı. Eşi ise 1,5 yıl önce Almanya'da iltica etmişti. Erkek ilticacı olduğu, sığınma isteğine cevap verilmediği, bekletildiği, belgeleri, pasaportu olmadığı için Almanya'nın sınırları dışına çıkamıyor. Romanya'ya gidipte eşini ve çocuklarını alıp, yanına götüremiyor. Her şey şebekecilerin insaflarına kalmıştı.

Altı sefer o bayanı ve çocuklarını yola çıkarıyorlar, Çekoslovakya sınırına kadar götürüyorlar ve orada sınır görevlilerince yakalanıyorlar, geriye gönderiliyorlar. Bekleme, belirsizlik, ne olacağını bilememenin yarattığı endişe, korku, parasızlık kadını mahvetmişti. Bitlenmişlerdi ve hastaydılar.

Bayan tedirgin, gergin bir şekilde bekliyordu. Şebeke görevlisinin onları yerleştirdiği ev de su, elektrik yoktu. Romanya'da şebekecilerin hazırladıkları ortamlarda, evlerde, tecavüz, kadın pazarlama ne ararsanız mevcuttu. Şebekenin adamları beğendikleri bayanları seçip, dışarı götürüyorlardı. Zorlayarak, onlarla yattıkları gibi, pazarlıyorlardı da. Soyan, soyana. şebekeciliği yapan Türkiyeliler orada Romen kadınlarla yaşıyorlar.

Pasaportları olup ta Romanya'ya giden ve oradan diğer ülkelere gitmek isteyenleri Romanya polisi yakaladı mı, pasaporta "C" damgasını vuruyor. Bu damgayı yiyen kişi o ülkenin dışına çıkamıyor. Romanya olmuş İstanbul. İnsan görüntülerden ürküyor. Şebekeler bu yolları çok iyi bilen, uyuşturucu vb. karanlık işler yaptıkları belirtilen, çoğunluğu Almanya'da kalmış, sınır dışı edilmiş kişilerden oluşmaktalar.

Macaristan sınırını geçmek isteyenleri Macar polisleri yakaladı mı onlara köpek saldırtıyor, vücutlarının yarısına kadar çamura batırıyor, mermi sıkıyorlardı.

İnsan ticareti yapanlar, mafya elemanları, Romanya. 'ya kadar götürdükleri, Avrupa ülkelerine dağıtmak istedikleri insanları odalara koyuyorlar. Kapıları da dışarıdan kilitliyorlar. Hapis hayatı gibi. Bütün denetim kapıları kilitleyenlerde. İçeriye kapatılan kişi kimseyle görüşemiyor. Bilgi veremiyor. Onları aç bırakıyorlar. Yiyecek olarak kendilerine 24 saate bir kez, pirinç ve yoğurt veriyorlar.

Onlar, ülkelerinden kaçanları, memleketlerini çeşitli sebeplerle terk edenleri tutsak, suçlu durumuna koyuyorlar. Mafya, oradan kurtulmak isteyenleri yakalatıyor. Polis işlem yapmaya başlıyor. Mafya elemanları Romen kadınlarla ortaklar, ortak çalışıyorlar. O kadınları yem olarak kullanıyorlar ve mülteci, göçmen olmak isteyen erkekleri o kadınların tuzaklarına düşürüyorlar. Hazırlanan, ışıklandırılan romantik odalarda kadınlarla alem yapmak, sevişmek erkeklerimizin başlarını döndürüyor. Onlar, tuzakları fark etmiyorlar.

Kadınlar erkeklerin ellerindeki, üstlerindeki her şeyi aldıktan, onları donlarına kadar soyduktan sonra kendilerini şikayet ediyorlar, polise yakalatıyorlar. Bakıyorsun 100 kişi birden Romanya'dan, Türkiye'ye iade ediliyor. Eşim orada şebeke elemanlarıyla görüştü, konuştu.

Kapatıldığımız yerde boğulacak gibi oldum. Fenalaştım. Eşim geldi de oradan çıkarıldık ve otelde kalmaya başladık. Kendiside dışarı çıkıp gözlem yaptı, insanlarla konuştu, anlatılanları, duyduklarını gelip bize anlattı. Bu şekilde orada yaşanılanlardan haberdar olabildik. 15 gün kaldık. En kısa süre kalanda bizdik.

Biz üç bayan, 20 erkek birlikte yola çıkarıldık. Tırla Bükreş'ten, Çekoslovakya'ya geçirildik. Şoför yorulunca tırı parka çekip yatıyordu. Kapılar dışarıdan üzerimizde kilitliydi. Biz tuvalete dahi çıkamadık. Kendimize kaçırdık, yaptık. Tırın içinde yapılan gizli bölümlerde kaldık ve aç bırakıldık. Yan yana sıkıştırılmıştık. Yer dardı. Boğulma tehlikesi geçirdik. Hava alamıyorduk. Yolda çadırı deldik. Üç gün tırın içinde hapis kaldık.

Çekoslovakya'da tırdan indirildik ve bir minibüse bindirildik. Bir köye ulaşamadan da polis etrafımızı sardı. Çek polisi daha önce dört kişiyi yakalamıştı. Onları da alıp yanımıza getirdiler. Bize yemek verdiler, yıkanmamızı sağladılar. Bizleri bir araca bindirdiler ve pasaportları mühürlediler. "48 saat içinde bu ülkeyi terk edin" dediler ve yakalananları tren garına bıraktılar.

Topluca trene bindik. Üç sefer tren değiştirdik. Bir yerden şebeke elemanlarını aradık. Onlara kaldığımız yeri, bulunduğumuz noktayı bildirdik. Bazı adamlar geldiler, bizi alıp kendilerine ait olan evlere götürüp, hapsettiler. 5 gün, 5 kişiyle birlikte o evlerin birinde kaldım.

Tekrar şebekenin kılavuzluğunda yollara düştük. Almanya sınırına ulaştık. Bizi iki günde Almanya hududunda bir evde hapsettiler. Bir gece saat 12 de evlerden çıkarıldık. Bizleri 3, 5 saat çamurda yürüttüler. Almanya sınırından içeriye geçirdiler. Orada da şebeke elemanları yolcuları kapalı bir araca bindirdi. 23 kişiyi bir minüsübe sıkıştırdılar. Üst üste yığılmış halde Berlin'e geldik. Bir istasyonda 12 saat aç bekletildik. Bir arkadaş telefon kulübesindeki cihaza vurdu. 5 Dm düştü. Onla Stutgart'taki akrabalarımızı aradık. Berlin'e ulaştırıldığımızı kendilerine haber verdik. Gelip bizi oradan aldılar.

Köyden çıkışım ve bu ülkeye varışım kocama on beş bin marka mal oldu. Yollarda bu kadar şeyle karşılaşabileceğimi, bu kadar para harcanabileceğini düşünemedim. Berlin'de, istasyonda beklerken, soğuk, açlık ve midemin ağrısı beni düşündürmeye başladı. Pişman oldum, üzüldüm. Ben neye geldim? Burada ne arıyorum. Ne kadar akılsızım. Niye bilmediğim yollara düştüm. Daha neyle karşılaşabileceğim belli değil, düşüncesine saplandım, kaldım. Soğuk titretiyordu.

Romanya'dan itibaren benimle beraber gelenler öyle olmuşlardı ki insanlıktan çıkmışlardı. Yaşadıkları şeylerden dolayı hepsinde sinirler gerilmiş ve her an kavgaya hazır vaziyetteydiler. En ufak bir şey tartışmalara neden oluyordu. Birbirleriyle kavga ediyorlardı. Akraba olanlar dahi birbirlerine hakaret edip, ağır cümleler kullanıyorlardı. Kimileride şebeke elemanlarına küfrediyorlardı.

Bir buçuk yıldır eşini ve çocuklarını göremeyen baba Berlin'e, istasyona çocuklarını almaya geldiğinde, açlıktan ağlayan çocuğunu tokatlamaya başladı. O da beklemekten, eşinin başına gelmiş olabilecek şeyleri düşünmekten, korkularından dolayı bir tuhaf olmuştu. Görünümü hiçte rahat bir insanınkisine benzemiyordu. Yeni karşılaştığı çocuğuna sevgiyle sarılamıyor, ihtiyaçları soramıyor, onu tokatlıyordu. Adam hırçınlaşmıştı. Durumu karşısında şaşırdık.

Kendisine, çocuğa niye vuruyorsun? diye sorguladık. Tepkimiz üzerine ağlar vaziyette konuşmaya başladı. "Sekiz aydır ben işkence hayatı yaşıyorum. Elbise çıkarmadan yattım, kalktım. Hep telefon bekledim. Altı kez eşime, çocuklarıma ulaştım, geldiler, dedim. Bunlar her seferinde yakalandılar, geri dönderildiler. Sinirlerim bozuldu. Beklemek beni mahvetti!" açıklamasında bulundu.

Gelenler arasında Batman, Bingöl, Diyarbakır Kürtleri çoğunluktaydılar. "Avrupa'ya gidelim, oraya yetişelim. Gerisi kolay!" tarzında bir düşünceye sahiptiler. Yollarda ve burada neyle karşılaşacaklarını bilmeden hareket etmişlerdi. Türkiye'de, Kürdistan'da faaliyet gösteren insan tüccarları onları kandırmış, sorunsuz, çok rahat şekilde istedikleri ülkelere gidebileceklerini, çok iyi koşullarda yaşama olanaklarına kavuşacaklarını belirtmişlerdi. Onlarda inanmışlardı. Varlarını, yoklarını satıp, borçlanıp, şebekelere verip, yollara düştükten sonra sıkıntı yaşamaya, günlerce, aylarca beklemeye, aşağılanmaya, itilip, kakılmaya, aç kalmaya başlamışlardı.

Ben insan tüccarları aracılığıyla yola çıkmanın ne demek olduğunu biliyor muydum? Hayır. Eşim gelip müdahale etti. O, Berlin'e kadar da geldi. Birlikte eve döndük. İltica başvurusu yaptım. Kabul edilmedi. Resmi yetkililer, evlilik ilişkisinden dolayı burada kalmama izin verdiler.

Avrupa'da her zaman havanın sisli olduğunu, güneşin çok az görüldüğünü duymuştum. Biber, patlıcan kurutulmuyor, evde salça yapılmıyor, demişlerdi. Ben de bu işlerden zevk alıyorum. Sebze kurutamazsam kışın yemek yapamam. Nasıl olacak, ne yiyeceğiz? Ben oranın yemeklerini de bilmiyorum, yiyemem de, diyordum.

Sebze ekmekle, bağ ve bostanla uğraşmak isterim. Şu anda yer olsa, bahçe olsa yaparım. Sabahtan akşama kadar evde yalnız oturuyorum. Sürekli başım ağrıyor. Düşün, düşün. Tek başınasın, konuşacağın bir tek kişi yok. Köyün taşları gözümün önüne geliyor. Ailemi, akrabalarımı, arkadaşlarımı, her şeyi çok özledim. Ben çalışmaya alışmış bir insanım. Oturmak, zaman öldürmek bana göre değil. Sıkılıyorum. Kendi köyümde bu olanaklara sahip olmak, burada sahip olduğum koşullarda yaşamak isterim. Burada, yalnızca iki aileye misafirliğe gittim. İlgimi çeken bir şey görmedim.

Okuyan ve okumayan kadınları ve evliliklerini görüyorum. Ben burada kendi başıma dolaşmayı becerirsem iyidir. İnsanlar anlaşıp karar verirlerse evlilikler iyi olur. Kadın kocasıyla anlaşamadı mı dayak yiyor. Köy de kadınlar çok hatalı davranıyorlardı ve erkeklerde onları dövüyorlardı. Ben tütün tarlalarında ilişkilere, dayağa tanık oldum.

Bir seferinde, erkek 10 laf söyledi, kadın 100 kelimeyle kendisine cevap verdi. Erkek saldırmaya, kadını dövmeye başladı. Kardeşimi gönderdim. Aralarına girdi, onları ayırdı. Köyde çocukları olan kadınlarda, bekar kız gibi gece üçte kalkıp tütüne, tarlaya gitmek zorundalar. Saat on birdi. O kadın tarlaya geldi. Erkekte "Geldin, niye yemeği birlikte getirmedin!" dedi. Kavga etmeye başladılar. Tekme, tokatla erkek onu dövdü. Ağır küfürler etti. Biz de bu şeyler sürekli yaşanır, ayıp değildir. Kınanmaz. Benimsetilmiştir. Hem dayak atan, hem de dayak yiyen için normal bir durumdur! Ben orada, o anda, birbirimizle konuşmayı bilmediğimize tanık oldum. Ne diyorlar sinirle kalkan, zararla oturuyor. Ama bir şey değişti. Bizim orada artık eskisi gibi bir erkek birden fazla kadınla evlilik yapmıyor.

Burada sabah sekizde kalkıyorum. Kahvaltıyı hazırlıyorum. Eşim işe gidiyor. Etrafımı temizliyorum. Tekrar yatıyorum. Televizyondan bir şey anlamıyorum, dili bilmiyorum. Kederlenip, oturup ağlıyorum. Yalnızca kürtçe konuşuyorum. Türkçe'yi iyi bilmiyorum. Okuduğumu da anlayamıyorum. Karşıdaki tepeyi seyrediyorum. Bizim köyün dağları gözümün önüne geliyor. Dağlarımızı özlüyorum.

Ben eve bakıyorum. Dilim olsa gider çalışırım. Evde oturmam. İki gündür kendi başıma bakkala gitmeye başladım. Dilsizler gibi istediğim şeylere elimi uzatıyorum. İşaret ediyorum. Görevliler alıp, bana veriyorlar.

Eşimle ilk kez Romanya'da karşılaştığımda bana " Ben daha öncede evlendim, bir de çocuğum var. Senin için çok para harcadım. Beni tanımıyordun, geldin, gördün, tanıdın. Fizikmen beğenmeyebilirsin, sevmeyebilirsin. Benimle olmak zorunda değilsin. Eğer simamı, yüzümü sevimli bulmadıysan, sevemediysen, istiyorsan, seni geri göndereyim. Kendini zorlama!" dedi.

Ben onun insanlığını beğendim. Bana iyi davranıyor. Kendisine, geldiğim yere geri gitmek istemiyorum. Seninle evlenmek, yaşamak istiyorum, cevabını verdim.

O, bana, seni beğenmedim, sevemedim, istemiyorum, deseydi, yani geldiğim yere gönderilseydim, rezil olurdum. Herkes ne derdi biliyor musunuz? Her biri bir kulp takardı. Kimisi "aa.... komşu duydun mu ? Kız değilmiş, kovdular!" derdi, kimisi başka şey söylerdi. Zaten ben köydeyken benim için " Kocadı, yaşlandı, ev de kaldı!" diyorlardı.

Gelmem için pasaport çıkartmak, belgeleri düzenlemek epey zaman aldı. O zaman süresi içinde bile köylülerimiz bana, "Adam seni götürmeyecek. Orada birisini bulmuştur. Seni beğenmemiştir. Kendisine yakıştıramamıştır!" diyorlardı.

Aileme de " Sizi kandırdılar. Kızınızı almayacaklar. Gelin etmeyecekler. Adamın diğer hanımı var. Onun için kızınızı götürmediler. Sizinle oynadılar. " demişlerdi.

Ben söylenilenlere dayanamayıp Malatya'daki yakınlarımızın yanına gittim. Köyü terk ettim. Beni o duruma getirdiler. Bir süre sonra tekrar köye döndüm ve sadece iki gün kalabildim. Köylülerin her biri bir laf söylüyordu. Bana "Artık seni götürmeyecekler. Köye niye döndün?" diyenlerde oldu. Bu cümleler onların söylediklerinin en hafifleriydi.

Duramadım. Konuşulanları kaldıramadım. Beni rahat bırakmıyorlardı. Başka yolum, seçeneğim yoktu. Tekrar Malatya'ya döndüm. Orada kaldım ve resmi işlemlerin tamamlanmasını bekledim.

Burada da neyle karşılaşacağımı bilmiyordum. Bu insanı beğenmeseydim de, bu evliliği yapmak zorundaydım. Bu insanın zararsız, kendi halinde, kendi kabuğuna çekilmiş bir yapıya sahip olması benim için şanstır. Eğer Romanya'dan geriye, köyüme dönseydim aileler tartışacaklar, kavgalar yapacaklardı ve değişik acılar yaşayacaktım.

İlk eşi kocamın anlayışsız, pis, kendine bakmayan, kokan, giyinmeyi bilmeyen, yıllarca aynı elbiseleri giyinen, kadını anlamayan, hitap etmesini bilmeyen, kaba bir erkek olduğunu çevreye söylüyormuş. Ben fazla bir şey aramıyorum, istemiyorum. O, köyümdeki erkekler gibi. Kötü bir alışkanlığı yok. İşiyle evi arasında gidip, geliyor. Çalışıp, getiriyor.

Kocam o kadının kendisini sevmediğini biliyormuş. Belki de sevgisiz, ilgisiz kalmaktan dolayı her şeye boş vermiş. Kendisine bakmamış. Yada bakmayı, giyinmeyi bilmiyor. Ben halen kendisini tanımıyorum. Değerlendirme yapamıyorum.

Kızını getirip tanıştırdı. Sevemedim. Kıskandım. Kaldıramadım. Zoruma gitti. İçimden keşke çocuğu olmasaydı, daha öncede evlilik yapmamış olsaydı, tümüyle bana ait olsaydı, dedim. Çocuk için harcama yapmasını da istemiyorum. Çocuğu görünce hislerim kabardı. Köydeyken böyle düşünebileceğimi sanmıyordum. Yüz yüze kalınca durumumu anladım. Kendimi kontrol ettim. Ses çıkarmadım. Bir şey demedim.

***

Avrupa Konseyi, Türkiye'nin en büyük metropolü olan İstanbul'u uluslararası göçmenlik merkezi, geçiş noktası olarak belirledi. Hazırlanan raporda, Türkiye'de, Kürtlere yabancı muamelesi yapıldığı belirtildi. Yaklaşık 30 ülkenin katılımıyla Türkiye ve Avrupa Konseyi işbirliğinde İstanbul'da gerçekleştirilen " Geçiş Ülkelerindeki Göçmenler: Yönetim ve Korumada Sorumluluğun Paylaşımı " konulu 5. Bölgesel Konferans, iki gün devam etti. (30. 9- 01. 10. 04)

Konferansın açılış konuşmasını yapan Avrupa Konseyi (AK) Genel Sekreter Yardımcısı Maud de Boer-Buquicchio, göç sorununun çözümü için saydam politikalar geliştirilmesi gerektiğini, transit göçmenlerin, göç ettikleri ülkelerinden daha kötü koşullarda yaşadıklarını, ucuz işçi olarak çalıştırılıp, fuhuş batağına sürüklendiklerini belirti ve "İnsan haklarından yararlanmak için belirli bir statünün olması isteniyor. Hiçbir yetkili, bireylerin insan haklarını bir pasaport yada okul belgesine indirgeyemez. Avrupa'da bu kabul edilemez!" dedi.

Buquicchio'den sonra konuşan Türkiye İçişleri Bakanı, göç sorununun birçok sosyal, ekonomik ve kültürel sorunu beraberinde getirdiğini dile getirdi. Türkiye'nin göç sorununa ilişkin ulusal mevzuatında birçok düzenleme yaptığını öne sürdü, Türkiye'de yasadışı göçün büyük oranda engellendiğini savundu.

Göç konferansına bir rapor sunan Avrupa Konseyi yetkilileri, İstanbul'un büyük bir metropol olmasından dolayı, uluslararası göç sisteminde "ana bir şalter noktası" haline geldiği tespitini yaptılar. "Avrupa ve Asya yol geçidinde -İstanbul'da- transit göçmenlik karmaşası" başlıklı olan rapor, Tulus Üniversitesi'ndeki, Fransa Anadolu Etütleri Enstitüsü'nde görevli Jean-François Prouse tarafından hazırlanmış (2 Eylül 2004).

Raporda, İstanbul'da uluslararası göçmen taşıma şebekeciliğinin birinden diğerine geçiş yaptığına da dikkat çekilmiş ve "İstanbul, tüketim ve ticaretin önde gelen bir merkezi. Devasa iş piyasası ve seyahat olanaklarının ev sahibi olarak Avrupa ve yoksul ülkeler arasındaki uluslararası transit sistemde kilit rol oynama özelliğine sahiptir.

Türkiye'nin Kürt sorununu çözmemesi sonucu, Kürtlerde büyük oranda göç etmekteler. Devlet güçleri tarafından zorla boşaltılan köylerin insanları Türkiye'nin batı yakasında kendilerini yabancı olarak hissetmekteler. Bundan dolayı da Avrupa ülkelerine göç ediyorlar.

Kürtler, Türkiye vatandaşı olmalarına rağmen çoğu zaman askerlik yapmadıkları gerekçesiyle pasaport alamamaktalar, bu nedenle de yasadışı göçmen halinde göç etmekteler. Kürtler İstanbul'da da olumsuz yaşam koşullarına maruz kalmaktalar. Başta Kürtlerden oluşan Türkiye'nin iç göçmenleri "özel bir vaka " oluşturmaktalar. Son yıllarda İstanbul'a göç eden Türkiyeli Kürtler ise -çoğu zaman köylerinden zorla göç ettiriliyorlar- kenti-, başka ülkelerdeki Kürtler gibi Avrupa'ya geçişin bir "ön odası " olarak görüyorlar. Türkiyeli Kürtler, Türkiye Cumhuriyeti'nin "vatandaşları " olmalarına rağmen, batının yoğun nüfuslu büyük yerleşim birimlerinde yabancı gibi davranıyorlar. Yasadışı yabancılarla aynı iş piyasalarında çalışıyorlar. Yasadışı yabancılarla Kürtler, İstanbul'un, Eminönü ve Fatih semtlerinde, aynı yoksul odaları paylaşmaktalar. Aynı yataklarda yatmaktalar. Türkiye vatandaşı olmayan Kürtler de aynı durumdalar.

Türkiye'nin resmi otoritelerinde çalışanlar göçten rant elde etmek amacıyla sahte belgeler düzenlemekteler. Bundan dolayı da ABD yetkilileri 2003 yılında Türkiyeli yetkilileri, Türkiye'ye verdikleri kredileri kesmekle tehdit ettiler.

İstanbul'un devasallığından ötürü, göçmen sorununda ancak uluslararası işbirliği ve Türkiyeli sivil toplumun geniş katılımı ile ilerleme sağlanabilir. İstanbul, Türkiye'nin çeşitli bölgelerinden gelen ekonomik göçmenlerin yanı sıra, zorla yurtlarından edilen Kürtleri de almakta. Metropolde aktif olan göç şebekelerinin sayısı ise beştir! " denilmekte.

Rapora göre Güney Kürdistan'da eskiden sadece Kürtlerin denetiminde bulunan göç şebekesi günümüzde Kürt, Türkmen ve Asuri-Keldaniler olarak üçe bölünmüş durumda. Bunların yanı sıra bir İran şebekesi de mevcut. İranlılar, Azeriler, Kürtler ve Türklerin denetiminde bulunan bu şebeke, ağırlıkta Çinli ve Afgan göçmenleri Türkiye-İran sınırından geçiriyorlar.

Suriye-Lübnan şebekesi ise Kuzey Afrika'daki Magrib ülkeleri ve kıtanın diğer ülkelerinden yola çıkarılan göçmenleri kara ve deniz yoluyla kısmen Kıbrıs üzeri İstanbul'a taşıyor. Diğer bir şebekede de Ruslar ve Ukraynalılar hakimler. Bu şebeke Azeri, Çeçen, Ermeni ve Gürcü alt şebekelerinden oluşuyor.

Türkiye'ye ana giriş noktaları olarakta, Ermenistan ve Gürcistan sınırı, Türkiye-İran, Türkiye-Irak ve Türkiye-Suriye sınırları olarak belirlendiler. Göçmenler bu noktalardan çoğu zaman ağır taşıtlar ve otobüslerle geçiriliyorlar. İstanbul'a ulaştırılıyorlar.

Ancak Avrupa ülkelerine geçiş ise o kadar kolay değil. Bazıları birkaç günde ulaşırlarken, bazıları ise yıllarca bekleyerek milyonlarca insanın yaşadığı metropolde kayıplara karışıyorlar.

AK Sosyal Dayanışma Komitesi Genel Müdürü Alexander Vladychenko ve Konsolosluk İlişkileri Genel Müdürü N. Murat Ersavcı tarafından açıklanan sonuç bildirisinde, uluslararası toplumun sorunu olan göçmenlerin insan haklarının korunması gerektiğine dikkat çekilirken, göçün önlenmesi için ise acil önlemlerin alınması gerektiği, insan ticaretinin arkasındaki şebekelerin ancak kapsamlı stratejilerin üretilmesiyle yok edilebileceği vurgulandı.

Sonuç bildirisi ;

*Transit ülkelerdeki göçmenlerin durumu, uluslararası toplum için bir sorun teşkil etmektedir. Göçmenlerin karşılaştıkları güçlükler insani onurlarını etkilemekte ve onları haklarından mahrum etmektedir. Buna tepki göstermemek sosyal uyumu riske atacaktır.

* Kaynak, transit ve hedef ülkelerin düzensiz göçü önlemek için, önlemler almaları aciliyet arz etmektedir. Bu önlemler, transit göç olgusunu azaltmak ve önlemek içindir. Avrupa Konseyi (AK) üyesi ülkelerin göçün düzenli idaresi için benimsedikleri strateji ikili ve çok taraflı işbirliği için uygun bir çerçevedir.

* Siyasi ve ekonomik alanlarda entegreye dayalı bir yaklaşım, transit göçün verimli bir şekilde idare edilmesi için gereklidir. Bu anlamda işbirliği karşılıklı saygı ve dayanışmadan kaynaklanır ve her ülkenin sorumluluğunu aktif bir şekilde yerine getirmesine de bağlıdır. AK diyalogu ve işbirliği olanakları aranmasını teşvik etmelidir.

* Bu erişimi sağlamak için AK üyeleri ve aynı zamanda üye olmayan devletler göç idaresinin verimli olması amacıyla bilgi değişim sistemi kurmalıdırlar. Avrupa göç ajansının bu görevi koordine etmesi rica edilebilir.

* Kadınlar ve çocukların, hedef ve transit ülkelerdeki yasal uygulamalar hakkında bilgilendirilmelerine özel önem verilmelidir. Bu bilgilerin kesin ve güvenilir olmaları önemlidir. Bu bilgiler yasadışı göçmenin karşılaşabileceği riskler hakkında uyarı niteliğindedirler.

* AK düzenli ve transit göç ile insan ticareti konularında faaliyetlerini sürdürmeli ve politikalar üretmelidir.

* AK, hukuki kural ve tavsiyelerini gözden geçirmelidir. Bu, düzensiz ve transit göç ile insan ticareti alanlarında verimli çalışmaları değerlendirmek içindir. Bu kuralların ulusal ve uluslararası düzeyde uygulanmasını güvence altına almalıdır.

***

İngiliz polisi Avrupa genelinde düzenlenen bir dizi operasyonla Türkiye üzerinden insan kaçakçılığı yapan bir çeteyi çökerttiğini açıkladı. Polis çetenin ucuz işgücü olarak kullanılmak üzere Türkiye'den yüzlerce kişiyi Londra'ya göçürttüğünü belirtti. İngiliz polisi olayla ilgili olarak Londra'da sekiz kişiyi gözaltına aldı. Kimlikleri açıklanmayan " insan tacirleri operasyonu " kapsamında Almanya'nın Hamburg ve Köln kentlerinde de beş kişi yakalandı.

Çetenin son yıllarda hava, kara ve deniz yoluyla götürdüğü kaçakları yasa dışı yollardan İngiltere'ye soktuğu açıklandı. Polis tacirlerin kullandığı güzergahın Almanya, Fransa ve Belçika olduğunu belirtti. Yetkililer, Maxim kod adlı operasyonu bir yıldan bu yana planladıklarını belirttiler. Halen devam ettiği kaydedilen operasyonda yeni gözaltılar da olabileceği ifade ediliyor. Londra Polis Teşkilatı'nın Komutan Yardımcısı Tarique Ghaffur, Avrupa emniyet kuvvetleri arasında daha önceden görülmemiş bir düzeyde işbirliği sağlandığını belirterek, bu işbirliği sayesinde çetenin tüm kollarının aynı anda çökertildiğini söyledi.

Göçmenlikten sorumlu bakan yardımcısı Des Browne da, operasyonla, İngiliz göçmenlik sistemini suistimal etmeye çalışanların cezasız kalmayacağının görüldüğünü açıkladı. (MHA/Londra/ 05. 11. 04)

***

"Önemli olan zor anlarda insanların birbirlerini desteklemeleridir. Böyle günlerde gerçek kişilikler, yaklaşımlar belli oluyor. Besleyen, doyuran koca isteniyor. Hasta düşene de bakmak gerekir. Bu insani bir vazifedir"

ELÊ: Kürt ve Aleviyim. Köy de doğup büyüdüm. Köyümüzde okul yoktu. Daha sonra kendi isteğimle ve çevremin yardımıyla okumayı, yazmayı öğrendim. Ailede şiddet yoktu. Birbirimize saygımız vardı. Evde iş bölümü, paylaşımı mevcuttu. Biz çiftçiydik. Hepimiz birlikte tarlalarımızda çalışırdık. Tarlalarımızda pamuk ve pancar ekilirdi. Ailece çalıştığımız gibi işçide çalıştırırdık. Ziraatı seviyorum. Şu anda da imkanım olsa ekip, biçerim. Babamın en olumsuz yanı şuydu, oyun, yani kumar oynardı. Bazen ilçeye gidemez ve gidenlere!" Benim yerimde oynayın!" derdi. Yıllık gelirimizi o yolda bitirirdi. Bundan dolayı da evde tartışma olurdu.

Biz bütün bacılar görücü usulüyle evlendik. Ben de 25 yaşımda görücü usulüyle evlendirildim. Eşini kaybetmiş olan, iki çocuk babası yakın köylümüz izine gelmişti. Gelip beni yakınlarımdan istedi. Babaannem ailesini tanıyordu. İyi bir aileden geldiğini belirtti. Ayrıca o köyden birini çağırdı ve kendisine göre gerekli olan bilgiyi aldı, bana da " Bu adamla evlenmeni istiyorum. İyi bir aile, iyi bir insan, rahat olursun. Huzurlu yaşarsın!" dedi.

Ben nenemin sözünü yere getirmedim. Onun isteğini kabul ettim ve evlendim. Eşim beni görmeye geldiğinde ailemin izniyle kendisiyle konuştum. O zaman Avrupa'ya gelmek çekici değildi. Kimse ailesinden, yakınlarından uzaklaşıp ta buralara gelmek istemezdi.

"Tarlası, takımı olmayan, aç olan gurbete gidiyor!" diyorlardı. Eşim yoksul bir ailedendi. Her şeyini kabullendim. İki hafta içinde düğünüm yapıldı. Köylülerimiz aileme karşı çıktılar. " Ta oralara, gurbete kız verilir mi? Sizden kopup gidecek!" diyorlardı. Düğünden sonra bir hafta içinde bu ülkeye geldik. Avrupa'yla ilgili hiç bir bilgim, düşüncem ve değerlendirmem yoktu. Gelmeyi de hiç istemiyordum.

Buraya gelmekle birlikte altı ayım ağlamakla geçti. O zamanda bir mektup buradan köye iki ayda gidiyordu. Haberleşmek çok zordu. Eşim durumumu görüyordu. O işten dönüyordu ve ağlamaktan şişmiş olan gözlerimi görüyordu. Benim durumum onu korkuttu. İlk eşini de burada hastalıktan dolayı kaybetmişti. Bana " Üzüntüden dert sahibi olacaksın. Git bir süre kal. Ailemi de tanırsın, kendi yakınlarını da görürsün! " önerisinde bulundu.

Altıncı ayımın sonunda, kendisi burada yalnız kalmayı göze alarak, kabullenerek, beni memlekete gönderdi. Bana karşı anlayışlı ve saygılı davranan bir erkekti. Gittim ama onu da özlüyordum. Ondan gördüğüm saygı ve hürmeti bende fazlasıyla kendisine gösteriyordum. Üç ay kaldım ve köyde doğum yaptım. Yirmiiki günlük bebeğimi bırakarak buraya döndüm.

Çocuğumu buraya getirsem çalışamayacak ve para kazanamayacaktım. Çalışsaydım da kazancım çocuğun masraflarına gidecekti. Burada çalışıp para kazanmak, geldiğim yerde mal, mülk alma isteğim vardı. Eşim ailenin en büyük erkek çocuğuydu. O, yakınlarına da bakmak zorundaydı. Sekiz bacısını korudu ve onları okuttu. Eşimin ilk eşinden olan her iki çocuğu da yakınlarının yanlarındaydılar. Onlar kendilerine bakıyorlardı.

İlkin bir otelde işe başladım. Sırasıyla bir çok yerde çalıştım. Gündüz 12 saat bir yerde çalışırdım. Eve gelir yemek yapar, bir saat içinde işimi bitirir ve bir başka yere temizlik yapmaya giderdim. Yükümüz ağırdı. Anlaşarak çalışıyorduk. Bütün geliri ve gideri eşim hesaplardı. Ben problem çıkarmazdım. Kazandığımı ona verirdim.

Eşim bademcik ameliyatı geçirdi. Bu ameliyattan sonra vücudu yavaş,

yavaş felç oldu. Yıllar oldu ki tekerlekli sandalyede. Hiçbir tarafını kullanamıyor. Yalnızca söylediklerimizi duyuyor. Ağlayarak veya bebek gibi bir sesle duygularını belirtiyor. Bir anne nasıl ki bir bebeği besleyip, temizliyorsa, ben aynen o şekilde kendisine bakıyorum. Kaldırıp, indiriyorum. Bütün ihtiyaçlarını gideriyorum.

Doktorlar kendisini hastaneye bırakmamı istediler. Ona benim gibi bakmayacaklarını iyi biliyordum, biliyorum. İsteklerini kabul etmedim. Ben kendisine bakmak zorundayım. Bana bir gün tek bir kötü söz söyleseydi, beni kırsaydı belki de bu kadar koruma, bakma, değer verme, saygı duyma gereği duymazdım. Bu insan bu fedakarlığı, sevgiyi, bakımı hak ediyor.

Aylardır içinde bulunduğum yaşam beni de eritmeye başladı. Bu yıl kendimi iyi hissetmiyorum. Asabiyim, desteğe, yardıma ihtiyacım var. Eşimin yakınları buradalar ve sahip çıkmıyorlar, yardım etmiyorlar. Düştün mü kimsesiz oluyorsun! Hiç kımıldamayan, sürekli altına eden, bir bebek gibi mamayla beslediğim bir eş, altı çocuğun sorumluluğu ve geçen yıllar, sonuçta bende yoruldum.

Eşim yatakta. Bu durumun çocuklarım üzerindeki etkisi büyük. Onlar yeterli ilgiyi ve sevgiyi göremiyorlar. Kendilerine sunamıyorum. Sürekli yanlarındayım ama onlara ayıracak zamanım yok. Hep koşuşturan, bir şeyleri düzenleyen, ihtiyaçları karşılayan bir insanım. Oturup ta onları okşayacak, sohbet edecek zamanım olmuyor.

Ben bu adamı sevgimle yaşatıyorum. Kendisini temizlerken, yedirirken hep sohbet ederim. Mutlu olması için çırpınırım. Görevimi isteyerek, severek yapıyorum. Kaşıktaki mamayı ağzına boşaltırken, saçlarını okşarım, kendisiyle konuşurum. Yarı ölü bir insan sürekli evin içinde. Sadece beyni çalışıyor, algılıyor. Hep sırt üstü yatıyor. Kımıldayamıyor.

Çocuklarımın yüzleri gülmüyor. Hep üzgün, hüzünlü duruyorlar. Bazen düşüncelerini belirtir ve ağlarlar. Onlara, ben ne yapayım? Elimden bir şey gelmiyor. Babayı iyileştiremiyorum. Kendi kaderinize küsün, diyorum. Çocuklarım aç kalsalar da önemli değil, sorun yapmam. Önce eşimi doyururum. Sonra onların sofralarını hazırlarım.

Bende eşime olan sadakat, saygı ve bağlılık diğer insanlarımızda yok. Ben üvey oğluma ve gelinime örnek olmaya çalıştım. İkisi de anlayışsız ve dik başlılar. Oğlan burada büyüdü. Gelini memleketten getirdik. Kızın ablası buradaydı. Sırf bacısını buraya getirtebilmek için bir evlilik yaptırma düşüncesine sahip olan bir insandı. Bizim oğlanı avucuna alıyor, etkiliyor ve evlenmeye ikna ediyor.

Oğlan "Köye gideceğim. İznimi orada geçireceğim." dedi. Gitti, iki hafta kaldı. Döndü ve evleneceğini belirtti. Kızı beğenmiş, konuşmuşlar. Kız Avrupa'ya gelmek için bu evlilik teklifine "evet" dedi. Tabi ki hesabı içinde gizliydi. Oğlum evlenme isteğini belirttiğinde, ben kendisine karşı çıktım. Hazır değilsin, bu işin sorumluluğunu kaldıramazsın, evlilik oyun değil, kızı tanımaya çalış, acele etme, uyarısında bulundum. Dinlemedi.

Üç hafta içinde kararlarını verdiler. Ben mecburen üzerime düşen her şeyi yaptım. Ayrı ev açtım, döşedim, düğünlerini yaptım. Kızın istemleri, özlemleri benim hiç hoşuma gitmiyordu. Kıvırarak Türkçe konuşuyordu. Doğal değildi. Çok yapmacıktı ve bu durumu sırıtıyordu. Televizyondaki artistlere özeniyordu. Köyde büyümüş, annesi bir kelime Türkçe bilmiyor. Bu kendisine yediripte Kürtçe konuşmuyordu. Yani soysuz çıktığı kuyuya tükürüyordu. Onun davranışları buranın kültürünü alan ve kendi kültürleriyle kaynaştıran yetişkin, kızlarıma çok garip geliyordu. Bayan bölgesel özelliklerini göstermiyordu, tümüyle taklitten oluşan bir yaşama sahipti. Yani kendisi değildi. Biz de bunu anlayıp, görüyorduk. Tuhafımıza gidiyordu. İlk okulu bitirmişti. Okuma olanağına sahip olamamıştı. Eksiklerini giderme yerine, yanlış şeyleri, kişileri örnek alıyordu. Kendisi olmalıydı. Kendisini boyayıp çevreye sunmasına gerek yoktu.

Bir insan ailesiyle vardır. Herkes onun benim gelinim olduğunu söyleyecekti. Oğlumla iyi olmaları için ne gerektiyse yaptım. İyi, gelişkin insanların evlerine götürürdüm, onlarla tanıştırırdım. Yeter ki olumlu insanlardan et-kilenebilsinler, onları örnek olarak alabilsinler, birbirlerini anlasınlar, konuşmayı öğrensinler, derdim.

Ben bu evde dört görümcemi gelin ettim. Bunların yaşadıkları problemleri huzursuzluğu hiç biri yaşamadı. Oğlumla gelinimin tartışmaları bitmiyordu. Gelin oğlumla anlaşamadığı gibi bizimle de anlaşamadı.

Bir günde olsun " Kayınbabam felçli. Sürekli ayaktasın ve koşturuyorsun. Biraz dinlen. Ben sana yardımcı olayım!" demedi. Halimi görüyordu. Yatalak bir kayınpeder ve altı çocukla uğraşıyordum. Buraya gelir, oturur, ben de çayını yapar, eline verir, kendisine hizmet sunardım. Yani bizim adetlere göre O kaynana, bende gelindim.

Onlar birbirlerini anlama yönünde çaba sarf etmediler. Bir gün oğlum onu dövüp, elini kırıyor. O da başkalarının yol göstermeleriyle kadın sığınma evine gidiyor. Oğlan kendisiyle konuşmak için oraya gidiyor. "Beni dövmek için geldi!" deyip şikayet ediyor. Bu gelişme üzerine oğlanı işten attılar. Hapiste yatırdılar. Düzeni bozuldu ve her şeyini kaybetti. Her yönden mahvoldu. Gelin de bir süre kadın sığınma evinde kaldı. Kısacası her ikisinde de anlayış, dinleme, diyalog ve birbirlerine saygı yoktu.

Ben bu tarz ısmarlama evlilikleri normal ve sağlıklı görmüyorum. Burada büyüyen birisinin köyde doğan, yetişen birisiyle evlilik yapması olumlu sonuç vermiyor. Bütünleşemiyorlar. Açıklar oluşuyor. Bana göre bunlar mantıklı olmayan evlilikler. Almanlarda evleniyorlar. Ama bizimkiler gibi değil. Sırf fizik, güzellik göz önüne alınmamalı. Kişilik ön planda tutulmalı.

Eşimin ilk eşinden olan kızını törelerimize göre evlendirdim. Annesi sağken eşime; "Kızımı kardeşimin oğluyla evlendireceğim!" diyormuş. Kıza sordum. Ne diyorsun, annenin isteğini mi yapacaksın? Bir başkasını mı istiyorsun? Kız burada okuyup hemşire oldu. Çocuk ise köyde büyümüştü. Tam bir köy erkeğiydi. Her yönüyle geldiğimiz yerin özelliklerini sergiliyordu.

Kız; "Ben annemin isteğini yerine getireceğim!" dedi ve dayısının oğluyla evlendi. Odun gibi bir insanı adam etti. Onu, bir çocuğu eğitir gibi eğitti, geliştirdi, değiştirdi. Sağlam bir yuva kurdu. Sürekli yapıcı davranma sonucu hedeflediği başarıya ulaştı. Karşısındaki de kızımızın emeğini boşa çıkarmadı. Verileni aldı. Kendisi için çaba harcandığını fark etti.

Benim gelinim de geldi ve bir süre geçtikten sonra döndü oğlana " Bütün mal varlığını üzerime tapulayacaksın!" deyip, problem yaratmaya başladı. Demek ki hedefi mal, mülktü. Ya bir insanda utanma olur! Kendisi çalışmamış, emek vermemiş. Oğlan kendisiyle evlilik yapmadan önce mal-mülk almış. İnsan emek verirse, ter dökerse, kazanır ve alırsa, "benim" diyebilir. Mal, mülk mutluluk, huzur vermiyor. Akıllı bir insan az şeyle de tatmin ve rahat olur. Aç gözlülük ise kuşku, tiksinti yaratır.

Kürt kızları Avrupa'da yaşamak, kalmak hesabına evlilik yapıyorlar. İşin içinde hesap olunca mutluluk yaratılamıyor. Çoğu bunun çabasına da girmiyor. Neler, neler yaşanıyor! Evlilik olmuş aynen bir ayakkabı, işlerine gelirse kullanıyorlar, gelmezse çok rahat çıkarıp, bir kenara fırlatıyorlar, atıyorlar. "Anlaşamadık, evliliği bittirdik!" diyorlar. O kadar! Her şey bu cümleye sığıyor. İnsan ilişkisi bu kadar değersiz, basit olmamalı. Saygı, fedakarlık, hürmet, anlayış yok. Başkalarını bilmem ama bizde en iyi değerler, ölçüler çarçur edildi. Şu ileride bir yer var. Git bak hepside bizim boşanmış bayanlarımız. Oraya geliyorlar, bir şeyler içip, kendi aralarında sohbet ediyorlar. Ben gitmiyorum. Zamanım yok. Zevkte almıyorum. Moral alabileceğim bir ortam değil.

Bir bacım ilginç şeyler yaşadı. İki oğlu öldü. Bir kızı sağ kaldı. Kız 5 yıl köyde bırakıldı. Orada kendisine bakıldı. Çünkü bacım sürekli çalışıyordu. Çocuğa ayıracak zamanı yoktu. Bakamıyordu. Eşi burada rahat durmadı. Kısa yoldan para kazanma hastalığı sonucunda uyuşturucu işine bulaştı. Dört yıl hapis yattı. Bacım ise hep çalıştı. Bu arada adama ve çocuğuna da baktı. İhtiyaçları giderdi.

Bacım geldiği yere dönmek istiyordu. Bu amacından dolayı da orada ev yaptırdı, döşedi. Adam içerden çıktı ve sürekli erkek çocuk istiyordu. Bu isteğini tekrarlayıp duruyordu. Bacımın da üç çocuktan sonra çocukları olmadı. Adam sürekli bastırınca, çocuk isteyince, kadın mecburen kumayı da kabul etti. Kocasına kadın aramaya başladı. Adam evlensin de, amacına, erkek çocuğuna ulaşsın. "Ne yapayım? Benim olmuyor. Çocuk isteği bana ağır geliyor ama kendisini de engelleyemem. Baba olmak istiyor!" diyordu. Bir süre eşinin evlenebileceği bir kadın bulmaya çalıştı.

Bir ara kocası "Evlenmek istemiyorum. Bu istekten vazgeçtim!" dedi. Bacımın kendi emeğiyle memlekette alıp döşediği eve gidip kuruldu, her şeyi kendi emeğiyle almış gibi kullanmaya başladı. Burada iken bacımdan vekalet alıyor ve " Ben gidiyorum. Orada bir problem çıkarsa hal ederim. Her zaman senin gelip, gidecek halin yok. Bana vekalet ver ki yalnız başıma her şeyi hal edebileyim!" diyor.

Bacım burada çalışıyordu. Adam döndü gitti. Gider gitmez vekaleti kullanarak evi üzerine tapuladı. Köyden 18 yaşında bir kızla evlendi. Bu gelişmeler üzerine bacım şok üzerine şok yaşadı ve kalpten hastalandı. Bir yıl hastanede kaldı.

Dört yıl içerde kalan adamı besle, ihtiyaçlarını gider, evine kabul et, kendisi için kadın ara, güven, kendisine vekalet ver ve sonuçta aldatıl, aptal, enayi yerine konul. Bu evliliğin ve bacımın ona olan bağımlılığının bedeli bacım açısından ağır oldu. Doktorların desteğiyle, psikolojik terapilerle kendisine gelen, farklı, sağlıklı düşünmeye başlayan bacım " Maldan oldum. Candanda oluyordum. Kararımı verdim. Köye dönmeyeceğim. O yalancı ve sahtekarla birlikte yaşamayacağım. Kızımın yaşındaki kızla evlendi. Tercihiyle de kişiliğini ortaya koydu. Olgun, kamil bir insan değil. Az daha beni işimden ve buradaki olanaklarımdan da ediyordu. Ona inanarak buradaki işimden ayrılacak, bütün haklarımı öldürecek ve memlekete dönecektim. Haklarımı öldürseydim sap gibi ortada, güvencesiz, korumasız kalacaktım. Başkalarına muhtaç duruma düşecektim. Artık yeter. Bundan sonra benim paramla yaşayamayacak. Ben ne aptalım! Peşine düşüpte köye dönecektim!" dedi.

Adam 46 yaşındaydı. Kızın yakınları para için kızlarını ona verdiler. Muhakkak kızda filmlerdeki gibi zengin olma, iyi yaşama hayali içindeydi. Adam orada evlendi ve bacımın da eskiden olduğu gibi gece, gündüz çalışıp kendisini besleyeceğini düşündü. Sömürecek bir saf bulmuştu. İstediği yöne çekiyor ve istediği gibi kullanıyordu. Yeni evliliği yapmasına rağmen bacımla olan ilişkisini de bitirmek istemedi. İki kadınla yaşamak istedi. Birisiyle sevişecek, birini de çalıştıracak ve istediği gibi yönlendirecek, kullanacak.

Bacım ancak bu kadar şeyi yaşadıktan sonra görmeye ve adama "hayır" demeye başladı. Temelli olarak şehrimize dönmedi ve ondan ayrıldı. Tabi ki burada olduğu için ayrılabildi. Hiç bir konuda erkeğe muhtaç değil. Geldiğimiz şehirde olsaydı, sosyal güvencesizlikten dolayı kumayı kabul edip, oturmak zorunda kalacaktı, boşanamazdı da. Adam yabancı da değildi. Halamızın oğluydu. 20 yıllık evliydiler. Gelişmeleri duyuyoruz. Kendisini tanıyanlar anlatıyorlar. O, yeni eşiyle de mutlu değil. Arada 28 yaş var. Nasıl olacak?

Ben kızlarımla konuşup, tartışmıyorum. Hiç bir zaman duygularımı, düşüncelerimi belirtmiyorum. Onlarda isteklerini bana açmazlar. Sessizler.

Değişik konularda öğrenim görüyorlar. Kültürel aktivitelere katılıyorlar. Uğraş alanlarını kendileri belirliyorlar. Zevklerine göre ilgili kurslara gidiyorlar. Okuyorlar. Aktifler. Çocuklarımın ülkelerine, insanlarına bağlı olmalarını, kendilerini kurtarmalarını, düzenli yaşamlar kurmalarını istiyorum.

Onlar, benim tepki göstermemden korkarlar. Gölgem ağır gelir. Yüz göz olmadım. Aileye bağlı olmalarını istiyorum, bekliyorum. Burada zaman içinde aile bağları çok zayıflıyor.

Ben kendim gider, günlük gazeteyi alır, getirir, önlerine kor, okumalarını isterim. Bana göre, onlar beni dinlemiyorlar, isteğime göre davranmıyorlar. Belki onlarda benden şikayetçidirler.

Bizim memleketten gelen kadınlar burada her şeylerini kaybettiler. Her şey para ve mal olmuş. Kendilerine malı, mülkü bırakın, insan olun, mutlu olmasını öğrenin, bilin, diyorum. Maddiyat tutkusundan, aç gözlülükten dolayı ailelerde problemler yaşanıyor. Çocukların ihtiyaçları, okulları onların çoğunu ilgilendirmiyor. Yeter ki para harcanmasın. Birikim yapılsın. Maddi yatırıma dönüştürülsün.

Biz çalıştık. Çocuklarımı okuttum. Onlara her şeyin en iyisini giydirdim, yedirdim. Onlar için her şeyin en iyisini yapmaya çalıştım, çalışıyorum. Bir kez çocukluklarını, gençliklerini yaşayacaklar. Niye kısayım, esirgeyeyim ki ? Asıl yatırım insana yapılanı değil mi?

Kürdistan kadını fedakardır, yapıcıdır, doğaldır, karakterlidir, sevgi doludur, insancıldır. Buradakiler, buraya gelenler öyle değiller. İyi olan değerler kayboluyor. Ben buralı insana gerçeklerimizi anlatırım, bilgilendiririm. Onları etkilemeye çalışırım. Bizimkilerse etkiye açıklar. Bunlar kendilerinden büyük, üstün görüyorlar ve bunların etkilerinde kalıyorlar. Boş kaplara benziyorlar. Doldurulmayı bekliyorlar!

İki kelime almanca öğrenenlerin halini görün! Karşılaşıyorsun, konuşmak için yaklaşıyorsun ve sana merhabayı almanca veriyor. Kendilerine güvenleri ve değerlerine saygıları yok. Kendi dilleriyle kendilerini ifade etmekten kaçıyorlar, uzak duruyorlar. Alman merhabayı kürtçe mi veriyor? Hayır. Kendi dilini tercih ediyor. Bu durumlar bana basit ve komik geliyor. Daha dün köyde, tarlada çalışan, tezek yapan burada bir nazikleşiyor ki, dil kırıyor ki, başkalarını taklit ediyor ki seyretmeye ve gülmeye değer. Doğallıklarını kaybediyorlar. Sünnileşiyorlar. Buralı insanları yakından tanımıyorlar. Dışarıdan değerlendirmelere gidiyorlar. Bunlar bizlerden ileri, üstün değiller. Biz kendilerine çok fazla önem, değer veriyoruz. Bunlardaki imkanlar bizlerde olsa neler, neler yaratırdık. Bu kadar olanağa rağmen tahmin edilen düzeyde gelişkin değiller. Teknolojileri bizden üstün! Herkes kendi kültürüyle, zenginliğiyle, farklılığıyla hoştur, güzeldir. Başkalarını yüceltmeyelim. Bunların erkeklerinin bencilliklerini de görelim.

Çevremdeki insanlar sürekli yatalak olan eşimi korumamı, bakımını üstlenmemi ilgiyle izliyorlar. Şaşkınlık yaşayanlar çok. Adam iri cüsseli. "Ay nasıl kaldırıp ta indiriyorsun, nasıl temizliyorsun, nasıl yediriyorsun? Ne sabır! Bıkmıyor musun? Bu yalnızlığı nasıl kaldırıyorsun?" diyorlar. Ben soruların sahiplerine cevaplarını hak ettikleri tarzda verebilen bir insanım. Kendi gerçeklerime göre yaşıyorum. Başkalarından etkilenmem, yuvamı dağıtmam. Yuvam için gerekeni yaparım.

Kendi gerçekliğimizi kabul etmemiz gerekiyor. Gerçeklerini, koşullarını kabul etmeyen rahat yaşayamaz, doğru olan yola giremez.

Yavrularını koruyan anaç tavuk gibiyim. Hepsini de korumak zorundayım. Eşim yarı ölü, ama benim ruhi dünyamı dolduruyor. Ben onla yaşıyorum. Kendimi yalnız hissetmiyorum. Onu hastabakıcıların ellerine teslim edemezdim. Ona bakmaz ve O kısa sürede ölürdü. Yardımcı olmaları gereken akrabaları ise "Tabi ki bakar. Sakatlık maaşını alıp, yiyor!" diyorlar. İnsaf! Her şey parayla ölçülmez. Ben evde değil dışarıda çalışsaydım da maaşım olacaktı. İnsani değerlerimiz parayla ölçülmemeli. Kızım bana "Anne biliyor musun, "Fenelon; Felaketler karşısında dayanıklı durmak ve kader diyerek eğilmemek, kahramanlıkların en büyüğüdür! diyor. " dedi. Ben kahramanlık yapmıyorum. Vicdanen rahatım. 15 yıldan beri her an ölmesi beklenilen eşimi sevgimle yaşatıyorum. Çocuklarım sorunsuzlar. Okullarına devam ediyorlar.

***

Bayanlar yalnızca doğdukları topraklarda aşiret, devlet kuşatması altında kalmıyorlar. Göçmen, mülteci aileler vardıkları, yaşamaya başladıkları memleketlerde de aşiret bireyleri ile yakın birimlerde yaşamayı tercih ediyorlar. Kolay, kolay bağlarından kopamıyorlar. Bu şekilde de oto kontrol, yönlendirme devam ediyor.

Gidecek yeri, yardım isteyecek insanı olmayan kadın sığınma evine gidiyor. Kadın sığınma ya da kadın özgürlük evleri. Göçmen bayanlarımız bu kurumla yüz yüze kaldılar. Kabul edilsin veya edilmesin, yaşanılan gerçekler görülsün veya görülmesin, bu kurumlar ihtiyaç sonucu doğdular. Gereklilikleri görüldüğü için oluşturuldular. Avrupa Birliği içinde olan veya olmayan ülkelerde kadın sığınma evlerinin önemli bir yeri var.

Kadın sığınma evlerinin yapıları otonomdur. Ulus veya din farkı gözetilmez. Sorunu olan bayanlar bu kuruma bağlı şubelerden yardım talep eder. Bu evlerde kalanlar, sadece ailede eşleri, erkek arkadaşları tarafından şiddete maruz kalan bayanlardan oluşmuyor. Birlikte kaldıkları, mensup oldukları ailelerin fertlerinden de kötü davranışlar, uygulamalar görenler, yani şiddetin her versiyonunu yaşayan bayanlar bu kuruma başvurabiliyorlar. Başvuru her saatte yapılabiliniyor. Kurumda kalmaya giden bayan kendisine şiddet uygulayandan şikayetçi olursa, kurum yetkilileri derhal ilgili birimleri haberdar ediyor. Polis ve hukukçular devreye giriyor.

Bu girişimi, belirli bir düzeye gelebilen bayan gerçekleştirebiliyor. Korkularını aşanlar evlerinin dışına adım atabiliyor. Girişimde bulunuyor. Kendi başına karar verebilmeyi öğrenen, haklarının farkına varan bayan, kendisine yapılanı kabul etmeyip, karşı tarafı cezalandırma girişiminde bulunuyor. Hesap sorma gereği duyuyor.

Durumunu anlatamayan, yardım istemeyen bayana kim destek sunabilir? Zaten içinde bulunduğu durumu anlayamayan, değerlendiremeyen bayan girişimde de bulunamaz. Başkalarının iteklemeleriyle girişimde bulunsa da, girişimini tamamlayamaz. "Ben yaşadım. Sana ne. Sen niye rahatsız oluyorsun? Beni niye zorluyorsun? Rahat bırak!" cümleleriyle kendisine yardım için yöneleni, yol göstermeye çalışanı tersleyebilir.

Bayanlar, kadın özgürlük, kadını özgürleştirme evlerine yerleştiriliyorlar. Başka kurbanlarla aynı odaları, koridorları, oturma salonlarını paylaşıyorlar. Her birisinin hikayesi farklıdır. Ama sonuçlar aynıdır. O kurum görevlilerinden yardım istemek zorunda kalmışlardır. Bütçelerinin ayarlanması, tüm bürokratik işlemler, kurum görevlileri tarafından yapılır. Onlar, oralarda sürekli kalamazlar. Kendilerine belirli bir süre kalma imkanı verilir. Her ülkeye göre de koşullar değişir.

İhtiyacı olana ruhsal destek, tedavi imkanı sağlanıyor. Dünyaya bakışı, olayları değerlendirişi kendisine anlatılıp, ölçülerini değiştirmesi gerektiği öğretiliyor. Kendisine ev, iş bulma, oturum sorunlarını çözme konularında gerekli hukuki ve diğer destekler sunuluyor. Kırılan kanatlar iyileştirilip, uçma denemeleri yaptırıldıktan sonra uçuş imkanı veriliyor, dışarıya salınıyor.

Kadın özgürlük evlerinde görevli olanların amaçları misafir ettikleri bayanlara ayakta kalmayı, yalnız yaşamayı öğretebilmektir. Tabi ki öğrenmek isteyen öğrenebilir. İyileşmeyi başaran uçabilir.

Başkaları, bizim değerlerimizi talan edenler, çalanlar, bizleri sömürenler bizlere şiddet uyguluyorlar. Şiddetle öğretiyorlar. Bizlerde birbirimize uyguluyoruz. Bu merdiven yukardan aşağı doğru gidiyor. Kim kimc güç yettirirse! Bundan dolayı da bizim toplumumuzda aileler içindeki şiddet bir oranda normal karşılanıyor. İnsanlar alıştırılmışlar ve bunun doğal sonucu olarak genellikle tepkisizler. Çünkü tabularımız var.

Bu konular genelde, dedikodu, çekiştirme mahiyetinde konuşulur. Oysa yaşanılan acılara son noktaları koydurtmak, dönüşüm sağlatmak için çaba harcamak gerekir. Bu girişimleri de demokrasi kültürü, birikimi olan, sevgi taşıyan, yaşanılanlardan rahatsızlık duyan birey yapabilir.

Kadın örgütlerinin oluşturulmaları, eyleme geçmeleri, kötülükleri, çirkin ilişkileri deşifre etmeleri sonucu, toplum bu konuya hassasiyet göstermeye, konuşmaya, devam eden kampanyalara duyarlı olmaya başladı. Konu, sorunları olan bizler, bayanlar tarafından toplumsallaşmaya doğru itildi. Yüzlere aynalar tutuldu. İnsanların kendilerini görmeleri, değerlendirmeye tabi tutmaları sağlandı.

Konunun bilinçlice, etraflıca konuşulduğu, tartışıldığı, bizi sömürenlerin etkileri ve sonuç itibarıyla toplumsal kültürümüzden dolayı oluşan kişiliklerin, şekillenmelerin nedenlerinin, neden-sonuç itibarıyla anlaşıldığı aile, ilişki sayısı çok azdır.

Uluslararası Af Örgütü, göçmen bayanların sorunlarıyla ilgili raporlar yayınlamaya başladı. Şiddete, şiddetle hoşgörü gösterilmezse, saldırgan engellenebilir. Yaptırımla karşılaşma korkusu bireyi isteminden caydırır.

Şiddeti uygulayanın eğitilmesi, bilinçlendirilmesi, kendisini şiddete yönelten nedenlerin ortadan kaldırılması, elindeki sopanın alınması, kaba gücün değil, diyalogun iletişim aracı olarak öğretilmesi gerekir.

Bu tarz kampanyaların erkeklere, şiddet sevicilerine yönelik olmaları şarttır. Erkek, erkeğin bakış açısını, yaklaşımını değiştirebilmelidir. Bunun gereği olarakta erkek, yapılanın yanlış olduğunu anlama seviyesine, bilgisine ulaştırılmalıdır. Erkekler, bayanlar tarafından eleştirilmeyi kabullenemiyorlar.

Aile içi şiddet dünyada her yerde, var olan sosyolojik yapılanmalarda, sınıflarda mevcut. Vahşet ve kaba güç birleşince meyvesi de acı oluyor. Bayanlar sineye çekmeyi, susmayı tercih ediyorlar. Bundan dolayı da vurmaya alışan erkeğin eli hep havada kalıyor. Şiddeti uyguladığı bayanın kapasitesini, kişiliğini, ne yapıp, yapamayacağını bildiği için sınırsız hareket edebiliyor.

Bir kez şiddeti kabul eden bayan, birden sonrasını da yaşamaya devam ediyor. Önemli olan ilk uygulamada gerekli tepkiyi gösterebilmek, yaptırım gücü olabilmektir.

Avrupa'da bulunan, uluslararası politika veya insan hakları savunuculuğu yapan birimlerde görevli olanlar bu konuya eğilme mecburiyeti hissettiler. 1993'te Viyandaki Dünya İnsan Hakları Konferansı'nda, kadın haklarının en temel haklar olarak tanınması büyük bir adım oldu.

1995'te, Birleşmiş Milletler Pekin'deki " Kadınlar Konferansı"nda bir platformunu " Kadınlara karşı şiddet; eşitliğin, gelişimin ve barışın amaçlarının önündeki engeldir." konusuna adadı.

Avrupa Birliği düzeyinde, ilk defa kadınlara yönelik şiddet olgusu 1996 yılındaki kadın ticareti ile ilgili açıklamalar da yer aldı. 1997'de Daphne girişimi yaşandı. Aynı yıl Avrupa Meclisi, Avrupa Komitesine verdiği görevde, kadınlara karşı uygulanan şiddetin "sıfır düzeyde kabulü" kampanyasını oluşturmasını istedi.

1998 yılında Köln'de ve 1999'da da Viyana'da uluslararası bilirkişilerin oluşturdukları konferanslarda, erkekler tarafından kadınlara uygulanan şiddet-le mücadelede 62 örnek oluşum ve öneri oluşturuldu. Bu girişimler, çalışmalar Avrupa Birliğinin politikasını etkilediler.

Bir üçüncü konferans Finlandiya dönem başkanlığı tarafından; "Kadınlara yönelik şiddete karşı mücadele" kapsamında yapıldı. Bu kampanya Portekiz'in dönem başkanlığı görevini sürdürdüğü Mayıs 2000'de bir konferansla sonuçlandırıldı.

Bu girişimlerin sonucu ise yeni kanun hükümleri, önerileri ve özellikle ulus düzeyinde, ulusal eylemlilik ve kadınların sığınma şartlarının iyileştirilmesi konularının üye ülkeler tarafından kabullenilmesi sağlanmış oldu.

Geleceğe yönelik eylemlilikler şunlardır;

- Aile içi şiddet artık özel bir sorun olarak değerlendirilmiyor. Büyük bir bilgilendirme akışı içinde bu olgu sık, sık bazı zaman dilimlerinde tekrar ediyor.

- Geçmişte kadınlara karşı atılan dayağın, yapılan tecavüzün sorumluluğunu kadınların kendi üstlerine almaları, kendilerini suçlu olarak kabul etmeleri, kabul edilirken, bugün ise dikkatler eylemi yapana yönelmektedir.

- Kurbanların bu tür kötü cezalandırmalardan korunma girişimleri, çalışmaları geliştirilmelidir.

- Özellikle göçmenler bu konuda hassas durumda olduklarından, konu en uygun korunmayı gerekli kılıyor.

- Şiddetin yayıldığı aile içindeki alan ve ailenin sosyo ekonomik durumunun, konumunun, buna oranla şiddetin düzeyinin ne olduğu araştırılmalı ve ortaya çıkarılmalı.

Kadının İnsan Hakları Projesi'nin (KİHP) tespitlerine göre, kadına karşı uygulanan şiddet türleri;

Fiziksel şiddet; tokat, tekme, yumruklamak, dayak atmak, bıçak, silah gibi aletlerle saldırmak.

Duygusal şiddet; kadını küçümsemek, kendisine özgüvenini yitirmesine yol açmak, aşağılayıcı sözler söylemek, kendisini ruh hastası olarak görmesini sağlamak, yemeği yere dökmek, eşyaları kırmak gibi.

Ekonomik şiddet; kadının çalışmasına izin vermemek, harçlık vermemek ya da kısıtlamak, kadının parasını elinden almak, ailenin geliri konusunda bilgi vermemek.

Cinsel şiddet; kadını istemediği cinsel davranışlara zorlamak, tecavüz etmek gibi.

Tehdit etmek; dayak ya da ölümle tehdit, terk etme tehdidi, intiharla tehdit.

Çocuğu kullanma; kadının çocuklar konusunda kendini suçlu hissetmesine yol açmak, çocuklarını kullanarak tehdit edici mesajlar yollamak gibi.

İzole etmek; kadının hareket özgürlüğünü kısıtlamak, ailesi ya da arkadaşlarıyla görüşmesine izin vermemek, sık, sık kıskançlık nedeniyle kavga çıkarmak.

***

"Yedi yıl boyunca bir gün doyarak, istediğim gibi yiyerek sofradan kalkamadım. Kaynanam sürekli olay yaratır ve ben yarı açken yemek masasından kalkardım!"

GULZER: Erzincanlıyım. Kürt ve Alevi dini inancına sahibim. Köyde doğdum ve büyüdüm. Babam biz küçükken ölüyor. Biz o zaman üç kardeşmişiz. Annemi amcamla evlendiriyorlar. Bu şekilde tümüyle yetim kalmamızı önlemiş oluyorlar. Amcamdan da beş kardeşim oluyor.

İlkokul mezunuyum. Diğer kardeşlerim imkanlar dahilinde okudular. Okuyabilmemiz için gerekli olan olanaklar yoktu. Bundan dolayı da okuyamadık. Neyle, hangi imkanlarla okuyacaktık? Köyde, tarla ve hayvanlardan elde ettiklerimizle besleniyorduk. Bazı giderlerimizi karşılıyorduk. Üç kardeşim Avrupa'da mülteciler. Bir kız kardeşimde ulusal soruna ilgi duydu d gerilla oldu.

Ben de köyümüzdeki diğer bayanlar gibiydim. Aynı ortamda farklı olanaklar yoktu. On üç yaşıma geldiğimde serpilip, geliştim. Çevredeki aileler gelip, gitmeye, beni oğulları için istemeye başladılar. Evlenmeye hazır bir genç bayan olarak değerlendiriliyordum. Oysa daha çocuktum. Oynamaya bile doyamamıştım.

Ben 15 yaşıma vardığımda, görmediğim, tanımadığım bir gencin yakınları evimize gelip, beni gelin olarak almak için annemden istiyorlar. Annem hiç benim fikrimi sormadan, amcama danışmadan, kendi başına karar veriyor. "Tamam kızımı oğlunuza verdim. Size gelin olsun!" diyor. Ben olanları duydum. Alınan kararı kabul etmedim. Direnişe geçtim. Anneme, görmediğim, tanımadığım birisiyle evlenemem, dedim.

Kim beni dinler? Onlar, kararlarını vermişlerdi. Dünürcüler gelip beni bir mal gibi önlerine katıp, alıp götüreceklerdi. Bunun adı da evlilik olacaktı. O zaman bekar olan ve başka bir köyde sevgilisi bulunan dayıma konuyu açtım ve kendisine yalvarıp, bana yardım etmesini istedim. Seviyorsun, ta o köye kadar gidip, gelme gereği görüyorsun. Dayanamıyorsun. Tehlikeleri göze alıyorsun. Severek evleneceksin. Beni dinleyen yok. Kararlarına uymaya zorluyorlar. Beni anla. Bu gece dünürcüler bize, benim şerbetimi içmek için gelecekler. Yarında beni gelin olarak alıp, götürecekler. Ne olursun ben de seninle o köye geleyim. Birlikte köyden çıkalım. Burada kalmayayım, dedim. Dayım isteğimi kabul etti. Birlikte köyden çıkıp gittik. Ben bu gidişle evden, gelen dünürcülerden kaçmış oldum.

Dünürcüler " Gelinimiz nerede? Niye görünmüyor? Hazırlıklara başlayalım!" diyorlar. Herkes beni arıyor. Ben yokum. Yakınlarım nerede olduğumu da bilmiyorlar. Gelenlere cevap veremiyorlar. Birbirleriyle tartışıyorlar. Babam (amcam) annemi çok kötü bir şekilde dövüp, evden kovuyor. Annem ise anneannemlere sığınıyor.

Ben biliyordum ki, koca evine götürüldüm mü, oraya gittikten sonra hiç bir şey yapamayacağım. Mecburen, tanımadığım o gençle yaşayacaktım. Seçeneksiz kalacaktım. Ondan dolayı evden ayrıldım. O gece evde kalmış olsaydım, bütün direnmeme rağmen, beni bir çuval gibi ellerine alıp, o aileye teslim ederlerdi. Geri dönüş yoktu.

Dayımla birlikte gittiğimiz köyden sabaha doğru ayrıldık. Dayımın sevgilisi gece akrabaları kendisini fark etmeden, gizlice evinden çıktı. Yanımıza geldi. Beraber oturduk, sohbet ettik. Güneşin doğmasına az bir süre kala kendi köyümüze döndük. Bizim oralarda seven insanlar kendilerine göre çözüm yollarını, alternatif şeyleri bulup, görüşme olanaklarını sağlıyorlar. Dayım onlarda gizli, gizli görüşüyorlardı.

Korku içinde eve doğru yürümeye başladım. Dedem kapıyı açtı. "Neredesin? Herkes seni arıyor. Hemen gözden kaybol da kendini kurtar.

Amcaların seni mahf edecekler!" e uyarısında bulundu.

Eve alınmadım. Amcamlara gittim. Yengem beni görünce, ağır hakaretler, küfürler etmeye başladı ve içeri almadı. Kovdu. Anneanneme gittim. O da kapıyı üstümde açmadı ve tepki gösterdi. " Orospu, senden dolayı dün akşam kan dökülecekti. Ölümlere sebep olacaktın. Üvey baban kızımı öldüresiye dövmüş!" cümlelerini sarf etti.

Annemin amcasının oğlunun evine gittim. Bir gece orada kalabildim. Bir gün sonra dayım gelip beni aldı ve anneanneme götürdü. 20 gün, ben, annem ve küçük kardeşim anneannemde kaldık. Annemde cezasını çekmiş oldu. Yediği dayakla ve evden kovulmakla, kendi başına karar vermenin karşılığını aldı.

İstanbul'da olan halamın beyi olanları duyup köye geliyor. İkinci kez, benden habersiz, benim yaşamımla ilgili olarak ortak karar alınıyor. Her iki amcam beni halamın oğluna veriyorlar. Kendi aralarında işi hal ediyorlar. Kararı da benden saklıyorlar. Bundan dolayı da köye gelen halamın eşi anneannemlere gelip, bizi alıp, kendi evimize götürmeye karar veriyor. Geldi, bizi yanına aldı ve birlikte evimize döndük.

Bir ay geçti, bir akşam amcam "Hazırlan, yarın İstanbul'a gideceksin!" dedi. Şaşırdım. Niye, bu da nereden çıktı?, sorusunu kendisine sordum. Bana hiç bir açıklama yapılmadı. Onlara göre ben seçim hakkımı kaybetmiştim. Suçluydum! Onların kararlarına da uymak zorundaydım. Bir amcam beni alıp İstanbul'a götürdü.

Ben İstanbul'a götürüldüğümde 15 yaşımdaydım. Orada 6 ay kaldıktan sonra düğünümüz yapıldı. Eşim lise öğrencisiydi, okuyordu. O da " Ben evlenmem. Okuyacağım, evliliğe hazır değilim!" diyerek ailesine karşı direniyor. Kendisini dinlemiyorlar. Bizim kararımıza uymak zorundasın, diyorlar. Mecburen, aile baskısıyla evliliği kabul etmiş oldu.

Zorla, baskıyla yan yana oturtulmaya, aynı yatağa sokulmaya çalışılan iki gençtik. O, annesine ve babasına muhtaç durumdaydı. Çünkü öğrenciydi. Anne ve baba da onun kendilerine bağımlı olmasından yararlanarak onun yaşamını yönlendiriyorlardı. Bu hakkı kendilerinde görüyorlardı. İstediklerini yaptırıyorlardı. Onun yerine tercih yapıyorlar ve ona da kabul ettiriyorlardı. Onun kendi iradesine göre hareket etme şansı yoktu. Ya okulu bırakıp evden kaçıp gidecekti ya da bu evliliği kabul edecekti.

Eşim defalarca bana " Ben seni görmedim, tanımadım. Severek, isteyerek evlenseydim, belki sana verdiğim değer daha farklı olurdu. Mecburiyet karşılığında evlendim. Evlendirildim!" dedi, halen de aynı şeyleri söylüyor.

Ben bu evliliğin, evlendirilme şeklinin ezikliğini, acısını yıllarca hissettim, hissediyorum. Bazı duyguları anlatmak çok zor. Yaşayamayan bilemez, anlayamaz. Biliyorsun ki çocuklarının babası, eşin, sana karşı bir şey hissetmiyor. Seni sevmiyor, özlemiyor, eksikliğini duymuyor. Toplumdan, çevreden dolayı mecburi bir ilişki yaşıyor.

Onunla birlikte yaşıyorsun, yaşama zorunluluğu hissediyorsun ve o şekilde yaşamın devam ediyor. Duygu dünyan bomboş kalıyor ve derinlerde fırtınalar kopuyor. Gerçeği bildiğim için bende de istem, sevgi ve o sevginin yarattığı içten gelen beraber olma duygu seli oluşmuyor.

Zamanla birbirimize alıştık. Aşkı, sevgiyi, sevginin yarattığı heyecanı ben yalnızca filimler de gördüm. Kendim yaşayamadım. Doğrusu O da yaşayamadı. Ben aşkı, sevmeyi, sevilmeyi özlüyorum, arıyorum. İçim boş. Ancak seversem bu kuyu dolabilir.

Bu koşullar içinde 16 yaşımda anne oldum. 20 yaşındayken iki çocuğum vardı. Sekiz nüfuslu bir ailenin içine girmiştim. On bir kişi olduk. Hepimiz birlikte yaşıyorduk. Yedi sene kaynanayla birlikte oturdum. Ayrı ev açmadılar, açtırmadılar. Birlikte oturmaya mecbur ettiler.

Halam çok kaba, kötü ve anlayışsız bir bayandı. Benim evden kaçmamı, sözlendirildiğim erkeği istemememi başıma kakıyordu. Beni yıpratmak amacıyla bana karşı kullanıyordu, beni yargılıyordu. Sözleriyle, davranışlarıyla kırıyordu. Bende, suçluluk psikolojisi oluşturmaya çalışıyordu. Ben iyi bir insan olsaymışım, verildiğim kişiyle evliliği kabul edermişim! Evden kaçmakla, aileyi çevrenin içinde rezil etmişim. Şereflerini beş kuruşluk yapmışım! Ona göre ben suç işlemiştim. Olmayacak şeyi yapmıştım. Halbuki bizde kızın sevdiğiyle kaçması, kaçırılması çok doğal bir durumdur ve sonuçta antlaşma sağlanır. Ki ben bir başkasıyla kaçmamıştım da. Geceyi dayımla, onun sevgilisiyle beraber geçirmiştim.

Bana sürekli; "Oğluma kız mı yoktu? Sen sözden caydığın için seni oğluma almayabilirdim. El aleme karşı boynumuzda, evimizde kaldın. Ailenin şerefini, namusumuzu kurtarmak için seni oğluma aldım. Yaptıklarından sonra seni kim gelin olarak alırdı?" derdi.

Bir sefer yine eşim evdeyken bana hakaret etmeye başladı. Eşim kendisine karşı çıktı ve " Sen bundan ne istiyorsun? Bunun gözünün yaşı hiç kurumayacak mı? Sürekli evde gerilim, tartışma, huzursuzluk mu yaratacaksın? İnsanlara hakaret etmekten, onları aşağılamaktan zevk mi alıyorsun? Duygularını mı tatmin ediyorsun? Yabancıda değil, yeğenindir. Seni anlamak, çözmek mümkün değil. Hastaysan git tedavi ol. Hıncını, öfkeni bundan mı çıkaracaksın. Sana eziyet edeceğin insan mı lazım?" dedi.

Onun tepkisi ve cevabı ise, " Ağlıyorsa ağlasın. Bulunmaz hint kumaşı mı? Gebersin!" oldu. Eşim tekrar kendisine cevap verdiğinde ise " Ona arka mı çıkıyorsun? Güç mü veriyorsun, savunuyor musun? Sen geberesin o da ellere kala!" dedi.

O, başımda apoletsiz komutandı. Bende askerdim. Onun ücretsiz işçisiydim. Her şeyime o karar verecek! Ne kullanacağım, ne yapacağım. Ne kadar yemek yiyebilirim. Ne kadar yatabilirim. Eşimle ne konuşabilirim. Çocuğuma ne yedirebilirim! Her konuda baskı altındaydım. Yani ben tutsaktım. Köleydim. Adım "evin gelini" ydi.

Zaman, zaman düşünüyordum. Çekipte köye gideyim. Köye nereye, kime, kimin yanına gidecektim? Sorunlarımı kimle paylaşacaktım? Kim beni dinleyecek, anlayacak ve yardım elini uzatacaktı? Aile mi vardı? Onlar değil miydiler beni bu yaşamın içine itenler? Sorumluluktan kurtulmak için erken yaşta evlendirip başlarından def edenler. Beni evden uzaklaştırdılar. Gelecek mi sundular? Hayır. Zalim bir kaynananın elinin altına ittiler. Maruz bırakıldığım uygulamalardan dolayı hepsine küsmüştüm.

Gideceğim, sığınacağım, yardım isteyeceğim bir kurum mu vardı? Yakınlarımın beni evlendirme yöntemlerini kabullenememiştim. Köye gitsem, herkes " Oh olsun. Yerinde durmadı. Nişanlısından kaçtı. Bunu hak etti. Orada da duramadı. Baba evine döndü.!" diyeceklerdi. Oğullarını istemediğim aile mutlu olacaktı. Her şeyi düşünüyordum. Söylenecek sözleri bildiğim için sıkıntıları çekmeye devam ediyor ve yapılanlara katlanıyordum.

Yedi yıl boyunca bir gün doyarak, istediğim gibi yiyerek, huzur içinde sofradan kalkamadım. Kadın sürekli bir olay yaratır ve ben yarı aç, gerilim içinde yemeği bırakır, masadan kalkardım. Korkunç cimri bir insandı. Yani yoğurdu kırmayak, ekmeği yarmayak, karnımızı doyurak, cinsinden. Eşim çalışmadığı dönemler hepten aç kalıyordum. Lokmalar boğazıma diziliyordu. Rahat değildim.

Kadın sürekli bende " Yediğini hak etmiyorsun!" duygusunu uyandırıyordu. Dırdırı da bitmiyordu. Ben sürekli evde çalışarak açığı telafi etmeye çalışıyordum. Çocuklarımın ve onların bütün işlerini yapıyordum. Ücretsiz işçiydim. Ayrıca dantel ve benzeri şeyler örer, sattırırdım. Emeğim göze gelmiyordu.

Eşim askerliğini bitirdikten sonra kendilerine ait olan bir daireye yerleştik ve kaynanamın evinden ayrıldık. İki yıl bir konfeksiyonda çalıştım. Eşim de tezgahtarlık yapıyordu. Aç kalmaktan kurtulmuş oldum.

Kayınpederim ve halam, işçi ailesi olarak Avrupa'da birlikte çalışıp, İstanbul'a dönüş yapıyorlar. Bir bakkal dükkanı açmışlardı ve işletiyorlardı. Kendilerine üç katlıda bir ev yaptırmışlardı.

Kayınpederim çok asabi, öfkeli bir insandı. Niye, neden dolayı öyle olmuştu? Halen bilmiyorum. Göçmenlik ve sonuçları mı kendisini öyle yapmıştı? Kendisi de bir şey söylemiyordu. Açıklama getiremiyordu. Değer-lendirme yapamıyordu. Huzursuz bir kişilikti. İlk dönemlerde bana karşı çok iyiydi. Oğlum 8 aylıkken eşimle birlikte bizi evden kovdu. Gidecek yerimiz yoktu. Mecburen köye gittik. Üç ay orada kaldım.

Diğer amcam, eşimi ve ailesini barıştırdıktan sonra, biz İstanbul'a dönebildik. Oturduğumuz mahallede adım " çileli gelin"e çıkmıştı. Kayna-namı tanıyan, kişiliğini anlayan insanlar durumumu, yaşadıklarımı tahmin ediyorlardı, biliyorlardı. Çünkü O kendi kendisiyle kavgalı bir insandı.

Kendilerinden ayrıldıktan sonra, ikimizde dışarıda çalışmaya, evimizin ihtiyaçlarını almaya başladık. Onlar, bizden kira istediler ve bize "Evinize eşya alabiliyorsanız, kirayı da verebilirsiniz. Bizim emeğimiz. Çalışarak bu daireleri yaptırdık. Bedava oturamazsınız!" dediler.

Almanya'da olan bir yakınım biraz borç para verdi. Manifatura satmak için bir dükkan açtık. Ben çalıştırmaya başladım. Kendime güveniyordum. Yapabilirdim. Yaptım da. Orayı yıllarca çalıştırdım. Son zamanlarda aynı işi yapmaktan bıktım. Çalışmak istemiyorum dediğimde ise eşim "Öyleyse dükkanı devredelim!" önerisinde bulundu ve öyle de yaptı.

Çok sayıda köylümüz ve çevre köylerden insanlar Avrupa'da işçi olarak yaşıyorlar. Bunlar izne gelirler, bulunduğumuz yerde ve tatil yörelerinde 1-2 ay kalırlar, bol, bol tüketirlerdi. Durum dikkatimi çekti. Çalışıyorlar ama istedikleri gibi harcayabiliyorlar. Tatil yapabiliyorlar. Değişik yerleri göre-biliyorlar. Çok rahat şekilde para harcayabiliyorlar.

Ben senelerdir çalışıyorum. Tatil nedir bilmiyorum. Sürekli aynı ortam-dayım. Para biriktiremiyorum. Biz de Avrupa'ya gidip çalışabiliriz. Aynı olanaklara sahip olarak yaşayabiliriz. Çocuklarıma farklı olanaklar sun-abilirim. Dil öğrenerek okuyabilirler, dedim.

Tatile gelenler sohbetler sırasında burayı cennet olarak gösteriyorlardı. Anlatmakla bitiremiyorlardı. Bende bu cennette bir sandalye sahibi olmak istedim.

Burada yaşayan abimin son izne gelişi sırasında yaşadıkları da her şeyin tuzu, biberi oldu. Onun yaşadıklarından da etkilendim. Abim senelik iznini bitirdi. Dönüşte, Edirne'de, sınır kapısında kendisini tutukladılar. 4 ay içeride kaldı. Ona çok kötü şeyler yaşattılar. Eşimde abimle birlikte göz altına alındı.

Kardeşimin yaşadıklarına tanık olmakla rejim denilen şeyleri anla-maya başladım. Kafamda sorular oluştu. Niye hep kendimizden utandık? Niye bizi basit görüyorlar, aşağılıyorlar? Neden dolayı böyle davranma mecburiyeti hissediyorlar? Hangi gerçeklerden korkuyorlar? Öyle ya korkusu olan saldırganlaşır!

Biz niye söylenilenleri, bizlere dayatılanları kabullendik, kabuklarımıza çekildik? Niye bizleri köklerimizden, köceklerimizden koparmaya, her şeyimize yabancılaştırmaya çalışıyorlar?

Abim ne yaptı ki? Kendi ülkesine, kendi insanlarını görmeye gelmişti. Siyasi bir insanda değildi. Gerilla olan ise kız kardeşimdi. O, kendi özgür iradesiyle karar verip, gitmişti. Bizlere mi danışmıştı? Hayır. Gidişinden hiç birimizin haberi yoktu.

Abim insan mı kurşunlamıştı? Ne yapmıştı? 4 ay boyunca kendisine bir yığın acı yaşattılar. İşinden gücünden oldu. Cezaevlerinin kapılarında yaşadıklarım, gördüklerim var olan durumu anlamama yetti. Kendim de gözaltına alındım. Bende nefret, tiksinme duygusu ve uzaklaşma isteği gelişti. Yani rejimin yürütücüleri, silahlı adamları Kürtlere saldırmakla, bir yandan bizlere acı çektirirken, diğer yandan da uyanmamızı, toplum olarak görmemizi, durumları sorgulamaya başlamamızı sağlıyordu!

Düşündüm ve korktum. Çocuklarım okuyor. Gelecekte aynı şeyleri onlara da yaşatacaklar. Belki onları da diğer Kürtlere yaptıkları gibi sokak ortalarında kurşunlayacaklar. Kaçırıp, kaybedecekler. Hukuk denilen olay yok. Kim kime güç yettirirse! Kimse insan haklarından bahsedemiyor. Konuşanın ağzına yumruğu yapıştırıyorlar. Karşı çıkan yok ediliyor.

Çocuklarımı kaybetmeyi göze alamadım. Olabilecekleri tahmin etmeye başladım. Güven içinde ve daha rahat yaşamak içinde buraya gelmeye karar verdim. Eşim gelmek istemediği gibi çocuklarımı da etkiledi. Onlar beni yalnız bıraktılar. Gelmediler. Vize alarak bir başka ülkeye geldim. Oradan da bu ülkeye geçtim.

Buranın cennet olmadığını, ülkesinde rahatı olamayanın başka bir yerde de rahat edemeyeceğini kısa sürede anladım. Kimler cennetleri terk etmiş, kaybetmişti de biz bulup, serilip, keyif çatacaktık! Sokaklarda para ve altın serpilmiyordu. Bahsedilen, söylenilen rahatlıkta yoktu.

Buralara Türkiye'den ve bizim topraklarımızdan değişik nedenlerle gelenlerin, diğer yabancıların çöpten eşya aldıklarını ilk gördüğümde hayrete düştüm. Şaşkınlık geçirdim. Çöpler karıştırılıyor ve oralara atılan şeyler, eşyalar seçiliyordu. Nasıl oluyor? dedim, anlayamadım. Kendimi tutamadım, dayanamadım, yakınlarıma değişik sorular yönelttim. Durumu bana açıkladılar. Buralarda çöplerden eşya alanların çoğunluğunu yabancılar oluşturmaktalar. Durumu iyi olanların kullanmak istemediklerini ya da kullanıp eskittiklerini, çöplüğe bıraktıklarını diğerleri alıyorlar ve evlerinde rahatlıkla kullanıyorlar. Bu ülke çok zengin, gelişmiş olarak biliniyor. Buranında çok sayıda yoksulu mevcut.

İnsanlarımız yemiyor, tüketmiyor, kendilerine layık görmüyorlar. Her şeyden kısıyorlar. Çocuklarının ihtiyaçlarını karşılamayıp kuruş, kuruş biriktirip Türkiye'ye yatırıyorlar. Çoğu sürekli ve günde bir kaç işte çalışıyorlar. Bu yaşamın, ilişkilerin, dünyaya bakış açısının, değerlendirmelerin sonucu olarak sağlam kalmış insan yok. Her birisinde bir hastalık oluşmuş.

Gördüklerimin sonucunda bizim oradan gelen insanlarımıza şunları söyledim; eğer bu ülkenin iltica işlerine bakanlar bana burada kalma hakkı vermezlerse ve ben geri dönersem, yaşadıklarınızı, gerçek yaşamlarınızı, ilişkilerinizi tümüyle geldiğimiz yerdeki insanlara anlatacağım. Yalanlarınızı, abartılarınızı, sahte cennetlerinizi, gerçek cehennemlerinizi tümüyle dile getireceğim.

Ne ilginç insanlarız? Niye izne gelenler bizlere gerçekleri, yaşadıkları zorlukları, sıkıntıları anlatmıyorlardı. Üstelik bizleri de oralardan kopmaya, buralara gelmeye teşvik ediyorlardı. Yani bunlar başkalarının düzenlerinin bozulmasına da neden oluyorlardı. Burada tüketmiyorlar. Ama bizim orada da her şeyi almak, tüketmek istiyorlar. Haliyle insanlar bunların tüketimlerinden etkileniyor. Şehrimizde işsizlik çok büyük boyutta. Fabrikalar, çalışma alanları sınırlı. Daha iyi koşullarda yaşamayı herkes istiyor. Bu istek sonucunda buralara kadar geliyorlar ve hüsranla karşılaşıyorlar. Bozulan düzeni yeniden kurmakta çok zor.

Şu anda bir kız kardeşim bu ülkede yalnız yaşıyor. İş bulamıyor. Aldığı yardım belli. Resmen yarı aç. İnsan burada her şeye sıfırdan başlamak zorunda. Bir bebek nasıl emeklemeye başlıyor, dili öğreniyor, yavaş, yavaş ayağa kalkıyorsa aynen öyle.

Mülteci olmak için müracaat ettim. Beni bir kampa verdiler. Kamp yaşamını gördüğüm ilk andan itibaren bende pişmanlık başladı. Keşke düzenimi bozmasaydım, buralara gelmeseydim, demeye başladım. Çok kötü şekilde ağladım. Hıçkırıklar içinde abimleri aradım.

Burada, orada çektiğim sıkıntıların daha modern edilmiş haliyle karşılaştım. Yabancısın o kadar! Yakınlarım olmasaydı rezil olurdum. Günlük verilen harçlık iki paket sigara parası ediyor. Bu yiyeceğin yemeğin bedelidir. Resmen aç kalıyorsun. Buranın iltica kampları modern cezaevleri gibiler. Her şeyin sınırlı ve kurallara tabisin. Derdini, isteklerini anlatamıyorsun. Kısacası, istenmiyorsun! Kamp görevlileri, pişman olman, isteğinden vazgeçmen, geri gitmen için de gerekli olan psikolojik ortamı hazırlıyor.

Burada bizim insanlarımızın ilişkileri de alt, üst olmuş. Bağlılık yok. Çocuklar arada rezil olmuşlar. Oğlum bu sene üniversiteyi kazandı. Burada okumasını istedim. "Kesinlikle ben Avrupa'ya gitmem!" cümlesiyle beni cevapladı. Çünkü daha önce misafir olarak gelip, burayı, ilişkileri, koşulları görmüştü.

6 aydır buradayım. Buraya geliş bana bayağı tecrübe kazandırdı. Ne diyorlar; çok yaşayan değil, çok gezen bilir. Aynen öyle. Epey şey gördüm, öğrendim. Geldiğim yere dönüp, eski düzenimi kuracağım. Devlet görevlileri başımıza ne getirirler, çocuklarım neyle karşılaşabilirler? bilemiyorum. Evimi özledim ve bir an önce kavuşmak istiyorum. Eşimle olan sıkıntılarım ise bitmedi. Evlilik sorunlu başladı, sorunlu devam ediyor. Gördüklerim ve yaşadıklarım da bana ders oldular. Gider gitmez burada tanık olduğum her şeyi orada anlatmaya başlayacağım.

Ben kamptan çıkmış, abimlere geliyordum. Tren garında Konyalı bir Müslüman Kürt'le karşılaştım. Konuşmaya başladık. Burada biriyle evlilik yapıp, ayrılmış. Mutlu olamadığını anlattı. "Tekrar evlenmek istiyorum. Ama bir Kürt kızıyla!" dedi. Bende oluşan izlenimde şu; gerçektende buralılarla evli olan insanlarımız mutlu olamıyorlar. Çok sayıda Erzincanlı burada aynı durumda. Benim köylülerim ve çevre köylerden gelen gençler burada oturum hakkı alabilmek için paralı evlilik yapmış durumdalar. Halen yapıyorlar. Oturum hakkı alabilmek için yapılan antlaşmaya göre kimisi bayana her ay para ödüyor, kimisi de düzenli olarak bayanın cinsel ihtiyaçlarını karşılıyor. Birlikte kalanlar, aynı evleri paylaşanlarda varlar. İnsanlarımız, beş yıllık süreyi bitirebilmek için takla atıp duruyor.

Ancak beş yıllık nikahlı süre bittikten sonra boşanabiliyorlar ve bu ülkede kalabiliyorlar. O da bayanlar, evlendikleri kişiyi şikayet edipte gerçek durumlarını, hesaplı evlilikleri ortaya sermezlerse. Kimileri de şantaj yapıp erkeklerden anlaşılan miktardan fazla para istiyorlar. Bayanlar şikayetçi olurlarsa yabancıya oturum hakkı da verilmiyor. Kişi çektiği sıkıntıyla kalıyor. Kaçak duruma düşüyor. Başka ilişki bulma arayışına giriyor. Rezillik diz boyu. Severek evlenen ve anlaşabilen çift parmakla gösterilecek kadar az. Bu tarz ilişkilerde, veya evliliklerde ortaya çıkan sorunların nedenlerini bilmiyorum. Farklı kültürlere sahip olmak olsa gerek!

İşçi olarak buralara gelen insanlarımız köylerde bıraktıkları eşlerini, çocuklarını terk etti. Buralarda çoğu yeni evlilikler yaşıyor. Yirmi yıldır köydeki kadınların, çocukların yüzlerini görmeyenler varlar. Kadınlar bunların geriye dönmelerini bekliyorlar! Dönerler mi? Yeniden birlikte yaşamaya başlarlar mı? Bilemiyorum!

Çok sayıda köylümüzde oğullarını veya kızlarını memleketteki yakınlarının çocuklarıyla evlendirdiler. Bu evliliklerde de mutluluğu yakalayamıyorlar. Bakıyorum tek, tek boşanıyorlar. Yetim kalan çocuklara bu ilişkileri nasıl anlatılacaklar? Bilemiyorum. İçim sızlıyor!

Orada bütün sorumluluk annelerin omuzlarında. Onlar, hem anne, hem de babalar. Ayrıca hep kendilerini koruma psikolojisiyle de yaşıyorlar. Sürekli iftiraya uğrama korkusu taşıyorlar. Yalnız oldukları, yaşadıkları için kendilerini çekemeyenler, kıskananlar yada beraber olmak isteyenler haklarında dedikodu yapabilir. Onlar güçlü kadınlar. Kendilerini de, çocuklarını da koruyorlar. Geldim, gördüm, duydum, öğrendim ve geri döneceğim.

***

Tarihin çözemediği rekabet ve paylaşım varlığını her toplumda olduğu gibi bizde de devam ettiriyor. İngiltere - Cambridge Üniversitesi, Sosyal Psikoloji kürsüsü tarafından gerçekleştirilen bir araştırma, gelin-kayınvalide ilişkilerinin, aile ilişkileri tarihinde "olumsuzluk" açısından benzersiz ve rakipsiz olduğunu ortaya koydu.

Kayınvalidelerin her zaman "küçük yavruları" olarak gördükleri oğullarını şımartmaya, onları evlendirdikten sonrada devam ettiklerini ve onların aynı tutumları gelinlerinden de beklediklerini ortaya koyan araştırmada, "Kaynanalar, son derece şaşırtıcı şekilde öğreniyorlar ki gelinleri onların oğullarına, yani eşlerine, kendilerinin oğullarına davrandıkları gibi davranmıyorlar. Hatta eziyet bile edebiliyorlar. İşte bu da kötü ilişkinin başlangıcını teşkil ediyor." denildi.

34 kayınpeder ve kayınvalide ile 32 gelin ve damadın davranışlarını ve ardında yatan nedenleri ayrıntılı şekilde inceleyen araştırmayı yapan Dr. Terri Apter, bulguları 10 yıl önce yapılmış aynı türdeki bir araştırmayla karşılaştırdıklarını ve hiçbir şeyin değişmediğini hayretle gördüklerini ifade etti.

Apter, "Zaman değiştikçe insanların davranış biçimlerinin de değişeceğini düşünmüştük. Modern zamanın, modern kayınvalideleri her türlü yeniliği takip edip uygularlarken, konu oğullarına geldiğinde ise maalesef klasik davranış biçimine dönüveriyorlar." dedi.

Dr. Apter araştırmalarına katılan gelinlerin çoğunun eğitimli ve son derece başarılı profesyonel yaşamları olan kadınlardan seçildiklerini de belirtirken, "Ancak onlar kayınvalidelerinin gözünde sadece oğullarının rahatı ve mutluluğu için varolan birer kadından ibarettirler. Hiçbir kayınvalide gelininin profesyonel başarılarını dikkate almıyor." açıklamasını da yaptı. (1999)

Belçika'nın başkenti Brüksel'de yabancı göçmen kadınlara ulaşmak ve onların sorunlarına çözüm gücü olabilmek amacıyla kurulan SAMV (Göçmen Kadınlarla Dayanışma Platformu) 2000 yılından beri çalışmalarını yürütüyor.

Platform, Flaman bölgesi ve Brüksel'de yaşayan yabancı kadınların haklarını savunuyor. Çoğunluğu akademisyen olan bayanlarla, Türkiyeli, Faslı ve Belçikalı Flaman, gönüllü kadınların faaliyet yürüttükleri platform, kültürel alanda da çalışmalar yapıyor. Film gösterileri düzenliyor.

SAMV üyeleri göçmenlerin, mültecilerin geldikleri ülkelere giderek, iletişim kurmak ve karşılıklı deneyimlerini paylaşmak amacıyla oralarda oluşturulan kadın örgütleriyle görüşüyorlar. Genç göçmen bayanların evli olanlara göre daha farklı sorunları bulunmakta. Özellikle göçmen toplumlarda birinci, ikinci, üçüncü jenerasyonlar arasında büyük farklılıklar oluşmakta.

İşçiler 1960'larda Belçika'ya gittiler. Onlardan sonraki jenerasyon, ikinci kuşak çok fazla baskı altında kaldı. Onlar, Belçika'da geçerli olan resmi dilleri de öğrendiler. Üçüncü jenerasyon çok daha farklı; onlar, kültür bunalımı yaşıyorlar. İlk iki kuşağa göre kendilerini daha fazla Belçika'ya yakın hissediyorlar. Birinci kuşağın geldiği yerle ilgili fazla bir şey bilmiyorlar. Belçika'da en büyük azınlığı Faslılardan sonra Türkiye Cumhuriyeti vatandaşları oluşturuyor.

Bu platform üyeleri Web siteleri üzerinden yaptıkları çalışmaların yanı sıra okullara gidip insan haklarıyla, İslamiyet'le ilgili seminerler düzenliyorlar. Çünkü din konusunda da çok değişik problemler yaşanmakta. Bundan dolayı insanları aydınlatma zorunluluğu görüyorlar.

Bunların dışında çeşitli yerel kadın organizasyonlarına yardımda bulunma, platformlarında onlara eğitim verme konusunda çaba gösteriyorlar. Boşanmayla ilgili hukuki yardımda bulunuyorlar.

Kürtlerde ve Türkiyeliler içinde " İthal gelin" fenomeni yaşanıyor. Onlar, memleketlerinden Belçika'ya gelin götürüyorlar. Memleketlerden götürülen gelinler beğenilmedi mi de, götürenler, onları geri göndermeye çalışıyor. Kısacası hayatlarını mahvediyorlar. Bunalımlar yaşatıyorlar.

Gelin getirilen ülke ile Belçika arasındaki kültür farklılığı bulunmakta. Bundan dolayı da kayınvalideler gelinleri evlerde tutmaktalar. Sosyal yaşama katılmalarını engellemekteler. Dışarıyı tanımalarını, açılmalarını önlüyorlar. Dil öğrenmelerini ve bazı durumlarda okula gitmelerini dahi yasaklıyorlar. Organizasyon mensupları bu kadınlara ulaşmada zorluk çekiyor.

Belçika'da kadın örgütleriyle, göçmen kadın örgütleri ortak sorunlar yaşıyorlar. Platformda çalışan çoğu gönüllü, diğer örgütleri temsilden platforma gidiyorlar. Platform üyelerinin çalışmalarında karşılaştıkları sıkıntının en önemlisi ulaşmaya çalıştıkları kadınlar hakkında bilgi alamamak.

Kadınlar dışarıya çıkamadıkları, çıkış kendilerine yasaklandığı için, ancak kendi çevrelerinden, tanıdıkları, bir bağları olan insanları evlerine kabul ediyorlar. Platform üyeleri onlarla irtibat kurabilse dahi eşlerinin, kayınvalidelerinin onların platform üyeleriyle görüştüklerini bilmemeleri, duymamaları gerekiyor. Platform üyelerinin en büyük zorlukları, sıkıntıları evlere hapis edilen kadınlarla onların yakın çevreleri duymadan buluşabilmek ve kadınların da buluşmayı, görüşmeyi kabul etmeleri, ilişkiyi süreç içinde geliştirmeleridir. Bazı göçmenler dışarıdan gelen kültürün onları ezeceğini düşünerek içlerine kapanıyorlar. İçinde bulundukları ülkenin sistemine girmemeye, uzak durmaya çalışıyorlar.

Her yıl 15 bin yabancı İngiltere'de kalabilmek için anlaşmalı evlilik yapmaktalar. İngiltere İçişleri Bakanlığı çalışanlarından birinin elektronik posta mesajının The Times gazetesi tarafından ele geçirilmesi sonucunda, resmi belgelerde 1.700 olarak gösterilen anlaşmalı evlilik sayısının yaklaşık 10 kat daha fazla olduğu ortaya çıktı.

Mesajda "Anlaşmalı evlilik konusu giderek artan bir sorun haline geldi. İstihbarat birimleri, her yıl 15 bin anlaşmalı evlilik yapıldığına inanıyor." denilirken, anlaşmalı evlilik yapmayı hedefleyen gençlerin de dil eğitimi bahanesiyle ülkeye girdikleri vurgulandı.

2001'de, Almanya'da yaşayan ve pasaportunda "Oturma izni evliliği bitince sona erer." yazılı bir Türkiye vatandaşına polis yol kontrolü sırasında eşinin adını sorar. Yeni evli olan İ. K. 23 yaşındadır. Polisin sorusu üzerine paniğe kapılıp, kekeleyerek üç ayrı isim söyler. Fürstenfeldbruck otoyol polisi kontrol edilen kişinin farklı isimleri belirtmesi ve paniğe kapılması sonucu kendisinden şüphelenip, eşinin telefon numarasını ve doğum tarihini sorarlar. O, bu sorulara cevap veremez. Polis kendisine "Şimdi eşinize telefon edebilir misiniz?" soru ve isteğini yöneltir. İ. K. Bunun üzerine "Eşime arkadaşlarımın aracılığıyla, onların vasıtasıyla ulaşabiliyorum!" der.

Polis onun anlaşmalı evlilik yaptığını tahmin edip, soruşturma başlatır. Sonuç olarak; Türkiye vatandaşı İ. K. nin her ay 500 alman markı ödeme karşılığında sahte evlilik yaptığı, evlendiği bayanı tanımadığı tespit edilir. Hakkında, sahte evlilik yaparak, yasal olmayan yoldan oturma izni alma suçlarından soruşturma açılır.

Borçlanarak, ellerinde var olan her şeyi satarak göç yollarına düşen insanlarımız daha iyi yaşama, sahip olamadıkları her şeye sahip olabilme duygusuyla hareket ediyorlar. Varmak istedikleri ülkelere ulaşana kadar değişik acılar yaşıyorlar. Çok ağır bedeller ödeyenlerde oluyor. Kimileri de göç yollarında can veriyorlar.

Bir ülke ki, insanı kendi toprağı üzerinde yaşamak istemiyor. Kaçışa yöneliyor. Bir ülke ki, var olması gereken insani hakların çok azı kullanılıyor. Bir ülke ki, bütün zenginliği askeri giderler, savaş araç-gereçleri için kullanılıyor. İnsanları çöplüklerden ekmek topluyor. Hukuk güçlülere dokunamıyor. Onları koruyor. Sistem insanları yalan konuşmaya, sahtekarlığa, hileye yönlendiriyor. İnsanlar bu tarz yaşama alışıyor. Yadırgamıyorlar.

Binlerce modern hırsızın ellerini, kollarını sallayıp dolaştığı bir memleketten dışarıya kaçabilen, istediği ülkeye ulaşabilen, sahte evlilikle oturum hakkı almak için uğraşırken ve bu hakkı elde edene kadar, evlilik yaptığı bireyin tutsağı oluyor. Kullanılıyor. İtiraz edemiyor. İnsanları bu tarz yaşamlara iten, yönelten ülkelerin yöneticilerinin sorgulanmaları gerekiyor.

***

"Kimse bir ilişkiye aldatmak ya da aldatılmak için başlamaz. Fakat şu da bir gerçek ki çoğu ilişki aldatma kavramının kötü etkisi altındadır. "

ZÎNÊ: Erzincanlıyım. Türkmen ve Aleviyiz. Avrupa'ya işçi olarak gelen ve bizlerle bütün bağlarını kesen bir babanın çocuklarıyız. Ben küçükken babam işçi olarak Almanya'ya geliyor. Almanya bizim yuvamızı dağıtıyor. Onun, göçmen işçi olarak nelerle karşılaştığını, neler yaşadığını bilmiyoruz. Sonuç olarak akli dengesini kaybediyor. Ortaya çıkan bu durum göçmenlikte yaşadıklarının bedeli olmalı.

Babamın geride bıraktıklarına sahip çıkmaması sonucu annemde evi terk etti. Bizi, çocuklarını babaanneme bırakıp kardeşi gile gitti. O gittiğinde ben 5 yaşımdaydım. Biz 5 kardeşiz.

Annem bir süre kardeşinin evinde kaldı. Sonra İstanbul'da işçi olan biriyle evlenip, oraya yerleşiyor. Ben 16 yaşımda iken kendisini gördüm. Benim için bir yabancı gibiydi. Kendisine ısınamadım. Babamda yıllar sonra Erzincan'a döndü ve evlendi. Biraz iyileşmişti. Şimdi ise yaşlılar yurdunda kalıyor. Ne parası, ne de kimsesi var. Yapayalnız. Bu sonucu kendisi yarattı. Bize yiyecek parası da göndermezdi. Sanki bizler ona ait değildik. Açlık içinde, rezil bir durumda büyüdük. Zavallı babaannem bizleri korudu.

Ben 13 yaşımda iken evlendirildim. Eşime hem aşık, hem de tutkundum. Köylümüzdü. Birbirimizi sevdik. O, benden 4 yaş büyüktü. 14 yaşında anne oldum. Dört çocuk annesiyim.

Eşim çok yoksul bir ailenin ferdiydi. Kadın, erkek hepimiz çalışıyorduk. Bize ait bir metre yer yoktu. Köylü ve aynı zamanda topraksızdık. Başkalarının tarlalarını eker, yarıcılık yapardık. Hiç bir şeyimiz yoktu. Devletin danalarını alır, beslerdik. O hayvanlara verilecek yemde bize aitti. Çoğu zaman o besicilikten de zarar ederdik. Resmen aç kalıyorduk. Hiç bir şey yoktu. Odunu dahi parayla satın alırdık. Ben, malın, danaların çobanlığını yapardım. Arkaları sıra onları takip eder, pisliklerini toplar ve ondanda yakacak olarak kullanmak üzere tezek yapardık.

Biz dört erkek kardeşin eşleri ve çocukları toplam 30 nüfus bir evde yaşıyorduk. 30 kişiye aş mı yeter? Çoğu zaman yiyecek ekmek bulamazdık. Haftada bir çocuklarımızın başlarını yıkardık ki bitlenmeyeler. Kendimizi temizlemek için kil (gıri toprak) kullanırdık. Giyeceklerimizi de, yakılmış odun külünü içine bıraktığımız suyla temizlerdik. Biz kilim, halı vb. şeyleri yapmayı da bilmiyorduk. Kendimize ait az sayıda hayvanımız vardı.

Bizim orada değişik halklardan insanlar yaşarlar. Ermeniler kendilerini gizlemek zorunda kalıyorlar. Geçmişte katliama, zulme uğramışlar. Bundan dolayı korkuyorlar. Nüfus cüzdanlarına "Türk-İslam" yazılıyor. İtiraz edemiyorlar. Hem Müslüman, hem de Alevi Kürtler varlar. Kürtlere yapılan saygısızlık ve haksızlığı kabullenemeyen eşim, kötülere karşı tavır aldı. Irkçılaştırılan, Kürtlere karşı şartlandırılan, kışkırtılan insanlarla birbirlerine girdiler. Kavgalar yaşandı. Kendisine, "Türkmensin. Niye Kürtleri savunuyorsun?", diyorlardı. O yediği dayak sonucu ölümden döndü. Kendisi haksızlığa tahammül edemeyen bir yapıya sahip. Baktı olacak gibi değil. Diğerleri devlet görevlilerinden güç alıyorlar. Yolunu kesip kendisini ortadan kaldıracaklar.

Bizim şehirden çok sayıda insan bu ülkeye gelmişti. O da çekti buraya geldi. Tabi ki gelmesinde yoksullukta etkili oldu. Gurbete gidip, evdeki horantayı beslemek için para göndermesi gerektiğine inandı. Bizim orada fabrika da yok. Devlet bilinçli olarak yapmıyor. Bundan dolayı da sürekli dışarıya göç veren bir yer.

Otuz insan bir evde yaşarsa huzursuzluk eksik olmaz. Eltilerimle kavga ederdik. Kavgaya neden olan ise yokluktu. Başımızda büyük olarakta kaynanam vardı. Yoktu ki kadın gelinleri ve torunları arasında paylaşsın. O da ne yapacağını bilemiyordu.

Eşim buraya gelme kararı vermekle bizden ayrı yaşamaya başlamış oldu. Ona güveniyordum. Bizi bırakmaz. Babam gibi olmaz, yuvasını dağıtmaz, diyordum. Sürekli telefonla görüşürdük. Ben onun yokluğuna dayanamıyordum. Yalnızdım ama onunla yaşıyordum. Yanımda kalan elbiselerini koklar, yalnızlığımı, özlemimi gidermeye çalışırdım. Hep kendisini düşünürdüm. Birlikte gittiğimiz yerlerde dolaşır, geçmişi anardım. Sürekli yanına, buraya gelmek isterdim. Yalnızlığı, onun yokluğunu kaldıramıyordum.

Telefon görüşmelerinde kendisine yalvarırdım. Bize sadakan olsun, ekmek parası gönder. Hepimiz açız, çocuklar perişan oluyorlar. Adam; "Burada para kazanmak zor. Param yok, bundan dolayı da gönderemiyorum!" derdi.

Ben bu ülkeye geldikten sonra, yaşamın, para kazanmanın ne kadar zor olduğunu gördüm. Benim kocam kazandığını tutmasını da bilmemiş. Herkese harcamış. "İhtiyacım var, param yok." diyene vermiş.

Adam burada kalmanın zor olduğunu, kalabilmesi ve bizi getirebilmesi için bir kadınla evlilik yapıp, oturum hakkı alması gerektiğini söyledi. Ben kendisine inanıyor ve güveniyordum. Gittim mahkemede dava açtım ve boşandım. Adam da buralı bir kadınla resmi evlilik yaptı. Yedi yıl sonra kendisine oturum hakkı verdiler.

Ben boşandıktan sonra, kardeşleri, yakınları bana çok kötü davranmaya başladılar. Kardeşleri ve gelinleri beni döverler " Evimizden git. Artık dulsun. Kardeşimiz seni boşadı. Evimizde, içimizde kalma!" derlerdi.

Kocama yalvarıyordum. Ne olursun acele et. İşlemleri erken bitirmeye çalış. Bizi de götür ve bu ortamdan, ilişkilerden kurtar. Adım "dul kadın" olmuştu. Halbuki ben, eşim burada kalmayı hak edebilsin, para kazanabilsin, köydeki nüfusu doyurabilsin, istek ve amacıyla kendisinden boşanmıştım. Eşimin yakınları da bu gerçeği biliyorlardı. Biz fazlalıktık. Evdeki nüfusun azalması isteniyordu. Ayrıca, yokluk, fakirlikte sıkıntı, gerilim yaratıyordu. Sonuçta işlemler tamamlandı ve biz buraya gelebildik.

Ben taş mıydım, toprak mıydım, nasıl dayandım? Bilmiyorum. Buradan eşim bana 5 kuruş para gönderse yakınları burnumdan getirirlerdi. "Kardeşimizin parasını yiyorsun. Evimizden çık git." derlerdi. Eşime de " Sen buna niye para gönderiyorsun? Niye değer veriyorsun?" diyorlardı. Bizim oranın adetlerine göre para eşe değil, kaynanaya, kayınlara gelmeliydi. Gelinin hiç bir hakkı yoktur. Eş olarak hiçbir talepte bulunamaz. Kendisine sunulana, reva görülene razı olmak zorundadır. Kayınlar düşman yerini alabiliyorlar. Her birisi bir kahyaydı, kötü bir kocaydı. 4 çocukla birlikte eza çektim.

Onlar şimdide utanmadan bizden para istiyorlar. Paraya ihtiyaçları olduğunu belirtiyorlar. Ben hayınlık, kötülük yapmasını da bilmem. Kimseye zarar veremem. Eşime, yazık, paraları yok. Durumları iyi değil, elinde para olunca arada bir onlara gönder, diyorum. Köyde zaten yapacak fazla işimiz de yoktu. Kadın, erkek boş otururduk. Yiyecek bir şey olmazdı. Sıkıntıdan birbirimize düşerdik. Tarlan, bağın, bahçen yoksa, nerede çalışıp, üreteceksin? Topraksız köylüydük.

Buraya kavuşmadan önce kendi kendime hayaller kuruyordum. Ağlamam bitecek, cennete düşeceğim, bend e artık herkes gibi rahat olacağım, diyordum. Buranın dertleri de daha başka. Halen saati kullanmasını bilemiyorum. Bir trene binmesini beceremiyorum. Çünkü okur, yazar değilim. Hep başkalarından yardım iste dur. Bu durum beni çok zorluyor. Burada her şey elektirikle çalışıyor. Köy gibi değil ki! Orada işleri yapmak için okumuş olmak gerekmiyordu. Küçüklükten itibaren aileden, yakınlarından öğrendiğin şeyleri yapıyorsun. Burası bir başka dünya!

Burada komşunla konuşamıyorsun. Alışverişte, dışarıda, işyerinde ayrı problemler mevcut. Her şey seni huzursuz etmeye yetiyor. Burası ufak bir kasaba. Çocuklarım Migrosa gittiklerinde üstlerini kontrol ediyorlar. Hırsızlık yapmışlar mı ? Bir şey çalmışlar mı? Bunlar kendilerini görmüyorlar, görmek istemiyorlar. Buranın gençlerinin yaratmadıkları sorun, yapmadıkları olumsuzluk yok. İnsan denilen canlı her şeyin iyisini de, kötüsünü de yapıyor. İyiyi de, kötüyü de kendimizle birlikte taşıyoruz. Renk ve ırk önemli değil ki. Kızım yapılan bir istatistikten bahsetti. Burada işlenilen her dokuz suçtan biri Türkiye cumhuriyeti vatandaşları tarafından gerçekleştiriliyor. Çok değişik milletler varlar.

Ben topraklarımızda nelerden dolayı açlık ve yoksulluğa mahkum edildiğimizi, neden dolayı okul yapılmayıp ta, cahil bırakıldığımızı buraya geldikten sonra öğrendim. Yabancı televizyonlar, gazeteler ve evimize gelen, gerçekleri bilen insanlar anlatıyorlar. Şimdi köye göre çok şey biliyorum. Okuma imkanlarını elimizden aldılar. Ama göz ve kulaklarımız var. Onların vasıtasıyla kavrayabiliyoruz. Anlayabiliyoruz.

Kızların kaderleri annelerinkine benzermiş! Bugün annemi de, babamı da suçlamıyorum. Ben annemin yaşadıklarını yaşamaya başladım. Göçmen oldum ve buralardaki yaşamı, zorlukları tanıdım. Buraya geldik. Bir de ne göreyim. O köydeki insan gitmiş, bir başkası gelmiş. Adam bir garip, tuhaf olmuş. Konuşma, hareketler, hisler, bana ve çocuklara yaklaşımı çok farklılaşmış. Karşımdaki, köyümde doyamadığım erkeğim değildi. Borca batmıştı. Başkalarına yedirmişti, düzensiz harcamıştı, borç vermişti. Gelirine göre hareket etmemişti.

Yedi yıl ayrı kalmak ve eşimin içine girdiği ortamdan, bu toplumdan etkilenmesi sonucu ben şaşkınlık yaşadım. Gerçek karşısında sarsıldım. Onu hep sevdim. Baktım eski adam değil. Sevgi, sıcaklık, ilgi, değer verme, koruma hiç bir şey yok. Tüketmiş! Her şey Erzincan'da kalmıştı. O, köyde aşık olduğum, tutkuyla bağlandığım erkek değildi.

Köyde hiç bir değişime uğramadım. Kocama karşı olan sevgimi, saygımı kaybetmedim. Bilakis ayrı kalma bana acı çektiriyordu. Hep kavuşmak, sarılmak, koklamak, yan yana olmak istedim. Rüyalarla yokluğunun yükünü hafifletiyordum. Yedi yıl hep hangi gün kendisine kavuşacağım, ne zaman tekrar ellerini tutacağım, sarılacağım diyerek bekledim.

Kendisine, ben senden kuşkulanıyorum, aldığın maaşı ne yapıyorsun? Nereye gidiyorsun? Niye eve gelmiyorsun?, dediğimde, beni çok kötü şekilde dövüyordu. Bir kez saldırdı ve burnumu kırdı. Hiç mi vicdanın sızlamıyor? İnsan değil misin? O köydeki sevgi dolu erkek burada bu kadar çirkinleşebilir mi, vahşileşebilir mi? Sana ne oldu? Ne yaşadın? Nasıl bize böyle davranabiliyorsun?diyordum. Açıklama getirmiyordu.

Kendisine hayatında başka bir kadın mı var? sorusunu sordum. Sen eski insan değilsin. Çocuklara da, bana da ilgisizsin. Bizden rahatsız oluyorsun. Aynı ortamda bulunmak istemiyorsun, bizlerden kaçıyorsun, dedim. Beni cevaplamadı bile.

Yüzüme bakmıyordu. Yanıma yaklaşmıyordu. Benden zevk alma, bana zevk verme isteği de yoktu. Yatağıma yabancı olmuştu. Biz evde aç, parasızdık. Yeni gelmiştik, insan tanımıyor, ilişki kuramıyorduk. Evde aç kalmamız umurunda değildi. Aldığı para nereye gidiyordu, nerede, nasıl harcıyordu? bilmiyorduk. Konuşmaz, açıklama yapmazdı. Burada bizden başka aç kalan var mıydı? bilmiyorum. Para yok. Evde bir şey yok. Kaç kez eve haciz geldi. Elektriğimiz kesildi. Köyde gidip komşundan ödünç ekmek alabilirsin. Burada o da yok.

Ben ne kadar sorduysam, O " Başka kadın yok!" diyordu. Bir insanın birlikte yaşadığı insanın dışarıya yöneldiğini anlamaması için aptal olması gerekir. Bir gün kendisini beraber olduğu kadınla birlikte gördüm. Eşim konuşmamayı, suskunluğu sürdürmeye devam etti. Kendisine, ben sizi birlikte gördüm. Niye konuşmuyorsun? Neden gerçekleri konuşmaktan kaçıyorsun? Sorunları sürüncemede bırakamazsın. Duruma açıklama getir, dedim.

Bunun üzerine bana, " Evet doğru. Ben o kadını seviyorum. Kocasından ayrılacak ve evleneceğiz. Ben sana da, çocuklara da ısınamıyorum. 7 yıl ayrı kalma beni sizlerden uzaklaştırdı ve soğuttu. Olmuyor. Artık hiç bir şey geçmişteki gibi olamayacak!" dedi. Bayan buralı ve ev kadınıydı. Aynı zamanda da evliydi. Anneydi. Kocası da durumunu biliyordu. O kadının kocası da eşini dövüyordu.

Ben kocama hak verdim. Soğumuş olabilir, sevmeyebilir. Ama bu çocuklar onundu. Biz bu evde aç kalıyorduk. Bunu bize yaşatmaya hakkı var mıydı? O, babaydı. Kendi tercihine göre yaşıyordu. Sorumluluğunu bilmesi gerekiyordu.

İş aradım. Bir süre sonra çalışmaya başladım. Bulaşıkçılık yapıyordum. Aldığımla geçinemiyorduk. Lokantanın sahibiyle konuştum. Müşterilerin önlerinde kalan artıkları atmayıp ta, bana verir misiniz? Çocuklarım evde aç kalıyor. Biz o artıkları yeriz, açıklama ve isteğinde bulundum. Kadın şaşırdı, durdu, yüzüme baktı ve isteğimi kabul etti.

Her gün düzenli olarak başkalarının önlerinde kalan yiyecekleri eve getirip, çocuklarıma yediriyordum. Onları açlığa karşı koruma görevi sürekli benim omuzlarımdaydı. Baba ilgisizdi. Kendi dünyasındaydı ve dünyası da buralı kadınla çevrelenmişti. Bizleri görmüyordu.

Kocası, kocamın metresini dövmüş ve vücudunu morartmıştı. Kadın vücudunu, moraran yerlerini kocama gösteriyor. O, dostunun yaşadıklarını, yediği dayağı bana anlatırken onun için gözleri yaşardı.

O saatten sonra yapabilecek bir şey yoktu. Her şeyin bitmiş olduğuna inandım. Ben veya çocuklarım için değil, bir başkası için gözleri yaşarıyordu. Bana olan sevgisi bitmişti. Çocuklarımda onu ilgilendirmiyordu. Kendisini yaşıyordu. Kendisine, demek ki kadının bir suçu var ki dayak yiyor. Beyefendi sen de beni dövüyorsun. Hangi erkek benim için göz yaşı dökecek, üzülecek? Ben bu sonucu, yalnızlığı hak ediyor muyum? Ondan neyim eksik? Niye bu kadar acımasız oldun? dedim.

Baktım olacak gibi değil. Ben kendisiyle resmi evlide değildim. Bu ülkenin iltica işlerine bakan görevlileri de bizim bu ülkeyi terk etmemize karar verdiler. Oturum hakkı vermediler. Ben tekrar köye, kaçtığım koşullara dönecektim. Lokantada çalışırken bunların dillerini öğrenmeye başladım. Kendimi ifade edebiliyordum. Gidip kocamın dostuyla konuştum. Her şeyi, yaşadıklarımı ayrıntılarıyla kadına anlattım. Vücudumu gösterdim. Kadın, dayak yediğimi öğrenince ve siyahlaşmış derimle karşılaşınca şaşırarak yüzüme baktı. " Ne, seni dövüyor mu ? Ben senin kocanın parasını yemedim. Onunla da evlenmeyeceğim. Aramızdaki ilişkiyi bitireceğim. Dayak atabileceğini de düşünememiştim!" dedi.

Kadına sen açlığı biliyor musun? Biz burada, bu koşullarda aç kalıyoruz. Başkalarının artıklarını yiyoruz. Senden dolayı ben ve çocuklarım şiddete maruz kalıyoruz. İstiyorsan kocam seninle kalsın. Ama çocuklarım aç kalmasın. Onlara babalık yapsın. Köyde yaşadıklarım yetmedi burada da acı çekiyorum, açıklamasında bulundum. Kadın mert bir insan çıktı.

Söylediğini yaptı. Kocamdan ayrıldı. İlişkisini bitirdi. Adam eve, yanımıza döndü. Soğukluğu, sorumsuzluğu da devam etti.

Ben aynısını yapmış olsaydım, bir başkasını tercih etmiş olsaydım. Kendisi kaldırır mıydı? Beni kabul eder miydi? Benim kimsesiz, sahipsiz, korumasız olduğumu biliyordu. Bana da, çocuklarıma da zulüm yapıyordu. Ağzımızı açamıyorduk. Sürekli tetikte ve saldırmaya hazırdı. Kafamızı duvarlara vuruyordu. Başkalarıyla olmayı, değişik şeyler yaşamayı kendisine hak olarak görüyordu. Bizim varlığımızda kendisini rahatsız ediyordu. Bir garip olmuştu.

Gönlünde bizler için yer kalmamıştı. Köyde "Erkek götün dostu, başın düşmanıdır. Önü kalktı mı kadına yaklaşır, kibar olur, yalvarır yakarır. İşini hal etti mi tanımaz, kabalaşır, tekmeyi vurur!" derler.

Şu anda sahip olduğum olanaklara da, bu yaşamada şükür ediyorum. Köyde yakacak odun bulamazdım. Elim hayvan bokunun içinden çıkmazdı. Tezek yapardım. Kışın soğuktan elim su kovalarına yapışırdı. Sürekli su taşımak zorundaydım. Şu anda çocuklarımla birlikte bir evin içindeyim. Açta kalmıyoruz. Sıcak suyumuz ve kaloriferimiz var. Yıkanacak sabun buluyoruz. Bitlenmiyoruz. Çocuklarım çalışıyor. Kendi yağımızda kavruluyoruz.

Burası da bize göre değil. Elin ülkesi. Horlanıyorsun, aşağılanıyorsun. Bakışlardan her zaman yabancı olduğunu anlıyorsun. Bunlar insana bilerek his ettiriyorlar. Biz yabancı olduğumuz için buradakiler bizleri sevmiyorlar. Bu durum da hepimizin psikolojisini etkiliyor. Bu semtte de yalnızız. Bu evden çıkıp başka yere gitmek istiyorum. Çocuklarım bizim oranın insanlarının yaklaşımlarından, konuşmalarından, rahatsız oluyorlar. Onlara "gereksiz insanlar" diyorlar. Geldiğimiz yerin insanlarıyla komşu olmak istemiyorlar.

Türkiyeliler de dedikodudan başka bir şey yok. Ben demokratım diyeni de, dinciyim diyeni de, bilmem neyim diyeni de gördüm. Aralarında bir fark göremiyorum. Yapıcı, geliştirici bir şey yok.

Kızlarım boylu poslular ve göze geliyorlar. Onların hakkında bir yığın dedikodu yaptılar. Her birisi bir şey söylüyor. Çocuklarım emeklerinin, alın terlerinin karşılığını eve getiriyorlar. Onlara ne? İnsanlar malzeme, konuşacak şey arıyorlar. Köylerde çalışmıyor muyduk? Çalışmayıp ta evde aç mı beklesinler? Buranın insanı evde oturuyor mu? Hepsi çalışıyor. Burada çalışmamak ayıp sayılıyor. Emekli olanlarda kendileri için başka uğraşlar buluyor ve zamanlarını değerlendiriyorlar. Hepsi üretici. Üretmekten memnunlar. Başkalarının emekleri üzerinde yaşamak ayıp. Öyle değil mi?

Kızları eve kapatacak değilim. Onlar da insan. Niye kimse erkeklere bir şey demiyor. Türkiyeliler kızlarımı huzursuz ediyorlar. Kızlarımda da tepki gelişti. Türkçe konuşanlardan nefret ediyorlar. Türkiyelileri görmek istemiyorlar. Buralı bir kız istediği işte çalışır, istediği gibi giyinip, dolaşır. Bizim oralılar herkese kahyalar. Her şeyden bahseder, konuşurlar.

Gelirler, kapını açarsın, değer verirsin, misafir edersin. Sonrada gidip dedikoduya, seni çekiştirmeye başlarlar. Evimizde konuşulanları, gördüklerini, kızlarımın giyinişlerini, oturuşlarını gider anlatırlar. Sigara içmemiz dahi konuşma konusu oluyor. Dünya alem bu mereti içiyor, bunda ne var? Çocuklarım konuşulanları duyunca kızıp insanlarımızdan uzaklaşmaya ve merhabayı da kesmeye başladılar. "Onlar bizi huzursuz ediyorlar. Kendileriyle görüş-meye ne gerek var!" diyorlar.

Burada kimse kimseye karışamıyor. Herkes kendi özelliklerine, zevklerine göre yaşıyor. Bildiğim, gördüğüm, fark ettiğim kadarıyla özel yaşama bizim kadar saygısızca yaklaşmıyorlar. İnsanlarımız, Türkiye'de açlık mı var, savaş mı var, orada insanlar ne durumdalar, çöpten ekmek mi topluyorlar, ahlaki çöküntü mü yaşanıyor, neler oluyor, anlatmazlar, konuşmazlar. İlgi alanları insanların özel yaşamları.

Çocuklarım dini anlayışımızla ilgili olarakta bir şey bilmiyor. Sadece "Aleviyiz" diyorlar. Okula giden her iki küçüğe okulda Hıristiyanlığı anlatıyorlar. Onlar Hıristiyanlığı öğrendiler. Biz Aleviliği öğrenebildik mi ki? Devletçe yasaklanmıştı. Çocuklara neyi öğreteceğiz? Bir şey bilmiyoruz. Köyde korkuyla, gizlice cemler düzenlenirdi. Cem yapılacağı zamanda köyün etrafına nöbetçiler dikerlerdi ki askerler gelip dini ayini görmesinler, bize, ibadet edenlere zarar vermesinler. Dövmesinler. Gözaltına almasınlar. Devlet okullarında sadece Müslümanlık öğretiliyor. Nüsuf cüzdanlarımıza da "İslam" yazıyorlar. İslam olsaydık köyümüzde cami yapardık. Değiliz. Biz farklıyız. Farklı olmasaydık ibadetimizi yapmamızı yasaklarlar mıydı? Ezan okunması, namaz kılınması yasaklanıyor mu? Hayır. Peki bizim günahımız ne?

Çocuklarımda burada umduklarını bulamadılar. Hayaller ve gerçekler çarpıştı. Okuyacaklarını, her şeye sahip olacaklarını, kendilerini seven, değer veren bir babaları olduğunu düşünüyorlardı. Şimdi düşünüyorum da keşke hiç çocuğum olmasaydı. Aha şu kapıdaki köpek olaydım. İnsan olarak dünyaya gelmeyeydim. Burada çocukların varlıkları, sorunları, dertleri de ayrı bir yük. Beni yediler, bitirdiler. Büyük kızım okuyamadı. Çalışıp para getirmek zorunda kaldı. Diğeri bir yıl okula gidebildi. O da çalışmaya başladı. Diğer ikisi de iyi değiller. Bir oğlum okumak için uğraşıyor.

Üzülüyorum, çocuklarıma yol gösteren olmadı ve onlarda okuyamadılar. Kızlarım meslek sahibi olamadı. Herkesin temizliğini, ağır işlerini yapıyorlar. Babalarının kendi zevklerine düşkünlüğü, sorumsuzluğu onları buradaki imkanları kullanmaktan, değerlendirmekten uzak tuttu. Geldik, adam babalık yapıp ta onları okula götürmedi. Olanakları araştırmadı!" Çalışın, yaşayın. Benden bir şey beklemeyin!" dedi ve onları çalıştırdı. Emeklerini, kazandıkları parayı da alıp, dışarıya gitti.

Çocuklar çalışsalar bir türlü, çalışmasalar bir türlü. Çalışıyorlar eve geliyorlar. Daha kapıdan hışımla, bağırtıyla giriyorlar. İş yerinde doluyorlar, evde boşalıyorlar. Bağırıp, çağırıyorlar. Sinir küpü olmuşlar. Kendilerine yaklaşıp ta konuşamıyorsun. Buradaki ilişkiler, aşırı disiplin, çalışma koşulları, her şey onları zorluyor. Babaları kendileriyle hiç mi hiç ilgilenmiyor. Çocuklarım canlılıklarını, neşelerini kaybetti. Bir tuhaf oldular. Ne yapacağımı bilemiyorum. Benim okur yazarlığımda yok. Onlar genç. Başkaları gibi her şeye sahip olmak istiyorlar. Bakamıyorum, onların isteklerini karşılayamıyorum. Her çocuğumun sorunu ayrı.

Buna da şükrediyorum. Geldiğimiz yerde olsaydım, orada kalsaydım, açlıktan dolayı hırsız veya orospu olurlardı. Orada açtık, burada ise karnımızı bir şeylerle doyuruyoruz. Her gün evde tenceremiz kaynıyor. Yeni olmasa da, başkalarının eskilerini satın alıp giyebiliyoruz. Çıplak kalmıyoruz. Çocuklarımla birlikte başımı soktuğum bir evim var. Ben geldikten sonra depremde köydeki evimizde yıkıldı. Şimdi köye dönsek bize ait bir tek kulübe bile yok.

Köyde çoğu zaman yarı aç yatıyordum. Ama en azından uykuyu biliyordum. Burada onu da kaybettim. İlaçla uyuyorum. İşsizliğin, açlığın yüzünden buralara kadar geldik. Köyde köylünle dertleşebiliyorsun, rahatlıyorsun. Zamanın geçiyor. Yaptığın işten zevk alıyorsun. Burada ise çok, çok yalnızım.

Aylar geçti ve sonuç olarak, ben artık yaşamın zorluklarını, sorunları kaldıramıyorum, taşıyamıyorum. Vücudum direncini kaybetti ve doktorluk oldum. Sinirlerim iflas etti. Hastalandım. Huzursuzluktan, sevgisizlikten, ruhsal yalnızlıktan dolayı öyle oldum ki 40 kiloya indim. Ayakta duramıyor ve çalışamıyordum.

İşyerindekiler, yöneticiler problemlerimi biliyorlardı. Sürekli doktora gidiyordum. Ağır depresyon geçirdim. İlaçları aldıkça da uyuşuyor ve yatıyordum. Üretici olamıyordum. Kötürüm duruma düştüm. Benim bu durumumda çocuklarımı huzursuz ediyordu. Yaşanılanları kabullenemiyorlardı.

İki yıl çalıştıktan sonra beni işten çıkardılar. Şimdi sürekli doktor kontrolündeyim. İlacı alıyorum ve uyuyorum. Çok fazla kilo aldım.

Buranın kadını, bunlar bizlere göre cennette yaşıyorlar. Ah, ah bizim zavallı kadınlarımız. Bunların ne dertleri var ? Kurumları, seçenekleri var. Hukuk onları koruyor. Bizimkiler hepten sahipsiz, hepten çileliler.

Ben bu ülkedeyim ama kendi kültürüme göre davranıyorum. Kadın kadındır, erkek erkektir. Ben ne gördümse, nasıl büyüdümse öyle yaparım. Yapmam gerektiğine inanıyorum. Bunlar gibi davranamıyorum. Geldiğim yerde doğruyu, yanlışı öğrendim. Bunların doğruları ve yanlışları bize göre farklı.

Kocam beni sevsin, saysın yeter. Ben kocama bulaşık yıkatmam. Evde iş yaptırmam. Buradakiler kadın özgürlüğü deyip duruyorlar. Kaç evde gördüm. Kadın kocasına bağırıyor. "Sabahtan beri ayaktayım. Çalışıyorum. İşten geldim, yorgunum. Kalk o bulaşıkları yıka, sabaha kalmasınlar." Olacak şey mi? Bizim kadınlarımız burada şaşırdı. Kadınlar erkeklere emir veriyor. Güzellikle, ricayla, kibarca söyleyemezler mi? "Yapacaksın, kalk, ben işten geldim!" Bana göre hoş olmayan hitap şekli. Kadınlarımız bir çeşit olmuşlar. Ben emredenleri sevmiyorum. Ricayla, saygılı konuşsunlar tamam, ona bir şey demiyorum.

36 yaşımdayım. Ömrüm boşa geçti. Yaşayamadım, görmedim, tadamadım. İyileşeceğime, gerisin geri gidiyorum. İlaçlarımın dozu yükseltiliyor. Her konuda tümüyle yalnızım. Kocam ise geri döneceğini, burada yaşamak istemediğini belirtiyor. Bu gidişle geri döneceğe de benziyor. Kesin kararını vermiş. Kararlarını yalnız başına alıyor. Burada rahat olamadığını, aradığını bulamadığını, bunaldığını söylüyor.

Çocuklarımın geleceği beni tedirgin etmeye başladı. Burada büyüyorlar. Bunlar gibi davranmaya başladılar. Normal evlilikler kuramayacaklarından, mutluluğu bulamayacaklarından korkuyorum. Dağılan ailelerin çocuklarının durumları ortada. Disiplinsiz, denetimsiz büyüyorlar. Otlağa salınmış çobansız kuzular gibi oluyorlar. Her türlü tehlikeye açıklar.

***

Hiçbirimiz acıdan muaf değiliz biliyorum
Herkes gibi bende payıma düşeni yaşıyorum
Her şeyine yabancı olduğum toplumda yapayalnız kalıyorum
İnsan bulamadığım için çıkıp ta dolaşamıyorum
Sürekli eve kapanıyorum
Matem havasından uzaklaşamıyorum
Gurbetçi hissinden kurtulamıyorum
Göçmen olarak isimlendiriliyorum

Konuşacak, açılacak, dertleşecek dost bulamıyorum
Fırtınaya tutulmuş bir gemi gibi yalpalıyorum
Sürekli batma tehlikesi yaşıyorum
Sığınacak bir liman arıyorum
Demir atacak yerde bulamıyorum
Acılar beni körleştirdi, göremiyorum
Yavrularımın çığlıklarını duyamıyorum
Artık onları taşıyamıyorum
İçime yerleşen acı yumağını çıkarıp atamıyorum
Sürekli kendimle beraber dolaştırıyorum
Bundan dolayı da kan kusuyorum
Bir dağın tepesinde yapa yalnız kalmak istiyorum
Sesten, insanlardan rahatsız oluyorum
Hiç bir şeyden tat alamıyorum
Yemek istemiyorum
Saatlerce aç kalıyorum
Öyle bir hale geldim ki kelimeleri karıştırıyorum
Cümle kurmada zorlanıyorum
Daha doğrusu konuşamıyorum
Bağırıyorum, bağırıyorum, duyulamıyorum
Çünkü ses çıkaramıyorum
Fırtınaları içimde yaşıyorum
Dışarıdan ise sessiz, sakin olarak görülüyorum
Dalgasız denizi andırıyorum
Fark edilmiyorum
Kendimi dile getiremiyorum
Sokağımı şaşırıyorum
Evimi bulamıyorum
Her şeyi unutuyorum
İçim buzlandı, gülemiyorum
Dizlerimin bağları gevşedi, adım atamıyorum
Korumasız kalmış yavru gibi titriyorum
Doluya tutulmuş gibi inliyorum
Yılların oluşturduğu sis ve yağmurdan dolayı üşüyorum
Sonsuz bir boşluk tarafından kucaklanıyorum

Ne yerdeyim, ne gökteyim, ara yerde asılı kalıyorum
O kadar güçsüzüm ki, hiç bir yere tutunamıyorum
Kurtulmak için çırpınıyorum
Çırpındıkça bataklığın ortalarına doğru ilerliyorum
Avcının okunu yemiş ördeğe benziyorum
Kanatlarım kırık, uçamıyorum
Sazlıklara da ulaşamıyorum
Yaralıyım, bekliyorum
Beni tutup ta kaldıracak bir el arıyorum
Şaşkınım, öfkeliyim, kıvranıyorum
İnsani hislerin bitmediklerine inanıyorum
Yalnızım, çok yalnızım, yapayalnız kalıyorum
Kapımı açacak kişiyi bekliyorum
Ne yazık ki bulamıyorum
Hastane odalarına mahkum oldum ve sürünüyorum
Yardıma, desteğe muhtaç olduğum için aranmıyorum
Verecek şeyler kalmadığı için sorulmuyorum
Tümüyle yalnızlığa terk ediliyorum
Değer, kabul görmüyorum
Ne yazık ki anlaşılamıyorum
Köyümü, insanlarımı görmek istiyorum
Parasızım, adım atamıyorum
Gücüm yok, yerimden kalkamıyorum
Kıpırdamadan saatlerce oturuyorum
Acıların esir aldıkları bedeni kullanamıyorum
Hücrelerimdeki isyanı fark ediyorum
Çok geç kaldığımı biliyorum
Yeni bir başlangıç için adım atmak istiyorum
Ayağa kalkıp ta duvarlara tutunamıyorum
Ne yazık ki denge kuramıyorum
Adım atmak istediğim ortamı bulamıyorum
Burada ayrık kalıyorum
Vericiliğim bittiği için aranmıyorum
Bugün de almaya ihtiyaç duyuyorum
Beni duyun, görün, sizlere sesleniyorum

Yara bere içindeyim ve halen yaşıyorum
İnsanların acımasızlıklarına anlam veremiyorum
Kabul görmüyorum
Geriye doğru itiliyorum
Yüceltilmiyor, sevilmiyor, aşağılanıyorum
İhtiyacım olan desteği bulamıyorum
Üstelik yargılanıyorum
Zavallı olarak değerlendiriliyorum
Adımla seslendirilmiyorum
Olması gereken hitapla, saygıyla karşılaşamıyorum
Yakınlarımla dahi görüşemiyorum
Onlar mı yaklaşmıyorlar, ben mi beceremiyorum
Gerçekler ağır geldikleri için mi kaçmayı tercih ediyorum
Ortak ağlamalarla, gülmelerle oluşan hisleri özlüyorum
O anlarda oluşan yakınlığı görmek istiyorum
Bencillik kalpleri birbirlerine yaklaştırmaz diyorum
Göçmenim, hastayım ve deli olarak isimlendiriliyorum
Her yönüyle terk edilmişliği kabullenemiyorum
İyileşebilir miyim, bilemiyorum, bilemiyorum!..

Onun anlatımları sonucu kendisiyle ilgili vardığım sonucu bu parçayla dillendirdim. Onun iç dünyasının bir özetidir. Onu seslendirmemdir. Bir insan olumsuzlukları, sorunları, oluşan acıları bir noktaya kadar kaldırabilir. Kendisini korumayı, savunma mekanizmalarını oluşturmayı başaramadı mı sonuç kendisi açısından hiçte iyi olmuyor. Aynen biriken suların baraj duvarlarını yıkmaları, taşmaları gibi bir durum oluşuyor.

Eşi 1994'te Türkiye'ye döndü. Orada yeni bir evlilik yaptı. Bayan korkularında haklıydı. Çocuklar içler acısı duruma düştü. Kızlar çok değişik anlayışlardan erkeklerle birlikte olmaya başladı. Hamile kalan büyük kız çocuğunun babasının kim olduğunu dahi bilemiyordu. Onlar, uyuşturucu batağına doğru ilerlediler. Dört kardeşte bağımlı hale geldi. Çalışamıyorlardı. İşçi oturumu sahibiydiler. Göçmen olarak yaşadıkları ülkenin güvenlik birimleri tarafından kendilerine son uyarı yapıldı. "Ya çalışırsınız yada sizleri ülkenize geri göndeririz. Sizlere oturum hakkı verdik. Sorumluluklarınızı yerine getirmek zorundasınız!"

Hasta olan anne karşı karşıya kaldığı olayları kaldıramadı. Süreç içinde O hep kötüye doğru gitti. Verilen ilaçları almak zorundaydı. Defalarca Ruh ve sinir hastalıkları kliniklerine yatırıldı. Tanınmayacak hale geldi. Yaban gülü yavaş, yavaş soldu. İnsana has olan temizliği, saflığı, tüm olumlu özellikleri kendisinde barındırıyordu. Sevgi dolu olan bu insan kendisini koruyamadı. İyileşemedi. Emekli edildi. İdari birimler tarafından kendisine küçük bir dairede kiracı olarak yaşayabileceği, aylık giderlerinin karşılanacağı, çocuklarının sorunlarından uzak kalması gerektiği, belirtildi, anlatıldı. Çalışabilecek duruma gelinceye kadar tüm giderleri karşılanmaya başlandı.

İnsanlar bir ilişkiye aldatmak yada aldatılmak için başlamaz. Toplumumuz da evli olup da dışarıya yönelenlerin çoğu aldatma kavramının yönlendirmesi altındadır. Araştırmalara göre evli olup ta aldatmaya yönelen bireyler bunu daha çok duygusal boşluklardan dolayı gerçekleştiriyor. Kendi anlayışlarına göre bu ilişkileri yaşama gereği görüyor.

Kadınlar aşkı yaşamak, aşkı tatmak yada aşık oldukları için, erkekler ise karşı cinsi çekici bulma, etkide kalma sonucu aldatıyorlar. Evli bayan ve erkeklerle yaptığım yüz, yüze görüşmeler sonucunda, erkeklerin fiziksel, kadınların ise duygusal gerekçelerle eşlerini aldattıklarını fark ettim. Yaşadığı ilişkide, evlilikte, mutlu olamayan, aradığını bulamayan birey dışarıya yöneliyor. Bayanlar evliliklerinde yaşadıkları umutsuzluk, mutsuzluk, anlaşılamama sonucu farklı birey arayışına girip, bulup, aldatmaya başlıyorlar.

Bizlerde kadının vücudu, cinselliği ortak mal olarak görüldüğünden, kadının nikah dışı ilişki yaşaması tabudur. O, tek vücutla yetinmek, tek beden tanımak zorundadır. Toplum ona değişiklik, değiştirme hakkı vermiyor, vermez. Erkek aldatabilir. Olanaklara sahiptir.

Yaşayamayan arayışa giriyor. Cevap buldu mu da, karşılık veriyor. Bayanların toplumsal, dinsel kuralları nasıl hiçe saydıklarına Siirt'te tanık oldum. Onlar şeriatta göre zina yapıyorlardı! Suç işliyorlardı! Kim günahı dinler? Vücudun istemleri sınır tanımıyor. Ölümü göze alarak gizli ilişkiler yaşıyorlar. Kapalı toplum onları bu tarz ilişkilere sürüklüyor. Mecbur ediyor. Hakları gasp edilen birey, bayan eşini aldatıyor. Eşlerini aldatan bayanların oranı hiçte azımsanacak gibi değil.

Kürtlerin yaşadıkları alanlarda bugüne kadar doğru dürüst araştırmalar, incelemeler yapılmış değil. Gerçekler bilinmiyor. Konuşulmuyor. Konuşulmaktan korkuluyor. İnsanlar doğaları gereği gereken her şeyi yaşamak istiyorlar. İmkanlarını yakalayan, yaratan, bulan da yaşıyor.

Bayan ve erkeğin eşlerini aldatma nedenleri toplumlara göre farklılıklar gösteriyor. Türkiye'de yapılan bir araştırmada evli kadınlara,

"Eşinizden başka bir erkekten hoşlandınız mı" sorusu yöneltilir. Evliliği iyi olan kadınların % 13'ü, evliliği orta derecede olan kadınların % 9'u, evliliği kötü olan kadınların % 100'ü "evet" yanıtını verirler.

Bu araştırma, mutsuz olan, evindeki erkekte aradığını bulamayan, anlaşılamayan, sevgisizliği yaşayan kadının aldatma olasılığının yüksek olduğunu gösteriyor. Ki Kürdistan'da tanık olduğum, gözlemlediğim bayanlarda ortak nedenlere sahiplerdi. Ölmeyi göze alarak sevdikleri erkeklerle buluşuyorlardı. Sevgi sınır tanımıyordu. Yaşadıkları gizli ilişkilerle topluma meydan okuyorlardı. Sessizce, kendi kendileriyle konuşuyorlardı ve "Sevme hakkımı elimden alırsınız öyle mi. Ben değil, aile meclisi evliliğimle ilgili olarak karar verir öyle mi. Ben de bu şekilde alternatif çözümü bulurum. Aşkı, sevgiyi yaşarım." diyorlardı. Bazıları da sevgilerini yaşamak için pasif bir savaşım içindeydiler.

Eşlerini aldatan erkekler; ilişkilerindeki mutsuzluk nedeniyle mutluluk eksikliğini tamamlamaya çalışanlar. Sürekli aldatma eğiliminde olanlar. Evlilik öncesinde de, sonrasında da çoğul ilişkileri olan ve ilişkilerinde başarılı olamayan insanlar. Onlar, çocukluktan gelen iç çatışmaları korurlar. Onlardan kurtulamazlar. Bağlı, güvenli ilişkiyi uzun süreli oluşturamazlar. Bu tür örnekler bizlerde yeterince mevcut.

Bir ilişkinin içine istemeden çekilen erkekler. Bu gruptakiler, evli erkeklerle birlikte olmayı tercih eden kadınlar tarafından ilişkinin içine çekilebiliyorlar. Öte yandan aldatmanın nedenleri incelendiğinde % 50 ile ilk sırayı duygusal anlamda yalnız bırakılma oluşturuyor. İkinci sırayı % 30 gibi bir oranla eş ile iletişim kuramama, üçüncü sırayı ise % 20 ile eşiyle cinsel sorunlar yaşama izliyor.

Yapılan araştırmalarda aldatan erkek kendini bazı ipuçlarıyla ele veriyor. Eşi tarafından aldatılan kadın, bazı belirsizlikleri fark ediyor. Öncelikle bir şeylerin yolunda gitmediğini anlıyor.

Erkeğin sohbetlerinde, söylediklerinin birbirini tutmadığını görüyor. Bir konu değişik şekillerde, değişik yerlerden bahsedilerek anlatıla biliniyor. Aldatan erkek, yanındaki bayanın gözünün içine "suç işlemiş çocuk gibi" bakıyor ya da konuşurken gözlerini kaçırıyor. Göz göze gelmeme çabası sergiliyor. Başka noktaları gözlüyor. Yüz ifadesi tuhaflaşıyor. Eve olan ilgisi, ayırttığı zaman, cinsel isteği azalıyor. Çocuklarına karşı da ilgisizleşiyor. İsteksizlik gelişiyor. Uzaklaşıyor. Uzak kalmaya çalışıyor.

Aldatıldığının ayrımına varan bayanların % 50'ye yakınında güven duygusu ortadan kalkıyor, % 35'i ise, ailelerinin geleceğini düşünerek " eşim bunu nasıl yapabildi?" sorusunu soruyor. İnsanların zamanla değiştikleri gerçeğini ya bilmiyorlar ya da kabul etmek, görmek istemiyorlar. Soru bulutları arasında ışığı görmeye, nedenleri çözmeye çalışıyorlar.

Aldatılan eşler bu durumu fark ettikleri andan itibaren ilk aşamada boşanmayı düşünseler bile sadece % 20'si boşanma konusunda adım atabiliyor. % 80'i ise sorunu çözme yoluna gidiyorlar. Akrabalar, yakın çevre, dostlar devreye sokuluyorlar. Bozulan, tazeliğini kaybeden yemek yeniden ısıtılarak yedirilmeye çalışılıyor. Onun eski tadı, görüntüyü vermesi mümkün değildir. Sarsılan, bir başkası tercih edilen bir ilişkide, yeni sohbetler eski etkiyi yaratamazlar. Cümleler inandırıcılıklarını yitirirler. Yapay kalırlar. Acabalar, sorular beyni işgal ederler.

Aldatılan kadın sorunu eşiyle paylaşmalı. Konuyu ayrıntılarıyla konuşmalı. Yas tutmaya, sıkıntı, uykusuzluk, tedirginlik yaşamaya gerek yok. İnsan belirli bir süre sonra yavaş, yavaş alışkanlıklarından kopmaya başlıyor. Durumu kabulleniyor. Aldatılan bayan birlikte olduğu bireyle yüzleşerek karşı tarafın sorun olarak gördüğü, sorunların kaynağı olarak gördüğü konuları ele alıp, tartışıp, konuşabilmeli. İnsanlar konuşarak sorunları çözebilir. Bir insanı herhangi bir davranışa zorlayan iki neden vardır; akla yakın olanı, gerçek olanı.

Tempo (2004) dergisinde bu konuda yayınlanan uzman görüşleri ; "Yasak ilişkilerde, aldatılan kadın öfkesini kocaya değil, diğer kadına yöneltiyor. Uzmanlara göre, "ötekini" suçlamak kolay, çünkü bu durumda kadın kendisini ya da evliliğini sorgulamaktan kurtulmuş oluyor. Tabii işin içinde ataerkil yapıyı içselleştirme ve yalnızlık korkusu da var. . . .

Klinik terapist Rebia Erdoğan; " Kadının aldatılma durumunda bu tür tepkiler vermesi dürtüsellikle bağlantılıdır. "Eşim suçlu değil, o kadın onu baştan çıkardı" diyen kadınlar bir bakıma kendilerini sağlama alan kadınlar ve onlar aslında hemcinsleriyle yaşam boyu karşı karşıya kalıyorlar. "O olmasaydı eşim beni severdi." derken, sorunun kendisi ve karşısındaki eşiyle ilgili boyutunu değerlendirmeyip, öteki meselesini gündeme getiriyor.

Burada hem erkekler, hem de kadınlar için söz konusu olan iki temel suçluluk duygusundan da bahsetmek gerekiyor. Kadınlarda, Elektra (Kız çocuğun babasına karşı duymuş olduğu cinsel istek) erkeklerde ise Oidipus kompleksi var. Burada, erkek kendisini babaya karşı suçlu hisseder. Çünkü annesini babanın elinden almak ister. Kadında kendisini annesine karşı suçlu hissettiği gibi babayı içselleştirir. Ve kadın için hemcinsine öfke duymak kolaydır. Kadın için, tercih edilmediğini kabullenmektense, aldatan adamı bağışlamak kolay bir yöntem, çünkü orada bağışlama şansı var.

Kadının kadına bu kadar karşı oluşunda, yaşamı algılayışının etkisi çok büyük tabii ki. Kadın daha içinden yaşayan bir varlık. Başarısı, etkinlikleri dışa vurumu, içindeki agresif hazzı erkek kadar net değil, çünkü kadın içine alandır. Bu nedenle etrafındaki her şeyi kendi alanı içine çekmek için dürtüsel bir yapı taşır. Erkek ise dahil olabilir, keşfedilebilir ve bu durumda mutlu olabilir. Kadınlar birbirlerini içlerine alamadıkları zaman çarpışmalar daha şiddetli oluyor. Bunlar böyle yorumlanabilir. İlişkiler tıkanabilir ya da tıkanmayabilir, burada önemli olan bir kadının elinden erkeğinin alınması değil, birinin buna ihtiyaç hissetmesi ve bu ihtiyacı doğuran nedenler. Bunun araştırılması gerekir. Öteki devreye giriyorsa, bunun dinamiği farklıdır. "

Bilgi Üniversitesi Psikoloji Bölüm Başkanı Hale Bolak Boratav; "Bir yasak ilişki söz konusu olduğunda, kadınlar karşılarındaki kadını suçlama eğilimine giriyorlar. Bu her türlü ayrımcılık gibi içselleştiriliyor. Dolayısıyla mağdur olan kadın bu durumu içselleştiriyor.

Kadının kadını suçlamasının temelinde kimi zaman aile içi şiddetin etkileri de var. Fiziksel şiddet, çocukları kullanma, ekonomik şiddet ve izleri belli olmasa bile kadını yıkan duygusal şiddet var. Çoğunlukla kadınlar bu şiddeti uzun zaman fark etmiyorlar. Olay devam ediyor. Her türlü travmanın yarattığı etkiler, sonunda uykusuzluk, cinsel isteksizlik, depresyon olarak ortaya çıkıyor. Kadın kendisini suçlama eğilimine giriyor, öğrenilmiş çaresizlik yaşanıyor. Kadın şiddet görmemek için elinden gelen her şeyi yapıyor. Ve "Neden kadınlar eşlerini bırakmıyorlar?" diye soranlar oluyor.

Bu tablodaki kadınlar çok nedenle eşlerini bırakmıyorlar ve diğer kadınları suçluyorlar. Ekonomik bağımlılık başta olmak üzere, suçlamayı diğer kadına ve kendilerine yönelterek, kendilerini değiştirmeye devam ederek evliliğin devamına çalışıyorlar. Kentli, okumuş, iş sahibi bir kadının bu durumu kendine ve başkalarına ifade etmesi daha güç oluyor. Kadınlar, bir aldatma durumunda erkeği suçladıkları zaman, kendilerinde de suç buluyorlar.

Erkeği hâlâ koruyan bir ataerkil yapımız var maalesef. Çelişkilerle çok rahat baş edemeyen kaçınmacı yapımız var. İçselleştirilen cinsiyetçilik meselenin önemli boyutu. Erkek egemen toplumun yargılarını zaman zaman kendimize de yöneltiyoruz. Kadının birey olarak tek başına ortaya çıkması zor. Bir çok kadın tek başına olmayı tasarlamak istemiyor bile. Çünkü kendi başına varolmak cesaret isteyen bir şey"

Psikoterapist Ayten Zara Page; "Yasak ilişki adı verilen durumlarda kadının kadını infaz etmesi boyutu var. Kadının, kocasıyla birlikte olan kadını suçlaması, aslında bir mekanizma. Hayatının, evliliğinin devamı için gerekli bir mekanizma. Eğer kocasını suçlarsa, evliliğinde yeterli olmadığını, aslında ilişkisinin çok bozuk olduğunu, kocasının kendisini sevmediğini, evlilik kolanlarının güvenli olmadığını anlıyor ve acı gerçekle baş başa kalıyor.

Kişi bu acı gerçekle karşılaşmak yerine kaçınıyor ve bunu başkalarına yansıtıyor. "Benim kocamı ayartan bu kötü kadın ve aslında kocamda suç yok. " Çünkü hayatta güvenli yer alacağı bir alan lazım. Türkiye'de ilişkiyi bitirmektense, devam etmek daha kolay. Kadının sosyal kaynakları azsa, bu mekanizma mutlaka işliyor. Sosyal gücü iyi olan kadınlarda yapıyorlar. Bunun temelinde ise " Ben yeterli değil miyim, kadınlığımda bir eksiklik mi var?" sorusu bulunuyor ve bunu gördüğünde sorunu kabulden kaçınıyor"

***

"Geçmişiyle barışık olmayan insan, huysuz olur. Ne yaşadığımızın önemi yok. "Nasıl başardım"ı, tartışılmalı. Yaşama bıraktığımız zenginlikler, bizlere ait güzelliklerdirler. Hayatta kendisine güvenemeyen savaşçı olamıyor. "

SEVÊ: Neden Avrupa'ya geldiğimizi pek hatırlamıyorum. O zamanlar herkes Almanya'ya gidiyordu. Almanya'da çok sayıda akrabam var. Onlar bize "siz de gelin" dediler. Ondan dolayı ilkin kocamla beraber oraya gittik. Biz bu şekilde mülteci olduk. Her iki çocuğumda Almanya'da doğdu. Orada kalma hakkı alamadık. 3 yıl kaçak, gizli olarak kaldık. Mecburen bu ülkeye geldik. İltica ettik. Bizim, sığınma isteğimizi kabul ettiler. 15 senedir Avrupa'dayım.

Bizler Kürt'üz. Ama ev de Türkçe konuşuyoruz. Kürtçe'miz pek iyi değil. Dilimizin zenginliğinden faydalanamıyoruz. Daha doğrusu faydalandırılmadık. Ne Kürtçe'yi, ne de Türkçe'yi hakkıyla, gramatik olarak konuşabiliyoruz.

Nasıl bir evlilik yaptınız? Mutlu musunuz? Evlilikten beklentileriniz, hayalleriniz neydi?, derseniz. Aslında kocam olan erkekle evlenmek istemiyordum. O zamanlar ailemin benim üzerimde ağır baskısı vardı ve ben evlenmek zorunda kaldım.

Biz buraya geldiğimizden bu yana ben çalışıyorum. O da çalıştı. Benim bütün maaşıma el koyuyordu. Emeğimin karşılığı olan parayı kullanamıyordum. Resmen gasp ediyordu. Ben bu durumu, onun anlayışını, yaklaşımını kabul etmedim. Kendisini eleştirdim. Tepkilerimi belirttim. Bundan dolayı da epey tartıştık. Huzursuzluğumu, rahatsızlığımı kendisine anlatıyordum. Niye gizleyecektim ki?

O, kimlik bunalımında olan bir tip. Bir demokratın ölçülerine dahi sahip değil. Ne olduğunu bilmiyor! Yüksek perdeden konuşuyor. Her türlü ilişkide, ortak yaşamımızda hep kendisi karar vermek istiyor. Benim varlığımı, isteklerimi göz önüne almıyor bile.

Affedersin ama yatakta dahi benim duygularımı göz önünde bulundurmuyordu, bulundurmuyor. Kendisi nasıl isterse öyle davranıyor. Onun cinsel fantezileri, arzuları önemlidir. Ben de deneme aracıyım. İstediğini vücudumun üzerinde uyguluyor, deniyor. Rahatladın mı, hoşlandın mı, memnun oldun mu yada mutsuz musun, rahatsız oluyor musun, istemiyor musun, nasıl olmasını istersin? vb. kelimeleri kullanmaz. Kullanmasını bilmiyor. Ne aile eğitmiş, ne de kendi kendisini eğitmiş. Ben onun isteklerini yerine getirmek için varım. Deneme tahtasıyım.

Kendimi bir köle gibi görüyorum, hissediyorum. Ev işleri de benim omzumda. Kendisi istediği yere gidiyor. İstediğini yapıyor. Sözüm ona politikada yapıyor. Evde benim en ufak haklarımı dahi tanımıyor. Saygı göstermiyor. Bir yanda özgürlükçü, eşitlikçi olduğunu söyleyeceksin, diğer yandan da evindeki insanı her konuda sömüreceksin. Çocuklarına gereken değeri, zamanı vermeyeceksin. Her türlü baskıyı uygulayacaksın. İnsan düşündüğü gibi konuşmalı, yaşamalı. İstemediği, sevmediği, beğenmediği, kabullenmediği bir ilişkiyi, yaşam tarzını benimsiyormuş gibi davranmamalı. Çevreyi bırak, kendisine karşı dürüst olmalı.

Onun iki yüzlülüğü, sahtekarlığı beni fazlasıyla rahatsız etti.

Sonuç olarak ayrılmak istedim. Girişimde bulundum ama tamamlayamadım. Yani boşanamadım. İki yıldır hukuken ayrı yerlerde yaşamamız gerekiyor. Ama O, bir türlü evden ayrılmıyor, gitmiyor ve boşanmakta istemiyor. Ben ise istiyorum. Bu nedenden dolayı epey problemimizde oldu. Halen de problemler bitmiş değil. Boşanma isteğimden dolayı, kocam akrabaları, çevreyi bana karşı tavir aldiriyor, kışkırtıyor. Benim boşanma isteğimi bir türlü kabul etmiyor. Bu isteğimden dolayı çok kez beni tehdit etti. Hatta öldüreceğini söyledi, söylüyor. Yapabilirde. Bundan dolayı boşanma davası açmaya da korkuyorum. Bu insanı anlamak çok zor.

O, beni, kölesini kaybetmek istemiyor. Ayrıca evden de çıkmıyor. Bir başka yere taşınmıyor. Ben onu, onun yüklerini, sorumluluklarını taşımaktan yoruldum. Kendisinden rahatsız olan, kendisini sevmeyen, değer vermeyen, güvenmeyen, dürüst bulmayan bir bayanla evlilik adı altında yaşamını birlikte sürdürmek istiyor. İlginç değil mi?

Ama şunu da başardım; artık benim parama dokunamıyor. Emeğime el koyamıyor. Yine de evde olması beni çok fazla huzursuz ediyor. Sürekli gerilim içindeyim. Sevmediğim bir insanla aynı havayı solumak beni rahatsız ediyor. Eğer boşanmış olsaydım çok rahat edecektim. Yüzsüzlüğün bu kadarı da olur mu? Çok pişkin bir erkek. İstenmediğini bile, bile benimle kalmakta ısrar ediyor. Sömürgesini kaybetmek istemiyor. Bir yenisini keşif edebilirse, bulabilirse, belki o zaman yakamı kendisinden kurtarabilirim.

İkimizin ilişkisi çocuklarımızı da etkiledi. Çocuklar birbirlerini seven, değer veren anne ve babalarla olmak isterler. Bizde ise olumsuzluklar mevcut. Çocuklarım bu durumdan epey rahatsız oldular. Okuldaki durumları, çevreleriyle ilişkileri iyi değil. Derslerde başarısızlar. İkimizde bütün gün dışarıdayız. Çalışıyoruz. Çocuklar yalnızlar. Akşamları da görmek istemediğim bir simayla karşılaşınca gerilime giriyorum ve kavgalarimiz bitmiyor. Tabi ki bu durum onları kötü yönde etkiliyor. Çocuklara gerekli olan sevgiyi veremiyoruz. Yanımızdalar ama olması gerekenlerden de yoksunlar. Anneli, babalı yetimler!

Ben bu ülkeyi çok seviyorum. Hem insanları, hem de düzeni hoşuma gidiyor. Fakat benim evimdeki huzursuzluktan, bana zorla yaptırılan kötü evlilikten dolayı mutlu olamıyorum. İş yerinde epey sayıda tanıdığım buralı bayan var. Bizler beraber kahve içmeye gidiyoruz. Ama sadece iş ilişkisi. Ailece ilişkilerimiz yok.

15 yıldır dışarıdayım ve memlekete gidemedim. Doğrusu gitmekte istemiyorum. Bizim insanlar çok feodal, geri ve anlayışsızlar. Boşanma, yalnız yaşama, sömürgecimden kurtulma isteğimden, kararımdan dolayı hepsi beni suçluyor. İleri, geri konuşuyorlar. Hatta benim akrabalarım dahi beni suçlu buluyorlar. Yani kocamın, ağamın dayattığı yaşam biçimini, ilişki tarzını ben kabul etmeliyim. O adam beni sömürmeli ve ben de hayır, istemiyorum dememeliyim. Sesimi çıkarmamalıyım. Onun yaptıklarını onaylamalıyım, anlayışını kabul etmeliyim.

Beni, isteklerimi, duygularımı anlamadıkları, beni suçladıkları için, bende onlarla görüşmüyorum. Uzak duruyorum. Kendilerine mesafeli olmak beni rahatlatıyor. Zaten onlara ihtiyacım yok.

Ailesel sorunlarımdan dolayı burada birkaç arkadaşla görüştüm. Bazıları bana hak verdiler. Beni isteklerimde haklı buldular. Ama çözüm yok. Sorunlara çözüm getiremiyorlar. Hepsi boşanmaya karşılar. Yani işkencecinle yaşamaya devam et. Mutsuz ol, ama birlikte kal, diyorlar. Ben böyle bir insanla yaşayamam. Bunca yıldır bana çektirdiklerini unutmam mümkün değil. Sevmiyorum. Sevmediğim bir insanla aynı evi, aynı yatağı paylaşamam. Yatak işkence, zulüm merkezine dönüyor. Çevrem tarafından anlaşılamıyorum! Herkese de bütün sorunlarımı anlatmam mümkün değil.

Bu işin sonu ne olacak? Bilmiyorum. Ben boşanmaktan başka çözüm yolu bilmiyorum, görmüyorum. Mutsuzluğumun kaynağı bu ilişkidir. Bundan kurtulmak zorundayım. Zorbam, kocam yapılan adam boşanmayı kabul etmiyor. Bu nasıl yenilikçilik, değişimcilik? Ben anlayamıyorum. Bu yüzdende, siyasi takılanlara, kendilerinc siyasi sıfatlar yapıştıranlara olan güvenimi de yitirdim. Hepside bol, bol konuşurlar. Ama gerçek yaşamda, pratikte bundan 50 yıl öncesinin yaşamını, ilişkilerini yaşıyorlar, savunuyorlar. Kendileri değişmiyorlar, değişmek istemiyorlar, tutucular. Bu kapasiteleriyle, anlayışlarıyla kimi değiştirebilirler? Kendileri sorunlular. Sorunları nasıl çözecekler ? Sorunlulara nasıl yardım edecekler?

Hele konu kadın sorununa gelince çok ilkel tavırları sergiliyorlar. Klasik anlayışların dışında bir yaklaşım gösteremiyorlar. Bazıları halkında, gelişmelerinde gerisindeler. Statükocular. Bunca yıldır bütün arkadaş çevremiz siyasi sıfatını kendilerine yapıştıran kişilerden oluşmakta. Hepside benzer sorunları yaşıyorlar.

Onlar, bir gün gelipte sorunlarımıza çözüm bulma noktasında bizleri desteklemediler. Eşimi ikna edipte evden uzaklaştıramadılar. Siyasi tutucular! Saatlerce, yıllarca hep aynı konuları konuşurlar. Farklı ülkelerin siyasi durumları, geçmişleri, toplumsal sorunları tartışılır. Kendilerini, yakınlarındakileri ise görmezler. Ailede sorun olunca kimse karışmak, düşünce belirtmek istemiyor. Uzak durmayı tercih ediyorlar. İşlerine gelmezse, ucu kendilerine dokunursa " özel yaşam, ilişki" diyorlar.

Bütün bu olumsuzluklara son iki yıldır birde benim sağlık sorunlarım eklendiler. Sık, sık hasta oluyorum. Başım dönüyor. Bazen günlerce yemek yiyemiyorum. Epey bir süre doktora gittim. Bana "Senin sağlık problemlerinin kaynağı ruhsal sorunlarındır." dedi. Ruhi sorunlar çözülmeyince, fiziki hastalıklara yol açıyormuşlar. Sinirleri yatıştırıcı haplar aldım. Beni sakinleştiriyorlar. Ama insanlar bana, o haplardan uzun süre alman iyi değil, bağımlılık yapar, diyorlar. Uyuşturucu gibi alışkanlık yapıyormuş. Evdeki huzursuzluk sürdükçe o hapları almak zorundayım. Ne yapacağımı bilemiyorum.

İlaçla hislerimi kontrol altına alıyorum. Onlar düşünmemi, etkilenmemi engelliyorlar. Gözümün önüne perde çekiyorlar. Yani ben yarayı besleyen kaynağı kurutamıyorum. Yara gittikçe tedavi edilmez duruma düşüyor. Sadece ağrı yapmasını önlemiş oluyorum. Oysa yaralı yerin tedavi edilmesi, iyileştirilmesi gerekiyor. Tedavinin tek yolu da bu adamdan kurtulmak. O evimde kaldığı sürece yaram kanamaya devam edecek.

Bir avukat tuttum. Şimdilik avukatla görüşüyorum. Benim için tek çare boşanmak. Çünkü bu adamla kendimi zindanda hissediyorum. Onu görmek huzursuz olmama yetiyor. İşkencecime hayran değilim. Ondan nefret ediyorum. Özgür değilim. Tehdit ediliyorum. Boşanma olmadan ne sağlığım düzelir, ne de diğer problemlerden kurtulurum. Sağlığı bozulan, uçuruma doğru itilen benim. Bu gidişle çocuklarımda dengesizleşecekler. İki tanede sorunlu çocuk yetiştiriyorum.

Ölümü de göze alıyorum. Mutlaka boşanacağım. Bu konuda kararlıyım. Herkes kendi yolunda gitmeli. Niye birbirimizi zorlayalım ki? Beni bırak, benden uzaklaş, diyorum. Adam sanki ben onun malıymışım gibi davranıyor. Benim irademi hiçe sayıyor. Benim yerime karar veriyor. Benim yerime konuşuyor. Kendimi bazen bir köle gibi hissediyorum. En büyük sorunum işte bu. Buna bir çözüm bulsam, yani boşansam diğer sorunlar kendiliğinden çözülürler. Sağlığımda düzelir. İlaç almam gerekmez.

Çalışıyorum, kazanıyorum. Hiç kimseye muhtaç değilim. Sosyal güvencelerim mevcutlar. Böyle bir erkeği, evliliği ne yapacağım? Ben mutluluğu, huzuru arıyorum. İstiyorum. Hakkımda. Öyle değil mi?

Biz bayanlar "siyasi adam" maskesi takmış bu yobazları, kalasları, egoistleri çekmek zorunda değiliz. Bizim oralı bir başka bayanı tanıyorum. O da, eşi de siyasiydiler. Kadın dışarıda özgür, istediği gibi davranan birisi gibi görülüyordu. Öyle bir hava yaratıyordu. Evdeki durum ise tam tersiydi. Aile yaşamında, düzenlemede, kararlarda erkek komutandı. Komutanlık yapmak istiyordu. Bu rolü seviyordu.

Bayan onu çekerek, itekleyerek, konuşarak döneminin insanı yapma uğraşı verdi. Başaramadı. Çünkü adam annesinin, babasının sahip oldukları ilişki tarzını yaşamak istiyordu. Bayan ise ondan ileriydi. Ne yazık ki onu demokratlık düzeyine bile getiremedi. Sonuçta da eşini değiştiremeyeceğini anladı. Durumu değerlendirdi, kabul etti ve boşandı. Verdiği emeğe, geçirdiği zamana yazık oldu. Bu erkekler terk edilmeyi, yalnız bırakılmayı hak ediyorlar.

Onlar, aynı siyasi görüşe sahiplerdi. Adam, aynen benim evimdeki düşmanım gibi, dışarıda, gittiği ailelerde, ortamlarda kullandığı cümlelerin hiç birisini kendi evinde hayata geçirmiyordu. Her şey eşiğinin dışı için geçerliydi. O cümlelerin içeriklerine sığan bir atmosferi, aile ilişkisini kendi evinde istemedi, kabullenmedi. Anlayamıyorsun! Başkalarına yapıcı önerilerde bulunuyor, yol gösteriyor. Peki kendi eşi ve çocukları için niye o önerilere göre hareket etmiyor? Örnek alınan bir ikili oluşturamazlar mıydı? Tabi ki olabilirdi. Niye olmasın?

O bayan boşanabilmek için bir avukatla görüşmeye gitmişti, avukat ona "İlk defa bir Kürt bayan boşanma davası açmak için büroma geliyor." demişti. O kadın ayrılmayı, yalnız yaşamayı başardı. Ben, bedenime yapışan keneden kurtulamıyorum. O bayanın boşanması da kolay olmadı. Çevremizdeki birçok politik insan eşinden boşandığı için ona tepkili davrandılar. Tavır aldılar. Kendisini dışladılar.

O ise kendi doğrularına göre hareket etti. Mecbur kaldığı için çevreyle ilgili bazı kararlar aldı. Kendi açısından en doğru olanı da yaptı. Huzursuz olmamak için, içinde bulunduğu siyasi çevreyle, feodallerle, yakınlarıyla bütün ilişkilerini kesti. 7 yıl kimseyle görüşmedi ve çocuklarıyla baş başa kaldı, yaşadı. Onları büyüttü. Ona ". . . yalnız yaşamayı başaramazsın, yeniden eşine dönersin. " diyenler tükürdüklerini yaladılar. Boşuna bekleyişe girdiler. En önemli olan şey ise şuydu; O, dediğini yaptı, başardı. Olumlu yönde de örnek oldu.

Ruhsal olarak çok yalnızım. İçim boş. Sevgim kilitlenmiş durumda. Onu çıkarmam, etrafa dağıtmam engelleniyor. Bu da beni rahatsız ediyor. Ruhumla bedenimin birleşmesi engelleniyor. Umutsuzluğa doğru gidiyorum. Çıkış yolu mu bulacağım, kayaya mı çarpacağım? Bilemiyorum.

***

Biz bayanlar eğer akıllı, güçlü ve direngen karakterlere sahipsek, karar verdiğimizde, istediğimizde tuttuğumuzu koparıyoruz. Yeter ki kendimizle barışık olalım. Yeter ki yaşamla olması gereken sımsıkı bağları bırakmadan onarmasını, yenilemesini bilelim. Gündüz düşlerimiz ve yaratıcı düşüncelerimiz beyinlerimizi besliyorlar. Onu beslemesini bilmek lazım. Gerçek şu; bayanlar erkeklere göre çok fazla yaratıcılar. Bu da doğurganlığın, bir anda birden fazla meşguliyete sahip olmanın getirdiği, oluşturduğu bir sonuç olmalı.

Yaşadığımız her ilişki bize bir şey katıyor. Her ilişki bir öğretidir. Bu şekilde, olumlu veya olumsuz tecrübe, ders sahibi oluyoruz. Deneyerek öğreniyoruz. Bu ilişkileri yaşarken içimize çöreklenen korkular, hisler bir yönüyle kişisel anlamda gelişmemize de katkı sağlıyorlar.

Deneyimler sonucunda öğrendiğimiz ve içimizde en derinlerde yarattığımız öfke, yargı, direnç ve geri çekilme gibi olguları besleyen savunma mekanizmamızı bir ilişki yaşarken ortaya çıkartıyoruz. Yaşamadan bilmiyoruz. Onun farkında değiliz. Bize acı veren duygularımız ve olaylar karşısında sergilediğimiz aşırı tepkiler, kendimiz ve çevremize çizdiğimiz sınırlar hakkında bizim bile fark etmediğimiz, bilmediğimiz birçok şey keşfetmemize, başka bir deyişle kendimizi daha iyi anlamamıza yardımcı olabilirler. Savaşçı olanlar savaşçılıklarının farkında değillerdir. Zırhları giymeleri gerektiği an bunu fark ediyorlar.

İçimizde taşıdığımız ve bir parçamız olan bazı kalıplar ilk beraberliklerde ortaya çıkarlar, onlar, arkadaşlarımızla, ailemizle ve çocuklarımızla olan ilişkilerimizde de etkili olurlar. Yaşadığınız bütün ilişkilerden gereken deneyimleri kazanabiliyoruz. Yaşadığımız bütün ilişkiler ve bu ilişkiler içinde verdiğimiz tepkiler kişiliğimizin ve ruhsal dünyamızın gelişmesine yardımcı olurlar. İnsan denemeden, yaşamadan öğrenemiyor. Kendisini keşif edemiyor.

Bizde olduğu gibi, sanayicileşmeden önce dünyanın diğer bölgelerinde de toplumlar değil, cemaatler vardı. Değişim bedel isteyen, acı veren bir süreçtir. Zorlamayla cemaat, topluma dönüşmüyor. Her şey gibi onunda doğal gelişimini yaşaması gerekiyor. Birey değişimin nedenini, zorunluluğunu anlamadıkça değişim gerçekleşmiyor. Bizim cemaatimiz, bizim iç dinamiklerimizle, topluma dönüşebilir. Biz, bize ait olan bölgesel özelliklerimizle, sosyolojik evrelerimizle, bize has olan farklı biçimler alırız.

Kürt diasporası için gerekli olan araştırmalar halen yeterince yapılmış değil. Bu bir eksikliktir. Değişim, dönüşüm sancılı oluyor. İnsanlarımız kıvranıyorlar. Aile ilişkileri sarsıntılar geçiriyorlar. Kabuller, retler yaşanıyor. Gelenekselliğe yapışanlarımız direnişteler. Oysa değişim kendisini dayatıyor. Bir mecburiyet halini alıyor. Don Kişot'larımız ise her türlü araç, gereçle ona karşı savaşmayı tercih ediyorlar. Onlar, değişimi, dönüşümü durdurabileceklerini sanıyorlar. Cemaattan, topluma dönüşmemizi engellemeye çalışıyorlar. Engelleyemezler !

Gözlemlediğim kadarıyla her türlü muhafazakarlık, değişik gerekçelerle süsleniyor, boyanıyor, okşanıyor, savunuluyor, korunuyor. İnsanlarımız, egemen güçlere karşı değil de, cemaat üyelerine yönelik olarak yaptırıma yönelebiliyorlar. İçe dönük olanlarımız toplumsal ilişkilerde muhafazakârlar. İçten tutsaklar. Dışarıdan da özgür birey görüntüsü veriyorlar.

Diasporada cemaatler oluşuyor. Her halkta benzerlikler ve farklılıklar görebiliyoruz. Cemaatlerimizde belirli amaçları gerçekleştirmek için kurulmuşlardır ve her şey değişse de, onlar insanlardaki değişimi, yılların etkisini, ortam-ilişki değiştirmenin sonuçlarını, evrimleri kabul etmeyip varlıklarını sürdürmeye devam etmek istiyorlar. Neden, sonuç ilişkisi içinde onların durumlarını anlamak gerekiyor. Tepkicilikte fayda vermiyor, çözüm getirmiyor.

Birey ve içinde bulunduğu toplumsal ilişki, onu üreten, var eden koşulların yerini alan yeni koşulların, yaşam biçiminin kendisine tanıdığı hayat, ilişkiler oranında varlığını sürdürebilir. Ki doğada da bu böyledir.

Yeni iklime adapte olamayan bitki türü yok olur. Yeri değiştirilen bitkinin görünümünde değişim olur. Onun savunma mekanizmaları yeni iklime, ortama göre kendilerini ayarlarlar, uyum sağlarlar. Uyum sağlayamayanda yok olur.

Ekonomik, siyasal, sosyal nedenlerle yer değiştiren insanlarımız gittikleri yerler de, geldikleri şehirlerin isimleriyle anılan mahalleler oluşturdular. İş yeri tabelaları yazdılar. Tanıdık birilerinin yakınlarına taşınma, yerleşme onlara güven duygusu verdi. Yalnız kalma korkularını önledi. Sosyal ihtiyaçları giderdi. Yeni yerleşim birimlerinde, geldikleri yerlerdeki cemaat ilişkilerini belirli ölçüde sürdürme imkânı elde ettiler. Bu mecburiyeti his ettiler. Sanayideki, teknolojideki gelişme ve bunların oluşturdukları değişme baskısının kendisini en ağır şekilde his ettirdiği ortamlarda, ikinci kuşaklar cemaatin kalıplarını kırmaya, dışarı doğru adım atmaya başladılar. Bu istem ve girişimleri de dağılma izledi. Sosyolojik olarak cemaat da toplumsal bir yaşam biçimidir.

Cemaatler dağılmaya başlayınca insanlarımız sudan çıkarılıp, güneşin önüne atılmış balıklara dönüyorlar. Ortada kalıyorlar. Yeni toplumun, toplumsallık biçimlerine geçemiyorlar. Bunda fazlasıyla zorlanıyorlar. Halbuki tebaa, kul olmaktan kurtulup, bireyselleşmeye doğru emeklemeye başlıyorlar. Ama bu durum onları korkutuyor. Ayağa kalkamayacaklarına, yürüyemeyeceklerine inanıyorlar. Çünkü onlar cemaatleriyle vardırlar. Öyle şekillendirilip, alıştırılmışlardır. Yalnız yapamazlar. Bir yerlere, birilerine sığınmayı, tutunmayı öğrenmişlerdir. Gölgesiz yaşayamazlar !

Göçmenlik, mültecilik yaşamında cemaatin bitmesiyle insanlarımız bireyleşiyorlar. Onlar, kazançlarının farkında değiller. İlginçtir. Yeni toplumsal yapıda da koruyucu aramaya koyuluyorlar. Ama bulamıyorlar. Onların, toplumsallığın getirdiği koruyuculuğu anlamaları, kavramaları süreç alıyor. İster istemez yaşamları, hayatları bireycileşiyor. Doğrusu oluşan bireycilikleriyle de şaşkınlık yaratıyorlar.

İnsanlarımız, cemaat insanları olmalarından dolayı içselleştirdikleri, onların bilinç altlarına doğrular olarak yerleşen değerler, dayanışma, ahlak vb. geldikleri yerlerde kazandıklarını, sahip oldukları toplumsal örgütlenmeyle birlikte, yeni yapı içinde kaybetmek mecburiyetinde kalınca, yani daha önce alınanlar anlam kaybına uğrayınca, geçersiz, değersiz kalınca bunalımlı halde "Ben şimdi neyi doğru olarak kabul edeceğim ? Geldiğim yere göre üst olan değerlerimi hangi toplumsal örgütlenme biçiminden alacağım?", karmaşasıyla, sorularıyla baş başa kalıyorlar.

Onlar, anlamakta, yeniyi yaşamakta zorlanıyorlar. Çünkü gerekli olan donanıma, kültürel birikime sahip değildir. Göçmen veya mülteci insanımız, bireyselleşenimiz, bencilleşenimiz, sorumluluklar ve yükümlülüklerinden arınmış, kurtulmuş olarak kalıyor ve içinde yaşadığı, dıştan izleyebildiği, görebildiği kadarıyla tanıdığı, daha doğrusu tanımadığı, toplumu, ön yargılarıyla ortak bir düşman olarak görmeye, yorumlamaya başlıyor.

Aynen Don Kişot'un değirmeni hedef alması gibi. O, toplumun kendisini tehdit ettiğine inanıyor. Çatışmalı ruh haline doğru gidiyor. Kendi kendisiyle kavgalı olmaya başlıyor. Huzursuzluk, korku oklarını bilinçsizce fırlatıyor. Sürekli içinde bulunduğu toplumu, yeni değer yargılarını eleştiriyor. Suçlu arıyor.

Diasporada saldırganlaşmaya başlayan insan öldürmeye kadarda gidebiliyor. Kendilerine zarar verenlerde azımsanmayacak sayıdalar. Cemaatin üyesi cemaati yıkılırken yıkıcı oluyor. Ördüğü duvarla içeri giren güneş ışınlarını engellemeye çalışıyor. Sonuç olarak tutumundan dolayı hem kendisi, hem de çevresi zarar görüyor.

Siyasi olduklarını belirten ve siyaset yapan yada yapıyor görünen çok sayıda kişiyi gözlemledim. Dikkat çekici sonuçlara, tespitlere vardım. Onların sadece bir kesimi az bir oranda dönüşümü başardılar. Bu dönüşümde yalnızca politik hedefleri kapsadığından, onlar sosyalleşemediler ve kendilerinde olan geleneksel bakışı değiştiremediler, hala bayanları cinsiyetsiz olarak algılıyorlar. Yani bayanlar aseksüel olmalılar, kalmalılar.

Kürt bayan sadece bayan olmasından kaynaklanan ve içine hapsedildiği çerçeveleri kırmak, Kürte bayan bakış açısı kazandırmak için çok çırpındı, halende çırpınıyor. Elde silah dağ koşullarında, cephede, cephe gerisinde, sivil kitle içinde, kurumlarda, kucağındaki, karnındaki, sırtındaki bebesiyle birlikte can havliyle koşturdu, koşturuyor. Kürtlerin gerçektende değişim, dönüşüm isteyen, içten, samimi, canlı, çözüm gücü olabilecek sivil inisiyatiflerini yaratmaya başladılar.

Bu süreçlerde eksikliklerini, yetersizliklerini rahatlıkla gördüler. Kendilerini geliştirme mecburiyetini, zorunluluğunu kavradılar. Çok yönlü adımlar atmaya başladılar. Tek yönlü gidişin sonuç alıcı olmadığını fark ettiler. Zararını açığa çıkardılar.

Onlar bir yandan da yoğun baskılar altındalar. Siyasi olan yakınları, evlerindeki

erkekler baskı mekanizmalarını oluşturuyorlar. Siyasi olduğunu söyleyen erkek partiye, yürüyüşe, toplantıya, eğitim seminerlerine katılabilir. Parti kadrosu olabilir. Her düzeyde görev kabul edebilir. Faaliyet yürütebilir. Yakını olan bayana ise " Sen geride dur. Sorumluluk, görev alma. Gitme!" der. Uyarır, cezalandırır, engeller.

Çemberi kırıp ta tek başına partiye giden, eğitim seminerlerine katılan, görev alan, faaliyet yürüten, mitingde en önde olan bayansa, aktivitelerini yaparken Kürtlüğünü ve Kürt olmakla birlikte anılan, çağrışım yapan değer yargılarını da göz ardı edemez. Dikkate almak zorunda kalır. O, geleneksel namus ölçüleri içinde hareket etmek zorundadır. Birlikte görev yaptığı, aynı ortamlarda bulunduğu birisini sevemez, aşık olamaz, cinselliğini yaşayamaz. Yaşadı mı? Tecrit, yargılanma, kovulma vb. yaptırımlara da hazır olması gerekir.

Onlar politize olduklarını söyleyen, sağ yada sol görüş mensubu insanlarımız ve hitap ettikleri tabanları demokrasi kültürüne sahip olmadıkları, bilmedikleri, zorba sistemler altında şekillendikleri için akrabaları olan bayanları tümüyle kontrolleri altında tutmak ve kontrolü kaybetmek istemiyorlar.

Hiç sıkılmadan, kendileriyle kan bağı olmayan çevrelerindeki insanları da yakınları olan bayanları geride tutmakla, engellemekle, gelişmelerini önlemekle suçlarlar. Kendi pratiklerinin bilinmesini, tartışılmasını, konuşulmasını istemezler. Oysa insan her şeye önce kendisinden başlar, başlamalı. Biz bayanlar, siyasi olduklarını söyleyen, kurumlarda kürsü kapan erkeklerimize güvenmemekte, tedbirli hareket etmekte haklıyız.

***

"İletişim kurabilmenin en iyi yolu, yaşam tecrübelerini paylaşmaktır. Eksiklikler olsa da yaşam devam ediyor. Yaptıklarımız ve kendimizle mutluysak sağlıklı bir yaşlılıkta bizi bekler. "

CANÊ; Kürt ve Müslüman'ım. Ben 16 yaşımda evlendim. Kocamda amcamın oğludur ve 20 yaşındaydı. Zaten büyüklerimiz evlenmemizi istiyorlardı. Ben de onunla evlenmek istedim. Hiç okula gitmedim. Gönderilmedim. Kocam ise ilkokulu bitirdi.

Dört yıldır buradayım. Kocam ise benden sekiz yıl önce geldi. Memleketteyken üç çocuk annesiydim. Simdi 5 çocuğumuz var. Nasıl oldu ben de bilmiyorum. Kocamı aradılar. Niye aradıklarını da bilmiyordum. Kendisini karakola çağırdılar. O da gitmedi ve köyden uzaklaştı. Karakolda başına gelecekleri hesaplayabiliyordu. Karakollara gidipte çıkanların durumu ortadaydı. İşkence görüyorlardı. Kimileri de öldürülüyorlardı. Kocam orada siyasete, politikaya karıştı. Bir gün Almanya'dan mektubu geldi. Ülke dışına çıktığını, kaçtığını öğrenmiş olduk.

Sonra bu ülkeye gelmiş ve burada iltica etmiş. İltica isteği kabul olmuş. Bizi de yanına getirdi. Ben ve çocuklar normal pasaportla geldik. Bizim köyde çok baskı vardı. Devletin jandarmaları sürekli baskın düzenlerlerdi. Benim kardeşlerimde köyden uzaklaştılar, kaçmak zorunda kaldılar. Almanya'ya, İzmir'e, İstanbul'a gittiler.

Köyde yoksul değildik. Topraklarımız ve hayvanlarımız vardı. Halende varlar. Akralarımız bize ait olan maddi varlıkları koruyor. Kullanıp, yararlanıyorlar. Ben burada dışarıda çalışmıyorum. Zaten bu kadar çocukla nasıl çalışabilirim? Kocam inşaat işçisi. Üç odalı bir evimiz var. Biraz dar ama idare ediyoruz. Bu ülkede her şey çok pahalı. Birikmiş paramız yok. Biriktiremiyoruz. Zaten köydeki akrabalara da göndermek zorundayız. Kocam ne kadar para alıyor, aylık maaşı ne kadardır? Bilemiyorum.

Hepimiz insanız, Tanrının kullarıyız ama ben Türk olduklarını söyleyenleri sevmiyorum. Zaten onların konuştukları dili de bilmiyorum, anlamıyorum. Almancayı ise burada biraz öğrendim. Dükkandan alış veriş yapabiliyorum. Burada bizim oranın Kürtçesini, ağzını konuşan Kürt yok. Çok Kürt var ama lehçeleri değişik. Bazen onlarla görüşüyoruz. Akraba yok. Yakınlarımız Fransa ve Almanya'da yaşıyorlar. Onlar bize geliyorlar, biz de onları ziyaret ediyoruz. Ara sıra gecelerde, düğünlerde Kürtlerle karşılaşıyoruz. Kocam ara sıra yürüyüşlere gider.

Ben siyasetten pek anlamam. Siyaseti bilmiyorum. Bildiğim tek şey ise Kürtlerin durumu iyi değil. Türkiye'deki hükümetler çok zalimler. Ben köydeyken jandarmaların ne zalim olduklarını gözümle gördüm. İnsanlarımıza eziyet ediyorlardı.

Okuma yazmam yok ya ondan dünyanın gidişatından pek bir şey anlamıyorum. Küçük yaştan itibaren okula gidemedim. Öğrenmeye alışamadım. Bundan dolayı da her konuda zorlanıyorum. Burada bana almanca öğretmek istediler. Olmadı, öğrenemedim. Yinede biraz öğrendim. Küçük yaşta öğrenmeye alışmak gerekiyor. Öyle olmayınca insan öğrenmeden korkuyor, çekiniyor. Anlayamıyor.

Bizi ziyarete gelen Kürtler hep Türkçe konuşuyorlar. Kürtçe yasak olduğu, okulda öğretilmeyen bir dil olduğu, ticaret dili olması önlendiği için, insanlarımız kendilerini ifade etmekte zorlanıyorlar. Herkes kendi bölgesinin ağzını, şivesini konuşuyor. Birbirlerinden uzak olan yörelerin insanları ve farklı lehçelerden olanlar mecburen kürtçe değil, Türkçe'yle anlaşıyorlar. Ben Türkçe'yi fazla anlamıyorum. Misafirlerime hizmet ediyorum.

Siyaset konuşulunca hiç bir şey anlamıyorum. İşte böyle cahil, habersiz kalıyoruz. Köyümüzde kürtçe öğreten okul bulunsaydı, okuma yazma öğretilseydi, iyi, gelişmiş hocalar bizleri eğitselerdi, ben de çok şey öğrenirdim. Konuşulanlara ilgisiz, yabancı kalmazdım. Belki ileride istediğimiz şeylere kavuşuruz. İyi bir düzen kurulur. Burada insanlar için bütün imkanlar var. İsteyen, becerebilen kullanıyor.

Burayı, bu ülkeyi çok sevdim. Çok temiz ve her şey var. Yalnız biraz soğuk. Bir de çok yağmur yağıyor. Yeterince güneş olmuyor. Buralılarla pek ilişkimiz yok. Bir komşumuz vardı. Kaç sefer yemeğe davet ettim. Davetimi kabul edipte evimize, soframıza gelmedi. Bir kaç sefer ben bizim yörenin yemeklerini yaptım ve onlara götürdüm. Teşekkür ettiler, aldılar ve güldüler.

Herhalde burada misafirliğe gitmekte adet değil. Bizim oralar gibi değil. Dışarıda görüşüp, dışarıda birlikte yiyorlar. Bunların evlerine çok az gelen, giden oluyor. Buranında adetleri böyle işte. Ama dilde olmayınca rahatlıkla ilişki kurulamıyor. Komşuluk, dostluk gelişmiyor. Birbirimizi tanıyamıyoruz. Hitap etmeyi de beceremiyoruz.

Zengin bir devlet. Her şeyi var. İnsanları da zenginler. Hepsi zengin mi? Bilmiyorum. Heya onlarda bizim gibi eskicilerden kullanılmış şeyler satın alıyorlar. Demek ki herkes zengin değil. Ama her taraf, camlar dolu. Bütün problemlerini hal etmişler. Allah'tan daha ne istesinler ? Burası benim hoşuma gidiyor.

Pek fazla sorunumuz yok. Bazen kendimi yalnız hissediyorum. Her gün akrabaları görmek için diğer ülkelere gidilmiyor. Zaten memlekete gidemiyoruz. Bakalım kocam gelecek yıl pasaportunu değiştirebilirse belki gidebiliriz. Memleket uzak ama, altı hafta izin alırız.

Çocuklarımın durumları iyi sayılır. Evde her şeyleri var. Onlara yetecek elbise de yemekte. Oyuncakta çok. Okuldaki durumları, gidişatları da herhalde iyidir. Onlar iyi diyorlar. Ben almanca bilmiyorum ki gidipte hocalarıyla konuşayım. Okula giden üç büyük çocuğunda buralı arkadaşları var. Onlar Alman, İtalyan, Kürt ve İspanyollar. Sınıflarında Türkçe konuşanlar, kendilerinin Türk olduklarını söyleyenlerde varlar ama benim çocuklarımda Türkleri sevmiyorlar. İki büyük çocuğum biraz Türkçe biliyorlar. Jandarmaların köyde yaptıklarını gördüler. Onlar kimin jandarmalarıydılar? Devletin. Türk kelimesi onlara jandarmayı, kötülüğü hatırlatıyor.

Kocamla aramız iyidir. O, iyi bir insandır. Bizde dövmek, sövmek, dayak, kötülük yok. O, öyle bir şey yapmaz. Yaparsa, altı tane erkek kardeşim var. Onlara bir söylersem, onlarda onu döverler. Cevapsız kalmayacağını bilir. Kimsesiz, korunmasız değilim. Yok, yok zaten kocam öyle biride değil. Yapmaz. Eve çok yorgun geliyor ve bazen de çok geç geliyor. Ben çocuklarla beraber gidip yatıyorum. Gelmesini de beklemiyorum.

Geleceğe yönelik pek öyle bir planımız yok. Köyde her şeyimiz var. Bir izne gidebilseydik çok iyi olurdu. Ne de olsa insan özlüyor. Bir çok akrabam orada, geldiğimiz yerde. Bir de biz Kürtlerin durumu biraz iyi olsa. Şartlarımız düzelse. Ne yapmak lazım?, bilmiyorum. Türkiye'yi yönetenler çok zalimler. Zalim bir devlet.

Çocuklarda yavaş, yavaş büyüyorlar. Artık çocuk istemiyorum. Kim bilir belki yine olur. Yapmamaya çalışıyoruz. Yeniden anne olmak istemiyorum. Köyde olsaydı fark etmezdi. Ama burada biraz zor. Bir de pahalılık var. Çok masraf oluyor. Çocukları çok seviyorum. Kocamda öyledir. Burada tek maaşla geçim zor.

Eşimle sohbet ederim. Çevreyle, insanlarımızla ilgili duyduğumuz şeyleri konuşuruz. Dedikodu yapmak bizi birbirimize yakınlaştırıyor. İçimizden geçenleri, düşündüklerimizi paylaşmış oluyoruz. Birbirimize yabancı kalmıyoruz ve birbirimize ait her şeyi biliriz.

Eşimin gününün nasıl geçtigini, nereye gittiğini, kimlerle görüştüğünü, ne yaptığını bilirim. Duyduklarımızı birbirimizden saklamayız. Konuşuruz. Belki de bundan dolayı kavgamız, dövüşümüz, kırgınlığımız olmuyor. Aynı evde yaşayan iki düşman değiliz.

Ben onun sırlarını, O da benim sırlarımı saklar. Başkalarına söylemeyiz. Birbirimizle konuşmak her ikimizi de sıkmıyor, rahatsız etmiyor. Konuşacak konular buluyoruz. Yani evin içindeki iki yabancı değiliz. Allah'ıma bin kez şükürler olsun birbirimizden bıkmadık, bezmedik. Ben halimden memnunum. Çiftten biri sinirli, öfkeli olduğunda, diğeri durumu anlayışla karşılamalı ve susmalıdır. Kızma, küsme sorunları çözmüyor, aksine büyütüyor. Karı ve kocalar problemler karşısında hep açık ve net konuşmalılar, birbirlerine bağlılık ve sevgilerini ifade etmeliler. Her fırsatta davranışlarla göstermeliler. Birbirlerini tamamlamalılar. Dışarıdan gelen saldırılar birliklerini güçlendirmeli. Karı, koca görevlerinin farklılığını, ayırımını bilmeliler. Görevlerinden dolayı kendilerini rahatsız his etmemeliler. Kadın ve erkek birbirine yardımcı olmalı.

***

Bizler başarısız evlilikler, ilişkiler yaşadıktan sonra kendimizi doğru dürüst sorgulamayı da bilmeyiz. Kendimize göre savunma mekanizmaları yaratırız. Mantıklı davranabilenlerimizse neden doğru insanı bulamıyorum?, niye benim doğallığıma hitap etmeyen ilişkiler yaşıyorum, niye istemleri zıt kutuplarda olan insanları tercih ediyorum?, niye acıyorum?, niye uzun süre sorunlu ilişkilerden kurtulamıyorum?, sorularını kendimize soruyoruz. Aradığımız ölçülere sahip insan tipiyle, birlikte olmaya başladığımız tezatlık oluşturabiliyor.

Kimimiz filmlerdeki kibar, duygulu, ince erkeği ararız. Gidipte kendisini eğitemeyen, dalkavuk, tutarsız, hiç bir konuda gelişemeyen, uzmanlaşamayan, bağımsız davranmasını bilmeyen, tembel, kadın emeği üzerinde yaşam sürdüren, değer yaratamayan insanlara tutuluruz. Hislerimiz, sevgilerimiz bizleri esirleştirir. Tutsaklaştırır.

Beraber olmak istediklerimizle ilgili seçimlerimiz, yönelmelerimiz, kararlarımız çocukluk yıllarında yaşadığımız bazı gerçeklerle, olaylarla doğrudan ilgilidir, bağlantılıdır.

Çocukken edindiğimiz deneyimler, tanık olduğumuz durumlar, bizi etkileyen gerçekler, biz his etmeden bilinçaltımızda şekillenirler ve büyüdüğümüzde de bizi yönlendirirler. Onlar, yaşamımızda, baş başa kaldığımız gerçekliklerde, karar verme durumuna düştüğümüz anlarda gösterdiğimiz reaksiyonların, tepkilerin temelini oluşturmaktalar.

Çocukken anne-babamızın bizlere emir, rica, disiplin, sevgi, tepki, ceza, yargılama, eleştirme tarzında sundukları tüm mesajları, anları hafızamıza kaydederiz. Büyüklerimizin, bizleri eğitenlerin, bize öğretenlerin, istem ve davranışlarının yanlış veya doğru olup olmadığını değerlendirecek durumda değiliz. Büyüklerimizin ağızlarından çıkan, onların sergiledikleri davranışları tartacak konuma sahip değiliz. Çünkü onlara taparız. Sevgi bağı ile bağlıyız. Onlar en doğru kararı almışlardır. En iyi çözümü bulmuşlardır. En doğrusunu yapmışlardır. Onlar bizlerin otoriteleridirler.

Kız çocukları her yönüyle babalarının benzeri bir erkeği, erkek çocukları ise annelerinin benzeri, kopyası bayanı arayacaklardır. Anne ve babalarının bıraktıkları, oluşturdukları boşlukları yeni birlikteliklerindeki insanların doldurmalarını isteyeceklerdir. Bekleyeceklerdir.

Anne veya baba baskınsa, onlar baskın kişilerden uzak kalmayı tercih edeceklerdir. Karmaşık, problemli, inişli, çıkışlı ilişkiler yaşanılan bir aile yaşantısının içinde şekillenenler, yetişenler, büyüdükleri, kendilerini tanımaya başladıkları ortamdan dolayı orada yaşanan her şeyi normal kabul ederler. Bundan dolayı da düzensiz ilişkilere yönelirler. Çünkü olumlu yönde örnek alacakları, tercih etmelerini sağlayacak ilişkilere tanıklık yada sahiplik yapamamışlardır. Problemli ilişki normal gelecek ve tercihte edilecektir. Onlar, büyükleri gibi yaşayacaklardır. Normal ortamda büyüyen, normal ölçülerde istemleri olan bireylerle evlilik ilişkisi yürütemezler. Sorun yaşarlar. Rahatsız ederler. Bunu da normal karşılarlar. Çünkü kendileri rahatsız olmazlar.

Bireyin ilişki yaşamak için seçtiği kişi veya kişiler kendisinin ilişki kalıbını, bilinçaltını ortaya çıkaracaktır. Durumunu anlayabilen, kendisinin negatif ve pozitif özelliklerini sıralayabilir. Kendisini tanımaya başlayabilir. Negatiflerden kurtulmak içinde ruh sağlığı alanında uzmanlaşmış kişilerden yardım talep edebilir ve bu şekilde geçmişinden içinde kalan yaralı, hasarlı noktaları temizleyip, oluşan çöpleri atabilir. Özlemini duyduğu doğru ve sıcak bir ilişki yaşayabilir. Gerçek durumunu tespit edemeyen çözümde üretemez. Sürekli ilişki başlatıp, bitirmek zorunda kalır.

***

"İnsan özgür olmadan mutlu olamaz. Kadındaki erkek, erkekteki kadın korkusunu ustaca dengelemek gerekiyor. Aile iç demokrasisinin en güçlü silahı bireyin tercih ettiği eşe güvenmesidir. Bu ülkelerde de yurttaşların seçtikleri yöneticilere güvenmeleri şeklinde formüle edile bilinir. "

ETÊ; Ben 1965 doğumluyum. Dersim'in bir köyünde dünyaya geldim. Kürt ve Aleviyim. 11 kardeşiz. Yatılı Kız Sağlık Meslek Lisesini bitirdim. Sağlıkçıyım. 4 kardeşim üniversite, beşi lise, en büyüklerden ikisi de ilkokul mezunudurlar.

Babam tuz alım satımı yapardı. Ayrıca köyde yaşıyor olmamızdan dolayı da hayvanlarımızdan ve arazimizden yararlanma olanağımız vardı. Biz bize yetiyorduk. Yani aç kalmadık.

1937-38'deki Dersim halkına yönelik yapılan katliamdan sonra çocukları toplayıp, yatılı okullarda okutuyorlar. Onlara Kürtçe konuşmak yasaklanıyor. Türkçe öğretiliyor. Annem orada bir oranda okumayı öğrenmiş. Daha sonrasını okuyamamış. Bundan dolayı da okuma isteği içinde bir tutku olarak kalmış. Özellikle kızları okutmak onun fikriydi. "Kızlarım okumalılar, meslek sahibi olmalılar. " derdi. Gerçektende düşündüğü, söylediği gibi davrandı. İstediğini başardı. Bizim okumamız, öğrenim-eğitim görmemiz konusunda bütün gücünü, çabasını ortaya koydu.

O, ağabeylerimi gazetelerde yazılanları kendisine okumaları için zorlardı. Her şeyi öğrenmek isteyen bir insandı. Durumuyla yetinmiyordu. Kabullenmiyordu. O devirde, O da diğer köylü kadınların konumundaydı. Ben hep dışarıda okudum. Annem bazen oturur geçmişi, yaşadıklarını bize anlatırdı.

O Dersim'de sembolik olarak kalan ağalardan birinin kızıydı. Maddi varlıkları ve güçleri yoktu. Sanırım ağa kızı olmasından dolayı kendisine güvenen, kendisini diğerlerinden farklı olarak gören, kendisinden emin ve güçlü bir kadındı. Bu durum davranışlarından, hitabından belli oluyordu. Yakınlarım beni anneme benzetirler. Benimde kendime güvenmem, konuşma ve hareket tarzım, sorunlarla boğuşma gücüm anneme çağrışım yapıyor. Hayatımda annemin apayrı bir yeri var.

Bizler Diyarbakır ve İzmir'de okuduk. Okuyan, okulunu bitirip para kazanmaya başlayan ağabey ve ablalar diğer kardeşleri desteklediler ve okumalarını sağladılar. Birbirimizle ilgili olarak sorumluluk aldık ve paylaşımda bulunduk. Ailede birlik ve dayanışma vardı. Elbetteki buda anne ve babamın olumlu ilişkileri, birbirlerine değer vermeleri, görüş alış, verişinde bulunmaları sonucu doğmuştu. Biz kardeşler birbirimize tutkunuz. Birbirimiz için her türlü dayanışmayı, fedakarlığı yaparız.

Orta okulu bitirdikten sonra istediğim bir okulu kazandım. Ama parasızlık yüzünden gidemedim. Diyarbakır'da yatılı sağlık okuluna gitmek zorunda kaldım. İsteyerek, severek, kabullenerek bu okulda okumadım. Koşullar beni zorladı. Ablam orada sağlıkçıydı. O, okuyabilmem için gerekli olan her türlü desteği bana verdi.

Diyarbakır'da okurken bir sıkıntı yaşamadım. Kürt olmamdan dolayı rahattım. Aşağılanma, horlanma olmadı. Çünkü orası Kürt şehriydi ve bende kendi insanlarımla iç içeydim.

Köyümüzde jandarma korkusuyla büyüdüm. Jandarma köye geldiğinde, baskın düzenlediğinde biz kardeşler annemin fistanına sarılır ve ağlardık. Bu durum bir jandarma subayının dikkatini çekmişti. Yine bir sefer evimizi bastıklarında, biz kardeşler anneme sarılıp, çığlık atmaya başladık. Korkudan da titriyorduk. Bu durum subayın dikkatini çekmişti. O, anneme "Bu ev de ne oluyor? Biz her geldiğimizde, bu çocuklar bizleri gördüklerinde bu şekilde ağlıyorlar. ", sorusunu yöneltti. Annem kendisine cevap vermedi.

Diyemiyorduk ki mensubu olduğunuz ordu mensuplarının geçmişte ilimizde yaşayan insanlara karşı işledikleri suçları, yapılan soykırımı ve sonuçlarını dinleyerek büyüdük. 1937 ve 1938 halen hafızalarda tazeliğini koruyor. Bu günde yaptıklarınıza tanıklık ediyoruz. Silahlarınızdan da, görünümünüzden de hoşlanmıyoruz ve sizlerden, üniformalarınızdan korkuyoruz. Yapabileceğiniz şeyleri rahatlıkla tahmin ediyoruz. Halende korkularımdan kurtulamadım. Onlarla birlikte yaşıyorum. Bu ülkede de polisi, polis aracını, üniformaları gördüğümde tedirgin oluyorum. Görmek istemiyorum.

Öğrenim gördüğüm okul sürekli jandarma tarafından basılırdı. Bu durumda fazlasıyla gerilim, tedirginlik yaratıyordu. Yatılı okulda okumak beni kötü etkiledi. Benden sonra bir kız kardeşim o okulun giriş sınavlarını kazandı. Ben kendisini engelledim. Orada okumasını istemedim. Benim yaşadıklarımı yaşaması, onun yaşamında da kalıcı izler bırakacaktı.

Sürekli okul idaresinin kontrolü altındasın. Hep baskı, baskı. Başkaları seni yönetiyorlar ve yönlendiriyorlar. Kendin bir kararı alıp ta uygulayamıyorsun. Başkalarının istediklerini onaylayıp, kabul edip onlara göre davranmak zorundasın. Kişiliğinin gelişmesi engelleniyor. Seni "evet efendim"ci olarak yetiştiriyorlar. Boyun eğen, söylenileni, verilen her emri onaylayan bir kişilik. Kendin olman engelleniyor. Devletin adamı, kapı kulu, emir alanı tarzında şekillendiriliyorsun. "Devlet babaya hizmet" etmeyi öğretiyorlar.

Ben hayatımda ilk kez o okula girerken jinekolog karşısına çıkarıldım. 14 yaşımdaydım! Okul yöneticileri hepimizin kızlık zarlarını doktor kontrollerinden geçirtip, "sağlam"dır, imzalı kağıtları aldıktan sonra bizi okulun kapısından içeriye aldılar.

Ne ilginç bir anlayış değil mi? Ben oraya meslek yapmaya, okumaya gidiyorum. Bayan olduğum için onların ölçüleri, yaklaşımları ise çok farklı. Ben bu olayı hiç unutmadım, unutamıyorum. Bana göre çok ilkel bir anlayış ve yaklaşımdı. Bizim vücudumuzdan onlara ne? Diyelim ki bir kaza sonucu kızlık zarım yırtıldı. Bu yırtılmadan dolayı da okumam engellenecekti. Düşünebiliyor musunuz? Bu yırtılmanın oluşturacağı sonuçları ben yaşayacaktım. Onlara ne. Kimlerin, hangi bağnazların ellerinin altında öğrenim gördük! O memlekette okulda idari yönetici olmak, öğrencinin vücuduna, hislerine saldırı hakkı da veriyordu. Onlar, silindir gibi kişiliklerimizi ezip geçiyorlardı. Bizlerde tahribat yaratıyorlardı.

Ben kadın bedeni ve cinselliğinin devlet tarafından denetlendiği ülke sınırları içinde, Türkiye'de öğrenciydim. Kadının bedeni ve cinselliği üzerinde kurulan denetim ve baskı, baba, ağabey, amca gibi ataerkil figürleri aşıp, Türkiye'de bizzat "devlet baba" tarafından yürütülmekteydi. Ki halen öyledir.

O, okulun tek olumlu yanı değişik sınıflardan ve şehirlerden gelen kız öğrencilerin olmasıydı. Ayrıca orada toplu yaşamı, kominal hayatı öğreniyorsun. Aramızda dayanışma, bağlılık gelişiyordu. 4 yıl askeri disiplin altında, öğrenci değil de asker gibi okudum. Niye okulda kabul etmediğimiz anlayış uygulanıyordu?, derseniz, o okul Türkiye Milli Eğitim Bakanlığı'na bağlıydı. Yani Türkiye'deki sistemin yürütücülerinin sahip oldukları anlayışı ele veriyordu. Dişi cinse bakış ortadaydı.

Bazen dışarı çıkma izinlerimizi yakar, bizleri disipline verirlerdi. Biz de bahçe duvarlarının üzerinden atlayarak kaçar ve çarşıya giderdik. Yasak biz de daha çok istek doğururdu. Gitmek istemesekte, tepki sonucu gitme isteği arzusu gelişirdi ve kaçardık.

Okulda 5. 000 öğrenci vardı. Büyük bölümü Kürtlerdi. Ben bilinçsizdim. İlk eylemim 15 yaşındayken oldu. Her cuma ders bitişinden sonra bizlere, köklerimize küfredercesine istiklal marşı okuturlardı. Farklılığa saygı yok ki! Büyük öğrenciler bizleri hazırladılar ve ne yapmamız gerektiğini söylediler. İstiklal marşıyla birlikte bizlerde Kürt ulusal marşı "Ey raqib"i okumaya başladık. Ortalık biranda karıştı. Okul idarecileri, komutanlarımız paniklediler. İçimizde kendilerine bilgi veren olmadı. Yöneticiler düzenlemeyi yapanları tespit edemediler ve alıp ta polise teslim edemediler. Şimdi o anı hatırladıkça gülüyorum. Çok iyi yaptık. Yani biz beyaz deriliydik. Onlarda sarı derili olduğumuzu iddia ediyorlardı. O iddialarını sindirmemizi de bekliyorlardı. Kendi marşımızı okumakla farklı olduğumuzu yüzlerine haykırdık. Ki bizim onların marşlarına karşı bir saygısızlığımızda olmuyordu.

Diyarbakır'da kadınlar ikinci sınıftırlar. Orada gördüklerim beni rahatsız ediyordu. Farklı bir yaşam yoktu. Oradaki kadınlarda durumlarını kabullenmişlerdi. İlk dönemlerde bizde farklılığı göremiyorduk. Süreç içinde gelişmeye başladıkça, çevremdeki gerçeklerden, yaşam biçimlerinden, ilişkilerden rahatsız olmaya başladım.

Bir erkeğin iki, üç kadınla yaşaması bana anlamsız ve aptallık olarak geliyordu. Düşünüyordum. Bu adam niye üç kadını birlikte besliyor? Niye üç kadınla birlikte yaşıyor? Amacı nedir? Neyi ispatlamak istiyor? Bu yaşamın zevk veren yani nedir? Bu erkeği bu ilişki tarzına zorlayan nedir? Bu kadınlar birbirlerine düşman oluyorlar. İki, üç düşmanla aynı evde yaşamak nasıl bir duygu yaratıyor ki? Erkeklerin hoşlarına giden nedir?

Kumalar birbirlerini döverlerdi. Bu evlerde tartışma, kavga hiç eksik olmazdı. Çocuklarda bu aile ortamları içinde, düşman annelerden olan kardeşler olarak büyüyorlardı. Bu ailelerde birlik ruhu oluşamaz. Kadınların durumlarını gördüğümde içim sızlardı?

Orada gelişen bir özgürlük savaşı var. Şimdi kadının ilk hedefi savaş. Kadın bu günden düşünmeli. Yarın durumu, konumu, statüsü ne olacak ? Tamam bağımsızlık isteniyor. O bağımsız ülkede, benim cins olarak konuşma, kendimi ifade etme, karar verme hakkım, özgürlüğüm olacak mı? Yine ikinci sınıf mı olacağım? Bu güne göre ne, neler değişecek ?

Kadın hedeflerini, geleceğini belirlemeli ve hedefleri için savaşmalı.

Bugün yaşadıklarımı yaşamamalıyım. Bugün yaşadıklarımı yaşamak istemiyorsam iyi düşünmeliyim. Benim için önemli olan şudur; sömürgeci baskının yerini bir başka baskı şekli alacak mı? Almayacak mı? Evet, ben bunu soruyorum. Ve de tedbirli olmalıyım diyorum. Ben kadınım olayı da bir tarafa bırakıla bilinir. Ben insanım düşüncesi hakim kılınmalı. Kafalara yerleşmeli. Bayan bekarken kardeşlerin, babanın, evliyken, kocanın kölesi olmamalı. Bu da eğitimsel gelişmeyle sağlanır. Kafalara, bilinçaltına yerleşen, insana yakışmayan düşüncelerden insanlarımızı kurtarmamız gerekiyor.

Ben kadınım. Bu benim kaderim düşüncesi çok aptalca. Kadın şunu anlamalı; kader olarak isimlendirilen yaşamı başkaları onun için oluşturuyorlar ve şekillendiriyorlar. Kafa değişimi, dönüşümü çok önemli. Türkiye'de ancak tesadüfler sonucu devrim olabilir. Ama bugün gördüğüm düşüncelere, kafalara sahip olan insanlarla sosyal gelişmeyi yakalayan, döneme göre yaşayabilen bir toplum yaratılamaz. Bunlarda bir şey yok. Öncülük yaptıklarını söyleyenler kendilerini geliştirmiyorlar. Peki halka ne verecekler! Ne verebilirler? Halkı nasıl geliştiripte dönüştürecekler? Memleketimizden bu ülkeye gelen siyasileri, siyasi gurupları yakınen tanıyorum. Bundan dolayı da doğrusu umutsuzum.

Kürdistan'da ulusal sorun çözülür. Buna inanıyorum. Yalnız bugün çalışmaları yapan insanlar eğer yönetici olurlarsa Kürtlerin işi zor! Çalışmayı büyük oranda köylü zihniyetli insanlar yürütüyorlar. Aydınlar, entelektüeller mesafeliler. Çünkü istenmiyorlar, kabul görmüyorlar. Kadın bu insanların anlayışlarıyla oluşacak yönetimlerin egemenliği altında çok, çok zorlanacak. Kadın hem sömürgeciyle, hem de sömürgecinin şekillendirdiği beyinlerle, anlayışlarla, ölçümlerle savaşmak zorunda. Kadın karar mekanizması olmak için bugünden hazırlığını yapmalı. Bana göre çözüm yolu da kadının uyanması, içinde bulunduğu ekonomik, politik, kültürel durumu kabul etmemesi, gelişmesi ve sorumluluk sahibi olmasından geçiyor. Benim gördüğüm çıplak gerçek şu; erkek ne kadar bilmem neyim dese de, iktidarı paylaşmak istemiyor, istemez. Benim eşimde bu değerlendirmeye dahildir.

Yeni neslin yetiştirilmesinde annenin rolü çok fazla. Belirli bir yaşa kadar çocuk aile içinde şekilleniyor. Sosyal olarak gelişkin bir anne, sosyal insan yetiştiriyor. Kürdistan toplumunun dönüşümünde görev büyük oranda annelere düşüyor. Paylaşımı, adaleti, saygıyı, güveni anne çocuğuna kazandıracak. Şiddeti gören çocuk ya içe kapanıyor, edilgen bir kişilik oluyor yada saldırgan bir kişilik gelişiyor. Biz de gerçek şu; çocuğu eğitmede bütün rol anneye düşüyor. Babalar bu sorumluluktan kaçıyorlar.

Uzak duruyorlar. Kaç baba yapması gerekeni yapıyor? Parmakla sayılacak kadar az. Onlar, çocuk eğitimini küçümsüyorlar. Öneminin farkında değiller. Bana göre annelerin eğitimi, gelişmişlik düzeyi çok önemli. Babalar statükoların değişmesini kabullenemiyorlar, açıkçası istemiyorlar. Gelenekçi anlayış hoşlarına gidiyor. İşlerine geliyor.

İnsanı harekete geçiren bilinçtir. Bilinçsiz insan gündemden, gelişmelerden geri kalır. Bunlar, genelde ekonomik hedefleri sonucu buraya gelen insanlar. Gelişen olaylar bu insanları bir, iki gün etkileyip eylemci kılıp, geçiyorlar. Sonrasında ise seyirciler. Bilinç, algılama düzeyi düşük. Burada yaşayan Kürdistanlı kadın kendisini her konuda, alanda kanıtlamalı.

Zaten buraya gelenlerin büyük bölümü kırsal kökenliler. Köyden kalkıp buraya geliyorlar. Sosyal değişimi burada yaşıyorlar. Ruhen buraya adapte olmayabilirler. Buda çok normal. Kişi ekonomik bazı sorunlarını hal etti mi geldiği yere ve oranın problemlerine kayıtsız kalabiliyor, kalıyor. Ki görüyorum, izliyorum. Sık, sık şu cümleleri duyuyorum. "Dünyayı biz mi değiştireceğiz? Hep aynı şeyleri mi konuşacağız? Ne oluyor? Bana Ne?" evet, evet bu cümleleri kullanabiliyorlar. İnsanların düşünceleri pratiklerine yansıyor. Konuştukları, sohbet ettikleri zaman hedeflerini rahatlıkla anlıyorsun.

Ben buradaki kadınlar konusunda umutsuzum. İşin garip tarafı da şu. Eşlerimiz nerelerdelerse, bizlerde oralardayız. Erkeklerimizin savundukları düşünceleri savunmak gibi bir alışkanlığımız var. Savunsak bari, savunamıyoruz da! Erkeklerimize bağımlı köleleriz. Bağımsız olarak bir şeyi yakalayamıyoruz. Nasıl alıştırılmışsak öyle gidiyor. Kalıpların dışına çıkamıyoruz. Zorlanıyoruz. Gücümüzün farkında da değiliz. Toplumda, kitle karşısında düşüncelerimizi açıklama alışkanlığımız yok. Sanki bütün toplantılar, protesto gösterileri erkeklerin tekelinde. Toplum bizi şartlandırdı. Kuralları beynimize işlediler. Beyinlerimizdeki hapishanelerin tutsaklarıyız. O kilitleri, kapıları açacak olanlarda bizleriz.

Bizim topluma göre iyi kadın, kabul eden, onaylayan, başı öne eğik olan kadındır. Edindiğimiz alışkanlıklarımızdan vaaz geçmemiz gerekiyor. Göç, mültecilik baştan başa bunalımlı insan yarattı, yaratıyor. Bizde her çeşit problem var. Geçmişimde, memlekette bu kadar bunalımlı, bağımlı insanlar görmedim. Ki sağlıkçı olarak çalıştım.

Bende burada yapayalnızım. Mutlu olamadım. Olamıyorum. Zor bir yaşam geçirdim. İstanbul'dayken parasızlık sonucu günümün bir öğününü muhakkak simitle geçirirdim. Fakat hayattan yılmamıştım, bıkmamıştım. Yaşama sevincimi kaybetmemiştim. Canlı ve neşeliydim. Burada o hisleri kaybettim. Avrupa hiç birimize kurtuluş getirmedi, getirmiyor. Sığınmışız. Sığınaklarımızın kiracılarıyız. Bunlar her gün yeni bir yasa çıkararak zincirlerimizi daha fazla sıkıyorlar.

Buralarda öyle insanlarla karşılaşıyorum ki durumları beni çok, çok üzüyor. Üzülerek izliyorum. Kadınlar ve erkekler birbirlerine karşı açık değiller. Dürüst değiller. Bu ilişkilerde dürüstlükte, samimiyette bitmiş. Kuşku, korku hüküm sürüyor.

Aile devletin en küçük birimidir. Dışarıya sahte mutluluklar, görünümler yansıtılıyor. Aynen devlet, Türkiye'de 1923'te kurulan rejim gibi. Bu insanlar birbirlerini seviyorlar mı da beraber yaşıyorlar? Hayır. Günümüzde sevgi, çıkar ilişkisine bağlanmış durumda. Hiç kimse demesin ki feodalizm çözülmüş. Biz burada, Avrupa'da, göçmen, mülteci olarak katmerlisini yaşıyoruz. İnsan, gönül birliğiyle, düşünce birliğiyle beraber olur, olmalı. Fiziksel birliğin bir anlamı yok. Beyinde biten bir birliktelik sürdürülse de ne anlamı var ki?

Çoğunda şunu duyuyorum. " İyi ki buradayım. Burası daha iyi. " Niye buraya geldik? Niye aşağılanıyoruz? Niye baskı altındayız?, diye soranı görmedim. Bu şehirde de hemşericilik, feodal aile ilişkileri geçerli. Ayrıca kadın siyasal olarak gelişmiyor. Zaten erkeklerde gelişkin değiller. Kadınların gelişmesini, kendilerini aşmalarını da istemiyorlar. Bunu hazım edecek kapasiteye, gelişkinliğe de sahip değiller. Gelişkin kadını taşıyamazlar.

Kadın erkeğinin peşine takılarak geceye veya yürüyüşe gidiyor. "Yoldaş" diyor. O sözcüğü kocasından duymuş. Yoldaşın ne anlam ifade ettiğini de bilmez. Bilme, öğrenme gereği de duymaz. Çaba göstermez. Ben körü körüne kocamın arkasından gitmiyorum. Başta kendi evimi, ülkemi onarmalıyım, insanlarımı korumalıyım ki, komşuma da yardım edebileyim.

Burada yaşanılanlar ve gördüklerim karşısında şaşırıyorum. Erkeğimle tartıştığım, onu eleştirdiğim, kendi doğrularımı belirttiğim için, çevreden tepkide görüyorum. Farklı bir kadın oldun mu şimşekleri üzerine çekiyorsun. Alternatif olmayacaksın! Statükonun bozulmasını istemeyenler hemen seni hedefe alıyorlar. Herkes gücüne göre bir ok atıyor. İlişkileri izliyorum. Bazen kestiremiyorum. Kadın mı hatalı? Erkek mi? Çoğu kez bakıyorsun her iki tarafta zavallı. Bir evde olmayınca da gerçek durum bilinmez.

Düzenin dayattığı iktidar evlerde, evlerimizde yaşanıyor. Ben evliliği iktidar olarak değil, paylaşım olarak görüyordum, görüyorum. Doğru olan düşünce hayata uyarlanmalı. Her alanda arkadaş, dost olunmalı. Ben imza atmaya, resmi evliliğe karşıyım. Beraber yaşamayı tercih ederim. O durumda herkes sınırlarını daha iyi biliyor ve koruyor.

Evlenmeden önce eşimle arkadaş olduk. Ben bu insanın fiziğini ön plana almadım. 1 yıllık arkadaşlıktan sonra iş duygusallığa dönüştü. Eşimde Dersim'lidir. Kendisini İstanbul'dan tanıyorum. Önce O buraya geldi. Bende daha sonra evlenmek için bu ülkeye gelip iltica baş vurusunda bulundum. Orada da meslek sahibi, ekonomik bağımsızlığı olan, siyasi bir bayandım. Ama sürekli devlet görevlilerinin gazaplarına, şiddetlerine uğrama korkusunu yaşıyordum. Burada eşimle ayrı şehirlerde kalıyorduk. Birlikte yaşayabilmek için resmi evlilik yapmak zorunda kaldım.

Günümüz de 4/4 evlilik yok. Etrafımız çelişkilerle dolu. Mutlu değilsin. Mutlu anlar yakalıyorsun. Ben sevginin bittiğini sezdiğim an bu ilişkiyi bitiririm. Toplumun istediği tarzda bir evlilik yapmadım. Bu evde köle değilim. Konuşuyorum, düşüncemi belirtiyorum. Klasik bazı değerleri yıktım. Eşimin uydusu değilim. Bağımsız hareket ediyoruz. Çocukta yapmadım. Çocuk yapmak çok basite alınıyor. Dünyaya bir canlı getirmenin bedeli de ağırdır. Gerekeni, yapılması zorunlu olan şeyleri yapabilecek miyim? Hiç de öyle değil. Halen eşimle çelişkilerim var. Sorunlar yaşıyorum.

Bunlar, buralılar bizlere göre farklılar. Ataerkil bir baskı yok. Burada da kadın meta olarak görülüyor. İstenilen ölçüde özgür değil. Erkeklerle kadınlar aynı işi yapmalarına rağmen, erkekler % 30 daha fazla maaş alıyorlar. Ekonomik durumları bize göre iyi. Burada da erkek ailenin şefi olarak görülüyor. Genelde erkekle kadının sevgisi bitti mi işi eziyete dönüştürmüyorlar ve ilişkiyi bitiriyorlar. Ayrılan insanları ise toplum bizdeki oranda konuşmuyor, dışlamıyor. Ayrılmayı düşünenler bizler gibi yalnız kalma korkusu taşımıyorlar.

Bizde çoğu kişi yalnızlığa itilme, dışlanma korkusundan dolayı evliliklerini sürdürüyorlar. Boşanma, ilişkiyi bitirme girişiminde bulunmayı göze alamıyorlar. Güç, cesaret gerekli! Evli kadın, boşanmış olan kadınla ilişkiyi bitirerek tavrını, düşüncesini, kıskançlık krizlerini, kaygı ve korkusunu dışa vuruyor, sergiliyor. Yalnız kadınlarımızda, kıskanılma durumunu fark ettiklerinden, desteksiz kalmanın acısını yaşıyorlar. Doğal bir dürtü olan kıskançlık dizginlene bilinmeli. Kadınlarımız kıskançlık hislerinin esirleri olmamalılar. Kadınlar kıskançlığa fiziksel, duygusal ve bilişsel anlamda daha fazla tepki verdikleri için, erkeklerden daha fazla yıpranıyorlar.

Onlar, erkeklerin cinselliği heyecan ve fiziksel rahatlamayla ilişkilendirdiklerini düşünmekteler. Cinsel aldatılmadan çok duygusal aldatılmayı kıskanırlar. Duygusal açıdan aldatılma, kadın için var olan ilişkisini yitirme tehlikesi anlamına gelmektedir. Bu nedenle de daha çok duygusal aldatılma karşısında kıskançlık duyuyorlar.

İnsanlar, bazen hem romantik kıskançlığı, hem de başarı kıskançlığını sergiliyorlar. Kıskançlık bir duygu ama düşünce düzeyiyle çok örtüşüyor. Nelerin kıskanılıp, nelerin kıskanılmayacağı hem kültürel olarak, hem aile içinde öğreniliyor. Biz de olumlu şeyleri öğrenmeli, geldiğimiz yerden, ailemizden aldığımız olumsuz hisleri kendimizden uzaklaştırmalıyız. Başarı kıskançlığı kadınları gelişme yönünde motive edebilmeli. Burada atağa geçeni, dil öğreneni, meslek yapanı, kendi yaşamıyla ilgili karar alabileni, özgür davrananı, diğerleri pozitif örnekler olarak kabul edip, takdir etmeliler. Kadınlar arası dayanışma bizler için zorunludur.

Zaten Kürt erkeği kendinden atak, kendinden yaratıcı ve güçlü bir performansa sahip olan kadını kaldıramıyor, kabullenemiyor. Değişik yöntemlerle bastırmaya çalışıyor. Köreltiyor. Ya da aşağılayarak, iğneleyici laflar söyleyerek öz güvenini sarsmaya, teslim almaya çalışıyor. Kadın başarısıyla onun önünde değilde, arkasında olacak. Yanında da yer almayacak!

Ha kadın güçlü mü, yerini korumaya mı çalışıyor? Sonuçta olgun davranmayan erkekle evlilik yürümüyor ve boşanma gerçekleşiyor. Kürt erkeğinin kendinden emin, başarılı, toplum içinde yer edinmiş, emeğiyle, başarısıyla kendisine hitap edilen kadına tahammülü yok.

Kabullenemeyen erkek, kadını tümden kaybediyor. Kimse kadının yaşadıklarını, durumunu anlamaya çalışmıyor. Onu, boşandığı için suçluyorlar, yargılıyorlar. Eğer kadın emeğini erkeğine sermaye olarak sunarsa, eşi onun çalışmaları, yaratıcılığı sonucu yükselirse ve kadın gölgede kalırsa, kimsenin buna itirazı olmuyor. Durumunu kendisi kabul ettiği gibi, toplumumuzun bireyleri de kabul ediyorlar. "Her güçlü erkeğin arkasında güçlü bir bayan vardır" cümlesiyle gerçek geçiştiriliyor. Emeğine sahip çıkmayan, eşine sunan takdir ediliyor. Sahip çıkan " Ben neyim? Benim yerim neresi?"diyen ise yadırganıyor!

Burada, buralılar içinde de tabi ki dayak yiyen, şiddetin değişik versiyonlarını yaşayan kadınlar varlar. Geçmişte olduğu gibi bugünde insanlar bütün özellikleriyle dünyanın her tarafındalar. Bir fazla, bir eksik !

Sevgi, saygı temeline dayanmayan, şeffaf bir iletişimden yoksun evliliklerin başarı şansı yoktur. Güven duygusu evlilikte çok büyük önem taşımaktadır. Her türden aile içi şiddet, evlilikte eşler arasında güven duygusunu yok ediyor ve tarafı yalan söylemeye yönlendiriyor. Dayak yiyen kadın sürekli şiddet beklentisi, düşüncesi içinde yaşamaya devam ediyor. Sağlıklı bir evlilik için güçler dengesi gerekiyor. Bu temel alınmalı. Bu olmayınca kim, kime üstün gelirse, kim becerikliyse o ağırlığını koyuyor, dizginleri ele alıyor. Bizde evlilik olayı açık veya gizli bir iktidar savaşı şeklindedir.

Erkek egemen düşünceyi ortaya koyan değerlerin, anlayışın desteklediği aile ve çevre içinde üstünlük anlayışıyla, bilinciyle yetişen erkeklerimiz şiddeti yadırgamıyorlar. Kendileri de uyguluyorlar. Öğrenim görmüş olup olmamakta fazla bir farklılık yaratmıyor. Erkek aynen devleti temsil ediyor. Kendisini cami imamı, cv halkını da cemaat gibi algılıyor. Tek iktidar istiyor. Evlendiği andan itibaren kendisi evde iktidarını kuracak. Herkeste ona tabii olacak. Otoriteyi kuramadı mı saldırganlaşıp, şiddet eğilimi gösterebiliyor. Ailesinde gördüğü pratik ilişkileri kendi kurduğu ailede yaşatmaya çalışıyor.

Göçmen ve mülteci ailelerimizde göçmenliğin, mülteciliğin getirdiği sıkıntılar, sorunlar, insanlarımızın sinirlerini bozmaya, onları saldırganlaştırmaya yetiyorlar. Sorunlara çözüm gücü olamadıkları içinde bunalımlar ve ardı sırada boşanmalar geliyor.

Ben şu anda dil eğitimi görüyorum ve bir sağlık kurumunda mesleğimi yapıyorum. Daha çok gelişmek, daha çok verimli olmak, kendi alanımda görev yapmak istiyorum.

Demokrasinin en güçlü silahı, yurttaşların kendilerini yönetenlere, seçtikleri yöneticilere, bireylere güvenmeleridir. Demokrasinin olmazsa olmaz kurallarından biride yöneticilerin kendi inandıkları şeyleri, kendi doğrularını topluma empoze etmek için yurttaşlara yalan söylememeleridir.

Bizim memleketimizde otoriter eğilimin beslediği ego şişinmesi içinde, siyaset adına yalan söylemeyi bir beceri, hüner gibi görüyorlar. Çirkinlikler mubah sayılmamalılar. Yöneten, idare eden, yurttaşlar karşısındaki sorumluluklarını bilmeli. Toplum sürü yerine konulmamalı. Bizler sürü yerine konmayı kabul etmediğimiz içinde sürgünde yaşıyoruz. "Halka rağmen halk için" anlayışını doğru bulmuyorum. Yumuşak olunca eziliyoruz. Sert olunca da kırılıyoruz. Dengeyi sağlamak lazım.

***

"Doğum ve ölüm yaşamın parçasıdırlar. Yaşamda yaptıklarım beni ne kadar tatmin ederlerse, ölümden de o kadar uzak olurum. Var olanı tat alacak şekle dönüştürmek gerekiyor. Korkular bizi yaşamaktan alıkoymamalılar. "

ANÊ; 1962 Erzincan doğumluyum. Kürt ve Aleviyim. Köy de doğdum. 2, 5 yaşımda iken Adana'ya göç ediyoruz. Adana'da ilkokulu bitirdim. 8 kardeşiz. Bir abim doktor oldu. Diğerleri de ortaokul ve lise mezunlarıdırlar.

Biz köydeyken tarlalarımız ve hayvanlarımızdan elde edilen ürünlerle kendimizi finanse ediyorduk. Aile bireylerimin Adana'ya göç etmelerinin nedeni yoksulluktur. Köylülükten işçiliğe geçiyoruz. Biz kardeşler ufak yaşta pamuk tarlalarında çalışmaya başladık. Bir tek baba maaşıyla 10 nüfus nasıl geçinir? Mecburen çalıştık.

Doktor olabilmeyi başaran abim hep yatılı okullarda okudu. İmkan yoktu ki normal okullarda okuyabilsin. Okul çıkışlarında da evine gelebilsin. O, bizden uzakta, özlemle büyüdü. Mesleğini yapmaya başladı. Karaciğerinden rahatsızlandı ve öldü. Bu durum ailemi, bizleri çok kötü etkiledi. Bütün ümitler ona bağlanmıştı. Onunla onur duyuyorduk. Varlığından güç alıyorduk.

Ben ırgat olarak çalışmak istemiyordum. Sürekli okula gitme isteğimi belirtiyordum. Girişken, tuttuğunu koparan ve zeki bir insanım. Bizimkiler "Yoksulluk içinde Şirin'i okuttukta ne oldu? Bizden uzakta yurtlarda süründü. Dert sahibi oldu. " dediler. Büyüklerim beni dinlemediler ve okula gitmemi de engellediler. Annem ve babam kendi anlayışlarına göre okula göndermemekle beni korumuş oldular. Bana iyilik yaptılar. Dert sahibi olmamı, hastalanmamı önlemiş oldular! Benim isteğimin bir değeri yoktu. Göz önüne alınmadı. Onlar o kadar biliyorlardı. Geniş, uzun vadeli düşünemiyorlardı.

Babam "Büyük şehir çocuklarımı yutacak. " derdi. Şehir yaşamı içinde ailenin kontrolünü kaybetmekten korkuyordu. Hep bunun tedirginliğini yaşıyordu. Ben 18 yaşıma gelmiştim. Bize " Köyümüzde kendi arazimizde çalışacağız. Kimsenin emri altında olmayacaksınız. Kimse size emir vermeyecek. Kahyalar sizleri köle gibi çalıştıramayacaklar. Belleriniz bükülmeyecek. " derdi.

Biz köye dönmek, köyde yaşamak istemedik. Dönmemek için direttik. O kararını vermişti ve bizim düşüncemizi alma gereği bile duymadı. Emekli olur olmazda, pılı pırtıyı toparladı ve hep birlikte köye döndük. Bize verilen eğitim sonucu kendisine karşı çıkmamızda mümkün değildi. Sen git, biz gelmiyoruz, diyemezdik. Bu durum saygısızlık olarak görülürdü.

Köyde akrabalar arasında bağlılık, yakınlık vardı. Bu durum hoşumuza gitti. Bize güç verdi. Köyü sevdik. Ama diğer yandan da sürekli Adana'yı, oradaki tanıdıklarımızı özlüyorduk. Arkadaşlarımızı, çevremizi arıyorduk. Sıkılmaya başladık.

Ben köye uyum sağlayamadım. Ne yapsan kabahat, ayıp. Emir veriyorlar. "Başını kapat. Kısa kollu dolaşma. Bizim gibi giyin. " Sürekli kontrol, baskı. Kendini bir çember içine sıkıştırılmış olarak görmeye başlıyorsun. Başkaları sana damga vurmaya, sıfat yakıştırmaya hazırlar. Bekliyorlar. Bu durumu fark edince boğulmaya başlıyorsun. Çevrendekilerin isteklerine, ölçülerine, zevklerine, geleneklerine göre yaşama mecburiyetinde kalıyorsun. Bu durumdan dolayı köy, köylüler bana itici gelmeye başladılar. Tedirginlik gelişti. Köyden uzaklaşma, kaçma istemi beynimi işgal etmeye başladı. Geceleri yatamıyordum. Gözlerimi tavana dikerdim. Kendi kendime köyden, köylülerden kaçış, uzaklaşma planları kurardım. Sonuçta bunalıma girdim.

Genç kız olduğum için çevreden gelmeye, beni gelin olarak almak amacıyla ailemden istemeye başladılar. Kendimi evliliğe hazır görmüyordum. Benim yakınlarımsa "Kızımız kimi isterse, severse onunla evlendiririz. Biz onun yerine karar vermeyeceğiz. Onun görüşünü almadan cevap sizlere vermeyiz. " diyorlardı. Hem öyle diyorlardı, hem de beni evlilik istemine evet demem için etkiliyorlardı. Konuyla ilgili olarak olumlu yönde düşünce belirtiyorlardı. Sonuçta yakınlarındırlar. İnsanın kötülüğünü değil, iyiliğini düşündüklerine inanıyorsun. Var olan düşünceni alt üst edebiliyorlar. Sonra da " Kararını ver. Karar senin. Sen ne dersen ona göre davranacağız. " diyorlar. Evlendirilme istemini bir, iki sefer ret ediyorsun.

Kendine güvenemiyorsun. Çelişkiye düşüyorsun. "Acaba?"lar yaşıyorsun. Evlilik kararıyla ilgili olarak başkalarının etkisinde kalıyorsun, yanılıyorsun ve aldanıyorsun. Psikolojik baskı, telkinler sonucu üçüncü kez kararını soruşlarında da, kendilerine evet cevabını veriyorsun. Ben kendi hayatımda bunu gördüm. Bu durumu yaşadım.

Aileler akrabaydılar. Konuşuyorlar, evlilikle ilgili kararlarını veriyorlar. 18 yaşındayken nişanlandırıldım. Ailelerimiz istedikleri için biz evlendik. Ben eşimin ailesini tanımıyordum. Beni görmeye gelen eşimi de evlilik öncesi iki kez gördüm.

Evlilikle ilgili olarak çok değişik hayaller kuruyordum. Köydeki kızlarla konuşuyordum. Onlara gözünüzü açın, evleneceğiniz adamı iyi tanıyın, görün, sevin, derdim. Halka boynuma geçirildi. Elim tutulmuş oldu. Rahat değildim. Evlenipte, köyde yaşamak istemiyordum.

Göçmen olarak bu ülkede yaşayan abime köyden çıkmak istediğimi nedenleriyle anlattım. O nişanlandırıldığımı duyduğunda şaşkınlık geçirdi. Benim nişanlanabileceğime, evlilik yapmak isteyebileceğime inanmıyordu. İşin gerçeği bana kırıldı. Soru sormadı. Yorum yapmadı. Susmayı tercih etti. "Niye nişanlandın? Niye nişanlandırılmayı kabul ettin?" de demedi. Hislerini, düşüncesini gizledi. Ben nişanlandırıldım, ertesi gün köyden çıktım, bu ülkeye geldim.

Abim hem babaydı, hem abiydi. Anlayışlı bir erkekti. Ben ikinci kez göçmen oldum. Hem de çok uzak bir ülkeye. Buraya gelişime nişanlımın ailesi, yakınları tepki göstermediler. Karşı çıkmadılar. Belki de ben burada işçilik hakkı alır ve oğullarını da getirir, yoksulluktan, işsizlikten kurtarırım, gelecek hazırlarım, maddi durumları iyi olur düşüncesine sahiplerdi. Yaşam kavgası! Sanayi olmayan, geliştirilmeyen bir bölgenin insanlarıyız.

Ben evlendiğimde, eşimin köyündeki bayanlardan farklı bir yaşam tarzına sahip olmayacağımı çok açık olarak görüyordum. Onlar gibi tümden geleneklerin tutsağı durumuna düşecektim. Eşim Alevi dini inancına sahip bir Kürt. Diğer köylüler devletin dinine sahiplerdi. Müslümanlardı. Baskı altında değillerdi. Kendilerini gizlemiyorlardı. İbadetlerini yerine getiriyorlardı. Devlet tarafından yasaklanan bir dini anlayışa sahip olan eşimin aile mensupları kendilerini koruyamıyorlardı ve tümüyle diğerlerinin etkilerinin altına girmişlerdi. Bunlar o köyde yalnızlardı.

O köye gelin gitmekle özgürlüğümü kaybedeceğimin, emir kulu olacağımın farkındaydım. Bundan dolayı da abimden yardım istedim ve oradan kaçtım, uzaklaştım. Göçmen oldum.

Kendime projeler hazırladım. Toz pembe hayallerle buraya geldim. Çalışmaya başlamakla birlikte değişik şoklar yaşadım. Hayallerim ve burada gördüğüm gerçekler çarpışmaya başladılar. Sarsıntılar geçirdim. Burada ikinci sınıf insan olarak görüleceğimi, olacağımı, patronların her emirlerine, evet efendim, demek zorunda kalacağımı, bütün gün tuvaletleri temizleyeceğimi, çok ucuza kaçak olarak çalışacağımı, düşünememiştim. "Yabancı işçi" nin en ağır ve pis işleri yapan anlamına geldiğini bilmiyordum. Düşünememiştim. Hayal kırıklığına uğradım. Süreç içinde planlarımı gerçekleştiremeyeceğimi anladım. Temizlik yaptıkça, yorgunluktan ayakta duramayacak hale geldikçe, patronun emirlerini duydukça, köyüme özlem duymaya başladım.

Kendi tarlamda, bahçemde patron bendim. Evimde ağaydım. Düzenli olarak çalışıyordum. Ama başkalarının emirleri altında hareket etmiyordum. Babamın köye geri dönüş isteğinin altında yatan nedenleri çok iyi anlamaya, kavramaya başladım. O özgürlüğü arıyordu. Emirle yaşamaktan bıkmıştı. Rahat nefes almak istiyordu.

1980'de buraya geldim. Sürekli çalıştım. Nişanlımı da getirttim. İkimizde iltica başvurusunda bulunduk. Buranın yetkilileri isteğimizi kabul etmediler. Bizim isteğimize cevap olarakta " Ülkemizi terk edin" dediler. Mecburen tekrar köye döndük.

Bir tartışma sonrası küçük kızımı alıp, bir aileye gittim. Ardım sıra geldi. Beni ve o aileyi tehdit etti. " Seni öldürürüm. Sen benden ayrılamazsın" deyince, o ailede korktu. Gece saat ikiydi, bana, "Kızım burada kalma. Evine dön. "dediler.

Küçük çocukla ortada kaldım. Sığındığım, yardım istediğim aile beni kabul etmedi. Mecburen evlerinden çıktım. Eşimde yanımda birlikte yürüyoruz. Yolda bana tehditler savuruyor ve bağırıp, çağırıyordu. Baktım polisler arkamızda, araçları içinde bizi takip ediyorlar. O, onları gördü. Devamlı bana "Polise bir şey söylersen, seni bıçaklarım. Seni öldürürüm. "diyordu. O şekilde birlikte eve girdik.

Kendisi istediği tarzda yaşamaya devam etti. Her Cumartesi diskoya giderdi. Giderken hem bizim yiyecek paramızı alırdı, hem de giyeceği elbiseleri bana ütületirdi. Zorbaca davranmaya başladı. Bu sorunlarımı anlatabileceğim hiç kimsem, dostlarımda yoklardı. Sadece ağlıyordum. Ağlayabiliyordum. Hep çocuklarıma sarılır ve gözyaşı dökerdim. Zavallı ve çaresiz durumdaydım. Sorunları hal edemiyordum. İşin içinden çıkamıyordum. Karşı taraf hal etmeye yaklaşmıyordu ki. Ha bire yaratıyordu.

Bir tartışma sırasında eşim bana bir başka kadınla olduğunu söyledi. Kendisine, tamam, benden ayrıl, beni rahat bırak, git, dostunla yaşa, önerisinde bulundum. Kabul etmedi. "Sen benim malımsın. Bu evde namusunla oturacaksın. Ben dışarıda hayatımı yaşayacağım. Ayrılırsam kötü yola düşersin. Gençsin, erkekler seni rahat bırakmazlar. " dedi.

Gidip mutfaktan bıçak alıp, yanıma geldi. "Yüzünü çizerim. Seni öyle bir hale getiririm ki, aynaya baktıkça beni hatırlarsın" tehditinde bulundu. Çocukların önünde tartışıyorduk. Bana bir tokat attı. Bende kendisine attım. Cevabını verdim. Bıçağı yeniden aldı ve " Seni öldüreceğim. Karşı gelmek yok. Karım olarak bu evde yaşayacaksın. Kıpırdayamazsın. " cümleleriyle bağırdı.

Odaya kaçıp, kapıyı arkadan kilitledim. Kendisine, böyle bir evlilik yürütmektense, ölmeyi tercih ederim, cevabını verdim. Çıkıp, gitti. Ben bir kadın olarak bana reva görülenleri kaldıramıyordum. Eşimin uyuşturucu almaya başladığını da fark ettim. Uyuşturucu bulamayınca bana el kaldırdı, bıçakla saldırdı. 12 yıl boyunca böyle bir davranış sergilememişti. Durumu dikkatimi çekti.

8 yaşındaki kız çocuğum durumumuzu gördü. Buna çok üzüldüm. Babasını elinde bıçakla, benim üzerime yürürken görmesini, o anı, ömür boyu hatırlayacak. İlerleyen günlerde bana şiddetin değişik versiyonları uygulandı. Durumu kaldıramayan kızım ise " Baba eve gelmesin. Ayrıl.

Yeter. " diyordu. Çocuk olan bitenlerin farkındaydı.

Eşime, 8 yaşındaki çocuğun bile kendisini kabul etmediğini ve ayrılmamı istediğini söyledim. O, bana cevaben, "Dul bir kadın rahat bırakılmaz. Her geçen taşlamaya kalkar. Değişik sıfatlar yakıştırırlar. Yalnızlığı kaldıramazsın. Yapamazsın. Kadın erkek şemsiyesi altında olmalı" dedi. Onun bu tarz cümleleri bende de, acaba yapabilir miyim? Yalnız kalabilir miyim? Çocuklarım için gerekli olan şeyleri yerine getirebilir miyim?, kaygısını ve güvensizliğini oluşturuyordu.

Bizim bölgede ilginç bir anlayış var. Yemeği yakan, kocasına karşılık veren, kocasının cinsel ilişki teklifini reddeden, çocuklarının bakımını ihmal eden bayan kocası tarafından dövüle bilinir. Bu nedenlerden birini ileri süren erkek uyguladığı şiddette haklı olarak görülür. Bu durum genel kabul görmüştür. Özellikle eğitimsiz kadınlar bu nedenlerin hepsini dövme sebepleri olarak görüp, savunuyorlar.

Koca dayağını haklı gören kadınların oranı öğrenim düzeyi yükseldikçe azalış gösterebilir. Ne yazık ki hepsi olmasa da öğrenim görenlerde kendilerini geliştirmedikleri için bazı durumlarda şiddetti savunuyorlar. Belli durumlarda koca dayağını haklı görüyorlar. Bütünün parçaları olduklarını gösteriyorlar. Bu kültürü benimseyen eşimde rahatlıkla tokat atabiliyordu.

Yatak ilişkimizde hiçbir zaman problem olmadı. Eşim benim düşünceme, isteğime göre hareket ederdi. Zevk verip, almayı biliyordu. O, çift kişilikli gibiydi. Yataktan kalktı mı bir başka insan oluyordu. Kabalaşıyordu ve anlaşamıyorduk. Bu durumda beni rahatsız ediyordu.

Son dönemde eşim kapıyı kilitleyip, üstüme saldırıyordu. Zorla cinsel ilişkiye giriyordu. Aldatılmak, bir başkasının varlığından haberdar olmak, hakarete uğramak, güvenmemek, bende cinsel istek bırakmadı ki. Kafası rahat olmayan insan sevişebilir mi? Hislerimi yok etti. Rolde yapamıyordum. Doğrudan eşime, seni istemiyorum, senden zevk alamıyorum, diyordum.

İstenmemek, kabul edilmemekte onu azgınlaştırıyordu. Zor, fiziki güç kullanarak tatmin oluyordu. Bu durumu anlamakta mümkün değil. Birey kendisini istemeyen bir insanın vücudunu kullanarak nasıl rahatlayabilir?! Psikolojide bu istemin, anlayışın adı nedir?, bilmiyorum.

Kendime çok kızıyordum. Neden anne oldum. Neden bu çocukları dünyaya getirdim?, diyordum. Ben 28 yaşımdaydım ve hayatım kararmıştı. Çocukları huzursuz bir ortamda yaşatmamalıydım. Psikolojim bozulmuştu. Çocuklarım her şeyin farkındaydılar. Kavga ediyor ve ağlıyordum. Sorunları kimseyle konuşmuyor, içime atıyor, depoluyordum.

İçimde yara oluşmuştu. Kusup ta rahatlayamıyordum.

Boşuna demiyorlar "Yetki ver de gör!" Buraya geldik. Adam çalışmaya, para kazanmaya başladı. Düşünceleri, konuşmaları, hareketleri değiştiler. Gerçek kişiliği, özlemleri ortaya çıktı. Yaşayamadığı her şeyi yaşamak istedi. Geçmişte ben evdc çalıştım. Eksik olanı ise hep yakınlarım tamamladılar. Beni parasız bırakmadılar. O, o zaman bana ve yakınlarıma saygılıydı. Burada yeterince kazanmaya başlayınca, kimseye ihtiyacı kalmayınca, istediği tarzda hareketler sergilemeye, gerçek kişiliğini ortaya koymaya, bizleri tanımamaya başladı.

Eve gelmezdi. Bizlere karşı ilgisizdi. Nerede olduğu, kaldığı sorulduğunda hiçbir açıklama yapmazdı ve "İstediğimi yaparım. Yaşarım. Yapmada da özgürüm" derdi. Kendisi her şeyi yapabilirdi. Bende dört duvar arasında onu ve çocukları bekleyecektim. Ben onun "namusu" ydum. Sağlam ve temiz kalmalıydım. O da canının çektiği her şeyi yapacak ve tadacaktı. Ben sesimi çıkarmadan, tepki göstermeden durumu kabul edecektim.

Sosyal yardım kurumunun bizlere yiyecek ve ihtiyaçlarımızın karşılanması için verdiği parayı alır, götürür, dışarıda yerdi. Zevkleri için harcardı. Ben hiçbir zaman cüzdanımı eline vermezdim. Zaten verilen yardım parasıyla ne doyuyorsun, ne de aç kalıyorsun. Kendi yağında kavruluyorsun.

Bir zamanlar kendime çok yakın his ettiğim bu insan Avrupa'da kendi hayatını yaşamaya başladı ve ortak bir şeyler paylaşmadığımızı net olarak gördüm. Hiçbir şey eskisi gibi değildi. Bir zamanlar yaşadığımız tutku ve heyecan dolu aşk mazide kalmıştı. Hayatımızda bir denge sağlamak mümkün değildi. Benim duygusal hayatımda boşluklar oluşmaya başladı.

Bu şehirdeki dernek yönetimine beni önerdiler, değer gördüler. Bende kabul edip, görev aldım. Eşim bu sorumluluğu üstlenmeme karşı çıkmadı. Ben ev kadınıydım. Oradan, dernek yöneticiliğine sıçrama yaptım. Tecrübesizdim. Ama istekliydim ve işi götürüyordum. Beraber çalıştığım insanlardan destek alıyordum. Dernekte aldığım görev sonucu, aktif siyasi çalışmalar içinde olan insanlarla yeni, yeni tanışmaya, tartışmaya, bilgi alış verişine başlamıştım. Kendime sosyal çevre oluşturdum.

Aile ilişkisi sonucu iş öyle bir aşamaya geldi ki, sonuçta intihara karar verdim. Bir gece kendimi ölüme hazırladım. İlaç içtim. Çocuklarımı da kucağıma aldım, onlara sarılarak ağladım. Hiçbir şey düşünemiyordum. Aylar olmuştu ki hayattan zevk almıyordum. Yaşam sevincimi kaybetmiştim. Çocuklarıma sizden dolayı bu adamı çekiyorum. Beni anlayın deyince, kızım "Anne ağlama. Ayrıl, ayrıl. " cümlesiyle beni cevapladı.

Çocuktu ama benden daha iyi değerlendirme yapabiliyordu, daha sağlıklı düşünebiliyordu. Babasına da aynı cümleyi birkaç kez söylemişti. Çocuklarımla birlikte ölüme hazırlandım. Yaşadıklarımı düşündüm. Ben o anda ikinci kez intihara teşebbüs etmiştim. Şimdi anlatırken bile kötü oluyorum.

O gece, ben ölümü beklerken dernekten bir arkadaş beni aradı, konuştuk. Ses tonumdan iyi olmadığımı anladı. Yanına bir başka bayanı da almıştı ve hemen eve geldiler. Durumumu gördüler. Kızdılar. Beni eleştirdiler. Yoğurt yedirdiler. Dışarı çıkardılar, saatlerce yürüttüler, bir eve götürdüler.

Zayıf, güçsüz bir bayan olmadığımı, yaşamı pozitif yönleriyle görmeye çalışmamı, kendimi ölüm isteminden uzak tutmam gerektiğini, yaşamı, kendimi sevmemi ısrarla belirttiler. Her türlü desteğe hazır olduklarını söylediler. İnsan ilişkilerini anlattılar, anlattılar, anlattılar..... Beni yalnız bırakmadılar. Ölme isteğimi frenlediler.

Özgür Kadın Parti'li (PJA) iki bayan, beni yıllardır uyuduğum derin uykudan uyandırdılar, sarstılar ve yaşama dönmem gerektiğine inandırdılar. Yaşayan bir ölüyü dirilttiler. Yönümü çevirdiler. Görmemi sağladılar. Çocuklarım için yaşamaya, ölümden uzak kalmaya karar verdim.

Annemi düşündüm. Annem simsiyah giyinirdi. 13 yıldır gerilla olan oğlundan bir haber alamamıştı. Eşi ölmüştü. Siyahlara bürünmüştü, yastaydı. Benim ölüm haberimi aldığında yıkılacaktı. Ben ölecektim ve kızlarım yetim kalacaklardı. Babaları ise renkli yaşamını sürdürecek ve onları korumayacaktı. Sahipsiz, korumasız büyüyeceklerdi. Ne aptaldım! Kendi kendimi cezalandırıyordum. Öleceğime, adamı dize getirmeli ve hırsından çatlatmalıydım. Eşim beni öldürmek istiyordu. Bende kendisine yardım ediyordum. O, girişimde bulunmadan, ben kendimi öldürmeye kalkarak, onun işini kolaylaştırıyordum.

PJA'lı bayanlar ertesi gün beni derneğe götürüp saatlerce konuştular. Kadın partisi görevlileri olarak her türlü desteğe hazır olduklarını, yalnız, kimsesiz olmadığımı, kendimi toparlamam gerektiğini belirttiler. Yalnızlık, zayıflık, kimsesizlik psikolojisinden kurtuldum. Kendime gelmeye başladım.

Ayaklarım üzerinde durabilir miyim? Yalnız bir bayan olarak yaşayabilir miyim? Dıştalana bilir miyim?, düşünce, tedirginlik ve korkular beni esir almışlardı. Çekingen, korkak, bunalımlı bir insan olmuştum. Sağlıklı düşünemiyordum. Düşünceler arasında gidip, geliyordum.

Siyasi bayanların konuşmalarıyla kendime gelmeye başladım.

Güvenim arttı. Biri psikoloji okumuştu. Anlayarak, sıkıntılarımı çözerek hitap etti ve beni rahatlattı. Eve döndüm. Yıkandım. Temiz giyindim. Eşime durumumu yansıtmadım. Yalnızca boşanacağımı söyledim. Alaylı bir sesle güldü. Boşanma isteğime dalga geçerek cevap verdi. Söylediklerimi ciddiye almadı.

Bana " Sen bensiz yapamazsın. Halen beni seviyorsun. Boşanırsın, ama kötü yola düşersin. Kimin var? Yabancısın! Kim sana yardım eder? Yalnız yaşayamazsın, götüremezsin. " dedi.

Daha önceleri o konuşunca sinir krizleri geçiriyordum. Kızıyordum. Cümlelerini duymak istemiyordum. O anda ise o tavrı hırsımı, direncimi, boşanma, kurtulma, kendisinden uzaklaşma isteklerimi güçlendirdi. İçimden, sen görürüsün, olacaklara kendini hazırla, dedim.

Yaşadıklarım kalbime vurmuştu. Kalp hastası oldum. 2 yıldır kalp sorunuyla uğraşıyorum. Sinirlerim bozuldu. En ufak bir şeyde zıngır, zıngır titriyorum. Sonuçta sıkıntılarımı doktoruma anlattım. Müdahale etti. Ayrılmam gerektiğini belirtti.

Eşim ise benden ayrılmayacağını, ayrılmam durumunda beni bıçaklayacağını söylüyordu. Ne bensiz olmak istiyordu, ne de huzur veriyordu. Kadın tarafından terk edilmek kabul edemeyeceği bir şeydi! Sadece kendisi isterse beni terk edebilirdi. Dışarıda her konuda doyuma ulaşıp, eve dönüyordu. Huzursuzluğumu belirtmem durumunda üzerime bıçakla saldırıyordu, evin içinde beni kovalıyordu. Tehdit ve küfür aşırı dereceye vardı.

Bana " Seni öyle bir hale getiririm ki sürekli beni, bu anı hatırlarsın. Yüzünü tahrip ederim, çizerim. Her aynaya baktığında beni hatırlarsın. Sen istiyorsun diye boşanma olmaz. Ben istersem olur. Beni bırakamazsın. Boşanmakta ne demek!" diyordu.

Düşündüm. Nasıl yakamı kurtarabilirim? Nasıl onu kendimden uzaklaştırabilirim? Benden soğuması için neler yapabilirim? Bir anda iki insan sevilir mi? Normal değildi. Benden uzaklaşmıyordu. Dışarıda doyuma ulaşma isteği de son bulmuyordu. Hiçbir çekincesi yoktu.

Sonuç olarak kendisine ya sen, ya da ben bu evden gidiyoruz, dedim. Yeniden alay ederek beni cevapladı. " Sen bensiz yapamazsın" dedi. Beni iyi tanıyordu. Sabaha kadar uyuyamadım. Kendimi çok eleştirdim. Niye cesaret edemiyorum? Niye ilk adımı atamıyorum?

Aktif çalışmalar içerisindeydim. Göçmenlik süreci içinde düşüncelerim biraz değişmişti. Bir oranda eski düşüncelerimi taşımıyordum. Ama halen tutuktum. Kabuğumu yırtıp ta dışarıya adım atamıyordum. Geldiğim yerde aldığım eğitimin, kültürün ve bunalımlı ilişkinin tutsağıydım.

Sabah oldu. Yeni bir hayata başlama düşüncesiyle evden çıktım. Gidip PJA'lı bayanlarla görüştüm. Her şeyi ayrıntılarıyla kendilerine anlattım. Onların desteğiyle adım atmaya başladım. Yaşamımda bir dönüm noktası başladı. Kendimi güçlü hissediyordum. Çünkü yanımda siyasi bayanlar varlardı. Eşim bana saldıramazdı.

Çocuklarımı alıp, evimden ayrıldım. Gelişkin bayanlar yürümeye başlayan bir bebeğin ellerini tutmuşlar, bırakmıyorlardı. Ben erkeksiz yürümeyi öğreniyordum. Köşeyi dönmeyi başarmış ve yaşamın diğer sokağını da görmeye başlamıştım. O günden sonrada O bayanlardan uzaklaşmadım. 1 yıldır onlarla birlikte kadını özgürleştirme, sosyalleştirme çalışmalarına katılıyorum.

Kürt Kültür Derneği'nde yönetici olduğumda, ilk toplantıda, iyi bir ev kadını olarak çalışmalara katılıyorum, dedim. İyi bir eş, iyi bir anne, iyi bir ev kadını! Sürekli sunuyordum. Siyasi insanlarla tanıştıktan sonrada kitap okuyarak kendimi geliştirme yolunu öğrendim. Gelişkin bayanları izledim. Onları örnek olarak aldım. Kızlarımı eğitebilmem içinde öğrenmem gerekiyordu. Ki daha önce siyasi bayanları, onların partilerini (PJA) tanımıyordum. Onlar gelip beni buldular. Sadece "Jina serbilind- Başı dik kadın "adlı dergilerini alıyordum. Politikayı da anlamıyordum. Çalışmalara pratik destek sunuyordum. Ama yönetme ve yönlendirme açısından bilgim yoktu.

PJA'lı bayanlarla görüşmeye başlayınca, kendimi onlarla kıyasladım. Dünyaları bana göre çok farklı ve büyüktü. Onlar bir ülke için, oluşturmak istedikleri demokrasi, farklı ve eşit yaşam, düzen için mücadele ederlerken, ben neden eşimle, onun yarattığı sorunlarla uğraşıyorum? Alanım niye bu kadar dar?, şeklinde düşünmeye, kendimi değerlendirmeye başladım. Kendime soru sormayı öğrendim. 12 sene boyunca yürüttüğüm mutsuz, acılı yaşamdan PjA'lı bayanların aydınlık sızan kapıyı aralamalarıyla kurtuldum.

Bir insan nasıl hayata sıfırdan başlarsa, bende aynen öyle, kendimi yeni doğmuş bir insan olarak gördüm. Buradan başlamalıyım, dedim. Eşimin alaylı cümleleri bana direnişe geçme, direnme gücü verdiler. Ki daha önce beni moral men çökertiyorlardı. Pasifleştiriyorlardı. Toplumun dul kadına bakış açısı da beni rahatsız ediyor, korkutuyordu. Siyasi bayanları, amaç ve anlayışlarını kavradıktan sonra toplumun bakış açısı da beni fazla ilgilendirmemeye başladı. Acıyı yaşayan bendim. Toplum değildi.

Evimi terk ettim ve yeni bir yer tuttum. Ev çok eskiydi. 15 gün boyunca tek başıma tamiratıyla uğraştım. Tamir ettim. Temizledim ve yerleştim. Eşime de, evime yaklaşma, dedim. Yeni bir hayata başlamıştım. Bir aylık bir süre geçti. Adam gelip, gitmeye başladı. Söylediklerimi ciddiye almıyordu. Yani sende kimsin? Ben istediğim gibi davranırım. Sana basar geçerim. Ben nasıl istersem öyle olur!

İstediği gibi davrandı. Araya bir kadın koydu. Amacı benimle barışmaktı. Arayı düzeltmeye çalışıyordu. Evc dc yerleşti. Çıkmadı. Ayrı odalarda yatıyorduk. PJA'lı, sorumlu bayana durumu anlattım. Ne yapacağımı, onu nasıl evden uzaklaştırabileceğimi bilemiyordum. Destek istedim. Sorumlu "Korkma. Rahat ol. Kadın partisi olarak senin yanındayız" dedi.

Adam yeniden benimle olmak, yatmak istiyordu. Kendime yaklaştırmadım. Bayanlardan birini evimde, odamda yatırıyordum ki adam odama girmesin. Kendimi koruyabileyim. Bir gece kendisine bir daha bu eve gelme. Seninle yapamıyorum, dedim.

Yıllarım beraber geçmişti. Ellerinin vücuduma dokunmasını istemiyordum. Sevgi, nefrete, tiksintiye dönüşmüştü. Kendisi bu hislerin mimarıydı. Onu bir tecavüzcü gibi görüyordum. İğreniyordum. Bir zamanlar paylaşamadığım, uğrunda her şeyi yapmaya hazır olduğum, dünyamı dolduran, içime koymak istediğim canlı, erkek, artık bir hiç olmuştu. Sıfıra inmişti. Varlığı beni rahatsız ediyordu.

Tartışmaya başladık. Elbiselerini çantasına yerleştirip, yanına bıraktım ve artık beni rahatsız etme, uzak dur, çık git, istek ve uyarısında bulundum. O andan itibaren tam anlamıyla ruhi kopma oluştu. Yani duygusal olarak her şey tümüyle bitti.

Çıkıp gitti. Daha sonra bir, iki kez gelip beni tehdit etti. Yalnız olmadığımı, partili kadınların beni koruduklarını anladı. Bir kez tehdit etmeye geldiğinde dört bayanı yanımda gördü. Bir şey yapamadı ve dışarı çıktı. Bana " Seni mermi manyağı yaparım" derdi. Bende kendisinden korkuyordum.

Daha önce oturum alamazsak, sorun yaşarsak boşanalım, dedik. Süre uzadı. Korkmaya başladık ve boşandık. Hangimiz oturum hakkı alırsa, burada kalma hakkı elde eder. Yeniden resmi evlilik yaparak birlikte yaşamaya başlarız, düşüncesiyle boşandık. İyi ki öyle yapmışız. Tamda işime yaradı. Eğer bu düşünceyle, istekle boşanmış olmasaydım, bu kadar kavgadan, ev ayırmadan sonra eşim kesinlikle benden boşanmaz, sorun yaratırdı. Oturum alabilme hesabıyla yaptığımız boşanma işime yaradı. Yakamı kurtardım.

Çocukların sorumluluğu hukuken bende. Babaları ise her pazar günü bir saatliğine onları görüyor. Bir şeyler yedirerek çocukları kaybetmeyeceğini sanıyor. Sadece birkaç ay nafaka verdi. Daha sonra hiçbir şey vermemeye başladı. Bir bayanla yaşadığını, giderlerinin fazla olduğunu belirtti. Kadın için masraf yapabiliyor. Kızları için değil! Hiçbir diyalogumuz yok. Yüzünü görmek, sesini duymak istemiyorum. Bir dönercide çalışıyor. Çocukları almaya geldiği saatlerde evde kalmıyorum.

Sorunlarımdan dolayı doktor ilaç vermişti. Bayanlar hapları almamı engellediler. İlaçlar beni uyuşturuyorlardı. Daha zayıf, güçsüz, çaresiz bir duruma düşüyordum. Yapabileceğim şeyleri de yapamıyordum. Sorunları çözemiyordum. Etkili olamıyordum. Şimdi kalp dışında sağlık sorunum yok. İlişkinin bitmesiyle kendime gelmeye, kendimi toparlamaya başladım.

Eşim yer, içer, kendine bakar, gezer, tozardı. Ben ise sürekli elleri titreyen, kalp çarpıntıları yaşayan, psikolojisi bozulan, içine kapanan bir insan olmuştum. Aptallar gibi kendi kendimi cezalandırıyordum. Silkinipte o ilişkiden kurtulamıyordum. Adamın keyfi, sağlığı yerindeydi. Hasta düşen bendim.

Şimdi çok iyiyim. PJA'lılar bana sosyal danışmanlık, eğitmenlik yaptılar. Onlar olmasalardı ben mezarda olacaktım. Çocuklarımda yetimler yurdunda kalacaklardı.

Çocuklarımla birlikte yalnız yaşıyorum. Her kadın kendi toplumu içinde yalnız yaşamayı başaramaz. 27 yaşında olan çocuklarımın babası 45 yaşındaki bir kadınla yaşıyor ve son derece bakımsız bir durumda. Ben ayağa kalktım. Kendimi toparladım. O ise dağıttı. Yıprandı. Artık benimle alay edemiyor. Başı önde, eğik. Şaşkın. Bütün sorumlulukları üstlenebileceğimi, yalnız yaşayabileceğimi düşünemiyordu.

O, Pazarcık'ta, ekmeğe muhtaç, alkolik bir babanın oluşturduğu, küfürbaz çocuklardan meydana gelen bir ailenin içinde yetişmişti. Bu yönüyle kötü bir çocukluk geçirmişti. Şansız bir insandı.

Ben buraya geldikten sonrada iki yıl boyunca annesine para gönderdim. Onlar, bana hep "Kürt kızı" olarak hitap ederlerdi. Kayınpederim Kürtleri sevmediğini evine gittiğim ilk gün yüzüme haykırdı. Beni kabullenmedi. Kürt bir gelin istemiyordu. Zaman içinde ilişkimiz düzeldi. Bir şey yapmak istediğinde, eşinin, kızlarının değil, benim fikrimi sorardı.

Oğullarından ayrılmama rağmen kendileriyle diyalogumu sürdürdüm. Çocuklarımın yakınlarıdırlar. Saygısızlık yapmadıkları sürece de ilişkiyi sürdüreceğim. Eşimin, ailesiyle, aile bağları olmadığı için çocukları yakınlarıyla görüştürmüyor. Ben o görevi yapıyorum. Onların torunlarına, torunlarında onlara ihtiyaçları olduğunu düşünüyorum.

Son evim sadece bana ait olduğu için zevkle döşedim, yerleştirdim. Önceki yaşamımdan hiçbir iz, eser kalmadı. Boşanmakla, kendimi, yeteneklerimi, gücümü keşfetmeye başladım. Çok şey yapabileceğimi biliyorum. Bazı insanlar, bazı işleri kadının yapamayacağını düşünüyorlar. Ben bu düşünceye katılmıyorum. Her şey imkanlara, şartlara bağlı.

Kendimle ilgili olarak şunu söyleyebilirim; kendimi daha çok eğitmem, öğrenmem, değerlendirme gücüne kavuşmam gerekiyor. Yaşadıklarımın, ayrılmanın yarattığı ruh hali beni yıprattı. Acaba çocuklarım beni suçlarlar mı?, düşüncesiyle kendimi sorguluyordum. Şimdi haklılığımı ispatlayabilirim. Onlar kavgasız, hakaret bulutlarının sarmadığı bir evde yaşıyorlar. Aç kalmıyorlar. Hem anne, hem de babayım. Babadan kalan boşluğu da doldurmam mümkün değil. Çocuklarımla çok iyi bir ilişkiye sahibim. Büyük kızım 9, küçüğü 3 yaşında. 9 yaşındaki kızım, kardeşine bakıyor, sorumluluk duygusu gelişti.

Bundan sonra ağırlıklı olarak kadını sosyalleştirme, özgürleştirme, olumlu yönde değişime uğratma çalışmaları yapacağım. Eğitim eksikliği yaşıyorum. Bende sistem tarafından esir edilmiş olan kadınların konumundaydım. Şimdi kendimle diğerleri arasındaki farkı görebiliyorum. Öğrenmem ve öğretmem gerekiyor.

Çalışmalara başladığımda, evleri ziyaret ettiğimde kadınlarımıza çekinerek ayrıldığımı söylediğimde, bana inanamıyorlardı. Daha sonra gerçekliği fark edince de beni sahiplendiler. Bu çok güzel bir duygu. Kadınımız bana saygı duyuyor. Onların desteklerine ihtiyacım var. Gösteriyorlar da. Benim durumum, tarzım örnek alınıyor. Emeğimin karşılığını gördükçe daha çok çalışma şevkim gelişiyor. Zevk alıyorum. Gözle görülür bir şey ortaya çıkıyor. Emeğim kaybolmuyor.

Bir senedir çalışma yapabilecek yeni bayanlar tespit ettim ve onlarda görev almaya başladılar. Boşanmadan önce olsaydı bu kadar aktif olamazdım. İlk zamanlarda PJA'lı arkadaşlarla karşılaşınca, ülkenin durumunu ve gerillanın yaşamını konuşunca, kendime kızıyordum. Özgürlük varken ben neden bir kişinin beni ezmesine izin verdim? Bu durumun nedenleri nelerdi? Niye öyleydim?, diyor ve kendimi sorguluyordum. Bir kaç ay öncesine kadar bozulan sinir sistemlerim sonucu bütün vücudum titriyordu. Çok çabuk sinirleniyordum. Tepkiciydim, duygusaldım.

Ben kendi çevremde, gittiğim evlerde geçmiş yaşamımın benzerlerini, kopyalarını görüyorum. Öyle kadınlar görüyorum ki, eziliyorlar ve boyun eğiyorlar. Karşı çıkmasını bilmiyorlar. Haklarının farkında değiller. Erkeklerde bu durumu kullanıyorlar. Her insanın özgürlüğü kendi elindedir. Dışarıda değildir. Köleliği de, özgürlüğü de, kendimiz hazırlıyoruz. Ortamını yaratıyoruz. Sahip olduğumuz bilinçle, kendimize layık olan sıfatı seçiyoruz.

Kadınlar hiçbir zaman kendilerini ezdirmesinler. Ben 28 yaşımda yeniden doğduysam, onlarda doğabilirler. Bizler dışarıda özgürlük için savaşıyoruz, ama içeride, evlerimizde özgürlük yok. Aslında söyleyecek çok şey var ama satırlar yetmez.

PJA benim için büyük bir cesaret kaynağı oldu. Onların desteğiyle özgürlüğe ilk adımımı attım. Birçok kadının beni örnek almasını istiyorum. Ben kölelik halkalarından kurtuldum. Şimdide özgürlük tohumları ekiyorum.

Halen sosyal yardımla yaşıyorum. Dil kursuna gittim. Az Fransızca öğrendim. Kafam rahat değildi, kendimi derse veremiyordum. Dili gerekli olan şekilde öğrenemedim. Sorunlarımı, resmi yazışmaları derneğe gelip, giden ve dil bilenlerin yardımıyla çözüyorum. Kızım okula gidiyor. Uyum sorunu yaşamıyor. Dili çözdü. Onları çok iyi bir şekilde eğitmek istiyorum. Bundan dolayı da son bir yıl içinde sürekli okuyorum. Ben öğrenmeliyim ki onlara da öğretebilmeliyim. Babalarının kendilerine verebileceği fazla bir şey yok. Yok ki versin! Olması içinde herhangi bir çabaya girmedi.

Her şeye rağmen, özgürlük her şeyden daha değerli. Yalnızlık mı, özgürlük mü dersen?, özgürlük derim. Bizim evliliğimizde saygı yoktu. Şeffaflık yoktu. Güven duygusu buhar olup uçmuştu. Aile içi şiddeti her yönüyle yaşıyordum. O, eve geldiğinde meydan savaşı başlıyordu. Birde yalan söylüyordu. Hiçbir şeyi paylaşamaz olmuştum. Paylaşacak bir şeyim kalmamıştı. Bende her zaman bana yönelik saldırı beklentisi oluşmuştu. Ailede ortak yaşam anlayışı yoktu. Eşim, beni bunalımlı, pasif bir kadın haline getirmişti. O, Maraş'ta aldığı aile ve toplumsal kültürle hareket ediyordu. Erkekti ve bütün haklara sahipti! Kendi ailesinden gördüğünü, kurduğumuz ailede yaşatmayı istedi. Yaptı da. Sarhoş babanın oğluydu. Ama benim dış destek almamla aktörlüğü bitti. Ona doğru gelen, bana yanlış geliyordu. Halen bu ülkede kalma hakkı almış değilim. Geri, geldiğim yere gönderirler mi?, bilemiyorum. İlgili makamların kararlarını bekliyorum. Sağlıklı olarak mülteci oldum. Şimdi hastayım.

***

Sorunlu ilişki ne kadar kısa sürede bitirilirse, taraflar üzerinde yaratacağı tahribatta o kadar az oluyor. Bizler, amaçlara kilitlendik ve bedenlerimizi ihmal ettik. Önemsemedik. Bir bakıma cezalandırdık. Ağır cezalandırmalar sonucu onlarda bizi işlevsiz bıraktılar. Üretimden düşürdüler. Mutluluktan uzaklaştırdılar.

Sonuçta beden terapileri, bedensel farkındalığın geliştirilmesi, anlaşılması, üzerine yapılan çalışmalara eğilmek zorunda kaldık. Hem fiziksel, hem de ruhsal sağlığımıza tekrar kavuşmak, küstürdüklerimizle barışmak, bütünleşmek ataklarına giriştik.

Bu Kürt bayanın yaşadığı gibi insanın kendi değerini fark etmesi, kendisine fark ettirilmiş olması, kendisinin de bunu kabul etmiş olması, algılayabilecek bir kapasiteye sahip olması, gelişimi yolunda atılmış en önemli adım olmuştur. Gerçek anlamda bir iyileşmeyi yaşayabilmesi, istediklerini başarılabilmesi için kendisi için gerekli olan şeyleri iyi tespit etmesi gerekiyor.

O, hedef aldığı kadın çalışması, kadını geliştirme, bilinçlendirme faaliyetleri sonucu bir konuda gelişebilir ama diğer yandan daha önce "aileyi kurtarmak" için gösterdiği fedakarlığı, verici olmayı yaşayıp, yeniden kendi bedeninin ihtiyaçlarını bir kenara itekleyebilir. Bir konuda odaklaşmak beden açısından yararlı olmuyor. Ki yaşayarak ta tecrübe sahibi olmuş durumda. Hastalanması bunun göstergesidir. Kendi bedenine değer vermeyi öğrenmek zorunda.

Öğrenmediklerimizi, öğrenemediklerimizi beden direnişe geçerek bize öğretmeye başlıyor. Bizleri cezalandırıyor. Bedenimizi his edebilmeliyiz. Dinleyebilmeliyiz. Sağlıklı bir insan, bedensel ve ruhsal yaşamının, bedeninin tüm yüzeyinin, bütün kemik ve eklemlerinin derinden ayırtında olabilendir.

Günlük yaşamımızdaki pek çok şeyi sonradan öğreniriz. Doğuştan, genetik olarak kendimizle birlikte getirdiğimiz şeyleri, yaşamda öğrendiklerimizle taçlandırırız. Ailemiz, iş çevremiz, içinde yer aldığımız toplum, günlük yaşamdaki her şey öğreticidirler. Uyarıcıdırlar. Tabi ki algılayabilirsek! Algılayabilmemiz için itekleniriz. Bedensel, duygusal ve düşünsel alışkanlıklarımızı değiştirmede zorlanırız. Değişim zorlayan bir gerçekliktir.

Alışkanlıklar kolay, kolay terk edilmiyorlar. Bu bayan yürümeyeceğini bildiği bir ilişkiyi 12 yıl niye yürüttü? Alışkanlıklar onu esir almışlardı. Zincirlerinden kurtulamıyordu. İnsanın hareketlerinin belirginleşmesi üç temel aşamadan geçer; doğal olarak sahip olduğumuz hareketler, benliğimizin gelişimiyle birlikte bazı bireysel nitelikler kazanmamız ve sonucunda belirginleşen hareketlerimiz, kendimize özgü ifade yöntemimiz, özel yöntemimiz, yaşamımız için değerli üstünlükler içeren, başkaları tarafından da benimsenen ve toplum içinde kabul gören, yöntem ve mesleksel olarak yaşanan dönüşümümüz. Böylece hareketlerimiz, doğal uygulamalardan öğrenilmiş yöntemlere ve uzmanlık alanlarına doğru biçim değiştirirler.

Toplum baskındır. Bizim doğal yönteme başvurma hakkımızı genellikle elimizden alır. Bizi toplumca onaylanmış yöntemi öğrenmeye ve uygulamaya zorlar. Direnişe geçersekte dışlar. Bundan dolayı da " Dul bayan olarak yaşayabilir miyim?" sorusu bayanlarımızı tutsak alıp, harekete geçmelerini, çözüm üretmelerini engeller.

Doğal yapımıza uyumlu bir yaşam sürmeyince sonuçlarına katlanmak zorunda kalıyoruz. Eğer çevremizi duvarlarla sarmayıp ta, doğallığımızı devam ettirmek istiyorsak, rastlantılara bağlı olarak, kısmen bizim bilgimiz dışında ortaya çıkıp oluşmuş olan benliğimize itaat etmek yerine, onu gözden geçirip düzeltmemiz gerekiyor. Bunu ruh sağlığıyla uğraşan bireyler yapıyorlar. Süzgeçleri değiştirmemize yardım ediyorlar.

Birileri el atmasa bu bayan içinde bulunduğu gölden çıkamayacak ve boğulacaktı. PJA'lı bayanlar onun kendisini gözden geçirmesine vesile oldular. O, farklı bayanların katkılarıyla kendi bedeninin farkına vararak, öz bilincini geliştirmeye, fiziksel, ruhsal ve duygusal kapasitesini artırmaya karar verdi. Kendisine, kendi doğallığına göre, doğal ve rahat hareket imkanı sağlarken, ağrılarından ve hareket kısıtlamalarından kurtulmaya başladı. Yaratıcılığını zincirlerden kurtarmaya, geliştirmeye, stresten, gerginlikten ve yorgunluktan yavaş, yavaş uzaklaşmaya, performansını artırmaya, hem kendisine, hem de çocuklarına pozitif enerji yüklemeye doğru yol alıyor.

Bu azımsanacak bir gelişme değildir. Kendisine ait hisleri zorlamamayı, bastırmamayı, gizlememeyi bir oranda öğrendi. Onların akmaları için kanallar açtı. Kendi hareket mekaniğini keşfetti. Çevresel ve ruhsal değişime uğradı. Uğrama gereğine inandı. Öz hissini yakalayabildi. Honore de Balzac'ın dediği gibi ; "Bilginin efendisi olmak için, çalışmanın uşağı olmak şarttır. "

Topraklarımızda var olan geleneksel anlayışa göre evlendirilen kişiler, evlendikleri yerlerde kalsalar, bütünün bir parçası olarak yaşamlarını aynı tarzda sürdürürler. Kapitalizmin geliştiği ülkelerde yaşamaya başlamakla birlikte, farklı aile şekillenmelerinden, ilişkilerinden haberdar oluyorlar. Kadın kendisine yapılan saygısızlığa, haksızlığa boyun eğmemeye, her yönüyle sömürüldüğünü, kullanıldığını his ettiği andan itibaren var olan duruma itiraz etmeye başlıyor. İstemleri, itirazları, duyguları göz önüne alınmayan kadın, bulunduğu ülkenin kurumlarında görevli olan kişilerin yardımlarıyla sömürgecisinden, eziyet edeninden kurtulmaya çalışıyor. Boşanmayı tercih ediyor. Boşanmayı, terk edilmeyi, kölelerini kaybetmeyi kabullenemeyen bazı erkekler, tehditkar davranmaktan vazgeçmiyorlar. Kurbanlarını öldürmeye kadar gidebilenlere de rastlıyoruz.

Giderek daha çok sayıda Kürt bayan eşlerini, sevgililerini yada erkek arkadaşlarını terk etmeye başladılar. Çünkü göçmen veya mülteci olarak yaşarlarken kişisel özgürlüklerinin değerini daha iyi fark etmeye başladılar.

Geleneksel aile rollerinin içine sıkıştırıldıklarını, tutsak hale getirildiklerini haykırmaya başladılar. Bizdeki, ataerkil kültürün bayanlara dayatması olan, nerede olursa olsun eşe sadakat, eşi bekleme, koruma anlayışı dipten gelen dalgalarla deprem geçiriyor. Memleketleri dışında yaşayan, iyi eğitim almış, meslek sahibi, bağımsız çalışan, düzenli iyi bir aylık gelire sahip olan, mutluluk bulduğu ek işlerle uğraşan, kendisine bakmayı, korumayı bilen ve öz saygısı gelişmiş bayan annesinin, anneannesinin anlayışıyla hareket etmiyor ve tercih hakkını kullanıyor. Toplumun mahkumu olmayı ret ediyor. Bu ilişkide olduğu gibi bayanın gözünde cazibesini yitiren erkek terk edilmeye mahkum oluyor. Önemli olan ise bu duruma düşmemektir. Bayanlar cinsiyetlerinden dolayı erkeklerden çok değişik düşüncelere sahiptirler. Onlar farklı konularda beklentilere girerler. Beklentilerine cevap verilmesini isterler. İlişkinin iyi bir şekilde yürümesini isteyen, bekleyen erkeğin, hem kadının, hem de kendisinin gereksinimlerini ve beklentilerini sürekli gözden geçirmesi gerekir. Güçlü erkekleri tercih eden bayanlar, içgüdüsel olarak zayıf karakterli olan erkeklerle olmak istemiyorlar. İlişkiden tat almıyorlar. Zayıf ve kararsız erkeklerden hoşlanmıyorlar. Bir kesim bayan ise güçten, paradan ve ünden hoşlanırlar ve sahip oldukları şeyleri göstermekte isterler. İlişkinin sarsılmaya doğru gittiğini anlayan tarafın yapacağı en mantıklı şey, karşı tarafla oturup durum değerlendirmesi yapmak ve durumu birlikte gözden geçirmektir. Terk edildikten sonra bayana yeteri kadar iyi davranmadığını, isteklerini karşılayamadığını yada iyi bir taraf olamadığını düşünmek kırılanları toplamaya, birleştirmeye yetmiyor. Çok sayıda erkekte bu tarz cümleleri duymaya başlayınca konu, gelişmeler insanı derinlemesine düşünmeye itekliyorlar.

İsveç'te Sosyal İşler Genel Müdürlüğü'nün boşanmış aileler üzerinde yaptığı araştırma sonuçları duruma açıklık getiriyor. (1997) İsveçliler arasında boşanma oranı % 1, 2 iken, bu oran Türkiyelilerde -Türkler, Kürtler ve diğer halklardan olan T. C. vatandaşları- % 1, 8 olarak belirlendi.

İsveç'te yaşayan yabancı gruplar arasında en fazla boşanma % 6, 1 ile Latin Amerikalılar arasında görülürken, % 5, 2 ile İranlılar ikinci sırada yer aldılar. Sosyal İşler Genel Müdürlüğü'nün hazırlattığı araştırma sonuçlarında, boşanmaların temel nedenleri arasında sevgisizlik ve demokrat olmayan aile içi ilişkilerin önemli rol oynadığı belirtildi.

Türkiyeli aileler arasındaki boşanma oranının İsveçlilerden fazla olmasına karşın, diğer yabancılarla karşılaştırıldığında oldukça düşük olduğu kaydedildi. İsveçli kadınlarla evlenen yabancı erkeklerin boşanma oranında ise, Türkiyeli erkeklerin birinci sırada yer aldıkları belirtildi.

***

"Bireyin kaygıları artıkça performansı düşer. Yaptıkları ve kendisiyle mutlu olan sağlıklı yaşar, yaşlanır. Görüntü değil, kafamızın içinin kaç yaşında olduğu önemlidir."

KEWÊ; 1952 Bingöl doğumluyum. 6 kardeşiz. Yetim büyüdük. Bütün hayatım doğduğum köyde geçti. Köyümde tarlalarımızı ekerdik, hayvanlarımız vardı. Yaylalara çıkardık. Yaşam zevkliydi. Sürekli gülebilen, etrafa mutluluk veren bir insandım. Severek iş yapardım. Yorulmak bilmezdim.

Çok kötü bir çocukluk geçirdim. Dul olan annem bizleri büyüttü. Güçlü bir anneydi. Tek başına evini yönetti. Akşamları yalnız kaldığımızda yaşadıklarını, geçmişte olan olayları, Kürtlerin uğradıkları katliamları anlatırdı. Dersim vurgununda babam askermiş. Yani devletin subayları Bingöllü Alevi Kürdü, Dersim'li Alevi Kürdü öldürmesi için Türkiye ordusu mensubu olarak Dersim'e gönderiyorlar. Babam tanık olduğu her şeyi anneme anlatmıştı. O da bize aktarıyordu. Biz kardeşler birlikte soykırımda yapılanları dinler ve ağlardık.

Her şeye ağlayan, son derece duygusal bir yapıya sahip olan annem, bizleri de etkiledi ve kendisi gibi yaptı. Ben onun yetiştirmesi, verdiği şeyler sonucu her şeyden etkileniyor ve üzülüyorum.

19 yaşımda severek, isteyerek evlendim. 20 yaşımda iken anne oldum. İlk çocuğum 12 günlükken öldü. Ben çocuğun rahatsız olduğunu anladım. Kaynanamdan ve kayınlarımdan utanıyordum. Bebeğimin süt emmemesini onlara söyleyemedim. Bundan dolayı da kendisini doktora götüremedik. Yeni gelindim, törelere göre davranıyordum. Çocuğumu elime alıp da şehre doktora götüremezdim. Tuhaf karşılanırdım, yadırganırdım.

İkinci çocuğumda hasta doğdu. Durumunu kaynanama anlattım. Onu kaybetmek istemiyordum. Bütün aile üyeleri bebeği yaşatmak için ellerinden geleni yaptılar. Kaynanamla birlikte ziyaretlerimizi, kutsal mekânlarımızı ve doktorları dolaştık. Mecburduk. Ocak sönmemeli, ev zürriyetsiz kalmamalıydı.

Köyde bütün işleri yapıyorduk. Misafir de eksik olmazdı. Ben bakarken, kendi evimizde iş yaparken, kaynanam beni seyredermiş. Ekmek pişirmemi, iş yapmamı, düzenimi, çalışkanlığımı beğenirmiş. Yaptığım çalışmayı beğendiği için beni oğluna istedi. Gelin olarak kabul etti. 20 nüfuslu bir aileye gelin gittim. Her gün ekmek pişirmek zorunda kaldım. İş bitmiyordu.

Eşim asabi, dar bir insan. Nazlı büyütülmüştü. Kendisi oturur ve yapılması gereken işleri söylerdi. Halende öyledir. Bana karşı da saygısızlık yapmazdı. Sinirlenir kızar o kadar. Evinin en büyük erkek çocuğuydu. Ailenin bütün yükü, babalık rolü onun omuzlarındaydı. 20 nüfus bir arada yaşıyorduk. Eşim başka ülkelere gidip çalışıyordu.

O evdeyken, biz gelinler tartıştığımız zaman bana kızardı. Diğer gelinlere dokunmazdı. Kaynanam çok iyi bir insandı. Bize, gelinlere eziyet etmezdi. Ben 4 kız annesi olmuştum. Oğlum olmuyordu. Ocağımız sönecek diye üzülüyordum. Kaynanam bana kızardı. Düşüncemi doğru bulmazdı. " Neyin eksik? Becerikli, çalışkan bir insansın. 4 kızın var. Bu 4 oğlun var demektir. Sen oğlan için niye bu kadar üzülüyorsun? Oğlanı doğurmak senin elinde olan bir şey mi? Tanrı neyi uygun gördüyse onu yapar. Çocukları olmayanları düşün. Bizde kızlar vasıtasıyla da akrabalık ilişkileri gelişiyor. Kızlarını güçlü ailelerle evlendirenler iyi dostluklara sahip oluyorlar. Dert yaptığın şeye bak!" derdi.

Eşim bu ülkeye gelmeyi düşünmüyordu, gurbeti sevmiyordu. Devletin, devlet görevlilerinin uyguladıkları zulümden dolayı köyden ayrıldı. Bizim orada ağalar var. Ağalar devletin görevlilerini doyurup, istediklerini onlara yaptırıyorlar. Ağa istemediğine değişik iftiralar atıp, gözaltına aldırabiliyor. Hapse attırabiliyor. Orada kim güçlüyse o haklı. Kim yoksulu savunur?

Biz eşimin buraya dayanamayacağını, geriye dönüp geleceğini düşünüyorduk. Kendisi de burayı, buradaki yaşamı, ilişkileri kaldıramıyordu. Göçmenlik ve hasret sonucu hasta düşmüştü. Hep "Geri geleceğim. Dayanamıyorum." diyordu. Doktorlar kendisinin burayı sevemediğini, uyum sağlayamadığını, köye, insanlarına olan özleminden dolayı hastalandığını söylemişlerdi. Gerçekte oydu.

Bizde de durum gittikçe kötüye gitti. Kürt savaşçılarla Türkiye Devletinin silahlı adamları çarpışıyorlardı. Devlet köyleri, evleri yakmaya başladı. Eşimin geri dönmesini, köye gelmesini istemedik. Öldürülmesinden korktuk.

6 yılı burada geçti ve halen " Geri döneceğim, köye geleceğim. Burada yaşam zor. Yalnızlık çekilmiyor." diyordu. Diyordu, ama geride dönmüyordu. Bende genç bir anneydim ve yalnız kalıyordum. Köylülerimiz bir yığın dedikodu yaptılar. Eşimin burada evlendiğini söylediler. Ben üzüntüden karaciğer sorunu yaşadım. Sarardım. Çocuklarım da babasız büyüyordu. Çocuklarımla beraber bu ülkeye geldikten bir yıl sonra eşimle birlikte köye gittik. İki ay boyunca bizim oralardaki doktorlara göründü, tedavi oldu.

Ben sürekli köyde yaşadım. İki kez doktora gittiğim için şehri gördüm. Köyü, köy yaşantısını çok seviyorum. Köydeki ilişkiler beni mutlu ediyordu. Her şey sana ait. Kiracı değilsin. Kendi kanunların geçerli. Korku duymuyorsun. Çocukların istedikleri gibi hareket ediyorlar. Başkası sesten rahatsız olacak diye onları sessizliğe mecbur etmiyorsun. Evin içinde korkarak adım atmıyorsun. Rahatlıkla misafir kabul ediyorsun. Evden çıkarılma korkusu yaşamıyorsun.

Bu ülkeye gelmeye karar verdiğim zaman kaynanam çok kızdı ve üzüntüden kötü oldu. Gelmemizi, göçmen olmamızı istemiyordu. Torunlarından kopamıyordu. Bana " Ben torunlarımı büyüttüm. Beni yalnız bırakıp uzaklara, bilmediğin, tanımadığın diyarlara gitme. Beni çocuklarıma hasret bırakma. Bu çocuklar köyde büyüdüler. Orada ne yaparlar ? Alışamazlar. Hastalanırlar." diyordu.

Annemde bana " Köyden ayrılırsan, gurbete, o, ülkeye gidersen, sütümü sana helal etmem." diyordu. Bende köyden çıkmak istemiyordum. Üzüntüden dolayı karaciğer sorunu yaşamaya başladığımda, hastalandığımda, annem pişman oldu, üzüldü ve " Eşinin yokluğuna dayanamıyorsun. Keşke seni engellemeseydim. Gitme demeseydim. Yavrum, yerin kocanın yanıdır." dedi. Ben şehirleri ve şehir yaşamını sevmiyordum, halende sevmiyorum. Alışamadım, alışamıyorum. Sürekli yabancılık duygusunu yaşıyorum.

Eşim burada olduğu için köyde, yalnızlık çekiyordum. Onun hasretine dayanamıyordum. Geri gelemeyeceğine de emin olmaya başladım. Senede bir kez de olsa izne, yanımıza gelmiş olsaydı, ben köyü terk etmez gelmezdim. O, çocuklarla birlikte burada yaşamanın zor olacağını söylüyordu. Aldığı maaşla, parayla geçinemeyeceğimizi belirtiyordu.

Başkalarının ülkesi. Buranın insanları ülkelerini kendi istedikleri gibi şekillendirmişler. Her şey bize göre çok yabancı. Ben burayı sevmiyorum. Sevemedim. Sürekli geldiğim köyü arıyorum. Buranın insanlarını ellerinde köpekleriyle gördüğüm zaman cinlerim başıma toplanıyor. Gerilime giriyorum. Sinirleniyorum. Bana çok tuhaf geliyor. İnsanlar köpekleri evlerinde besliyorlar. Onlara oda ayırtıyorlar ve gezdiriyorlar. İnsanlar yalnızlar. Genellikle yalnız yaşıyorlar.

Eşimin olmadığı yerde yaşayamıyorum. O buradaydı. Dönemiyordu. Biz geldik. Buraya alışamadığım, her şeyi yadırgadığım için sürekli hüzünlüydüm. Eşim benim gülen yüzüme, şakacı halime alışkındı. Matem havasında görmeye başlayınca ne yapacağını şaşırdı. Sürekli sohbet ediyordu. Ben rahatlayamıyordum. Onun aldığı maaş giderlerimize yetmiyordu. Birikmiş parada yoktu. Sık, sık köye gidip, gelmem mümkün değildi.

Buranın ne insanı, ne de hayvanı hoşuma gidiyor. Bize ait olanları arıyordum. Görmek istiyordum. Kendi kendime söyleniyordum. Bizim çeşmelerimiz, derelerimiz, ağaçlarımız yok mu? Ben geldim bunların derelerinin kenarlarına oturuyorum. Burada ne arıyorum? Çocuklarımın oynayacakları, bir fidan dikebileceğim, bana ait bir metre yer yok. Her şey başkalarına ait. Kullanamıyorum. Ben böyle yaşamı ne yapayım?, derdim. Sürekli ağlar, ağıt yakardım. Küçük kızım tepki göstermeye başladı ve babasına" Baba annem bebekler gibi ağlıyor. Burnunu siliyor." dedi.

Eşim, içinde bulunduğumuz durumu, koşulları anlatırdı. Ben burayı sevemiyordum, açıkçası halende sevmiyorum. Hava yağmurlu, sisli oldu mu ben bir tuhaf oluyorum. Oğlum olduktan sonra, çocukla uğraşmaya, zaman ayırmaya mecbur olunca biraz rahatladım. Günlerim geçmeye başladı.

Rüyalarımda hep çıplak halde köye döndüğümü görürdüm. İnsanlarımla konuşur, dolaşırdım. Rüyalarda olmasaydı delirirdim. Bu yıl tekrar moral olarak çok kötü duruma düştüm. Aynı rüyaları görmeye başladım. Borç para alarak, 1 aylığına memlekete gittim. Giderken öyle bir heyecana kapıldım ki elbiselerimi evde unuttum. Bir ay orada kaldım ve burası 1 dakika olsun aklıma gelmedi. Buranın nesini arayıp ta özleyeceğim? Kesinlikle buraya dönmek istemiyordum. Orası bir kaya parçası da olsa benim için cennet. Çünkü bana ait. Bende oraya aittim. Korkularla yaşamadım. Eve hapis olmuyordum. Çıkıp ta dolaşabiliyordum. Bahçemizde çalışıyordum. Burada çalışmıyorum. Sadece evin işleriyle uğraşıyorum. Her işi de beceremiyorum. Şehir yaşantısı, işleri bana çok uzaklar. Halen ütü yapmayı bilmiyorum.

Su taşımak, ekmek yapmak, ahır temizlemek, inek sağmak, odun taşımak, çapa yapmak, buradan, buradaki yaşantıdan daha iyi. Benim için apartmanda oturmaktan daha kıymetlidir. Hastalarımızla olamıyoruz. İnsanlarımız ölüyor bir tas su dökemiyoruz. 24 saat gel de bu evin içinde bekle!. Köyde sürekli çalışıyordum. Bağ, bahçe, yayla işleriyle uğraşıyordum. Günlerin nasıl geçtiğini anlayamıyordum. Düşünceden uzak kalıyordum.

Buraya geldikten sonra geriye, memlekete, insanlarımıza olan özlemimden dolayı rahatsızlandım. Saçlarım döküldü. Kel oldum. Sürekli tedavilere gittim. Değişik ilaçlar kullandım. Doktorlar üzüntü sonucu bu duruma düştüğümü söylediler.

Ben belli bir yaştan sonra buraya geldim. Benim için çok zor. Alışkanlıklarımı değiştiremiyorum. Bende unutkanlık peyda oldu. Mideden ameliyat oldum. Köydeki sağlıklı insan gitti, yerine bir başka insan geldi. Hiçbir şey geçmişteki gibi değil.

Alışkın olduğum yaşam biçiminden, insanlarımdan ayrılmam, uzak düşmem, buradaki yaşamı, ilişkileri kabullenememem sonucu yarım akıllı, sinirli bir anne oldum. Sürekli başım ağrıyor. Eşime kavuştum. Birlikteyiz. Ama sağlığımı kaybettim.

Burada her şey başkalarına ait ve bizde sürekli misafir gibiyiz. Bir şeye dokunamıyoruz. Buda benimdir, diyemiyoruz. Orada, dağdan sırtladığım odunları taşıyarak eve götürürdüm. Kaynanamın yaptığı bir bardak çayı içer, çökeliği, soğanı, ekmeği yerdim. Yorgunluk, moralsizlik bilmezdim. Sürekli çalışırdım. Burada çalışmadan, oturmaktan yoruluyorum.

Ne bu ülkenin yiyceği beni besliyor, ağzımı tatlandırıyor, ne de bu apartmanda oturmak beni mutlu ediyor. Sürekli huzursuzum. Keşke şu anda orada tezek yapıyor olsaydım. İnek sağsaydım. Kar temizleseydim. Bizim burada ne işimiz var? Ne kaybettik? Ne arıyoruz? Neyi, neleri bulacağız? Var olanı da kaybetmezsek iyi!

Bu sene köye giderken askerlerin yol kontrolleri sırasında insanlarımıza yaptıkları uygulamalara tanık oldum. Her şeyi gözlerimle gördüm. Sadece onlarla karşılaşmamak, vücudumu ellememeleri için diğer köylerde yaşayan yakınlarımı dahi ziyaret etmedim. Bana da el atacaklar, kontrol edecekler, hakaret edeceklerdi. Bende cevaplarını verecek, kontrolü kabul etmeyecektim ve şiddete maruz kalacaktım.

10 yıl önce buraya geldiğimizde nasıl davranacağımızı şaşırdık. Eşim 40 gün kızlar için fistan aradı. " Kızlarıma pantolon giydirmem. Kız çocuğu fistan giymeli." diyordu. Sonuçta mecbur kaldı ve kızlara pantolon giydirdi. Çünkü fistan bulamadı. Kabullenemedi, ama pantolonları satın almak zorunda kaldı. Biz yaşantımızda, giyimimizde istemeden bazı şeyleri değiştirmek zorunda kaldık. Ben bu çocukları karın, toprağın, çamurun içinde büyüttüm. Orada fazla bir şeyleri yoktu. Bunlarda her köylü çocuğu gibi var olanla yetiniyorlardı. Hepsi aynı durumdaydılar. Bir fistanla, bir kara lastikle bir yıl geçirirlerdi.

Burada değişik rahatsızlıklar gelişti. Avrupa'ya, farklı ülkelere göç bizim insanlarımızın evlerini yıktı, ocaklarını söndürdü. Saygı mı kaldı? Büyük, küçük mü, hürmet mi kaldı? İyi olan, insanı koruyan, değer veren her şeyi, inançları, ölçüleri kaybettik. Tuhaflaştık!

Doğurduğun, büyüttüğün çocuğuna laf geçiremiyorsun. Söz anlatamıyorsun. Seni dinlemiyor. Karşı çıkıyor. Kendi bildiğinde diretiyor. Senin düşünceni hiçe sayıyor. İstediği gibi davranıyor. Ben senelerce kaynanamla yaşadım. Kendisine saygıda kusur etmedim. Ben küçüklüğümü, görevlerimi bildim. O da büyüklüğünü bilir, yöneticiliğini sergilerdi.

Şimdi öyle mi? Kadınlarımız burada kudurdular. Kadın hakkı diyorlar! Kadın hakkı da nedir? Ben bir şey anlamıyorum, bilmiyorum. Kadın kadındır, erkekte erkektir. Bizim kadınlarımız buralarda çok çabuk değişiyorlar. Kabuklarını sıyırıp, atıyorlar. Geçmişi, adet ve törelerimizi kabul etmiyorlar. Değişik kelimeler söyleyip, ret ediyorlar. Kendilerini kaybediyorlar. Tamam erkekler bozulmuşlar, yoldan çıkmışlar, kendilerini kaybetmişler diyelim, kadınlarımız kendilerini korusunlar. Buralılar gibi olmasınlar. Erkek bozulmuş diye kadında mı bozulacak?

Köyde çeşmeye gidipte, eve geç kalsaydık, büyüklerimizden özür dilerdik. Geç kalış nedenlerimizi açıklama gereği duyardık. Şimdi kızıma niye geç kaldın? Nerede kaldın ?, diyemiyorum. Beni tersliyor ve " Sen gericisin, köylüsün. Kafanı değiştir. Köyden getirdiğin kafa ve anlayışla beni idare edemezsin, yönlendiremezsin. Her şeyi bilmek zorunda mısın? Kontrolden vazgeç. Beni rahat bırak ki kendim olayım. Bana baskı yapma. Ben ne yaptığımı biliyorum. Kendimi koruyabilecek durumdayım. Sorularınla beni huzursuz ediyorsun. Sen bu toplumdan, dışarıdan korkuyorsun. Çekiniyorsun. Ben korkmuyorum. Rahat ol." diyor.

Toprak başıma! Ben bu ülkenin nesini seveceğim? Her şey alt üst oldu. Biz böyle miydik? Annem ne derse, nasıl isterse öyle davranırdım. Karşı çıkmak, cevap vermek mümkün değildi. Çünkü çok büyük saygısızlık, terbiyesizlik yapmış olurdum. Şimdi terbiyenin, saygının ölçüleri çok farklı.

Kızım kendi haklarından bahsediyor. Sınırlarımı zorlama diyor. Biz bunlardan fazla bir şeyde istemiyoruz. Saatinde gidip, gelsinler, başkalarına dedikodu malzemesi olmasınlar. Namusumuz dile düşmesin. Kendilerini, geldikleri yeri bilsinler, yeter.

Ben idareci, uzlaşmacı olmasaydım, her şeye hayır, öyle değil, deseydim bu evlilik devam eder miydi? Etmezdi. Benim yuvamda dağılırdı. Adam kağıda demir deseydi, dese, ben de o kağıt değil, demirdir, diyorum. Yok kağıttır , diyemezdim, halende diyemiyorum. Kızlarım benim gibi değiller. Çatır, çatır cevabımızı veriyorlar. Bunlar, bunlar haklarımızdır, diyorlar. Gel de çatlama! Ben hiçbir zaman bu hakkımdır, demedim, diyemedim. Biz çocuklarımızdan saygı ve koyduğumuz kurallara uymalarını bekliyoruz, istiyoruz.

Büyük kızım başımın kapalı olmasından rahatsızlık duymuyordu. " Anneciğim böyle alışmış, şartlanmış, şekillenmişsin. Kendini nasıl mutlu his ediyorsan öyle ol. Zorlama. Bizim kültürümüzü burada yaşatıyorsun." diyordu.

Onun küçüğü ise "Şu başındakini çıkar at. Senden, görünümünden rahatsız oluyorum. Niye kendini kapatma gereği duyuyorsun? Başı açık olanlar kötü insanlar mı? Yanında yürümek istemiyorum. Utanıyorum." diyor. Evimizde sözlü atışma eksik olmuyor.

Ben böyle gördüm, böyle alıştım. Değişemem. Farklı giyinemem.

Başımı açsam tümden çıplakmışım gibi oluyorum. Burada başlarını açan kadınlarımız köye gittiklerinde kapatıyorlar. Kapatma mecburiyeti görüyorlar. Çünkü yadırganıyorlar. Dedikodu malzemesi oluyorlar. Ben ise olduğum gibi davranıyorum.

Kızlarım vücutlarına yapışan, daracık pantolonlar giyiyorlar. Onların görüntülerinden çok rahatsız oluyorum. İnsan gibi bol, rahat şeyler giyinemezler mi? Ne söylüyorsak, ne istiyorsak tam tersini yapıyorlar. Bizimle inatlaşıyorlar. Evden ayrılmakla, gençlik yurduna gitmekle tehdit ediyorlar. Alevisiniz, Kürtsünüz ama Müslümanlardan farkınız yok, tutucusunuz, bağnazsınız, diyorlar. Burası Avrupa, Suudi Arabistan değil, çığlıklarını atıyorlar.

Burada erkeklerimiz zavallı konumuna düşmüşler. Kadınlar onları parmaklarında oynatıyorlar. Tehditle, şantajla her istediklerini yaptırıyorlar. İstedikleri gibi davranıyorlar. Bizim kadınlarımız burada bir tuhaf oldular. Erkek bir şey yaptı mı, kadında intikam alıyor. Ar, haya damarları çatlamış.

Kızlarımın başkalarıyla görüşüp, tanışmalarını da istemiyoruz. Her yerden bir şey alıyorlar. Farklı şeyler öğreniyorlar. Kendilerini kontrol etmede zorlanıyoruz. Görüştürmemek en iyisi. Gelinim olsa kıçına sopayı vururum. Anlaşamıyoruz, derim ve kapı dışarı ederim. Kovarım. İlişki, tartışma, sorun biter. Bunlara onu da yapamıyorsun. Eksik etekler. Benim çocuklarım. Bunları kovamam.

Bu ülkede beni ağlayacak duruma getiren, rahatsız eden bir başka şeyse bizim erkeklerimizin kadınlarını, çocuklarını sahipsiz bırakıp ta, buralarda başkalarıyla beraber yaşamalarıdır. Benim görümcem köyde ve üç yıldır burada olan kocasının dönmesini, kendilerine sahiplik yapmasını bekliyor. Adam burada keyfine bakıyor. Görümcem ise köyde perişan durumda. Hem annelik, hem de babalık yapıyor ve çocuklarını büyütüyor. Kocası biliyor ki kadın çocuklarını bırakıp ta başka yere gitmez. Evini terk etmez. Onu aldatmaz. Bir başka evliliğe yönelmez. Kaç yılda geçse onu bekler.

Kürtleri temsil eden insanların, kurumların bu durumlara, haksızlıklara müdahale etmeleri gerekmiyor mu? Kim, kimler zor durumda olanın hakkını savunacaklar? Birileri müdahale etmeli. Biz, bizi biliyoruz. Biz, bizi anlıyoruz. Bize yabancı olan sorunlarımıza çözüm getiremez.

Bizim köyde iki kızla, iki oğlan birbirlerini seviyorlar. Kızlar hamile kalınca durum ortaya çıktı. Oğlanlar kızları eş olarak kabul etmediler. Kendileriyle evlenmek istemediler. Köylüler durumu gerillalara haber verdi. Onlar geldi. Halkı topladılar. Erkeklerin kulaklarından tuttular. " Sizler bu bayanları sevdiğinizi söyleyip, birlikte olmuşsunuz. Sevgiyi kirletmeyin. Sevgiyi kullanarak insanların duygularını sömürmeyin. Sahtekarlık yapmayın. Bebeklerin babaları sizlersiniz. Kadınları oyuncak, zevk alma malzemesi olarak kullanamazsınız. Toplumun bayanlara bakışlarını, değerlendirmeleri biliyorsunuz. "Faydalandık, kullandık, atacağız", diyemezsiniz. Bunlar eşya değiller. İnsana saygılı olun. Evleneceksiniz, ne gerekiyorsa yapacaksınız."dediler.

O erkekler cezaya uğrama korkusu sonucu gerillaların dediklerini aynen yaptılar. Kızları lekeleyip, ortada bırakamadılar. Buralarda da öyle olmalı. Kürtlerin hakimleri, savcıları, mahkemeleri yok. Ancak aklı başında olan PKK görevlilerinin alacakları kararların, yapabilecekleri uygulamaların, verecekleri cezaların korkusu, azgınlaşan insanlarımızı hizaya getirebiliyor. Şahit oldum.

Ben ülkemin insanlarının fakirliğini, buranın zenginliğine değişmem. Köye gittiğimde burada olan her şeyi, yaşantıları, ilişkileri, değişimleri, mutsuzlukları anlatıyorum. Ben diğer Kürt bayanlar gibi yalan söylemiyorum. Var olan, yaşanılan gerçekleri gizlemiyorum. Burada tuvalet, yer temizliği yapmıyorum. Diğer yandan da kollarımı bileziklerle doldurup, oraya gidip, yoksul insanlarımıza hava atmıyor, gösteriş yapmıyorum. Bu tarz davranışları doğru bulmuyorum. Diğerleri memlekete gidince yalan söylüyorlar. Yaşanılan sıkıntıları saklıyorlar. Ben gerçekleri söyleyince insanlarımız bana inanmıyorlar. "Nasıl olur?Kimseden böyle şeyler duymadık."diyorlar.

Köylülere, kızlarım burada çobanlık yapsalardı, akşam saatinde eve dönerlerdi. Avrupa'da saatlerce çalışıyorlar, eve geldiklerinde de yorgunluktan oturdukları yerde yatıyorlar. Hal kalmıyor. Oturduğumuz evlerde korkudan ses çıkaramıyoruz. Misafir kabul edemiyoruz. Her şeyimiz sınırlı. Kural, kural, kural. Kuralların tutsaklarıyız. Sizler burada istediğiniz şekilde konuşuyorsunuz. Evlerde rahatsınız. Burada Kürt kızı eroinman olmuyor. Avrupa'da aileler dağıldılar, dağılıyorlar. Çocuklar perişan oluyorlar, diyorum.

Çocuklarım küçüklerdi. Bundan dolayı da işçi olmadım. Zaten çalışsaydım da, bende diğerleri gibi temizlik işi dışında bir şey yapamazdım. Şimdi çalışmak istiyorum. Geçenlerde bir yere gittik. İş istedim. Temizlik işiydi. Dil bilmediğim ve başım kapalı olduğu için beni işçi olarak kabul etmediler. Hiç bir konuda buraya uyum sağlamadım. Bu ülkede her şey çok pahalı. Çocuklar okuyorlar. Onlar için gerekenleri alamıyoruz.

Elimden gelse bu gün geriye, köyüme dönerim. Büyük kızım bizimle vedalaştı, gitti. Kürtlerin kurtuluşu, insanca yaşayabilmeleri için savaşçı oldu. Bu ülkede kalmak istemedi. Onun küçüğü ise evden ayrıldı. Hem okuyor, hem de çalışıyor. Tuttuğu bir odada yalnız yaşıyor. Bizimle kalmak istemedi. Diğerlerinin ne yapacaklarını da kestiremiyorum. Gelecek beni korkutuyor. Köyde olsaydık böyle olmazdı. Onları evlendirir, ev, bark, çoluk çocuk sahibi yapardım. Burada "Benim hayatım. Benim geleceğim. Benim haklarım. Kendimle ilgili olarak ben karar veririm."diyorlar.

***

Köylerden kalkıp, sanayinin geliştiği ülkelere gidenler yaşam tarzlarını, ilişkilerini değiştirmek zorunda kaldılar. Direnişler bazı noktalarda mecburen kırıldı. "Ben eşimi çalıştırmam. Hele bu memlekette asla. Buralarda iffet, namus, haya yok. Kadını, erkeği belli değil. Kadın dediğin evinin içinde kalmalı. Hanımlığını bilmeli. Kocasının karısı, çocuklarının annesi olmalı." diyen erkeklerimizin paranın tadını alınca, evin giderlerini karşılayamayınca ve çevresindekilerin mülk edinme arzularının boyutlarını fark edince karar değiştirmelerine de tanık olduk.

Bu tip erkeklerin daha katı kesimini oluşturanlar ise bayanların ekonomik özgürlüğü tatmalarından korkuyorlar. Onların dış çevreyi algılamalarını istemiyorlar. Onlar, kendilerine güvenmedikleri, kendilerinin sorunları olduğu için, bayanlara da güvenemezler. Bunlar " Farklılık ve eşitlik yoktur. Olmamalı. Herkes belirlenen alanının içinde kalmalı. Görev paylaşımı da ne demek?"diye şartlanmışlar.

Onlar değiştikleri anda toplumun kendilerine alaycı bakışlar fırlatacağını düşünen, yüklerinin, taşıdıkları ağırlıkların farkında olamayan hamallarımızdırlar.

Toplumun kendilerini içine koyup, her iki ucunu da düğümlediği kefenleri göremeyen, bireyin özgürleşmesinden korkan korkaklarımızdırlar.

Onlar kan davalarında katil yada kurban edilmek amacıyla doğurulurlar. Bayanların kışkırtmaları, provokasyonları sonucu rahatlıkla saldırıya geçerler. Ya hapiste yada mezarda çürürler.

Onlar ülkeleri sömürge, halkları tutsakken, erkekliği kadın bedenini tutsak alabilme başarısıyla ölçerler. Büyük sorumluluklardan kaçar, kendilerinden güçsüz gördükleri canlılara saldırırlar. Tutsak olmanın getirdiği, getirmesi gereken utancı bir yana itip, bayanların canlarını almakla uğraşırlar. Çünkü onların saldırdıkları bayanlar karşı koymayı, kendilerini savunmayı öğrenememişlerdir. Onlara göre zayıftırlar.

Onlar yakınlarındaki bayanları taciz eden, tecavüz eden devletin kolluk kuvvetiyle uğraşamazlar. Kurbanı öldürerek "namuslarını temizleme" yolunu tercih ederler.

Toplum bayanları savunma görevini onlara havale etmiştir. Ya kim ağır yükler altında ezilen, kamburu çıkan erkeklerimizi savunacak? Bayanı için kendisini feda etme mecburiyeti gören erkek, acısını içselleştirmek zorundadır. Konuşma hakkı da elinden alınır. O, bir heykel gibi durmalıdır. Onurlu(!) bir duruş sergilemelidir. Zavallı erkekler istenilen şekilde durmak zorundadırlar. Kımıldayamazlar! Çünkü "afferim" e, "takdir"e ihtiyaçları vardır. Aksi takdirde toplum içerisinde cinsiyetleri tartışma konusu olur. Bunun korkusunu yaşarlar.

Zaten halkımızın kendilerine güvendiği, saygı duyduğu, inandığı, dinleri halka anlatmakla görevli olan kesimlerde "kutsal kitap"larda sivil yaşamla ilgili emirler olduğunu belirtirler. Bu emir ve istekleri istedikleri, işlerine geldiği gibi yorumlarlar.

Onlara göre, Yaratan, yaratılış itibariyle erkeklere muhafızlık, koruyuculuk, yaptırımcılık görevi vermiştir! Tanrı dinleri kabul eden erkeklere kadınları koruma görevi vermenin yanı sıra, onları kadınların kandırılacak canlılar olduğuna da ikna etmiştir! Kandırılmaya hazır olan canlıları da sürekli korumak, muhafızlık yapmak gerekir!

Biz bayanlar bu dünyaya yaşamak yerine, erkeklerimize ait olan namusumuzu ve şerefimizi korumak için gelmişizdir! Böyle denmiştir! Zavallı erkeklerimiz bu kötü dünyada, rahat yaşamak yerine, akrabaları olan bayanları kendi cinslerinden, dünyanın kötülüklerinden korumak için senaryolar, projeler üretmekle zamanlarını geçirmek zorundadırlar. Rahat yaşayamazlar.

Elbetteki bu kadar ağır yükü, sorumluluğu kaldırmakta her erkeğin harcı değildir. Çokları bu yüklerin altında kalıyorlar. Eziliyorlar. Yakınlarındaki bayanlar onların ellerini tutup çekmeseler bulundukları yerlerden, düşürüldükleri çukurlardan çıkamıyorlar. Garipler, cehaletin zekatını ödüyorlar. Onlar, farkında değiller. Ne yaptıklarını, kimlere hizmet ettiklerini anlayamıyorlar. Sistemleri, rejimleri kavrayamıyorlar. Sorgulayamıyorlar. Kendileri kuldurlar, ama kulsuzda olamıyorlar. Gelişmiş, farklılığı ve eşitliği kabullenmiş bayanları düşman, tehlike olarak görüyorlar. İktidarlarının sarsılmasından korkuyorlar. Çatırtı sesleriyle yatıp, kalkıyorlar. Paranoyalara saplanıyorlar. Kadının geleneksel rolünü oynamasını istiyorlar. Bundan dolayı da var olan mekanizmalara sıkıca sarılıyorlar.

***

"Bilgi ve erdem en kusursuz silahlardırlar. Yaşamın içinden kaynaklanan sorunlara pratik çözümler bulmak ise bilgeliktir. Olan olayları, gelişmeleri dünyanın sonu gibi görmemek gerekir."

NEFÊ; Ben 1974 Maraş, Pazarcık doğumluyum. Yedi kardeşiz. Ailemin en küçüğüyüm. Lise mezunuyum. Hepimiz öğrenim gördük. Benim büyüklerimden ikisi üniversite mezunu, biri üniversite terk, diğerleri ise lise mezunudurlar. Babam ticaretle uğraşıyor. Annem ise ev hanımı, yani işçisiydi.

16 yaşımda kocaya kaçtım, evlendim. Kendi isteğimle, sevgiye dayanan bir evlilik yaptım. Aile bireylerinin kabul etmedikleri, karşı çıktıkları bir ilişkiydi. Okulumu, öğrenimimi yarıda bıraktım. Sonradan dışarıdan sınavlara girerek lise diploması aldım.

Eşim ortaokul terkti. Okuyamamıştı. Babası bakkal, annesi ise annem gibiydi. Onlarda yedi kardeştiler. Biz Kürt ve Alevi, onlarsa Türk ve Müslümanlardı.

Babam iyi bir aile mensubuyla, kendi yolundan, inancından birisiyle evlenmemi, ayrıca iyi bir öğrenim görmemi, meslek sahibi olmamı istiyordu. Bunun çabası içindeydi. Ben kocaya kaçtığım için beni af etmedi. Yedi yıl benimle konuşmadı. O şekilde de öldü. Halen ona acı çektirmenin bana verdiği ızdırabı yaşıyorum. Annem ve ağabeylerim bana ılımlı yaklaştılar, durumumu kabul ettiler ve sürekli maddi destek sundular.

Evlendiğim dönemde bir abim gerilla saflarına katıldı. Eşimde Türk Ordusu'na asker oldu. Ben çok zor bir duruma düştüm. Biri eşim, diğeri kardeşimdi. Eşimin ailesiyle birlikte kaldım. O, askerlikten döndüğünde ayrı bir ev açtık, ailesinden ayrıldık.

Dikiş öğretmeni olabilmek için iki yıllık bir okula devam ettim. Öğretmenlik yapmadım. Evde, parayla dışarıya dikiş dikiyordum. Kazandığım parayı kendim harcayabiliyordum. Gelir, gider işlerini ben yürütüyordum.

Eşimin aile mensupları aşırı sağ görüşlere sahipti. Eşim kendisini Kürt hissediyordu. Nedeni de şuydu; askerde iken, komutanlarının Kürtlere yaklaşımını bizzat görüyor, izliyor. Kendisini acı çektirilen o insanlar gibi hissetmeye başlıyor. Onlarla mukayese ediyor. Askerlikten sonra kendisini Kürt olarak tanıtmaya başladı.

Ailemde maddi zorluklar yaşamamıştım. Ama evlendikten sonra maddi olarakta zorlanmaya başladım. Evde dikiş, nakış yaparak aile ekonomisine katkıda bulunuyordum. Çok zorlandım, psikolojim bozuldu.

19 yaşımda anne oldum. İsteyerek çocuk yaptım. Bütün zamanım çocukla geçiyordu.

Eşimle aynı bölgenin insanlarıydık. Ama aramızda uçurum vardı. Kültürel olarak aynı seviyede değildik. Kendisi sağ düşünce yapısı içinde şekillenmişti. Aile ve yakınları ırkçılardı. Ayrıca, O, lümpendi. İlişkileri sınırlıydı. Özellikle evlilikten bir süre sonra, sevdiğim, aradığım, birlikte yaşamak istediğim erkeğin O olmadığını anladım. Hayal kırıklığına uğradım. Fiziki olarak sevmiştim. Aşık olmuştum. Ama kişilik olarak tanıyamamıştım. Aşkım, gerçekleri görmemi engellemişti. Görmeye başladığım andan itibaren de huzursuz olmaya başladım. Kendisini kabullenmekte zorlanıyordum. Kendisinden, davranışlarından utanıyordum. Konuşmayı, ilişki kurmayı, hitap etmeyi bilmiyordu.

Kültürsüz, kaba, iyi bir aile eğitimi göremeyen, bana muhtaç bir erkekle beraberdim. Bir tek sefer onun gazete okuduğunu görmedim. Durumuyla yetiniyordu. Rahatsız olmuyordu. Ayrıca beni de körleştiriyordu. Kendisinden bir şey alamıyordum. Hep ona vermek zorundaydım. Onu geliştirme, değiştirme çabası içine girdim. Doğrusu birlikte yaşanıla bilinecek bir erkek değildi. Yaşanılır hale getirmeye çalışıyordum. Asabi, ağzı bozuk, rahatlıkla yıkan, bozan bir insandı. Kendi aile fertleri dahi bana "Bununla yaşamayı, birlikte kalmayı nasıl başarıyorsun, beceriyorsun? Nasıl çekebiliyorsun?"diyorlardı. Onu olumlu yöne doğru çekme, itme çabası içindeydim.

Eşim kamyon şoförlüğü yaptığı için çok az görüşebiliyorduk. Ayda iki gün beraber olabiliyorduk. Çalışması, para kazanması gerekiyordu. Tek başıma yaşıyordum, diyebilirim.

Özellikle ikinci kızımın doğumundan sonra O bana karşı ilgisizleşti, soğudu, uzaklaştı. O arada bir bayanla geliştirdiği ilişkisini tespit ettim. Evime gelip, giden ve evli olan bir bayandı. Kamyondan kazandığını o kadına yediriyordu. Genç ve güzel bir kadındı. Ben doğum yapmıştım ve eşime çekici gelmiyordum. İlişkilerini ilk öğrendiğimde sarsıntı yaşadım ve eşime iyi bir tokat attım. Dostu ondan çekip, yiyordu. Ekonomik olarak kendisine bir şey verecek durumda değildi. Annemin bize hediye ettiği parayı ve benim dikiş dikme yoluyla kazanıp, biriktirdiğimi birleştirip, o kamyonu satın almıştık. Eşim bana muhtaçtı.

Kurduğu ilişkiden dolayı arabanın anahtarlarını elinden aldım. Hadi git, dostun seni beslesin, dedim ve kendisini evden kovdum. Ailesi de daha önce kendisini dıştalamıştı. Gidecek yeri yoktu. Üstündeki gömlekle evi terk etmek zorundaydı. Sermaye benimdi.

Eşim kendisini kovmama rağmen çıkıp gitmedi. Yüzünün astarı

kalındı! Kendisine göre pasif direnişe geçti ve kırk gün evden çıkmadı. Yaptığı işin pişmanlığından yada korkudan olsa gerek. Kendisini af ettirme çabalarına girdi. Ben tanıdıklarıma gidiyordum. O ise evde kalır ve değişik yemekler yapardı. Bulaşık yıkardı. Yağcılık yapmaya, etrafımda dolanmaya başladı.

Aldatılma olayından sonra düşünmeye başladım. Ben bu insanı değiştirmek, dönüştürmek istiyorum. Ya karşımdaki! Zorlamayla değişimiyor. Kendi durumundan rahatsız değil. Bu konuda herhangi bir arayışa girmiyor. Çaba yok. Ben yıpranıyorum. Boşuna enerji, zaman kaybediyorum.

Evliliği bitirmeliydim. Toplumdaki dul kadına bakış açısı da beni düşündürüyordu. Tedirgin ediyordu. Toplum ne der? Nasıl bakar? Nasıl yaklaşır? Cesaret edipte boşanma başvurusunda bulunamadım. Evlilikte güven bir kez sarsıldıktan sonra yeniden eskisi gibi yaşamak, yaklaşmak mümkün olmuyor. Ben onu yaptıklarından dolayı af etmedim. Aldatılmamdan dolayı her şey, bütün hislerim kökten sarsıldı.

Bir anne çocuğuna nasıl nasihat verirse, o şekilde eşimle konuşurdum. Parası yoksa evden dışarı çıkmazdı. Para bulduğunda, dışarı çıktığında da eve gelmezdi. Neredeydin? Nerede kaldın? dediğimde ise "Sana ne! Niye soruyorsun? Dışarıdaydım. Niye her şeyi öğrenmek istiyorsun? "cümleleriyle beni cevaplardı. O, arkadaşlarıyla olmaya, dışarıda istediği gibi yaşamaya daha çok önem, değer veriyordu. O ortamda mutlu oluyordu.

Sonuçta bazı gelişmelerden dolayı ayrılma girişiminde bulundum ve annemin yanına döndüm. Kızlarımı da kendi evimde bıraktım. Ablam bana moral, destek verdi. Yakınlarıma, kendisiyle olmak için hepinizi bir tarafa itekledim, onu tercih ettim, kendisine çok değer verdim, aşık oldum, kaçtım, aldatıldım, her konuda kullanılıyorum, diyemedim. Durumumu, rahatsızlıklarımı açıklayamadım. Çok zor bir durum. Sadece dolaylı olarak boşanmak istediğimi belirttim.

Annem, eşin, dostun yapacakları dedikoduları düşündü. " Sen bizi dinlemedin ve kocaya kaçtın. Baban durumunu kabullenemedi ve bu dertle öldü. Anne oldun. Yuvanı yıkma. Çocukların için idare et. Kızın bir haftalık. Sana ihtiyacı var. Dön evine git." diyordu. O, yalnız yaşıyordu. Çocuklarımın yetim kalmalarını istemiyordu. Onlar için üzülüyordu.

Kendim hatalı tercihi 16 yaşın hisleriyle, yaşama bakış penceresiyle yapmıştım. Bu nedenle de olumsuz, problemli ilişkiyi, bütünleşemediğim eşimle ömür boyu çekmeye itildim. Anneme, evime döneceğim. Ama Pazarcık'ta kalmayacağım. Buralardan gideceğim. Gittiğim yerde de boşanacağım, dedim. Mecburen, istemeyerek evime döndüm.

Aldatma olayında kendisini af ettim. Çünkü dostuyla yalnızca telefonla görüştüğünü, birlikte olmadığını, yatmadığını belirtmişti. Ben kaçtığım, evliliği kendi başıma gerçekleştirdiğim için, kendimi ilişkiyi yürütme, sürdürme mecburiyetinde görüyordum. Anneydim! Yalnız değildim. Kapıyı kapatıp ta çıkamıyordum.

Eşim kendisini düzelteceğine, eksiklerini gidereceğine söz vermişti. Adam düştüğünde elime, ayağıma sarılır, kalktığında ise beni tanımazdı. Her şeyi çıkara göre ayarlıydı. Biraz para kazandı mı, değişiyordu.

Pazarcık'taki devlet görevlileri gerilla olan abimin konumundan dolayı her ay dört kez ifademi alıyorlardı. Ayda dört kez askeri şubeye ve polis karakoluna götürülüyordum. Abim kendi özgür iradesiyle, kararıyla gerillaya katılmıştı. Suç veya sevap, bireysel bir karardı. Kolluk kuvvetleri ona ulaşamıyorlardı ve bizlere yöneliyorlardı. "Oğlunuz örgüt üyesi" diyorlardı, gerekçeler yaratıyorlardı ve bizleri rahatsız edip, ifadelerimizi alıyorlardı. Hepimize baskı uyguluyorlardı. Annem hasta olduğu için onu bırakıp beni götürüyorlardı.

İkinci kızıma hamileydim, doğuma bir hafta vardı. Beni askeri şubeye götürdüler. Rahatsızdım, nefes bile alamıyordum. O halde beni saatlerce ayakta tutarak kardeşimle ilgili sorular sordular. Her seferinde saatlerce tutup, yazılı ifademi alıp, eve gönderiyorlardı. Bu baskılar ve ailesel sorunlarımdan dolayı da Avrupa'ya çıkmaya karar verdim. Beni ayakta bekletenler her türlü uygulamayı yapabilirlerdi. Bayan olduğum içinde büyük bir istekle ve hem de zevk alarak. Ki bayanlara yapılanların hikayelerini duyuyorduk.

Bir abim İsviçre'de yaşıyordu. O, bizi davet etti. Yanına gittik. Oradan da Almanya'ya geçtik. Sığınma başvurusunda bulunduk. Dört yıl kaldık. İsteğimiz ret edildi. Belçika'ya geçtik. İltica ettik. Onlarda ret ettiler. Yeniden Almanya'ya geçip, iltica ettik. Kabul edilmedik. Gizli, kaçak kaldık. Alman güvenlik görevlileri bizi yakalayıp, geri gönderdi.

Avrupa'da sürekli eşimle beraber kalmaya başladım. Baş başa kalınca anlaşmazlıklar su yüzüne çıktı. Gerilim yükseldi. O, geçmişte birlikte çalıştığı kesimin sohbetlerini, konuşma konularını tercih ediyordu. Araba, yol, konaklama merkezleri. Bense o konulardan hoşlanmıyordum. Anlattığı şeyler bana anlamsız, sıkıcı, basit geliyorlardı.

Yakalanıp, geri gönderilmemizden sonra iki yıl Pazarcık'ta kaldık. Sonuçta devlet görevlilerinin bana yönelik olan uygulamalarına dayanamadım. Onlar, beni hayattan bıktırdı. Abim militandı. Bende sivil olarak devletin esiri durumundaydım. Sürekli karakollara götürülüyordum. Aşağılanıyor, hakaretlere ve yaptırımlara uğruyordum. Dayanacak gücüm kalmadı. Ben abimle görüşebilen, onu görme, konuşma imkanına sahip olan bir insanda değildim. Bana acı çektiriyorlardı ve abimin durumu duyacağını, beni kurtarmak amacıylada olsa gelip kendilerine teslim olacağını düşünüyorlardı.

Yurt dışında olan yakınlarım ailesel problemlerimi biliyorlardı. Akrabalarım benim ailesel ilişkimi hiç bir zaman kabullenemediler. Kardeşlerim sürekli eşimden ayrılmam yönünde istemde bulunuyorlardı. "O, birlikte yaşanılacak bir erkek değil. Sana layık değil. " diyorlardı.

Sürekli karakol ve jandarmaya götürülüşümden, bana yapılanlardan da haberdarlardı. Tecavüze uğramamdan, sakat bırakılmamdan, öldürülmemden korkuyorlardı. Şebekecileri buldular. 20.000 alman markı verdiler. Yanlarına gelmemi istediler.

Küçük kızım 5 aylıktı. Yeniden göç yollarına düştük. Göç yolunda, Slovenya'da, trafik kazası geçirdik. Kızım nefes alamıyordu. Birkaç dakikalık ölüp, dirilmeyi yaşadı. Yaralandık ve kaçak konumunda olduğumuz içinde hastaneye bile gidemedik.

İnsan taciri ise bize Slovenyalı bir polis olduğunu, her gün onlarca insana kılavuzluk yaptığını, bu işi ikinci bir meslek olarak seçtiğini, iyi para kazandığını belirtti.

Yaralı halde olan bizleri bir kümese götürüp, bıraktı. Her tarafımız kan içindeydi. Küçük çocuğumun atletini meyve suyu ve sütle ıslatarak, yüzümüzdeki kanları temizledim. Çok zorlu bir geceydi, çok kötü durumdaydık. Ağrılar içinde bekledik.

Slovenya'dan İtalya'ya geçirildik. İtalya'da ise yakalandık. Ülkelerine izinsiz giriş yapmıştık. Polisler bizi mülteci kampına götüreceklerini söyleyip, yarı açık cezaevine götürdüler, bıraktılar. Lecce'nin bir köyüydü. Yiyecek sınırlıydı. Slovenya'daki kazadan dolayı ayağımda küçük bir kırık olduğu halde doktora götürülmedim. Kızımı lavaboda yıkıyordum. Temizlik yoktu. Her yer pisti.

Cezaevi yöneticileri toplantı yaptılar. "Burası otel değil. Çalışmanız gerekiyor" dediler. Her gün asker sayımı gibi sayılarak otobüslere bindiriliyorduk. Başımızda görevli vardı. 2 ay boyunca gece 03:00'den, gündüz 14:00'e kadar domates tarlalarında çalıştırıldık.

Kızlarımı mecburen ağaç gölgesine bırakıyordum. Onlar orada bekliyorlardı. Korkuyordum. Akrep, yılan sokması tehdidiyle yüzyüze idiler. Bir yandan domates toplarken, diğer yandan da çocuklarımı gözlerdim. Küçüğümü emzirmeye giderken bile görevlilerin kızgın cümlelerini duyuyordum. Aceleyle onu emzirip, domates toplamaya dönerdim. Yetkililer ancak üç ay sonra arada kimliklerimizi verdiler. Bu şekilde dışarı çıkabildik.

İtalya'da kimseyi tanımıyorduk. Yardım isteyecek insan yoktu. Döndük, dolaştık, durduk. Paramız yoktu. Yakınlarımdan para istedim. Para gelince eşimle birlikte oradan kaçmaya karar verdik. Dışarı çıkma iznini kullanarak, cezaevinden kaçıp, uzaklaştık.

İnsan tacirlerinin, şebekecilerin kılavuzluklarıyla kaçak yollardan, ormanları, dağları yürüyerek, akarsuları, denizleri, ülkeleri geçerek İtalya'ya ulaşmıştık. İtalya'da da yeniden şebekecileri bulduk. Onlarla anlaştık. Bizi İsviçre'ye götürmeleri için istedikleri parayı verdik. Adamlar paramızı aldılar. Söz verdiler ve sözlerini de yerine getirmediler.

Vardığımız yerde deli koyun gibi dolanmaya başladık. 17 gün dışarıda, bir parkta yattık. Kilise rahibesi olan bir bayan durumumuzu gördü ve bize ekmek getirmeye başladı. Sokaktaki çeşmelerin fışkıran sularını içiyorduk.

Bir şehirde Kürdistan Kültür Derneği'ni bulduk. Gidip yetkililere durumumuzu açıkladık. Onlar bize bir avukat önerdiler. Avukata durumumuzu anlattık, belgelerimizi verdik. Bize yardımcı olacağını söyledi. Kalacak yerimiz yoktu. 1 gün onun bürosunda kaldık. O bizi bir yere gönderdi. Üç gün orada kaldık. Ücreti de kendisi ödedi.

O ülkede kabul edilmedik, kalamadık. Bu ülkeye geçtik. 55 rahibenin olduğu bir kiliseye sığındık. Yaşlılar huzurevinde yemek yiyorduk. Kilisede bir odada kalıyorduk. Banyoda yoktu. Kilise görevlileri bizi yakından tanımaya başladıktan sonra her türlü yardımı yaptılar. 1 ay kaldık. İltica, sığınma isteğimizden sonrada ev tuttuk. Rahibeler evimizi döşediler. Bizim için gerekli olan şeyleri aldılar. Resmi olarakta geçici kalma hakkı elde ettik.

Ben yurtseverdim. Toplantılara, yürüyüşlere katılıyordum. Birkaç aydan sonra çalışmalara da katıldım. Bir sene geçtikten sonra yeniden eşimle aramda sorun çıktı. O, buradaki yaşamı benimsemişti. Burada gece hayatı başladı. Akşam çıkar gider, sabah geri dönerdi. Bende bu durumu kabul etmedim.

Yeniden beni aldatmaya başladı. Durumu fark ettim. Tavrımı koydum. Ona, bir başka kadının varlığını kaldıramayacağımı açıkladım. Tartışmalar sürekli bir hal aldı. Kendisine, istediğin zaman gidebilirsin, bu evi terk edebilirsin. Aldatılmayı affetmem, şiddeti de kabul etmem, dedim.

Evliliğimizin son 1 yılında, çok çatışma yaşadık. O, benden ayrılmak, evlilik ilişkisini bitirmek istemiyordu. Dışarıda istediğini yaşar ve eve dönerdi. Gece yaşamını kabul etmiyorum, babasın, sorumluluğuna göre davran dediğimde, bana cevaben " İstiyorsan böyle. İstemiyorsan çık, git. " derdi.

Bir tartışma sonrası küçük kızımı alıp, bir aileye gittim. Ardım sıra geldi. Beni ve o aileyi tehdit etti. " Seni öldürürüm. Sen benden ayrılamazsın." deyince, o ailede korktu. Gece saat ikiydi, bana, "Kızım burada kalma. Evine dön."dediler.

Küçük çocukla ortada kaldım. Sığındığım, yardım istediğim aile beni kabul etmedi. Mecburen evlerinden çıktım. Eşimde yanımda birlikte yürüyoruz. Yolda bana tehditler savuruyor ve bağırıp, çağırıyordu. Baktım polisler arkamızda, araçları içinde bizi takip ediyorlar. O, onları gördü. Devamlı bana "Polise bir şey söylersen, seni bıçaklarım. Seni öldürürüm."diyordu. O şekilde birlikte eve girdik.

Kendisi istediği tarzda yaşamaya devam etti. Her Cumartesi diskoya giderdi. Giderken hem bizim yiyecek paramızı alırdı, hem de giyeceği elbiseleri bana ütületirdi. Zorbaca davranmaya başladı. Bu sorunlarımı anlatabileceğim hiç kimsem, dostlarım yoktu. Sadece ağlıyordum. Ağlayabiliyordum. Hep çocuklarıma sarılır, gözyaşı dökerdim. Zavallı ve çaresiz durumdaydım. Sorunları hal edemiyordum. İşin içinden çıkamıyordum.

Bir tartışma sırasında eşim bana bir başka kadınla olduğunu söyledi. Kendisine, tamam, benden ayrıl, beni rahat bırak, git, dostunla yaşa, önerisinde bulundum. Kabul etmedi. "Sen benim malımsın. Bu evde namusunla oturacaksın. Ben dışarıda hayatımı yaşayacağım. Ayrılırsam kötü yola düşersin. Gençsin, erkekler seni rahat bırakmazlar. " dedi.

Gidip mutfaktan bıçak alıp, yanıma geldi. "Yüzünü çizerim. Seni öyle bir hale getiririm ki, aynaya baktıkça beni hatırlarsın" tehditinde bulundu. Çocukların önünde tartışıyorduk. Bana bir tokat attı. Bende kendisine attım. Cevabını verdim. Bıçağı yeniden aldı ve " Seni öldüreceğim. Karşı gelmek yok. Karım olarak bu evde yaşayacaksın. Kıpırdayamazsın." cümleleriyle bağırdı.

Odaya kaçıp, kapıyı arkadan kilitledim. Kendisine, böyle bir evlilik yürütmektense, ölmeyi tercih ederim, cevabını verdim. Çıkıp, gitti. Ben bir kadın olarak bana reva görülenleri kaldıramıyordum. Eşimin uyuşturucu almaya başladığını da fark ettim. Uyuşturucu bulamayınca bana el kaldırdı, bıçakla saldırdı. 12 yıl boyunca böyle bir davranış sergilememişti. Durumu dikkatimi çekti.

8 yaşındaki kız çocuğum durumumuzu gördü. Buna çok üzüldüm. Babasını elinde bıçakla, benim üzerime yürürken görmesini, o anı, ömür boyu hatırlayacak. İlerleyen günlerde bana şiddetin değişik versiyonları uygulandı. Durumu kaldıramayan kızım ise " Baba eve gelmesin. Ayrıl. Yeter...." diyordu. Çocuk olan bitenlerin farkındaydı.

Eşime, sekiz yaşındaki çocuğun bile kendisini kabul etmediğini ve ayrılmamı istediğini söyledim. O, bana cevaben, "Dul bir kadın rahat bırakılmaz. Her geçen taşlamaya kalkar. Değişik sıfatlar yakıştırırlar. Yalnızlığı kaldıramazsın. Yapamazsın. Kadın erkek şemsiyesi altında olmalı." dedi. Onun bu tarz cümleleri bende de, acaba yapabilir miyim? Yalnız kalabilir miyim? Çocuklarım için gerekli olan şeyleri yerine getirebilir miyim? kaygısını ve güvensizliğini oluşturuyordu.

Bizim bölgede ilginç bir anlayış var. Yemeği yakan, kocasına karşılık veren, kocasının cinsel ilişki teklifini reddeden, çocuklarının bakımını ihmal eden bayan kocası tarafından dövülebilinir. Bu nedenlerden birini ileri süren erkek uyguladığı şiddette haklı olarak görülür. Bu durum genel kabul görmüştü. Özellikle eğitimsiz kadınlar bu nedenlerin hepsini dövme sebepleri olarak görüp, savunuyorlar.

Koca dayağını haklı gören kadınların oranı öğrenim düzeyi yükseldikçe azalış gösterebilir. Ne yazık ki hepsi olmasa da öğrenim görenler de kendilerini geliştirmedikleri için bazı durumlarda şiddetti savunuyorlar. Belli durumlarda koca dayağını haklı görüyorlar. Bütünün parçaları olduklarını gösteriyorlar. Bu kültürü benimseyen eşim de rahatlıkla tokat atabiliyordu.

Yatak ilişkimizde hiçbir zaman problem olmadı. Eşim benim düşünceme, isteğime göre hareket ederdi. Zevk verip, almayı biliyordu. O, çift kişilikli gibiydi. Yataktan kalktı mı bir başka insan oluyordu. Kabalaşıyordu ve anlaşamıyorduk. Bu durumda beni rahatsız ediyordu.

Son dönemde eşim kapıyı kilitleyip, üstüme saldırıyordu. Zorla cinsel ilişkiye giriyordu. Aldatılmak, bir başkasının varlığından haberdar olmak, hakarete uğramak, güvenmemek, bende cinsel istek bırakmadı ki. Kafası rahat olmayan insan sevişebilir mi? Hislerimi yok etti. Rol de yapamıyordum. Doğrudan eşime, seni istemiyorum, senden zevk alamıyorum, diyordum.

İstenmemek, kabul edilmemekte onu azgınlaştırıyordu. Zor, fiziki güç kullanarak tatmin oluyordu. Bu durumu anlamakta mümkün değil. Birey kendisini istemeyen bir insanın vücudunu kullanarak nasıl rahatlayabilir?! Psikolojide bu istemin, anlayışın adı nedir? bilmiyorum.

Kendime çok kızıyordum. Neden anne oldum. Neden bu çocukları dünyaya getirdim? diyordum. Ben 28 yaşımdaydım ve hayatım kararmıştı. Çocukları huzursuz bir ortamda yaşatmamalıydım. Psikolojim bozulmuştu. Çocuklarım her şeyin farkındaydılar. Kavga ediyor ve ağlıyordum. Sorunları kimseyle konuşmuyor, içime atıyor, depoluyordum. İçimde yara oluşmuştu. Kusup ta rahatlayamıyordum.

Boşuna demiyorlar "Yetki ver de gör!" Buraya geldik. Adam çalışmaya, para kazanmaya başladı. Düşünceleri, konuşmaları, hareketleri değişti. Gerçek kişiliği, özlemleri ortaya çıktı. Yaşayamadığı her şeyi yaşamak istedi. Geçmişte ben evde çalıştım. Eksik olanı ise hep yakınlarım tamamladı. Beni parasız bırakmadılar. O, o zaman bana ve yakınlarıma saygılıydı. Burada yeterince kazanmaya başlayınca, kimseye ihtiyacı kalmayınca, istediği tarzda hareketler sergilemeye, gerçek kişiliğini ortaya koymaya, bizleri tanımamaya başladı.

Eve gelmezdi. Bizlere karşı ilgisizdi. Nerede olduğu, kaldığı sorulduğunda hiçbir açıklama yapmazdı ve "İstediğimi yaparım. Yaşarım. Yapmaya da özgürüm" derdi. Kendisi her şeyi yapabilirdi. Bende dört duvar arasında onu ve çocukları bekleyecektim. Ben onun "namusu" ydum. Sağlam ve temiz kalmalıydım. O da canının çektiği her şeyi yapacak ve tadacaktı. Ben sesimi çıkarmadan, tepki göstermeden durumu kabul edecektim.

Sosyal yardım kurumunun bizlere yiyecek ve ihtiyaçlarımızı karşılamamız için verdiği parayı alır, götürür, dışarıda yerdi. Zevkleri için harcardı. Ben hiçbir zaman cüzdanımı eline vermezdim. Zaten verilen yardım parasıyla ne doyuyorsun, ne de aç kalıyorsun. Kendi yağında kavruluyorsun.

Bir zamanlar kendime çok yakın hissettiğim bu insan Avrupa'da kendi hayatını yaşamaya başladı ve ortak bir şeyler paylaşmadığımızı net olarak gördüm. Hiçbir şey eskisi gibi değildi. Bir zamanlar yaşadığımız tutku ve heyecan dolu aşk mazide kalmıştı. Hayatımızda bir denge sağlamak mümkün değildi. Benim duygusal hayatımda boşluklar oluşmaya başladı.

Bu şehirdeki dernek yönetimine beni önerdiler, değer gördüler. Bende kabul edip, görev aldım. Eşim bu sorumluluğu üstlenmeme karşı çıkmadı. Ben ev kadınıydım. Oradan, dernek yöneticiliğine sıçrama yaptım. Tecrübesizdim. Ama isteklíydim ve işi götürüyordum. Beraber çalıştığım insanlardan destek alıyordum. Dernekte aldığım görev sonucu, aktif siyasi çalışmalar içinde olan insanlarla yeni, yeni tanışmaya, tartışmaya, bilgi alış verişine başlamıştım. Kendime sosyal çevre oluşturdum.

Aile ilişkisi sonucu iş öyle bir aşamaya geldi ki, sonuçta intihara karar verdim. Bir gece kendimi ölüme hazırladım. İlaç içtim. Çocuklarımı da kucağıma aldım, onlara sarılarak ağladım. Hiçbir şey düşünemiyordum. Aylar olmuştu ki hayattan zevk almıyordum. Yaşam sevincimi kaybetmiştim. Çocuklarıma sizden dolayı bu adamı çekiyorum. Beni anlayın deyince, kızım "Anne ağlama. Ayrıl, ayrıl." cümlesiyle beni cevapladı.

Çocuktu ama benden daha iyi değerlendirme yapabiliyordu, daha sağlıklı düşünebiliyordu. Babasına da aynı cümleyi birkaç kez söylemişti. Çocuklarımla birlikte ölüme hazırlandım. Yaşadıklarımı düşündüm. Ben o anda ikinci kez intihara teşebbüs etmiştim. Şimdi anlatırken bile kötü oluyorum.

O gece, ben ölümü beklerken dernekten bir arkadaş beni aradı, konuştuk. Ses tonumdan iyi olmadığımı anladı. Yanına bir başka bayanı da almıştı ve hemen eve geldiler. Durumumu gördüler. Kızdılar. Beni eleştirdiler. Yoğurt yedirdiler. Dışarı çıkardılar, saatlerce yürüttüler, bir eve götürdüler.

Zayıf, güçsüz bir bayan olmadığımı, yaşamı pozitif yönleriyle görmeye çalışmamı, kendimi ölüm isteminden uzak tutmam gerektiğini, yaşamı, kendimi sevmemi ısrarla belirttiler. Her türlü desteğe hazır olduklarını söylediler. İnsani ilişkileri uzuzn uzun anlattılar.. Beni yalnız bırakmadılar. Ölme isteğimi frenlediler.

Özgür Kadınlar Parti'li (PJA) iki bayan, beni yıllardır uyuduğum derin uykudan uyandırdılar, sarstılar ve yaşama dönmem gerektiğine inandırdılar. Yaşayan bir ölüyü dirilttiler. Yönümü çevirdiler. Görmemi sağladılar. Çocuklarım için yaşamaya, ölümden uzak kalmaya karar verdim.

Annemi düşündüm. Annem simsiyah giyinirdi. 13 yıldır gerilla olan oğlundan bir haber alamamıştı. Eşi ölmüştü. Siyahlara bürünmüştü, yastaydı. Benim ölüm haberimi aldığında yıkılacaktı. Ben ölecektim ve kızlarım yetim kalacaklardı. Babaları ise renkli yaşamını sürdürecek ve onları korumayacaktı. Sahipsiz, korumasız büyüyeceklerdi. Ne aptaldım! Kendi kendimi cezalandırıyordum. Öleceğime, adamı dize getirmeli ve hırsından çatlatmalıydım. Eşim beni öldürmek istiyordu. Bende kendisine yardım ediyordum. O, girişimde bulunmadan, ben kendimi öldürmeye kalkarak, onun işini kolaylaştırıyordum.

PJA'lı bayanlar ertesi gün beni derneğe götürüp saatlerce konuştular. Kadın partisi görevlileri olarak her türlü desteğe hazır olduklarını, yalnız, kimsesiz olmadığımı, kendimi toparlamam gerektiğini belirttiler. Yalnızlık, zayıflık, kimsesizlik psikolojisinden kurtuldum. Kendime gelmeye başladım.

Ayaklarım üzerinde durabilir miyim? Yalnız bir bayan olarak yaşayabilir miyim? Dıştalana bilir miyim? düşünce, tedirginlik ve korkular beni esir almıştı. Çekingen, korkak, bunalımlı bir insan olmuştum. Sağlıklı düşünemiyordum. Düşünceler arasında gidip, geliyordum.

Siyasi bayanların konuşmalarıyla kendime gelmeye başladım. Güvenim arttı. Biri psikoloji okumuştu. Anlayarak, sıkıntılarımı çözerek hitap etti ve beni rahatlattı. Eve döndüm. Yıkandım. Temiz giyindim. Eşime durumumu yansıtmadım. Yalnızca boşanacağımı söyledim. Alaylı bir sesle güldü. Boşanma isteğime dalga geçerek cevap verdi. Söylediklerimi ciddiye almadı.

Bana " Sen bensiz yapamazsın. Halen beni seviyorsun. Boşanırsın, ama kötü yola düşersin. Kimin var? Yabancısın! Kim sana yardım eder? Yalnız yaşayamazsın, götüremezsin." dedi.

Daha önceleri o konuşunca sinir krizleri geçiriyordum. Kızıyordum. Cümlelerini duymak istemiyordum. O anda ise o tavrı hırsımı, direncimi, boşanma, kurtulma, kendisinden uzaklaşma isteklerimi güçlendirdi. İçimden, sen görürüsün, olacaklara kendini hazırla, dedim.

Yaşadıklarım kalbime vurmuştu. Kalp hastası oldum. İki yıldır kalp sorunuyla uğraşıyorum. Sinirlerim bozuldu. En ufak bir şeyde zıngır, zıngır titriyorum. Sonuçta sıkıntılarımı doktoruma anlattım. Müdahale etti. Ayrılmam gerektiğini belirtti.

Eşim ise benden ayrılmayacağını, ayrılmam durumunda beni bıçaklayacağını söylüyordu. Ne bensiz olmak istiyordu, ne de huzur veriyordu. Kadın tarafından terk edilmek kabul edemeyeceği bir şeydi! Sadece kendisi isterse beni terk edebilirdi. Dışarıda her konuda doyuma ulaşıp, eve dönüyordu. Huzursuzluğumu belirtmem durumunda üzerime bıçakla saldırıyordu, evin içinde beni kovalıyordu. Tehdit ve küfür aşırı dereceye vardı.

Bana " Seni öyle bir hale getiririm ki sürekli beni, bu anı hatırlarsın. Yüzünü tahrip ederim, çizerim. Her aynaya baktığında beni hatırlarsın. Sen istiyorsun diye boşanma olmaz. Ben istersem olur. Beni bırakamazsın. Boşanmakta ne demek!" diyordu.

Düşündüm. Nasıl yakamı kurtarabilirim? Nasıl onu kendimden uzaklaştırabilirim? Benden soğuması için neler yapabilirim? Bir anda iki insan sevilir mi? Normal değildi. Benden uzaklaşmıyordu. Dışarıda doyuma ulaşma isteği de son bulmuyordu. Hiçbir çekincesi yoktu.

Sonuç olarak kendisine ya sen, ya da ben bu evden gidiyoruz, dedim. Yeniden alay ederek beni cevapladı. " Sen bensiz yapamazsın" dedi. Beni iyi tanıyordu. Sabaha kadar uyuyamadım. Kendimi çok eleştirdim. Niye cesaret edemiyorum? Niye ilk adımı atamıyorum?

Aktif çalışmalar içerisindeydim. Göçmenlik süreci içinde düşüncelerim biraz değişmişti. Bir oranda eski düşüncelerimi taşımıyordum. Ama halen tutuktum. Kabuğumu yırtıp ta dışarıya adım atamıyordum. Geldiğim yerde aldığım eğitimin, kültürün ve bunalımlı ilişkinin tutsağıydım.

Sabah oldu. Yeni bir hayata başlama düşüncesiyle evden çıktım. Gidip

PJA'lı bayanlarla görüştüm. Her şeyi ayrıntılarıyla kendilerine anlattım. Onların desteğiyle adım atmaya başladım. Yaşamımda bir dönüm noktası başladı. Kendimi güçlü hissediyordum. Çünkü yanımda siyasi bayanlar varlardı. Eşim bana saldıramazdı.

Çocuklarımı alıp, evimden ayrıldım. Gelişkin bayanlar yürümeye başlayan bir bebeğin ellerini tutmuşlar, bırakmıyorlardı. Ben erkeksiz yürümeyi öğreniyordum. Köşeyi dönmeyi başarmış ve yaşamın diğer sokağını da görmeye başlamıştım. O günden sonrada O bayanlardan uzaklaşmadım. 1 yıldır onlarla birlikte kadını özgürleştirme, sosyalleştirme çalışmalarına katılıyorum.

Kürt Kültür Derneği'nde yönetici olduğumda, ilk toplantıda, iyi bir ev kadını olarak çalışmalara katılıyorum, dedim. İyi bir eş, iyi bir anne, iyi bir ev kadını! Sürekli sunuyordum. Siyasi insanlarla tanıştıktan sonrada kitap okuyarak kendimi geliştirme yolunu seçtim. Gelişkin bayanları izledim. Onları örnek aldım. Kızlarımı eğitebilmem içinde öğrenmem gerekiyordu. Ki daha önce siyasi bayanları, onların partilerini (PJA) tanımıyordum. Onlar gelip beni buldular. Sadece "Jina serbilind- Başı dik kadın "adlı dergilerini alıyordum. Politikayı da anlamıyordum. Çalışmalara pratik destek sunuyordum. Ama yönetme ve yönlendirme açısından bilgim yoktu.

PJA'lı bayanlarla görüşmeye başlayınca, kendimi onlarla kıyasladım. Dünyaları bana göre çok farklı ve büyüktü. Onlar bir ülke için, oluşturmak istedikleri demokrasi, farklı ve eşit yaşam, düzen için mücadele ederlerken, ben neden eşimle, onun yarattığı sorunlarla uğraşıyorum? Alanım niye bu kadar dar? şeklinde düşünmeye, kendimi değerlendirmeye başladım. Kendime soru sormayı öğrendim. 12 sene boyunca yürüttüğüm mutsuz, acılı yaşamdan PjA'lı bayanların aydınlık sızan kapıyı aralamalarıyla kurtuldum.

Bir insan nasıl hayata sıfırdan başlarsa, ben de aynen öyle, kendimi yeni doğmuş bir insan olarak gördüm. Buradan başlamalıyım, dedim. Eşimin alaylı cümleleri bana direnişe geçme, direnme gücü verdi. Ki daha önce beni moralmen çökertiyorlardı. Pasifleştiriyorlardı. Toplumun dul kadına bakış açısı da beni rahatsız ediyor, korkutuyordu. Siyasi bayanları, amaç ve anlayışlarını anladıktan sonra, toplumun bakış açısı da beni fazla ilgilendirmemeye başladı. Acıyı yaşayan bendim. Toplum değildi.

Evimi terk ettim ve yeni bir yer tuttum. Ev çok eskiydi. 15 gün boyunca tek başıma tamiratıyla uğraştım. Tamir ettim. Temizledim ve yerleştim. Eşime de, evime yaklaşma, dedim. Yeni bir hayata başlamıştım. Bir aylık bir süre geçti. Adam gelip, gitmeye başladı. Söylediklerimi ciddiye almıyordu. Yani sende kimsin? Ben istediğim gibi davranırım. Ben nasıl istersem öyle olur!

İstediği gibi davrandı. Araya bir kadın koydu. Amacı benimle barışmaktı. Arayı düzeltmeye çalışıyordu. Eve de yerleşti. Çıkmadı. Ayrı odalarda yatıyorduk. PJA'lı, sorumlu bayana durumu anlattım. Ne yapacağımı, onu nasıl evden uzaklaştırabileceğimi bilemiyordum. Destek istedim. Sorumlu "Korkma. Rahat ol. Kadın partisi olarak senin yanındayız." dedi.

Adam yeniden benimle olmak, yatmak istiyordu. Kendime yaklaştırmadım. Bayanlardan birini evimde, odamda yatırıyordum ki adam odama girmesin. Kendimi koruyabileyim. Bir gece kendisine bir daha bu eve gelme. Seninle yapamıyorum, dedim.

Yıllarım beraber geçmişti. Ellerinin vücuduma dokunmasını istemiyordum. Sevgi, nefrete, tiksintiye dönüşmüştü. Kendisi bu hislerin mimarıydı. Onu bir tecavüzcü gibi görüyordum. İğreniyordum. Bir zamanlar paylaşamadığım, uğrunda her şeyi yapmaya hazır olduğum, dünyamı dolduran, içime koymak istediğim canlı, erkek, artık bir hiç olmuştu. Sıfıra inmişti. Varlığı beni rahatsız ediyordu.

Tartışmaya başladık. Elbiselerini çantasına yerleştirip, yanına bıraktım ve artık beni rahatsız etme, uzak dur, çık git, diye uyardım. O andan itibaren tam anlamıyla ruhi kopma oluştu. Yani duygusal olarak her şey tümüyle bitti.

Çıkıp gitti. Daha sonra bir, iki kez gelip beni tehdit etti. Yalnız olmadığımı, partili kadınların beni koruduklarını anladı. Bir kez tehdit etmeye geldiğinde dört bayanı yanımda gördü. Bir şey yapamadı ve dışarı çıktı. Bana " Seni mermi manyağı yaparım" derdi. Bende kendisinden korkuyordum.

Daha önce oturum alamazsak, sorun yaşarsak boşanalım, dedik. Süre uzadı. Korkmaya başladık ve boşandık. Hangimiz oturum hakkı alırsa, burada kalma hakkı elde eder. Yeniden resmi evlilik yaparak birlikte yaşamaya başlarız, düşüncesiyle boşandık. İyi ki öyle yapmışız. Tamda işime yaradı. Eğer bu düşünceyle, istekle boşanmış olmasaydım, bu kadar kavgadan, ev ayırmadan sonra eşim kesinlikle benden boşanmaz, sorun yaratırdı. Oturum alabilme hesabıyla yaptığımız boşanma işime yaradı. Yakamı kurtardım.

Çocukların sorumluluğu hukuken bende. Babaları ise her pazar günü bir saatliğine onları görüyor. Bir şeyler yedirerek çocukları kaybetmeyeceğini sanıyor. Sadece birkaç ay nafaka verdi. Daha sonra hiçbir şey vermemeye başladı. Bir bayanla yaşadığını, giderlerinin fazla olduğunu belirtti. Kadın için masraf yapabiliyor. Kızları için değil! Hiçbir diyalogumuz yok. Yüzünü görmek, sesini duymak istemiyorum. Bir dönercide çalışıyor. Çocukları almaya geldiği saatlerde evde kalmıyorum.

Sorunlarımdan dolayı doktor ilaç vermişti. Bayanlar hapları almamı engellediler. İlaçlar beni uyuşturuyordu. Daha zayıf, güçsüz, çaresiz bir duruma düşüyordum. Yapabileceğim şeyleri de yapamıyordum. Sorunları çözemiyordum. Etkili olamıyordum. Şimdi kalp dışında sağlık sorunum yok. İlişkinin bitmesiyle kendime gelmeye, kendimi toparlamaya başladım.

Eşim yer, içer, kendine bakar, gezer, tozardı. Ben ise sürekli elleri titreyen, kalp çarpıntıları yaşayan, psikolojisi bozulan, içine kapanan bir insan olmuştum. Aptallar gibi kendi kendimi cezalandırıyordum. Silkinipte o ilişkiden kurtulamıyordum. Adamın keyfi, sağlığı yerindeydi. Hasta düşen bendim.

Şimdi çok iyiyim. PJA'lılar bana sosyal danışmanlık, eğitmenlik yaptılar. Onlar olmasalardı ben mezarda olacaktım. Çocuklarımda yetimler yurdunda kalacaklardı.

Çocuklarımla birlikte yalnız yaşıyorum. Her kadın kendi toplumu içinde yalnız yaşamayı başaramaz. 27 yaşında olan çocuklarımın babası 45 yaşındaki bir kadınla yaşıyor ve son derece bakımsız bir durumda. Ben ayağa kalktım. Kendimi toparladım. O ise dağıttı. Yıprandı. Artık benimle alay edemiyor. Başı önde, eğik. Şaşkın. Bütün sorumlulukları üstlenebileceğimi, yalnız yaşayabileceğimi düşünemiyordu.

O, Pazarcık'ta, ekmeğe muhtaç, alkolik bir babanın oluşturduğu, küfürbaz çocuklardan meydana gelen bir ailenin içinde yetişmişti. Bu yönüyle kötü bir çocukluk geçirmişti. Şansız bir insandı.

Ben buraya geldikten sonrada iki yıl boyunca annesine para gönderdim. Onlar, bana hep "Kürt kızı" olarak hitap ederlerdi. Kayınpederim Kürtleri sevmediğini evine gittiğim ilk gün yüzüme haykırdı. Beni kabullenmedi. Kürt bir gelin istemiyordu. Zaman içinde ilişkimiz düzeldi. Bir şey yapmak istediğinde, eşinin, kızlarının değil, benim fikrimi sorardı.

Oğullarından ayrılmama rağmen kendileriyle diyalogumu sürdürdüm. Çocuklarımın yakınlarıdırlar. Saygısızlık yapmadıkları sürece de ilişkiyi sürdüreceğim. Eşimin ailesiyle, aile bağları olmadığı için çocukları yakınlarıyla görüştürmüyor. Ben o görevi yapıyorum. Onların torunlarına, torunların da onlara ihtiyaçları olduğunu düşünüyorum.

Son evim sadece bana ait olduğu için zevkle döşedim, yerleştirdim. Önceki yaşamımdan hiçbir iz, eser kalmadı. Boşanmakla, kendimi, yeteneklerimi, gücümü keşfetmeye başladım. Çok şey yapabileceğimi biliyorum. Bazı insanlar, bazı işleri kadının yapamayacağını düşünüyorlar. Ben bu düşünceye katılmıyorum. Her şey imkanlara, şartlara bağlı.

Kendimle ilgili olarak şunu söyleyebilirim; kendimi daha çok eğitmem, öğrenmem, değerlendirme gücüne kavuşmam gerekiyor. Yaşadıklarımın, ayrılmanın yarattığı ruh hali beni yıprattı. Acaba çocuklarım beni suçlarlar mı? düşüncesiyle kendimi sorguluyorum. Şimdi haklılığımı ispatlayabilirim. Onlar kavgasız, hakaret bulutlarının sarmadığı bir evde yaşıyorlar. Aç kalmıyorlar. Hem anne, hem de babayım. Çocuklarımla çok iyi bir ilişkiye sahibim. Büyük kızım 9, küçüğü 3 yaşında. 9 yaşındaki kızım, kardeşine bakıyor, sorumluluk duygusu gelişti.

Bundan sonra ağırlıklı olarak kadını sosyalleştirme, özgürleştirme, olumlu yönde değişime uğratma çalışmaları yapacağım. Eğitim eksikliği yaşıyorum. Bende sistem tarafından esir edilmiş olan kadınların konumundaydım. Şimdi kendimle diğerleri arasındaki farkı görebiliyorum. Öğrenmem ve öğretmem gerekiyor.

Çalışmalara başladığımda, evleri ziyaret ettiğimde kadınlarımıza çekinerek ayrıldığımı söylediğimde bana inanamıyorlardı. Daha sonra gerçeği fark edince de beni sahiplendiler. Bu çok güzel bir duygu. Kadınımız bana saygı duyuyor. Onların desteklerine ihtiyacım var. Gösteriyorlar da. Benim durumum, tarzım örnek alınıyor. Emeğimin karşılığını gördükçe daha çok çalışma şevkim gelişiyor. Zevk alıyorum. Gözle görülür bir şey ortaya çıkıyor. Emeğim kaybolmuyor.

Bir senedir çalışma yapabilecek yeni bayanlar tespit ettim ve onlarda görev almaya başladılar. Boşanmadan önce olsaydı bu kadar aktif olamazdım. İlk zamanlarda PJA'lı arkadaşlarla karşılaşınca, ülkenin durumunu ve şavaşı, yaşamı konuşunca, kendime kızıyordum. Özgürlük varken ben neden bir kişinin beni ezmesine izin verdim? Bu durumun nedenleri nelerdi? Niye öyleydim? diyor ve kendimi sorguluyordum. Bir kaç ay öncesine kadar bozulan sinir sistemlerim sonucu bütün vücudum titriyordu. Çok çabuk sinirleniyordum. Tepkiciydim, duygusaldım.

Ben kendi çevremde, gittiğim evlerde geçmiş yaşamımın benzerlerini, kopyalarını görüyorum. Öyle kadınlar görüyorum ki, eziliyorlar ve boyun eğiyorlar. Karşı çıkmasını bilmiyorlar. Haklarının farkında değiller. Erkeklerde bu durumu kullanıyorlar. Her insanın özgürlüğü kendi elindedir. Köleliği de, özgürlüğü de, kendimiz hazırlıyoruz. Ortamını yaratıyoruz. Sahip olduğumuz bilinçle, kendimize layık olan sıfatı seçiyoruz.

Kadınlar hiçbir zaman kendilerini ezdirmesinler. Ben 28 yaşımda yeniden doğduysam, onlarda doğabilirler. Bizler dışarıda özgürlük için savaşıyoruz, ama içeride, evlerimizde özgürlük yok. Aslında söyleyecek çok şey var ama satırlar yetmez.

PJA benim için büyük bir cesaret kaynağı oldu. Onların desteğiyle özgürlüğe ilk adımımı attım. Birçok kadının beni örnek almasını istiyorum. Ben kölelik halkalarından kurtuldum. Şimdide özgürlük tohumları ekiyorum.

Halen sosyal yardımla yaşıyorum. Dil kursuna gittim. Az Fransızca öğrendim. Kafam rahat değildi, kendimi derse veremiyordum. Dili gerekli olan şekilde öğrenemedim. Sorunlarımı, resmi yazışmaları derneğe gelip, giden ve dil bilenlerin yardımıyla çözüyorum. Kızım okula gidiyor. Uyum sorunu yaşamıyor. Dili çözdü. Onları çok iyi bir şekilde eğitmek istiyorum. Bundan dolayı da son bir yıl içinde sürekli okuyorum. Ben öğrenmeliyim ki onlara da öğretebilmeliyim. Babalarının kendilerine verebileceği fazla bir şey yok. Yok ki versin! Olması içinde herhangi bir çabaya girmedi.

Her şeye rağmen, özgürlük her şeyden daha değerli. Yalnızlık mı, özgürlük mü dersen? özgürlük derim. Bizim evliliğimizde saygı yoktu. Şeffaflık yoktu. Güven duygusu buhar olup uçmuştu. Aile içi şiddeti her yönüyle yaşıyordum. O, eve geldiğinde meydan savaşı başlıyordu. Bir de yalan söylüyordu. Hiçbir şeyi paylaşamaz olmuştum. Paylaşacak bir şeyim kalmamıştı. Bende her zaman bana yönelik saldırı beklentisi oluşmuştu. Ailede ortak yaşam anlayışı yoktu. Eşim, beni bunalımlı, pasif bir kadın haline getirmişti. O, Maraş'ta aldığı aile ve toplumsal kültürle hareket ediyordu. Erkekti ve bütün haklara sahipti! Kendi ailesinden gördüğünü, kurduğumuz ailede yaşatmayı istedi. Yaptı da. Sarhoş babanın oğluydu. Ama benim dış destek almamla aktörlüğü bitti. Ona doğru gelen, bana yanlış geliyordu. Halen bu ülkede kalma hakkı almış değilim. Geri, geldiğim yere gönderirler mi?, bilemiyorum. İlgili makamların kararlarını bekliyorum. Sağlıklı olarak mülteci oldum. Şimdi hastayım.

***

Sorunlu ilişki ne kadar kısa sürede bitirilirse, taraflar üzerinde yaratacağı tahribatta o kadar az olur. Bizler, amaçlara kilitlendik ve bedenlerimizi ihmal ettik. Önemsemedik. Bir bakıma cezalandırdık. İşlevsiz bırakıldık. Üretimden düşürdüler. Mutluluktan uzaklaştırdılar.

Sonuçta beden terapileri, bedensel farkındalığın geliştirilmesi, anlaşılması, üzerine yapılan çalışmalara eğilmek zorunda kaldık. Hem fiziksel, hem de ruhsal sağlığımıza tekrar kavuşmak, küstürdüklerimizle barışmak, bütünleşmek ataklarına giriştik.

Bu Kürt bayanın yaşadığı gibi insanın kendi değerini fark etmesi, kendisini fark ettirilmiş olması, kendisinin de bunu kabul etmiş olması, algılayabilecek bir kapasiteye sahip olması, gelişimi yolunda atılmış en önemli adım olmuştur. Gerçek anlamda bir iyileşmeyi yaşayabilmesi, isteklerini başarılabilmesi için kendisi için gerekli olan şeyleri iyi tespit etmesi gerekiyor.

O, hedef aldığı kadın çalışması, kadını geliştirme, bilinçlendirme faaliyetleri sonucu bir konuda gelişebilir ama diğer yandan daha önce "aileyi kurtarmak" için gösterdiği fedakarlığı, verici olmayı yaşayıp, yeniden kendi bedeninin ihtiyaçlarını bir kenara itebilir. Bir konuda odaklaşmak beden açısından yararlı olmuyor. Ki yaşayarak ta tecrübe sahibi olmuş durumda. Hastalanması bunun göstergesidir. Kendi bedenine değer vermeyi öğrenmek zorunda.

Öğrenmediklerimizi, öğrenemediklerimizi beden direnişe geçerek bize öğretmeye başlıyor. Bizleri cezalandırıyor. Bedenimizi his edebilmeliyiz. Dinleyebilmeliyiz. Sağlıklı bir insan, bedensel ve ruhsal yaşamının, bedeninin tüm yüzeyinin, bütün kemik ve eklemlerinin derinden ayırtında olabilendir.

Günlük yaşamımızdaki pek çok şeyi sonradan öğreniriz. Doğuştan, genetik olarak kendimizle birlikte getirdiğimiz şeyleri, yaşamda öğrendiklerimizle taçlandırırız. Ailemiz, iş çevremiz, içinde yer aldığımız toplum, günlük yaşamdaki her şey öğreticidir. Uyarıcıdır. Tabi ki algılayabilirsek! Bedensel, duygusal ve düşünsel alışkanlıklarımızı değiştirmede zorlanırız. Değişim zorlayan bir gerçekliktir.

Alışkanlıklar kolay, kolay terk edilmiyor. Bu bayan yürümeyeceğini bildiği bir ilişkiyi 12 yıl niye yürüttü? Alışkanlıklar onu esir almıştı. Zincirlerinden kurtulamıyordu. İnsanın hareketlerinin belirginleşmesi üç temel aşamadan geçer; doğal olarak sahip olduğumuz hareketler, benliğimizin gelişimiyle birlikte bazı bireysel nitelikler kazanmamız ve sonucunda belirginleşen hareketlerimiz, kendimize özgü ifade yöntemimiz, özel yöntemimiz, yaşamımız için değerli üstünlükler içeren, başkaları tarafından da benimsenen ve toplum içinde kabul gören, yöntem ve mesleksel olarak yaşanan dönüşümümüz. Böylece hareketlerimiz, doğal uygulamalardan öğrenilmiş yöntemlere ve uzmanlık alanlarına doğru biçim değiştirirler.

Toplum baskındır. Bizim doğal yönteme başvurma hakkımızı genellikle elimizden alır. Bizi toplumca onaylanmış yöntemi öğrenmeye ve uygulamaya zorlar. Direnişe geçsekte dışlar. Bundan dolayı da " Dul bayan olarak yaşayabilir miyim?" sorusu bayanlarımızı tutsak alıp, harekete geçmelerini, çözüm üretmelerini engeller.

Doğal yapımıza uyumlu bir yaşam sürmeyince sonuçlarına katlanmak zorunda kalıyoruz. Eğer çevremizi duvarlarla sarmayıp ta, doğallığımızı devam ettirmek istiyorsak, rastlantılara bağlı olarak, kısmen bizim bilgimiz dışında ortaya çıkıp oluşmuş olan benliğimize itaat etmek yerine, onu gözden geçirip düzeltmemiz gerekiyor. Bunu ruh sağlığıyla uğraşan bireyler yapıyor. Süzgeçleri değiştirmemize yardım ediyorlar.

Birileri el atmasa bu bayan içinde bulunduğu gölden çıkamayacak ve boğulacaktı. PJA'lı bayanlar onun kendisini gözden geçirmesine vesile oldular. O, farklı bayanların katkılarıyla kendi bedeninin farkına vararak, öz bilincini geliştirmeye, fiziksel, ruhsal ve duygusal kapasitesini artırmaya karar verdi. Kendisine, kendi doğallığına göre, doğal ve rahat hareket imkanı sağlarken, ağrılarından ve hareket kısıtlamalarından kurtulmaya başladı. Yaratıcılığını zincirlerden kurtarmaya, geliştirmeye, stresten, gerginlikten ve yorgunluktan yavaş, yavaş uzaklaşmaya, performansını artırmaya, hem kendisine, hem de çocuklarına pozitif enerji yüklemeye doğru yol alıyor.

Bu azımsanacak bir gelişme değildir. Kendisine ait hisleri zorlamamayı, bastırmamayı, gizlememeyi öğrendi. Onların akmaları için kanallar açtı. Kendi hareket mekaniğini keşfetti. Çevresel ve ruhsal değişime uğradı.Uğrama gereğine inandı. Öz hissini yakalayabildi. Honore de Balzac'ın dediği gibi ; "Bilginin efendisi olmak için, çalışmanın uşağı olmak şarttır. "

Topraklarımızda var olan geleneksel anlayışa göre evlendirilen kişiler, evlendikleri yerlerde kalsalar, bütünün bir parçası olarak yaşamlarını aynı tarzda sürdürürler. Kapitalizmin geliştiği ülkelerde yaşamaya başlamakla birlikte, farklı aile şekillenmelerinden, ilişkilerinden haberdar oluyorlar. Kadın kendisine yapılan saygısızlığa, haksızlığa boyun eğmemeye, her yönüyle sömürüldüğünü, kullanıldığını hissettiği andan itibaren var olan duruma itiraz etmeye başlıyor. İstemleri, itirazları, duyguları gözönüne alınmayan kadın, bulunduğu ülkenin kurumlarında görevli olan kişilerin yardımlarıyla sömürgecisinden, eziyet edeninden kurtulmaya çalışıyor. Boşanmayı tercih ediyor. Boşanmayı, terk edilmeyi, kölelerini kaybetmeyi kabullenemeyen bazı erkekler, tehditkar davranmaktan vazgeçmiyorlar. Kurbanlarını öldürmeye kadar gidebilenlere de rastlıyoruz.

Giderek daha çok sayıda Kürt bayan eşlerini, sevgililerini yada erkek arkadaşlarını terk etmeye başladılar. Çünkü göçmen veya mülteci olarak yaşarlarken kişisel özgürlüklerinin değerini daha iyi fark etmeye başladılar. Geleneksel aile rollerinin içine sıkıştırıldıklarını, tutsak hale getirildiklerini haykırmaya başladılar. Bizdeki, ataerkil kültürün bayanlara dayatması olan, nerede olursa olsun eşe sadakat, eşi bekleme, koruma anlayışı dipten gelen dalgalarla deprem geçiriyor. Memleketleri dışında yaşayan, iyi eğitim almış, meslek sahibi, bağımsız çalışan, düzenli iyi bir aylık gelire sahip olan, mutluluk bulduğu ek işlerle uğraşan, kendisine bakmayı, korumayı bilen ve öz saygısı gelişmiş bayan annesinin, anneannesinin anlayışıyla hareket etmiyor ve tercih hakkını kullanıyor. Toplumun mahkumu olmayı ret ediyor. Bu ilişkide olduğu gibi bayanın gözünde cazibesini yitiren erkek terk edilmeye mahkum oluyor. Önemli olan ise bu duruma düşmemektir. Bayanlar cinsiyetlerinden dolayı erkeklerden çok değişik düşüncelere sahiptirler. Onlar farklı konularda beklentilere girerler. Beklentilerine cevap verilmesini isterler. İlişkinin iyi bir şekilde yürümesini isteyen, bekleyen erkeğin, hem kadının, hem de kendisinin gereksinimlerini ve beklentilerini sürekli gözden geçirmesi gerekir. Güçlü erkekleri tercih eden bayanlar, içgüdüsel olarak zayıf karakterli olan erkeklerle olmak istemiyorlar. İlişkiden tat almıyorlar. Zayıf ve kararsız erkeklerden hoşlanmıyorlar. Bir kesim bayan ise güçten, paradan ve ünden hoşlanırlar ve sahip oldukları şeyleri göstermekte isterler. İlişkinin sarsılmaya doğru gittiğini anlayan tarafın yapacağı en mantıklı şey, karşı tarafla oturup durum değerlendirmesi yapmak ve durumu birlikte gözden geçirmektir. Terk edildikten sonra bayana yeteri kadar iyi davranmadığını, isteklerini karşılayamadığını yada iyi bir taraf olamadığını düşünmek kırılanları toplamaya, birleştirmeye yetmiyor. Çok sayıda erkekte bu tarz cümleleri duymaya başlayınca konu, gelişmeler insanı derinlemesine düşünmeye itiyor.

İsveç'te Sosyal İşler Genel Müdürlüğü'nün boşanmış aileler üzerinde yaptığı araştırma sonuçları duruma açıklık getiriyor. (1997) İsveçliler arasında boşanma oranı yüzde 1,2 iken, bu oran Türkiyelilerde -Türkler, Kürtler ve diğer halklardan olan T.C. vatandaşları- yüzde 1,8 olarak belirlendi.

İsveç'te yaşayan yabancı gruplar arasında en fazla boşanma yüzde 6,1 ile Latin Amerikalılar arasında görülürken, yüzde 5,2 ile İranlılar ikinci sırada yer aldılar. Sosyal İşler Genel Müdürlüğü'nün hazırlattığı araştırma sonuçlarında, boşanmaların temel nedenleri arasında sevgisizlik ve demokrat olmayan aile içi ilişkilerin önemli rol oynadığı belirtildi.

Türkiyeli aileler arasındaki boşanma oranının İsveçlilerden fazla olmasına karşın, diğer yabancılarla karşılaştırıldığında oldukça düşük olduğu kaydedildi. İsveçli kadınlarla evlenen yabancı erkeklerin boşanma oranında ise, Türkiyeli erkeklerin birinci sırada yer aldıkları belirtildi.

***

"Özgüven; kişinin kendisine biçtiği olumlu benlik değerlerinin toplamıdır. Kişi ne kadar olumlu benlik duygusuna sahipse, özgüven o oranda mevcuttur. Kaygı ve endişeleri daha az olan özgüven sahibi aileler, özgüvene sahip çocuklar yetiştiriyorlar. "

E. Ç; Kürdüm. Yaşamımın bir bölümü köyde bir bölümü de doğduğum şehrin merkezinde geçti. Uzun süre Türkiye sol hareketlerinden birinde yer aldım. 1986'da politik nedenlerden dolayı yurt dışına çıktım ve bu ülkeye geldim. 1988'de Kürtlerin yoğun olarak yaşadıkları bir şehirde, Kürtler ve Türkiyeli bayanlar için danışma merkezi açtık. Daha sonrada aileleriyle problemleri olan gençlerin kaldıkları bir merkezde çalıştım.

Burada yaşamak zorunda kalan, danışma merkezine gelen insanlara hizmet veriyorduk. Elbetteki yeni bir ülke, yeni bir yaşam ve yeni kurallar insanları zorluyorlar. Her şeye yabancılar ve problemlerin çözümü içinde muhakkak birilerine ihtiyaç duyuyorlar.

Bizler, aile içi sorunlar, iltica sorunları, yabancılar polisiyle olan problemler, sigortalarla ilgili sıkıntılar ve yalnız olan yabancıların sorunlarıyla ilgileniyorduk.

Ben özellikle aile içi problemler yaşayan bayanlarla ilgileniyordum. Anne tıkanıyor. Çözüm gücü olamıyor. Ailenin okulla olan problemleri, çocuğun okulla olan problemleri. Aileler bizden yardım istiyorlar. Danışma merkezine gelenlerin çoğu kırsal kökenliler ve özellikle ilticacılar.

Kırsal kökenlilerin kendilerine göre birikimleri var.

a) Bürokrasiyi tanımıyorlar. Bu sistemin nasıl işlediğini bilmiyorlar.

b) Dil öğrenme olanakları çok kısıtlı.

c) Gelenlerin çoğunluğu Kürdistanlı bayanlardan oluşuyor. Türkiyeli bayanların sayısı az. Şunu net olarak gördüm, fark ettim. Merkeze gelenler kendilerine güvenen kadınlardı. Kürt bayanlar kendilerini geliştirmeye daha yatkınlar. T. C. de baskı gören azınlıklar, baskı görmeyenlere göre daha açıklar. Bayan geliyor ve haklarını soruyor. Öğrenmek istiyor. "Problemim şudur. Çözümü nedir? Yardımcı olur musun?"diyor. Benim çalıştığım şehirde Maraş ili sınırları içinde gelenler çoğunluktalar.

Ben Türkiye'de çalışırken bu ülkelere bu kadar çok sayıda insanın gelipte iltica ettiklerini bilmiyordum. Buraya gelince bir çok konuda gerçekleri gördüm. Bunlar, burada yaşayabilmek için var olan problemleri aşmak zorundalar. Bizlere başvuruda bulunarak sorunları çözme yollarını öğreniyorlar.

Örneğin, bireyin bu ülkeyi terk etmesi isteniyor. Bayanda burada yaşamak istiyor. Ona burada kalabilmeyi başarmasının yollarını gösteriyorsun. Burada yaşayan yabancılar arasında psikologlara gitmeyi tercih edenler bayanlardırlar. Erkekler kendilerine yediremiyorlar. Gitmemekte direniyorlar. Tedaviyi kabul etmiyorlar. Rahatsızlığı kendilerine konduramıyorlar.

Bizim kadınımızla buralı kadın arasındaki fark nedir?, derseniz, açıklayayım; bizim kadınımız dayak yedi mi komşusuna, akrabasına yaşadıklarını anlatır. Bunlarda o yok. Kadın dayak yer, psikolojik işkence görür ve utanır, durumunu anlatmaz. Anlatamaz.

Bu ülkelere gelen insanlarımızın temel hedefleri para biriktirip, tekrar geriye gitmektir. Belirli bir sermayeye ulaşmayı hedefliyorlar. Ama çocuklar burada büyüdükten sonrada dönme güçleşiyor. Yabancı bayanlar olarak burada kurumlara gittiklerinde zorluklarla karşılaşıyorlar. Yaşanılan sorunlar, sıkıntılar insanlarımızda gerilimler yaratıyorlar. Bize gelenlerin yürüyüşlerinden yabancı mı, buralı mı olduklarını çok rahatlıkla anlıyorum. Yabancı ürkek ve çekingendir.

Şehirlerden gelenleri, öğrenim- eğitim görenleri de, siyasi bir örgüte bağlı olanlar ve olmayanlar olarak ayırıma tabi tutmak gerekir. Örneğin konuşma sitilleri çok farklı oluyor. Örgütsüz olan bayanlarda okuma, dil öğrenme isteği daha fazla. Ayrıca öğrenim görmek amacıyla buralara gelenlerde varlar. Burada bir şeyler yapmak istiyorlar. Onların problemleri farklı şekilde çözülüyor.

Politik bayanların (illegal yaşayan, cezaevinde kalan) büyük problemleri oluyor. Bizler bu alanlarda çalışarak, insanların bu sisteme uyum sağlama çabalarına destek sunuyoruz. Aslında bu devlete yardım ediyoruz. Bilmeden yabancıları buraya entegre ediyoruz. İlginç bir olay. Bilinçlice de, bilinçsizce de yapıyoruz!

Ben bir lokantada bulaşık yıkayamazdım. Politik bir insandım. Arayışa girdim ve bu mesleği seçtim. Diyelim ki ben sosyal pedagog olarak işe alındım. Önce ben yabancıyım. Sonra mesleğim gelir. Aynı haklarım var. Aynı eğitimi görmüşüm. Ama ben ikinci sınıfım!

Her şeye sıfırdan başladım. Bu herkes için geçerli. Hiç bir şeyi tanımıyorsun. Bilmiyorsun. Burada yaşayabilmenin yollarını araştırıyorsun. Öğreniyorsun. Dil öğrenmek, kendimi savunma yönünde benim en rahat kullanacağım silahtı.

Bu alanda boşluk buldum ve buraya kaydım. Bayanlarla ilgili olarak çalışmak istedim. Politik nedenlerden dolayı buraya gelenlerin çoğu sosyal çalışma alanlarını seçtiler. Çalışmamın konusu insan.

Bu meslekte bayanların sorunlarını çözerken polisle de ilişki kurmak zorundayım. İlk kez kadın sığınma evinde çalışmaya başladığımda kendimi çok kötü his etmeye başladım. Sanki gardiyansın.

Ben insanlardan sorumluyum ve onları eğitmek zorundayım. Neye göre? Bu toplumun değer yargılarına göre. Türkiye'de, memleketimizde yaşanılan olayların hepsi, hatta daha fazlası burada yaşanılıyor. Burada modern haliyle yaşanılıyor. Buradaki gençlerin sorunları daha fazla. Buralı bir bayan 18 yaşında yalnız oturabilir. Ya bizimkiler! Ailelerin izin vermeleri mümkün değil. Buradaki genç kızlarımızın durumları beni rahatsız ediyor ve üzüyor.

Kadın sığınma evlerine gelenler beraber yaşadıkları erkeklerden, eşlerinden şiddet gören bayanlardırlar. Şiddetin sonucunda bu kuruma gelip bir daha evlerine dönmeyen bayanlar olduğu gibi, bir süre sonra aynı ortama dönenlerde varlar.

İltica işlemleri sonuçlanmayan, belirsizlikle baş başa kalan erkekler gerilim atmosferi içinde yaşıyorlar ve saldırganlaşıyorlar. Tabi ki bu durum kendilerine bayana saldırma, şiddet uygulama hakkını vermez. Bayanlarda dayak yeme oranı çok yüksek. Bunun temel nedeni bireyin sosyalizasyondur. Eğitimdir. Erkeğin anlayışı şu; kadın onun malıdır ve dövebilir. Erkek fiziksel olarak güçlüdür. Ama kendisine güvenen, kendisini geliştiren erkek dayak atmaz.

Tek bir bayana rastladım. Eşini dövmüştü ve bize kalmaya gelmişti. Bayan eğer dövülmesine izin veriyorsa, şiddete boyun eğiyorsa, benim önce bayanla konuşmam gerekir. Şunu soruyorum; sen hiç eşini dövdün mü? Bakıcı mısın? Niye erkeğe bakmak zorundasın? Niye kendini sorumlu, mecbur görüyorsun?

Şiddete tabi kalıpta daha sonra aynı eve dönmek istediklerinde ben karışmıyorum. Karar kendilerine aittir. Benim asıl görevim bayanın bilinçaltına yerleşenleri, bilinç üstüne çıkarmaktır. Örneğin bir bayan dayak yemiş ve gelmiş. Geldiği andan itibaren "Hemen boşanacağım" diyor. Ben ona diyorum ki hele üç gün dinlen. Ondan sonra kararını ver, konuşalım. Bir bayan hemen boşanmak istiyorsa, ben diyorum ki bu geldiği eve geri dönecek. Dayak yemeye devam edecek. Pratik örnekler beni bu sonuca, yargıya götürdü.

Genç bayanlarda ayrılma oranı daha yüksek. 50 yaşın üzerinde olanlarda ayrılma oranı düşük. Ben bu yaşta olan bayanların evlerine geri dönmelerine kızmıyorum. 50 yaşında ve burada. Erkeğe bağımlı. Yalnız yaşamayı göze alamıyor. Ben sadece kendisine yolları, olanakları gösteririm. Ama alınacak karara müdahale etmem.

Bütünüyle problemli, sorunlu bayanların gelip yardım istedikleri, yaşantılarını anlattıkları bir yerde çalışmak beni elbetteki rahatsız ediyordu. Ama kendini savunma mekanizması oluşturuyorsun. Oluşturmak zorundasın. Yoksa bu meslekte çalışmak zor. Yapamazsın. İnsansın, haliyle etkileniyorsun.

İşin bir diğer yanı, benim Kürt olduğumu öğrenen Türkiyeli bayanların tepkileriyle de karşılaşıyorum. Süreç içinde bu tepki gittikçe arttı. Bayanlar burada ırkçılaşıyorlar. Zamanla da ırkçılıkları arttı. Evet, Kürt olmam onları ilgilendiriyor. Bir yığın problem yaşıyorlar. Mutsuzlar. Gelip bize sığınmışlar, yardım istiyorlar. Yardım ediyorum. Ona rağmen ırk olayını göz önüne alıyorlar.

***

Harvard Üniversitesi ve California-Los Angeles Üniversitesi uzmanlarının yürüttüğü bir araştırma, evlilik hayatının kadınların zekasını olumsuz etkilediğini ortaya koydu. Evliliğin, az da olsa erkeklerde de beyinsel erozyona yol açtığı kaydedildi. (2001)

İki üniversitenin araştırmacıları 7 yıl süreyle, 70 ve 79 yaş arası 1200 Amerikalı kadın ve erkeği incelerler. 1200 gönüllü denek, düzenli aralıklarla zihinsel yeteneklerini ölçen testlere tabi tutulurlar.

Deneklere çeşitli konularda sorular yöneltilir, hafızaları, bilgileri, zekaları ölçülür. Araştırma sonucunda bekar hayatı sürenlerin beyinlerinin, özellikle hafıza ve algılama bölümlerinin, daha antrenmanlı olduğu ortaya çıkar. Bu durum kadınlarda daha belirgindir. İleri yaşlarda, bekar ve dul kadınların, zihinsel açıdan daha iyi durumda oldukları saptanır.

Hayatının büyük bir bölümünü evli olarak geçirenlerde ise zeka kaybı belirlenir. California-Los Angeles Üniversitesi'nde geriatri uzmanı olan Prof. Teresa Seeman, "Bekarlar, kendi başlarına ayakta durmak zorunda olduklarını bildikleri için, duruma göre yeni kaynaklar yaratarak yaşamlarını her konuda idare etmesini öğrenmişler. Ayrıca, çoğunlukla daha yaşlı ve bakıma muhtaç olan eşlerinin sağlık durumlarından dolayı da kaygılanmıyorlar. Birliktelik ağırlığının altında ezilen kadınlar hastalanıyorlar. " dedi.

İnsan gelişimi ve evrimi sadece kişilik veya entelektüel özelliklerine bağlı değildir. Yaşadıklarımızın, hedeflediğimiz amaçlarımızın sonucu olarak bizler duygularımıza, bedenlerimize ve doğal yaşama yabancılaşmaya başladık. Koşullar bizi bu hale getirdiler. Sürüklediler. Kendi doğal enerjimizi ve kapasitemizi yanlış kullanma durumuyla yüz yüze kaldığımız gibi, sınırlı bir enerji ve duyguyla yaşamak zorunda kaldık. Sonuçta mental ve fiziksel sorunlarla aynı bedeni paylaşır olduk.

***

"En büyük kötülük direnme yoksunluğundan gelir. Bayanlar, gerçeği, olanı, yaşadıklarını değil, olmasını istediklerini yaşıyorlarmış gibi anlatıyorlar. Ben kendim gibi davrandığım için çok sorun yaşadım, yaşıyorum. "

BEYBÊ; 1966 doğumluyum. Kürt ve Aleviyim. Sadece ilk okulu okuyabildim. Köy de o vardı. Okuyabilmem için şehir merkezine gitmem gerekiyordu. İmkanlar el vermedi. Babamda, annemde ikişer kez evlilik yapmışlar. Altı kardeşiz. Annem babamın ikinci eşiydi. Babam bölgede hayvan alım ve satımı yapıyordu.

Abim çevremizdeki insanlardan etkilendi. Avrupa'ya geldi. Babam, abimin bizlerden ayrılmasını, buraya gelmesini istemedi. O ise seçeneksizlik sonucu gelmek zorunda kaldı. Çalışma, iş imkanları olmayan bir bölgenin insanlarıyız. Bölge sürekli dışarıya göç veriyor.

Abim buraya geldikten bir süre sonra, buralı bir bayanla evlendi. Baba oldu. Ben on dört yaşımdaydım. Beni okutacağını söyleyerek köyden alıp, buraya getirdi. Onun çocuğuna bakmaya başladım. Çünkü, O, eşiyle birlikte çalışıyordu.

Bu süreç hayatımın dönüm noktası oldu. İki yıl kaldım. Okula gönderilmedim. Birkaç Kürt aile varlardı. Onları ziyaret ederdim. Baskı altında değildim. İnsan ilişkilerini, sosyal yaşamı seviyorum. Burada kendilerini geliştirebilmiş olan birkaç insanımızdan da olumlu yönde etkilendim. Kitap okuma alışkanlığı kazandım.

16 yaşımda iken babası yıllardır burada işçilik yapan köylümle tanıştım. O, bana nişanlanma teklifinde bulundu. Kendisinden etkilendim. Babama durumu açıkladık. Babam bu isteğe karşı çıktı. "Kesinlikle olmaz. Kızım geri dön. Köye gel. Orada kalmanı istemiyorum" dedi. Abime de kızdı ve "Kızı okutmak amacıyla götürdün. Okutmuyorsun. Çocuk baktırıyorsun. Hiçbir gelecek sağlamıyorsun ve o halde evlendirmeye kalkıyorsun. O daha küçük. Kızım evliliğe hazır değil. Yanıma gönder. Orada kalması gerekmiyor. " değerlendirmesinde bulundu.

Köye döndüm. Benimle evlenmek isteyen insanla gizlice mektuplaşıyordum. Telefonla konuşmak zordu. Koşullar el vermiyordu. Babam evlilik istemime karşı çıktı. Değerlendirmelerde bulundu. "Bu erkekle mutluluğu yakalayamazsın. Ben babasını tanıyorum. Bu insan burada babasız, kendi başına büyüdü. Ergenlik döneminde de köyden ayrıldı. Disiplin, yeterince sevgi görmedi. Sorunludur. Sana rahat vermez. Anası yapabileceklerini yaptı. Babasının yerini dolduramazdı. Dolduramadı. " dedi. Sonuçta birileri araya girdiler. Yakınları gelip, gittiler ve biz nişanlandık. İki yıl köyde kaldım. 19 yaşımda evlenmek amacıyla bu ülkeye döndüm. Havaalanında ayaklarım yere değmiyorlardı. Uçuyordum. Gözlerimi nişanlımdan alamıyordum, ayıramıyordum.

Çok gençtim. O yaşta hislerinle karar veriyorsun. Mantıklı davranamıyorsun. Deneyim sahibi değilsin ki değerlendirmelerde bulunasın. Büyüklerin uyarılarını ciddiye almıyorsun, dinlemiyorsun, anlayamıyorsun! Evlilik adımlarının sonuçlarının seni nereye götüreceğini bilemiyorsun. Benim bu ülkeye gelme gibi bir tutkum yoktu. Sadece çok kötü şekilde aşık olmuştum. Kişilik olarak tanımadığım, sadece iki kez sohbet ettiğim bir insanla yaşamımı birleştirecektim.

Eşim 16 yaşında buraya gelmişti. Evlendiğimizde 24 yaşındaydı. Cinsel eğitim almış olan bir erkek değildi. Başka kadınlarla birlikte olmuştu. Kadınla uzun süre birlikte kalmak fazla bir şey ifade etmiyor. Karşı cinsi tanımak, kadının hislerini, isteklerini anlamak, bilmek gerekiyor. Erkek farklılığı görebilmeli.

Düğün yapıldı. İlk beraber kaldığımız gece ben cinsel ilişkiye hazır değildim. Genelde, toplum olarak bu konuda çok geri durumdayız. Bunun acısını da hep birlikte çekiyoruz. Yalnızca bana mahsus olan ilk gece korkusu değildi. İlk gecem iyi geçti sayılmaz. Kendi vücudumu tanımıyordum. İlişkiden korkuyordum. Cinsellik kötü bir şey olarak hafızalarımıza yerleştirilmişti. Cinselliğimizi yaşamamız engellenmişti. Bayanlığımızdan korkar, ürker olmuştuk. Bize itici gelecek hale getirilmişti. Yük kaldırdığımızda, bir iş yaptığımızda, acaba zar yırtıldı mı?, korkusunu yaşıyorduk. Böyle bir ruh hali içinde cinsel ilişkide tecrübe sahibi olan, ama kadını tanımayan, nasıl davranması gerektiğini bilmeyen bir erkeğin kolları arasına düştüm. Bu nedenlerden dolayı fazlasıyla zorlandım.

Evlendikten, birlikte kalmaya başladıktan sonra eşimi tanımaya başladım. Evliliği gerçekleştirirken de tedirgindim. Korkuyordum. Daha ilk günlerde eşimin bazı davranışlarına tepki göstermeye başladım. Davranışlarının, yaptıklarının doğru olmadığını kendisine söylüyordum. O, kendisini eleştirmemi, hatalarını belirtmemi de kaldıramıyordu. Ona göre hatalarını yüzüne vurmam doğru değildi. O erkekti ve onun her istediği yapılmalıydı. Ben ise kendi düşüncemi, isteğimi belirtmemeliydim.

Her şey kafada bitiyor. İyi bir diyalog kuramazsan bu durum yaşamının her karesine, dakikasına yansıyor. Bizim toplumumuzun erkeklerinde aşağılık kompleksi olduğu için her alanda bize erkekliklerini ispatlamaya çalışıyorlar. Zavallılar, kendilerini ön plana çıkarma uğraşı, çabası içine giriyorlar. Çırpınıyorlar.

Ben evliliğimin üçüncü ayında dayak yedim. Daha eşimi tanıyamadan, onun şiddetiyle tanıştım. Çok ufak, tefek şeyler bile onun şiddet uygulaması için yeterliydi. O, benim fiziki güçsüzlüğümü kaba gücüyle örtmeye, gözümü korkutmaya çalıştı. Ben gelişmeler karşısında şok oldum. Kendisine tepki gösterdim. Bir daha bana el kaldıramazsın. Şiddet uygulayamazsın, dedim. Tabi ki ben ilki kabul etmiştim. Sineye çekmiştim. Ardı sıra diğerleri de geleceklerdi. Seviyorsun, bağlanmışsın ve hep "Benim dediğim gibi olacak" diyen bir erkekle karşı karşıyasın.

Evlendikten bir ay sonra bir fabrikada çalışmaya başladım. 21 yaşımda anne oldum. Doğumdan sonra kısa bir süre işe devam ettim. Kendim çocuklarımı büyütmek istedim. Bakıcıya vermek taraftarı değildim. İşten ayrıldım.

Eşimin kişilik olarak, karakter olarak istediği, tercih ettiği kadın ben değildim. O da beni çok seviyordu. Buna adım gibi emindim. Ama kendisine cevap vermeyen, bir dediğini iki yapmayan, onun yanlışlarını görmeyen, eleştirmeyen bir kadınla beraber olabilir, yaşayabilirdi. Çatışmalarımızın temel noktası buydu. Eşimin düşüncesini dile getirme, kendisini ifade etme özelliği yoktu. Şiddet, basit ve rahat bir yöntemdi. Konuşma yerine, dayak atmayı tercih ediyordu. Ayrıca hastalık düzeyinde kıskançlık krizleri vardı. Bundan dolayı da dönem, dönem tartışma, kavga, dayak fasılları oldu. Giydiğim elbiselere de karışma, müdahale etme hakkını kendisinde buluyordu. Bir düğüne gitmek için dört kez elbise değiştirdiğimi bilirim. Her birisine bir kusur buluyordu. Tamam ben gelmiyorum. Yalnız git, dedim. Yalnızda gitmiyordu.

Ben eşitliğe inanan, her şeyi paylaşabilen, kadını insan gibi gören bir erkekle yaşamak istiyordum. Düşüncelerimi gizleme gereği görmüyordum. Çok açık belirtiyordum. O, bana tepki gösteriyordu. Bir kadın eğer gerçekten her konuda eşitliği savunuyorsa, kendi haklarına sahip çıkıyorsa, bizim erkeklerimiz için o kadın, birlikte yaşanılacak bir kadın değildir. Yani sev ve uzak dur! Bu yalnızca benim özel sorunum değil. Bütün yakınlarımda ve diğer ailelerde de aynı durumu görüyorum.

Eğer gerçekten uysal bir kadınsan, erkeğin olumsuzluklarına, bencilliğine tepki göstermiyorsan, dünyada eşi bulunmaz bir kadınsın. Taktirde edilirsin. Övülürsün. Ben çocukluğumdan itibaren tepkici bir yapıya sahiptim. Babamın, anneme karşı hoşuma gitmeyen davranışlarına da karşı çıkardım. Korkmazdım. Düşüncemi belirtirdim. Babamı eleştirirdim.

Genç kızdım. Diğer kızlar çeyiz hazırlarlarken ben kitap okumayı tercih ederdim. Annem bana kızardı. Benimde diğerleri gibi olmamı isterdi. Annemin dünyası köydeki geleneklerle sınırlıydı. Ona, ben senin gibi olmayacağım. Senin yaşadıklarını yaşamayacağım, derdim.

Babam sürekli anneme psikolojik baskı uygulardı. Yüksek sesle emirlerini, istemlerini belirtirdi. Bir şey eksik kalınca köpürür, bağırmaya başlardı. Ben annemin içinde bulunduğu konuma çok üzülürdüm. O yaşlarda suçluyu, suçsuzu ayırt edebiliyordum. Annem, sabahtan akşama kadar ayaktaydı. Babam kendisine hiçbir konuda destek vermezdi. Akşam eve geldiğinde de her şeyi dört dörtlük isterdi. Eksik kalmayacaktı.

Bu durum beni ve kardeşlerimi ruhsal olarak etkiliyordu. Onlar büyük olarak bu durumun farkında da değillerdi. Ben bu ilişki içinde isyankar, tepkici oldum. Erkek kardeşlerim babamın eksiklerini, hatalarını, yanlışlarını görüp uzak duracaklarına, tam tersi babam gibi birer eş, baba oldular. Kendi eşlerine, aynen babamın anneme yaklaştığı şekilde yaklaşıyorlar. Ben bu durumda sırf erkekleri de suçlu olarak görmüyorum. Annelerin evdeki rolleri de çok önemli. Çocuk evde adaleti, eşitliği öğrenmeli. Şimdi erkek kardeşlerimi, erkeklerimizi nasıl suçlu yayım? Çünkü içinde bulundukları dünyalara göre davranıyorlar. Var olan aile, çevre kültürüne göre hareket ediyorlar. Onlar yetiştirme tarzının meyveleridirler.

Aileler, erkek çocuklarının aldıkları anlayıştan dolayı ilerdeki yaşantılarında zarar göreceklerinin farkında, bilincinde değiller. Benim her iki erkek kardeşimde problemli, sağlıksız aile ilişkilerine sahipler. Mutsuzlar. Onların çocukları da problemliler, sorunlular. Kardeşlerim, kadınlara nasıl davranmaları gerektiğini bilmiyorlar. Burada da kendilerini geliştirmediler.

Kız kardeşlerimse memleketteler ve kaderlerine razılar. Diğer bayanlar gibiler. Eğer bende onlar gibi köyde kalsaydım, tepkiciliğim, karşı çıkışım gelişmezdi. Körelirdim. Ablalarım gibi olurdum.

Biz evlenir evlenmez, boşanma gündeme gelmeye başladı. Ama hep süreci uzattık. Baştan itibaren evliliğime uzun süreli bakamadım. Gençken insan kendisine çok fazla güvenemiyor. Seviyorsun ve eşinle birlikte kalmak istiyorsun. Yalnız yaşayamam, yapamam, diyorsun. Toplum, çevre, akraba baskısı da var. Zaman içinde de evlilik alışkanlığa dönüşüyor. Yalnız kalamıyorsun. Eşini arıyorsun. Eksikliğini hissediyorsun.

Yıllar geçtikçe mantıklı düşünmeyi öğreniyorsun. Kendi kendine konuşmaya başlıyorsun. İlişkinin yanlışlıklar üzerine kurulduğunu, yürüyemeyeceğini net olarak görüyorsun ve bitirme girişimine kalkışabiliyorsun. Bitiriyorsun.

Ben boşanmayı istedim. Eşimin tepkisi ise ağır oldu. Kendi yöntemleriyle, şiddetin diliyle beni teslim almaya, pasifize etmeye çalıştı. Kendisine yediremiyordu. "Sensiz yapamıyorum. Sensiz yaşayamam.

Bana annelik yap. Terk etme. Sen olmadan ayakta duramam. Beni olduğum gibi kabul et. Kavak ağacına benziyorum. Eğilemiyorum. Eğilirsem kırılırım, ortadan yarılırım. "diyemiyordu. Hislerini saklıyordu. Ama öfke, kızgınlık olarakta beden diliyle dışa yansıtıyordu. Ben, onun içini okuyordum.

Bir türlü düzelmedi. Bundan dolayı da üç ay ayrı kaldık. Başkaları, köylülerimiz araya girdiler. "Yapmayın. Çocuklarınız var. Tekrar bir araya gelin. "dediler. Çocuklarım babalarına düşkünlerdi. Kızlarım sürekli babalarını özlediklerini belirtiyorlar, onu evde görmek istiyorlardı. Hastalandılar. Buda beni etkiledi. Onları solmuş halde görmek beni mahvediyordu.

En zayıf noktam eşime karşı beslediğim hislerimdi. Anlaşamıyordum ama seviyordum. Kopamıyordum. Bağımlılık, bağlılık oluşmuştu. Ne senle, ne sensiz, hesabı. Zaman, zaman kendime de inanmak istemiyordum. Çok karmaşık bir ruh hali içindeydim. Belirli bir süre beraber yaşamıştık. Alışkanlık kazanmıştım. Sevgi miydi, alışkanlık mıydı? Hayatımda bir başka erkek yoktu. O, ilk tanıdığım, dokunduğum erkekti. Kendimi değerlendirmede zorlanıyordum. Üç ay içinde çok zorluk çektim.

Bazen kendi kendine soruyorsun. Ben ne yapıyorum? Ne istediğini, ne arzuladığını anlamaya, kendini çözmeye çalışıyorsun. Bir yandan da çocuklarını düşünüyorsun. Onların ruhsal sağlıkları, gelecekleri seni ilgilendiriyor. Ayrıca buradaki yalnızlık, yaşam koşulları!

Kürtlerin, Türkiyelilerin yoğun oldukları bir şehirde yaşıyorum. Her biri farklı bir değerlendirme yaptı. Kendi özel hayatımda sürekli huzursuz oldum. Toplum kendime özgü yaşam hakkımı elimden almaya kalktı. Birey kendi kafasında, içten özgür oldu mu, başkalarının ne düşündükleri sorusu da süreç içinde eski önemini, ciddiyetini kaybediyor. Kendisine olan güvenci, inancı kişiyi ayakta tutabiliyor. Bazı şeyleri başarmak gerekiyor.

Belirli zorlukları aşıyorsun. Başardığını sanıyorsun. Ama zaman geçmesine rağmen kendini labirentin ortasında buluyorsun. İçten tutsak olduğunu fark ediyorsun.

İlk kez birbirimizden ayrı olarak yaşamaya başlamıştık. Çocukların durumu, çevrenin baskısı ve birbirimize olan sevgilerimizi koruyor olmamızdan dolayı kopuşu yaşayamadık ve üç ayın bitiminde yeniden birlikte yaşamaya başladık. Eşim sürekli hesap soran bir tarza sahipti; "Sen niye benden ayrı kaldın? Niye benden ayrılmak istedin? Niye böylesin? Niye benimle mutlu olamıyorsun?"

Kendisini değerlendirme, sorunları, hataları bulma, ortaya çıkarma, konuşup ta çözme anlayışına sahip değildi. Adam ben ne yaptım? Nerede hata yaptım ki beni seven kadın, beni terk etmek istedi?, düşüncesine, değerlendirmesine ulaşamadı. Hatasını, eksiğini kabullenmeyen bir insanla neyi konuşabilirsin? Nereye kadar beraber yürüyebilirsin? Tek taraflı çabayla ilerleme sağlanamıyor.

Bizler evliliklerimizde, ilişkilerimizde, doğruları yaşayamadık, tanıyamadık.

Bir erkekten her şeyi beklemek doğru değil. Bizim kadınlarımız duyguları bastırılmış canlılardırlar. Gerçek budur. Asıl can alıcı nokta ise erkeklerimizi tanıdığımız içinde isteklerimizi, beklentilerimizi onlara açıklayamıyoruz. Çünkü tepkilerinin ne olacağını kestiremiyoruz. Kadın hislerini saklamaya alıştırılmış. Erkekte duyma, anlama, öğrenme kültürüne sahip değil.

Cinsel ilişki bir bütün olarak yaşanmak isteniyorsa her iki tarafında birbirlerine açık olmaları gerekmiyor mu? Elbetteki gerekiyor. Bizim toplumumuzda eşler birbirlerini tam olarak tanımıyorlar ki ne istediklerini de birbirlerine söyleyebilsinler. Her yönden aramızda diyalog kopukluğu var. Kapalı siyah kutularız. "Ayıp" barajına takılıyoruz. Her şeye ayıp diye, diye küçük yaştan itibaren bu kelimeyi söyleye, söyleye bütün duygularımızı, isteklerimizi köreltiler. Yaşamamızı engellediler. Otokontrollar oluşturdular.

Öyle kadınlarımız varlar ki utanıyorlar ve kocalarına yaklaşamıyorlar. Yaklaşamadığın bir insanla neyi paylaşacaksın? Yatak ilişkisi evliliğin püf noktasıdır. Bizim insanlarımız ne kadar cinselliği kendilerinden uzak tutmaya çalışırlarsa çalışsınlar, bu doğal bir ihtiyaçtır. Önemli olan bunu sağlıklı bir şekilde yaşamaktır. Çiftleşme bütün canlılara has bir gerçekliktir.

Kadınlarımızdan en çok duyduğum şikayet; günlük hayatlarından memnun değiller. Eşlerinden memnun değiller. Sevişmeyi ret ediyorlar. Cinsellikten tat almıyorlar. Eğer cinselliği sürekli erkeği memnun edici bir görev gibi görüyorsan, algılıyorsan elbetteki bu dürtü itici olur. Memnuniyet yaratmaz. Biz utanma adı altında kendi isteklerimizi erkeklerimize anlatamıyoruz.

Genel durum da şu; erkeklerimiz kadınlarımızı anlayabilecek kapasiteye sahip değiller. Hiçbir yönde kadını memnun, mutlu etmesini beceremiyorlar. Bilmiyorlar! Cehaletleriyle birlikte başımıza da birer komutan kesiliyorlar. Kadınlar yatakta çekimserlerse, isteksizlerse kaç erkek bu durumun nedenlerini anlamaya, sorunu çözmeye çalışıyor? Yok, yok. Ayıplanmayla, hor, pis görmeyle cinsel sorunları konuşmaktan kaçınıyoruz. Biz kaçtıkça, onlarda bizi kovalıyorlar.

Kadınlar birbirleriyle sorunlarını konuşabiliyorlar. Erkeklerse kesinlikle konuşmamayı tercih ediyorlar. İktidarsız, güçsüz, beceriksiz görülme korkusu yaşıyorlar. Kocasından utanan kadınımız, ondan kendisini orgazma ulaştırması için çaba harcamasını mı isteyecek? İsteyebilir mi? İsteyemiyor. Cinselliği, orgazmı öğrendiler mi, yaşadılar mı da, erkeğe tapıyorlar. Ondan uzak duramıyorlar, kopamıyorlar.

Bir erkekten şu cümleyi duydum. "Şimdi Avrupa diyorlar. Ya biz Avrupa'yı köyde yaşıyorduk. Kadının 10 çocuğu da olsa, kocasından memnun değilse, isteği belli oluyordu. Gelmek, sevişmek istiyordu. Bizde alıp götürüyorduk. Hangi kuytulukta, ağaçlıkta beraber olabilirsek oluyorduk. Avrupa'nın adı çıkmış. Belki bizim yaşadığımız şekilde sevgiyi de, cinsel ilişkiyi de yaşayamıyorsunuz. Kırsalda her şeyin alası yapılıyor, yaşanıyor! Doyuma ulaşmayan arayışa girer. Arayışta olanda cevap bulur. Çok sayıda kadınla beraber oldum. "

Geçenlerde bir kadınla konuştum. Otuz yıllık evliydi. Küçük yaşta evlendirilmiş ve cinselliği hiç yaşayamamış. Şimdi yeni bir ilişkiye sahip. İlk yatak ilişkisinde adamın tecrübe sahibi olmasından, kendisine hitap etmesini bilmesinden dolayı korkunç derecede etkileniyor ve kendiliğinden orgazma ulaşıyor. "Ben şimdiye kadar dünyadan habersiz, boşuna yaşamışım. Böyle bir zevkten nasıl mahrum kalmışım? Köylüm olan eşim mal gibiydi. Kendi isteğini gerçekleştirmek isterken beni acıtırdı. Hiçbir şey anlamazdım. İş acı çekmeye dönüşürdü. Kendisi rahatlar ve kenara çekilirdi. "dedi.

Farklı ve işi bilen, kadını anlayan bir erkekle birlikte olmak kadınımıza zevki tattırdı. İlk kez tatmanın verdiği mutlulukla benimle konuşurken, gözlerinden başarma duygusu akıyordu. Uçuyordu.

Bizim erkeklerimiz ne saf, ne gözü kapalı, ne beceriksiz, ne de uyanık, haklarını bilen, yetenekli kadınla yaşamak istiyorlar. Ortasını nerede, nasıl bulacaklar ?, bilmiyorum.

İzliyorum, kimisi de "Saf, yarı deli. Bir şey bilmiyor" dediği kadınla birlikte yaşıyor. Kadını seviyor da. O kadında istemesini, almasını, sorgulamasını bilmiyor. Erkek bu tip kadınla zamanını sıkıntısız geçiriyor. Bunlar, bu ilişkiler örnek olarakta gösteriliyorlar. Erkeğimiz akıllı kadının yanında da aşağılık kompleksine kapılıyor. Rahatsız, huzursuz oluyor. Bastırma, geriletme, körleştirme, çabalarına girişiyor. Çarpışmalar başlıyor. Kim kimi teslim alabilirse!

Eşim kendisini eleştirdiğimde; "Sen özgürsün. Her istediğini yapıyorsun. Ekonomik sıkıntı yaşamıyorsun. Her şeyin var. Bizim köylü hangi kadın senin sahip olduğun imkanlara sahip? Anam yıllarca yalnız yaşadı. Babam burada istediği şekilde hareket etti. Ne istiyorsun? Niye doymuyorsun? Rahat olamıyorsun? " derdi.

Ben ilişkide adalet, eşitlik, saygı istiyordum. Eşim konuşarak sorunları hal etmesini öğrenmeliydi. Değişmeliydi. O, babasıydı ama ben onun annesi değildim. Kendi annemin rolünü de ret ediyordum. Oynayamazdım.

İki kez kısa sürelerle ayrılıp, ayrı yerlerde kalıp, tekrar birlikte yaşamaya başladık. Karşılıklı bağımlılık vardı. Birbirimizden kopamıyorduk. Adam bir türlü benim kitap okumamı kabullenemedi. Kendisi okumazdı. Benimde okumamı istemezdi. Rahatsız olurdu. Ben öğrenmek, gelişmek istiyordum. Kendisi ise ticaret yapıyordu ve durumuyla yetiniyordu. Para özgürlük vermiyor ki! İyi kazanıyordu. Ama anlaşamıyorduk.

Üçüncü kez bir araya gelmiştik. Bir gün dışarıda iş sorununu hal edememişti. İş dönüşü dışarının gerilimiyle misafirlerin yanında bana saldırdı. Bıçak fırlattı. Bacağımdan yaralandım. Büyük kızım 13 yaşındaydı "Ya ayrılırsınız yada ben bu evden giderim. Kavgalı bir evde yaşayamam. Yeter artık. " dedi. Bu olaydan sonra boşandım ve bir daha da birleşmedim. Çalışıyorum, yeterince kazanıyorum. İstediğim gibi alış-veriş yapıyorum. İstediğimi alıp giyiniyorum. Kendi isteğimle, zevkime göre seçiyorum.

Çocuklarımı kaybetmek istemedim. Kızlarımı değil de eşimi yolcu ettim. Beş yıldır yalnız yaşıyorum. Çocuklarımı koruyorum. Onlar okuyorlar. Okumak hevesi benim içimde kaldı. Yaşayamadım. Babaları kızların nafakalarını ödüyor. Onlarla ilgileniyor. Eksiklerini gideriyor. İlgisiz bırakmıyor. Sorumluluğunu biliyor. Biz boşanınca kardeşiyle birlikte bütün mülkiyeti gizlediler. 15 yıllık ilişkiye sahiptik ve bana hiçbir şey vermedi. Akrabalarının üzerine tapuladığı mülkler yalnızca eşime ait. Bense hiçbir şeye sahip değilim. Bu evliliğin mirası olarak sinirlerim darbeyi yediler. Ruhsal yönden iyi değilim. Tedavi görüyorum.

Ne diyeyim! Kadında, erkekte evliliği rezil edebiliyorlar. Birbirimizi mutsuzluğa mahkum edebiliyoruz. Kaç kişi fiziki görünüm olarak sergilediği insan cinsinin sahip olması gereken olumlu, yapıcı özellikleri taşıyabiliyor? Birbirimizi mal olarak gördüğümüz sürece sorunlar yaşacağız.

Beni en çok rahatsız edende kadınlarımızın sevmedikleri erkeklere mahkum olmalarıdır. Onlar, birer yabancılar ve aynı evleri paylaşıyorlar. İç huzursuzluklar evlerin duvarlarına vuruyor, yansıyor, parlıyor. Dışarıya karşı rol yapıyorlar ama gerçekleri gizleyemiyorlar.

Gerçek aşkı, sevgiyi tatmak, yaşamak herkesin hakkı. Mutlu olan, mutluluğu yakalayan çiftleri de çevre, toplum rahat bırakmıyor. Yakalayanın uzun süreli mutluluğu yaşamasını engelliyorlar. Kendilerine benzetecekler ya! Güçlü olan birey dış saldırılardan etkilenmiyor. Güçlü olmayan teslim oluyor ve mutluluk tablosu ortadan ikiye ayrılıyor. Evlilik başlı başına bir yük. Çıkarcı yaklaşım sevgiyi de, aşkı da öldürüyor. Yaşatabilene bravo. Aşk ve sevgi feda edilmemeliler. Korunmalılar.

Kızlarımla birlikte yalnız yaşıyorum. Yeni bir ilişki, evlilik yaşamadım. Korkuyorum. Korkulara sahibim. Çok temkinli davranıyorum. Ama yalnızlığı da kaldıramıyorum. Fazlasıyla zorlanıyorum. Göçmenlikte sağlıklı erkek bulmak zor. Hepside darbelenmiş ağaçlara benziyorlar. İstediğim ölçülere sahip olan erkeği bulamıyorum. Benimle olmak isteyen erkekleri ret ettim. Her erkeği evime alamam. Yalnız değilim. Beni ve kızlarımı birlikte kabullenecek, anlayacak, gelişmiş, aydın bir insanla birlikte olabilirim. Korkuyorum ve girişimde bulunamıyorum. Kendi kendimi yiyorum. Yalnızlık çekilmiyor. Kaldıramıyorum. Dayanamıyorum.

Kızlarımın babası da halen beni bekliyor. Geçenlerde yeniden birlikte yaşamayı teklif etti. Bende kendisini ret ettim. O, tekrar kendisiyle beraber yaşayabileceğimi düşünüyor. Bir daha asla. Kesinlikle kendisiyle olmam. Kendisine bana yaklaşamazsın, vücuduma dokunamazsın. Artık senden korkmuyorum. Sihir bozuldu, dedim.

Anlaşabileceğim bir insan karşıma çıksa da eşim ve yakınları kesinlikle rahatsız ederler. Rahat vermezler. Bana yaklaştırmazlar. Onlar, bu hakkı kendilerinde görüyorlar. Benimle olmak isteyen erkeklerde onlardan korktukları için yaklaşamıyorlar, evlilik teklifinde bulunamıyorlar. Her erkek eşim gibi değildir. Bayana hitap etmesini, cevap vermesini bilenlerde varlar.

Herhalde halende eski eşimle karşılıklı olarak bağımlılıktan kurtulamadık. O, bekliyor. Evlenmiyor. Ama her türlü ihtiyacını dışarıda gideriyor. Duyuyorum. Beni de gözetliyor, izliyor. Yalnız olduğum için olsa gerek bende onu düşünüyorum. Bir başkası olsaydı süreç içinde unutabilirdim. Yada ruhsal olarak iyi olmadığım için bende saplantı oluştu. Sürekli bozuk plak gibi onunla geçen zamanı, olayları düşünüyorum. Kendimi kurtaramıyorum. Geçmişi, köyümü, oradaki insani ilişkileri, sıcaklığı özlüyorum.

Adamın kıskançlık krizleri devam ediyor. Benimle diyalogu olan insanları rahatsız ediyor. "Siz eşime akıl veriyorsunuz. Yol gösteriyorsunuz. " diyor. Sanki ben kendimi idare edebilen bir insan değilim de başkalarının etkileri altında kalarak yaşamımla ilgili karar vereceğim.

Hiç bir zaman kendisine yönelmedi. Ortaya çıkan sonuçların nedenleri üzerinde düşünme, kendisini eleştirme, düzeltme gereği görmedi. Yeni bir evlilikte yapsa benzer sorunlar yaşayacak.

Bana "Benden dolayı bu ülkede yaşama hakkı kazandın. Ben seni getirmeseydim köyde kalırdın. Diğer bayanlar gibi sürünürdün. Yokluk çekerdin. Altında arabayla geziyorsun. "dedi. Kendisine, gel kızlarının sorumluluğunu al. Bende çeker köyüme giderim. Seni sevdiğim için bu ülkeye geldim. Ben o zaman oturum hakkı alma gibi bir düşünceye de sahip değildim. Evlenmeyi teklif eden, teklifte ısrarlı olan sendin, dedim. Söylediğim şeyi yaptığımı, verdiğim karardan dönmeyeceğimi bilir. Kızların bütün sorumluluklarını yüklense ben döner giderim. Kadının ekonomik bağımsızlığını kazanması ve bireysel isteklerin öne çıkması, bizde boşanma oranını artıran en önemli etkendir. Farklı kültürlerden değiliz. Aynı köylüyüz. Ama sonuç bu.

Kızlarımla da sürekli çatışıyorum. Bana "Mutsuz kadın sürekli ev işleriyle, temizlikle uğraşır. Yalnızlık sonucu alıngan, tepkici, saldırgan oldun. Ağlama krizleri geçiriyorsun. Bize de rahat vermiyorsun. Eve gelmek istemiyoruz. Bizimle uğraşma. Her şeyimizi kontrol etmekten, sürekli söylenmekten vazgeç. Sen korkaksın. İstiyorsun, sürekli düşünüyorsun, ama adım atamıyorsun. Niye kendine bir arkadaş bulmuyorsun? Sevişirsen rahatlarsın. Kafayı bize takmazsın. Bizimle uğraşmazsın. Elbetteki erkek arkadaşlarımız olacak ve onlarla çıkacağız. Bu seni rahatsız etmemeli. Kıskançlık krizlerine girmemelisin. Biraz cesur olda bedeninin ihtiyaçlarını gider. Kendi kendine zulüm etme. Kendini bastırma. Buralı gençler çok yavanlar. Basitler. Ağır değiller. Biz bunlarla yapamayız. Kendi insanlarımızla olmayı tercih ederiz. Korkma yabancıya gitmeyiz. " Boynuz kulağı geçer, derler. Ben annemden farklıyım, onlarda benden farklılar. Korkularım, tedirginliğim onları rahatsız ediyor.

***

Evlilik ilişkisi tamamen iki kişilik olduğunda sadece iki kişinin ilişkiye yönelik beklentilerini, hedeflerini içerir. Evlilik gerçekleştirildiğinde, bu ilişki toplumun istediği, beklediği, devletin, sistemin en küçük hücresi, dokuma atölyesi olan bir kurum haline dönüşür. Sosyalize edilmiş bir birliktelik olur. İki kişiden oluşan bir yönetim birimidir.

Evlilik, bizim toplumsal ölçülerimize, değerlendirmelerimize göre aile olma girişimidir. Topluma eklenecek sosyal bir ünite oluşturma aşamasıdır. Kabul etsekte, etmesekte bu böyledir. Herkesin yaklaşımı, değerlendirmesi bir değildir.

Aile kurumuna yaklaşımımız, değerlendirmemiz, katacağımız yada eksilteceğimiz şeyler bizim geçmişimize, yaptığımız öğrenim ve aldığımız eğitime bağlıdırlar. Evlilik kurumunun kapısını çalıp, içeriye girdiğimiz andan itibaren bütün yetenek ve bilgilerimizi kullanmaya başlarız. Çift olarak sahip olduğumuz zenginlik ve birikimleri ortaklaşa harmanlayıp, hamura ve bir sanat eserine dönüştürebilirsek, çekişmelere yol açmazsak, oluşturmaya çalıştığımız heykeli yaralayıp, kırmazsak, günlerimizi iyi yönde motive ediyoruz, demektir.

Ne yazık ki toplumsal değerlerimiz, adet ve törelerimiz insanlarımızı kulluğa doğru yöneltiyorlar. Kul yapıyorlar. Ailelerinde bireyleşme yönünde eğitim alamayan, bireyselleşmeleri engellenen insanlarımız evliliklerinde de sorunlar yaşıyorlar.

Bizde bireyselleşme yanlış yorumlanıyor, anlaşılıyor. Göçmenlik, mültecilik yaşamında, ben bireyselleştim diyen insanımız aslında bencilliği, kişiselleştirmeyi yaşıyor. Bu durum, bu anlayışta aynı evde yaşamayı ve ortak yaşamı güçleştiriyor. İlk günlerden itibaren karakterler arası çatışma başlıyor ve devam ediyor.

Duygusal hatlar, iletişim hatları yara alıyorlar. Evlilik güç mücadelesine, gösterimine, rakibi alt etmeye dönüşüyor. Evliliğin başlangıcından itibaren görev paylaşımı, yetki dağılımı yapılmamışsa çarpışmalar pasif veya aktif savaş halinde varlıklarını sürdürüyorlar. Evlilikteki güç dengesi, günlük yaşama, ilişkilere, zamana ve zemine göre değişen bir yükselme ve alçalma trendi gösteriyor. Hükmetmek bir hastalık, eksiklik göstergesi değil midir? Normal bir insan, sağlıklı bir insan, niye ezmeye, hükmetmeye, kendisini ispatlamaya yönelsin ki?

Sağlıklı çiftler ilişkilerinin başından itibaren kendi istedikleri sistemi evlerinde oturtup, kurup kendi yapılanmalarını gerçekleştirirler. Göstermelik eylemlere kalkışmazlar. Yaşamlarıyla ilgili sorunlarda kendi çözüm yollarını oluşturmasını bilirler. Birbirlerine rahatlıkla uyum sağlarlar. Sorunların altında ezilmezler. Yüklerini paylaşırlar. Birbirlerine eziyet etmezler.

Çocuklar olduktan sonra iş değişir. Sorumluluklar artar, gerilimler oluşur, fazlalaşır. Çocukların aileye katılışı taraflarda korkuda oluşturur. Bu, yükün ağırlaşması korkusudur. Evlilik geri dönüşümsüz bir hal alır. Taraflar çocukları hesaba katmak zorundadırlar. Çocuk doğuşuyla birlikte anne ve babayı daha çok yakınlaştırır, akrabalık ilişkisi kurar. Çünkü O her iki tarafın belirli özelliklerini sperm ve yumurta aracılığıyla almıştır. Bir ortaklık kurmuştur. Çocuğun olmasıyla gerçek roller, görevler, alınması gereken sorumluluklar evin merkezinde tarafları beklerler. O andan itibaren bir oranda gerçek kişilikler, egolar konuşmaya başlarlar. Görevi paylaşma isteği veya isteksizliği bireyi ele verir. Karşılıklı fedakarlıklar yaşanmalıdır. İlişkinin sağlıklı kalması açısından bu zorunludur.

Çocukla birlikte hareket kabiliyeti kısıtlanır. Özgürlükler kaybedilmeye başlanır. Taraflar zincirlenmiş gibi bir hisse kapılırlar. Çocuğun olmasıyla birlikte büyükler, bir kadın ve bir erkek olmaktan ziyade, bir anne ve baba olma noktasına ulaşmak zorundalar. Bu noktaya ulaşabilirlerse görev paylaşımında krizler yaşamazlar. İş sevgililikten çıkıp, gerçek eş rollerine dönüşür. Çocuk bu değişimi yaşatır. Bu değişimi yaşamayı başaran, yaşamının yeni ortağıyla birlikte anne ve baba rolünü de alabiliyor. İlişkinin başlangıcından itibaren sağlıklı bir denge kuran çift misafirini sorunsuz, stressiz, güler yüzle karşılayabiliyor. Sorunsuz olarakta yaş dönemlerini yaşatabiliyor. Serpilip gelişmesini sağlayabiliyor.

Yalnız yaşamak durumunda olan bayanlarımız tümüyle çocuklarına odaklanıyorlar. Bütün ilişkilerini onlara göre programlıyorlar. Kendilerini feda eden, yaşamaları gerekenleri yaşayamayan, kendilerine ambargo uygulayanların sayısı bir hayli kabarık. Onlar yaşamlarını "her şey çocuklarım için" cümlesine sığdırıyorlar. Eş, sevgili, arkadaş olmayı unutuyorlar.

Evliliğe giden yolun başlangıcında, bu bayan 16 yaşındaydı. Erkek beraberliği kurmada ısrarlıydı. Bayanda duygusal olarak etkilendi ve nişanlandılar. Her iki tarafta bireysel beklentilerle hayaller kurdular. Yapacakları evliliğe o güne kadar yaşanamayan her şeyin yaşanacağı mekan olarak baktılar. Evlilik, istemleri, yaşanılmak istenilenleri gerçekleştirmek için bir araç haline getirildi.

Bayanda, erkekte, evlilikle, her şeyin hayal ettikleri gibi olacağına inandılar. Erkek, bayanın isteklerini yok sayarak kendi istemlerini, zevklerini konuşturarak, evinin kapısını aralamaya, kapısından içeriye adım atmaya başladı. Birbirlerini tanıma sürecini iyi değerlendiremedi. Benimsemediği, yapmak istemediği şeyleri, sadece karşısındakini hoş tutmak istemiyle geçici olarak yaptı. Her hareketinde, eyleminde karşı tarafın onayını almayı başaramadı. Bilinçli, bilinçsiz tutumlar devam etti. Bir süre sonra tümüyle kendi doğallığına göre hareket etmeye başladı.

Bayan onu tüm çıplaklığıyla görmeye ve evlilik kararını da sorgulamaya başladı. Kendi istemlerine özgü bir evlilik isteminde diretti. İstemlerini tekrarladı. Erkekse bu durumdan rahatsız oldu.

Bayan daha evliliğin ilk yılında birlikte olduğu erkekle evlenemediğini anlar. Var olan, yaşanan krizleri eşine göre çok daha erken fark eder. Süreç içinde bir çok sıkıntı yaşar. 15 yıl geçer ama evlilik sağlanamaz.

Bıçaklamalar, dövmeler, hakaretler devam eder. Çünkü erkek, çocukluk, gençlik döneminden miras kalan belirli ruhsal sorunlar yaşar. Bayan bunu anlayacak durumda değildir. Uygulanan şiddete, annenin bıçaklanmasına tanık olan iki yaşındaki çocuk, iki yıl konuşamaz. Çocuk eğitmenlerinin desteği sonucu yeniden konuşmaya başlar.

Bu baba çok sevdiği, kendileri için her şeyini feda edebileceği yavrularına yaşattığı acının, ızdırabın farkında değildir. Ne yaptığını bilince çıkaracak ruhsal sağlıktan, birikimden yoksundur. Kendiside onlarla birlikte acıyı, mutsuzluğu yaşar. Ama hep savunmadadır ve bayanı suçlar.

Bayanın defalarca onu uyarması, iki kez ayrı yaşama kararı verip, onu evden uzaklaştırması, ona içinde bulunduğu ruhi durumu fark ettirmez. Bilenlere danışma istemini geliştirtmez. O, çözüm stratejileri oluşturamaz. Boşanma, ayrılma sözcükleri onların evlerinin sürekli konukları olurlar. Yaralanma ve yaralamadan bahsedilir. Güç mücadelesi çok net görülür.

Onlar, konuşamıyor ve anlaşamıyorlardı. Sonuç değişmedi. Hayat kaliteleri, ilişkinin seviyesi gittikçe düştü. Birlikte ilişkiye ayna tutamadılar. Bayan bir oranda aynaya bakmayı öğrenmişti. Erkek bakmamayı tercih ediyor ve uzak duruyordu. "Benim ihtiyacım yok" düşüncesiyle hareket ediyordu. Temel sorun onların birlikte ilişkilerini değerlendirememeleriydi. Evliliklerinde, evlerinde demokratik bir ortam olmalıydı. Karşı tarafın kişiliğine saygı gösterilmedi. Birbirlerini oldukları gibi kabul edemediler. Var olması gereken saygı oluşmadı. Bütün sorunlarını çok kısa sürede çözmeleri de mümkün değildi.

İlişki anlamlı bir diyaloga dayanmadı. Çift önemli sorunları konuşabilme becerisini göstermiş olsaydı evlilikle ilgili sorunlarının % 99'unu çözmüş olacaklardı. Konuşmanın her konuda yararı oluyor. Duygular paylaşılarak iletişimsizlik ve olumsuz gelişmeler önleniyor. Diyaloga girmek her ikisinin birbirlerine yakınlaşmalarını sağlayacaktı. Bu gelişmeyle de evlilik kurtarılırdı. Birlikte oturup konuşmayı, saygı göstermeyi bir türlü başaramadılar. Kendilerini birbirlerinin yerine koyamadılar.

Bir taraf rahatsız, diğer taraf hiç bir şey yokmuş gibi davranıyordu. Sorunlar çözülmedikleri içinde kronikleştiler ve kaçınılmaz sona doğru ilerlediler. Sonuç olarak evlilikte de, boşanmada da mağduriyet çift taraflıydı. Çocuklarda kendi paylarına düşeni istemeden almışlardı.

Anne üç girişimine rağmen boşanmayı başaramadı. Her gidiş, geri dönüşle sonuçlandı. Çocuklar büyüdüler ve gerçekleşemeyen evliliğe son noktayı koydular. Çocukların büyümeleri, etkili olmaları, "hayır anne" demeleriyle birlikte boşanma süreklilik kazandı. Erkek boşanmayı sindiremedi. Terk edilmeyi kaldıramadı. Bayanın kendisini sevmesini, kabul etmesini bekledi, durdu. Krizleri geç fark ettiği gibi, boşanma gerçekleştikten sonrada yeni durumu bir türlü kabullenemedi. Terapi görüyordu, ama terapistinin kendisine anlattıklarıyla düşüncelerini, ölçülerini değiştirmeye, hatalı tutumlardan uzaklaşmaya, hatalarını kabul etmeye, kendisini yenilemeye de yönelmedi.

Üstünde değişik ilaçlar denenen bir yara kapanmaz. Evliliklerde öyledirler. Yara aldılar mı en etkili ilacı tespit edip, kullanmak gerekiyor. Bu ilişkide her telefon veya mesaj yarayı yeniden kanatıyordu. Kabuk bağlaması, iyileşmesi önleniyordu.

Sorunlu insanlar, başarılı terapilerde kendileriyle yüzleşip, sorunlarını yeni ilişkilerine taşımamayı öğreniyorlar. Evlilik terapileri Avrupa'da çok yaygın. Bu terapilerde boşanma kararında etkili oluyorlar. Çiftler sağlıklı kalarak boşanmayı öğreniyorlar. Bizde boşanma yıkım olarak algılanıyor. Çiftler boşanma kararı alamıyorlar. Bir taraf terk ediyor. Birlikte bu kararı alan çiftler elle gösterilecek sayıdadırlar. Oysa birlikte, kırmadan, küsmeden, nefreti geliştirmeden ilişkiyi bitirme kararı vermek, her iki taraf içinde var olan sorunları çözebiliyor. Bireyler, birbirlerini suçlamaktan uzak kalabiliyorlar.

Terapilerde en önemli amaç, sorunlu kişinin olaylara objektif biçimde bakabilmesini sağlamaktır. Bireyler, terapi seanslarında terapistlerin yardımlarıyla kendi hatalarını tespit etmeyi, konuşmayı öğreniyorlar. Böylelikle, şiddete, yaralamaya, öldürmeye imkan sunmayan çözüm yollarının kapıları aralanıyor. Terapi sonucu birey değişim sürecine giriyor. Terapiyle daha güçlü hale gelen sorunlu kişilik kendi doğrularını bulmaya doğru adım atıyor.

Bu ilişkide olduğu gibi, bir yönüyle boşanma, hem kadın, hem de erkek için ciddi biçimde sarsıntı yaratan, yıpratan bir sonuçtur. Mecburen kabul edilmiştir. Eşlerin, her ikisinin de, her şeye rağmen sevgiyi taşımaları, evliliğin devamını istemeleri bile duygusal ve ruhsal bir çöküntüyü engelleyememiştir. Her şey tümüyle bitmiş olsaydı bu düzeyde acı çekmezlerdi.

Baba uzun süre terapiste gitmesine, ilaç almasına rağmen düzelememişti. Evlilik süreci içinde yarattığı tartışmalar, dilsel ve bedensel saldırılarla anneyi de tedavi olması gereken bir duruma sokmuştu. Çocuklar bu kötü ilişkinin ağır yükü altındaydılar.

Sonuç itibarıyla Kürt bayan kendi durumunun farkında değildi. Büyük kız annesindeki gelişmeleri gözlemleyebilmişti. Çünkü gittiği okulda öğrencilerin % 47'sinin aileleri boşanmışlardı. O, arkadaş sohbetlerinde boşanan çiftlerin oluşan, gelişen sorunlarından haberdar oluyordu. Çözüm yolunun terapiden geçtiğinin de bilinceydi. Annesinin elinden tutarak, onu doktora götürmüştü. Anne, kızının yol göstermesi sonucu gittiği terapiste çocukluğundan itibaren bütün yaşadıklarını, geçmişini anlatır. Terapist bayanın önerdiği çözüm planlarını dinler. Terapist, seanslar sırasında danışanının, öğrenim, genel kültür, algılama durumunu göz önüne alarak, anlatma, uygulama tekniğiyle ilişkinin durumunu şekillerle, şemalarla Kürt bayana tarif eder. Bayanın içinde kaldığı kısırdöngü çemberini bir noktada kesip, ayırır. Çıkmasını, adım atmaya başlamasını sağlamak için güç, güven verir. Onun farkında olmadığı cevherlerini görmesini sağlar. Ellerinden tutar. Yürütmeye çalışır.

Bu aşamadan itibaren bayan eşinin gerçek durumunu, ruhi yaralanmışlık düzeyini, mutsuzluğu provoke etmesinin nedenlerini anlamaya başlayarak, aileyi değerlendirmeye alabildi. Eşinin ve kendisinin yanlış yaklaşımlarının, tepkilerinin kendilerine ve ilişkiye zarar verdiğini fark etmeye başladı.

Düşünme, karşılaştırma bilgi ve becerisi yavaştan oluşur. Bayan, geçmişte iktidarı kaybettiğini ve tüm seçenekleri ruhsal yönden rahat olmayan eşinin eline verdiğini anladı. Atağa geçme gereği gördü. Kendisinde, boşanma sonrası oluşan sorunları eşiyle birlikte çözme isteği gelişti. Terapistin desteğiyle, çocuklarla ilgili olarak babalarıyla birlikte karar vermeyi öğrendi. Bütün çabalar çocukları rahatlatma yönlüydü. Boşandığı için bir yönüyle çok mutluydu.

Dayak, anlatma, ikna etme, öğretme, algılatma yeteneğinden, kültüründen yoksun olan insanların, zayıflıklarını, güçsüzlüklerini kamufle etmek için kullandıkları ilkel bir araçtır.

Bizim toplumumuzda şiddet aile içinde öğreniliyor. Evinde şiddetle tanışan kız çocukları, evlilik yaptırıldıklarında da erkeklerin şiddet uygulamaları durumunda, şiddeti doğal karşılamaktalar. Çünkü onlara yabancı olan bir ölçü değildir, yaşamlarının bir parçasıdır. Özellikle ergenlik dönemine kadar şiddet uygulanan bir aile ortamı içinde şekillenen insanlar bu olayı kabulleniyorlar.

Şiddeti yaşamın bir parçası olarak görmelerinde, içinde bulundukları toplumsal yapı, yerleşim birimi, çalışıp çalışmama, evlilik şekli, aile içindeki yaklaşım ve eğitiminde rolü mevcut.

Hiç bir sosyal güvencesi olmayan bayanda, çalışan bayanda, şiddet olgusunu yaşamlarının bir parçası olarak görmektedirler. Kırsal kesimde tarım sektöründe çalışan kadınlarda şiddeti kabulleniş oranı daha yüksektir. Bu bayanların büyük bölümü şiddeti bir zorunluluk olarakta görmekteler.

Birden fazla evlilik yapan erkeklerin şiddet uygulama oranları diğerlerine göre daha yüksektir. Birbirleriyle anlaşamayan, erkeği paylaşamayan eşlerin ve onların çocuklarının tartışmaları, gerilimleri, erkekliğiyle övünen şahsı çok rahatlıkla şiddete yöneltebilmektedir.

Kadın dayağı onayladıkça, kendi cinsine uygulanmasına karşı çıkmadıkça, oğlunu, gelinine, kardeşini, gelinine, eşini, eltisine, oğlunu, kızına karşı provake ettikçe, saldırttıkça kullanılması gerekli olan bir yol olarak gördükçe, elbetteki düşünme, ikna, karşısındakinin düşüncesini tartışma, kabul etme anlayışından, yeterliliğinden uzak olan erkek, kaba gücünden de yararlanarak bu yolu denemeye devam edecektir. Şiddet uygulayana yaptırım, tecrit, uygulanması ve şiddetin insani olmayan bir yol olduğunun kavratılmasıyla erkek bu araçtan uzaklaştırıla bilinir.

Bayanlara karşı şiddetten, bir bireyin, kurumun, gurubun, toplumun ya da hükümetin kadınların temel haklarını ihlal etmeleri, kamu yada özel yaşamlarında, kadınların fiziksel, psikolojik, duygusal, cinsel yada başka bir zarar görmelerine yol açan bir politikanın, eylemin yada davranışın ifade edilmesi anlaşılır. Bu ayrıca onların sivil, politik, ekonomik ve toplumsal hakları kullanma ve onlardan yararlanma yeteneklerini güçsüzleştiren, insanlık dışı bir davranış biçimi anlamına da gelir.

***

"Bana, okuduğum, etkisinde kaldığım, rehber aldığım kitapların en etkilisinin hangisi olduğunu sorarsanız, söyleyeyim. O yıllarca okuduğum, bütün bedenimi işgal eden eser, annemdir. "

ZERÊ; Kürt ve Müslüman'ım. 1956 doğumluyum. Kiğı'ya bağlı bir köyde doğdum. Memleketten İstanbul'a taşınmıştık. Yoksulluk buna sebep olmuştu. İlkokul ikinci sınıftan ayrıldım. Ailem okutmadı. Abim "Kız çocuğu okumaz. Okuyup ta sevgilisine mektup mu yazsın. Evinde kalsın. İş yapmayı öğrensin" derdi. Onun istediği gibi oldu. Kardeşlerime baktım. Ev işi yaptım. Bir süre sonrada annemle birlikte temizliğe gitmeye başladım. Bu şekilde büyüdüm. Bir abim lise, bir diğeri orta okul, küçüğü ise ilkokul mezunudurlar.

15 yaşındaydım, tanıdıklar bana görücü gelmeye başladılar. Çok kişi istedi. Dayımın oğlu gelenlerin yolunu keser ve geri çevirirdi. "O, benim nişanlım. Biz nişanlandık "derdi. Daha o zaman yerime karar vermeye,

bana hüküm etmeye başladı. Zorla isteğini gerçekleştirdi. 19 yaşımda onunla nişanlandırıldım.

Ben okutulmamıştım. Benimle evlenmek isteyen insanda üniversite öğrencisiydi. Mühendis olacaktı. Bu durum beni korkutuyordu. Kendisine, seni tamamlayamam, ikimizde zorlanırız. Sana uyum sağlayamam. İleride cahilliğimi başıma kakarsın, üzerime gelirsin, öğrenim görememememi karşıma çıkarırsın, dayanamam, çeker giderim, dedim. O ise "Hayır, hayır. Ben okuma imkanına sahiptim ve okuyorum. Okumuş kadınla evlenmek isteseydim, okulda, çevremde bulurdum. Okumuş kadın istemiyorum. Seni bu halinle tercih ediyorum" derdi.

22 yaşımda evlendirildim. Bu evliliği ben istemedim. Olmaması için direndim. Okuyan bir insanla evlenmekten korkuyordum. Evlendik. Evlilikten yedi ay sonra hamile kaldım. Eşim askerlik yaparken oğlum doğdu. Sekiz buçuk yıl kaynanamla birlikte oturdum. Kocam ayrı ev açmak, ailesinden uzak kalmak istemiyordu. "Ben ailemle oturmak istiyorum. Onlara bakacak kimse yok. Hepsi evlenip, gittiler. Yaşlıları yalnız bırakamam. " dedi. Kayınpederim dayım olduğu için sürekli bana sevgiyle hitap ederdi. İlişkimiz iyiydi.

1980'de siyasi nedenlerden dolayı aile bölündü. Eşim içeri girmemek için İngiltere'ye kaçtı. Oradan da Avustralya'ya geçti. Oğlum 2, 5 yaşındaydı. 4, 5 yıl ayrı kaldık. O, bizi de yanına götürebilmek için çaba harcıyordu. Bu amaçla İngiltere'ye gittim. Oradan Avusturalya'ya geçemedik. Geri İstanbul'a döndüm. Daha sonra oğlumu bırakarak Avusturalya'ya ulaşabilmeyi başardım. 1, 5 yıl sonra oğlumu yanımıza aldırabildik. Büyük oğlum 7, 5 yaşında babasını görebildi. Hiç konuşmazdı. Sürekli tedirginlik içinde, korkuyla hareket ederdi. Babaya yaklaşamıyordu. Olması gereken sevgiyi, ilgiyi göremedi, yaşayamadı. Ayrı düşmek bunları engelledi. Zaman içinde yavaş, yavaş babaya alışmaya, ısınmaya başladı.

Eşim gemi mühendisiydi. Yer değiştirmekle, mülteci olmakla kariyerini de kaybetmişti. Mesleğini yapamıyordu. Öğrenim görememiş olan insanlarımızın yaptıkları işleri yapıyordu. İngilizce kurslarına gitmişti. Devam ediyordu ve geceleri de çalışıyordu. Orada bizim hiç kimsemiz yoktu. Eşim Kürt ailelerin telefon numaralarını tespit ediyor, arıyor, görüşüyor ve onlarla sosyal ilişki kuruyordu.

Turist olarak Avusturalya'ya gidebilmişti. Orada kalmıştı. Çalışma hakkı yoktu. Bundan dolayı da kaçak çalışıyordu. Bu durumu bilen ve kendisini çalıştıranlar onu sömürüyorlar ve kendisine ödemeleri gerekenden daha az para veriyorlardı. O şartlar altında para biriktirerek beni yanına götürebilmişti. Bende turist olarak gittim. Sonradan iltica ettik.

İkimiz birlikte evde çalışmaya başladık. Meslek değiştirdik. Terzi olduk. Elbise, çarşaf dikiyorduk. Evimizin garajını atölye haline getirdik. Bu durum bir yıl sürdü. Ondan sonrada başkalarının temizlik şirketlerinde iki yıl çalıştık. İstanbul'da mühendis olan adam Avusturalya'da temizlikçi oldu. Ben belimden ameliyat oldum ve işi bıraktım. İkinci oğlum olduktan sonrada yalnızca annelik görevimi yapmaya karar verdim.

17 yıldır oradayım. Daha yeni kendimize bir iş yeri açabildik. 10 ay eşimle birlikte çalıştırdık. Eşimde süreç içinde yavaş, yavaş hastalanmaya başladı. İşi yürütemedik, bıraktık, iş yerini devrettik. Şimdi paramız var. Fakat halimiz yok. Çalışabilecek durumda değiliz.

Kaldığımız şehirde eşimin kendi mesleğini yapması mümkün değildi. O, bir çok yerde işçilik yaptı. Dilini geliştiremedi. Mültecisin! Sana yardım eden kimse yok. Bütün sorunlarını kendin çözmek zorundasın. Mesleğini geliştirme olanağına sahip değilsin. Para kazanmak, aileni gelindirmek mecburiyetindesin. Sürekli koşuşturma onu sinirli, öfkeli, saldırgan, kırıcı bir insan yaptı.

Kendisiyle oturup konuşamıyorum. Hemen tepki gösteriyor. Eğer aileyle ilgili bir karar verilecekse, bir şey yapılacaksa her şey onun düşüncesine ve isteğine göre olur. Bizim düşüncemizi sormaz. İşi yapar. Her şeyi hal eder ve ondan sonra da "Şöyle yapalım mı?"der. Kızgın ve gerilim içinde kendisini cevaplarım. İstediğini yapmışsın. Şimdi niye bana soruyorsun?, derim.

Avusturalya'daki Kürtler robot gibiler. Sürekli çalışmak zorundalar. İlk gidenler çok acı, sıkıntı çekmişler. Çok zor günler geçirmişler. Ev almak zorundasın. Borca giriyorsun. O borcu ödemek zorundasın. Ödemedin mi, ev elden gidiyor. Sürekli gelir, gider hesabı yapmak gerekiyor. Dünyanın bir ucu. Para biriktirmesen adım atamıyorsun. Buraya gelip ya da memlekete gidip yakınlarını ziyaret edemiyor ve hasret gideremiyorsun. Uzaklık insanlarımızı zorluyor. Güç yetmiyor ki izne, ziyarete gelesin. Buda üzerimizde olumsuz etki yapıyor. Hepimiz sürekli özlem içinde yaşıyoruz. İnsanlarımız bunalımdalar.

Kimisi çocuğunu, kimisi kocasını, kimisi karısını kaybediyor. Sürekli çalışan anne ve babalar çocuklarıyla ilgilenemiyorlar. Değişik sorunlar yaşıyorlar. Kürt ailelerin çocukları şimdi geçmişe göre daha iyi durumdalar. Kürt kurumları oluşturuldu. Gençler kurumlara geliyorlar, sahip çıkıyorlar. Ulusal anlamda serbestsin. Örgütleniyorsun. İnsanlarını geliştirme çalışmaları yapabiliyorsun. İlticacıların durumları çok kötü. Geçmişte onlar için var olan bazı sosyal hakları da kaldırdılar. Her şeyi zorlaştırdılar.

Şimdi daha önce olmayan bir durumu yaşıyoruz. Yabancılarla evlilik gelişti. Gençler büyükleri dinlemiyorlar. "Benim yaşamım. Benim hayatım. Benim tercihim. Evlenecek olan benim. Sadece sizi bilgilendiriyorum. "diyorlar. Ailelerimiz çocuklarının evlendikleri kişilerin aileleriyle diyalog geliştiremiyorlar. Sohbet edemiyorlar. İlişki " Merhaba. Nasılsınız? " sınırına takılıp, kalıyor. Bir şey konuşamıyorlar. Çünkü insanlarımız İngilizce'yi öğrenemediler. Gelişemediler. Ayrıca çocuklarının kendi insanlarıyla evlenmelerini tercih ediyorlar. Yabancılarla evliliği kabullenemiyorlar, kaldıramıyorlar.

Çocukları uyuşturucuya düşenler, kendilerini öldürenler, yeniden Kürt ulusal kurumlarına gelip, gitmeye başladılar. Kendi toplumumuzdan uzak kalmanın sonuçları bizler açısından ağır. Aileler olumsuzlukları yaşayınca kurumlardan uzak kalmamayı tercih ediyorlar. Her kuş kendi sürüsüyle uçuyor. Kopanı da kurt kapıyor.

Büyük oğlum üniversite öğrencisiyken ulusal konuda okumaya, bilinçlenmeye başladı. Okulu bıraktı. " Ülkemin, halkımın özgürlüğü için çalışacağım " dedi. Avrupa'ya gelip, siyasi faaliyet yürütmeye başladı. Evden ayrılışını uzun bir süre kabullenemedik. O ise köklerine, özüne döndüğünü belirtti. Halen Kürtlerin özgürlüğü için çalışıyor. Diğer oğlum okuyor.

Ben ve eşimse bazen savaş, bazen barışla ilişkiyi götürüyoruz. İkimizde tahammülsüz olduk. Bir hafta önce bir tartışma sonrası evi terk ettim. Uzaklaşmaya, bir süre uzaklarda kalmaya karar verdim. Avrupa'ya oğlumu görmeye geldim. Üç ay sonra tekrar eve döneceğim. Aynı tarzda yaşamaya devam edeceğiz. Ne O, ne de ben değişiyoruz. Çocuklarda durumumuzu biliyorlar. Bizleri izliyorlar, eleştiriyorlar.

Bildiğim, gördüğüm kadarıyla boşanma nedenlerini şöyle sıralayabilirim; Bir tarafın fazla alaycı, kaprisli olması, eşe güvenmemesi, fazla harcama yapması, maddi kaynakları tüketmesi, sürekli işten bahsetmesi. Bizde ise ben anlayışsızlıkla, cahillikle suçlanıyorum. Düşünceme değer verilmiyor. Her konuda kendi başına karar veren bir eşle yaşıyorum. Tartıştık mı odamı ayırıyorum. Bazen üç ay yatağıma yaklaştırmıyorum. Bu şekilde eşimi cezalandırıyorum. (Kendisini de cezalandırmış olmuyor mu!) Çocuklarda durumu biliyorlar.

Eşim aynayı kendisine tutmayı bilmiyor. Bende aradığı özelliklere kendisi ne kadar sahip? Bunu düşünmüyor. Demokrat olmasını, demokratik davranmasını bilmeli. Baskın bir kişilik yapısına sahip. Ben ne kadar demokratik yapıya sahip olsam da gitmiyor, arkamı kendisine dönmek zorunda kaldım. Son çare olarak evden ayrıldım. Habire telefonlarla arayıp, duruyor.

Ben hayatta şunu anladım; normal dönemlerde insanlar gerçek kişiliklerini saklayabiliyorlar. Normal üstü anlarda, durumlarda gerçek kişilik özellikleri ortaya çıkıyor. Zaafları, bencilliği, hükmetme hastalığı, vb. Avustralya'da kişiliğine ve düşüncelerine güvendiğim dostlarımda azınlıktalar. Göçmenlikte herkes kendi yağıyla kavruluyor. Herkesin sıkıntıları var. Etrafımızda dönüp duruyoruz. Çıkışlar bulmaya çalışıyoruz. Eşim etraftakilere de emirvari davranabiliyor. Tepki görüyor ve üzülüyor. Yapısında var. Değişmiyor.

Mecburen dönüp eve gideceğim. Misafirlikte uzun süreli olmuyor. Geldim, oğlumu gördüm. Memlekete de gideceğim. Belki biraz rahatlarım. Üç ayın bitiminde geri döneceğim.

***

Toplumumuzda, kadına ve erkeğe verilen geleneksel rollere uygun yaşama zorunluluğu da evlilikleri özgün olmaktan çıkarıp, belli kalıplar içinde yaşamaya mahkum etmektedir.

Yakın ilişki içinde kadın ve erkek birbirlerini birey, insan olarak tanıma çabasını göstermeden geleneksel rollere uygun davranış kalıpları içine gi-rerlerse, hayal kırıklıkları ve mutsuzluk kaçınılmaz olur.

Geleneksel rollerin, yetiştirilme biçimlerinin farkında olup, bu yapının üzerine kendi değerlerini koyan insanlar gelişebilir ve ilişkilerinin sorumluluğunu üstlenebilirler.

Çoğu çiftler, yaşadıkları güçlükler ve sorunların biriken ağırlığında ezilerek, boşanma kararı alırlar. Her bir tartışma, bir önceki tartışmada bitirilmemiş işlerin yükünü de omuzlayarak başlatılır. Bu tartışmalarda yaşanan duygular, kişilerin benlik algısını, özgüvenini sarsıntıya uğratır. İncinen kişi, benliğini korumak uğruna karşı saldırıya geçer. Bazen de, karşı tarafın bir biçimde dokunulmazlığı olduğu durumlarda da incinen, bütün bunların sorumlusunun kendi olduğunu düşünür.

Sorunlarına yapıcı değil de yıkıcı biçimde yaklaşan eşler giderek sorunlarının boşanma ile çözümleneceğine, öğrenilmiş bir çaresizlikle ulaşırlar. Evlilik süreci içinde, sadece yetişme biçimlerine dayalı yöntemlerle ayakta kalmaya çalışan, kişisel gelişimine yeni donanımlar katmayan insanlar, sorunları çözüm bekleyen bir durum gibi değil de hayatın kendisi olarak algılarlar. Çünkü, boşanma yalnızca bir ilişkiyi bitirir. Sorunlar ve güçlükler ise, herkesin payı kendinde kalmak üzere ayrılan eşlerin yeni yaşamlarında yeni ilişkilerinde filizlenmek üzere bekler.

Sadece, evlilik sürecinde değil, yaşamın her alanında bir güçlük yaşanırken herkesin karşısındakinden çok kendine dönüp bakması ve olayla ilgili kendi sorumluluğunu alması, kişisel gelişimimiz için önemli bir adımdır.

Boşanma kararının, eşlerden birinin ağırlıklı kararı ile alındığı durumlarda ise boşanmayı istemeyen eş, ruhsal anlamda pek çok olumsuz duygu ile baş etmek durumunda kalır. Eğer, bu eş (genelde kadınlar) sadece evlilik ile bir kimlik bulmuşsa, evliliğin bitimi kimliğin, kişiliğin ciddi biçimde tahrip olması anlamına gelecektir. Geleneksel toplumlarda, kadınlar evlilik gibi ancak bir ilişki içinde varolduklarından, başka bir biçimde varolmayı bilmediklerinden boşanma onlar için dünyanın sonu olacaktır.

Erkekler içinde durum pek farklı değildir. Gerçekte, güçlü olmaları öğretildiğinden, görünürde bağımsız olan erkekler temelde ev düzenine bağımlıdırlar. Evlilik düzeni içinde korunup kollandıklarından, evliliğin noktalanması ile adeta sudan çıkmış balığa dönerler. Boşanma, evlilik ilişkisi gibi yakın ilişkiler için eşlerin her biri için bir acil durum uyarısıdır. Boşanmanın zorunlu olduğu durumlar dışında, bu uyarı ciddiye alındığında her eş için yeniden yapılanma, kişilik donanımlarını, yaşam becerilerini gözden geçirme fırsatıdır. Evliliği sadece, bir insanla evli olarak görmek yaşamın zenginliğini kaçırmak demektir. Evlilik, yaşamla bağlılık olarak değerlendirilirse daha pozitif ve daha kaliteli olur.

Kişilerin acılarını bastırmaya çalışmaları, ruh sağlığı açısından çok sakıncalı. Psikiyatrisiler, onlara başvuran hastalarının çoğunun bastırılmış duygularının kurbanı olduklarını belirtiyorlar. Acıların kadını olmak kadar, gerektiğinde acıları dışa vurmamak da ruh sağlığı açısından çok sakıncalı. Uzmanlar, özellikle kadınların büyük acılara bu şekilde göğüs germelerini doğru bulmuyorlar. Kadın, büyük bir kayba uğradığı zaman hiç çekinmeden ağlamalı, yüreğini saran üzüntüyü dışarı vurmalı. Küçük olaylar karşısında paniğe kapılan kadınların büyük acılara karşı nasıl böyle dayanıklı olabildikleri de ayrı bir araştırma konusu. Gerçek acıları yok saymak, kişinin kendini ve yakın çevresindekileri kısa bir süre için aldatabilmesini sağlıyor. Ama daha sonra olacakların herkese büyük zarar vereceğini belirtelim.

***

"Hayat bir filmdir. Kim rolünü iyi oynarsa, onun filmi ödül alır. Toplum olarak ceplerimizde taşıyamayacağımız kadar ağırlık yapan maskelere sahibiz. "

MÜNİRE MÜFTÜZADE; Sine Kürt'üyüm (İran Kurdistanı) Orada doğdum. Hiç evlenmedim. İyi bir evlilik herkes için ihtiyaçtır. Üç kız bir de erkek kardeşim var. Ben ailemin büyüğüyüm. Bir de üvey kız kardeşlerim varlar. Hepside okudular.

İki yaşımdayken Sine şehrinden göç ettik. Tahran'da, üniversitede, İngiliz edebiyatını okudum. Okurken İngilizce öğretmenliği yaptım. 1977'de Senendaj şehrinde de öğretmen olarak görev aldım.

Biz orada ailece tanınıyoruz, biliniyoruz. Kürt sorununu sürekli yaşayan, bu konudan uzak olmayan bir aileydik. Babam Kürt dil bilimcisiydi. Kürtçe gramerle ilgili kitabı İran'da yasaklandı.

İran rejimiyle, siyasal sistemle olan problemlerden, sıkıntılardan dolayı 1985'te ülkemden ayrıldım. Londra'ya geldim. Dil bildiğim için hemen iş buldum. Mültecilerin, göçmenlerin sorunlarıyla uğraşan kurumlarda çalışmaya başladım. Bir ara bir gurup avukatla çalıştım. Kürt ve diğer halklardan olan kadınların sorunlarıyla ilgilendim, yol, yöntem gösterdim.

Görev yaparken kadının sorunlarının farklı boyutlarda olduğunu gördüm. Daha doğrusu fark ettim. Boşanma, namus cinayetleri, ev içi şiddet, zorla evlendirme, kadın sünneti (kliterus ve dudakların kesilmesi) sorunlarıyla çok sık karşı karşıya gelmeye başladım.

Kürt toplumsal gerçekliğini, bayanın durumunu görünce, genel anlamdaki adaletsizlik gerçeği beni çok etkiledi. Toplumsal yapılanmamızın eşitliği esas almaması, bayan için belirlenmiş geleneksel sınırlar, özellikle bayanın ikinci sınıf insan olarak muameleye tabi tutulması, toplumsal baskıyla bayanın daraltılması, marjinalleştirilmesi beni sorumluluğa davet etti. Provoke oldum. Bütün bunlar, bana hem bayan, hem de kendi toplumsal gerçekliğimiz hakkında çok şey öğretti. Bayan olmaktan kaynaklanan, karşı karşıya kalınan sorunların çözümü temelinde imkan yaratma etkinlikleri içinde yer aldım. Kürt bayanlara yönelik olarakta, bayanların bilinçlendirilmeleri ve eğitilmeleri uğraşları içine girdim.

Karşı karşıya kaldığım deneyimler duygu olarakta beni çok etkiledi. En gelişmiş toplumlarda bile bayanın hukuki, toplumsal korunmaya sahip olmadığını gördüm. Bu bana çok çarpıcı geldi. Bayanların kendi aralarında dayanışma olmadığını, cins bilincine ulaşmadıklarını fark ettim. Şu sonuca vardım; bütün sorunların aşılabilmesi için en temel nokta olan bilinçlenme yaratılmalıydı.

Çünkü bayanlar her türlü olumsuzluğu kabulleniyorlar. Yaşadıkları sorunlar karşısında hak arama düşüncesi, isteği bayanlarda zayıf. Durumu kader olarak algılıyorlar. Onlar, bayan olmanın doğası gereği, sosyal gelenekler, dinler, böyle istiyorlar, düşüncesine sahipler. Bayanların yaşadıkları şeyleri çok doğal sonuçlar olarak algılamalarını, karşılamalarını engellemek, karşı çıkışı oluşturmak için bayandan başlayarak bilinçlenme geliştirilmeli ve bu tüm topluma yayılmalı. Benim yoğunlaşmalarım bu konu üzerinde. Bu en temel noktadır.

Bir de Kürtlerin ulusal sorunları var. Bu sorun öne çıkarılıyor. Bayan sorunu geri planda tutuluyor, geriye itiliyor. Geleceğe havale ediliyor. Kürt kadınında geleneksellik daha yaygın. Bu Kürdistan'ın parçalarına göre de farklılık gösteriyor. Bayanlar, egemen toplumun kültürünün etkilerini yaşıyorlar. Bayan olarak çok büyük çizgi çekemiyorlar. Bizim yaşamlarımızda gelenekler çok baskınlar. Onun dışında ülkemizin parçaları arasında fark göremiyorum.

Davalarına baktığım kadınların dosyalarında karşılaştığım bir gerçekte şu; öğrenim düzeyleri çok düşük. Ama bulundukları topluma uyum sağlama - zayıf olsa da - iş dünyasına girme yönlü çabaları da mevcut. Aslında değişim, adapte olma yetenekleri de var. Toplumsal değerler kadının girişimini, girişimciliğini de engelliyorlar.

Bir aileyi tanıyorum. Önce erkek, sonra kadın ve çocuklar Londra'ya geldiler. Kadın bir süre sonra dil öğrendi. Adama tercümanlık yapıyordu. Daha sonra "Kocam dili daha iyi öğrenmeme izin vermiyor. Dil okuluna gitmemi engelliyor. Bana şiddet uyguluyor. Çekemiyorum. Ayrılmak istiyorum. Ayrılacak güce de sahip değilim. Toplumumuzda baskı yapıyor" dedi.

Bu tür durumlara defalarca tanık oldum. Erkek göçmenlikte de hükümranlığını sürdürmek istiyor. Kadın içinde yaşamaya başladığı topluma girme, tanıma, adapte olma çabaları gösteriyor. Ben deneyimlerim sonucu şu düşünceye, saptamaya vardım; farklı toplumlardan Avrupa'ya gelen ailelerde bir süre sonra kadınla, erkek arasında çatışma başlıyor. Her türlü şiddet ve boşanmada bunu izliyor. Farklı kültürün yarattığı bir sonuç. Yalnızca Kürtlerde değil, bütün yabancılarda bu durum gelişiyor. Kadın burada kendi haklarıyla buluşuyor. Gelişme yönlü girişimleri oluyor. Erkek ise tutuculaşıyor ve sorun yaratmaya başlıyor.

Ayrıca kadın çocuklarıyla da sorunlar yaşamaya başlıyor. Nesil ve kültür farkı buna neden oluyor. Çocuğu bir kimlik sahibi kılarak büyütmek, onun temel uğraşı ve sorunudur. Erkek bu konuyla uğraşmıyor. Kadının tutucu, katı davranması ve erkeğin uyum taraftarı girişimlerde bulunması, çok ender görülecek bir durum. Boşanmadan sonra genellikle çocuklar annede kalıyorlar. Bu Avrupa'da böyle.

Buralarda en temel sorun, aileyi geçindirme, finans sağlamadır. Her ne kadar kurumlar kadına bir miktar yardım verseler de, verilen yardım sorunları çözücü boyutta değil. Bayanlar boşanmış yada dul olmanın yarattığı kabul sorununu da yaşıyorlar. Yine boşanmada, ailenin parçalanması boyutuyla kadın suçlu olarak görülüyor. "Kadın sıkıntıları yaşamalı, zorlukları çekmeli ama boşanmamalı", deniyor.

Boşanmış bir kadın için tekrar evlenmek veya yeniden bir erkekle ilişki kurmak çok, çok zor. Bu durum boşanmış erkek için sorun yaratmıyor. Erkeğin yaşı ne olursa olsun, kendisine genç bir bayan getirtebiliyor, bulabiliyor.

Sorunların çözüle bilinmeleri, çözüm yollarının bulunabilmeleri için bayanların eylemci olmaları, siyasal, kültürel, toplumsal çalışmalar yapmaları gerekiyor. Bizdeki ilişkilerde sorun çıktığında kadın çözmeye çalışıyor, erkek problem yokmuş gibi davranıyor, varlığını kabul etmiyor. Eşinizi iyi seçerseniz, bunun ödülünü yaşam boyu alırsınız.

***

"Zulüm savaşı kazanmış ve gururla bayrağını açmıştı. Uygulayıcılar uygulamalarının bilinmez ve görünmez olmasını istiyorlardı. Tanrılarımızda bizim sorunlarımızla ilgilenmiyorlardı. Onlarla ilgilenen bizlerdik. Alıştırıldığımız tanrılarımızdan vazgeçmek istemiyoruz."

ZELÊ; Kürt ve Müslüman'ım. Yapılanları, işlenilen suçları insanlar bilmeliler. Suç işleyenler teşhir edilmeliler. Herkes onları tanımalı. Ellerini, kollarını sallayarak dolaşamamalılar. Yaptıklarının bedelleri sorulmalı. Sorulmalı ki başkaları aynı suçları işlemesinler. Kürt olup ta insanca yaşamak istemenin bedeli çok ağır. Herkesin sahip olduğu hakları istemek ve cevap olarak tecavüzle, ölümle karşılaşmak anlaşılacak bir durum değil.

Devlet görevlileri ikinci kez 28 Aralık 1993'te geldiler. Köyümüz yeniden basılmıştı. Geceydi, insanlarımızı köy meydanına topladılar. Kadınların ağıtları, çocukların bağrışmaları, babaların çıkmayan sesleri, düğümlenen boğazlar. Bazılarımız, kaçabilenler ahırlara saklandık. Seslerimiz duyulmasın, çocukların çığlıkları, hıçkırıkları fark edilmesin istemi ve amacıyla onların ağızlarını kapattık. Tanık olmaktan dolayı, ani şok yaşayan iki çocuk felç oldular. O gecenin sabahı kayınlarımdan Kazım'ın bedenini köyün dışında parçalanmış halde bulduk. Parçalara ayrılan bedenini, organlarını yan, yana bile getiremedik. Diğer kaynım Çembeli'yi aradık ve kendisini iki ayağı bedeninde ayrılmış halde, inlerken gördük. Bacaklarını koparmışlar ve nasıl olsa sabaha kadar kan kaybından ölür düşüncesiyle o halde bırakmışlardı. O, yapılanlara rağmen ölmemişti. Bir süre sonra acı çeke, çeke, yaşadıklarını, kendisine yapılanları ve o anı sürekli hatırlayarak, ölüm günlerini bekleyerek, kan kanserinden aramızdan ayrıldı. Her iki kaynıma yapılanlar bizlere korku verme, bizleri sindirme, teslim alma amaçlıydı. Askerler köyü ateşe verdiler, hayvanlar ahırlarda yandı. Yanık et, yün, kıl kokusu çevreye yayıldı. Hayvanların yanarlarken çıkardıkları sesler halen kulaklarımda. Unutamıyorum. Biz köylüler yıkılan, harabeye çevrilen köyümüzü mecburen, istemeye, istemeye terk ederek, gidebileceğimiz ilçelere ve kentlere dağıldık. Bizde, korku, öfke, intikam alma, yapanları cezalandırma, cevapsız bırakmama duygu ve istekleri birbirlerine karışmışlardı. O zaman Korkmaz Tağman adlı yüzbaşı orada görevliydi. İşkencelerin, köy yakmaların, tecavüzlerin, sürgünün, toplu öldürme ve gömmelerin sorumlusu, bedenleri parçalanan kayınlarımın katili odur. Ben bütün bunları yazdırdım ve Avrupa İnsan Hakları Mahkemesi'ne şikayet ettim. Davacı oldum. Hakkımızı arıyorum. Yapanların yargılanmalarını istiyorum. Durum araştırıldı ve davanın ele alınması uygun görüldü. Sonuçlandırılmasını bekliyorum. İşkencecilerin, katillerin, tecavüzcülerin, suç işleten devletin yakalarından elimi çekmeyeceğim. Tecavüz edilenlerin, mağdur olanların adına ben davacıyım. Davadan vazgeçmem için T. C. görevlileri bana teklifte bulundular. Kabul etmedim. Hiç sıkılmadan "Köyü PKK'lıların yaktığını söylersen, belge imzalarsan, sana istediğin parayı veririz" dediler. Ben onurumu, şerefimi, haysiyetimi parayla satmam. Satılık değilim. İşlenen suçları af etmedim. Edemem. Parçalanan bedenlerin bedellerini parayla ölçemem. Devleti temsil edenler beni manevi yönden de yaraladılar. Köyümüz yakıldıktan sonra Manisa'ya göç ettik. 9 ay kaldım. Oralarda da Kürtlere yönelik daha farklı bir baskı mevcuttu. Devlet görevlileri oralarda yaşayan sivilleri Kürtlere karşı örgütlüyorlar, şartlandırıyorlar, provoke ediyorlar ve üzerimize saldırtıyorlardı. Korku, tedirginlik, olay çıkacak beklentisiyle günleri geçiriyorduk. Rahat değildik. Kürt gençleri bir şeyler yapmak istiyorlar ve bizleri de sahiplenip, korumaya çalışıyorlardı. İnsanlarımız, orada yaşayan Kürtler, daha önce yaşadıkları acı olayların anılarını, hatıralarını kendileriyle birlikte yeni yerleşim yerlerine, Manisa'ya getirmişlerdi. Hatıralar izlerini koruyorlardı. Çok şey geçmişi hatırlamaya neden oluyordu.

Manisa'da da devlet görevlileri tarafından rahat bırakılmadık. Sürekli suçlu muamelesine tabi tutulduk. Rahatsız edildik. Kontroller, aramalar bitmiyordu. Ev, yol aramalarında istedikleri gibi davranıyorlardı. Karşı çıkanın yaşama hakkı elinden alınıyordu. Kızım Aygül köyümüzde yapılanlara tanıktı. Tepkici oldu. Yapılanları kaldıramadı, kabullenemedi. O, 1 Eylül 1994'te Manisa'da özel timler tarafından öldürüldü. Kızım kurşun yağmuru altında can verdi ve ben ise onu öldüren özel timler tarafından " terörist annesi " olarak isimlendirilip, 5 gün süreyle işkenceye alındım. Yavrularını zulüm darbeleriyle kaybedenler benim yaşadığım, çektiğim acıyı çok iyi bilirler. İşkencenin en ağırı bile evlat acısından daha baskın değildir. Acımı tarif edemiyorum. Kızımın katilleri evlat acısını ve işkenceyi birlikte bana yaşattılar, uyguladılar. Aygul'ümü kendi ellerimle Manisa'da gömüp, İstanbul'a göç ettim. Yer değiştirme mecburiyeti gördüm. Diğer çocuklarımın öldürülmelerinden korktum. Orada da hedef listeye alınmıştık. Yerimiz tespit edilmişti. Devlet güvenlik görevlilerinin, gizli ellerin, tek, tek aile fertlerini öldüreceklerinden emindim. Adres değiştirmek, izimi kaybettirmek zorundaydım. Zulümden kaçıyordum. İstanbul'da da sürekli yer değiştirmek zorunda kaldım. Kayınlarımı, yavrumu öldürenler, onların isimlerini "bölücü teröristler" olarak kayıtlara geçmişlerdi. Ben neredeysem, devlet denilen şeyde hep orada oldu. Askeriyle, polisiyle, korucusuyla, özel timiyle. Devletin kolluk kuvvetleri 20 Mayıs 1997'de, İstanbul'daki evimize de geldiler. Bana " Buraya, evinize, teröristler geliyorlar mı ? " sorusunu sordular. Ben ise kendilerine, hayır, kimse gelmiyor, bizi rahat bırakın. Bizden ne istiyorsunuz?, cevabını verdim. Onlar, öldürücü, yok etmek isteyen bakışlarını bana doğru fırlatarak, üzerime doğru yürümeye, " Türkiye'de sana yaşam yok " cümlesini küfürlerle beraber savurarak, beni dövmeye başladılar. Rast gele, her yerime darbe indiriyorlardı, silahların arkasıyla vuruyorlardı. 7 yaşındaki oğlum Delil'e sahip çıkamadım. Dipçiklerden, tekmelerden korunmaya çalıştım. Ellerimle başımı kapatmak istedim. Bir ara oğlum beni dövenlerin ayaklarını tutmaya, onları engellemeye çalıştı. Onu da tekmelemeye başladılar. Şiddetin etkisiyle kendimi kaybetmişim. Kendime geldiğimde beni yatağa bağlamış olduklarını fark ettim. Oğlum ise korku içinde baş ucumda hıçkırıyordu. Beni bayıltana kadar dövdükleri yetmemişti. Onlar, istedikleri gibi davranmışlardı. Yatağa bağlıyarak tecavüzde etmişlerdi. Tecavüze uğramıştım. Yarattıkları eseri göstermek istediklerinden beni o halde bırakıp, çekip gitmişlerdi. Onlar yapmaya utanmamışlardı, ben söylemeye utanıyorum. İşte o andan, tecavüzden sonra kaybedecek hiç bir şeyim kalmadığına inandım. Dedikleri gibi beni yaşatmayacaklardı, her geldiklerinde aynı şeyleri yapacaklardı. Yapabilecekleri uygulamaları düşünürken tedirgin oluyordum. Çocuklarımın öldürülmelerinden korkuyordum. Bundan dolayı da Türkiye sınırları dışına çıkma yollarını araştırmaya başladım. Tanıdıklar yardım ettiler. Büyük sıkıntılardan sonra İsviçre'ye gelebildik. İltica ettim. Sığınma isteğimden dolayı buranın yetkilileri araştırmaya giriştiler. Yaşadığımız, anlattığımız olayların doğru olduğunu, can güvenliğimiz bulunmadığı için bu ülkeye geldiğimizi tespit ettikten sonra bize siyasi oturum hakkı verdiler. Burada boş oturmadım. Kürtlere ait bir yardım kurumunda gönüllü olarak görev aldım. Yapabileceğim kadarıyla işimi yapmaya, becermeye, halkıma destek sunmaya çalışıyorum. Savaşın açtığı yaraları tedavi edecek maddi katkı sağlıyoruz. Yaşadıklarımızdan, bize yapılanlardan sonra evlatlarımdan ikisi gerilla oldular. Zulüm edenlere hesap sormaya yemin ettiler. Onları cevapsız bırakmak istemediler. Biri hapse atıldı ve kendisine ağır ceza verdiler. Gerilla olanlardan biri yaşamını yitirdi. Bir kızım halen sağ. Dört çocuğum ise yanımdalar. Eşimle de değişik problemler yaşadım. Devlet güçleri tarafından bize yapılanlar, göç etmek zorunda kalmamız, sürekli baskı uygulamaları, bizi birbirimize düşürdü. Darmadağınık olduk. Çocuklarımı alıp evden ayrıldım. O, bizimle gelmedi. Biz buradayız ve çocukların bütün sorumlulukları benim üzerimde. Eşim yalnız kalmak istemedi. Yeni bir evlilik yaptı. Yeniden baba oldu. İstanbul'da yaşıyor. Babaannem " Erkeklerin mallarını yiyin, bitirin. Onlar insana dost, ev olmazlar" derdi. Ben yıllarca köyde çalıştım. Eşim hiçbir şeyi, kendisine verdiklerimi, emeğimi göz önüne almadı. Benim hislerimi hesaba katmadı ve evlendi. Ya ben buralarda yalnızlığı nasıl kaldırıyorum? Ben insan değil miyim? Benim ihtiyaçlarım yok mu? Ben niye yeni bir evlilik yapmıyorum. Çocuklara hem anneyim, hem de babayım. Kendisinden boşanmamı istedi. Yeni eşiyle resmi nikah yapmak istiyor. Bende kendisinden boşanmadım. Yıllarca köyde çalıştım. Ev, taşınabilen her şey özel timlerce yakıldı. Arazimiz var. Barış sağlandığında döneceğiz. Benim malımı yeni hanımı mı yesin? Emeğimi kimseye yedirmem. Bundan dolayı boşanmıyorum. Eşimin yeni hanımı dini nikahlı. Zaten bizde resmi devlet nikahının bir anlamı yok. Benim durumumda olan yüzlerce ana var. Bizim evlatlarımız devletin kolluk kuvvetleri tarafından öldürüldüler. Bizim kızlarımız tecavüze uğradılar. Bizim köylerimiz yakıldılar, yerle bir edildiler. Bizim tarlalarımıza mayınlar döşendi. Bizim hayvanlarımız yakıldılar. Biz sürgünlere gönderildik, savrulduk. Bizim sürgündeki çocuklarımız hala yakınlarının, kardeşlerinin öldürülüşlerini rüyalarında görüyorlar. Kötü anılarla birlikte büyüyorlar. Bağırarak, çığlık atarak uyanıyorlar. Kalıcı izler taşıyoruz. Bir türlü burayı, buradaki yaşamı kabullenemedim. Kendimi çok yalnız görüyorum. Her şey bana çok yabancı. Ben buraya ait değilim. Köyümü, insanlarımı, bana ait olan şeyleri özlüyorum, arıyorum. Buraya gelmekle kendimi ve çocuklarımı ölümden uzak tutmayı başardım. Tecavüz korkusu yaşamıyorum. Can güvenliğimiz var. Geriye dönmek istiyorum. Dönemiyorum. Memlekette hiçbir şey düzelmedi. Her şey eskisi gibi. Devlet görevlileri istediklerini gözaltına alıyorlar, istediklerini hapse atıyorlar, istediklerini ortadan yok ediyorlar. Köylerine dönenleri yeniden çıkartıyorlar. Hiçbir şeyin güvencesi yok. Geri dönemiyorum. Beklemedeyim. Buraya da yerleşemiyorum. Buraya geldikten sonrada düşünceden, üzüntüden, sıkıntıdan kurtulamadım. Bir gün dalgın, dalgın yürürken, kaza geçirdim. Gördüğüm işkencelerin üzerine bu kazada bende kalıcı etki bıraktı. Ameliyatta olamıyorum. Felç olma tehlikesiyle karşı karşıyayım.

Çocuklar burada büyüyorlar. Her şeyden etkileniyorlar. Buralılar gibi yaşamak istiyorlar. Beni dinlemiyorlar. Eski insan değilim. Kaldıramıyorum. Belki de istedikleri normal şeyler. Savaş hepimizi mahvetti. Buralara kadar savrulduk.

Babası hapiste olan oğlumu ziyaret etmiyor. Yanına gitmiyor. Onun acısı beni yedi, bitirdi. Gidemiyorum, göremiyorum, oğlumun ihtiyaçlarını karşılayamıyorum, göğsüme basamıyorum. Gel de dayan. O tutsak ve kimsesiz durumda.

Kürt olarak doğmanın acısı, bedeli bu kadar ağır mı olur? Gecem, gündüzüm oğlumu düşünmekle geçiyor. O babalı yetim. Diğer çocuklarla ilgili olarak bütün sorumlulukları almış durumdayım. Ben anayım. Dayanamıyorum. Çok uzaktayım sürekli ağıt yakarak ağlıyorum. Gözümün yaşı kurumuyor. Oğlumu görmek istiyorum. Doğru dürüst savunması yapılmadı. Kürt olduğu için suçlu olarak değerlendirildi. Sahipsiz kaldı. Cezası bitecek gibi değil. Yıllarca içerde kalacak. Baba ise günlerini yeni eşiyle geçiriyor. Oğlunu ziyaret etmeye korkuyor. İşkenceye uğrama endişesini yaşıyor. Bundan dolayı da oğlunu görmeye gidemiyor. O benim gibi değil, " Önce can, sonra canan", diyor.

Rahat değilim. Doktora gidiyorum. Tedavi ediliyorum. Bana "Sen üzüntü yaratan, veren şeylerden uzak kalmak zorundasın. Her şey ilaçla tedavi olmuyor. İyileşmek istiyorsan moralini düzeltebilecek şeylerle uğraş, zamanını doldur, düşünme. Düşündükçe daha kötü duruma doğru gidersin. İyileşmezsin. Geçmişi unut. Kafandan sil at. "diyor. Silemiyorum. Silinmiyor. Kaç parçaya bölündük. Darmadağın olduk.

Köyde yedi çocuğun bakımı, evin içi, dışı, hayvanlar, bağ-bahçe, tarlalar hepsini tek başıma yapıyordum. Sürekli çalışıyordum. Yorulmayı bilmiyordum. Hayattan zevk alıyordum. Gülerek bakıyordum. Tat alarak yiyordum. Umutsuz değildim. Burada, çalışma gücümü, enerjimi, isteğimi tümüyle kaybettim. Ellerimi koynuma koyup, düşünüyorum. Her şey bir film gibi gözümün önünde. Kendimi uzaklaştıramıyorum. Görmek istemesem de, görüyorum. Bu ne şans, bu ne kader! Tatvan'da kırk yaşına gel, ondan sonrada burada yaşamaya mecbur kal. Yaşa, yaşayabilirsen. Doktorda uyum sağlayamamamın, zorlanmamın çok normal olduğunu söylüyor.

***

Yunan edebiyatını iyi incelersek Kürtler ve Kürdistan'la ilgili çok sayıda belgeye, dokümana rastlarız. Yunan Ordusu komutanı Ksenofon'un askerlerinin Kürdistan'dan, Ermenistan'dan geçişleri ve halkla ordu mensupları arasında geçen olaylar, yaklaşımlar aktarılır. O Kürtleri Kardouhoi olarak isimlendirir.

Yunanlılar (M. Ö) kasım 401 ile şubat 400 tarihleri arasında Kürtlerin olduğu bölgeden geçerler. Bundan 2404 yıl önceki olay bizlere ders verici durumda. Onlar, yollarını şaşırmışlardır, kaybetmişlerdir. Geçiş yolunu öğrenmek isterler. Askerlerin bu geçiş sırasında işkence ederek yaşamına son verdikleri bir babanın öldürülüş nedeni sadece kızını askerlerden koruma güdüsüdür. " İki Tutuklunun sorgusu ;

İki tutuklu hemen getirildiler. İkisi birbirlerinden ayırtıldılar. Kendilerine doğru yolu bilip, bilmedikleri soruldu. Birinci tutuklu hiç konuşmadı. " Hiçbir şey bilmiyorum " dedi. Bunun üzerine diğer tutuklunun önünde boğazlanarak öldürüldü.

Diğer tutuklu ise, arkadaşının hiç bir şey bilmediğini, konuşmadığını ve bir tek kızı olduğunu, bu kızının da daha yeni evlendiğini, askerlerin kızının gelin olarak gittiği köyden geçmeleri durumunda, kızının mutluluğu için bir tehlike oluşturacaklarına inandığını, bundan dolayı da konuşmadığını, geçiş yolunu göstermediğini belirttikten sonra, " Bende konuşmayacağım. Başka bir yol var ama uzak. O yol sizi istediğiniz yere zorluklarla birlikte götürecek "dedi...(...) Kardouhoi'ler bizi gördüklerinde dağlara çıkıyorlardı. Evlerini, bütün eşyalarını terk ediyorlardı. Biz onlara el sallıyorduk. Kardouhoi'leri düşman değil, dost olarak görüyorduk. Çünkü onlarda krala karşıydılar. Bize yaklaşmıyorlardı. Biz onların evlerine, eşyalarına dokunmuyorduk. Davranışlarımıza dikkat ediyorduk. (Knophon (Xenephon) Anabasis, Paris 1931, kitap IV/ s. 10-11) dediğini belirtir.

Onlar kuzeye yönelir ve Karadeniz'e doğru giderler. Trabzon'a varırlar. Oradan da deniz araçlarıyla İstanbul'a ulaşırlar. Kürtlerin yaşadıkları bölgede geçen bu olay, o dönemde de taciz, tecavüz denilen olayların yaşandığını bize kanıtlıyor.

O, İslamiyet'in en ağır tarzda hüküm sürdüğü yerlerden biri olan Tatvan'da sosyalizasyona tabi kalmıştı, kişilik olarak şekillenmişti. Süreç içinde kendisine yapılan ve yaşatılanlara onurluca "Hayır" demesi gerektiğini öğrenebilmişti. Susmanın, sessiz kalmanın başka kadınların aynı sonla karşılaşmalarına yol açacağını biliyordu. Onurlu ve başı dik halde uluslararası kurumlarda haklarını arıyordu.

Çatışmalı ortamlarda en fazla zarar gören kesim siviller, öncelikle de bayanlardırlar. Savaşın bir sonucu olarak, eşleri, yakınları savaşta aktif rol alan bayanlarda tecavüz tehdidi altında kaldılar. Tecavüzlere uğradılar.

Bize şiddet uygulayanlar tecavüzü bir savaş stratejisi olarak kullanmaktalar. Kadınlar küçük düşürülmek suretiyle parçası oldukları, hücrelerini oluşturdukları toplum küçük düşürülüyor. Sadece bayana tecavüz edilmiyor, bayanın kökenine, kültürüne tecavüz ediliyor. Bu Osmanlı'dan beri o topraklarda askeri bir stratejidir. Balkanlarda kitaplaştırılan gerçek hikayeler sadece yaşatılan acıların bir kesimini sergiliyorlar. Çatışmalar, savaşlar, insanların sosyolojik, ekonomik, ruhi yaşantılarını tamamen alt üst ediyorlar.

Savaş döneminde, çatışmalarda tecavüzcüler; asker, polis, jandarma, özel tim, köy koruyucusu ve itirafçılardırlar. Sivillerde fırsatını bulduklarında içlerinde taşıdıkları şiddeti sergiliyorlar. Koşullara göre davranıyorlar. İnsani olmayan görünümler oluşturuyorlar.

Tecavüze uğrayan bayan için bu saldırı ciddi bir sorun olarak değerlendirilmelidir. Yapılanı kabul etmek mümkün değildir. Bu uygulamaya maruz kalan bayanların sayısı yüzleri bulmaktadır. Susulmasından, gerçeğin gizlenilmesinden dolayı toplum nezdin de bu bayanlara yönelik önemli bir dayanışmada oluşmadı. Benzer uygulamalara maruz kalan bayanlar toplumda gerekli olan desteği de bulamadılar.

En büyük trajedi ise suçluların cezalandırılmamalarıdır. Tüm dünyada cinselliğin tabu olmaktan çıkarılması gerekiyor ki cinsel şiddeti uygulayan cezasız kalmasın. Tecavüze uğrayanlar korkulardan, geleneksel kültürün baskın olmasından, kendilerini kirli his etmelerinden dolayı, failler hakkında suç duyurusunda bulunmuyorlar. Mağdurları savunan ve koruyanlar için birinci zorluk yazılı hukuktur. T. C. de var olan kanunlarda kadın birey olarak kabul edilmiyor. Sadece ahlakın ve ailenin bir unsuru olarak değerlendirilmeye tabi tutuluyor.

Siirt İnsan Hakları Derneği Şube Başkanlığı görevini yaptığım için gözaltından, hapisten, çıkan, basılan evlerde şiddete maruz kalan ve durumlarını anlatmak için yanıma gelen insanların uğradıkları muameleleri tahmin ettiğim, anladığım halde hiçbiri yaşadıklarının bu yönüne değinmediler. Susmayı tercih ettiler. Evi basılan, gözaltına alınan her bayan istisnasız cinsel taciz görüyor. Tecavüze uğrayanlardan bir teki bile durumunu açıklamadı. Onlar, şiddetin diğer boyutlarını anlatıyorlardı.

Tecavüzde fiziksel olarak süre çok önemli. Toplumsal nedenlerden dolayı yaşadıklarını anlatmakta zorluk çeken bayanlar, yaşadıkları şokunda etkisiyle gerekli olan süre içinde rapor alamıyorlar. Geriye bir tek psikolojik rapor kalıyor. Bunun içinde resmi bilirkişi raporu geçerli. Avrupa İnsan Hakları Mahkemesi kararlarında bağımsız doktor raporlarının önemi vurgulanıyor. Türkiye'de ise halen bağımsız hekim raporları delil olarak kabul edilmiyor.

Tutuklu bir kadının rapor alma şansı çok az. Kontroller dahi jandarma tarafından yapılıyor. Kürdistan'da ise kadının rapor alma şansı hiç yok. Ancak çevresi çok güçlü olan bu isteğini gerçekleştirebilir.

Türkiye ve Kürdistan'da hemen, hemen her gün emniyet, ordu mensuplarının cinsel taciz ve tecavüz vakaları ortaya çıkmaya devam ederken, tacize maruz kalan bayanları sindirme politikaları da hızla yayılıyor.

En büyük başarı mağdur bayanlarla dayanışma içine girip, bayanlara gerekli olan tıbbı desteği sağlayıp, dava açmaya yöneltip, davaları AHİM'e götürebilmektir. Vahşet uygulayanları yargılatabilmek, mağdurlar için moral desteği sağlayacaktır.

O ülke sınırları içinde kişilik problemi olan erkek, kendi durumunu anlama yönünde bir çabaya girmez. Çünkü aldığı anlayışa, kendisine empoze edilen ölçülere göre haklıdır! Saldırganlığını devam ettirebilir. Kaba, kişiliği gelişmemiş bir erkeğin eline silahta geçti mi her şeyi yapabilir. T. C. kolluk kuvveti olan kişilerin yol kontrollerinde, ev baskınlarında, karakollarda, işkence merkezlerinde, operasyonlarda gerçekleştirdikleri bayanlara yönelik saygısızlığın, tecavüz ve tacizin boyutu tahmin edilenden fazladır.

Zaten olumlu yönde politikleşmeyen, tecavüz ve tacizi kendisine, kişiliğine saygısızlık olarak görmeyen, toplumsal değerlerin etkisinden kurtulamayan bayanlar, aşağılanmalarını, zorla vücutlarından yararlanılmış olmasını açıklayamıyorlar bile. Ki suçluluk duygusuna kapılanlarda mevcutlar.

Çocukluk çağında taciz veya kötü muameleye maruz kalan kişilerde, süreç içinde değişik kişilik sorunları ortaya çıkıyor. WHO-Dünya Sağlık Örgütü'nün raporlarında da bu durum belirtilmekte. Taciz veya şiddete maruz kalma yaşı ne kadar küçük olursa, çocuk üzerindeki yıkıcı etkisi de o kadar büyük oluyor.

Çocuklar karşılaştıkları yaptırımlar sonucu kendilerine olan saygılarını kaybediyorlar. İnsanlarla ilişki kuramıyorlar veya ilişki kurmaktan kaçınıyorlar. Cinsel ilişkiden kaçıyorlar veya aşırı istek oluyor. Saldırgan davranışlar sergiliyorlar. Stres ve huzursuzluk, uyuşturucu madde kullanma yönünde istek ve kullanma gelişiyor.

Bizim tecavüze uğrayan veya taciz edilen kızımızın, kadınımızın ne kendilerine sahip çıkan bir devlet, ne de gelişkin kurumları var. Daha yeni, yeni bayanları koruyan bazı merkezler oluşturulmaya başlandı. Son yıllarda oluşturulan bu mekanlarda yeterli düzeyde donatılamadılar. Gerekli olan sayıda psikologumuz, psikyatristimiz, jinekologumuzda yok.

Bayanlar acılarıyla baş başa kalıyorlar. Üstelik birde suçlanıp, aşağılanıyorlar.

Özellikle Türkiye'de, taciz ve tecavüz gözaltında bulunan kadınlara yönelik bir işkence biçimi olarak sistematik bir şekilde uygulanmaktadır. Bunların yanında sözlü aşağılama, dokunma, çırıl çıplak soyma, küfür vs. şeklinde çok yaygın kullanılmaktadır. Yine gözaltında tecavüz tehditti ile psikolojik yıpratma süreklileşmektedir.

Bayanların gözaltında olan erkek yakınlarını konuşturmak için onları sorgu odalarına götürüp, tecavüz etmekle tehdit edildikleri de bilinmektedir. Ki kendimde tanık oldum. Yine gözaltında olan bayanın bedeni üzerinde söz sahibi olma, istedikleri gibi kullanma ve bedensel bütünlük hakkına yönelik bir ihlal olan "kızlık muayenesi" işi sistemli olarak uygulanmaktadır.

Taciz-tecavüz;bedensel olarak kendini güçlü gören insanın, zorla bir başkasından yararlanması, rahatsız etmesidir. Erkeklerin fiziksel olarak bayandan daha güçlü olmalarının yanına, erkeğin cehaleti, kişiliğe saygısızlığı, toplumsal anlayış eklenince, saldırıya uğrayanın kişiliğinde çok olumsuz izler oluşabiliyor. Bu durum yıllarca canlılığını koruyabiliyor.

Cinsel şiddete maruz kalanlar toplum tarafından dışlanıyorlar. Yalnızlaştırılıyorlar ve damga yiyorlar. Cinsel şiddet bayanın sosyal çevresiyle kendi arasında olan ilişkileri ortadan bölüyor. Bayanların sosyal çevrelerinin desteklerine ihtiyaçları varken, yalnız bırakılmaları onları sessizliğe gömüyor. Yaşadıkları korkunç şeylerle baş başa kalıyorlar.

Cezaevinde kendimde şahit oldum. Cinsel tacize, tecavüze uğrayanlar büyük travmalar yaşamaktalar. Yoğun bir gerginlik altında kalıyorlar, sinir krizleri geçiriyorlar, bayılıyorlar. Çevreyle uyum sağlayamıyorlar.

Tecavüz sonrası bayanlarımızın bazılarının ruhsal sağlıkları bozuldu. Sürekli toplumdan kaçtılar. Bazıları her gün banyo yaparak temizleneceklerini düşündüler ve akli dengelerini yitirdiler. Onlarca bayanın yaşamı karardı, kimisi intihar etti, kimisi öldürüldü, sakat bırakıldı, kimisi oluşturulan acıya dayanamayarak kendisini, doğan çocuğunu öldürdü, kimisi de kabullenmediği evliliklere zorlandı, evlendirildi.

Kadınların ödedikleri bedel bunlarla da bitmiyor, asıl cezayı kendilerinin de içinde yaşadıkları, hizmet ettikleri toplumun kendilerini dıştalamaları ve onlara kirlenmiş gözüyle bakmalarıyla alıyorlar. Yargılanıyorlar. Pek çok kadın bu ağırlığa dayanamayarak intihar ediyorlar.

Ülkemizin sömürge olması ve verilen özgürlüğe kavuşma savaşlarından dolayı binlerce Kürt mülteci bayan rüzgarın şiddetine kapılan yapraklar gibi dünyanın dört bir yanına dağıldılar, dağılıyorlar. Onlar, ülkemizden kaçışlarından, sığınma talebinde bulundukları ülkeye varışlarına, mülteci başvurularında bulunma ve istemlerinin kabul edilmelerine kadar geçen süreç, yetkili makamların kendileri hakkında verdikleri kararlar ve bundan sonraki süreçlerde de farklı tehlikeler ve şiddetin değişik versiyonlarıyla yüz yüze gelmekteler.

Yapılan istatistiklere, araştırmalara göre bayan ve çocuk mülteciler, dünyadaki mülteci hareketliliğinin dörtte üçüne yakın bir kesimi oluşturmaktadırlar. Kadınlar bulundukları, yaşadıkları yerlerde can güvenlikleri olmadığı için değişik yolları deneme sonucu ait oldukları topraktan uzaklaşmaya karar veriyorlar. Çünkü özgürlük en değerli histir. Sınırlanmama, korkusuz yaşama canlılara özgü istemlerdirler. Bayan olmak ve insan hakları kriterlerinin işlemediği memleketlerde yaşamak daha farklı sorunlar yaşatabiliyor, yaşatıyor. Hem insan olma, hem de cinsiyetten dolayı yaptırımlara tabi kalıyorlar. İstismarlarla yüz yüze geliyorlar. Değişik gerekçelerle süslenilen baskı ve zulüm, düşünen, konumunun farkında olan, sistemin işleyişini ve bunun ailesel ilişkilere yansımasını, etkilemesini çözen, geleneklerin eşitsizlik dağıttığını gören bayana, ruhsal olarak ağır darbeler vuruyor. Beden ve ruh sağlığını bozuyor.

Bulunduğumuz memleketlerden kaçış, uzaklaşma sorunlarımızı bitirmiyor. Yok etmiyor. Mülteciliğe çıkış yollarında, yolculuk güzergahlarında insan tacirlerinin uygulamaları, yaklaşımları, aşılması gereken engeller, varılan ülkede karşılaşılan muameleler, sorgulamalar, yerli halkın bakışı, istenmemezlik, hayat tecrübelerimizi, acılarımızı artırma işlevleri görüyorlar. Herkes kendi acısını yaşıyor. Mülteciliği yaşamayan, yaşayanın hislerini anlayamaz. Uluslararası kurum ve kuruluşlarda bu konuda gerekli çalışmaları yapmamışlardır.

Kadın mülteciler tecrübesizliğin, iltica şartlarını, haklarını bilememenin, geldikleri yerlerde var olan kültürel anlayıştan, siyasal rejimlerin uygulamalarından dolayı içlerine yerleşen korkuların mağdurları olmaya devam etmektedirler.

İltica başvurularında bulundukları andan itibaren içlerine yerleşen korkulardan dolayı yaşadıklarını, gerçek durumlarını anlatamıyorlar. Kendilerini ifade edemiyorlar. Korkularını kendileriyle birlikte taşıyorlar. Onlardan kurtulamıyorlar. Haklılıklarını ispatlayamıyorlar. Nedenleri göz önüne seremiyorlar. Kolaylıklarla değil, sorunlarla baş başa kalıyorlar.

İstemler kabul edilmiyor, iltica merkezlerinde görevli olanların kişiyle ilgili araştırmaları ayları alabiliyor, süre uzuyor, haklılık kanıtlanmayabiliyor ve bu durum iltica isteğinde bulunanı her yönüyle yıpratıyor. Haklıyken haksız konumuna düşürebiliyor.

Yaşanılan çok sayıda gelişme sonucu, Birleşmiş Milletler Mülteciler Yüksek Komiserliği (BMMYK) İcra Komitesi değişik tarihlerde değişik kararlar alarak bayanlara yönelik özellikle cinsiyete dayalı zorlukları ve bunun getirdiği sorunları ortadan kaldırma yönünde çözüm önerileri üretmiş ve bu öneriler tüm taraf devletlere tavsiye etmiştir. Bu önerilerden bazıları;

. Gerek sözleşmeye taraf devletlere, gerekse BMMYK bünyesinde çalışan, özellikle görüşmeleri yapan görevlilere cinsel duyarlılık kazandıracak eğitimler almalarını sağlamak ve teşvik etmek.

. Mülteci statüsünün belirlenmesi işlemlerinde cinsel şiddete maruz kalan ya da kalmış olabilecek olan sığınmacılara duyarlı davranmak.

. Sığınma arayan kadınların yanında aile üyelerinin olduğu durumlarda da bu usullere gerektiği gibi ulaşmasını sağlamak.

. Görüşme sırasında kadın sığınmacılarla görüşme yapan kişi ile tercümanın bayan olması konusunda hassas davranmak. Bayan sığınmacının bu yöndeki talebini dikkate almak ve görüşmecinin kendisini rahat hissedebileceği ve konuşabileceği ortamı yaratmak.

. Mülteci statülerinin belirlenmesine ilişkin olarak görev yapan, ilgili kurumlarda çalışan kişilerin, cinsiyete, sığınma isteminde bulunan ve uluslararası güvenlikten yararlanmak isteyen kadınların kaçtıkları ülkelerin kültürleri, gelenekleri, toplumsal yapıları gibi konularda duyarlı hale getirilmelerine yönelik eğitim programlarının oluşturulmasını sağlamak ve bu konuda sözleşmeye taraf devletleri teşvik etmek.

Kadının İnsan Hakları Projesi ve Yeni Oluşum Vakfı'nca 28 Eylül 2001 tarihinde İstanbul'da basına kapalı olarak gerçekleştirilen "Ortadoğu ve Akdeniz'de Kadın, Cinsellik ve Sosyal Değişim" konulu sempozyuma, Cezayir, Filistin, Fas, Fransa, Lübnan, Pakistan ve Yemen'den, 19 kadın akademisyen katıldılar.

Katılımcılar, cinsellik ve iktidar politikaları arasındaki ilişkiler, bekaret, yasalar ve cinsellik, cinsel taciz, kadına karşı şiddet, namus suçları, kadın sünneti, kadın ve erkeklerin cinsel normları, cinsel arzu ve zevk ile siyasi akımlar gibi konular üzerinde durdular.

Sempozyuma ilişkin hazırlanan basın bildirisi okundu; "Kadın ve erkek tüm insanların, kendi değerleri ve başkasına saygı çerçevesinde hoşlandıkları bir cinselliği yaşamaya hakları vardır. Cinsellik yalnızca kişisel ve özel bir alan olmayıp, iktidar ve egemenlik sistemleriyle yakından bağlantılıdır. Gelenekler, yasal sistemler ve uygulamalar, cinselliği kontrol etmeye yönelik mekanizmaları kurumsallaştırıyorlar.

Militarizasyon ve savaş zamanlarında cinsellik üzerindeki baskı arttırılmaktadır. Zira, savaşı destekleyen sistemler katı erkek ve kadın kimlikleri oluşturup, şiddeti normalleştiren ve hoşgörüyü engelleyen bir kültürel ortam yaratmaktadırlar. Barış, sadece silahlı çatışmanın olmaması demek değildir. Aynı zamanda her alanda eşitlik ve sosyal adaletin sağlanmasıdır. "denildi.

Gazetecilerin sorularını yanıtlayan akademisyenler, "Sempozyumda, olası bir savaşın kadınları nasıl etkileyeceği üzerinde duruldu mu?" şeklindeki bir soruya, 11 Eylül'de ABD'de gerçekleştirilen saldırılarla birlikte herkesin bir şekilde kurban edildiği düşüncesinin gündeme geldiğini açıkladılar. Savaş durumunda kadın sorunlarının yeniden arka plana itildiğini, bu askeri tırmanışın aynı zamanda şiddeti temsil ettiğini ifade eden akademisyenler, dünyanın her yerinde kadın ve erkek eşit görülmedikçe, sorunların üstesinden gelmenin mümkün olmayacağının belirttiler.

Türkiye'de idareciler sürekli "dış düşman" fobisi yaratıp, canlı tutarak kitleleri maniple edip, istedikleri gibi yönetmekteler. "Ülkede ekonomik kriz, dünyada savaş tehlikesi var" cümlesi dillerden düşmez. Bayanların sorunlu oldukları da hiç düşündürülmez. Dikkatler başka noktalara çekilir. Bayanlarda bu sistem içinde süreklilik kazanan bir ikincil konumda yaşarlar.

"Ortadoğu ve Akdeniz'de Kadın, Cinsellik ve Sosyal Değişim" konulu sempozyuma katılan kadınlar, sınıfsal, ulusal ve cinsel alanlarda yaşadıkları ortak sorunlarını dile getirip çözümü tartıştılar. Çoğu Müslümanlığı benimsemiş insanların yaşadıkları ülkelerden katılan kadınlar, ülkelerinde yaşanılan farklı sorunları gündeme getirdiler.

Pakistanlı Shazia Preemje, en önemli sorunlarının kız çocukların aileleri tarafından çok erken yaşta evlenmeye zorlanmak olduğunu belirterek, "Gelenek, kız çocuklarının ilk adetinden sonra evlendirilmeleri yönünde. Adet gören kızın evlenmeden ev de durduğu her gün için, ailesine günah yazıldığına inanıyorlar. Dokuz yaşında bile evlendirilen kızlar varlar. Taciz çok önemli bir sorun. Okuma yazma oranı kadınlarda % 25. Bugün Pakistanlı kadınların çoğu ABD'deki olayla ilgili sadece kulaktan dolma bilgiye sahipler. Televizyon ve gazeteye ulaşma şansları yok. "

ABD'nin İllinois Üniversitesi'nde görevli Lübnanlı Prof. Dr. Evelyne Accad ise kadın sünnetini gündeme getirdi. Sudan, Cezayir, Fas, Tunus, Yemen gibi ülkelerde kadın sünnetinin oldukça yaygın olduğunu söyleyen Accad, "Bekareti korumak için kızlar 12 yaşında sünnet ediliyorlar. Kimi zaman cinsel organının büyük bölümü kesilip, sonrada dikilerek cinsel ilişkiye girmeleri engelleniyor. Bu dikişler genç kız evlendiğinde kesiliyor. Cinsellik sadece erkeğin tekeline kalıyor"

Sempozyuma Yemen'den katılan Balquis Am a Ghalep ise ülkesinde sınıfsal farklılıkların kadınlar arasında da uçurum yarattığını belirterek,

"Vücudunun tamamını örten giysiler kullananların yanı sıra, sadece başörtü takanlarda varlar. Bir kadın tecavüze uğrayıp karakola gitse, polisler ona gülerler. Tecavüzün tek sorumlusu erkeği tahrik eden kadın olarak görülür. " gerçeğini dile getirdi.

Kadına yönelik her türlü şiddet, kadınların insan olmaktan kaynaklanan temel hak ve özgürlüklerini kullanmalarını engelliyor. 1960'ta Dominik Cumhuriyeti'nde, kardeş olan 3 bayan, arabalarından indirilip, tecavüz edildikten sonra vahşice öldürülürler.

Latin Amerikalı feministlerin önerisiyle 25 Kasım "Kadına Yönelik Şiddete Son Gün" olarak kabul edilmiştir. Birleşmiş Milletler tarafından da kabul edilen bu gün, daha sonra "Kadına Yönelik Şiddete Karşı Uluslararası Dayanışma Günü" olarak değiştirilmiştir. Oysa şiddet de sürekliliğini korumaktadır.

Şiddetin bir diğer türü ise köy yakmadır; "Türkiye, Avrupa İnsan Hakları Mahkemesi (AİHM) nezdinde köye dönüş için açılan davaların bedellerini istemeden ödemek zorun da kalıyor.

Türkiye Dışişleri Bakanlığı, ağır tazminatlardan kurtulabilmek için hükümete, "Terör Tazmin Yasası"nın yürürlük süresinin bir yıl daha uzatılmasını önerdi. Konunun önemine dikkat çekmek isteyen Dışişleri, hükümete, "Türkiye, boşaltılan köyler nedeniyle AİHM'ye yapılan 1. 500 başvurudan, sadece 24'ü için 4. 8 milyon YTL ödemek zorunda kaldı" dedi.

Tazminatla ilgili kurulan komisyonlara başvuran 69 bin 832 kişiden Mayıs 2005'e kadar sadece 342'sine tazminat verildi. AİHM, komisyonların etkin bir iç hukuk yolu olmadığı sonucuna varırsa, geri kalan 69 bin 490 kişinin Türkiye'yi mahkûm ettirme ihtimali ortaya çıkacak. Benzer davalar göz önüne alınarak yapılacak doğru orantılı bir hesaplama Türkiye'nin yaklaşık 14 milyar YTL'lik tazminat tehdidiyle karşı karşıya olduğuna işaret ediyor.

Dışişleri'ne göre, AİHM nezdinde Türkiye'nin önünde üç büyük dava grubu var; köye dönüşler için yapılan başvurular, Rum başvuruları ve cemaat vakıflarının başvuruları. Köye dönüş başvuruları için Temmuz 2005'in 'kritik' önemde olduğuna dikkat çekiliyor. Dışişleri bakanlığı, bu başvuruların "ağır tazminat"la sonuçlanmaları gerçekliği karşısında, hükümetin "yeni yasal düzenlemeler" yapmasını istedi. Bakanlık, bu konudaki endişelerini ve isteklerini hükümete şu maddelerle anlattı;

"Terör eylemleri ve terörle mücadele kapsamındaki faaliyetler nedeniyle maddi zarara uğrayan kişilerin zararlarının karşılanması için bir iç hukuk yolu oluşturması amacıyla hazırlanan "Terör ve Terörle Mücadeleden Doğan Zararların Karşılanması Hakkında Yasa" Temmuz

2004'te, yönetmelik ise Ekim 2004'te yürürlüğe girdi.

"Bu çerçevede kurulan zarar tespit komisyonları başvuruları incelemeye başladı.

"AİHM, önünde bulunan binlerce 'köye dönüş' başvurusu bakımından, tazmin mekanizmasının etkin iç hukuk yolu oluşturup oluşturmadığına karar verecek.

"AİHM, kurulan bu komisyonların etkin iç hukuk yolu oluşturduğuna karar verirse, başvuruları önce iç hukuk yolunu tüketmek üzere geri gönderebilecek.

"Yoksa, uzun süredir bekleyen başvuruları hızla ve muhtemelen yüksek tazminat içeren kararlarla sonuçlandıracak.

"Komisyonlara başvuru süresi, 1987 yılından yasanın yürürlüğe girdiği Temmuz 2004'e kadarki dönemde meydana gelen olaylar için Temmuz 2005'te bitecek.

"AİHM'nin komisyonları iç hukuk yolu olarak değerlendirebilmesine fırsat verebilmek için, komisyonların başvuru kabul edebilmelerine ilişkin sürenin en az bir yıl daha uzatılması öngörülmekte.

Şavaştan dolayı zarar görme sonucu mayıs ayı itibarıyla tazminat için yapılan başvuru; 69 bin 832'dir. Başvuruların, 1595'i incelendi, 1253'ü reddedildi, 342'si kabul edildi. Toplam başvurunun sadece % 2'si yerinde görüldü ve tazminat ödenmesine karar verildi.

Türkiye, kendi komisyonlarında düşük tazminatlar ödeyebilirken, AİHM Türkiye'den daha yüksek tazminat talebinde bulunabiliyor. İçişleri Bakanlığı verilerine göre; savaş gerekçesiyle Kuzey Kürdistan'da 3 bin 688 köy ve mezra boşaltıldı. Toplam 353 bin 288 kişi göçe zorlandılar. Bunlardan 127 bin 820'si, Köye Dönüş Projesi kapsamında evlerine döndüler. Türkiye, Köye Dönüş Projesi için 2004 sonuna kadar 26 milyar 369 bin YTL harcadı. 2005 yılı bütçesinden de 6 milyar 400 milyon YTL ayrıldı.

AİHM'de, Türkiye aleyhine yapılan başvuru dosyası sayısı, değişik konularda halen görüşülen 3 bine yakın dava mevcut. AİHM, bu davalardan 400'e yakınını, Avrupa İnsan Hakları Sözleşmesi'nin Türkiye tarafından ihlal edildiğini belirterek sonuçlandırdı.

300 dolayındaki bir başka dava grubunda "dostane çözüm" şansını yakalayan Türkiye, tazminat ödemekten kurtulamadı. "Dostane çözüm", "tazminat ödeme" yöntemiyle oluşturuldu. Türkiye 700'ü geçen dosya için tazminat ödedi. 1990'lı yıllara ve özellikle savaş nedeniyle yaşanan kayıplarla ilgili bu tazminatların miktarı 25 milyon öröyu buldu. AİHM, Türkiye karşıtı davaların sadece 30'unda Türkiye lehine karar verdi.

***

"İnsanlar değişikliği sevmezler. Geride bırakacaklarının ne olduğunu bilirler. Ama neyle karşılaşacaklarını da bilemezler. Yeni, yenilik korkuyla birlikte gelir. Çocukluktan itibaren kazanılan alışkanlıklar terk edilmiyor. "

FAZİLE YİLDİZ; Aslen Siirt - Şirvanlıyız. Oradan Tatvan'a bağlı Dönertaş köyüne yerleşmişiz. Eşim defalarca göz altına alındı. Bir seferinde kırk gün işkencede kaldı. Vücudunda halen kırıklar var. Belini zedelediler. Sağırlaştı. İltica başvurusunda bulunduktan sonra tedavi olmaya başladı.

O buraya geldiğinde ben ve yedi çocuğum köyde kaldık. Daha sonrada izimizi kaybettirmek için Van'a göç ettik. Köyümüzde kalamazdık. Her türlü saldırıya açık durumdaydık. Yaşadıklarımızı Avrupa İnsan Hakları Komisyonu Başkanlığına bildirdik. Sonuç bekliyoruz.

"Avrupa İnsan Hakları Komisyonu Başkanlığına
Strasbourg / Fransa
Taraflar
A-Başvuru sahiplerinin

1- Adı soyadı : Fazilet Yıldız
Uyruğu : Türkiye Cumhuriyeti
Doğum yeri tarihi: Tatvan 1950
İkametgahı : Hacı Abdurrahman Gazi Mahallesi 1. sok. No:10 Van

2- Adı soyadı: Zübeyde Yıldız
Uyruğu : T. C.
Doğum yeri ve tarihi: Tatvan 1974
İkametgahı : Aynı adreste

3- Adı soyadı : Nacdet Yıldız
Uyruğu : T. C.
Doğum yeri ve tarihi: Tatvan 1976
İkametgahı : Aynı adreste

4- Adı soyadı : Servet Yıldız
Uyruğu : T. C.
Doğum yeri ve tarihi : Tatvan 1982
İkametgahı : Aynı adreste

5- Adı soyadı : Belkıs Yıldız
Uyruğu : T. C.
Doğum yeri ve tarihi : Tatvan 1985
İkametgahı : Aynı adreste

6-Adı soyadı : Ecvet Yıldız
Uyruğu : T. C.
Doğum yeri ve tarihi: Tatvan 1987
İkametgahı : Aynı adreste

7- Adı soyadı : Cevdet Yıldız
Uyruğu : T. C.
Doğum yeri ve tarihi: Tatvan 1978
İkametgahı : Aynı adreste

OLAYLARIN AÇIKLANMASI;

1- Olayı ben (Fazilet Yıldız) açıklayacağım

Ocak 1994'tün ilk haftasıydı. Akşam dokuz sıralarıydı. Kapı çalındı. Kim o? sorusunu sordum. Karşımdakiler "Biziz. Hevalız. "dediler. Kendilerine eşim evde değil. Çocuklarımla yalnızım. Kapıyı açmayacağım, cevabını verdim. Israr ettiler. Ben açmadım. Otomatik silahlarla kapıyı taramaya başladılar. Dışarıdan zorlayarak içeri girdiler. Gelenler dört kişiydiler. PKK gerillaları gibi giyinmişlerdi ve kürtçe konuşuyorlardı. Bize köylülerin nerede olduklarını ve ne yaptıklarını soruyorlardı. Biz bir şey bilmediğimizi belirttik. Gelenlerin güvenlik görevlileri olduklarını da biliyorduk.

İçerde önlerine geleni dövüyorlar ve sövüyorlardı. Aile boyu hepimizi esaslı bir dayaktan geçirdiler. Benim halen kaburgalarım sakattırlar. Kızım Zübeyde'nin böbrekleri çürüdü. Halen rahatsızdır. Biz tedavi bile edemiyoruz. Kızım Saime'ye gözlerimin önünde tecavüz ettiler. Kızım 26 yaşlarındaydı. Sonra evin içinde değerli, taşınabilir her şeyi toparlayıp, aldılar. Evin içinde sağlı, sollu silahla ateş ediyorlardı. Hepimiz dehşet içindeydik.

Ben duvarda asılı olan iki adet Kuran'ı elime alıp önlerine çıkıp, yalvardım. Biz masum insanlarız. Devlete gücümüz yetmiyor. Bizi rahat bırakın, dedim. Fakat bu ara evi ateşe verdiler. Kur'an'ları da ateşin içine attılar. Alevler bütün evi kaplayınca onlar dışarı çıktılar. Kapıyı dışarıdan üzerimize kapatıp, önüne de bir nöbetçi diktiler. Ben ve davacı tüm çocuklarım evimizin ikinci katındaki pencerelerden aşağı atlayıp, yanmaktan kurtulduk. Fakat tecavüz edilen kızım Saime yanarak kül oldu.

Biz yangından kurtulduktan sonra tekrar başımıza gelen bu görevliler bize, "Bizi herhangi bir yere şikayet ettiğinizi duyarsak, sizleri de bu şekilde yakar ve öldürürüz. Bizlere kimse dokunamaz "dediler. Bu arada köyün etrafının askerler tarafından sarılı olduğunu gördük. Menkul eşyalarımızın tamamını alıp götürmüşlerdi ve evimiz bütün müştemilatı ile yakılmıştı. İçinde kızımda kül olmuştu.

Köyü derhal terk etmemizi istediler. Bu olayın dehşetiyle oğlum Necdet aklını yitirdi. Halen psikolojikmen rahatsızdır. Yaşadığımız bu dehşet anlarını bu güne kadar hiç kimseye anlatamadık. Fakat olay resmi mercilere intikal etti. Türkiye basınına da "PKK baskını" diye yansıdı. Biz korkumuzdan hiç bir yere şikayet edemedik. Halende korku içinde yaşıyoruz. Olayı Türk adli makamları önüne götürmeye cesaret edemiyoruz.

2- Yakılan evimiz ve içindeki eşyalar 40. 000 Amerikan doları ederdi. Yıllık gelirimiz 6. 000 amerikan doları idi. Bu güne kadar yoksun kaldığımız gelir, 24. 000 amerikan dolarıdır. Ayrıca kiraya ve şehrin fazla giderlerine 12. 000 amerikan doları fazladan giderimiz olmuştur. Toplam maddi kaybımız 76. 000 amerikan dolarıdır. Yaşadığımız dehşet anları ve onca yıllık korkularımız ile kaybettiğimiz ve gözümüzün önünde tecavüz edilip, ateşe atılarak, yakılarak öldürülen kızım Saime için duyduğumuz acı ve elem için tarafımıza 350. 000 amerikan doları manevi tazminat verilmesini istiyoruz.

3-Biz halen kendimizi güvensizlik içinde hissediyoruz. Can ve mal güvenliklerimizin güvence altına alınması için komisyonun Türkiye Cumhuriyeti nezdinde girişimde bulunmasını istiyoruz. Halen bu yola başvurduğumuz için baskıya maruz kalmaktan korkuyoruz. Susurluk olayından sonra Türkiye'de devlet içindeki çeteleşmenin düzeyi gözler önündedir. Hele ki Olağanüstü Hal Bölgesi'nde bu durum had safhadadır. Bu nedenle korkumuzun nedenli, haklı olduğunu takdir edersiniz.

4-Sözleşme ihlalinin tartışılması

Türkiye'de, PKK nedeniyle köylerin boşaltılması ve insanların yargısız infaz edilmiş olduğu gerçeği, artık hemen herkesin malumudur. 1990-97 yılları arasında yüzlerce insanımız yargısız infaz edildiler. Binlerce köy ve mezra boşaltıldı. Bizlerde Bitlis ili Tatvan ilçesi Dönertaş köyü nüfusuna kayıtlıyız.

Yukarıda anlattığımız olay bu köyde (Dönertaş) başımızdan geçti ve bu köy devlet tarafından boşaltıldı. Şu an köylülerimizin tamamı köyü boşaltmışlar ve her biri Türkiye'nin bir yerine yerleşti. Biz de Van iline yerleştik. Devletin bu yaptığı, Avrupa İnsan Hakları Sözleşmesi'nin 2 maddesinde, güvenceye bağlanan yaşama hakkı ve gayrı meşru cebir ve şiddetten korunma hakkının ihlalidir.

Aynı zamanda sözleşmenin 3. maddesi ile EK Protokol'ün birinci maddeleri ihlal edildi. İşkence edildik ve mallarımız tahrip edilip, gasp edildiler. Keza ikamet hakkımızda gasp edildi. Göçe zorlandık.

5- Başvurulan iç hukuk yolları

Bizim pratik sonuç doğurabilecek ve başvurabileceğimiz hiç bir etkili iç hukuk yolu yok. Zira bize yapılanların tamamı iktidar ve kamu kurumlarının bilgi ve desteğinde oldu.

Keza, Türk hukukuna göre cinayetler ve büyük çaplı mal tahribatları kamu hukukunca resen araştırılır. Failler yargı önüne çıkarılıp, cezalandırılır. O gün, bu gün kızımın katilleri ne araştırıldı, ne de katil zanlıları yargı önüne çıkarılabildi. Keza devlet uğradığımız maddi zararı kısmen dahi telafi etmedi. Oysa terör kurbanlarına çeşitli olanaklar sağlanıyor. Tazminatlar ödenip, koruma altına alıyorlar. Ama bize reva görülen baskı ve tehditti. Korkumuzdan hiç bir makama başvuramadık. Zaten başvursaydık ta hiç bir şey elde edemediğimiz gibi, öldürülebilirdikte. Çünkü olay günü, olay failleri bize şikayet halinde olacaklardan sorumlu olmayacaklarını söylemişlerdi. Bu nedenle iç hukuk yollarına başvurmadık.

Keza sözleşmenin aradığı süreyi de korkularımızdan dolayı göz önüne alamadık. Ancak şu anda kısmen de olsa devlet çeteleri konuşulunca cesaretimizi toplayıp , olayı size aktarıyoruz. Buna rağmen çok korkuyoruz ve koruma istiyoruz.

6-Tercih edilen dil

Türkçe, bu mümkün değilse İngilizce yazışmaların yapılmasını isteriz.

7- Bu davadaki taleplerimiz;

Öncelikle olayın faillerinin tespit edilip, yargı önüne çıkarılmaları için Türkiye Cumhuriyeti nezdin de girişimde bulunulmasını,

Maddi ve manevi kaybımızı telafi etmek için 76. 000 amerikan doları maddi, 350. 000 amerikan doları manevi olmak üzere toplam, 426. 000 amerikan dolarının Türkiye Cumhuriyeti'nden alınmasını,

Can güvenliklerimizin sağlanarak, köyümüze dönmemiz için gerekli güvencelerle köye dönüşümüzün sağlanmasını ve zorunlu göçün durdurulmasını saygıyla dileriz.

Davacılar;

1- Fazile Yıldız *26. 06. 1998*

2- Zübeyde Yıldız

3- Necdet Yıldız

4- Servet Yıldız

5- Belkıs Yıldız

6- Ecvet Yıldız

7- Cevdet Yıldız"

Yaşadıklarımızı, bize yapılanları unutamıyorum. Evde kışlık ihtiyacımız olan gaz yağı bidonlarda kullanılmaya hazır şekildeydi. Onlar, bidonları açtılar ve gaz yağını evin içine döktüler. Evi tutuşturdular. İçerden de çıktılar. Alevler bizi sarmaya başladı. Bizler kendimizi ikinci kattan aşağıya atmaya başladık. Kızım Saime, kan içindeydi ve yerden kalkamamıştı. Şoktaydı. Ev yanıyordu.

Bizler alevlerin arasına dalamadık. İçeri giremedik. Onu kurtaramadık. Yavrum evle birlikte yandı. Kemiklerini bile bulamadık. Diğer kızım ise yaşadıklarından dolayı daha sonra şehir merkezinde psikolojik tedavi görmeye başladı. Yalnızca üzerlerimizdeki elbiselerle kurtulduk. Evimizden, yılların emeğinden geriye bir şey kalmamıştı. Onlar, tecavüzcüler, silahlı devlet görevlileri, hem bize, hem de mallarımıza düşmandılar. Dostlarımız bizi şehre götürüp, yerleştirdiler ve yardımcı oldular.

Eşim köyden ayrıldıktan sonra uzun bir süre haberleşemedik. 1995'te kendisiyle telefonla konuşma imkanımız oldu. Kızımın ölümü dışında bize reva görülenleri, yapılanları kendisine anlattım. Daha sonra tanıdıklarımızdan biri İsviçre'ye geldi. Bize yapılanların hepsini ona tek, tek, ayrıntılarıyla anlatmıştı.

Eşim defalarca göz altına alınma, zulme uğrama sonucu hastalanmıştı. Her şeyin üzerine bize yapılanları da duyunca bunalıma düşmüştü. Buna sinir mi, güç mü, beden mi dayanır ? Yeter, yeter diyorsun. Anlatması çok zor !

Onlar, evlerimizi yakan devletin özel görevlileri neye benziyorlar biliyor musun? Nasıl ki kurt sürüye dalıp da var olan canlıların hepsini boğazlar, bir tarafa atar ve sadece birkaç tanesini yerse, bunlarda aynısını yapıyorlar. Eve girdiler ve bizleri boğazlamaya başladılar. Kürdistan'a daldıkları gibi, köylere girdikleri gibi, saldırmaya başlıyorlar. Yaralayıp, boğup her birini bir tarafa savuruyorlar. Bizim evde de yemekleri kızlarım oldu. Ailemi, ailelerimizi, kızlarımı, kızlarımızı mahvettiler.

Ben bitkindim. Eşimin üzülmesini istemediğim için her şeyi sakladım. Baskınlar, tecavüzler, göç, parasızlık ve onunda bizden uzaklarda olması işi daha da zorlaştırıyordu. O, kadını ezen, aşağılayan, baskı uygulayan bir erkek değil. İyi bir eştir. İyi bir evlilik sahibiyiz. Birbirimizi anlıyoruz.

Bu ülkeye iltica etmişti. Kendisine kalma hakkı verdiler. Bizi buraya getirmek istedi. Bu isteğini bana söylediğinde, kendisine, bize kar yağdı, olan oldu. Aile dağıldı. Oralara gelipte ne yapacağız? Bütün bu dertlerin üzerine bir de topraklarımızdan, insanlarımızdan uzak mı düşelim?, dedim. Gelmek, mülteci olmak istemedim.

Daha sonra mecbur kaldık ve geldik. Ölü çocukların, sağ kalan ve savaşın izlerini taşıyan yavruların anne ve babalarıyız. Burada da çok yalnızız. Oralarda kalan, yaşayan yakınlarımda perişanlar. İki erkek kardeşim devletin gizli güçleri tarafından öldürüldüler. Eşleri ve çocukları yardıma muhtaç durumdalar.

Öldürülme riskinden dolayı köyden ayrılan eşim gazetelerden çevre ile ilgili haberleri öğreniyormuş. Köylümüz olan Cemilenin ve kardeşinin vücutlarının özel timler tarafından parçalanmalarından bu şekilde haberdar oluyor. Cemile yol kontrolü sırasında vücudunu özel timlere elletmediği, tacize karşı durduğu için hedefe alındı. Ardı sıra köye geldiler, onu gözaltına aldılar, kendileriyle birlikte götürdüler. Başı gövdesinden koparılmış halde, köyün yakınında bulundu. Onun ölümüne sebep olanlar Komos köyünden iki ajandı. Daha sonra gerillaların onları tespit edip yargıladıklarını haber aldık. Cemile ve kardeşi ile ilgili olarak Avrupa İnsan Hakları Mahkemesi'ne başvuruda bulunan yakınları davayı kazandılar. T. C. suçlu bulundu.

***

Dünya çapında her yıl on binlerce insan yurtlarından göçe zorlanıyorlar. İnsan haklarıyla ilgili kurum ve kuruluşlar, Kürdistan'da dahil olmak üzere, dünyadaki bütün savaş alanlarında kadın haklarının aşırı derecede ihlal edildiğini tespit etmiş durumdalar. Tespitlere göre, hak ihlalleri büyük bir mültecileşmeye yol açıyorlar. Ülkelerinden binlerce kilometre uzaklara göç etmek zorunda kalan bayanlar ise belki yaşadıkları insanlık dışı uygulamalardan kurtuluyorlar ama, mülteciliğin getirdiği sorunlarla boğuşmak zorunda kalıyorlar.

Sadece savaş ortamları değil elbette kadınların korkulu rüyaları. Toplumun oturmuş geleneksel yapısı ve töreler, kadının kendini özgürce ifade etmesinin önünde büyük bir engeller. Feodal toplumlarda kadınlar namus temizleme adı altında öldürülüyorlar. Taşlı saldırılarda katlediliyorlar. Takip altında tutuluyorlar. Sünnete zorlanıyorlar. Eşleri öldü diye ya diri, diri yakılıyor ya da ölenle aynı mezara gömülerek kurban ediliyorlar. Doğdukları, yaşadıkları ülkelerde kendilerini savunma imkanları tamamen ortadan kaldırılan kadınlar, sığınmak zorunda kaldıklarında da çoğu kez sığındıkları ülkelerde hayal kırıklığına uğruyorlar.

Sığınılan ülkelerin yetkili organlarının ilgisizliği, birçok kadının kötü son ile karşılaşmalarına yol açıyor. Kadınların ülkelerinde yaşadıkları haksızlıklar ve uğradıkları baskılar ciddiye alınmamakta, yaşanılanlar iltica nedeni olarak kabul edilmemekte. Sığınma talebi küçümsenen ve politik sonuçlardan uzak tutulan kadına, adeta alay edercesine bir de "kanıtla" denilmekte.

Hukuki sistemi tanımayan ve bu yolu yeterince işletemeyen kadınlar avukat seçemiyorlar, dil ve yöntem sorunları yüzünden ilgili, sorunları çözmede yardımcı olacak makamlara başvuruda bulunamıyorlar. Bundan dolayı iltica eden kadınların hakları ihlal ediliyor.

İltica eden kadınların çoğunun başvuruları eşlerinin başvurusuyla güçlendiriliyor. Erkeğin ilticası kabul edilince kadınınki de kabul edilmiş oluyor. Ancak kadın yalnız başvurunca kabul edilme ihtimali düşüyor.

Yaşadıkları işkence ve tecavüz dolayısıyla tedaviye başvuran kadınlarda çok değişik rahatsızlıklar tespit edile biliniyor. Bu hastalıklardan bazıları fiziki tahribatlar sonucu oluşmuş hastalıklar, bazıları ise psikolojiktir. En önemli fiziksel rahatsızlık, özellikle tecavüze uğrayan kadınlarda görülen, reglin bir anda kesilip bir daha yaşanmaması. Şok, depresyon, iğrenme duygusu da bu rahatsızlıklara eklenebiliniz.

Avrupa genelinde ilticacı kadınların uğradıkları baskıların dikkate alınması ve iltica başvurularında bu gerçeklerin göz ardı edilmemesi için kadın örgütleri değişik kampanyalar yürüterek kamuoyu yaratmayı hedefliyorlar. Bu örgütlerden biride Kadın Dünyası (Terre-Des-Femmes). Kadın Dünyası, en son " Takip edilen kadınları koruyalım " adı altında geniş çaplı bir imza kampanyası başlattı ve Almanya genelinde bir araya getirdiği 11 bine yakın imzayı, Federal İçişleri Bakanlığı'nın sekreteri Coornelia Sonntag Wolgast (SPD)'a teslim etti.

Kadın Dünyası, Almanya'da hükümetin aldığı önlemlerin kadın ilticacıları yeterince korumadığını, tehlikede olmalarına rağmen kadınların sınır dışı edildiğini duyurmayı hedefliyordu. Kampanya ile ilgili bir açıklama yapan Kadın Dünyası Yönetim Kurulu Başkanı Ulrike Mann, kadınların dünyanın birçok ülkesinde insan hakları ihlallerine kurban edildiklerine dikkat çekerek, etnik savaşlar ve bağımsızlık mücadelesi verilen ülkelerden kaçan kadınların siyasi konumunun göz ardı edilmemesini istedi.

Mann, açıklamasında, yine kadını ezen gelenekler, din ve kültürel baskılar, namus temizleme, zoraki ve küçük yaşta evlilik ve kadın sünneti gibi yönelimlere de dikkat çekti. Kadın Dünyası'nın kampanya ile ilgili açıklamasında, Almanya gibi ülkelerde cinsel farklılıktan kaynaklı iltica başvurularının kaçış gerekçesi sayılmaması eleştirildi. Bir anlamda ülkesinde kendisine yaşama hakkı tanınmayan kadına, bu ülkelerinde yaşama hakkı tanımaması eleştiriliyordu.

Hükümetlerin direkt devlet güçlerinden kaynağını almayan baskıları görmezlikten gelmelerine işaret edildi ve hükümetlerin kadınlara ilişkin özel araştırmalar yapmamalarının, birçok ihlalin fark bile edilmemesine yol açtığı kaydedildi. Örneğin sınır dışılar hakkında kadınların aydınlatılmadıkları, sınır dışı edilen kadınlarla ilgili kamuoyunun bilgilendirilmediği, bu nedenle de tecavüz kurbanı kadınlardan ne kadarının ülkelerine geri gönderildiklerinin tespit edilmesi noktasında sorunlar yaşandığı ifade edildi. Örgüt, insani yaklaşım bekleyen kadınlara sınırlı imkanlar verilmesini, onların kendilerini savunmaları için çoğu zaman bile, bile şans bile tanınmamasını kınadı.

***

"Bir çok kadın, tecavüzün başlarına gelecek en kötü şey olduğunu düşünmektedirler. Bu düşünce, erkek egemen toplumda yaşayan diğer kadınlarda bile cinsel tacize uğramış bir kadının diğer kadınlar tarafından dışlanmasını beraberinde getirir.

Örneğin, İslam toplumunda kocası dışında başka bir erkekle ilişki kuran bir kadın, fahişe damgasını yer ve diğer erkeklerin cinsel isteklerine açık konuma gelir. Erkek egemen toplumda, eğer erkek, karısının tutukluk süresince işkenceciler tarafından cinsel tacize uğradığını öğrenirse, karısını terk etmek onun hakkıdır. Kadının işkencecilere karşı kendini savunup savunmadığı önemli değildir. Tecavüz, kadın için bir insan olarak yaşayabileceği en büyük aşağılama ve kişiliğine yönelik en büyük tehdittir.

Tarih boyunca cinsel taciz ya da onun kullanılma tehdidi, her zaman kadınları baskı altına almak için kullanılmıştır. Tüm şiddetli çelişkilerde erkekler, kadın cinselliğini onlara karşı bir silah olarak kullanmışlardır.

Jean Shinoba Balen'in "Kadınlardaki Tanrıçalar (Godnesses in Everywomen) kitabına göre dinde en büyük tanrıça olan Dünya Ana'dan, erkek tanrıya geçişle birlikte erkek, kadın cinselliğini suistimal etme gücünü ele geçirdi. Yani anaerkil toplumdan ataerkil topluma geçiş gerçekleşti. Ana tanrıçanın yetkileri, tanrıçalar arasında paylaşılırken ve her biri Ana tanrıçanın yetkilerini elinden alırken, erkek tanrı tek otorite olmuştur; bu da her zaman kadınlara karşı kazanmanın yolunu açmıştır. Aynı zamanda kadının üretim yeteneği erkeğin malı olmuş ve bunun için savaşılmıştır.

Bugün bile batı dünyasında kadın hakları için yapılan mücadeleye tanık olmaktayız. Fakat, bu durum üçüncü dünya ülkelerinde daha farklıdır. Burad erkek, beşik mezara kadar kadına sahiptir.

RCT'ndeki (İşkence Rehabilitasyon Merkezi) fizyoterapistler, " Burada onları tedavi etmekteyiz. Hemen bu tacizlerin gizli tutulması gerektiği duygusunun üstüne gidilmeli ve o duygulardan, kadının kendisini suçlu görmesi hissinden uzaklaşılmalı. Bunlar aşılması gereken ilk engellerdendirler. "diyorlar.

Fizyoterapiden edindiğimiz deneyimler gösteriyor ki, cinsel işkenceye uğramış kadınlar sırtlarının alt tarafında ve uyluklardaki kas gerilmeleri ve ağrılardan şikayet ederler. Bu belirtilere dayanarak fizyoterapistler, herhangi bir şey altında bulunan kadınların çoğunun hapishanedeki cinsel taciz kurbanlarından olduklarını söylemektedirler. Bu konu çok hassastır ve tabudur.

Tacize uğramış kadınlar, günlük yaşamlarını olabildiğince normal yaşamak için tüm öfkelerini, güçsüzlüklerini, üzüntülerini, korkularını ve acılarını gizlemektedirler. Tecavüze uğramış kadınlar genellikle, kimseye güvenmezler, herkesten kaçarlar ve sonuçta bu tacizler hakkındaki hisleri bastırılmış olur. İşkencenin bu kısmını unutmak ya da inkar etmek için tüm araçları kullanırlar.

Aynı semptomları, batı Avrupa'da ki tecavüz ve ensest ilişki kurbanlarını tedavi edenler, onlar, kendileri dile getirmeden, söylemeden cinsel tacizden şüphelenirler. Kadınlara uygulanan cinsel işkencenin, sağlıklı çocuklara sahip olmayı ve hatta hamile kalmayı güçleştirdiği söylenir. Sağlıklı çocukların olabileceğini kanıtlamak için jinekologa görünmek psikolojik açıdan önemlidir.

Terapistler için çözmeleri gereken en önemli sorunlar ise kültürel tabuyla birlik te, kadınların bu "utancı" taşımaları, bu utancın herkes tarafından anlaşıldığı düşüncesi, cinsel ilişkide kocadan bile iğrenme, tecavüz sırasında hamile kalma korkusu ve kendini kirlenmiş hissetme duygusudur.

Bu tedavinin amacı, kadına hislerinin normal olduğunu kabul etmesine yardımcı olmaktır. Yani mağdurların yaşadıklarında, kendi suçlarının olmadığı ve bu suçun işkencecilere ait olduğunu göstererek, depresyona girmelerini engellemektir. Yani cinsel taciz kurbanı kadına, başka bir seçeneğinin olmadığı ve bu durumdan sorumlu tutulamayacağı anlatılır.

İşkence Kurbanları Rehabilitasyon Merkezi'nde cinsel problemler, genellikle üçüncü dünya ülkelerindeki kadınların problemleridirler. Fakat, orada bile kendi aralarında konuşmaları zordur, hatta bu ülkelerde imkansızdır. Ve işkence kurbanları hapishanede yaşadıklarını bastırırlar. Terapistler, cinsel işkence üzerinde çalışmaya başladıkları zaman bu konuda çok hassas davranmalıdırlar. Ayrıca terapistlerin, kadınların duydukları vahşetten etkilenmemeleri için profesyonel bir davranış sergilemeleri gerekir. Hiçbir kadının, hemcinsinden böyle hikayeler duymaktan etkilenmemesi mümkün değildir. Bu problemle uğraşmaya cesaret etmenin ödülü, kurbanın yavaş, yavaş iyileştiğini gözlemlemek ve kadının kendisini dinleyen, ona inanan ve duygularını paylaşan terapiste duyduğu güvendir. " (İşkence - Lizet Jorgensen, İnsan Hakları Derneği (İHD) aylık dergisi, eylül 1993)

***

"İŞKENCE, GÖÇ VE KADIN BEDENİ ÜZERİNDEKİ SONUÇLARI"

"Anlaşılmamış olma duygusu işkencede sakat kalanı tanımlar" diyen Osman Turan üç yıldan beri İsviçre, Cenevre'de işkenceye maruz kalmış insanların bakımlarıyla uğraşıyor. Siyasal sığınma hakkına başvuran kişilerle çalışırken her şeyden önce psikoterapöt olarak onların sosyal ve psikolojik olarak marjinalleşmemeleri için araştırma yapıyor.

Leyla, Nazan, Zöhre, Güler, bu dört Kürt bayan Türkiye'de işkence görmüşler. Leyla, Türk polisinin tecavüzüne uğramış. İki kez copla tecavüz edilmiş. Dahası, onlar yakınlarının kaybedilmeleri dehşetini de bu işkenceyle birlikte yaşadılar.

Zöhre, babasını gördüğünde, kardeşi ve amcası ölüm mangaları tarafından katledilmişlerdi.

Nazan ise kardeşinin parçalara bölünmüş cesedini televizyonda görmüştü. Bir keresinde kendisi İsviçre'de mülteci bakım merkezi tarafından bakıma alınmıştı. Bundan dolayı da Zöhre diğer siyasal sığınma hakkı isteyen kişilerden ayrı tutularak, ayrı yerlerde kalmıştı.

Leyla ise Fribourg'daydı. Bakım merkezinin çalışan personeli işkence gören insanlarla ilgilenmeleri için yeteri kadar uzmanlaşmış kişiler değillerdi. Özellikle genç Kürt bayan kendi bulunduğu alanda ki tuvalet temizleme işini de ret etmişti. Sorumlular bu rette karşı son derece katı davranmış ve onun karşı çıkışını anlamamışlardı. Leyla için sorun başkadır. Çünkü Leyla'nın kendisi Türkiye'de bir tuvalette işkence görmüştür.

Bütün bu bayanlar için işkencenin bıraktığı sakatlık izleri asla ortadan kalkmıyor. İsviçre'ye gelmiş olsalar bile. Başlangıçta Nazan intihar etme düşüncelerini taşıyordu. Sevinçli olma ya da kendi çocuklarının gülüşlerini bile taşıyamıyordu. Bunu şöyle dile getiriyordu. "Çocuklar beni kucakladıklarında bu benim için bir şiddet eylemiydi. " Bu ona tecrit olmayı da ekliyor. Yani başkasıyla karşılaşma korkusu. Terörün kendiside yalnızlaşmayı getiriyor.

Zöhre için sorun ilkin bu tecrit olmaya, yani kendi bedeninden tiksinme duygusuna, öfkeci olmaya ve öfkelenmeye karşı mücadele etmeyi gerektiriyordu. Kendisi durumunu şöyle dile getiriyor. " Ben öyle sanıyorum ki polisin bana yaptığı işkencenin izlerini hala derinden, bedenimde taşıyorum ve bu izler asla kaybolmayacaklar. Fakat gördüğüm tedavi benim kendi bedenimin kendi imgesiyle ya da imajıyla yeniden uzlaşmayı sağlıyor. "

Akarsu tedavisi

Psikoterapöt Osman Turan (kendisi de eski bir siyasal sığınmacı, mülteci) üç yıldan beri İsviçre'nin dört bir yanından tedavi için kendisine müracaat eden işkence görmüş Kürtlerin psikoterapötük tedavilerini sürdürüyor. Onların tedavilerini güvence altına alıyor. Osman Turan her pazartesi günü Cenevre'deki bürosunda onları kabul ediyor. İşkence gören kişilerin psikolojik tedavisi için öne sürdüğü proje ACAT (İşkenceyi Ortadan Kaldırmak için Hıristiyanların Eylem Örgütü) tarafından kabul edildi. ACAT bu konuda işkence görenlere çağrıda bulundu. ACAT sorumluları durumu şöyle dile getirdiler. "Bizim yaptığımız girişimin özelliği mülteci hakkı alma başvurusunda bulunmuş ve bu hakkı almadan önce geldiği yerde işkence görmüş olan kişilerin, kurbanların ruhsal tedavilerini üstlenme esasına dayanıyor. " diye ekliyor, Osman Turan.

Siyasal sığınma hakkını kabul etme süresi ne kadar uzarsa, işkence görenlerin yapısındaki tromatizm durumunu inceleme o kadar daha fazla zorlaşıyor. Bir psikoterapöt için tedaviye muhtaç olan kişinin bakımını üstüne almak sosyal yaşam açısından normal bir şeydir. Fakat bu özellikle işkence görmüş olanın bilinçaltında, içte kalmış olan işkencecinin varlığına karşıda mücadele etmeyi gerektiriyor. İşkence görmüş olan kurbanlar iltica kabul merkezlerine gider gitmez o merkezlerde minimum bakıma alınmaları gerekiyor. Fakat bu yapılmıyor. Merkezler işkence görenlerin rehabilitasyon tedavisini yapmaktan çok uzaktadırlar. Bu insanların mülteci sığınma merkezlerinde kalmaları tecrit olma durumlarını artırıyor. Kalış süresi uzadıkça daha çok tecritlerle karşı karşıya kalıyorlar. Bu insanlar bu merkezlerde, yalnız ve aktivitesiz kalma sonucunda geçmişlerinde yaşadıkları acıları sürekli hatırlayarak daha kötü duruma düşüyorlar.

Örneğin İsviçre'nin alman kantonunda sığınmacı merkezine alınan Güler için gürültü süreklidir. O, o histen, rahatsızlıktan kurtulamıyor. Onun için orospulaşma yada esrar kullanmada süreklilik devam eden bir durumdur. Kendisi sık, sık uyuşturucu kullanıyor. Bu durumu fark eden kamp müdürü randevu alıyor, kendisini doktora gönderiyor, doktor kontrolüyle birlikte, yakınlarının da kampı ziyaretlerinden sonra şartlı olarak Güler'i sığınma merkezine kabul ediyor. Bu merkezde Güler'in işkence görmüş bir bayan arkadaşı var. Fakat müdür tarafından kendisine baskı yapılacağı korkusuyla psikoterapöt tarafından tedavi edilmesi girişimini ret ediyor.

Osman Turan'a göre " Kurumlarda kötü muamele ve bireyi tedirgin etme, özellikle insanları koruma adına oluşturulan kurumlarda bu tür girişimler asla kabul edilemez. "

Dil ve kültür

Nazan İsviçre'ye geldiğinde Fribourg'da bir psikoterapöte tedavi görmesi için gönderiliyor. Ancak Nazan şöyle diyor " Ben tecavüze uğradığımı söylediğimde psikoterapöt bana inanmadı ve "Siz buraya oturum hakkı alabilmek için geliyorsunuz " dedi. Oysa şubattan beri aynı bayan bay Osman Turan tarafından tedavi ediliyor. Osman Turan tedavi için başvuranlarla kürtçe, Türkçe, Arapça ve Fransızca dillerinde görüşme yapıyor.

Güler durumu şöyle dile getiriyor; " Terapöt işkence gören kişinin anadili Kürtçe'yi ve onun kültürünü bildiği için yaşadığı sorunları çok daha iyi anlıyor"

Bu gün Zöhre siyasal sığınma statüsünü almıştır. Fakat o tedavi görmeye devam ediyor. Sık, sık değil, fakat sürekli bir şekilde tedavi merkezine gidiyor. Siyasal sığınma hakkını alma bazen geldikleri ülkede, ailelerinden geriye kalan kişiler korumasız durumda oldukları için, bu statüyü alan kişide bir suçluluk duygusunu da uyandırıyor. Çünkü ailenin diğer fertleri korumasızlar. O, sadece kendi kendisini korumaya alabilmiştir. Yaraları düşünmek zaman alıyor. Ve sabır gerektiriyor. "Yaşanılan bir şey anlatıldığında bu hem insanı rahatlattırıyor, hem de kederlendiriyor. Fakat her şeyden önce kendime güvenmeliyim ve aynı zamanda kendimi açtığım kişiyi de gerçekten tanımalıyım. Psikoterapöt tedavisinden bu yana her şeye, sosyal yaşama daha iyi adapte olmayı başarmaya doğru gidiyorum. "

Leyla ise eşine ve çocuklarına yaklaşmaya başladığı gibi, saldırganlık duygusu gittikçe kaybolma eğilimi gösterdi. Osman Turan için en büyük amaç tedavi ettiği kişinin kendi kendisiyle uzlaşabilme olanağını sağlamış olmasıdır. Fakat kendi kendisini sakat bırakmaktan sakınmak gerekiyor.

Bunun ötesinde terapötik bakıma, tedaviye alma kaçınılmazdır. Çünkü işkenceye maruz kalan kişilerin tanıklıkları İsviçre, Cenevre'deki ACAT kabul merkezi ve sisteminin görevini yeterince yerine getirdiğini gün ışığına çıkarttırıyor. (Prénoms fictifs (Paru le : 29 ekim 2002 / Sélection/ Le

Courrier / Vırgınıe Poyetton)

***

Türkiye'de kadın ticareti yaygın; Avrupa Birliği Türkiye Komisyonu'nun maddi desteğiyle İstanbul'da düzenlenen "Kadın Ticaretini Önleme Konferansı'" nda Sovyetler Birliği'nin çökmesi, Körfez ve Balkanlar'da yaşanan savaşın ardından özellikle kadın ticaretinin yaygınlaştığına dikkat çekildi. Konferansta konuşan İstanbul Vali Yardımcısı Seyman, 2003 yılında yürürlüğe giren "BM Sınır Ötesi Organize Suçlarla Mücadele Konvansiyonu"na işaret ederek bu çerçevede kadın ve çocuk ticaretini önlemenin önemli olduğunu kaydetti. Türkiye'nin insan ticareti açısından hem hedef hem transit hem de kaynak ülke olarak etkilendiğini kaydeden Seyman, İstanbul'da en yaygın olarak kadın ve göçmen ticaretinin görüldüğünü anlattı. 2004 ve 2005 yılında ilde kadın ticareti açısından 39 olay meydana geldiğini belirtti, resmi anlamda yapılanların yeterli olmadığını, mücadelede başarılı olmak için öncelikle insanların insan hakları konusunda bilinçlenmesi gerektiğini ifade etti.

Medecins Du Monde Vakfı Yunanistan Yönetim Kurulu üyesi Nikatas Kanakis ise, insan ticaretinin Türkiye ve Yunanistan'ın da içinde bulunduğu bölgenin önemli bir sorunu olduğunu açıkladı. İnsan ticareti sorununun önümüzdeki 10 yıl içinde etkisini arttıracağını belirten Kanakis, "İnsan hakkı ve onurlu yaşam açısından gözlerimizi ve kulaklarımızı kapatamayız. Yoksul insanlara köle olmadıklarını söylemeliyiz. Onlara umut vermeliyiz" dedi.

Konferansta kısa bir konuşma yapan Uluslararası Mavi Hilal İnsani Yardım ve Kalkınma Vakfı Başkan Yardımcısı Muzaffer Baca da, Doğu Bloku'nun çökmesi ile Körfez ve Balkanlar'da yaşanan savaşın ardından özellikle kadın ticareti konusunun gündeme geldiğine işaret ederek, uzun yıllar Türkiye'ye gelen her kadının "Nataşa" olarak görüldüğünü belirtti. Türkiye'de insan ticareti yapan 200 şebekenin olduğunu söyleyen Baca, bu şebekelerden kurtulmak isteyen kadınların ya intihar ettiklerini ya da ölü bulunduklarını söyledi.

Konferansın son oturumunda konuşan Işıl Özgentürk, son 3 yıl içerisinde Türkiye'deki gelir düzeyinin düşmesi ile, Türkiye'de yapılan kadın seks işçiliğinin Avrupa ve ABD'ye kaydığını belirterek, "Kadınlara yönelik fuhuşun ya da şiddetin kadın sığınma evleri vs. gibi şeylerle çözüleceğini düşünmüyorum. Sorunu bütün sivil toplum kuruluşları ve bu meseleye gönül vermiş insanların öncelikle tüketim toplumun dışında tutarak ele alması gerektiğini düşünüyorum. Eğer gelir dağılımındaki adaletsizlik olmazsa ve dünya genelinde dengeli bir dağılım söz konusu olursa; bugün dünyada ne açlık kalır, ne çocuk ölümleri olur, ne 1 milyon çocuk fuhuş sektöründe kullanılır ne de bu gün konuştuğumuz gibi dünyanın bir ülkesinden kadınlar fuhuş yaparak para kazanmak için başka ülkelere giderler. "

Kadın Ticarcti: Önemli Bir İnsan Hakkı İhlalidir" konulu uluslararası konferansta konuşan gazeteci Berat Günçıkan da, "Teknolojinin bu kadar geliştiği ve sınırların bu kadar denetim altına alındığı bir bir dünyada devletin işbirliği olmadan kadın ticaretinin olması mümkün değil" belirlemesinde bulundu. Kadın seks işçiliğinin sadece tüketim toplumu ile açıklanamayacağını belirten Berat Günçıkan ise, fuhuş sektöründe kullanılan kadınların daha çok hizmet sektörü içerisinde çalıştırıldıklarını söyledi. Günçıkan, "Türkiye'de ve özellikle İstanbul'da, lüks semtlerde kadınlar için bir metres hayatı söz konusu iken, kenar mahallelerde kadınlar filmlerde gördüğümüz gibi evlere kapatılarak çalıştırılıyorlar ve bu evlerde şiddete maruz kalıyorlar. Herhangi bir hakları, ya da hukukları yok. Herhangi bir yere başvuramıyorlar.

Kadın fuhuşunda bilinmeyen soyut suç örgütleri var ve bu örgütler kadınları alıp götürüp satıyorlar gibi düşünmek yanlıştır. Böyle bir şeyin tek başına olması mümkün değil. Teknolojinin bu kadar geliştiği, sınırların bu kadar denetim altına alındığı bir dünyada devletlerin işbirliği ya da suç örgütlerine desteği olmadan böyle birşeyin olması mümkün değil. Bu konuda hiçbir devletin eli temiz değil. Devletler ile fuhuş şebekelerinin bu işleri ortak yaptıklarını düşünüyorum.

Uyuşturucu ve silahtan sonra en iyi pazar, kadın seks pazarıdır. Medyanın bu konudaki tutumu aslında Noami Campel'a bakışıyla, seks ticaretinde kurban olarak gösterilen kadına bakışı arasında bir fark yok. Kadın güzel olsun, öyküsü dramatik olsun, o zaman birinci sayfadan basılır. Medyanın özellikle kadına bakış açısı gençlik, güzellik ve çıplaklık olarak değerlendirilebilir. Bu durum hem bir manken hem de bir mağdur için geçerlidir. Medya, bence bu bakış açısından dolayı yargılanabilir. "

Yunanistan Dışişleri Bakanlığı İnsani Güvenlik Danışmanı Dr. Hercules Moskoff, kadın ticaretini önlemek için uluslararası örgütler ve sivil toplum kuruluşlarının işbirliği yapmaları gerektiğine vurgu yaptı. Moskoff, çağdaş köleliğe karşı mücadelede bölgesel düzeyde işbirliğinin çok önemli olduğunu belirtti. İnsan ticaretine maruz kalanların, çoğu kez bir suçlu gibi sınır dışı edildiklerini ifade etti ve, "Kadın ticaretini önleme konusunda karar vericiler, uluslararası örgütler ve sivil toplum kuruluşları işbirliği yapmalılar. Bu suçla tek başına mücadele etmek çok zordur. " dedi.

Atina Barosu üyesi avukat Spyros Kloudas da, Yunanistan'ın iki buçuk yıl önce bir yasa çıkardığını, daha önceki dönemlerde insan ticaretine maruz kalan kişilerin sınır dışı edildiklerini ve suçluların cezalandırılmalarındaki en önemli tanıkların böylece ortadan kaldırıldıklarını ifade etti. Kloudas, yeni yasal çerçeveyle birlikte bu kişilerin sınır dışı edilmelerinin ertelendiğini, ücretsiz yasal destek verildiğini anlattı.

BM Mülteci Komisyonu Türkiye İnsan Ticareti Alt Grup üyesi Sultan Öztürk de 1951 Sözleşmesi'ne göre mültecinin, ırkı, dini, milliyeti, belli bir sosyal gruba mensubiyeti veya siyasi düşünceleri nedeniyle zulüm göreceği konusunda haklı bir korku taşıyan ve bu yüzden ülkesinden ayrılan ve korkudan dolayı geri dönemeyen veya dönmek istemeyen kişi olduğunu söyledi. Her mültecinin güvenli sığınma hakkına sahip olduğunu belirten Öztürk, uluslararası korumanın fiziksel güvenlikten fazlasını içerdiğini, mültecilere en azından ülkede yasal ikâmet eden diğer yabancılara sağlananlarla eşit haklar ve yardım verilmesini istedi. (23-24. 5. 05)

***

Avrupa Konseyi Avrupa Gençlik Merkezi'nce ; Şiddete karşı korumasızlar; Budapeşte'de, Azınlık Genç Kadınlar, Avrupa Gençlik Forumu, NaNe Kadın Hakları Derneği, Latviya Toplumsal Cinsiyet Sorunu Merkezi işbirliği ile düzenlenen seminerde genç kadınlar, kendilerine yönelik şiddete karşı toplumsal ve eğitim stratejilerini belirlediler.

Türkiye'nin de aralarında bulunduğu Avrupa, Asya ve Afrika'daki 40 ülkeden 60'ın üzerinde gençlik, kadın ve insan hakları örgütü üyesi çok sayıda genç kadın katılımcıyla gerçekleştirilen seminerde belirlenen görüş ve çözüm önerileri bir deklarasyonla kamuoyuna açıklandı. Özetle şöyle denildi;

"Şiddetin hiç bir mazereti yoktur ve kültür, gelenekler, din, ekonomik gelişmişlik veya toplumsal koşullarla açıklanamaz. Kadınlara yöneltilmiş şiddet, daha üst düzeyde bir şiddetin yansımasıdır ve ona katkıda bulunmaktadır.

- Özellikle ev içi şiddet ve cinsel şiddet gibi sıradan (günlük) şiddet ve ayrımcılık konusundaki umursamazlık bizi daha da endişelendiriyor.

- Ayrıca, azınlık ve göçmen kadınlarda ırkçılık ve ayrımcılığın her türünü içerecek biçimde ve artan oranlarda şiddete maruz kalmaktadırlar.

- Özellikle genç kadınların içinde yer aldıkları cinsel istismar ve kölevari iş koşullarını içeren genç insan pazarlarının boyutu, bizi, sorunun çözümü konusunda hemen harekete geçmeye zorlamaktadır.

- Gelişmekte olan ülkelerde, kadınlara yönelik şiddetin artmasındaki rollerinden dolayı (ekonomilerinin bozulması, silahlı çatışmalara silah sağlama, cinsel istismar ve insan pazarları konusunda, pazar sağlama gibi konularla) Avrupa ülkelerine ve diğer ülkelere kızgınız.

- Bazı kitle iletişim araçlarının, cinsel şiddeti önemsiz hale getiren tutumları yaygınlaştırma ve genel olarak genç insanları şiddetin sonuçlarına karşı duyarsızlaştırma yoluyla, onlar üzerindeki negatif etki yaratmalarından endişe duymaktayız.

-Çoğu eğitim sistemi ve programı hala kadın hakları ve toplumsal cinsiyet konularına entegre olmaktan veya konuyla ilgili etkili önleyici ve bilinç yükseltici olmaktan veya şiddet mağdurlarının yükünü hafifletmekten çok uzak görünmektedirler.

-Şiddet her toplumda değişik biçimde ortaya çıkmaktadır. Ancak, pek çok ailenin ve genç insanın yaşadığı yoksulluk ve toplumsal dışlanmışlık, onların kendilerini savunma konusunda yardımcı olabilecek kaynaklara ulaşmalarını engellemektedir."

Deklarasyonda ayrıca şu önerilere yer verildi: "İnsan hakları eğitimi, kadın hakları ve toplumsal cinsiyet eşitliği konularını da içermelidir. Çünkü bunlar insan hakları ve bireysel etkinlikler açısından pratiğinin evrensel boyutta algılanışının temel direklerindendirler. Bu nedenle, kadın hakları yurttaşlık ya da insan hakları ile ilgili her eğitim programına entegre edilmelidir.

Toplumsal cinsiyet temelli şiddetle mücadele ve toplumsal cinsiyet eşitliğinin sağlanması ilk elde toplumun her bölümünün, özellikle de genç kadın ve erkekler ile azınlık üyelerinin eğitimi ve aktif biçimde konuya dahil edilmesi ile sağlanabilir. Kadına yönelik şiddete karşı eylemlerde aktif erkeklere gereksinim vardır. Şiddet mağdurlarının gerçeği ve gereksinimleri ile onlarla ilgilenenlerin deneyimleri eğitim materyalleri ve yöntemlerinin geliştirilmesinde temel oluşturabilir.

Kadın pazarlama gibi özel konularda, bilinç yükseltme eğitimleri çoklu düzeyde önlem paketleri ve mağdurlara etkili destek sağlama yoluyla (sığınaklar, yasal destek vb.) gerçekleştirilebilir.

İnsan Hakları Eğitiminde, Gençlik Programı'na eğitimciler için kadın hakları, toplumsal cinsiyet eşitliği ve toplumsal cinsiyet temelli şiddet konularında en azından bir adet eğitim semineri dahil edilmelidir.

25 Kasım, Birleşmiş Milletlerce kabul edildiği üzere, Avrupa Konseyi tarafından da Kadına Yönelik Şiddete karşı Avrupa Günü olarak kabul edilmelidir. Genç Kadınlara Yönelik Şiddet 2002 yılında Avrupa Konseyi Gençlik Bakanları Konferansı'nın da gündeminde yer almalıdır.

Gençlik ve Spor Müdürlüğü, genç kadınlara yönelik şiddetle ilgili konulara Avrupa gençlik politikaları gündeminde öncelik tanımalıdır. Ayrıca, Parlamenterler Meclisinde genç kadınlara yönelik şiddet üzerine bir oturum organize etmelidir.

Avrupa Konseyi, Üye Devletler ve Avrupa Birliği ile birlikte Kadına Yönelik Şiddete Karşı Avrupa Yılı ilan etme konusuna öncülük yapmalıdır. İnsan Hakları Eğitiminde Gençlik Programı, genç kadınlarla çalışan kadın örgütlerinin deneyimleri ve gerçeklerini temel almalı ve alanında aktif ortakların işbirliğini artırıcı çalışmalar yapmalı, genç kadınlara yönelik pilot projeleri onaylarken, daha yüksek bütçe vermelidir.

Yerel ve ulusal düzeyde gençlik örgütleri çalışmalarında kadına yönelik şiddet konusuna öncelik tanımalıdırlar. Şiddet mağduru kadınlar devletten ücretsiz yasal yardım almalıdırlar. Devletler ayrıca, güvenli sığınakları ve kadın örgütlerinin şiddet mağdurlarına sağladıkları hizmetleri finanse etmelidirler. Çeşitli nedenlerle kayıt dışı kalan kadınlar bu hizmetlerden tam güvenceyle yararlandırılmalıdır. Hizmet sağlayıcıları, potansiyel şiddet mağdurlarına sığınak ve destek verebilmek için ev içi şiddetin geniş bir tanımını yapmak durumundadırlar.

Ulusal politika formülasyon süreçleri sivil toplum örgütleri ile düzenli danışmanlığı içermelidir. Kitle iletişim araçları toplumsal cinsiyet eşitliği ile ilgili bilgi akışında daha aktif ve sorumlu bir rol oynamaları için teşvik edilmelidirler. Özellikle toplumsal cinsiyet temelli şiddet konusunda, insan hakları istismarlarının mağdurlarının rehabilitasyon politikaları ve onlar için yasal çalışmalar ulusal hükümetlerce geliştirilmelidir.

Avrupa Konseyi, kadına yönelik şiddet konusunu izlemek için bir Ombuds- (wo)man (kadın ombudsmanı) görevi oluşturmalı ve bu büro Avrupa çapında tüm kadın örgütleri ile doğrudan ilişki halinde olmalıdır.

Son olarak, hukuk fakülteleri dahil tüm üniversitelerde, genç kuşaklara kadın haklarını savunma konusunda araçlar sağlamak üzere kadın araştırmaları bölümleri açılmalıdır. " (14. 9. 2001)

***

BAYANIMIZ VE EDEBİYATIMIZ;

Kürt edebiyatı, toplumsal mücadeleden ayrı değildir. Üretim-tüketim ilişkisi ve toplumun gelişmesine bağlı olarak her ulusta olduğu gibi Kürt ulusunun edebi gelişmesinin de bir siyasi ve iktisadi gerçekliği vardır. Kürt edebiyatı var mı, yok mu?, tartışması, Kürt halkı yada dili var mı?, yok mu? tartışmasından çok eskilere dayanır.

Batılı emperyalist ideologlardan Quatremere ile Draver'in "Kürt edebiyatı yoktur" deyişleri 1860'lara dayanır. Oysa ki dünya edebiyatı tarihine bakıldığın da bu gün ortada olmayan Sümer, Elam, Babil, Akat, Finike ve diğer halkların edebiyatları da mevcuttur. Yazıtların, tabletlerin incelenmesi, bu halkların tarihi ve felsefi düşüncelerinin, bilim ve edebiyat tarihinin birer öğeleri olduğunu gösterirken, varlıkları bir gerçekken, Kürt edebiyatı yoktur önermesi, Kürt halkı yoktur, dili yoktur, anlamına gelir. 40 milyonluk bir halkın medya programlarında konuşulan, yazılan, dünyayı dile getiren, şu anda da güneyde pazar dili olan, offisyel olarak kullanılan, zengin bir dilin, edebiyatının olmaması düşüncesi olsa, olsa inkarcı bir anlayıştan başka bir şey değildir.

Bir kızıl derilinin dörtlükleri, bir zencinin caz yorumu, bir mezar taşındaki şiir parçası, sular altın da kalan Hasankeyf ve Samsat kendi başlarına edebiyatın kaynaklarıdırlar. İnkarcı anlayışa karşı iki örnek vermek mümkündür.

Sadece edebiyat alanın da değil, felsefi alanda da bu inkarcılık mevcuttur. Örneğin, 1845'te Leopold Mobilleau adında bir Fransız felsefecisi atom felsefesi tarihini yazarken bu felsefenin kaynaklarının Grek felsefesine dayandığını, böylece diğer halkların düşünürlerinin atom felsefesi görüşünü dile getirmediklerini öne sürerek, o halklarda felsefenin olmadığını iddia ediyordu. Aynı şekilde Alman felsefe tarihçisi Zeller'de " Yoksul halkların felsefesi yoktur" diyordu. Leopold Mobilleau kaynak gösterirken, annesi Kürt olan Amasya doğumlu coğrafya tarihçisi Strabon'a işaret ediyordu. Oysa Strabon'un kaynaklarına baktığımız da, onun da başka görüşler ileri sürdüğünü görüyoruz. Bu alan da yapılmış bir felsefe doktorası incelemesinde Strabon'a dayanarak genişletilen akıl yürütmede British Müzem'da papirüs yazmaları bulunan Hint felsefesi kaynaklarında, Hindistan'da felsefi düşüncenin gelişmesinin İsa'dan önce (İ. Ö) sekizinci ve dokuzuncu asırda atom felsefesi düşüncesinin, filozof Kanada tarafından geliştirildiği tespit edilmiştir. Dolayısıyla yapılan incelemede atom felsefi kaynaklarının Greklere değil, Hindistanlı materyalist felsefeci, filozof Kanada'ya(atomları yutan) dayandığı ortaya çıkarılmıştır. Zira Grek felsefesi beşinci ve altıncı asra dayanmaktadır. Ama Hint felsefesi, özellikle filozof Kanada tarafından geliştirilmiş felsefe, Grek felsefesinden öncedir. Samsat'lı Lükianos (İ. S. 125), " Satılık Filozoflar" adlı kitabında bu tür felsefelerle ve felsefecilerle alay ediyor. Samsat'tan kalkıp, Roma ve Fransa'ya giden ve 17. yy Fransız felsefesini etkileyen Lükianos'un - baraj suları altın da bırakılan- " Vatanım Samsat'a Ağıt"ı dünyanın en büyük edebi tarihi eseridir. Bugün hala güncelliğini sürdürüyor. Samsat sular altın da kaybedile bilinir, ama Lükianos'un "Vatanım Samsat'a Ağıt"ı bundan on dokuz asır önce yazılmış bir edebiyat eseri olarak kalacaktır.

Zeller'e gelince, buna cevap 1845'te Washington'a gönderilen Kızılderili lider Saatles'in yayınlanan mektubu (Millieux dergisi, Jean Claude Beaune) yeterli bir cevaptır. Kızılderili lider, beyaz insana seslenirken, " Siz havanın ve güneşin güzelliğini, böceklerin ötüşlerini nasıl satın alabilirsiniz?" cümlesiyle onları sorgularken, toprak, hava, su, güneş gibi antik felsefenin temel öğeleri olan kavramları, klasik çağın bilge filozoflarından daha da bilge bir felsefi düşünceyi dile getirmiştir. Ancak Zeller gibi batılı tarihçiler için Kızılderili'lerin "felsefelerinin olmayışı" anlayışı insanlık tarihine karşı işlenmiş bir suçtur.

Kürt edebiyatına gelince; Yazılı ve sözlü edebiyat diye ayırtmak gerekir. Bütün halklarda sözlü edebiyat, yazılı edebiyattan öncedir. Yunanlılar da, Homeros'un, İlyada ve Odiseas'ı, Latin'ler de Aeneas destanı, Ermeni'ler de, Sason'lu Davut, Kürtler de Memê Alan destanları sözlü edebiyattan yazılı edebiyata geçiştir. Dolayısıyla aynı tarihsel süreci yada farklı tarihsel süreçleri yaşayan halkların edebiyatlarını yok saymak, bütün uygarlık ve insanlık tarihini inkar etmektir.

Bu durum, Kürdistan'ı bölen, sömürgeleştiren, her türlü dilsel ve kültürel faaliyetleri yasaklayan sömürgeci devletlerle, onların batılı ortaklarının inkarcı anlayışlarının bir başka tarzda sergileniş biçimidir.

Kürt edebiyatı yoktur diyenler acaba Prof. Dr. Qanadê Kurdo'nun "Kürt Edebiyatı Tarihi" adlı yapıtına göz atmışlar mı? Büyük şair Nizami'nin Kürtçe yazması, Mevlana Celaledini Rumi'nin Kürtçe şiirlerinin bulunması konularında bir inceleme yapmışlar mıdır?

Kürtolog ve doğu bilimci V. V. Minorski "Kürtler" adlı incelemesinde, "Kürt edebiyatı hakkındaki inceleme ve araştırmaların nasıl geliştiğini, bu konuda araştırma yapanları ilgilendiren bir konu olduğu için bu kitaba almaya gerek görmedim.

1828 yılınsa Rus-İran savaşında Ardalan'a giren Rus askerleri burada Safevi'lerin ünlü kütüphanelerinden birisi olan Ardalan kütüphanesini Rusya'ya getirdiler. Bunların içinde Kürtler ile ilgili çok değerli belgeler ele geçti. Bu belgeler İngilizlerin elde ettiklerinden daha bilimsel bir değer taşıyorlardı. Bunlar arasında Şerefname'nin biricik nüshası da vardı ve bu kitap el yazması olarak hazırlanmıştı. Bu kitabın Kürt tarihi yönünden kendi devrine ait önemli belgeler verdiği anlaşılınca Rusça'ya çevrildi. Şiir yönünden zengin olan Kürt Halk edebiyatında bir çok masallara rastlarız" açıklamasında bulunur.

Minorski, Puşkin'den bahseder. 19. yy da Kürdistan'ı ziyaret eden ve Doğubeyazıt'ta Kürtler arasında kalan, gözlemlerini "Erzurum Yolculuğu"adlı kitabında dile getiren büyük Rus şairi Aleksandr Puşkin'in şu cümleleri kullandığını belirtir. " Kürt ozanının şiirleri değil mi? Sonuçta doğu edebiyatıdır Ancak pek çok karakteristik şiir özelliklerini taşır. " Aslında Kürt edebiyatının değerinden haberleri olmayan eleştirmenlerin hiç bir değerleri yoktur. Çünkü biz bu edebiyatın özellikle çok ince ve derin anlamlı bir çok şiirlerinin varlığına tanık olduk"der. (V. V. Minorski / Kürtler/ s. 42-44)

Minorski aynı kitapta Kürt bayanlardan da bahseder. " Herhangi bir ulusun sosyal durumundan söze derken, kadınların durumlarından da söz etmek gerçekten zorunludur. Aynı konu için Kürtlerin ayrı bir önemi vardır. Diğer İslam halklarına göre Kürtler bu konuda daha hoşgörülüdürler. Bununla birlikte Kürtlerde kadının görevi zorunluluklar gereği gerçekten de ağırdır. Kürt kadını evinin güç işlerinden başka, pınardan su getirir, dağlara tırmanarak odun toplar, davarların sütünü sağar, bütün bu işleri yaparken de küçük yavrusunu sırtında taşır. Ayrıca erkeğiyle birlikte tarım ve benzeri işlerde çalışır.

Diğer Müslüman ulusların aksine kadınların yüzü örtülü değildir. Erkeklerle birlikte otururlar ve bazen konuşmalara katılırlar. E. B. Soane, bu konuyla ilgili olarak şöyle der: "Birçok kez evin hanımı kocası evde olmadığı halde, beni bir erkek gibi karşılamış, yanıma oturarak benimle konuşmuştur. Bu hareketleri yaparken de İranlı ve Osmanlı kadınlarda görülen garip bir bönlük yada yapmacık namus kâr anne davranışlarında bulunmamıştır. Hatta kocası gelip, atını bağlayıp çadıra girinceye kadar da bana hizmetini sürdürmüştür. "

Kürtlerde genç kızla, erkek arasında İslamcı tutuculuğa sahip uluslar gibi, uzaklık ve çekingenlik yoktur. Birbirleriyle konuşurlar ve kendilerine özgü geleneklere göre evlenirler. Yalnız evlenmelerde iki tarafında büyüklerinin çok önemli rolleri vardır.

Diğer Müslümanların arasında olduğu gibi, Kürtlerde de kadını boşamak çok kolaydır ve hızla olur. Çoğu kez bir kızgınlık sonucu erkek, karısını boşar. Yada " Eğer bu iş böyle olmazsa karım benden boş olsun"der ve ondan sonra karısından boşanmış olur. Boşanmadan sonra pişmanlık başlar. Kocanın yüreğini büyük bir azap kaplar. Çünkü, İslam dininde artık o erkeğin boşadığı karısıyla evlenmesi söz konusu değildir. Ancak kadın, başka birisiyle evlendirilir, ikinci koca kadını boşar, bu boşanmadan sonra eski koca karısını yeniden elde edebilir. (Şafiilerde olan bir uygulamadır)

Kürtler, düğün ve eğlencelerini de kadın-erkek birlikte yaparlar. -Ki bu da diğer Müslüman halklar tarafından yapılmayan, dince yasak bir şeydir. - Kürtlerin bu eğlencelerde kendilerine özgü oyunları vardır. Bu oyunlara katılanlar el ele tutuşurlar ve çalgılar arasında birtakım ritmik hareketlerle dans ederler. Bunlardan birisi de başa geçerek oyunu yönetir. Dostlarımdan birisi bir gün benim için şenlik düzenledi. Köyün kadın ve erkeklerinin hepsi bu eğlenceye katıldılar. Davul ve zurnalar arasında oyunlar akşama kadar sürdü.

Kürtlerde yetenekli kadınlar yer, yer aşireti yada emirliği yönetmişlerdir. Nitekim Osmanlılar Hakkari'yi aldıklarında bir süre, emirliği, reisin ailesinden bir kadın yönetti.

Kürtler çok çocuk sahibi olmaya düşkündürler. Birçok aileden on yada on iki çocuğa rastladım. . . (. .). . Burada Kürtlerin sürekli tehlikeler, belalar ve bunlara karşılıkta çaresizlik içerisinde yaşadıklarına tanık oldum. Bütün bunlara rağmen, bu zor koşullar onları umutsuzluğa değil, aksine gözü pek bir yüreğe, kahraman bir benliğe sahip kılmıştır. "

Edebiyat tarihimizi bilimsel olarak incelememiz gerekiyor. Biz toplumsal olarak hangi basamakta duruyorsak, edebiyatımızda aynı basamakta, yani yanı başımızdadır. Bizden ileri değildir. Onu, toplumsal, sosyal, kültürel varlığımızdan ayrı ele alamayız. Sadece olumlu noktalarımızı değil, olumsuzluklarımızı da ele almalıyız. Edebiyatımız toplumsal gerçeklerimizi anlatmalı. Güzelliklerimizi, sevinçle, kalem aracılığıyla sıraladığımız gibi, çirkinliklerimizi yazarken de parmaklarımız titrememeli. Var olanı kabul etme yürekliliğini gösterebilmeliyiz. Gizlememeliyiz.

Her yazan birey edebiyatımızdan sorumludur. Düzeyin yükselmesine, basamakları tırmanmaya güç, destek vermemiz gerekiyor. Yazım kalitesi ve yazılanların gerçekliği yazanı bağlar. Yazan sorumludur. Yaşamın her alanında olduğu gibi yazımda da yalana karşıyım. Karşı olmalıyız. Bireyden başlayarak topluma doğru ilerlemeliyiz. Sosyal, kültürel, siyasal boyutlar bizi ilgilendirmeli. Her türlü baskıya karşı kalemlerimizi savunma araçları olarak kullanabilmeliyiz, kullanmalıyız. Haksızlığa, zulme göz yummamalıyız. Cins ve ırk olarak ezildiğimiz için zorbalara ve onları yaratan sistemlere, koşullara mesafeli olmalıyız. Yanlarında değil, karşılarında yer almalıyız. Taraf olmalıyız. Bireysel çıkarlar bizi ilgilendirmemeli. Toplumsal çıkarları göz önüne almalıyız. Toplumcu olmalıyız. Cemaatçilikten kurtulup, toplumu bir bütün olarak sahiplenme ve kendisiyle yüzleştirme rolünü oynayabilmeliyiz.

Yazmak, bizler için lüks değildir. Zorunluluktur, ihtiyaçtır. Ulusal, cinsi görevlerimiz arasındadır. Arşivlerimizi oluşturmak zorundayız. Günlüklerimiz yanı başımız da olmalı ki unutmayalım. Bayanlar olarak yazmaya mecburuz.

İyi birer gözlemci olmalı ve görevlerimizin bilincinde olarak tavırlar sergilemeliyiz. Biz bayanlar kendi aramızda iletişim oluşturmalı ve güçlendirmeliyiz. Toplumsal ilişkilerde yerimizi belirlemeliyiz.

Kaliteli edebi, bilimsel çalışmalar için kurumlaşmak, güçlenmek, yazanlara gerekli olan bütün destekleri sunmak gerekiyor. Olanaksızlıklarla boğuşan yazar istediği oranda verimli olamaz, olamıyor. Yazma isteğini de kaybedebiliyor. Yazmak için gerekli olan bilgi, maddi harcamalar sonucu elde ediliyor. Yeterli maddi donanıma sahip olmayan eziliyor, yıpranıyor. Rahat bir psikolojiye sahip olamayan, sıkıntılarla boğuşan konsantre olamıyor. Bu durumda kalite ve verimi etkiliyor.

Ayrıca yazanların da okumaya, dinlemeye, öğrenmeye ihtiyaçları var. Bu meslek profesyonelce yapılmalı. Ek bir çalışma olarak görülmemeli. Rahat çalışabilmenin bütün koşulları oluşturulmalı, hazırlanmalı. Kaliteli edebiyata, bilimsel eserlere sahip olabilmemiz için yazan bireyin, yazdığı konuyla ilgili bütün gerçekleri bilmesi, olayın, konunun geçtigi alanı görmesi, yaşaması, yaşayanlarla baş başa kalması, zaman geçirmesi, gözlem yapması, yaşayarak, his ederek, içselleştirerek konuyu kalem aracılığıyla nakışlamaya başlaması gerekir. Birey konuyu tüm boyutlarıyla ele alabilmeli. Ben bütün çalışmalarımda bu tarzı tercih ettim.

Kalemler, sayfalar belirli noktalara gelme, iktidarları oluşturanlarla sofraları paylaşma amacıyla kullanılmamalı. Bağımsız olan, davranabilen, etki altında kalmayan iyi eserler verebilir.

Konularımı kendim seçiyorum. Çevrenin önerilerini dikkate alıyorum. Sansür uygulamıyorum. Topladığım bilgileri işlemeye, ilmik, ilmik sıralamaya başlıyorum. Kendimi zor, baskı, otorite altın da his ettiğim an kilitleniyorum, kesinlikle cümle kuramıyorum. Özgür ve rahat bir ortamda olmalıyım ki bilgi kaynaklarımı kullanabileyim. Tabi ki bilgi kaynaklarımda aynı durumda olmalılar. Kendisini rahat, güvencede his etmeyen insan konuşamıyor, anlatamıyor.

Biz bayanların işlemeleri, el atmaları gereken yeterince konu var. Yeter ki istekli olalım. Yazma aşkıyla yaşayabilmeyi başarabilelim. İnsanımızın, kadınımızın varlığını ilgilendiren her konuyu ele alabiliriz. Kürt otoritelerinden tek isteğimizse bize sansür, baskı uygulamamaları olmalı. Destek sunmuyorlar. Engel de olmasınlar. Bizler duygusal değil, bilimsel yazmak, çalışmalar yapmak zorundayız. Görevlerimiz bunu gerektiriyor. Kürtçe bilmeyen en iyi bildiği, kullandığı, kendisini ifade ettiği dilde verimli olmalıdır. Anadili bilmemek yazım için engel teşkil etmemeli. Eser, yazılan dilden ana dile çevrile bilinir. Önemli olan eserlerin ortaya çıkmasıdır. Kendi dilimizi öğrenmek ve çalışmalarımızı yapmakta en doğal hakkımızdır. Bilmeyen, öğrenme çabasına girmeli. Gerekçeler yaratılmamalı.

Yazmak; cesaret, paylaşım, fedakarlık, dayanışma, tarafsız bakabilme becerilerini de istiyor. Karşılıklı alıp - vermesini bilmeliyiz. Yarışma değil, ulusal, cinsi dayanışmayla başarabiliriz. Başarmaya mecburuz. Elbetteki pozitif rekabette daha verimli, güçlü eserlerin ortaya çıkmasına temel hazırlayacaktır.

Maskesiz yaşamak, yazmak bedel istiyor. Gerçekleri maskelemek için çırpınanlar olduğu gibi maskeleri düşürmek, yırtmak isteyenlerde olmalılar. Maskeleri sevmeyenler, gerçeği arayanlar, yaşamın her anında, her noktasında gerçekle karşılaşmaya hazırdırlar. Gerçek; yaşama, insana, anlam, önem verenler için kaçılmayan, kovulmayan, baş başa olunmak istenilen bir şeydir. Gerçek; maskeler, politik hesaplar, bireysel çıkarlar arkasına hapsedilmeyecek kadar yaşamda yaratılan sonuçtur.

Berthold Brechte'in belirttiği gibi gerçeği yazmak zordur. Yazar, araştırmacı, zorluklara, sıkıntılara, onların sonuçlarına katlanıp, gerçekliği olduğu gibi, bütün çıplaklığıyla, maharetiyle ve becerileriyle sanatın en üstün değerlerini kullanarak yazmak, dile getirmek zorundadır.

Rus yazarı Dostoyevski " Yeraltından Notlar" adlı kitabında yazarın sorumluluğunu dile getirdiği gibi, Cezayir Ulusal Kurtuluş Hareketi lideri Franz Fanon'un " Dünyanın Lanetlileri" adlı kitabına önsöz yazan J. Paul Sartre, Franz Fanon'un "Paris'te bir burjuva gibi yaşama hakkı ve olanağı olduğu halde, O, Cezayir'de Fransızların köpekçe öldürdüğü Cezayirlilerin yanın da savaşmayı Paris'teki yaşamına tercih ediyordu. "diyor.

J. Paul Sartre, kendisine verilen Nobel ödülünü ret etti. Şilili şair Pablo Neruda ise A. B. D. nin Latin Amerika ülkelerine yaptığı baskıyı protesto etmek için kendisine verilen Nobel ödülünü " Ben bu ödülü ABD elçisinin elinde almaktansa, ABD'li bir sendikacı aracılığıyla Şilili bir sendikacının elinde almak istiyorum"dedi ve ABD elçisinin elinden Amerikan Bilim ve Edebiyat Akademisinin ödülünü almayı ret etti.

Kürt yazarı Erebê Şemo'nun, Sibirya'daki zor koşullarda yazdığı ve Kürt edebiyatının en ünlü eserleri arasında yer alan çalışmalarının, hakikati dile getirme istem ve cesaretinin ürünleri olduğunu eklemek gerekir.

Ayrıca büyük bilgin, Prof. Qanatê Kurdo, Sovyet sisteminin kendisine sunmak istediği, teklif ettiği bütün imkanları ret ederek, elinin tersiyle itekleyerek, kendi inancı doğrultusunda yaşamayı, üretmeyi tercih etmiş ve değişik zorluklar, sıkıntılar, yoksulluklar içinde bilimsel araştırmalarını gerçekleştirmiş bir Kürt yazar ve bilim adamıdır. O, tarihsel bir sorumluluk duygusuyla, ezilen Kürt ulusunun bir bilgini olmanın onurunu omuzlarında taşıdı ve taşıyacaktırda. Hakikati dile getirmedeki cesaret, istem ve fedakarlığını biz kendisinden sonraki kuşaklara da örnek olarak bırakmıştır.

Yazarlık, araştırmacılık sade, olduğumuz gibi görünmeyi, abartısız ve yalın bir yaşamı gerektirir. İnsani kaygılara sahip olmayı, savaşçılığı getirir. Kadına dair düşünce yolculuğu ise savaşçı, güçlü, bilinçli, paylaşımcı kadında yoğundur.

Kürdistan kadınının ve erkeğinin kaybedişinin nedenlerini ve arayışlarını araştıran, onları körelten, çürüten tüm duygu ve düşünceleri, kutsallık maskelerinin arkasına yerleştirilmiş olsalar da, açığa çıkaran ve tehlikeli soruları onlara yönelten kadın olmak, yalnız kalmayı, dışlanmayı, maddi yoksulluğu, işkenceyi, tecavüzü, hapsi, ölümü, sürgünü de beraberinde getirir.

Kürdistanlı kadınının bastırılmışlığını, ezikliğini, pratik yaşam da gördüm. Onları içselleştirdim. Ortak oldum. İnsan hakları kurumların da savundum. Ekonomi ve kamu yöneticiliği olan mesleğimi değiştirip, yaşanılanları ayrıntılarıyla araştırmaya, yazmaya başladım. Kalemimle maskeleri yırtmayı, delmeyi görev edindim. Çalışırken acı çektim. Pisliği, kötülüğü bir tarafa itip, temizliği, güzelliği gün ışığına çıkarmaya çalıştım.

Yazmak, benim için başlı başına bir amaç teşkil etmektedir. Yazmak, benim yaşamımı sürdürmem için bir gelir kaynağı oluşturmuyor. Ancak yazarın kendisine ilke ettiği etik değerler, yazarlık yaşamında onu trajik durumlarla yüz yüze de bırakabiliyor.

Kürt bayan yazarlar, kendi kişiliklerinden tavizler vererek, sömürgeci devletlerin politikalarına alet olup ta, onların hizmetlerine giremezler. Bu tür yazarların durumu, sömürgeci devletin işkence hanesinde görev alan ve her türlü özgürlük için savaşan Kürdistanlı bayanlara işkence yapan Kürt asıllı işkencecilerden farklı değildir. Bunlar Hitler'in Yahudi toplama kamplarında görevli bulunan ve kendi soydaşlarına, insanlığa karşı suç işleyen, Hitler işbirlikçisi Yahudilere benzerler.

Bundan dolayı yazar olarak kafamda tasarladığım gerçekçi yönelimlerim ağır basıyorlar. Yaşamımı çevreleyen evrensel, ulusal, toplumsal, sınıfsal, cinsi koşullar, benim yazdığım konular ve vermeye çalıştığım mesajlar üzerinde belirleyici etki yaratıyorlar.

Taine " Her eser, belli bir zamanın aynası ve ürünüdür, onu bu zamana göre kavramak, yorumlamak gerekir"der. Beni etkileyen, düşündüren etkenler, konular arasında acilliyet, güncellik ve ağırlık durumuna göre tercihleri yapıyorum. Yazmanın birden çok nedeni, amacı var. Ben ulusal sorunlarını hal etmiş, insan hakları evrensel beyannamesi çerçevesinde yaşam olanaklarına sahip halklardan birinin ferdi değilim. Ülkesi ve milletiyle bölünen, son iki yüz yıldır tehdit ve imha girişimleriyle yüz yüze olan bir toplumun ferdiyim. Bayanım. Anneyim. Hümaniter, insan hakları savunucusu bir insanım. Bundan dolayı da sorumluluklarım çok farklı ve ağırdırlar.

Kürdistanlı bayan yazarlar olarak dünya yazarlarına, dünya kamuoyuna, uluslararası kuruluş ve kişilere, devletler ve hükümetlerin temsilcilerine, halkımıza karşı işlenen jenosidi anlatmak, uluslararası hukuk ve değerler adına hatırlatmak, herkes gibi bizimde hakkımız olan insancıl dayanışmalarını talep etmek, bizim görev ve sorumluluğumuz alanındadır.

Biz sorumluluk duyan, yazma mecburiyeti gören bayanlar amaçlarımıza hizmet etmeyen pozisyonlardan uzak durmalıyız. Bilinçli adımlar atmalıyız. Yazmanın sorumluluğunu bilmeliyiz. Dinsel, siyasal, cinsi farklılıklara rağmen hoşgörü, demokrasi atmosferi oluşturabiliriz. İnsan olmanın gerekliliğini yerine getirebiliriz.

Yazı yazmanın, edebiyat oluşturmanın, sanat yapmanın, iyi yazmanın her zaman birtakım sıkıntıları, sorunları oldu. Tarihin hiçbir döneminde kolaylık olduğunu sanmıyorum. Üretenler, yazarlar sürekli iktidarlarla çatıştılar. Tabi ki dalkavukları ayrı tutmak gerekiyor. Günümüzde teknoloji kullanılarak dezenformasyon yapılmakta ve gerçeklerin üstü örtülmekte, çarpıtılmaktadır. Aynı teknoloji sunduğu olanaklarla yaşanan olayları, gerçekleri öğrenmemize de yarıyor, yani karşıtını da kendisinde barındırıyor. Teknoloji kullanıldığı yere ve amaca göre son derece yıkıcı olduğu gibi çok iyi şeylere de yarayabiliyor. Egemen kültür, medya ile toplumumuza dayatılan kültür, Kürtleri bitirme amaçlıdır. Egemen kültür ve medyası bizi her yönden yok etmek istiyorlar. Oysa insani değerlerimizin özünde, devamlılığın anlamı vardır. Yani ölenlerle, biz yaşayanlar ve daha doğmamışlarımız arasındaki devamlılığın ilişkileri, bağı mevcuttur. Bunu yok etmek istiyorlar. Doğacakların miras haklarını ellerinden almak, onları mirassız bırakmak istiyorlar.

Yazılacak konuda seçici olmak gerekiyor. Bir eseri tamamlamak için bir taraftan alçak gönüllü olmak, diğer taraftan da kendine ve yazılan şeye güven duymak, değer vermek gerekir. Yalan yayan diller vadilerde, kayalıklarda yankılayan sesler gibidirler. Onlar arklarındaki anlamı gizlemek için bu yankıya ve bu yankının çıkardığı gürültüye ihtiyaç duyarlar. Yankı bittikten, kısa bir süre geçtikten sonra da geriye bir şey kalmaz.

Dilimizi, edebiyatımızı temizlememizin yolu, saydam bir şekilde yazmaya çalışmak ve gizleneni, gizlenmeye çalışılanı göstermektir. Bunu yapmak gerekiyor. Buna mecburuz. Kabul etmemiz gereken bir başka gerçek ise yazarların büyük bir kesimi iktidarların hizmetlerindedirler. Çünkü karşı olmanın bedeli ağır oluyor. Karşı durmak biz Kürtlerde, yılları alan sürgün, ekonomik bitiş, maddi anlamda yokluk, hapis, sakat kalma, ölüm demektir.

Çoğu kez görüştüğüm insanlar söylemek istediklerini doğru, dürüst anlatamıyorlar. Kendilerini ifade edemiyorlar. Çok sayıda soru sormak, yada böyle mi demek istiyorsunuz, demek zorunda kalıyorum. Anlatılmak istenileni düzgün ve anlaşılır bir hale getirip, yazmak gerekiyor. İnsanda süreç içinde yazım ve konuyu toparlama yeteneği de gelişiyor. Sürekli, her yıl aynı duygu içinde yazmaya olanak yok. Zamana, yere, ortama, bireye ve kendi durumuma göre durum değişiklik arz ediyor.

Yazmak, yazı ile resim arasındaki ilişkiyi iyi görerek değişik eserler meydana getirmek, ressam ustalığıyla yazıyı resmetmek benim için yaşam kaynağı, yaşamın motoru oluyor. Çizmeye doyamıyorum. Ortaya harflerden oluşmuş çok sayıda portre çıkarıyorum. Ressamlarda, bizleri aratmayacak ustalıkta düşüncelerini tuvaldeki çizgilere yansıtırlar. Çizgilerden oluşmuş ruh hallerini, bakışları, görüşleri, istemleri ortaya çıkarırlar. Dünyalı her ressam, bir yazar, her yazarda aynı zamanda bir ressamdır. Ressam hem kendisinin, hem başkalarının iç dünyalarını yansıtır, portrelerini çizer, bende yazarken her bayanda bir ölçüde kendimide buluyorum ve yansıtıyorum. Biz, bize benziyoruz. Yani hem ressamlık, hem de yazarlık yapıyorum. Bazen zevk alarak, bazen acı çekerek portreleri tamamlıyorum. Bir insanın kendisine dürüst, insanlara samimi ve eserlerine karşı sorumluluk içinde olmasının örneklerini hem görmek, hemde vermek istiyorum. Görmenin, mutlulukla da yakından ilişkisi var Öyle değil mi? Confucius " Kuşkularınızı azaltmak için çok dinleyin; boş şeyler söylememek için düşünerek konuşun; o zaman sık, sık hata işlemezsiniz. " derken, R. W. Emerson ise " Uygarlığın gerçek ölçüsü ne nüfus çokluğu, ne kentlerin büyüklüğü, ne de üretim bolluğudur. Gerçek ölçü, ülkenin yetiştirdiği insanların nitelikleridir. " der.

***

SONSÖZ

Bayanları yönetenler, anayasalarında kadınlara yönelik olumlu ayrımcılık düzenlemesini yapmamakta direttikçe bütün bayanların birlikte direnmeleri de kesinkes mecburi bir görev ve sorumluluk olur. Çünkü, bu anayasalar, kadınlarla değil, devletlerle, siyasal sistemlerle ilgili konuları kapsamaktadir. İnsan hakları sınırları içinde bayanların haklarından bahsedilmesi mecburidir. İlk şartlardan olmalıdır.

Bayanlar her alanda olduğu gibi siyasette de kadına dönük pozitif ayrımcılığı istemek ve her konuda olduğu gibi bilinçlice girişimleriyle bu haklarını da perçinlemek zorundadırlar. Siyaset de, siyasal rejimlerde, bayanlar ancak mücadele ederek haklarını kazanabilirler. Ne yazık ki bu alan erkeklerin tekeli altındadır. Bütün siyasal sistemlerde böyle olmuştur. Sol rejimlerde de istenilen düzey, ilişki ağı yakalanamamıştır. "bacı, yoldaş, heval, rêheval " sıfatları altında ince taktiklerle bayanlar sömürülmüş ve karar organlarından uzak tutulmuşlardır.

Bugünde Kürtlerin yaşadıkları memleketlerde, dünyadaki gelişmeleri, değişmeleri hiçe sayan erkek egemen anlayışlar iktidardadırlar ve uluslararası anlaşmaları kendi çıkarları doğrultusunda hiçe saymaktadırlar. Döneme uygun, olması gereken, tüm kimlikleri, farklılıkları tanıma, kabul etme isteklerini hiçe sayan, görmemezlikten gelen politikalarla, ülkeler, bayanlar yönetilmektedirler. Gerçek şudur ; bayan sadece bayan olduğu için ayrımcılık uygulamasıyla yüz yüzedir. Binlerce bayanda bu ayrımcılığın farkında değiller. Yönetilmeye alıştırılmışlar. Daha doğrusu bağlandırılmışlar.

Kadına dönük ayrımcılık memleketimizin her santimetre karesinde yaşanmakta. O cinsiyeti itibarıyla suçlanmıştır, yargılanmıştır. Suçluluğu da kendisine kabul ettirilmiştir. Çünkü tarihinden, cinsinin geçmişinden habersizdir. Kadınımız, hepimiz toplumsallaştırılmaya çalışıldık, toplumsallaştırıldık. Alternatif olanlar ise dışlandık. Sindirilmeye çalışıldık.

Kadın değişik kimliklere sahiptir. O sahip olduğu sıfatları bilir. İçini doldurur. Ağırlığını yaşar. Ama olması gereken yüceliğin farkında değildir. Sadece baskıyı, dışlamayı, ezilişi ve sömürüyü farkında olmadan yaşar. Benimser!

Kadınlar mücadele ederek statülerini değiştirebilirler. Her kadın gerekli olan mücadele aracına sahip değildir. Ancak örgütlenmekle araçlara sahip olabilir. Sosyal devlet anlayışının geçerli olduğu memleketlerde kurumlarına kavuşabilir. Bu yoksa değişik mücadele yollarını geliştirmek zorundadır. Gelişenler, bilenler, gelişmeleri önlenenlere, bilmeleri engellenenlere yol göstermek zorundadırlar. Öncülük, örgütçülük hafife alınacak görevler değildirler. Bu bayanlar sadece teoride değil, pratik yaşamda da örnek olmak zorundadırlar.

Toplumun değişik sınıflarındaki, katmanlarındaki kadınların mücadele araç ve yöntemleri de farklılık göstermektedir. Kadın siyaset yapmak zorunda. Kendisini siyasetin dışında tutamaz. Peki nasıl, hangi yol ve yöntemlerle siyaset yapacak ?

Egemenliklerini kuranlar, sistemlerini oturtanlar, temellerini sağlamlaştıranlar dahil oldukları siyasal mekanizmalarla, kadını rejimlerinin emekleme anından itibaren dıştaladılar.

Milletvekillerinin, belediye başkanlarının, meclis üyeleri adaylarının, muhtarların listelerini erkek egemen anlayış, erkekler oluşturuyorlar. Onlar kendilerine hizmet edebilecek bayanlara listelerde yer veriyorlar. Direnişçi, hak arayıcı, kimliklerine sahip çıkan, koruyan, meze olmayan kadın istenmiyor. Sistem kendisi için çalıştıracağı, faydalanacağı, kullanacağı kadına "evet " diyor.

Onlar yasaları da kendilerine hizmet etmeleri istemiyle, amacıyla düzenliyorlar. Yasalara göre "reis"tirler. Yasalara göre onların ifadeleri geçerli sayılır. Yasalara göre " namusu "korumakla görevlidirler, vb.

Haklarını bilmeyen, hukuki durumunun farkına varamayan, bilinçlenmeyen bayan, verilen hak kırıntılarını kullanmasını da bilmiyor. " Herkes, dil, ırk, renk, cinsiyet, siyasi düşünce, felsefi inanç, din, mezhep ve benzeri sebeplerle ayrım gözetilmeksizin kanun önünde eşittir." cümlesi, halen yürürlükte olan T. C. Anayasa'sının 10. maddesinin ilk paragrafını oluşturur. Bu madde, " Kanun önünde eşitlik " başlığını taşır. Bizim toplumumuzda halen yazılı değil, sözlü hukuk kılıç kullanıyor. Kağıda yazılan, yürürlüğe girmeleri istenilen maddelerle, toplumun gelişmesi paralel olmayınca yazılanlar bir anlam ifade etmiyorlar. Erkek, her şeyi kendi lehine çevirebiliyor. Kadının acemiliğinden yararlanıyor.

Yasama, yürütme, yargı görevlerini yürütenlerde toplumun aynasıdırlar. Kadını, haklarını korumaları mümkün değildir. Çünkü hakka saygı, tahammül, tolerans kavramlarını tanımıyorlar. Toplumsal eğitimin önemi burada ortaya çıkıyor. Şiddete uğrayan kadını kolluk kuvvetleri görevlisi de, yargıcı da suçlayabiliyor, aşağılayabiliyor. Kadın çok güçlü olacak, haklılığına inanacak ki kendisini, haklarını koruyabilsin. Kağıt üzerindeki " eşittir " kelimesinin içi boş kalıyor. Kadın farklılığı ve eşitlikçi yaklaşımıyla bunun içini doldurmalı. Değerlendirmeyi kadınlar yapmalı.

Her kesimin insanının doğrusu farklıdır. Egemen cemaatçi ahlakın normlarına göre ortaya çıkan doğrular kadına hiç bir şey vermiyor, vermez de. Kadın bunu görebilmeli. Bu anlayış kadına yaşam hakkı tanımıyor. Sosyal yaşamın dışına itiyor. Kadın kendisini eğiterek, kendisi için gerekli olan en iyi yaşam düzenini kurabilir. Bu şekilde başkalarının kendisini yönlendirmelerine, yönetmelerine müsaade etmemiş olur. Başkalarının doğrularını kendi gerçekleriyle değiştirmemelidir.

1923'te yapılan değişiklikle Osmanlı İmparatorluğu görevlileri olan asker ve sivil bürokratların batılıların destekleriyle oluşturdukları cumhuriyette kadınlar restorasyon süreci içinde yer almadılar. Sadece erkekler tarafından amaçlara araç olarak kullanıldılar. Oysa onlar daha Osmanlı döneminde derneklerini, hareketlerini oluşturarak sosyal yaşamda yer almaya başlamışlardı.

Bu süreçte Osmanlı'yı yöneten asker ve sivil bürokrasi batı hayranlığıyla halkı yönetimden uzak tutarak yenileme, düzenleme yapmaya çalıştılar. Osmanlı paşaları saltanatını devirip, asker, sivil bürokratlar saltanatını oturttular. Onlar, Fransa tarzı siyasal sistemi, yani tek şeflik, başkanlık sistemini, tek partili sistemi, jakobenist anlayışa paralel olarak, Alman ulus-devlet sisteminin ırk üstünlüğü teorisinden hareketle devletin sınıflar üstü niteliğini esas alıp " sınıfsız, birleşmiş bir halk " görüşünden yola çıkarak, Türk ulusunun üstünlüğü, ayrıcalığı üstüne devleti kurarlar.

Kaynaşmış, sınıfsız Kemalist ideoloji, faşist Kemalizimin ideolojik çıkışıdır. Bu çıkışta kadının ayrı, farklı haklara sahip olduğu öne sürülse bile, bu durum sömürge Kürdistan'daki kadının durumunda bir ayrıcalık gözetmez. Kemalist mekanizma içinde yer alan kadın, kendi kurtuluşu için mücadeleden uzak, " Atatürk'ün kızı " olarak sömürge Kürdistan'ı bombalayan kadındır. Ermeni katliamına karşı sessiz kalan farklı ırklardan Osmanlılı kadın, T. C. nin kuruluşuna hizmet eden Kürt halkı ve kadınlarına karşı öldürücü silahlarla donatılmıştır. Kemalist rejimin kılık-kıyafetteki durumu batılılara hoş görünerek, biçimsel düzeyde kalmıştır. Pek çok fotoğrafında Latife hanım M. Kemal'in yanındadır, aile tablosu oluşturulur ve başı da kapalıdır. Latife hanımın konumuyla bugünkü Türk-İslamcı politikacıların eşlerinin konumları arasında hiç bir fark yoktur. Kadınlarla ilgili Kemalist hareketin öne sürdüğü " kadının özgürlükleri " ile ilgili gerçekler Fransa Genel Kurmay arşivlerindeki dokümanlarda mevcuttur.

İsviçre Medeni Hukuk sistemine ve o dönemin Fransa ve Almanya anayasalarına dayanarak ortaya çıkarılan hukuki sistem, daha sonra

Musolini ceza kanunundan alınan 141 ve 142. ci maddeleri de esas alarak bunları Kürt halkına karşı kullanmıştır. Kadının özgürlüğü sorunu sadece sözde kalan bir söylemdir.

Fransa ve Almanya siyasal sistemini bazı noktalarda, kendi çıkarlarına, hesaplarına uygun gelen yerlerde örnek alanlar, inanç dünyasını, eğitimini, taşradaki sosyal hayatı hep Ankara'nın dışında tutmuşlardır. Halk tehlike olarak görülmüştür. Halka güvenilmemiştir. Halka rağmen, halk adına düzenlemelere gidilmiştir. Onlar saray yetiştirmesiydiler. Halka inanılmaması, güvenilmemesi gerektiği anlayışıyla, felsefesiyle okullarda şekillendirilmişlerdi. Halk siyasal hayata yaklaştırılmamış ve " yönetilmesi gerekenler " tablosundan dışarıya çıkmalarına müsaade edilmemiştir. Bu yönetici, yasa koyucu, yargılayıcı kesimin bilinçaltlarına yerleştirilen kavramlar İstanbul dışında, Ankara'da oluşturulan mecliste de ağırlığını korumuştur. Vitrinlik bayanlara yer vermişlerdir. Onlar, " kadını kurtardık "larını söyleyenler, bir yandan merkezi otoritenin azalmakta olan gücünü yeniden oluşturmak, diğer yandan da halkın gücünü zayıflatmaya yönelik bir hareketi yönetiyor, geliştiriyor ve oturtuyorlardı. Konuşan susturuluyor, öldürülüyordu. Muhalefet, değişik hilelerle bastırılıp, yok ediliyordu.

Osmanlı dönemindeki yenileşme hareketleri halkı bir değer olarak ele almadı. İstanbul'a göre yenilemeler yapıldı. Cumhuriyet dönemindeki yenileşme hareketleri, amaçları bakımından ayrı olmakla birlikte, meclisi oluşturan karar verici subayların uyguladıkları yollar ve yöntemler bakımından geçmişten farklı değillerdi. Çünkü alıştırılmışlardı. Zorla, tepeden inme, bürokrasiyi koruyucu, kollayıcı uygulamalar halkın gelişmesini, değişimi hedeflemiyorlardı. Halk " tehlike " olarak görülüyordu. Bundan dolayı da her iki siyasal sistemde de özellikle, çok bilinçlice, halk siyasal hayatın dışında tutuldu. Örgütlenmelerine engel olundu. Gelişmeleri yaratabilecek kesimler kırıldılar, yok edildiler.

Osmanlı'nın bürokratları devlet eliyle çalışmaya alışkındılar ve bu alışkanlıklarını sürdürdüler. Batınında halkçı olmayan anlayışlarını kopyalayarak, onların sömürgeci pratiklerinden yararlanarak, halkı, halkları inşa, gelişme süreçlerinin dışında tutmayı başardılar. Onların, siyasal partiler kurmalarını, o partilerde yer almalarını engellediler. Sivil örgütlenmeleri tehlike olarak görüyorlardı. Halk dışarıda kalmalıydı. Politika yapmak Ankara'da merkezlerini kuranların işleri arasındaydı. Yasama, yürütme, yargı bir noktadan yürütülüyordu. Halkın konuşmasına, siyaset yapmasına gerek yoktu! Okuyanlar her şeyi becerebilirlerdi. Okumayan " tehlike " yaratırdı. " Bozgunculuk " yapardı.

Yenileme adı verilen, askeri saltanat tarafından geliştirilen rejimin harcı bu şekil de atıldı. Şekillendirildi. Muhalefetsiz bir Türkiye asker ve sivil bürokratlar için tehlikeli sonuçlara yol açmayacaktı. Halka karşı ordu, devlet kullanıldı. Halkın, kadının gelişmesinden korkan çok dar düşünen bir yönetim yıllarca ipleri elinde bırakmadı. Türkiye'yi yönetti, yönetiyor. Türkiye'deki siyasal partilerin vitrinlerinde değişik simalar yer aldılar. Dayandıkları, güç aldıkları yerler belliydi. Sorunlar çözülmedi, geçiştirildi.

Kadınlarımız dünyadan bağımsız gelişemezler. Topraklarımızın sınırları içine hapis olmamalıyız. Örgütlülüğümüz, karşı çıkışımız evrensel değerlerle beslenmeli ve evrensel destek almak zorundayız. Bizler örgütsüz kaldığımız takdirde istemlerimizle, düşüncelerimizle fazla bir şey ifade edemeyiz. Hedefi belirleyip, ortak konuları bayraklaştırıp, nedenleriyle, niçinleriyle anlatıp, yürünecek kulvarı bulup, ilerleyerek kadınımızın tarihini yazabiliriz. Yüksek sesle konuşmaya başlamamız bizleri yönetenleri, sömürenleri tedirgin etmeye başladı bile.

Ortak dillerini yitirmiş kadınlarımız, yalnızlıklarını " kader " olgusuyla kabullenmiş ezilenlerimiz, kendi kabuklarına çekilmeye mecbur edildiler. Mahkum oldular. Mahkum edildiler. Teke, tek pasif ya da aktif karşı koymalarda çözüm gücü olamamıştır. İktidar araçlarıyla onlar yönetimden uzaklaştırılmışlardı, uzaklaştırılıyorlar. Yaklaştırılmıyorlar.

Sindirilmiş kadın, kabuklarını kırmaya niyetli olmadıkça, dışarıdan zorlamayla o kabuktan çıkamaz, gelişme gösteremez. Erkek egemen anlayış sonucu oluşturulan kurumlar durdukça, geliştikçe bu kadının içine hapis edildiği kabuğun daha çok güçlendirilmesi, sağlamlaştırılması, tümüyle kapatılması, ışık görmesinin engellenmesi anlamına geliyor.

Toplumumuzdaki dengesizlikler kadına denge olarak yutturulmuştur. Tek kutuplu bir hale getirilen bu dünyada kadın kendi kutbunu oluşturup, yerini korumak zorundadır. Tarihe gömülmüş olan kadının yeniden yükselişi yaşaması mümkündür. Yaşamalıdır. Kadın var olan boşlukları doldurmak zorundadır. Koşullar uygundur. Politik gıdalarını, oluşturdukları siyasal sistemlerden alan erkekler kurdukları iktidarlara güveniyorlar. Kendilerini yenileme, aşma, iktidarı kadınlarla paylaşma gibi bir dertleri yok. Onlar kadının gelişmesini, değişmesini destekleyecekleri yerde, kendilerini de yiyip bitiren sistemlerin dişlileri olmayı tercih ediyorlar.

Kadın kendisini politik anlamda yenileme ve geliştirme dinamiklerini iyi görmeli, tartışmalı. Erkeğin bütünleyici parçası olmaktan uzaklaşmalı. Kendisi, kendi çıkarları için politika yapmalı. Toplumsal gelişmeyi hedefine almalı.

Bugün " Herkes insandır ve insan olduğu için de eşittir " cümlesi kadınlar için bir şey ifade etmiyor. Çünkü hitap etmiyor. Doğuştan sahip olduğumuz haklar elimizden alındığı gibi, asgari ölçülere de sahip değiliz. Haklarımızı anlamlılaştırmamız gerekiyor. Hak anlayışımız değişmeli. Bu değişimin farkına varan farklı kesimlerden bayanlar, bu haklar için mücadele etmeye başladık. Kadın hakları hareketi, ülkemizde, toplumumuzda diğer hak kazanımlarının da yollarını açacaktır. Belirleyici rolümüzü oynamaya başladık. İnsanız ve mücadele ediyoruz. Bu anlamlı bir çabadır.

Kadınımızın sosyal, ekonomik, siyasal, kültürel ilişkiler çerçevesi içinde, oturtulduğu yer, kendisine reva görülen nokta baş kaldırması için yeterli nedeni oluşturuyor. Eşitsizlikler, siyasal sistemler tarafından oluşturulan hukuki düzenlemelerle korunuyorlar. Eşitlik hakkı sadece hukuken değil, filende sağlanmalı.

Toplumun her alanındaki konumumuzla, kimliklerimizi ön planda tutarak, farlılıklarımızla, eşitliklerin, hakların kapsamlarını yeniden düzenlemek ve hakları koruma araçlarını kendimizin ve toplumumuzun çıkarlarına göre yeniden inşa etmek zorundayız.

Bugün, sosyal, ekonomik, siyasal, kültürel nedenlerle, görece zayıf bir konumda bulunan kadın güçlendirilmeli. Buda gelişkin bayanların görevidir. Haklar takip edilmeli. Korunmalı. Gerekli hukuki düzenlemeler yapılmalı. Hukuk, sosyal yaşam, eğitim birbirlerini tamamlıyorlar.

Kadın sorunları konusundaki duyarsızlık, var olan korku, için de bulunduğumuz, daha doğrusu bizleri yönetenler tarafından mahkum edildiğimiz eğitimsizlikten kaynaklanıyor. Kadınlar, çarpık, olmaması gereken toplumsal davranış kalıpları içinde yaşamaya zorlandılar. Mahkum edildiler.

Bu oluşum, dünyanın en gelişmiş, en modern toplumlarında bile erkeklerin egemen oldukları bir siyasal, sosyal düzenin doğmasına yol açtı. Teknolojik değişim ve gelişimle birlikte yaşam koşulları değişti, kadın toplumsal yaşama ve üretime katıldı. Tarlasından kopmaya, fabrikaya gitmeye başladı. Feodal, gelenekçi sistem içinde ezilen kadının yerini, modern görünümlü toplumda, çeşitli düzeylerde değişik boyutlarda ezilen ve sömürülen kadın aldı. Kadın emeğinin karşılığı olan ücret kendisine verilmemekte, erkek emeğiyle aynı oranda verilmesi gereken bedeli alamamakta ve ilginç bir tarz da, değişik gerekçelerle sömürülmektedir.

Kadınlar buna karşılık alternatif deyimler üretmeye başladılar. " olumlu ayrımcılık " deyimi yaratıldı. Onlar erkeklerle aynı noktada koşmaya başlamıyorlar. Ailelerin kız çocuklarına yatırım yapmamaları, esirgeyici davranmaları, sosyal katman gerçekliği sonucu, çok gerilerden atlama sırıklarını omuzlamaya başlıyorlar ve çıtaları aşmaya çalışıyorlar. Kim bu gerçekliği inkar edebilir ki ?

Bugün var olan siyasal sistemlerde söz sahibi olanlar çözümleyici olmak, toplumsal bunalımları, tıkanıklıkları aşmak istiyorlarsa, üretken, sağlıklı, eşitlikçi, katılımcı bir toplum yaratmayı hedefliyorlarsa, bayanların, yaşamın her alanında kotalar konması isteklerini olumlu cevaplamak zorundalar. Bu bir mecburiyettir. Bu girişimle var olan ayrımcılık ortadan kaldırılır. Bunun gerçekleşmesi için de kadınlar atağa geçmek zorundalar. Çünkü sorun onların. Eğer erkeklerde " biz doğruyuz "diyorlarsa, kadınların yanın da yer almalıdırlar. Bu iş Makyevelizmi ret eder. Siyasal doğruluk sergilene bilinmelidir. Nasıl ki ezilen ulusların kaderlerini belirleme hakları varsa ve erkeklerimiz bu sakızı çok fazla çiğniyorlarsa, ezilen cins olan kadın konusunda da olması gereken doğruluğu, tavrı pozitif bir şekilde sergilemek mecburiyetindedirler. " Ezilen ulusu savunuyorum " diyen, ezilen cinside savunmak zorundadır. Politik doğruluk bunu gerekli kılıyor. Ha devletlerin, siyasal sistemlerin sömürüsü, ha erkeğin sömürüsü, arada ne fark var ? Sömürü varsa, tavır alış gerekir. Eşitsizliğin var olduğu ve yaşam bulduğu sistemde eşitsizliği besleyeni, güçlendireni savunmak, korumak, kollamak, onunla aynı sıfatı taşımak anlamına gelir. Sömürgeci sistemin yarattığı erkek tiplerini, anlayışlarını korumak, kollamak sömürgeciye hizmet etmek, onu yaşatmaktır. Egemenliğinin devamı için kendisine kan vermektir.

Kürtleri yöneten egemen zihin ve zihniyetlerin dünyanın bir çok bölgesine göre farkları, değişimleri, dönüşümleri kabule, eleştirisel yaklaşımlara tahammüle zorlanmalarıdır. Mevcut olan ideolojik yapılanmalar, toplumun siyasal, sosyal, ekonomik, kültürel durumu sonucu, diktatoryal sistemler, şahsiyetler üretiyorlar. Belirli düşüncelerde kemikleşmiş olanlar, değişim, dönüşüm kelimelerine alerjileri olan, tepkici, tek tip fikir ve insan modeli anlayışlarını, kendilerine ezberletilen şekil de okumayı sürdürürler. Güncel olana, olması istenilene karşı direnirler, direnmeye çalışırlar.

Bizleri yöneten despot modeller, insanlarımızın bedenlerinde de şekil, hayat buluyorlar. Bizde, herkes bir asker, bir diktatör kopyası olmaya çalışır, çalışıyorlar. Her dönemin, siyasal sistemin kendisine özgü oluşturduğu, yarattığı, etkin, baskın değerleri mevcuttur. Bireyi ve toplumu tümüyle bilerek veya bilmeyerek bu normlar etkileyip yönlendiriyorlar. Farklılıkların kabul edilmesi gerektiğinin ufak yaştan itibaren eğitim, öğrenim yoluyla insanlara kabul ettirildiği, öğretildiği, şahsiyetlerin şekillendirildiği hoşgörü ortamlarının oluşmasıyla, toplumumuzda maddi ve manevi gelişme önemli bir dinamizm kazanacaktır.

İnsan kimliğini geliştirmeye yönelik girişimlerden uzak kalmak, mesafeli davranmak, siyasal sistemlerin ve bireylerin dışlanmalarını beraberinde getirecektir. Dünyadaki kültürel, siyasal ve sosyal gelişmelerin dışında kalmaya çalışmak, bizleri yöneten sistemlerin temellerini sarsmaz. Diktalar devrilmeli. Yaşam, olması gereken tarzda sürmeli. Bu da biz bayanların çabalarıyla gerçekleşecektir.

Bizler toplumu yönlendirme, değiştirme sorumluluğunu üstlenebilen bireyler olabilmeliyiz. Toplumumuzun gelişme sorumluluğu bizlerin omuzlarında. Siyasal sistem ve ürettiği, oluşturduğu erkek tipi kötüyse düzeltilmeli, eğitimsizse, eğitilmeli, baskı oluşturuyorsa, karşı çıkılmalı. Değiştirilmeli.

Biz bayanlar toplumu değiştirip, dönüştürecek sorumluluğu yüklenmeye kendimizi hazırlamamışsak var olanı değiştiremeyiz. Bakmalı, görmeli, anlamalı ve değiştirmeliyiz. İtaat etmek bizleri geliştirmez. İtaat bizleri ezen, sömüren kişilerin, sistemlerin dayandıkları sözlüyazılı yasaların kurallarına uyduğumuz anlamına gelir. Her konuda kendimizi beslemek, gelişmek, yeni verileri kabul etmek, sindirmek zorundayız. Bizi, bizim adımıza başkaları yönetmesinler. Bize yararlı olanı, başkaları değil biz biliriz. Biz karar veren, seçen olmalıyız. Aksi takdirde acı çekmeye devam ederiz.

İktidarlar arası çatışma, insanlığın en temel sorun ve ihtiyaçlarına cevap olamamış, büyük acı ve yıkımlara yol açmıştır. Çözüm üretmeyen, demokratik gelişmelere yol açmayan, kadını metalaştırıp bir tüketim nesnesi haline getiren kapitalist-emperyalist sistemle, kadını salt devrimin nicel gücü olarak gören, onu demokratik devrim sorununun öznesi değil de, bir parçası olarak değerlendirmeye tabi tutan, bu yaklaşımı da hiçbir şekilde aşmayan reel sosyalizm, bizler açısından çözüm gücü olamamışlardır.

Uygar bir gelişmeye yol açılmak isteniyorsa, ulusal olan her gücün kadın sorununu ve kadın kavrayışını yeniden, yeniden gözden geçirmeleri, kadın ideolojisi temelinde kendilerini yeniden yapılandırmaları gerekir.

Bizler, 21'ci yüzyılda temel çelişkilerimizi çözmek zorundayız. Durum ertelenecek gibi değildir. Bizler, devriminin hem öznesi, hem de öncüsü olmalıyız. Devrimimiz; cins çelişkisi kadar, temel toplumsal, ulusal çelişkileri de çözebilecek, savaş ve çatışma eğilimlerini yok edebilecek ve köklü sosyal devrimler yaratabilecek potansiyeli taşımaktadır.

Politik güçlerimiz hiç kusura bakmasınlar. Onlar, kadın gerçekliğini doğru çözümleyebildikçe, devrimin kadın özlü karakterini doğru kavrayabildikçe, toplumsal mücadeleyi kadın ideolojisine dayalı geliştirebildikçe programlarında başarılı olabilirler. Demokrasi ve özgürlük hareketi ancak bu şekilde gelişme şansı bulur. Bizdeki demokrasi hareketi özünde bir kadın hareketidir. Kadının kurtuluş ideolojisine dayalı bir harekettir. Barışa, diyaloga, uzlaşmaya, hoşgörü kültürüne, demokratik ilişki ve birliğe yatkındır.

Son 30 yıllık mücadelede kadın gelişme göstermiştir. Bu mücadeleyle kendisini yeniden tanımlamış, siyasi ve askeri bir kimlik yaratmıştır. Kadın-erkek çelişkisi tüm gücüyle varlığını sürdürmektedir. Halen aşıla bilinmiş değildir. Erkeğimizin egoizminden, korkularından dolayı siyasal toplumsal gelişmeyi kendisinde dondurması, toplumun, sorunların çözülmesi amacıyla ulusal harekete, kurumlara verdiği gücü, temel egemenlik aracı olarak değerlendirip, bu bakış açısıyla yaklaşması, konuyu bu şekilde ele alması, halkın verdiği güçle iktidarını pekiştirmesi her açıdan bizleri zorlamaktadır.

Siyasal sistemlerin erkek karakterli oluşları, bizler açısından çözümsüzlüğü geliştirmiştir. Toplumsal bunalımlarımız derinleşmişlerdir. Ulusa sorun dahil, temel toplumsal sorunlarımızın çözülmemiş, kangrenleşmiş olmalarının gerisinde de bu gerçeklik vardır.

Topraklarımızda veya diasporada oluşturulan, geliştirilen, devrimci-yurtsever programlara sahip oldukları iddia edilen, parti, kurum ve kuruluşlarımızın, sorunlara çözüm getirici güç olamayışlarının, parti içi, kurum içi demokrasiyi oluşturup, oturtamayışlarının gerisinde de kadın sorununa hesaplı, ikiyüzlü yaklaşım, sığ ve dar pencerelerden dünyaya bakış, değerlendiriş vardır.

Erkeklerimiz, nesnel ve nicel güç olarak bizlere dayanmalarına rağmen, bizleri özne, öncü gören bir yaklaşıma sahip değiller. Onlar, olması gereken bir yaklaşım geliştiremediklerinden, ulusal, toplumsal başarılara hasret kaldık. Nedenlerden dolayı, bizleri hasretlerimize, özlemlerimize kavuşturabilecek temsil düzeyini de ortaya çıkarabilmiş değiliz.

Kadının varlığını, gelişimini, paylaşımını kabul etmeyen yapılar, nesnel ve düşünsel olarak kadına dayanmazlar. Kadına gelişme olanağı tanımazlar. Bizlerin pratikte yaşadıklarımızda bunlardırlar. Kurumlarımızda, siyasal partilerimizde konumlanmamıza, politik-pratik duruşumuza tahammül edilmedi, edilmiyor. Bizler demokratik kurtuluşun özneleriyiz. Tabi ki buda siyaset öznesi olmaktan geçer. Yerlerimizi ve rollerimizi iyi tespit edip, gücümüzü açığa çıkarıp, demokratik değişim ve dönüşümü sağlayabiliriz. Bizler sadece stratejik güç değiliz. Demokratik değişim ve devrimin öncüsü, özneleriyiz. Bizler toplumsal özgürlüğü oluşturabiliriz.

Bizlerin özgürlük arayışımız ile partilerde, kurumlarda kök salmış geri feodal anlayış ve yaklaşımlar arasındaki çelişkiler çözülmüş değil. Çarpışmalar sıcağı, sıcağına devam ediyor. Bundan dolayı da demokrasi sevdalısı güçlerimiz istedikleri hamleleri gerçekleştiremiyorlar. İstedikleri mesafeleri kat edemiyorlar. Gelenekselden kopamayan, sıkı sıkıya sarılan, yeniden korkan insanlarımız önümüzdeki bentleri oluşturuyorlar. Bizler yoldaş olarakta kabul görmüyoruz.

Sadece potansiyel iş ve emek gücü olarak algılanmamız başarı projelerini delmiştir. Bizlerin güçlerini, istemlerini tüketen, hasta düşüren, bunalımlar yaşatan siyaset, bizleri üretimden düşüren, kullanıp, kenara fırlatan, posamızı çıkaran siyasettir. Bunca yıldır, siyasal ve askeri roller üstlenmemize rağmen, demokrasi mücadelesinde büyüyemedik, yetkinleşemedik, karar ve temsil gücü olamadık. Çünkü kurumlarımız değirmen yerine kullanıldılar. Öğütüldük.

"Gelin, birlikte çalışalım. Sizlerde örgütlenin. Görev, yetki, sorumluluk eşit paylaşılacak", dediler. Bu cümleleri içtenlikle, inanarak, isteyerek kullanmadılar. Çünkü bilgimize, becerimize, gücümüze ihtiyaçları vardı. Bizler birlikte çalışmaya hazırdık ve yerlerimizi aldık.

Gelin diyenler, öncüleşme - özgürleşme istem ve arayışımıza maskeli yüzlerle tepkiler göstermeye başladılar. Gidişlerimizi kabullenemediler. Egemen erkek anlayışı, erkek kültürü beyinlerde tazeliğini koruyordu ve bütün özellikleri maskeler altına yerleştirilmişti. Hesaplı yaklaşımları içten içe yaşayan ve bizlerin geliştirdiği ulusal ve cinsi hareketi kendi denetimlerine alan yaklaşımın sahipleri elbetteki başarıları perçinleyen sayfalara imza atamazlardı, atamazlar. Bundan dolayı da istenilen gelişmeler sağlanamıyor.

Biz bu anlayışlara sahip olan erkeklerle değişik sözleşmeler yapsak ta, o sözleşmelerin içleri doldurulmaz. Yaşam bulmaz. Yaşatılmazlar. Ayrıca bu sözleşmelere ihtiyaçları olanlarsa parti ve kurumlarımızda idareci olan erkeklerdir. Ne kadar güçlü, yetkili, becerikli görünseler de, koltukları doldurmaya çalışsalar da, görüntüyle gerçek durum aynı değil. Bizler olmadan partileri de, kurumları da ayakta tutamazlar, yaşatamazlar. Boş duvarlara hitap ederler. İstenilen, beklenilen düzeyde üretici olamazlar.

Bizler, erkeği ve erkeğe dayalı sistemleri çözdükçe, çözümledikçe, parti ve kurumlarımızda demokratik anlayışları oturtabiliriz. Partileri, kurumları tıkatan, tıkanmayı, çözümsüzlüğü yaşatan erkeklerimize bu haklara sahip olmadıklarını, tıkanma nedenlerini, hadlerini bilmeleri gerektiği kavratılmalı. Gelişmeyen, gelişmek istemeyen ve gelişmeyi durduran erkek kadın içinde ayak bağıdır. Bugün, özgürleşmek isteyen bayanın önündeki en büyük engel, tıkanan, tıkatan erkektir. Yarattıkları tahribatın farkındalar mı? Halen değiller.

Toplumsal, bireysel gelişmemize ket vuranlar, engel olanlar, anlayış, yaklaşım itibarıyla sömürgeci sistemlerle özdeşleşenlerin, yani onların belirgin özelliklerini benimseyenlerin, taşıyanların, aracılık edenlerin, klasik erkek anlayışlarının ve onun kurumsal biçimlenişlerinin, kadının özgürlük arayışına destek sunmaları, güç vermeleri, cevap olmaları mümkün değildir. Tarihte görülmemiştir. Bizim tarihimizde de görülmez.

Bizlerin kurumsal ve siyasal anlamda, doğru tespit edilmiş yollara, yöntemlere, politikalara ekmek ve su gibi ihtiyacımız var. Genel doğruların içtenlikle, samimiyetle kabul edilmeleri gerekiyor.

Tüm kurum ve sivil toplum örgütlerimizde bireysel egolarını tatmin eden, tıkanan, tıkatan müritler, dalkavuklar değil, güncel düşünceyi yakalamış, özellikle de kadın öncülüğü konusunda netleşmiş, barış ve uzlaşı dilini bilen, kullanabilen, hükmetme hastalığına yakalanmamış, temiz kalmayı başarmış, evrensel duygulara, anlayış ve yaklaşımlara sarılan insanların yer almaları gerekiyor.